中国社会科学院文库
哲学宗教研究系列
The Selected Works of CASS
Philosophy and Religion

中国社会科学院创新工程学术出版资助项目

中国社会科学院文库 · 哲学宗教研究系列
The Selected Works of CASS · Philosophy and Religion

世界佛教通史

A GENERAL HISTORY OF THE WORLD BUDDHISM

第五卷 中国汉传佛教（公元10世纪至19世纪中叶）

魏道儒 主编

本卷 魏道儒 等著

中国社会科学出版社

图书在版编目（CIP）数据

世界佛教通史. 第5卷，中国汉传佛教：公元10世纪至19世纪中叶／魏道儒等著 . 一北京：中国社会科学出版社，2015.12

ISBN 978 - 7 - 5161 - 7027 - 4

Ⅰ.①世… Ⅱ.①魏… Ⅲ.①佛教史—世界②佛教史—中国 Ⅳ.①B949.1

中国版本图书馆 CIP 数据核字（2015）第 267540 号

出 版 人	赵剑英	
责任编辑	黄燕生　喻　苗	
责任校对	郝阳洋	
责任印制	戴　宽	

出　　版	中国社会科学出版社
社　　址	北京鼓楼西大街甲 158 号
邮　　编	100720
网　　址	http：//www.csspw.cn
发 行 部	010 - 84083685
门 市 部	010 - 84029450
经　　销	新华书店及其他书店

印刷装订	北京君升印刷有限公司
版　　次	2015 年 12 月第 1 版
印　　次	2015 年 12 月第 1 次印刷

开　　本	710 × 1000　1/16
印　　张	34.5
插　　页	2
字　　数	605 千字
定　　价	126.00 元

《中国社会科学院文库》出版说明

  《中国社会科学院文库》（全称为《中国社会科学院重点研究课题成果文库》）是中国社会科学院组织出版的系列学术丛书。组织出版《中国社会科学院文库》，是我院进一步加强课题成果管理和学术成果出版的规范化、制度化建设的重要举措。

  建院以来，我院广大科研人员坚持以马克思主义为指导，在中国特色社会主义理论和实践的双重探索中做出了重要贡献，在推进马克思主义理论创新、为建设中国特色社会主义提供智力支持和各学科基础建设方面，推出了大量的研究成果，其中每年完成的专著类成果就有三四百种之多。从现在起，我们经过一定的鉴定、结项、评审程序，逐年从中选出一批通过各类别课题研究工作而完成的具有较高学术水平和一定代表性的著作，编入《中国社会科学院文库》集中出版。我们希望这能够从一个侧面展示我院整体科研状况和学术成就，同时为优秀学术成果的面世创造更好的条件。

  《中国社会科学院文库》分设马克思主义研究、文学语言研究、历史考古研究、哲学宗教研究、经济研究、法学社会学研究、国际问题研究七个系列，选收范围包括专著、研究报告集、学术资料、古籍整理、译著、工具书等。

中国社会科学院科研局

2006 年 11 月

总　序

魏道儒

　　2006 年底，在制订世界宗教研究所佛教研究室科研项目规划的时候，我想到国内外学术界还没有编写出一部佛教的世界通史类著作，就与几位同事商量，确定申报中国社会科学院重大课题——《世界佛教通史》。该课题于 2007 年 8 月正式立项，2012 年 12 月结项，其后又列选为中国社会科学院创新工程项目进行修改完善。呈现在读者朋友面前的这部书，就是当年同名课题的最终成果。

　　在申报《世界佛教通史》课题的时候，我们按照要求规划设计了相关研究范围、指导思想、撰写原则、主要问题、研究思路、预期目标等。八年多来，我们就是按照这些既定方案开展研究工作的。

　　"佛教"最早被定义为释迦牟尼佛的"说教"，其内容包括被认为是属于释迦牟尼的所有理论和实践。这个古老的、来自佛教信仰群体内部的定义尽管有很大的局限性，但由于强调了佛教起源于古代印度的史实，突出了释迦牟尼作为创教者的权威地位，符合了广大信众的崇拜需求，不仅长期获得公认，而且影响到现代人们对佛教的认识和理解。我们认为，"佛教"是起源于古代印度，在不同国家和地区流行了 2500 多年的一种世界性宗教，包含着不同国家和地区信教群众共同创造的精神产品和物质产品。我们这样理解"佛教"既与古老的定义不矛盾，又更符合这种宗教的历史发展事实，同时，也自然确定了我们这部《世界佛教通史》的研究范围和对象。

　　我们的《世界佛教通史》是一部佛教的世界通史，主要论述佛教从起源到 20 世纪在世界范围内的兴衰演变的主要过程。我们希望以辩证唯物主义和历史唯物主义为指导，坚持历史与逻辑相统一的原则，以史学和哲学方法为主，同时借鉴考古学、文献学、宗教社会学、宗教人类学、宗教心理学、宗教比较学、文化传播学等相关学科的理论和方法，在收集、整理、辨析第一手资料（个别部分除外）的基础上，全方位、多角度对世界范围内的佛教历史进行深入研究。

在考虑具体撰写原则时，我们本着"原始察终，见盛观衰"的史学原则，对每一研究对象既进行梳理脉络的纵向贯通，又进行考察制约该对象变化的多种因素的横向贯通。我们在论述不同国家和地区的佛教时，希望始终联系制约佛教兴衰变化的政治、经济、民族、科学技术和思想文化等因素，始终将宏观把握和微观探索结合起来，系统阐述众多的佛教思潮、派系、典籍、人物、事件、制度等，并且兼及礼俗、典故、圣地、建筑、文学、艺术等。我们强调重视学术的继承和规范，并且力争在思想创新、观点创新和内容创新三方面都取得成果。我们以"叙述史实，说明原因，解决问题"为研究导向和撰写原则，对纷繁复杂的研究对象进行实事求是、客观公正的阐述和评价。

我们在确定本课题的主要研究问题时已经注意到，在不同的国家和地区，在不同的历史阶段，同是佛教，甚至同是佛教中的某一个宗派，往往具有截然不同的内在精神和外在风貌。佛教在不同国家和地区中的政治地位、经济地位、法律地位，在当地思想文化体系中的位置和发挥的作用，在社会民众心目中的形象和价值，都是千差万别的。当我们综观世界范围内的佛教时，看到的不是色调单一而是绚丽多彩，不是停滞僵化而是变动不居。我们在研究不同的国家、地区和民族中的佛教时，一定会遇到特殊的情况、独有的内容和需要侧重解决的问题。对于各卷作者在研究中捕捉到的特殊问题，建议他们独立制订解决方案，提出解决办法。从本部书各卷必定要涉及的一些共同研究内容方面考虑，我们当时要求相关各卷侧重研究如下四个方面的问题。

第一，佛教的和平传播问题。

佛教从地方宗教发展成为亚洲宗教，再发展成为世界宗教，始终以和平的方式传播，始终与政治干预、经济掠夺和文化殖民没有直接联系，始终没有因为传教引发战争。我们可以看到，无论在古代还是在近代，无论在中国还是在外国，成功的、有影响的佛教传教者都不是以武力胁迫人们信教，都是以其道德高尚、佛学精湛、善于劝导和感化人而赢得信众。佛教的和平传播在世界宗教史上是独一无二的，可以说，这为当今世界各种文明之间建立联系提供了可资学习、借鉴的样板。关于佛教的和平传播问题，学术界虽然已经涉及，但是还没有推出结合佛教在不同国家和地区的具体情况进行集中论述的论著。我们希望本部书的相关各卷结合佛教在不同国家和地区的具体情况，比较全面系统地研究佛教和平传播的方式、过程，研究佛教传播与社会、政治、经济、文化等因素以及与自身教义之间的关联，探索佛教和平传播的内在规律。我们当时设想，如果能够对佛教和平传播问题进行更全面、更系统的考察、分析和评论，就会为学术界以后专门探讨佛教在不同文化中传播的方式、途径、过程、特点和规律建立更广泛的参照系统，提供更多的史实依据，确定更多的观察视角，列举更多的分析标本。我们认为，本部书有关各卷加强这方面的研究，对于加深认识今天全球范围内的宗教传播和文化传播具有重要现实意义。毫无疑问，这种研究也将会丰富文化传播学的内容。

第二，佛教的本土化问题。

佛教本土化是指佛教为适应所传地区的社会、民族、政治、经济和文化而发生的一切变化，既包括信仰、教义方面的变化，也包括组织、制度方面的变化。在有佛教流传的国家和地区，佛教本土化过程涉及社会的各个方面，从经济基础到上层建筑都会受到影响。从帝王到庶民的社会各阶层，包括信仰者和非信仰者、支持者和反对者、同情者和厌恶者都会不同程度地参与进来，对佛教本土化进程的深度、广度以及前进方向施加影响、发挥作用。正因为佛教本土化的出现，才使佛教在流传地有可能扎根、生长，才使当今世界各地区的佛教有了鲜明的民族特色。无论在任何国家和地区，佛教本土化的过程都是曲折反复、波谲云诡。如果只有温柔的相拥，没有无情的格斗；如果只有食洋不化的照搬照抄，没有别开生面的推陈出新，佛教要想在任何社会、民族和文化中扎根、生长都是不可想象的。学术界对佛教本土化问题虽有涉及，但研究还不够全面和深入，并且有许多研究空白。例如，对于 19 世纪到 20 世纪东方佛教的西方转型问题，就基本没有涉及。我们要求相关各卷把研究佛教的本土化问题作为一个重点，不同程度地探索各个国家和地区佛教形成本土特色的原因，描述佛教与当地社会、政治、经济和文化相互冲突、相互协调、相互适应的过程，分析导致佛教在特定区域、特定历史阶段或扎根生长、或蓬勃兴旺、或衰败落寞、或灭绝断根的诸多因素，以便准确描述佛教在世界各地呈现出的多种多样的姿态、色彩。我们相信，本书加强这方面的研究，一定会填补诸多学术空白，加深对各个国家和地区佛教的认识。

第三，佛教教义体系、礼仪制度和文化艺术的关系问题。

在世界各大宗教中，佛教以典籍最丰富、文化色彩最浓重、思想教义最庞杂著称。在以佛教典籍为载体的庞大佛教教义体系中，不胜枚举的各类系统的信仰学说、哲学思想、修行理论等，都是内容极为丰富、特点极为突出、理论极为精致、影响极为深远的。仅就佛教对生命现象的考察之系统全面，对人的精神活动分析之细致周密，为消除人生苦难设计的方案之数量众多，就是其他宗教望尘莫及的。无论在古代还是在近现代，诸如此类的佛教基本理论对不同阶层信仰者都有强大吸引力和持久影响力。各国家和地区的历代信仰者往往从佛教的教义体系中寻找到了人生智慧，汲取了精神营养，感受了心灵慰藉。相对来说，佛教的教义体系历来成为学术界关注的重点，研究得比较充分。但是，佛教是以共同信仰为纽带、遵守相同道德规范和生活制度的社会组织，所具有的并不仅仅是教义思想。除了教义体系之外，佛教赖以发挥宗教作用和社会影响的还有礼仪制度和文化艺术。相对来说，对于佛教的教义体系、礼仪制度、文化艺术三者之间的有机联系，各自具有的宗教功能和社会功能，三者在决定佛教兴衰变化中所起的不同作用等问题，学术界就涉及比较少了。我们希望本部书的相关各卷把研究佛教教义体系、礼仪制度和文化艺术三者有机结合起来，不仅重视研究三者各自具有的独特内容，而且重视研究三者之间错综复杂的相互关系，考察三者在决定佛教兴衰变化中所起的不同作用。这样一来，我们就有可能纠正只重视某一个方面而忽略其他方面的偏颇，有可能避免把丰富多彩的通史撰写成色调单一的专门史，从而使本部书对佛教的观察角度更多样，整体考察更全面，基本分析更客观。

第四，中国佛教在世界佛教中的地位问题。

中国人对佛教文化的贡献是长期的、巨大的和不可替代的。归纳起来，主要体现在三个方面。其一，中国人保存了佛教资料。从汉代到北宋末年，中国的佛经翻译事业持续了将近一千年，其间参与人数之多、延续时间之长、译出典籍之丰富、产生影响之巨大，在整个人类文化交流史上都是空前的、独一无二的。汉文译籍和中国人写的各类佛教著作保存了大量佛教历史信息。如果没有这些汗牛充栋的汉文资料，从公元前后大乘佛教兴起到公元13世纪古印度佛教湮灭的历史就根本无法复原，就会留下很多空白。其二，中国人弘扬了佛教。佛教起源于古印度，而传遍亚洲，走向世界，其策源地则是中国。中国人弘扬佛教的工作包括求法取经和弘法传经两个方面。所谓"求法取经"，指的是中国人把域外佛教文化传到中国。从三国的朱士行到明朝的官僧，中国人的求法取经历史延续了一千多年。历代西行者出于求取真经、解决佛学疑难问题、促进本国佛教健康发展、瞻仰圣地等不同目的，或者自发结伴，或者受官方派遣，怀着虔诚的宗教感情，勇敢踏上九死一生的险途，把域外佛教传播到中国。所谓"弘法传经"，指的是中国人把具有中国特色的佛教文化传到其他国家。从隋唐到明清的千余年间，中国人持续把佛教从中国传播到了日本、韩国、东南亚等地；近代以来，中国人又把佛教弘扬到亚洲之外的各大洲许多国家。中国人向国外弘法传经延续时间之长、参与人数之多、事迹之感人、成效之巨大，几乎可以与西行求法运动相提并论。中国人的弘法传经与求法取经一样，是整个世界佛教文化交流史上光辉灿烂的阶段，可以作为人类文明交流互鉴取得伟大成就的一个典范。其三，中国人直接参与佛教文化的丰富和发展进程。在两千多年的历史中，中国历代信众直接参与佛教思想文化建设，包括提出新思想、倡导新教义、撰写新典籍、建立新宗派、创造新艺术。可以说，没有中国固有文化对佛教文化的熏陶、滋养和丰富，当今世界佛教就不具备现在这样的风貌和精神。本部书旨在加强研究促成中国在唐宋时期成为世界佛教中心的历史背景、社会阶层、科技状况、国际局势等方面的问题，加强研究中国在促成佛教成为一种世界宗教过程中的作用和地位，加强研究中国在保存、丰富和发展佛教文化方面不可替代的作用。我们应该用世界的眼光审视中国佛教，从中国的立场考察世界佛教，对中国佛教在世界佛教中的地位、作用、价值有更全面、更深刻的认识。我们认为，加强这方面的研究，有利于为中国新文化走向世界提供重要的历史借鉴和思路，有利于我们树立对本民族文化的自觉、自信和自尊，有利于深刻认识佛教在当前中国对内构建和谐社会，对外构建和谐世界方面的重要性。

　　在收集、筛选、整理、辨析和运用史料方面，我们当时计划整部书切实做到把资料的权威性、可靠性和多样性结合起来，统一起来，从而为叙述、说明、分析和评论提供坚实的资料基础；计划整部书的所有叙述、所有议论以及所有观点都建立在经过考证、辨析可靠资料的基础上。对于能够运用什么样的第一手资料，我们根据当时课题组成员的研究方向、专业特长和发展潜力，确定本部书所采用的资料文本主要来自汉文、梵文、巴利文、藏文、西夏文、傣文、日文、英文、法文、越南文等语种，同时，也希望有些分卷在运用田野调查资料、实物资料方面做比较多的工作。

关于《世界佛教通史》的章节卷册结构，开始考虑并不成熟，仓促确定了一些基本原则。随着研究工作的深入，中间经过几次变动，最后确定本部书由十四卷十五册构成。第一卷和第二卷叙述佛教在印度的起源、发展、兴盛、衰亡乃至在近现代复兴的全过程。第三卷到第八卷是对中国汉传、藏传和南传佛教的全面论述，其中，作为中国佛教主体部分的汉传佛教分为四卷，藏传佛教为一卷两册，南传佛教独立成卷。第九卷到第十一卷依次是日本、朝鲜和越南的佛教通史。第十二卷是对斯里兰卡和东南亚佛教分国别阐述。第十三卷是对亚洲之外佛教，包括欧洲、北美洲、南美洲、大洋洲、非洲等五大洲主要国家佛教的全景式描述。第十四卷是世界佛教大事年表。对于各卷册的字数规模、所能达到的质量标准等，预先并没有具体规定，只是根据学术界的研究状况和我们课题组成员的具体情况确定了大致原则。当时我们清醒地认识到：本部书涉及范围广、时间跨度大，一方面，国内外学术界在研究不同时段、不同国家和地区佛教方面投入的力量、所取得的成果有很大差异，极不平衡。在这种情况下，有些部分的撰写者由于凭靠的学术研究基础比较薄弱，他们的最终成果难免受到这样或那样的制约和影响。另一方面，课题组主要成员对所负责部分的研究程度不同，有些成员已经在所负责方面出版多部专著，称得上是行家里手；有些成员则对所负责部分刚刚接触，可以说是初来乍到者。对于属于前者的作者，我们当然希望他们致力于捕捉新问题、提出新观点，得出新结论，拿出百尺竿头更进一步的著作；对于属于后者的年轻同事，自然希望他们经过刻苦努力，能够在某些方面有闪光突破，获得具有后来居上性质的成果。鉴于我们的研究工作是在继承、吸收、借鉴以往重要的、高质量的、有代表性的成果的基础上展开的，所以我们既要重视填补学术空白，重视充实薄弱环节，也要强调在重要的内容、问题方面有新发现和新突破。因此，我们要求各卷撰写者在不违背通史体例的情况下，对自己研究深入的内容适当多写一些，对自己研究不够、但作为史书又不能空缺的内容适当少写一些。总之，我们根据学术界的研究状况和课题组成员的能力，尽量争取做到整个《世界佛教通史》的各部分内容比例大体协调、详略基本得当。这里需要说明一下，本书各卷的定名并非完全意义上的现代国家概念，而是根据学术界的惯例来处理的。

当初在考虑《世界佛教通史》的学术价值、理论意义与现实意义方面，我们关注了社会需要、时代需要、理论发展需要、学科发展需要、培养人才需要等方面的问题，并且逐一按要求进行了论证。除此之外，我们也要求各位撰写者叙述尽量客观通俗，注意在可读性方面下些功夫，务使本部书让信教的和不信教的、专业的和非专业的绝大多数读者朋友都能接受，都能获益。

八年多来，课题组每一位成员都认真刻苦工作，为达到预期目标而不懈努力。可以说，每一位撰写者都尽了心、出了力、流了汗、吃了苦。但是，由于我们水平所限，时间所限，《世界佛教通史》不可避免地存在一些缺点、不足和错误，敬请读者朋友批评指正。我们将认真倾听、收集各方面的善意批评和纠错高见，争取本部书再版本错谬减少一些，质量提高一些。

本卷撰稿人（以姓氏笔画为序）
史金波　夏德美　魏道儒

目　录

绪言 ……………………………………………………………… (1)

第一章　宋代佛教 …………………………………………… (11)

　第一节　两宋社会与佛教 …………………………………… (11)

　　一　三教并举与佛教新特点 …………………………… (11)

　　二　管理机构与管理措施 ……………………………… (16)

　　三　翻译佛经与刻印藏经 ……………………………… (27)

　第二节　临济宗的理论与实践 ……………………………… (33)

　　一　汾阳善昭的公案代别和颂古 ……………………… (34)

　　二　黄龙慧南和黄龙派 ………………………………… (39)

　　三　圆悟克勤及其《碧岩集》 ………………………… (45)

　　四　宗杲的看话禅体系 ………………………………… (55)

　第三节　云门宗的理论与实践 ……………………………… (69)

　　一　云门诸系禅师概说 ………………………………… (70)

　　二　雪窦重显及其颂古 ………………………………… (72)

　　三　契嵩及其儒释融合思想 …………………………… (75)

　第四节　曹洞宗的理论与实践 ……………………………… (83)

　　一　曹洞法系概述 ……………………………………… (83)

　　二　正觉的"默照禅" ………………………………… (87)

　第五节　华严和天台的"中兴" …………………………… (94)

　　一　净源与华严宗"中兴" …………………………… (95)

　　二　知礼与天台宗"中兴" …………………………… (101)

　第六节　律宗与净土信仰 …………………………………… (111)

　　一　宋代律宗简况 ……………………………………… (111)

　　二　净土信仰发展的特点 ………………………………（113）

　第七节　佛教艺术新风貌 …………………………………（121）

　　一　寺塔建筑 ………………………………………………（122）

　　二　佛教造像 ………………………………………………（126）

　　三　石窟艺术 ………………………………………………（129）

　　四　绘画艺术 ………………………………………………（131）

第二章　辽金佛教 ……………………………………………（136）

　第一节　辽代社会与佛教 …………………………………（136）

　　一　辽代诸帝与佛教特点 …………………………………（136）

　　二　辽代佛教义学 …………………………………………（145）

　第二节　辽代寺塔建筑艺术 ………………………………（149）

　第三节　金代社会与佛教 …………………………………（153）

　　一　金代诸帝与佛教 ………………………………………（153）

　　二　佛教基本情况 …………………………………………（156）

　　三　《从容庵录》略析 ……………………………………（159）

　第四节　金代佛教艺术概况 ………………………………（162）

第三章　西夏佛教 ……………………………………………（166）

　第一节　西夏社会与佛教 …………………………………（166）

　　一　党项羌与西夏兴衰 ……………………………………（167）

　　二　佛教发展历程 …………………………………………（170）

　　三　佛经翻译和校勘 ………………………………………（174）

　　四　西夏佛教特点 …………………………………………（176）

　第二节　佛教政策和管理机构 ……………………………（181）

　　一　佛教政策 ………………………………………………（181）

　　二　佛教管理机构 …………………………………………（182）

　第三节　僧众管理与寺庙 …………………………………（185）

　　一　僧众管理 ………………………………………………（185）

　　二　寺庙概况 ………………………………………………（192）

　第四节　佛教宗派和藏传佛教 ……………………………（197）

　　一　佛教宗派 ………………………………………………（197）

二　藏传佛教 ……………………………………………… (200)

第五节　佛教艺术 …………………………………………… (202)

一　绘画 …………………………………………………… (203)

二　雕塑 …………………………………………………… (205)

三　建筑 …………………………………………………… (206)

第四章　元代佛教 …………………………………………… (208)

第一节　元代社会与佛教 …………………………………… (208)

一　宗教政策与喇嘛教地位 ……………………………… (209)

二　中央和地方管理机构 ………………………………… (216)

三　佛教与道教斗争始末 ………………………………… (218)

四　尊教抑禅局面的形成与影响 ………………………… (220)

五　寺院经济的膨胀与危害 ……………………………… (223)

第二节　元代教门简况 ……………………………………… (226)

一　华严学僧及其思想 …………………………………… (227)

二　天台学僧及其思想 …………………………………… (234)

第三节　临济宗及其禅学演变 ……………………………… (236)

一　北方临济宗概述 ……………………………………… (236)

二　南方临济宗四系简说 ………………………………… (239)

三　高峰原妙的禅学思想 ………………………………… (250)

四　中峰明本的禅学思想 ………………………………… (255)

第四节　多民族佛教文化艺术的融合发展 ………………… (273)

一　各民族文字藏经 ……………………………………… (273)

二　藏式佛教艺术 ………………………………………… (276)

三　汉式佛教艺术 ………………………………………… (279)

第五章　明代佛教 …………………………………………… (283)

第一节　明代社会与佛教 …………………………………… (283)

一　明太祖时期的佛教政策 ……………………………… (283)

二　佛教政策的局部调整 ………………………………… (288)

第二节　明代初中期佛教 …………………………………… (291)

一　明代初期佛教 ………………………………………… (292)

　　二　明代中期佛教 ……………………………………… (299)

第三节　明代后期佛教(上) ………………………………… (306)

　　一　明末佛教复兴及其社会基础 …………………………… (306)

　　二　袾宏及其思想特色 ……………………………………… (310)

　　三　真可及其思想特色 ……………………………………… (320)

　　四　德清及其思想特色 ……………………………………… (325)

　　五　智旭及其思想特色 ……………………………………… (331)

第四节　明代后期佛教(下) ………………………………… (338)

　　一　密云圆悟及其禅学 ……………………………………… (339)

　　二　汉月法藏及其禅学 ……………………………………… (342)

　　三　圆悟对法藏师徒的批判 ………………………………… (350)

　　四　无明慧经的农禅兴宗 …………………………………… (352)

　　五　博山元来的兼容思想 …………………………………… (357)

　　六　永觉元贤的禅学特点 …………………………………… (362)

第五节　明代佛教文化艺术 ………………………………… (368)

　　一　藏经刻印 ………………………………………………… (368)

　　二　佛教绘画 ………………………………………………… (371)

　　三　佛教造像 ………………………………………………… (373)

第六章　清代前中期佛教 ……………………………………… (376)

第一节　佛教政策与管理措施 ……………………………… (376)

　　一　佛教事务管理基本特点 ………………………………… (376)

　　二　中央与地方僧官制度 …………………………………… (377)

　　三　度牒制度兴废过程 ……………………………………… (383)

　　四　僧众和寺院管理 ………………………………………… (389)

　　五　典籍管理与册封赏赐 …………………………………… (403)

　　六　清代佛教艺术简述 ……………………………………… (412)

第二节　禅宗诸派及其演变 ………………………………… (417)

　　一　清代前中期佛教基本特点 ……………………………… (417)

　　二　天童系及其弘法诸师 …………………………………… (418)

　　三　磐山系及其弘法诸师 …………………………………… (428)

　　四　云门系及其弘法诸师 …………………………………… (434)

　　五　寿昌系及其弘法诸师 ……………………………………（436）

第三节　教门诸派、律宗与净土信仰 …………………………（447）

　　一　天台与华严学僧 …………………………………………（448）

　　二　律学与律宗新派 …………………………………………（453）

　　三　净土信仰及其特点 ………………………………………（459）

第四节　寺院组织管理制度 ……………………………………（468）

　　一　寺院僧职 …………………………………………………（469）

　　二　剃度传戒 …………………………………………………（475）

　　三　僧众规范 …………………………………………………（480）

　　四　课诵安居 …………………………………………………（483）

第五节　三类重要法事 …………………………………………（485）

　　一　报恩酬德类 ………………………………………………（486）

　　二　追荐救赎类 ………………………………………………（489）

　　三　节日庆典类 ………………………………………………（497）

主要参考书目 …………………………………………………（507）

后记 ……………………………………………… 魏道儒（529）

绪　言

从北宋王朝建立到鸦片战争爆发（960—1840），共计880年，经历的主要朝代有宋、辽、金、西夏、元、明和清代前中期，本卷叙述的就是这个历史阶段的佛教。

在这一历史时期，无论汉族统治者建立的王朝还是少数民族统治者建立的王朝，它们所形成的经济结构、政治结构和意识形态结构，它们采取的特定文化政策、宗教政策，它们具有的科技发展水平和面临的国际形势，都会不同程度地制约、影响佛教发展的方向和进程。

综观本期佛教，我们可以看到，在学说思想、信仰形态、修行方式和传教方式等方面，中国佛教都与域外佛教拉开了更大的距离。本期佛教所形成的政治品格、思想纲领、道德标准、民族特性，使中国佛教具有了更为鲜明的特点。

相对来说，重点考察宋代、元代和清代前中期的佛教，更有利于我们全面理解本期佛教的整体面貌和主要精神，更有利于我们深刻认识佛教从古代向近代的转型过程。

一

佛教经过隋唐五代的发展，建成了具有中国特色的佛教理论和实践整体框架，找到了最适合中国社会的佛教形态——禅宗。宋代佛教的成果，就是从派系构成和教理构成两方面形成了佛教新格局。就派系构成而言，宋代形成和存留下来的诸多佛教派系，奠定了以后千余年佛教派系演变的基础；就教理构成而言，对整体佛教遗产和以儒、道为代表的中国固有思想文化兼容并蓄而形成的综合禅学，基本奠定了此后中国佛学发展演变的基本范围。

促成佛教新格局形成的重要因素，来自经济、政治、意识形态、科举制度、科技发展等许多方面。

第一，经济方面。伴随着贵族官僚等级世袭占田制度在唐末五代的彻底瓦解，以购买土地为主的土地再分配形式逐渐流行，以出租土地实现财富增值的方式完全合法，由此实现了社会经济关系方面的变革。这种变化促进了佛教界对经济建设的重视，促进了佛教寺院经济的发展，也引起佛教内部的进一步分化。宋代商品经济更为繁荣和发达，商品经济也渗透到寺院经济中。宋王朝也比任何前代王朝都更注重运用经济手段对佛教进行调控，名目之多，前所未有。北宋中期以后，像鬻牒、出售紫衣和师号，向寺院和僧人征收各种税费等多种措施，逐渐丧失了控制和调节僧尼数量、协调僧团与社会各阶层关系的功效，成为国家弥补财政亏空、肆意搜刮的手段。这既助长了官僚机构的违法乱纪之风，也加剧了佛教僧团的腐败。

第二，政治方面。两宋王朝始终推行强化君主专制主义的政策，即便在北宋中期以后"外患"日益严重的情况下，对于防止地方势力过大、镇压农民起义、制止官吏专权也从来没有松懈过。宋王朝建立的专制制度对意识形态产生巨大影响。国家至上，君主至上，化作"忠君报国"的理想和呼唤，成为那个时代的最强音。两宋时期，把"忠君爱国"、"爱君忧时"等作为僧侣的美德，把振兴佛教视为"报国恩"，把树立佛教信仰（发菩提心）等同于树立"忠义之心"，已经不是个别僧侣的特殊见解，而是佛教界的思想纲领和道德标准。从宋代开始，爱国主义意识渗透到佛教的修行生活中，成为中国佛教界的优良传统。

第三，意识形态方面。宋王朝实行三教并举的方针，使思想界具有了宽松的环境，有利于新思想、新学说的产生。从宋代开始，三教的平等融合开始成为统治阶级、佛教僧侣和社会各阶层的共识。让三教从不同方面发挥善世利人、协调人际关系、维护王权统治的作用，已经是社会不同阶层的共同愿望，也是统治阶级所倡导的。在这种社会大背景下，佛教吸收儒家思想也进入了新阶段。宋代一些倡导儒释融合的代表人物，自觉把儒教的政治伦理观念作为佛教伦理体系的重要支柱、核心内容。沿着这条道路发展，宋代以后，三教在思想方面的冲突和斗争退居次要地位，相互借鉴、相互融合成为主流。到明清时期，三教之间更是出现了荣辱与共的命运联系。

第四，科举制度方面。宋代打破门阀贵族垄断、操纵科举的局面，取士范围更广、人数更多，从而造就了大批有文化的官僚士大夫群体。官僚士大夫倾心禅学的人很多，接受禅宗世界观、人生观和价值观的人很多，从各个方面支持禅宗经济发展的人也很多。宋代禅学的多途发展，宋代不同种类禅法的广泛流行，宋代禅宗新经典的大量涌现，都受到他们的推动。

第五，科技发展方面。雕版印刷佛教经典可以追溯到唐代，但是在宋代以前，还没有大规模刻印佛教经典总集性质的大藏经。五代以后，木版雕刻技术发展很快。随着印刷术的进步，自北宋开始，佛教经典大量印刷，佛教从写经流传时代过渡到刻印藏经的流传时代，这是具有重要意义的。北宋开宝藏的问世，标志着印刷大藏经开始取代手写大藏经。两宋历时悠久的五种大藏经的刊刻，对佛教经典的普及和流通，对雕刻、造纸、印刷等手工艺的发展，对加强与周边地区和民族的思想文化沟通交流，都具有重要的推动意义。从宋代开始，雕刻和印刷大藏经成为历代王朝的重要文化建设事业。从宋到清的大藏经刻印，规模之浩大、影响之久远，在古代世界印刷史上是绝无仅有的事情，其意义已经远远超出了宗教的范围。尽管此后手写佛经作为功德善举依然在社会各阶层流行，但是作为提供学习、研究之用的各类佛教典籍，毫无例外是以印刷本为主。

从汉代到隋唐，佛教的发展既受到中国固有思想文化和社会现实的制约，又与域外输入的佛教新因素息息相关。从宋代开始，以注解新译典籍进行理论创造的阶段基本结束。尽管宋代在译场组织、人员配备、译经种类和数量等方面都有值得重视的内容，但是所译经典对当时及其以后佛学发展演变的影响，几乎微小到可以忽略不计的程度。从北宋开始，中国佛教完全抛开对域外佛教的依傍，在中国社会特有条件的制约下，循着自身的内在规律独立发展。这也是从宋代开始的本期佛教的一个特点。

二

由少数民族统治者建立的辽、金、西夏和元王朝，在政治经济、民族宗教等方面的政策，都与宋代或明代有显著差别，从而对特定历史阶段的佛教发展演变产生了重要影响，直接制约着佛教僧众生活方式、修行方式和信仰内容的变化。相对来说，元王朝的民族等级制度和宗教政策，对于促使佛教的整体变化作用更大、影响更久远。

元王朝建立起一个幅员辽阔的多民族国家，基本上开拓出中华民族此后生息繁衍的疆域范围，为各民族地区的政治、经济趋于平衡发展，为多民族文化的相互融合，提供了必要的社会条件。正是在这种新的历史背景下，以多民族宗教空前大冲突、大融合为标志，中国佛教发生了不同以往的新变化，并且直接影响了以后明清两朝佛教的发展和演变。

成吉思汗和窝阔台时期，蒙古贵族就制定了平等对待各民族宗教信仰、允许多种宗教并存的政策。蒙元贵族进入汉地之初，基本遵循着这样的既定方针。宪宗蒙哥在保护各种宗教的基础上，开始侧重扶植佛教。至忽必烈时期，根据国内的政治形势和西藏地区的具体情况，元廷确定了依靠萨迦派、崇奉喇嘛教（藏传佛教）的宗教政策，直到元末都没有根本改变。当时受到蒙元统治者关注的宗教不少，有佛教、道教、儒教、伊斯兰教，也里可温（天主教）和术忽（犹太教）等。其中，只有佛教在蒙古、藏、汉等多民族中流行，具有多民族文化认同基础，其他宗教或哲学派系还不能发挥跨民族的文化认同纽带作用。毫无疑问，这就是蒙哥推出侧重扶植佛教的最重要原因。至于忽必烈崇奉喇嘛教，则更有着治理藏区的政治目的。

把佛教列在众多宗教的首位，把喇嘛教推到佛教中的至尊位置，在元朝统治集团这种直接干预下，传统的儒释道三教经历了重新定位和排序。儒学不仅被放置在佛教之下，而且也在道教之下，一般儒士更是倍受轻视、倍受冷落，连一般不通文墨的"俗子"都不如，正所谓"释氏掀天官府，道家随世功名，俗子执鞭亦贵，书生无用分明"。元代由此形成了有别于历代封建社会的独特意识形态结构，不仅对佛教信仰者，对整个社会各阶层的影响都是巨大的。

元王朝按照族别的不同和地区被征服的先后，把全国人民划分为蒙古、色目、汉人和南人四个等级，在任用官吏、法律地位以及其他权利和义务等方面，作出种种不平等的规定。在这种民族等级制度下，流行于不同地区的宗教首次被官方放置在有民族等级优劣划分的前提下来考察。尽管佛教被排列在诸宗教首位，但是，由于信奉佛教的汉族等级低下，相应的，汉地佛教在元代整个佛教体系中就处于最底层。汉地佛教一直以大乘佛教正宗自居，这本是足以让汉地僧人引以为自豪的，但至此也受到了前所未有的侮辱、冲击和挑战。在喇嘛教居统治地位的情况下，那些不堪忍辱的"汉僧"从修行思想到实践都发生了变化。他们往往主张退隐山林，不与统治者来往。

汉地佛教派系主体是禅宗，汉地佛学的核心是统摄了整体佛学的综合禅学，由于禅宗的大本营始终在南方，且南人的等级又最低，所以禅宗无论在整体佛教中还是在汉地佛教中，自然都成为最下等，尤其在元代前期最受歧视。在整个佛教中，蒙藏佛教受崇奉，汉地佛教遭贬抑；在汉地佛教中，教门僧侣受尊敬，禅门僧侣受贬抑。这是自从佛教传入中国之后从来没有过的现象。这种潜在影响一直在中国社会流行。

喇嘛教地位至上，其中的萨迦派又是最尊贵的一个支派，从而获得皇室的信仰，得到社会各阶层的尊崇，其修行方式盛行于宫廷，其信仰内容流传于中原和江南。萨迦派活跃于元代政治舞台上，发挥了多方面的积极历史作用。它帮助元廷在西藏地区建立了有效的行政体制，结束了大约四百年的分裂割据局面，实现了政治的统一。藏族地区作为一个整体进一步密切了与中央的关系，从而使藏区加强了与内地的经济、技术和文化相互交流与融合。另外，以喇嘛教为载体的藏族文化，在这个历史阶段才真正成为中华民族文化的有机组成部分。然而，当一种宗教或某一宗教派系具有了政治上最高地位时，其腐败程度也是触目惊心的，元代的萨迦派就是这样。无论是古代藏文典籍还是汉文史书，凡记载元代萨迦派者，无不痛斥其上层僧人在内地和藏区的横行不法、跋扈恣睢、乱政害民。

与喇嘛教的政治、宗教地位直接联系，元代出现了帝师制度，出现了既掌管全国佛教事务、又兼管藏地军政事务的宣政院这样的中央机构。元代佛教管理机构之繁多杂乱、设立和罢撤之随意、管辖范围之交叉重叠，都是此前的宋代和此后的明代所没有的。元代僧官的品级之高、权力之大，也是仅见于中国佛教史。

元朝统治者崇佛重在修功德、作佛事。从建寺造塔、赐田斋僧、写经印经、念经祈祷，到帝后受戒、受法，各种功德法事常年不断，几无虚日。一方面，耗费了惊人的人力、财力、物力；另一方面，造成了寺院经济的恶性膨胀。元代寺院经济不是与社会生产发展同步成长起来的，而是通过掠夺民田、接受赏赐、规避差税等方式在短时间内膨胀起来的，所以对社会经济造成了更大的危害。同时，经济实力的极度膨胀，也成为佛教内部孳生腐败堕落的温床。

由于元王朝的政治、经济、民族和宗教政策，佛教内部的派系结构和佛学的发展也经历了重组过程。元代政权巩固后，佛教中以喇嘛教的地位最高，是密宗的代表；在北方重点扶植天台、华严和唯识三宗，被称为"教门"。元代临济宗分为北南两支，差别是很大的。北方的海云印简一系，在蒙元统治初期，与统治者保持密切关系，积极参与政治，管理宗教事务。此系领袖人物在规劝蒙古贵族接受汉文化、鼓励他们以儒术治国等方面成效显著。此系始终被元代统治者树立为临济正宗，但是，他们在禅学上并没有任何建树。另外，北方的曹洞宗接续金代的发展，其状况与海云印简一系相似，主要弘法基地是河南嵩山少林寺。

南方禅宗均属临济宗，分别出自宗杲和绍隆两系。宗杲弟子育王德光之后，出现了灵隐之善和北磵居简两支；绍隆的再传弟子密庵咸杰之后，出现了松源崇岳和破庵祖先两支。这四支构成了南方临济宗的主流，也是整个元代禅宗的主体。它们总体可归为功利禅和山林禅两种类型。前者指以功利为目的，积极靠拢朝廷，凭借政治权势带动禅宗发展的派别，其代表主要有之善系和居简系，以及崇岳系的清茂、守忠等人。五山十刹，主要由这类禅师住持。后者则与此相反，大多数人山居隐修，不为世人所知；部分人活动于民间，影响很大，但拒绝应征，与朝廷官府的关系疏远，其最重要的代表是祖先系统。而无论哪个系统，在禅学上都主要继承宗杲的看话禅，并进行了若干调整。尤其是到元中叶以后，主张密、教、禅、律四宗统一以及禅净融合的浪潮在禅宗中逐渐高涨起来。

元代佛教的民族成分、派系结构、信仰思想和社会地位等都发生了巨大变化，与之相适应，中国佛教文化艺术的整体形态也在元代发生了里程碑式的巨变。其中变化最为剧烈、最醒目的一点，是以汉、藏、蒙古族为主的多民族佛教文化艺术在多方面、从多渠道发生碰撞、冲突和融合。多民族佛教文化艺术最终的相互借鉴、相互融通，也十分明显地表现在不同民族佛教文化艺术的兴衰起伏、表现形式等方面。元代的藏经刻印既有汉文本的又有少数民族文本的，元代的佛教艺术各门类既有汉族的创作又有以藏族、蒙古族为主的许多少数民族创作。元王朝虽然统治时间不长，但是藏族、蒙古族与汉族在佛教文化艺术方面的融合规模和程度是前所未有的，影响极为深远。

三

清王朝的宗教政策和宗教管理措施，到乾隆时代就基本定型了，以后没有大的变动。清王朝宗教政策的指导思想，是把维护专制皇权放在第一位，彻底清除任何宗教派别中有违于皇权至上的因素。这个政策的突出特点，是把儒释道"三教"与其他一切有秘密结社性质的民间教派严格区分开来，自觉把前者作为加强统治的思想工具，扶植多于限制，采取相对宽松的政策；明确把后者作为颠覆政权的力量，武力镇压多于思想诱导，采取严厉打击的措施。

有清一代，佛教始终是信徒最多、社会影响最大的宗教。在佛教事务管理方面，清王朝借鉴前代的经验和教训，又根据当时社会、政治、经济、文化的发展状况或推出新措施，或修改老章程，或终止旧法规。与前代相比较，清王朝的佛教事务管理目标明确、措施多样、调整频繁、变动巨大。

清王朝对建寺和度僧都颁布了法律条文，而且规定也比较细致。寺院分为国家建造和民间建造两种，都被纳入政府的统一规划和管理之下，限制比较严格。清代的僧道管理机构基本仿照明代建立，变动不大。在度牒管理、废除试经度僧制度等方面，清王朝做出较大变动，对佛教发展也产生了深刻影响。清王朝对佛教内部不同宗派或不同法门的变动情况格外重视，其中，干预较多的是清代前四帝。他们都是重点鼓励和支持律宗与净土宗，重点整顿和清理禅宗，放任教门诸派义学自生自灭。

即便与元代相比，清朝对藏传佛教的管理措施也更为细致。总的来说，清廷授予上层喇嘛以政教权力，鼓励喇嘛教在内地传播，但并没有引发元代那样从中央到地方的严重乱政扰民现象。宗教上层人士的教权，在协助中央管理地方上起了重要作用。同时，清廷通过编译四种文字对照的《大藏全咒》，通过在京城建立喇嘛教寺院等措施，强化了满、汉、藏、蒙古诸民族的文化认同意识。

从顺治到乾隆，佛教沿着明末开辟的方向继续发展演变。由于受到清王朝政治、经济和思想文化的制约，佛教也不断修正前进方向，调整内部结构。总的来说，佛教还保持着相当规模，在社会上还产生相当大的影响。尤其是禅宗，还一度保持兴旺局面。嘉庆以后，随着清王朝的内忧外患进一步加剧，官方已经无暇顾及传统宗教，佛教自身也进一步衰落，许多寺院逐渐成了流民的藏身之地。

总体观察，清代佛教有五个方面的特点值得关注。

其一，教门各派义学进入全面衰落期。

清代佛教界始终没有形成学习、研究佛教经典、探讨佛教理论的风气。谈得上对佛学有研究者寥若晨星。就佛教义学的总体情况言，尚不能与明代末年相比。除了个别华严学者还保持某些特点之外，其余的义学门类就没有特点可言了。

其二，佛教界在普遍淡化原有宗派隶属的同时，更重视师徒传承关系，从而使新形成的支派持续保持着旺盛的活力。

随着佛教内部各派思想融合的不断加深，在绝大多数情况下，宗派之别已经很难反映思想的不同。对于一般僧人而言，由于原有的宗派划分并没有高低优劣之别，所以出身于或临济或曹洞，或禅宗或教门，并没有什么重要意义。能够决定他们身份、地位以及是否赢得社会承认的一个关键因素，是他"嗣法阿谁"。也就是说，他是谁的弟子很重要，关键时刻会决定他在佛门的进退荣辱。同样因为重视师徒传承关系，有的宗师谨慎择徒，终生只认可一位嗣法弟子；有的宗师则辄有付嘱，网罗众多门徒。正是由于对师徒传承关系更为重视，许多佛教新支派发展起来，并且法脉延续久长，其影响至今还看得到。相对来说，唯有兴起于明末的如馨一系，在组织规模的宏大、法系传承的严整、社会影响的扩大等方面，全面超越前代律宗。

其三，禅宗诸派依然保持着传法系统，在组织规模上始终是佛教的主体。但是，从明末清初复兴起来的禅学逐渐丧失自己的特点，逐渐与其他佛学法门趋同。

明末山林禅宗复兴的浪潮在清初得到进一步发展，继续成为佛教的主体。就派系结构而言，临济和曹洞都有一定扩张，以江浙等地为主要基地，分别衍生出若干支派，弘化于南北各地。不同的支派，其禅学思想或宗风也不相同，或者推崇斗机锋、施棒喝，甚至呵佛骂祖，用极端狂放的方式表达自证自悟的教义，完全沿袭唐末五代的山林禅风；或者主张钻研语录公案，作拈古、颂古，继承北宋以来的传统；或者以参究话头为证悟正途，沿着南宋宗杲开创的禅学道路前进。随着清王朝政权的巩固，在社会趋于稳定的过程中，加上雍正的严厉整顿，山林禅和文字禅成为主流舆论批判的对象，逐渐趋于沉寂，唯有看话禅与净土思想融合，继续盛行于禅林。

其四，西方净土信仰、菩萨信仰和各种救赎性质的法事盛行于佛教界和社会各阶层，成为最有影响力的佛教信仰和实践。

进入清代以后，禅宗的唯心净土思潮逐渐失去号召力和感染力，传统弥陀经典宣扬的西方有相净土越来越兴盛。专弘西方净土的宗师比以前任何时期都多，并且在实践上不断有所创造。另外，专门弘扬西方净土的著名道场及其结社组织也随之涌现。纯粹的西方净土法门在普及过程中，逐渐取代禅宗法门，成为佛教界最流行的思潮，同时为越来越多的社会民众所接受。与此相联系，同样是寄希望于佛、菩萨拯救的各种救赎性质的忏仪法会流行于社会各阶层。这种现象表明，人们重视他力拯救远远超过重视自力解脱。

寺院中举行的法事活动，既是僧众的修行内容和生活内容，也是沟通僧团与社会各阶层联系的桥梁，一般社会参与程度高、影响广泛。有些比较重要的法事逐渐成为民间习俗的重要组成部分。清代佛教法事形式多样，在社会各阶层的影响远远超过前代。清代佛教寺院中举行的各种法事活动大多继承前代而来，内容有所变动，并且有地方特色。从举办各种法事的目的方面考察，可以大体把这些法事划分为报恩酬德类、追荐救赎类和有关佛菩萨的节日庆典类。清代的佛教法事活动集前代之大成，通过梳理这些法事的基本内容，可以对清代佛教有更为全面的了解，同时，也对前代的佛教法事有更清楚的认识。

其五，清代寺院的组织管理制度，可以说是汉传佛教长期发展的集大成管理模式，了解这方面的内容有助于更全面认识清代佛教。

寺院组织管理制度就是"丛林清规"中讲的"仪轨"，指寺院内部章程、管理制度、僧团修行生活规范和僧众行为准则等。仪轨主要行之于寺院内部，社会影响不大，许多具体活动内容甚至不为寺院之外的人所了解。在清代之前，这方面的材料也比较少，全面、细致了解比较困难，而了解清代的寺院组织管理制度则比较容易一些。总的来说，清代流行于丛林（寺院）中的组织管理制度主要承袭明朝佛教，但一些旧制度中又加添了新内容，一些新名目中仍保留着旧因素。在清代"丛林清规"方面的典籍中，组织制度方面的内容很多，也很烦琐，但是，真正有条件按这些规定执行的是极少数大寺院，对于绝大多数中小寺院来说，由于规模小、人数少、经济基础薄弱、僧众文化程度有限，是无法完全按《清规》的规定来进行管理和运作的。不同地区的一般寺院会根据自身的实际情况，参照《清规》的规定来建立自己的规章制度。在寺院的组织管理制度中，重要的有寺院僧职、剃度传戒、僧众规范、课诵安居等方面的内容。

本卷第三章"西夏佛教"由史金波先生撰写，本卷第一章第七节、第二章第二节和第四节、第四章第四节、第五章第五节、第六章第一节的第六部分由夏德美博士撰写，其余部分由魏道儒先生撰写；魏道儒负责全书统稿工作。本书部分章节吸收和借鉴了魏道儒所著《中华佛教史·宋元明清卷》的一些内容，特此说明。由于水平所限，书中错谬难免，敬请指正。

第一章　宋代佛教

第一节　两宋社会与佛教

宋王朝包括北宋（960—1127）和南宋（1127—1279），立国三百二十年。总的来说，宋王朝在政治、经济和思想文化等方面形成的新特点，宋代帝王的宗教政策，成为制约佛教发展演变的主要社会因素。

一　三教并举与佛教新特点

北宋王朝建立之后，推行了一系列加强皇权的措施，把军政财权高度集中于中央。防止地方势力复辟，镇压农民起义，制止官吏专权，强化君主专制主义的中央集权，始终成为两宋王朝在政治方面的基本国策。宋王朝建立的专制制度，对意识形态产生了巨大影响。国家至上、君主至上，化作"忠君报国"的理想和呼唤，成为那个时代的最强音，也是逐步被社会各阶层认可的思想纲领和道德标准。这些对宋代佛教思想的变化产生了持久而深刻的影响。

为防止因官吏擅权而削弱君权，宋廷进行了削弱和分散官僚权力的行政改革，在任用官吏上实行了官与职殊、名与实分的制度。这些措施很快造成官僚机构臃肿膨胀，人浮于事，从而造成了历史上少有的在职加赋闲的官僚阶层。这样一来，统治阶层中的大量干才时时受到各种牵制。官场风云的变化莫测、宦海沉浮的不能自主，都促使官僚士大夫到佛教中寻找精神寄托。宋王朝各级官员绝大多数是科举出身，文化修养良好，这些官僚士大夫成为佛教发展演变的重要社会力量，他们的精神需要对于佛学各分支的兴衰变化起到重要作用。宋代禅学的持续兴盛，各种禅学新思潮的兴起，大都与士大夫的参与有关系。无论有退隐之志的官僚，还是有佛教信仰的士人，都很愿意与文化僧人交往，都积极参与佛教文化艺术事业。正是在这种环境中，宋代佛教文化艺术的各门类发生了令人耳目一新的变化，具有了新风貌，形成了新特点。

唐末以后，贵族官僚等级世袭的占田制度无法维持，宋代地主基本以购买土地的方式扩大土地占有，以出租土地榨取实物地租的方式实现财富增值。这是宋王朝地主阶级对农民阶级在剥削形式方面发生的重要改变，是宋王朝在社会经济关系方面的一个重要变化，其社会影响是深远的。伴随着土地再分配的合法进行，土地买卖和兼并不断加剧。这种经济方面的变化也直接影响到了佛教，促使佛教寺院经济膨胀，促使佛教界的上层人士重视经济建设，从而引起佛教内部的分化。在佛教最大派别的禅宗中，部分禅师取代过去法师和律师的社会政治地位，迅速贵族化，并且成为可以影响佛教发展的力量。与此同时，佛教界和士大夫阶层批判违律破戒，倡导加强僧众道德修养的声音也不断高涨，逐渐成为潮流。宋代佛教界把儒家的纲常名教和佛教传统戒律结合起来，共同作为道德建设的准则和基本内容，这对后代佛教产生了持久的影响。

在整个两宋历史上，绝大多数帝王都奉行三教并举的宗教政策，其间虽然有两次小的波折，但没有改变大的方向。从北宋真宗开始，朝廷在明确把儒教作为统治思想的同时，积极提倡佛教，宣扬信奉道教。南宋孝宗在《原道辩》中对三教关系的系统表述，可以代表宋代绝大多数帝王的思想：

> 朕观韩愈《原道》，因言佛老之相混，三教之相绌，未有能辩之者，且文繁而理迂。揆圣人之用心，则未昭然矣。何则？释氏专穷性命，弃外形骸，不著名相，而于世事自不相关，又何与礼乐仁义哉！然尚立戒，曰不杀，曰不淫、不盗、不饮酒、不妄语。夫不杀，仁也；不淫，礼也；不盗，义也；不饮酒，知也；不妄语，信也。如此，于仲尼夫何远乎？……三教末流，昧者执之，自为异耳。夫佛、老绝念无为，修心身而已矣，孔子教以治天下者，特所施不同耳，譬犹耒耜而耕，机杼而耕。后世徒纷纷而惑，固失其理。或曰：当如之何去其惑哉？曰：以佛修心，以老治身，以儒治世，斯可也。其唯圣

人为能同之，不可不论也。①

孝宗通过对唐代韩愈《原道》中反佛排佛言论的批判，指出佛教的五戒与儒家的五礼本质上是一致的；通过批驳三教相异的言论，提出了三教的分工论。孝宗是从伦理观方面寻找三教融合的契合点，从论证三教各有分工的方面提出解惑方法。他的这些言论完全都是重复北宋僧人的陈词滥调，并没有一丝一毫的新见解。如此论述，竟然还以融合三教的"圣人"自诩，从三教融合理论历史发展过程来看，自然显得十分可笑。但是，与此前的历代帝王相比，他所倡导的又完全是顺应思想文化发展潮流的理论。因此，让三教从不同方面发挥治世利人、协调人际关系、维护王权统治的作用，实际上已经是社会各阶层共同的意愿，是统治阶级的追求。

宋王朝强调三教都有维护统治秩序的功能，都有维护社会稳定的功能，长期坚定贯彻三教并举政策，使思想界具有了宽松的环境，有利于新思想、新学说的产生。从宋代开始，三教的平等融合，开始成为统治阶级、佛教僧侣和社会各阶层的共识。无论是在儒家人士中还是在文化僧侣中，都出现了三教融合的新理论和新实践。理学的产生，也离不开这种三教融合的高潮。就佛教而言，吸收儒教、道教的思想进入了新的阶段，并且成为后世的典范。特别是儒教的政治伦理观念，开始被公认为是佛教伦理体系的重要支柱。从此以后，三教在思想方面的冲突和斗争退居次要地位，并且逐步建立起荣辱与共的命运联系。

总的来说，宋王朝大多数统治者对如何治理佛教有着清醒的认识，他们把佛教管理纳入整个国家管理的总框架中来考虑。宋王朝借鉴了前代各种佛教政策的得失利弊，基本上倾向于对佛教进行适度限制。也就是说，宋王朝对佛教既不盲目崇奉，也不过分抑制；既不使其经济实力过度膨胀，又不使其完全萎缩。就中央朝廷治理的重点而言，其一是避免僧侣人数的大起大落，其二是防止寺院经济实力的过度膨胀。

北宋太祖在强调发挥佛教维护社会政治稳定功能的同时，又注重消除其可能引发的负面影响。宋太祖即位数月，便解除了后周世宗显德年间

---

① 上引均见（南宋）晓莹《云卧纪谭》卷下，《新纂卍续藏经》第 86 册，第 671—672 页。

（954—959）的废佛令，并普度童行八千人，以此作为稳定北方局势和取得南方吴越等国归顺的重要措施之一。但是，太祖并不是要把当年毁弃的佛寺全面恢复，他在建隆元年（960）六月诏书中说："诸路州府寺院，经显德二年停废者，勿复置；当废未废者，毁之。"① 对于可能引起社会动荡的佛教活动，太祖则积极干预，防患于未然。开宝八年（975）诏令禁止在举行灌顶道场、水陆斋会等法事中于夜晚聚集士女，认为这些活动"深为亵渎，无益修持"②。

宋太祖采取多种保护和扶植佛教的措施，表面上看是仿效唐代帝王的故事，实际上是与当时的具体情况分不开的。例如资助出国求法、建筑寺塔，都与开发西北边疆、争取南方地主阶级的支持等政治目的结合起来，收到了良好效果。对于公开倡导反对佛教者，要作出严厉惩罚。河南进士李蔼作《灭邪集》反佛，太祖认为他是"非毁佛教，诳惑百姓"，将其流配沙门岛。

太宗认为："浮屠氏之教，有裨政治。……朕于此道，微究宗旨。"③

真宗是有宋一代帝王中大力倡导三教并举的代表，他在撰写《崇儒术论》的同时，又作《崇释论》，认为佛教与孔孟"迹异而道同"。但是，当有人建议修复早在会昌年间遭到破坏的龙门石佛时，他明确表示反对，认为"军国用度，不欲以奉外教，恐劳费滋甚也"④。真宗绝对不容许在这方面耗费人力财力。

南宋高宗曾指出："朕观昔人有恶释者，欲非毁其教，绝灭其徒；有善释氏，即崇尚其教，信奉其徒。二者皆不得其中。朕于释氏，但不使其大盛耳。"把佛教发展规模控制在一定程度之内，"不使其大盛"，这是在总结历代佛教政策经验和教训的基础上得出的结论，不仅反映了宋代绝大多数帝王的观点，也是对宋太祖以来佛教政策的概括，可以说是两宋佛教政策的一个显著特点。

对佛教僧尼人数的控制，突出反映了宋王朝"不使其大盛"的治理原则。北宋建国之初，官方掌握的各地僧徒数量较少，大约 68000 人，这

---

① （南宋）李焘：《续资治通鉴长编》卷一，《景印文渊阁四库全书》第 314 册，第 49 页。

② 《宋大诏令集》卷二百二十三《禁灌顶道场水陆斋会夜集士女诏》，中华书局 1962 年版，第 861 页。

③ 《续资治通鉴长编》卷二十四，《景印文渊阁四库全书》第 314 册，第 355 页。

④ 《续资治通鉴长编》卷六十五，《景印文渊阁四库全书》第 315 册，第 55 页。

是宋代三百余年历史上的最小数字，可能与当时统计不精确有关。到太宗时，有僧尼 24 万人。真宗天禧五年（1021），有僧 397615 人、尼 61239 人，这是宋代僧尼的最大数量。从仁宗天圣年间（1023—1032）开始，鉴于佛教僧尼人数长时间居高不下，大臣不断提出裁汰僧尼之议。天圣四年（1026）正月，宰臣张知白在上奏中提出了僧人聚众为盗，危害社会的情况："臣任枢密日，尝断劫盗，有一火（伙）之中，全是僧徒者。"仁宗对此奏的批示是："自今，切宜渐加澄革，勿使滥也。"① 然而，短时期内朝廷的整顿措施显然收效甚微，至少没有起到削减僧尼人数的作用。根据景祐元年（1034）统计，仍然有僧 385520 人、尼 48740 人。② 仁宗朝野上下抑制佛教的声浪持续高涨。张洞奏，"今祠部帐至三十余万僧，失不裁损，后不胜其弊"，于是，"朝廷用其言，始三分减一"③。除了减度僧 1/3 之外，还下令毁天下无名额寺院。从此以后，僧尼数量直线下降。到神宗熙宁元年（1068），有僧 220761 人、尼 34037 人。④ 此后僧尼人数一直稳定在 20 万左右。南宋高宗绍兴二十七年（1157）公布，有僧尼 20 万人。⑤

在宋代历史上，对佛教产生比较直接和强烈影响的宗教政策变动，是宋徽宗推行的排佛崇道之举，这也是宋代历史上唯一一次引起佛道斗争的事件。宋徽宗崇信道教，并力图用道教神化自己的政权，于晚年推行佛教道化的措施。他自号"教主道君皇帝"，于宣和元年（1119）下诏说，佛教属于"胡教"，虽然"不可废"，但仍为中国"礼仪之害"，所以"不可不革"。于是改"佛号大觉金仙，余为仙人、大士之号；僧称德士，寺为宫，院为观，即住持之人为知宫观事"⑥，还下令僧尼蓄发、顶冠、执简，完全按道教改造佛教，希望以此泯灭佛道的差别。这些措施虽然实行的时间不长，但对佛教还是产生了相当程度的影响。它促使一些禅僧引道

---

① 上引均见（清）徐松：《宋会要辑稿·道释一》，中华书局 1957 年版，第 200 册，第 7881 页。

② 《宋会要辑稿·道释一》，中华书局 1957 年版，第 200 册，第 7875 页。另见《佛祖统纪》卷四十五，《大正藏》第 49 册，第 409 页。

③ （元）脱脱：《宋史》卷二九九《张洞传》，中华书局 1977 年版，第 28 册，第 9933 页。

④ 《宋会要辑稿·道释一》，中华书局 1957 年版，第 200 册，第 7875 页。

⑤ （南宋）志磐：《佛祖统纪》卷四十七，《大正藏》第 49 册，第 426 页。

⑥ 《宋大诏令集》卷二百二十四《佛号大觉金仙，余为仙人、大士之号等事御笔手诏》，中华书局 1962 年版，第 868 页。

教人禅宗，形成了禅学发展中的另一支流。其中最显著的是把修禅与道教的胎息、长生等联系起来，将修禅的目的归结为长寿永年、羽化升天；同时用道教的观点解释禅宗史上的神话，使佛教屈从于道教。

宋光宗之后的诸帝，基本沿袭前朝的宗教政策，对佛教和道教既扶植又限制。在对佛教的具体管理措施方面，也主要是因循旧法，没有什么创新。南宋王朝财政情况每况愈下，而佛教寺院经济还有一定的活力，因此朝廷特别重视运用经济手段调控佛教。北宋以来实行的鬻牒、出售紫衣师号、征收寺院田产税、向僧人征收"免丁钱"等措施仍在执行，并在各地的执行过程中有逐渐加强的趋势，这就促使寺院普遍重视生产经营和经济效益；需要专靠国家供养的佛教义学在南宋境内进一步衰落。这样，佛教在元代表现出的南禅北教格局，在宋金对峙时代已经酝酿成熟了。

随着南宋政权的稳定，江南地区的禅宗也逐步形成了一些稳定的聚集地。国家为了加强对禅众的管理，采纳了史弥远的建议，确定了"五山十刹"的禅寺划分，"五山"在杭州的有径山兴圣万寿寺、北山景德灵隐寺、南山净慈报恩光孝寺，在宁波的有太白山天童景德寺、育王山雪峰广利寺。"十刹"是杭州的中天竺天宁万寿永祚寺、湖州的道场山护圣万寿寺、温州的江心龙翔寺、金华的云黄山双林寺、宁波的雪窦山资圣寺、台州的天台山国清教忠寺、福州的雪峰山崇圣寺、建康的蒋山兴国寺、苏州的万寿山报恩光孝寺和虎丘山云岩寺。这些禅寺实际上是传禅中心，也是国家用以控制整个丛林的枢纽，也为以后元明等朝所沿袭。南宋时期，禅宗的对外传播，主要以这些寺院为基地。而外传的宗派则主要是临济宗。

二　管理机构与管理措施

宋王朝在设置宗教管理机构方面，在制定具体宗教管理措施方面，都是既注重参考唐五代的某些做法，又针对当时的社会情况做出若干调整，相继制定出不同于前代的配套措施。与唐五代及其以前相比，宋代制定的佛教事务管理办法更少随意性，更具备系统化和制度化的特点。不过，随着北宋中期之后内忧外患的加剧，北宋前期制定的一些适度调控佛教的规定往往不能有效贯彻和实施，有些制度逐渐徒具空文。特别是一些经济调控措施发生了质变，演化为转嫁政府财政危机的手段，对佛教的负面影响越来越大。

（一）中央和地方管理机构

北宋王朝建立之初，主要是参照唐五代的情况建立宗教管理机构。到北宋中期以后，无论是管理机构还是管理措施，都开始有做大的调整。这种调整的展开，有的是为了适应国家政治制度、经济制度和社会形势变化的需要，有的是根据佛教自身变化采取的相应的新措施。

在两宋历史上，始终没有建立一个专门管理宗教事务的最高权力机构，宗教事务往往是由某一个中央政府部门兼管，是其众多职权中的一部分。两宋管理宗教事务的中央政府机构，曾经历了几次变更。元丰年间（1078—1085）官职改革之前，宗教事务主要由功德使负责。其他有关部门，如鸿胪寺、祠部等也配合管理某些相关事务。建隆二年（961）七月，太祖派其弟光义为开封府尹，并兼功德使，有取缔僧道的权力。[①] 可见，宋朝廷一开始就重视宗教行政管理。这种安排，与后周世宗在登基前曾担任过开封府尹兼功德使有关。宋王朝建立初期，与后周灭佛时间相距不远，佛教被认为是可能导致社会动乱的一个潜在因素，所以引起高度重视。北宋局势稳定之后，功德使的作用就自然消弱了。元丰之后到北宋末年，主要由鸿胪寺管理宗教事务。南宋时，鸿胪寺并入礼部，祠部成为管理宗教的主要权力机构。

无论是北宋的功德使、鸿胪寺，还是南宋的祠部，作为其职权一部分的佛教事务，主要是督管左右街僧录司，处理僧尼试经出家、受戒得度、度牒发付和僧官迁补等事情。由于有些宗教事务涉及面较广，往往是众多机构分工负责，协调处理。例如，僧尼度牒，从申请、制造，到确定种类、发放数量以及办理发放手续等，都不是某一个机构所能决定的。即便在北宋初，功德使也并不是能够管理所有佛教事务。赞宁指出北宋初年的情况："至今大宋，僧道并隶功德使，出家乞度，策试经业，则功德使关，祠部出牒，系于二曹矣。"[②]

直接管理佛教事务的僧官机构，在中央有左右街僧录司，在地方的各州有僧正司。契嵩曾提道："唐革隋则罢统而置录，国朝沿唐之制，二京

---

① 《宋会要辑稿·职官三七》，中华书局 1957 年版，第 80 册，第 3136 页。另见《佛祖统纪》卷四十三，《大正藏》第 49 册，第 396 页。

② （北宋）赞宁：《大宋僧史略》卷中《管属僧尼》，《卍续藏经》第 88 册，第 450 页。

则置录,列郡则置正。"① 因此,北宋王朝在首都开封府和西京河南府都设立了僧录司。两宋僧录司先后由功德使、鸿胪寺、祠部直接管辖。僧录司中的僧官排序是:僧录、副僧录、讲经首座、讲论首座、鉴义等。僧录司的职权范围很广泛,可以参与包括寺院内部事务管理以及与政府交往的各种活动,例如参与试经拨度、寺额赐授、住持任命、颁赐紫衣师号、僧尼簿籍管理,等等。至于僧尼个人的剃度、出家、受戒、出行以及有关修行生活各个方面的问题,主要由僧录司处理,政府机关是不过问的。

在两宋时期,担任僧官者以处理日常事务为主。即便是担任僧官之首僧录的僧人,也罕有在佛教史上产生较大影响者。② 宋真宗以后,政府曾尝试过多种方法选拔中央僧官:或从诸寺住持中选拔优良者,或通过经论考试遴选,或规定后选僧官的年龄、僧腊等,或由达官、内臣推荐。选拔方法的不断变化,不仅反映了朝野官员对僧官的不满意,同时也反映了宋王朝相当多的官员对选任僧官重视不够。治平二年(1065),中书朝官与内臣宦官为推荐两街僧官发生争执,欧阳修奏曰:"补一僧官,当与不当,至为小事,何系利害?但中书事已施行,而用内降冲降改先朝著令,则是内臣干扰朝政,此事何可启?"③ 因此,有关官员对选僧官的态度,也在一定程度上决定着被选拔者的素质。

宋代的地方僧官制度是继承唐代,各州设置僧正司,有僧正一名,其下有副僧正、僧判等。赞宁曾指出:"今天下每州置一员(指僧正),择德行才能者充之,不然则缺矣。"④ 选派僧正宁缺毋滥,可见对地方僧官的重视。在佛教比较兴盛、僧尼比较多的南方温州、杭州、台州、湖州、处州、明州等地,僧正之上还设立了都僧正一职。另外,在五台山沿袭唐

① (北宋)契嵩:《辅教编》卷中,《大正藏》第 52 册,第 658 页。

② 根据《宋高僧传》《佛祖统纪》等书统计,太祖、太宗时担任僧录者有道深(见北宋赞宁《宋高僧传》卷七《传章传》,《大正藏》第 50 册,第 751 页),神曜、可朝、省才(上三人见《佛祖统纪》卷四十三,《大正藏》第 49 册,第 398、400、401 页),真宗时有赞宁(见《佛祖统纪》卷四十四,《大正藏》第 49 册,第 402 页)、澄远(见《宋史》卷 466《周怀政传》第 39 册,第 13616 页)。仁宗之后到神宗有重询(见《续资治通鉴长编》卷 114,《景印文渊阁四库全书》第 315 册,第 747 页),智林(见《佛祖统纪》卷四十五,《大正藏》第 49 册,第 412 页),方谏、法宝(二人见《新版参天台五台山记》第四卷,王丽萍校点,上海古籍出版社 2009 年版,第 302 页)等。

③ 《续资治通鉴长编》卷二百六,《景印文渊阁四库全书》第 317 册,第 422 页。

④ 《大宋僧史略》卷中《立僧正》,《卍续藏经》第 88 册,第 447 页。

代制度，设置了十寺僧正司。僧正司直接隶属于本州政府，管理本州的佛教事务。地方的僧官机构，是沟通官方与僧众的桥梁。在宋代，还没有建立起与行政建制相配套的地方僧官机构。

（二）僧帐和度牒制度

随着宋代户籍制度的发达，对人口的统计比前代更为精确。与此相应，宋王朝对僧尼人口普查的次数之多、统计之精确，不仅超过前代，也为后代所不及，这无疑标志着宋王朝在佛教事务管理方面的一个进步。在特定历史时期，僧尼的数量及其增减变化，一定程度上可以反映佛教本身的盛衰，反映佛教社会作用和影响的强弱，也间接表明了统治集团对佛教的态度。

籍帐是记录僧尼、沙弥、童行数量和其他基本情况的簿籍，也简称"僧帐"①。宋代所造的僧尼籍帐主要参照后周，对造帐、稽查和管理的各个环节都有详细规定，以便官方能够准确、及时掌握佛教僧众的变动情况。宋王朝每年对佛教人数普查统计一次，制作所谓"刺帐"，记录本年度僧尼、沙弥、童行的人数变动情况。每三年造"全帐"，记录各寺院僧尼、沙弥、童行的数量、法号、年龄、籍贯、俗姓以及出家、剃度、授戒师傅和时间等。造帐过程是从最基层的寺院开始，每年四月十五日前，诸县将辖区内各寺院上报的簿籍汇总，然后上报到州。诸州再进行汇总整理后，制成三份僧帐，地方州军自留一本，另外两本于五月底以前分别呈交祠部和上奏皇帝。

这种由寺院到朝廷逐级完成的僧帐，是政府制定多项整顿佛教措施的重要依据。首先，它是作为沙汰非法出家者的一个重要凭据。如果在检查中发现籍帐上没有登记名字的僧尼，各州县可以勒令其还俗。其次，政府通过全帐或刺帐记录的僧尼数量，制定每年各州乃至各寺院剃度童行的数量。最后，僧帐可以作为控制僧众人数的依据。如果发现僧帐显示全国僧尼数量过多，可以依此为基准削减。

尽管有一套统计僧尼数量和稽查僧尼基本情况的措施，但是所造籍帐也并不能完全准确反映僧尼的真实数量。这首先因为僧帐并不包括私度的僧尼，对于这部分人，政府除了发现之后令其还俗之外，并没有其他有效

----

① 根据《佛祖统纪》卷五十四，僧帐制度开始于唐开元十七年，参见《大正藏》第49册，第472页。

的管理办法。另外，随着北宋中期以后鬻牒成风，空名度牒逐渐泛滥，僧
帐制度就更不能反映真实情况了。

度牒，是朝廷颁发的证明僧尼合法身份的文字凭证，其发放开始于唐
玄宗时期。官方颁发度牒的直接目的，是防止民众通过私自出家逃赋税和
兵役，防止罪犯入寺为僧，聚众造反，扰乱社会治安。另外，政府通过调
节度牒发放时间和数量，可以掌握和控制佛教的规模。对佛教僧团本身来
说，度牒制度也是整顿僧团秩序的一种手段。围绕度牒发放，宋王朝不断
推出各种调控措施。在宋代历史上，度牒对佛教界及其社会各阶层所产生
的广泛而深刻的影响，是宋代以前和以后都没有过的。

北宋管理度牒的部门主要是祠部和少监府，前者负责发放，后者负责
制造。绍兴五年（1135），曾因文思院所造度牒供不应求，下令诸路转运
司制造。由于度牒发放与僧籍管理、试经剃度以及财政收支有关，所以礼
部、户部以及不属于政府行政机构的僧录司也参与某些活动。北宋时期，
度牒是用黄纸印制，南宋改用绫绢，一般也称为绫纸。

宋代对发放度牒程序、度牒样式等都有具体规定。一般的程序是：各
地方组织申请出家者考试佛教经典，如同科举考试一样。然后把合格者具
名造表呈报祠部，祠部根据实有人数分别填写度牒，发放到原呈报地区，
再由官吏送达本人。另外，一些大寺院也可以根据实有名额具名呈报祠
部，得到由祠部填写了具体人名的拨放度牒后，再逐一发放到本人手中。
祠部发放的这些度牒称为“记名度牒”，其上填写了出家者的籍贯、年
龄、法名、剃度师、所属寺院等内容，不得转让或者买卖。

严格发放这种记名度牒，可以起到控制出家人数量、防止不符合条件
者进入佛门的作用。把度牒发放权完全掌握在政府手中，严格遵守这些法
律条文，既符合国家利益，也有利于僧团内部的稳定。对于通过私下买卖
度牒而出家者，宋廷是严令禁止的。真宗咸平五年（1002）十月规定：
“诏天下有窃买祠部牒，冒为僧者，限一月于所在陈首，释其罪。违者论
如律，少壮者隶军籍。”① 北宋初期，颁发度牒是出于政治考虑而不是经
济考虑，这种政策与试经度僧的措施相联系，目的在于保证出家人具有一

---

① 《续资治通鉴长编》卷五十三，咸平五年十月，《景印文渊阁四库全书》第 314 册，第
712—713 页。《宋会要辑稿·道释一之十八》次年五月又重申禁令，中华书局 1957 年版，第 200
册，第 7877 页。

定的佛学素养和道德品质，使佛教僧众能够有效发挥教化人们遵纪守法、弃恶从善的作用，也就是"有裨政治"、"善世利人"的作用。

北宋初年，尽管发放度牒只是象征性收取费用，但仍然有人提议实行免费发牒。太平兴国二年（977），工部郎中侯陟上奏："祠部给僧尼牒，每通纳百钱于有司，请罢之。"① 由于度牒是有价证券，官吏从中牟利就不可避免。太平兴国八年八月诏曰："先是祠部给僧尼牒，并传送诸州长吏亲给，如闻吏缘为奸，募人以缗钱市取，齐以至外郡卖焉，得善价即付与之。"② 这样一来，购买度牒者所付的价格就与祠部制定的价格不符。

从唐代开始，朝廷就出卖不记名的所谓"空名度牒"，以解决财政困难问题。在唐代，这种鬻牒还只是极个别现象，但到北宋中期以后，随着官僚机构的膨胀、军费开支的增加、外敌侵扰频繁、财政支绌日趋严重，鬻牒逐渐成为国家弥补财政亏空的重要手段，使发放度牒失去了控制和调节僧尼数量的功效。"空名度牒"③ 的出现，使发放度牒的目的发生了质变。

北宋神宗以后，各地方每遇修城浚濠、治河筑岸，乃至籴米赈灾、筹措军费等，就奏请朝廷，让祠部发放空名度牒。在这种情况下，许多出资购买度牒者，往往不是因为有佛教信仰寻求出家，而是借出家为名以隐藏财产，逃避赋税和兵役。

到了北宋后期，朝廷甚至一度把度牒作为货币使用。崇宁五年（1106）三月二十七日，诏川峡和买，"以交子、度牒充折买价，致细民难以分擘，货卖皆被豪右操权，坐邀厚利，民间颇以为扰"④。滥发度牒，甚至成为造成南宋初年某些地区出现"钱荒"的原因之一。绍兴十一年（1141）八月十三日，有大臣指出："近时籴本，例多抛降度牒、绫纸之属，漕行之郡，郡行之邑，未免强率于民。今湖南钱荒已甚，若继之以

---

① 《续资治通鉴长编》卷十八，太平兴国二年春正月癸亥条，《景印文渊阁四库全书》第314册，第266页。

② 《宋会要辑稿·职官一三》，中华书局1957年版，第67册，第2672页。

③ 关于度牒的历史，参见《大宋僧史略》卷下，空名度牒始于安史之乱，《大正藏》第54册，第252页。

④ 《宋会要辑稿·食货三八》，中华书局1957年版，第140册，第5469页。

此，其何以堪！"①

南宋孝宗时，为抑制僧尼人数过快增加，朝廷大幅度抬高度牒价格。绍兴初年，每道度牒官价一百二十贯，绍兴三十年（1161）增加到五百贯，②孝宗淳熙十四年（1187）又增加到七百贯。③在官方不断提高度牒价格的同时，民间度牒买卖中的实际价格却下降了。绍兴六年（1136）四月九日，尚书省言："盖给降度牒，许人进纳官中，旧价百二十贯，民间止卖三千，稍能图例，便行披剃，谁肯勤试经。"民间度牒之所以便宜，是各地方官吏为了牟利而非法出售修改了内容后的亡僧度牒："州县人吏卖亡僧度牒，与僧行洗改重行。"④利用度牒差价牟利，助长了官僚部门的违法乱纪之风。由于有钱就可以买到度牒，严重挫伤了申请出家者勤习经典以备应试的积极性，僧众的佛教修养自然得不到保证。南宋后期，度牒被直接当成军费发放。宁宗嘉定十一年（1218），"以度僧牒千给四川军费"⑤。总之，从北宋神宗开始直到南宋灭亡，以度牒弥补国家财政亏空，始终是王朝的经常性措施。

宋王朝在出售度牒的同时，还出售紫衣和师号。赐紫衣和师号，都是帝王对有特殊贡献的僧人，或对硕学大德的奖励。僧人的衣服本来只有"赤黄黑青等色，不闻朱紫"，按照中国的传统，"赐人服章，极则朱紫"⑥，从武则天开始，对那些有特殊贡献的僧人赏赐紫衣，后代沿袭这种做法。"赐师号"是指帝王给僧人赏赐名号，与赐紫衣的作用是相同的。赐师号源于南朝梁武帝，当时只有某师之号。赐号中有"大师"二字，开始于唐懿宗时期。北宋初年，赐紫衣和师号往往同时进行，都是不收费的。据赞宁记载，"开宝至太平兴国四年以前，许四海僧人殿廷乞比试三学，下开封府功德使差僧证经律论义十条，全通赐紫衣"和师号。此后，赐紫衣师号改为由推荐产生。在皇帝诞辰节时，由亲王、宰辅、节度使至刺史上表推荐僧道获紫衣和师号；另外，两街僧录、道录司可推荐僧道进入内廷接受紫衣师号，分别称为"帝前师号"和"帝前紫衣"，这

---

① 《宋会要辑稿·食货四十》，中华书局 1957 年版，第 141 册，第 5520 页。

② 《宋会要辑稿·食货四十·市籴粮草》，中华书局 1957 年版，第 141 册，第 5525 页。

③ 《宋会要辑稿·食货四十一·和籴》，中华书局 1957 年版，第 142 册，第 5545 页。

④ 《宋会要辑稿·道释一》，中华书局 1957 年版，第 200 册，第 7886 页。

⑤ 《宋史》卷四十，中华书局 1977 年版，第 3 册，第 769 页。

⑥ 《大宋僧史略》卷下《赐僧紫衣》，《卍续藏经》第 88 册，第 453 页。

是荣誉规格最高的一种。① 由于获得紫衣师号从考试过渡到推荐，也就助长了僧道为获得紫衣师号而奔走于权贵之门的风气。

从北宋中期开始，紫衣师号开始和度牒一样可以出卖。无论僧人道德才学优劣，也无论名望高低，只要出钱就可以买到。熙宁四年（1071）十二月二十四日，"赐河北转运司度僧牒五百，紫衣、师号各二百五十"，② 用于修筑河流。另外，所赐师号的字数多少不同，价格也不一样，在这方面也有规定。例如，建炎二年（1128）十一月，"敕卖四字师号，价二百千"③。

为了调动僧人抢购紫衣师号的积极性，解决政府的财政困难，南宋理宗时的岳珂（1183—1234）公开主张，没有紫衣师号者不能担任寺院住持，就像没有官品不能差注任职一样。这项建议居然得到有关方面的采纳。"朝省因总领岳珂奏：乞降紫衣师号二等，赐金环象简并四字禅师法号，以住太（大）寺观，每赐服师号绫纸出卖三百缗，仍附品官条制，非有官不得差注，非有赐服不得住持。"这种规定引起许多僧人反对。嘉熙年间（1237—1240），双杉元禅师上书指出："近世货赂公行，求为住持者，吾教之罪人。"可见行贿以求住持的现象已经很普遍，如果再加上只有获得紫衣师号者才能任住持，那么"嚣顽无赖之徒皆以贿进，何以整齐风俗？""况僧道非能自出己财求为住持，必将取之寺观。师徒相残，常住心坏"。这样造成的后果，就是"师废则正法微，正法微则邪法炽，以清净之门而为利欲交征之地，非国家之福也"④。总之，出卖度牒和紫衣师号之类，无论对佛教团体还是对国家都有很大的弊端。

南宋高宗时期，鉴于滥发度牒造成僧道人数失控，便一度下令停发度牒。但是，为了挽回这项措施带来的政府经济损失，宋王朝又于绍兴十五年（1145）"敕天下僧道，始令纳丁钱，自十千至一千三百，凡九等，谓之清闲钱。年六十已上及残疾者听免纳"。这种"清闲钱"也叫"免丁钱"，是南宋王朝向僧道开征的新税种，按人头摊派，加重了出家人的负担。而在度牒重新开始出售之后，这种宗教界的人头税并未停征。免丁钱

① 《大宋僧史略》卷下《赐师号》，《卍续藏经》第88册，第545页。
② 《宋会要辑稿·方域一四》，中华书局1957年版，第192册，第7557页。
③ 《佛祖统纪》卷四十七，《大正藏》第49册，第423页。
④ 上引均见（南宋）圆悟《枯崖漫录》卷下，《卍续藏经》第87册，第43页。

原本有中央指定数额，但各级地方政府在实际征收过程中，逐渐出现了新情况。南宋中期的志磐曾指出："今州家征免丁，则必举常年多额以责之，而不顾僧之存亡去住。既又欲以亏额均赋诸寺者，其为患皆此类。尝考郡志云：僧道免丁岁无定额。官吏曾不省。"①

当出卖度牒、紫衣、师号等成为弥补财政亏空的经常性经济措施时，宋王朝从经济方面调控佛教的措施就变成了对佛教僧人的搜刮手段，既助长了官僚机构的违法乱纪之风，也加剧了佛教僧团的腐败。

（三）寺院管理

同唐五代一样，宋王朝也禁止民间私建寺院。作为合法寺院的一个重要标志，是具有朝廷赐予的匾额。这是防止滥建寺院、保护合法寺院的一种措施。由于宋代帝王把下赐寺额视为积累功德的善举，导致了批量滥赐寺额。北宋太宗太平兴国三年（978），朝廷向天下无额寺院赐授"太平兴国"、"乾明"等额，开启了大量赐额的风气。对于可以接受敕额的寺院规模，也有逐渐降低要求的趋势。敕额的有无，是官方整顿寺院时决定该寺存留废毁的依据，所以，僧人总是奔走于各地官府衙门，想方设法为所居住的寺院争得赐额。在这种上下意愿一致的力量驱动下，许多私建小寺也因为获得朝廷颁赐的寺额而合法化，使宋代官方掌握的寺院数量剧增。

根据现存资料，宋王朝所辖地区的寺院数量很难准确统计。日本学者高雄义坚根据孔仲平《谈苑》卷二的说法，认为景德年中共有寺院两万五千座，到北宋末年有三万九千座。② 这虽然不能算是准确数字，但还是可以参考的。这个说法反映出北宋寺院数量之巨、增加势头之猛。

朝廷对合法的寺院划分类别，开始于元代，在两宋时期还没有出现这种情况。但是，南宋时期已经酝酿了后代寺院分类的萌芽，这主要与颁赐寺额的过程有联系。日本入宋僧人道元在《宝庆记》中说："天下有四个寺院，即谓禅院、教院、律院、徒弟院。"对此天龙如净解释道：往古未闻，教律禅之闲名，今称三院者，便是末代之诡风，王臣不知佛法，乱称教僧、律、禅僧等，寺院赐额之时，亦书"律寺"、"教寺"、"禅寺"等

---

① 上引均见《佛祖统纪》卷四十七，《大正藏》第 49 册，第 426 页。

② ［日］高雄义坚等：《宋代佛教史研究》，《世界佛学名著译丛》第 47 册，台北：华宇出版社 1986 年版，第 72 页。

之字。如是辗转，天下今见王辈之所谓律僧，南山之孙也；教僧，天台之远孙也；瑜伽僧，不空等之远孙也；徒弟僧，师资未详也；禅僧达磨的儿孙也。① 很明显，这里讲的禅教律的寺院分类，是按照僧人隶属的佛教宗派划分的，在南宋时还不是官方的正式规定，也没有得到佛教界的普遍认可，只是各地官员在颁发寺额时填牒文使用的名称。给某个具体寺院的牒文填写或禅或教或律某种名目，大约主要依据该寺住持僧的隶属宗派。元代禅教律的寺院分类可能源于此。至于上文中讲的"徒弟院"，则不同于按照宗派对寺院的分类，而是依据寺院住持产生制度划分寺院类别的一种名称。

从住持产生的形式方面划分，宋代的寺院可以分为四类。

其一，继承制下的甲乙徒弟院，即上文的"徒弟院"。在这种寺院中，住持逝世或隐退，由其弟子依照资历接任。这是最古老的师徒继承方式，是在佛教发展过程中自然形成的制度，流行于大多数寺院，并且在宋代之前和之后都很流行。这种继承法在传统佛教典籍中也有直接根据，所谓："住持三宝，全赖人弘，师徒相摄，不断僧宝，则佛法增广也。"②

其二，选举制下的十方住持院。这是通过各方面协商，遴选德才兼备的著名僧人担任寺院的住持，并不考虑被提名者与前任住持是否有师承关系，寺院由此得名，所谓："不拘甲乙，故为十方刹也。"③ 宋代之前就有这种寺院，直到宋代才逐渐制度化。采用这种方式选住持，是为了维护寺院在佛教界或社会上的声望，这些寺院大多是一些宗派历史悠久、影响深广的名寺大刹，例如，天台宗的延庆寺就是这种寺院。④ 在整个两宋社会，甲乙徒弟院和十方住持院是始终并存的。当时的一般僧众认为，不论师承关系选任住持，有利于提高寺院的知名度和声望，有利于弘扬佛法。但是，十方住持院在住持更替之时，往往引起寺院器物的毁坏和财产的流失，不利于寺院经济的稳定发展。两种住持产生制度各有利弊，所以，不少寺院经常交替实施两种制度。

① ［日］道元：《宝庆记》，宝永辛亥岁普门庵写本，第16、18、19页。
② （北宋）元照：《四分律行事钞资持记》卷一《师资篇记》，《大正藏》第40册，第227页。
③ ［日］无著道忠：《禅林象器笺》，中华全国图书馆文献缩微复制中心，1996年印，第7页。
④ （南宋）宗晓：《四明尊者教行录》卷六，《大正藏》第46册，第907页。

　　其三，政府任命制下的敕差住持寺。宋代有极少数寺院与皇室关系密切，经由朝廷宣敕来任命住持。这些寺院包括京城大寺，也有一些规模较小的寺院。由于是皇帝任命住持，所以社会地位较高，并可获得某些特殊待遇。在北宋时期，云门宗的许多代表人物被朝廷任命为京城寺院的住持，就属于这一类。

　　其四，私家延请制下的功德坟寺。功德坟寺指豪富或权贵在家族墓地所建造的寺院。这种寺院在唐代已经出现，到宋代则很普遍。功德坟寺是"听本家请住持"，① 即任命住持完全由建造寺院的家族全权决定，不用申请官方批准，无须征得佛教界同意，也不受师承关系的影响。

　　从寺院的来源上说，宋代既有国立寺院，也有僧人通过化缘募资、垦荒开田等方式建立的寺院，还有皇亲国戚、高官显贵及大地主建立的私人功德寺院。对于私立的寺院，只要达到一定的规模，朝廷就颁赐名额，即承认其合法性。北宋英宗治平四年（1057），"敕天下私造寺院及三十间者，并赐寿圣之额"②。由于寺院具有免交田产税的特权，许多官吏以建立功德坟寺为名，把大量土地变成寺院田产，而收入仍归自家，造成国家的税收流失。更有甚者，有些地方官吏依仗权势，建功德坟寺时并不出资建房屋，置田产，而是把当地的有额寺院据为己有，改造成私人寺院，从中牟利。志磐曾记载了南宋时期的这种情况：

　　　　迩年士大夫一登政府，便萌规利，指射名刹，改充功德，侵夺田产，如置一庄。子弟无状，多受庸僧财贿，用为住持，米盐薪炭，随时供纳，以一寺而养一家，其为污辱祖宗多矣。况宰执之家，所在为多。若人占数寺，则国家名刹，所余无几。③

　　官僚把国家寺院据为己有，自己选择住持，使寺院成了他们的私人庄园。有些僧人或为了谋取住持之位，或为了使寺院得到豪强庇护，免受盗贼流寇的侵扰，也很愿意把自己所在的国家寺院变成私人功德坟寺。因此，官僚与寺院上层相互勾结，把国立寺院、僧人自建寺院、无名额寺院

---

①　《佛祖统纪》卷五十二，《大正藏》第 49 册，第 456 页。
②　《佛祖统纪》卷四十五，《大正藏》第 49 册，第 414 页。
③　《佛祖统纪》卷四十八，《大正藏》第 49 册，第 431 页。

等改为私人功德寺的现象，无论在北宋还是在南宋，都普遍存在。北宋徽宗大观年间，诏令"不许近臣指射有额寺院，改充功德"。高宗绍兴年间，又明令不许侵占有额寺院，私立功德寺院必须自置田产，自造屋宇。实际上，这些禁令在以后并没有发挥多大的效力，南宋中期这种现象依然普遍存在。相对说来，有额寺院一般规模比较大、历史比较长，政府对其采取了保护措施。而那些无额的寺院被高官显宦改为功德寺之后，更容易获得赐额。总之，侵占寺院田产建立功德坟寺，是各级官吏和地方豪强进行土地兼并的重要活动之一。在宋代历史上，功德坟寺对社会各阶层和佛教界都产生了广泛影响。

宋王朝也很注意从日益发展的寺院经济中获利。北宋王安石变法，取消了寺院免役免税的特权。从熙宁四年（1071）开始，朝廷规定寺观也要按照户等缴纳相当于免役钱半数的"助役钱"："于官户、寺观、单丁、女户有屋产月收僦直可及十五千，庄田中熟所收及百石以上者，并随贫富以差出助役钱，自余物产，约此为准。"① 但是，在实际征收过程中，根本没有任何收入的小寺院也要缴纳助役钱，使许多下层僧人不堪其苦。晓莹记述了他本人的情况："至淳熙戊戌（1178）冬，以徒弟隶名感山小寺，而徙居焉。寺基税钱三十有一，并无常产，唯破屋数间。"② 显然，征收助役钱对大寺院的上层并无大的妨碍，主要是加重了下层僧人负担。

三 翻译佛经与刻印藏经

（一）翻译佛经

在我国历史上，把翻译佛经作为国家文化事业的一个组成部分，由朝廷出面组织进行，至北宋是最后一个阶段。在译场组织、人员配备、翻译内容等方面，宋代都具有与前代不同的特点。总的来说，宋代翻译佛经的种类不少，但多为篇幅较短的小经，在佛教界和社会上产生的影响非常小。

宋代的佛经翻译也是从民间开始，转到由朝廷组织进行。外来僧人的自发译经始于宋太祖。开宝年间，中天竺僧法天与其兄达理摩多携带梵夹先到鄜州（治今陕西富县），遇到河中府（治今山西永济县蒲州镇）梵学

---

① 《宋史·食货上五》卷一百七十七，中华书局 1977 年版，第 13 册，第 4313—4314 页。
② 《云卧记谭·序》，《卍续藏经》第 86 册，第 680 页。

僧法达，合作翻译出《圣无量寿经》、《尊胜陀罗尼经》、《七佛赞》①。开宝七年（974），鄜州知州王龟从上表进献这些新译经，太祖诏法天等进京，赐以紫衣。

从宋太宗开始，宋王朝官方支持和组织佛经翻译，据《宋会要辑稿·道释二》，太平兴国五年（980），北天竺僧天息灾、施护到达京城，诏赐紫衣，并令他们与法天查阅已有梵夹，"太宗崇尚释教，又以梵僧晓二方言，遂有意于翻译焉"②。宋太宗看到梵僧通晓中梵两种语言，具备了译经的人才条件，便有意效仿唐太宗支持玄奘的故事，开始宋王朝的译经事业。他命中使郑守约主持在太平兴国寺的西边兴建译经院。译经院于太平兴国七年（982）建成，其布局是：正中设译经堂，东序为润文堂，西序为证义堂。诏请天息灾等人入内居住译经。自唐元和六年（821）中断的官方佛经翻译事业，从此开始继续进行。③第二年八月，诏改译经院为传法院，又在显圣寺设印经院，以放置经版和印刷佛经。④

在天息灾受命开始译经之初，就制定了规范的译场制度，其后没有太大的变化。北宋译场借鉴了唐代的经验，在人员配备、职责分工等方面有严格规定。参与译事的成员分为九类，各司其职，层层把关。

第一，译主，是主持译经的最高学僧，正坐面外，负责宣讲梵文原本。

第二，证义，位于译主左侧，基本由义学沙门担任，负责与译主讨论和确定梵文原经。

第三，证文，位于译主右侧，负责审查译主对梵文原典的朗读是否有错误。

第四，书字，负责采取音译方法把译主宣读的梵文用汉字记录下来。

第五，笔受，多由精通梵语的汉僧担任，负责把梵音汉字翻译成汉文。

---

① 这三部经在译经院成立后又进行了重新翻译。

② 《宋会要辑稿·道释二》，中华书局 1957 年版，第 200 册，第 7891 页。

③ 据《大宋僧史略》卷上《此土僧游西域》："唐元和年中翻《本生心地观经》之后百六十载，寂尔无闻。"见《卍续藏经》第 88 册，第 444 页。

④ 宋神宗熙宁三年（1070）废印经院。南宋迁都临安（今杭州）后，传法院也随之迁移，设在新建的寺庙。南宋孝宗淳熙二年（1175）赐名"太平兴国传法寺"。此时的译经活动已经停止。

第六，缀文，多由汉僧担任，负责对译文进行增删修改，连词成句，使其符合汉语语法。

第七，参译，负责对照梵文原典和汉文译本进行审核，主要从义理方面修改错谬。

第八，刊定，负责删削重复，弥补缺漏，主要对译文进行文字处理。

第九，润文官，负责对译文进行修饰润色。一般由皇帝任命的宰辅或词臣担任润文使和由翰林学士担任的润文官组成，其人员配备规格较高，在僧众的南面另设座位。[①]

在译经过程中，参加的僧人很多。除了担任主译的人之外，担任证义、笔受、缀文等工作的僧人是以法进为首的七十九人。负责译经主管（译经使）和担任润文的，都是朝廷重臣，见于记载的有吕夷简、宋绶、王曙、张洎、赵安仁、杨砺、晁廻、李维、朱昂、梁周翰、杨亿等人。其规格之高，是前代所没有的。

宋代译经主要集中在北宋太宗太平兴国七年（982）到仁宗景祐二年（1035）的半个多世纪间。此后译事时断时续，所译出的典籍数量也不多。宋代译经以外来译师为主，虽然也有少数西夏僧人和汉地僧人参与，但只是起辅助作用。来华译经僧主要有法天、天息灾（法贤）、施护、法护（中天竺人）、法护（北天竺人）等人，西夏僧人有日称、智吉祥、金总持等人，汉地僧人有惟净、慧洵、绍德等，是传法院培养出来的学僧。

仁宗景祐三年（1036），宰相兼译经使吕夷简与润文官宋绶奉诏编定《景祐新修法宝录》，仁宗撰写序文说："自兴国壬午（兴国七年，公元982年）距今乙亥（景祐二年，公元1033年）五十四载，其贡献并内出梵经无虑一千四百二十八夹，译成经论凡五百六十四卷。"[②] 据现存《景祐新修法宝录》卷一，此期间实际译出大小乘经律论及集、赞共为243部574卷。据元庆吉祥《至元法宝勘同总录》统计，宋代共译大小乘经律论及西方圣贤集传285部741卷。宋代所译出的经典都是篇幅比较小

---

① 《宋高僧传》卷三《译经篇》和《佛祖统纪》卷四十三对译场均有记载，大同小异。此处依据《佛祖统纪》。参见《大正藏》第49册，第398页。

② 《宋会要辑稿·道释二》，中华书局1957年版，第200册，第7892—7893页。但是，现存《景祐新修法宝录》前所载仁宗的序文中并没有这段话。

的，总量不大，总卷数不多，但是种类比较多，几乎和唐代差不多了。但这并不能说明其译经成就几乎和唐代相当。

随着新译经典的陆续完成，北宋先后三次编辑佛经目录。

第一次，赵安仁、杨亿等人于祥符二年至八年（1011—1015）编修《大中祥符法宝总录》（简称《祥符录》）二十二卷。这部经录所载的译籍始于太平兴国七年，终于祥符四年（982—1011），三十年间共计收录典籍 222 部 413 卷，此外还收有东土著撰 11 部 160 卷。这部经录的主要部分按照进经时间的先后次序排列名目，在列出经名、卷数、译人诸项之外，还附进经表文。这些记载都根据当时译经院的实际情况照录。也正因为如此，这部经录的体裁发生了一些变化，与前代的经录有所不同。

第二次，惟净等人于天圣五年（1027）编《天圣释教总录》三卷。这部经录不同于《祥符录》记载新译典籍，而是记录当时全部入藏经典的目录，包括《开元录》、新编入藏的天台慈恩两家著述、《贞元录》、《祥符录》等所收经目内容，其后附载新译各经经目。此经录收经目共计 6197 卷。

第三次，吕夷简等人于景祐二年到四年（1035—1037）编《景祐新修法宝录》二十一卷。这部经录的体裁和《祥符录》是一样的，所收译籍紧接《祥符录》，时间为始于祥符四年终于景祐三年（1011—1036）的二十六年间，共计 21 部 161 卷，另外，还收有东土著撰 16 部 190 余卷。

公元 7 世纪以后，在印度佛教内部兴起了密教，并且逐渐盛行。北宋时期，正值印度密教进入兴盛阶段，来华传教者多为密教僧人，所以，宋代译经的主要部分是密教经典。按照支那内学院辑佚补编的《大中祥符录略出》和《景祐新修法宝录略出》统计，在新译的 243 部 574 卷经典中，密教经典有 123 部 241 卷，约占总数的 50%。

密教以重视繁多的祭祀、咒术、仪轨为特色，这不仅表现在具体的修行上，也表现在译经方面。译经僧人在译经之前，要按照密教的规定设立译经道场。例如，施护征得朝廷同意，在译经前于译经院的"东堂西面，粉布圣坛，坛开四门，梵僧（来自印度或西域的僧人）四，各主其一，持秘密咒七昼夜。又设木坛，作圣贤位布圣贤字轮（设立供奉佛、菩萨、天神的名位），目曰'大法曼拏'。……香花、灯、涂、果实、饮食，二时供养；礼拜旋绕，诸祈民祐以殄魔障"。参与译经的僧人还要"每日沐浴，严洁三衣、坐具，威仪整肃"①。密教人士认为，这些做法并不仅仅出于表达对佛经的尊崇和对佛的敬仰，而是这些仪轨具有受佛菩萨保佑、驱除魔扰、保证译经工作顺利进行的功效。

宋代译经事业的艰难，从一开始就表现出来了。或因人才缺乏，或因经费不足，或因译成的经典受到责难，或因没有输入的梵文原经，不断有人提出罢译之议。太平兴国八年（983）十月，天息灾等人鉴于能翻译经典者均为梵僧，为了使译经事业日后不致中断，奏请遴选两街童子学梵文，为翻译经典储备人才。于是，朝廷诏令集京城童幼五百人，从中选拔惟净等五十人到译经院学习梵文。此后惟净学通梵文出家，受赐号"光梵大师"，成为宋代知名的汉族译僧。

淳化五年（994），译出《大乘秘藏经》二卷，译者发现有六十五处"文义不正互相乖戾"，太宗听后认为，"使邪伪得行，非所以崇正法也"，勒令将此经"对众焚弃"②。真宗咸平二年（999），当时任礼部侍郎的陈恕因译经"久费供亿"，奏请废除译经院。真宗认为译经属于"先朝盛典"③ 而未采纳。天禧元年（1017），译经院译出《频那夜迦经》四卷，发现同样问题，真宗认为："荤血之祀，颇渎于真乘；厌诅之词，尤乖于妙理。……其新译《频那夜迦经》四卷，不得编入藏目。自今传法院似此经文，无得翻译。"④ 神宗熙宁四年，废译经（传法）院。元丰五年（1082），罢译经使、润文官，废"译经使司印"。

总之，宋代译经既与当时印度佛教发展的状况息息相关，又与宋代佛教自身发展的态势密切联系，同时更明显地受到儒家思想文化的制约。当以注解外来经典提出创新理论的时代结束以后，新输入的外来佛教思想就不能成为制约中国佛教理论发展的重要因素了。

（二）刻印藏经

刻印佛经起源于何时何地尚不清楚，现存最早的印刷佛经，是唐朝咸通九年（868）四月十五日王玠为其双亲做功德而敬造普施，带有愿文的

①　《宋会要辑稿·道释二》，中华书局 1957 年版，第 200 册，第 7891 页。

②　同上。

③　《佛祖统纪》卷四十四，《大正藏》第 49 册，第 402 页。

④　《宋会要辑稿·道释二》第 200 册，第 7892 页。但此经并未禁住，据童玮编《二十二种大藏经通检》，中国古代竟然有 15 种（包括房山石经）大藏经收录此经（中华书局 1997 年版，第 363 页）。

《金刚般若经》。这是斯坦因在敦煌古籍中发现的。从有关资料的记载和实物发现来看,宋代以前,只有刻板印刷的单本经书和佛教僧人的注疏著作,还没有大规模刻印佛教经典总集性质的大藏经。雕刻和印刷大藏经,是始于宋代的佛教文化事业。大规模刻印藏经,使佛教典籍的流传更为便利和快捷,并影响到少数民族地区及周边国家。宋代由政府主持的大藏经雕刻始于宋太祖时,其印刷由印经院负责。到北宋末年,民间刻印取代了官方刻印。由朝廷资助并派人主持刻印的藏经习称"官版",由地方官吏、富豪或寺院主持刻印的藏经习称"私版"。两宋三百余年间,官私刻印的大藏经有五种版本。

第一,开宝藏。由北宋太祖提议开刻的官版藏经,开宝四年(971),宋太祖派遣内官张从信到益州(成都)雕造大藏经,至太平兴国八年(983)完工,历时十二年。由于刻成于益州,也称"蜀版"。开宝藏所收入的典籍依据《开元录》,计有五千余卷,刻版保存于汴京太平兴国寺内的印经院,并在那里刊印,印刷好之后颁发给各大寺院。随着新经陆续译出,不断补刻加入,另外还增刻了东土撰述和《贞元录》入藏经典,并予以校勘,最后达到六千六百二十余卷。开宝藏的印本为以后所有官私刻藏的准绳,并曾印赠高丽、契丹,从而引起仿刻。

第二,崇宁万寿藏。为满足远离京城的地方寺院的需要,福州东禅等觉院住持冲真等人大约于元丰初年(1078)募刻,到崇宁二年(1103)基本完工。经奏请政府允许,得"崇宁万寿大藏"的名称。其后还增刻了一些《贞元录》的经典和入藏著述,至政和二年(1112)结束,共计五千八百余卷。南宋乾道、淳熙年间(1165—1189)又补刻了十余函。

第三,毗卢藏。在东禅版刻成的当年,福州人蔡俊臣等组织了刻经会,支持福州开元寺僧本悟等募刻大藏经。从政和二年到绍兴二十一年(1112—1151),历时四十年竣工。此藏依照东禅版刻成,南宋孝宗隆兴初(1165)又增刻两函。

第四,思溪圆觉藏。湖州归安思溪圆觉院僧人怀深等募刻,湖州致仕的密州观察使王永从家族资助,主要依据东禅版内容刻成,约五千六百八十七卷。刻版先保存于圆觉院,淳祐年间移藏思溪资福禅寺。①

---

① 也有学者认为资福寺另有刻版。

第五，碛砂藏。此藏因受思溪版的影响而发起，由平江碛砂延圣院僧人法思等募刻。此藏从绍兴初年始刻，以后时断时续，到至元九年（1349）完成。端平元年（1234）曾仿思溪版编定本藏目录，后来屡有改动，并增补元代刻印的经典，共计 6326 卷。

宋代零星刊刻的佛教经典不胜枚举，而历时悠久的五种大藏经的刊刻，对佛教经典的普及和流通，对雕刻、造纸、印刷等手工艺的发展，对加强与周边地区和民族的思想文化沟通交流，都具有重要的推动意义。

刻印大藏经是宋太祖在佛教文化事业上的一个创举。开宝藏的问世，标志着印刷大藏经开始取代手写大藏经。其规模之浩大、影响之久远，在古代世界印刷史上是绝无仅有的事情，其意义已经远远超出了宗教的意义。熙宁四年（1071），王安石变法，国家财政困难，为节约费用而废止了印经院。开宝藏木版转移到显圣寺的圣寿禅院，有需要时才开印。

以开宝藏的雕印为标志的佛教经典印刷时代开始之后，手写佛经作为功德善举依然在社会各阶层流行。但是，作为提供学习、研究之用的流通中的佛教经典，则以印刷本为主。随着刻印佛经的流行，刻印佛经本身也成为一种功德善事，逐渐流行于社会各个阶层。

佛经从手写传抄发展到刻版印刷流通，是佛教史上有着多方面影响的大事。随着刻版、印刷技术的提高，出版典籍也变得更为方便、更为快捷，一定程度上也刺激了新经典的普及和流通。在宋代，禅宗各种语录、灯录大量涌现，其社会普及和流行也随之出现了前所未有的高潮。

第二节 临济宗的理论与实践

禅宗经过唐末五代的发展，逐渐成为佛教中影响最大的一派，经历了剧变的禅思潮开始笼罩整个佛学界，基本奠定了佛学发展趋向的基础。在唐末五代形成的禅宗五家中，沩仰一系入宋不传，法眼一系在延寿（904—975）以后衰落。宋代禅宗主要有临济、云门和曹洞三派，而在北宋前中期，相当于宋太祖到哲宗时期（960—1100），主要由临济和云门两派推动禅学发展。

在北宋初年，临济宗仍然主要流行于北方，以今天的河北、河南和山西等地为中心。从仁宗统治时期开始（1023），其活动区域转到了南方，以江西为中心，成为禅宗中最活跃的一派。就其派系结构而言，在楚圆之后分化出黄龙、杨岐两支，分道发展，活动于北宋末至南宋初；就其禅学演变而言，倡导和完善了与公案之学相联系的"文字禅"诸形态，促成了禅思想的转变，并且逐步行之于整个禅林。

所谓"文字禅"，是指通过学习和研究禅宗经典而把握禅理的禅学形式，它以通过语言文字习禅、教禅，通过语言文字衡量迷悟和得道深浅为特征。禅宗文字禅的思想和实践可以追溯到唐代，但是它形成与公案之学相联系的稳定形式，成为颇具影响力的禅学潮流，则是从北宋开始。作为宋代文字禅的主导方面，它的产生和发展始终与运用语录公案紧密结合在一起。概括说来，宋代围绕语录公案展开的文字禅有四种形态，也可以看作是公案之学发展的四个方面。其中，"拈古"是以散文体讲解公案大意，"代别"是对公案进行修正性或补充性解释，这两者都起源于宋代之前；"颂古"是以韵文对公案进行赞誉性解释，"评唱"是结合经教对公案和相关颂文进行考证、注解以发明禅理，这两者都起源于北宋。一般说来，能够主导禅学发展方向，并能够发挥多方面理论作用和社会功能的文字禅形态，是代别、颂古和评唱。北宋初年，临济僧人汾阳善昭倡代别、创颂古，标志着临济禅学开始了一个方向性转变。

与唐末五代相比，两宋社会相对稳定，王朝的宗教政策比较宽松，佛教的寺院经济由此得到平稳发展。这就为禅宗的领袖人物走出农耕山林、进住通都大邑或名山胜地的大寺院创造了条件；为他们放下锄头、拿起笔杆提供了可能。文字禅的发展，正是禅师们在研究旧经典的基础上创造新经典的过程。宋代是产生禅宗典籍的黄金时期，其数量之庞大、种类之齐全，不仅超过唐五代，而且也为后代所不及。在两宋社会的大背景下，山林旷野的质朴禅风在禅宗主流阶层身上逐渐消退，都市书斋的浮华禅风却日益浓重。这不仅在佛教内部为文字禅的发展奠定了群众基础，也是吸引士人的新禅风。

一　汾阳善昭的公案代别和颂古

临济宗从兴华存奖（？—924）经南院慧颙（？—952）、风穴延沼（896—973），至首山省念（926—993），日呈衰落之势，以致流传有仰山慧寂的谶语，所谓"临济一宗，至风而止"①。省念重视佛教戒律，提倡

①　（北宋）慧洪：《禅林僧宝传》卷三《首山传》，《卍续藏经》第 79 册，第 497 页。

《法华经》，有"念法华"之称。他也沿袭机锋棒喝的传禅手段，每有禅僧来，"必勘验之"，因而禅宗典籍中有"天下称法席之冠，必指首山"的记载。实际上，在省念身边的禅僧，"留者才二十余辈"。他常住"汝州城外荒远处"的首山，是一个不具多大影响力的丛林，他本人在禅理论和实践上都没有什么建树。

改变临济宗这种窘迫处境的是省念的弟子善昭。他倡导公案代别和颂古，以复古主义的形式，将禅化解为文字玄谈；在解释古圣语言中寓以禅境，创造了文字禅的新形态。善昭由此为禅僧与士大夫的沟通、交流开辟了一条新路，不仅促成了临济的持续兴盛，而且推动着整个禅宗的全面发展。

善昭（947—1024）俗姓俞，又名无德，太原人，因父母早逝，14 岁出家。此后，他一直过着奔走各地的游方生活，"历诸方，见老宿者七十有一人，皆妙得其家风。""至首山谒省念，大悟言下"。后又"游湘衡间"，"北抵襄沔"，① 继续访师问道，前后达三十年。杨亿称誉他"效遍参于善财，同多闻于庆喜"②。他的禅学在游学中形成，也在游学途中声誉四播。淳化四年（993），首山省念圆寂，道俗千余人迎请善昭住持汾州（山西吉县）太平寺太子院。从此，善昭"宴坐一榻，足不越阃者三十年"，被尊称"汾州"③。

善昭禅学思想上的一个重要特点，是强调把禅学与义学区别开来：

> 夫参玄大士，与义学不同。顿开一性之门，直出万机之路……心明则言垂展示，智达则语必投机。了万法于一言，截众流于四海。④

禅优于义学的主要之处，在于"顿开"、"直出"，而不是拖泥带水；在于"一言"而"了万法"，没有那么多的烦琐注疏。至于语言，仍然是垂示、了法和参玄投机的钥匙。善昭的这些主张，代表了中国禅宗演变的又一个方向，从"说似一物即不中"，经过五代十国对公案的自发讨论，

---

① 上引均见《禅林僧宝传》卷三，《卍续藏经》第 79 册，第 498 页。
② （北宋）杨亿：《汾阳无德禅师语录序》，《大正藏》第 47 册，第 595 页。
③ 《禅林僧宝传》卷三，《卍续藏经》第 79 册，第 498 页。
④ （北宋）杨亿：《汾阳无德禅师语录》卷下，《大正藏》第 47 册，第 619 页。

转成了"了万法于一言"的理论自觉，于是参禅变成了名副其实的"参玄"，追求对禅境的直观体验，变成了追求含"玄"的语录。所以，语言的运用和理解，成了禅宗僧人修行的头等大事。

为了倡导言玄，善昭作《公案代别百则》和《诘问百则》，弘扬这些公案，并给出自己的解释。关于公案代别，善阳指出：

> 室中请益，古人公案未尽善者，请以代之；语不格者，请以别之，故目之为代别。①

"未尽善者"和"语不格者"的意思相同，都是指公案的语意未尽，需要给以"代语"或"别语"，作进一步的揭示，也可以说是对公案的修正性解释。

这里的"代别"是"代语"和"别语"的复合词。所谓"代语"，原有两个含义：其一是指问答酬对间，禅师设问，听者或懵然不知，或所答不合意旨，禅师代答的话语；其二是指古人公案中只有问话，没有答语，代古人的答语。所谓"别语"，是指古人公案中原有答话，作者另加一句别有含义的话。二者区别不大，都是对古人或他人禅语的发挥。由于云门语录中多有代语和别语，一般认为"代别"以云门为始。善昭利用这种形式，将禅引导到发掘古人意旨方面，更确切些说，是借用古代公案表达自己的思想。譬如：

> 梁武帝问祖师：如何是圣谛第一义？祖曰：廓然无圣。帝云：对朕者谁？祖曰：不识。代云：弟子智浅。
>
> 梁武帝请傅大士讲经，大士俨然。帝曰：请大士与朕讲经，为什么不讲？志公曰：大士讲经毕。代云：讲得甚好。
>
> 马鸣问迦毗摩罗：汝有何圣？云：我化大海，不足为难。又问：汝化性海得否？云：若化性海，我当不得。别云：许即不让。

《诘问百则》是对著名的禅语提出问题，并代以作答。以"四誓"为例：

---

① （北宋）杨亿：《汾阳无德禅师语录》卷中，《大正藏》第 47 册，第 613 页。

众生无边誓愿度。谁是度者？代云：车轮往灵山。

法门无边誓愿学。作么生学？代云：朝参暮请。

烦恼无边誓愿断。将什么断？代云：有么？

无上菩提誓愿成。作么生成？代云：天子不刈草。

无论是公案代别还是诘问代答，都反映了善昭追求玄妙语句的用心和提供给公案一个标准答句的努力。其中有的就是字面的含义，别无他解，如"朝参暮请"之类。有的是对原意的引申，如"智浅"即是"不识"，"讲得甚好"即是"讲经毕"，代别得并不高明。有的是纯譬喻，如"车轮往灵山"，"车轮"是"法轮"的譬喻，代得也不甚新奇。值得寻味的是"有么？"以反问的口气表达对"烦恼无边誓愿断"的否定。"天子不刈草"，暗喻"无上菩提"无须劳作生成，带有浓郁的山村野风，倒是少些矫揉造作。

"代别"之作为一种文体，对后世还是有不小影响的。明清特别盛行的批点，以及通过批点让古人的著作代自己立言，就是这种代别的发展。因此，尽管善昭的代别也有精彩的部分，但多数平平，或不如原来的语言含蓄生动。因为代别之作同公案的选择一样，真正的目的不是发明古圣意旨，而是借题发挥；既可以作为言谈往交的口实，也是阐述自己思想观念的途径。所以从善昭的代别中，大致能够看到他的禅者面貌。善昭自认为他的百则诘问可以将道理收全，但不敢肯定他的诠释能够穷尽这些道理，也表明他只是一家之言。所以他说："诘问一百则，从头道理全，古今如目睹，有口不能诠。"他还说："夫说法者，须及时节，观根投机，应病用药。若不及时节，总唤作非时语。"① 所以也不能把他的代别当成真言。善昭着意追求语言上的"善"和"格"，实际上是用自己的标准去统一公案的答语，与此同时，也把禅宗引向了追求玄言妙语，在文字上下工夫。

所谓"颂古"，是以韵文对公案进行赞誉性解释的语录体裁，不仅是研究公案的方法，而且是教禅学禅、表达明心见性的手段。善昭首创颂古，是对宋代禅学发展的又一促进。在北宋以后的禅史上，颂古比代别和拈古具有更大的影响。由于得到士大夫的特别喜爱，因此它有着很强的生

① 上引均见（北宋）楚圆集《汾阳无德禅师语录》卷中，《大正藏》第47册，第601页。

命力和感召力。

善昭的颂古之作是《颂古百则》，选择百则公案，分别以韵文阐释。他在其后作《都颂》，简述选材的原则、作用和目的："先贤一百则，天下录来传。难知与易会，汾阳颂皎然。空花结空果，非后亦非先。普告诸开士，同明第一玄。"① 意谓他选用公案的标准主要是择优，不论宗派，唯以禅林公认的"先贤"言行作为弘禅证悟的典型范例流通天下。这反映了善昭力图融合禅宗各家宗风的倾向，此举也为日后多数颂古禅师所接受，成为共识。当然，由于各选家的眼光不同，水平有别，所选公案也就不会完全一致。善昭认为，公案中的古德言行和机缘，有的晦涩难懂，有的易于理解，颂古的文字都应该使其清楚明白，便于学者同明"第一玄"（禅理）。他的颂古明确宣示：禅既可以通过文字"普告"学者，学者也可以通过文字去"明"，这一主张在他的颂古实践中得到更明朗的表现。

北宋末年，圆悟克勤曾给颂古下过一个经典性的定义："大凡颂古，只是绕路说禅；拈古大纲，据款结案而已。"② 意思是说，颂古不是照直把古圣的意旨叙述出来，而是绕着弯表达自己的禅理。这也是禅宗常讲的"不点破"的原则。因此，即使平直的语言，也不能单从字面上去理解。但事实上，善昭的颂古特点远非如此，他总是从公案的事实出发，推论出古圣的意旨来。例如《俱胝一指》这则公案，说的是唐代俱胝和尚，每遇有人向他问禅，他都不多说话，只竖起一个指头表示回答。善昭的颂文是："天龙一指悟俱胝，当下无私物匪齐。万互千差宁别说，直教今古勿针锥。"③ 意思是说，俱胝和尚竖一指悟人的方式，是从天龙和尚那里学来的，因为他就是从一指得悟。"一指"喻一以贯之，在千差万别的世界中，要把握它们的统一性。佛教通常或指"空"，或指"心"，善昭给予的解释是"无私物匪齐"。"无私"即"无我"，"无我"即"性空"，所以从"无私"的角度看世界，无物不是齐一的。至于俱胝和尚的本意是否如此，则是另一个问题。但是，善昭在这里没有故弄玄妙，是很明显的。可见他的颂古有很大成分是为了普及禅知识。可以说，善昭的颂古之作代表了颂古的初始形态。善昭之后，颂古之风弥漫禅宗界，成了明心见

---

① 《汾阳无德禅师语录》卷中，《大正藏》第 47 册，第 613 页。
② 《碧岩集》卷一，《大正藏》第 48 册，第 141 页。
③ 《汾阳无德禅师语录》卷中，《大正藏》第 47 册，第 609 页。

性的重要手段，颂古本身也经历着变化。

二　黄龙慧南和黄龙派

善昭的著名弟子是石霜楚圆（986—1039），全州清湘（广西桂林）人，俗姓李，22 岁出家。他慕名到山西参访善昭，从学七年，后又游历今河南一带，结识杨亿、李遵勖等人。晚年至潭州（湖南长沙）弘教传禅，临济宗的活动区域开始南移。楚圆的门徒以黄龙慧南和杨歧方会的知名度最高，他们各立门户，分别形成黄龙派和杨歧派。禅宗史上把这两派与唐末以来的五家合称"五家七宗"。

（一）慧南及其"黄龙三关"

慧南（1002—1069）是信州玉山（江西玉山县）人，11 岁出家，19岁受具足戒，先随云门宗的三角怀澄习禅，后投楚圆门下。先后住持同安（福建同安县）崇胜禅院、庐山归宗寺、高安黄檗山等。从景祐三年（1036）开始，常住江西南昌黄龙山。慧南的禅要，人称"黄龙三关"。

> 师室中常问僧出家所以，乡关来历，复扣云：人人尽有生缘处，那个是上座生缘处？又复当机问答，正驰锋辩，却复伸手云：我手何似佛手？又问诸方参请宗师所得，却复垂脚云：我脚何似驴脚？三十余年，示此三问，往往学者，多不凑机。丛林共目为三关。[1]

这里的"生缘"，指决定人生及其命运的诸因素；"我手"与"佛手"相比，涉及人身与诸佛的关系；"我脚"与"驴脚"相比，涉及人身与畜生（异类）的关系。这类问题，在禅宗史上都有过热烈的讨论，所以涵盖有深厚的佛学理论内容，与一般禅师的信口提问或随根发机者不同。

据慧洪在《林间录》中记载，慧南禅师"以佛手、驴脚、生缘语问学者，答者甚众。南公瞑目如入定，未尝可否之。学者趋出，竟莫知其是

---

[1] （北宋）惟白：《建中靖国续灯录》卷七，《卍续藏经》第 78 册，第 680 页。此处所记"三关语"的次序与《林间录》等书不同。

非，故天下谓之三关语"①。为什么对任何回答都不置可否？慧南解释说：
"已过关者，掉臂径去，安知有关吏？从吏问可否，此未透关者也。"② 所
谓"已过关者"，指由此三问而自悟的人，就用不着再作解释；所谓"未
透关者"，虽经三问启发犹未悟解的人，再作讲说也无济于事。

慧南的"三关"之设，目的在启示参禅者自修自证，自悟佛道。慧
南曾对自己的"三关语"以颂文形式作过阐述，《林间录》中记有"佛
手"和"驴脚"两颂，《云卧纪谭》将三颂录全：

　　　　我手佛手兼举，禅人直下荐取，不动干戈道出，当处超佛越祖。
　　我脚驴脚并行，步步踏着无生，会得云收日卷。方知此道纵横。生缘
　　有语人皆识，水母何曾离得虾，但见日头东畔上，谁能更吃赵
　　州茶？③

意思是，我手、佛手兼举，表明凡圣无二，只要直下荐取本心，即会
超佛越祖；我脚、驴脚并行，显示我与畜类在"无生"性空上一致，只
要懂得这个道理，即可在世间自由纵横；参悟"生缘"，在于理解生存争
斗之烈（水母食虾）和生死无常之速（不能更吃赵州茶）。

由此看来，"黄龙三关"的思想并没有超出佛教禅师一般弘扬的内
容。他的特点在于使用具体形象，将抽象的道理寓于其中，从而使平凡的
事理变得迂回含蓄起来，使已经成为老生常谈的佛教教义变得生动并增添
新的风采。慧南的三关之设，推动了禅宗用语示意的灵活性。据传，他离
开怀澄的原因，是怀澄以"死句"教人，慧南主张以"活句"说禅。他
的弟子隆庆庆闲（1037—1081）对黄龙三关的答语，可以看作使用"活
句"的标本：

　　　　（南）又问：如何是汝生缘处？对曰：早晨吃白粥，至今又觉
　　饥。又问：我手何似佛手？对曰：月下弄琵琶。又问：我脚何似驴

---

① 《黄龙慧南禅师语录》卷一，《大正藏》第 47 册，第 636 页。
② 《林间录》卷上，《卍续藏经》第 87 册，第 246 页。
③ 《云卧纪谭》卷上，《卍续藏经》第 86 册，第 661 页。

脚？对曰：鹭鸶立雪非同色。①

相比之下，慧南自己的解释反而成了"死句"。这样的活句，虽然也算具体风趣，但其中表达的禅理已不是含蓄，而是晦涩了。尽管如此，"活句"的提出，说明同一思想可以用多样的语言表达，不拘一格，能够各具千秋。这对于推动语言运用的艺术和表现上的生动多姿，无疑是有益的。

据慧洪说，黄龙以"三关"立宗说禅，采用"三句"格式，是源自百丈怀海："大智禅师（怀海）曰：夫教语皆是三句相连，初、中、后善。初直须教渠发善心，中破善，后始明善菩萨即非菩萨，是名菩萨法，非法非非法。……故知古大宗师说法皆依佛祖法式，不知者以谓苟然语。"② 这里讲的"三句相连"，实脱胎于天台宗的三位一体，即由《中论》三是偈那里转化过来的"假"、"空"、"中"三谛说，与怀海无关。怀海有关三句的说法是这样的："若透得三句过，不被三段管教家举，喻如鹿三跳出网，唤作缠外佛，无物拘系得渠，是属燃灯后佛，是最上乘，是上上智，是佛道上立，此人是佛，有佛性。"③ 因此，怀海的"三句"是透"三句"、超"三句"，不被三句所缠，与"三句相连"的意思恰恰相反。不过慧南的"三关"确有受怀海说法的影响。所谓透过三关，即可掉臂而去，不再受文字教理的束缚，就是怀海的精神。

宋初云门僧人惯以三句教人，德山缘密概括文偃思想为"云门三句"，缘密的同学巴陵景鉴有所谓"巴陵三句"。慧南设"三关"之后，影响扩大，"转三句"的方法在禅僧中十分流行，有的照搬黄龙旧说，有的是花样翻新，同善昭倡导的代别、颂古相呼应，形成了宋初在文字语言上立禅的一代风气，由此产生了许多介乎似有哲理又似"行话"的"玄言"。

（二）黄龙系诸禅师

慧南以黄龙山为基地，建立了庞大的僧团，嗣法弟子多达83人。其中以晦堂祖心、东林常总和宝峰克文最为著名。

① 《禅林僧宝传》卷二十五，《卍续藏经》第79册，第541页。
② 《林间录》卷上，《卍续藏经》第87册，第253页。
③ （南宋）赜藏：《古尊宿语录》卷一，《百丈怀海禅师》，《卍续藏经》第68册，第6页。

晦堂祖心（1025—1100），南雄始兴（广东始兴县）人，俗姓邬。21岁时依龙山寺沙门惠全剃发受具足戒，曾求学于云峰文悦，后到黄龙山参见慧南，深得赏识。慧南生前曾让他分座训徒。慧南圆寂后，他继任黄龙住持十二年，嗣法弟子四十七人。元丰二年（1080），王韶推荐他住持东林禅寺，他荐举常总以代，自己乐于闲居。祖心与官僚士大夫来往较多，除观文殿学士王韶外，与潭州太守谢师直、江西转运判官彭汝砺等人也很密切。他曾游历京城，驸马都尉王铣"尽礼迎之"。

在祖心之前，禅僧名前多加居住的地名以为道号，是唐代以来的惯例。祖心首创以所住庵堂为道号，为各派禅僧所仿效，成为一种时尚。宋代以后，禅宗僧人依然沿袭这种习惯。

东林常总（1025—1091），南剑州（福建南平）人，出家后到庐山归宗寺追随慧南，前后二十余年。曾住持江西渤潭，被称为"马祖再来"。元丰三年（1080），"诏革江州东林律居为禅"，他应命住持，被认为是应了七百年前东晋慧远的谶语，又号"肉身大士"。宋廷曾诏其住持京城相国寺智海禅院，他以年老多病推辞。元祐三年（1088）赐号"照觉禅师"。

在常总的经营下，江州东林寺规模巨大，其寺"厦屋崇成，金碧照烟云，如夜摩睹史之宫从天而堕。天下学者从风而靡，丛席之盛，近世所未有也"[1]。常总身边常有徒众七百余人，嗣法弟子六十一人。

宝峰克文（1025—1082），陕府阌乡（河南灵宝乡）人，俗姓郑，号真净。少年出家，26 岁受具足戒。克文曾游历京城，"贤首、慈恩、性相二宗，凡大经论，咸造其微"。后离京南下，弃教习禅，多方参访，最终投到慧南门下，先后住持江西的宝峰、洞山、圣寿、庐山归宗寺和金陵报宁寺，与王安石、张商英等官僚文人过从甚密。王安石曾舍金陵家宅为报宁寺，请其住持。克文在江西的影响尤大，"民信其化，家家绘其像，饮食必祠"。克文精通佛教义学及儒学，能够融会儒释典籍，用以解释公案，以善于说法著称。他"五坐道场，为诸方说法，得游戏三昧，有乐说之辩"[2]。他反复宣讲的，依然是禅宗一贯提倡的学说，认为"达磨西来，亦无禅可传，唯只要大众自悟自成佛，自建立一切禅道。况神通变

---

① 《禅林僧宝传》卷二十三，《卍续藏经》第 79 册，第 540 页。
② 上引均见慧洪《云庵真净和尚行状》，《卍续藏经》第 69 册，第 211 页。

化，众生本自具足，不假外求"①。内容毫不新鲜，但由于他擅长辞令，他的《语录》很受时人的欢迎。

克文的嗣法弟子三十八人，黄龙第二代弟子中的知名人物均出在他的门下。如兜率从悦（1044—1091）、泐潭文准（1061—1115）等，当时都有影响。然而在两宋禅宗史上占重要地位的，乃是清凉慧洪。

慧洪（1071—1128）字觉范，号寂音，江西筠州（高安）人，俗姓俞（一说姓彭）。14岁入寺，19岁在京城天王寺试经得度，四年后到庐山归宗寺学禅于真净克文，并随其迁往洪州石门。29岁后，游历江南一带，住持过临川北禅寺和金陵清凉寺。在金陵时，有僧人告他持伪度牒，被下狱一年，经张商英的帮助，恢复了僧人身份，几年后改名德洪。

慧洪博闻强记，精通佛典，在京城及江南的士大夫中享有盛誉，尤为张商英所看重，被誉为"今世融肇"。据《宋史·张商英传》，大观四年（1110），蔡京下野，张商英入相，"于是大革弊事"，包括"行钞法以通商旅，蠲横敛以宽民力。劝徽宗节华侈，息土木，抑侥幸"。蔡京党人"日夜酝织其短"，"因僧德洪、客彭儿与语言往来，事觉，鞫于开封府"。说明张商英罢相，直接的罪名是与慧洪等有"语言往来"。究竟是什么"语言"，史无记载。但从张商英当时正在改革部分积弊，抨击蔡京"劫持人主，禁锢士大夫"的倾向，大致可以推断出他们谈话的内容。政和元年（1111），慧洪因此被流放崖州（海南省），政和三年获释回江西。宣和四年（1122），有僧人告他为张怀素的同党，尽管地方官吏知道这是把张商英误为张怀素，纯系诬告，仍以查清事实为由，将他下狱百余日。此后，慧洪深感"涉世多艰，百念灰冷"②。有一首诗很能表达他晚年的心境：

　　霜须障面老垂垂，瘦搭诗肩古佛依。灭迹尚嫌身是累，此生永与世相违。残经倦读闲凭几，幽鸟独闻常掩扉。寝处法华安乐行，荡除五十二年非。③

①　《住金陵报宁寺语录》，《古尊宿语录》卷四十三，《卍续藏经》第68册，第282页。
②　（北宋）慧洪：《石门文字禅》卷二十四，《嘉兴藏》第23册，第696页。
③　《石门文字禅》卷十二，《嘉兴藏》第23册，第662页。

最后两句特别值得注意：《法华经》中讲的"安乐行"，要求"不亲近国王、王子、大臣、官长……"不"造世俗文笔、赞咏外书"。① 慧洪作为僧人，积极涉世，三度身陷图圄；及至晚年闭门隐居，而国事日非，北宋王朝已走向末路。他的诗充分流露出对自己，也是对北宋官僚士大夫和整个北宋王朝的悲观失望情绪。

慧洪的著作很多，在禅宗史方面，可以《禅林僧宝传》和《林间录》为代表。《禅林僧宝传》三十卷，撰于宣和六年（1124），以北宋时期的禅师为主，记有八十一人。《林间录》两卷，笔记体，录其所见所闻三百余事，"莫非尊宿之高行，丛林之遗训，诸佛菩萨之微旨，贤士大夫之余论"②，也有史料价值。《石门文字禅》三十卷，集诗、偈、书、序等，很能看出北宋后期禅宗的面貌。他的《临济宗旨》等论文，在以后的禅僧和士大夫中也有影响。

慧洪是北宋时期最具眼光的禅史学家。他关于禅宗的史学评论，在当时和后代都具权威性。作为一个禅师，他才华出众并有政治头脑，任性不羁，屡触当道，富于个性。反映在学术观点上，也是驰骋纵横有余，严谨周密不足，失实之处，常为史学家所讥。

慧洪在禅学上有自己的独立看法，他反对把禅同语言文字割裂开来。他指出："禅宗学者，自元丰（1078—1085）以来，师法大坏，诸方以拨去文字为禅，以口耳受授为妙。"③ 对此他很不以为然。他最推崇汾阳善昭，认为"淳化（990—994）以后宗师，无出汾阳禅师之右者"。因为善昭重视临济义玄提出的"三玄三要"，并通过对"三玄三要"的新解释，追求玄言，提高文字语言在明心见性过程中的功能。慧洪的《临济宗旨》就是联系讲解善昭关于三玄三要的颂文，实现以文解禅的。他说："言通大道，不坐平常之见，此第一句也，古（指荐福承古）谓之句中玄。"④ 以"言"沟通"大道"成为慧洪所倡文字禅的基本特色，并在许多著作中作了反复论证。慧洪指出：

---

① 《妙法莲华经》卷五，《大正藏》第 9 册，第 37 页。
② （北宋）慧洪：《洪觉范林间录序》，《卍续藏经》第 87 册，第 245 页。
③ 《石门文字禅》卷二十六，《嘉兴藏》第 23 册，第 706 页。
④ （北宋）慧洪：《临济宗旨》，《卍续藏经》第 63 册，第 168 页。

心之妙不可以语言传，而可以语言见。盖语言者，心之缘，道之标帜也。标帜审则心契，故学者每以语言为得道浅深之侯。①

这里的"心"，就是"大道"。心的神妙不可用语言传递，而可以用语言表现。心表现为语言，语言就成了大道的外在标帜；标帜明悉了，心即契会了。所以，是否"得道"就可以从其所使用的语言上来衡量。据此，禅宗的修持自然也要归结到语言运用的技巧上来。慧洪很注意禅师的文字运用，他曾借曹洞宗僧人之口，批评某些公案记录的语言，谓："古人纯素任真，有所问诘，木头、碌砖，随意答之，实无巧妙。"所谓"实无巧妙"，本质上是指那种不事雕琢、缺乏文采的断流语。他认为："借言以显无言，然言中无言之趣，妙至幽玄。"② 用语必须蕴含"无言之趣"，使人能体会到"幽玄"之旨，那才是值得肯定的。显然。要使用这样的巧妙语言，参禅者必须有足够的文化素养。北宋以文字为禅的禅师，大都具备这样的条件。

慧洪的诗文既多，词句也美，可作为他提倡的文字禅的一种标本。其中"十分春瘦缘何事？一掬归心未到家"③，被认为是他的得意之句。批评他俗情末泯，固然有理；说他表现探求心源的执著，也未尝不可。另有《赠尼昧上人》诗："未肯题红叶，终期老翠微；余今倦行役，投杖梦烟扉。"④ 似乎情浓于禅，很难避免正人君子的责难。传说王安石之女即称他为"浪子和尚"。事实上，慧洪本人是充满世俗情感的，以文字为禅，就是情不自禁的表现。

南宋以后，一些反对以文字为禅的僧人，往往把批判的矛头指向倡代别创颂古的善昭，指向把颂古之风推向高潮的重显。实际上，从理论上论证文字禅合理性的北宋禅师，应首推慧洪，这是一般人所没有意识到的。

三　圆悟克勤及其《碧岩集》

杨岐方会（992—1049）递传白云守端（1024—1072）、五祖法演

---

① 《石门文字禅》卷二十五，《嘉兴藏》第 23 册，第 700 页。
② 同上书，第 701 页。
③ 《石门文字禅》卷十，《嘉兴藏》第 23 册，第 623 页。
④ 《石门文字禅》卷九，《嘉兴藏》第 23 册，第 618 页。

(1024—1104)。法演弟子二十二人，以佛眼清远、佛鉴慧勤和佛果克勤最为著名，被称为法演门下的"三佛"。从方会到法演，杨岐派几代禅师辗转于江西、湖南、湖北一带活动。尽管杨岐派的势力不断扩大，但在禅林中的地位、在社会上的影响，都远不能与黄龙派相比。直到北宋末年，从佛果克勤开始，杨岐派兴盛起来，其禅法盛行于丛林，其社会声望超过了黄龙派。

圆悟克勤（1063—1135）字无著，俗姓骆，是彭州崇宁（今属四川）人。他 18 岁出家，先学习佛教经论，后来属意禅宗，就学于昭觉胜禅师。不久，克勤离川东下，参见法演禅师。崇宁（1102—1106）初年，因母老归省，住持成都昭觉寺。后来到澧州（湖南澧县），住持夹山灵泉院，再迁湘西道林寺。政和（1111—1118）末年，克勤奉旨移住金陵蒋山。此时，克勤已名冠丛林，"法道大振"。宣和（1119—1125）中，奉诏住持京城天宁寺，不久因战乱返蜀，仍住持昭觉寺。绍兴五年（1135）圆寂。

克勤非常重视研究佛教经论和禅宗语录。"凡应接虽至深夜，客退必秉炬开卷，于宗教之书，无所不读。"[①] 分开来说，"宗"，一般谓"宗通"，特指"禅"而言；"教"，一般为言教，即所谓"说通"，他是主张"融通宗教"的。这里的"宗教之书"，是泛指禅宗的典籍和传统佛教的典籍。张商英在听了他讲《华严》教义和禅宗机语之后说："夫圆悟融通宗教若此，故使达者心悦而诚服，非宗说俱通，安能尔耶！"[②]

克勤也重视当时禅宗通行的机用，据说他跟随法演来到五祖山，要建"东厨"，而"当庭有嘉树"挡道，法演对克勤说："树子纵碍不可伐。"克勤不听，把树砍了。法演大怒，"举杖逐师"，克勤在仓促躲避之际，"忽猛省，曰：此临济用处耳。遂接其杖曰：老贼，我识得你也。演大笑而去。自尔命分座说法"[③]。这种机锋棒喝，实际上已经形同儿戏。又传，克勤在五祖山时，有某位漕使入山问法。法演"诵小艳诗云：频呼小玉元无事，只要檀郎认得声"，时克勤侍侧，"忽大悟，即以告演。演诘之，师（克勤）曰：今日真丧目前机也。演喜曰：吾宗有汝，自兹高枕矣"。

① （南宋）祖琇：《僧宝正续传》卷四，《卍续藏经》第 79 册，第 570 页。
② （南宋）晓莹：《罗湖野录》卷上，《卍续藏经》第 83 册，第 378 页。
③ 《僧宝正续传》卷四，《卍续藏经》第 79 册，第 659 页。

诵艳诗以传禅，由艳诗而得悟，同棒喝儿戏可谓双璧。政和末年（1118），北宋王朝已危在旦夕，克勤移居金陵蒋山。有人问："忠臣不畏死，故能立天下之大名；勇士不顾生，故能立天下之大事，未审衲僧家又作么生？"师曰："威震寰区，未为分外。"曰："恁么则坐断十方、壁立千仞？"师曰："看箭。"① 他肯定忠臣勇士之不畏死、不顾生，理应"威震寰区"，而他的禅法却不能因此而动摇。所谓"看箭"，也是古禅师的机锋，但在这里变成了纯粹的遁词。

克勤一生南北辗转，结交的知名禅师和士人官僚很多，使他具有广博的禅学知识和丰富的阅历。他曾颇为得意地说："老汉生平，久历丛席，遍参知识，好穷究诸宗派，虽不十成洞贯，然十得八九。"② 正是因为他有这样的基础，能够把握佛学发展的趋向，才能创作出影响巨大的《碧岩集》，才能融通禅与教。

《碧岩集》虽以克勤所住夹山（碧岩是其异名）为名，但形成却不限于此一地。现存《卍续藏经》中的《碧岩集》，收有前后序、题记、疏等十篇，其中以署名"关友无党"的序最早，为宣和七年（1125）作，记述了《碧岩集》的形成过程：

> 圜悟（即圆悟）老师在成都时，予与诸人请益其说（指《雪窦颂古百则》）。师后住夹山、道林，复为学徒扣之。凡三提宗纲，语虽不同，其旨一也。门人掇而录之，既二十年矣，师未尝过而问焉。

克勤住持成都昭觉寺是在崇宁（1102—1106）初年，到宣和七年，正是二十年左右。因此，《碧岩集》是克勤的门徒根据他在昭觉、灵泉和道林三寺讲解重显《颂古百则》的稿子汇编整理而成。《僧宝正续传》又记，克勤分别在成都、夹山和湘西住持上述三寺之后，又奉旨住金陵蒋山，于是"法道大振"。这些记载说明，克勤影响力的扩大，与讲解重显颂古有直接关系。

克勤在三地的讲稿，可能先分别流传，多有被篡改的情形发生，关友无党的序说、克勤的讲稿，"流传四方，或致踦驳，诸方且因其言以其道

---

① 上引均见《佛祖历代通载》卷三十，《大正藏》第49册，第686页。

② （北宋）克勤撰，绍隆编：《圆悟佛果禅师语录》卷二十《辩伪》，《大正藏》第47册，第810页。

不能，寻绎之而妄有改作"。克勤本人也曾指出："不知何人，盗窃山僧
该博之名，遂将此乱道为山僧所出，观之使人汗下面赤。况老汉尚自未
死，早已见如此狼藉，请具眼衲子详观之，勿认鱼目作明珠也。"① 究竟
改篡的是什么内容，虽不得而知，但包括关于重显《颂古》的讲解应无
疑问。由此可见，《碧岩集》是在禅宗僧人普遍重视颂古的情况下形成
的，而不是应某个人的邀请而作。

《碧岩集》由重显《颂古百则》所选的一百个公案为骨架组织起来，
共分十卷，每卷解释十个公案和相应的颂古，形成十个部分；每一部分都
有五项内容，依次是"垂示"、公案"本则"、雪窦"颂文"、"著语"和
"评唱"。其中"垂示"是关于公案和颂文的总纲，克勤对公案、颂文的
解释，都围绕"垂示"的主题展开。公案的"本则"，是指重显《颂古百
则》所选的公案。雪窦"颂文"是复述重显原著的颂文。"著语"是克勤
给公案本则和重显颂文所作的夹注，也称"下语"，文字简短，多则十余
字，少则三五字，有时只有一个字；形式则多样，有书面语，也有口语、
俗语、谚语，大多具有点评性质，或称誉，或嘲讽。著语实际上就是机
语。最后一项"评唱"，是《碧岩集》的主体部分，分散在公案本则和颂
文之后，是克勤对公案和颂文的正面解释，语言活泼，间或有韵。

试以《碧岩集》第十二则《洞山麻三斤》为例，来分析《碧岩集》
的特点。

"第十二则，洞山麻三斤。"这是题目，以下进入正文：

> 垂示云：杀人刀，活人剑，乃上古之风规，亦今时之枢要。若论
> 杀也，不伤一毫；若论活也，丧身失命。所以道：向上一路，千圣不
> 传，学者劳形，如猿捉影。且道，既是不传，为什么却有许多葛藤公
> 案？具眼者试说看。

这段"垂示"的大意是说，消除参禅者的错误观念，启发参禅者认
识自己本来具有的智慧，既是上古禅师教禅的原则，也是现在参禅者要掌
握的关键。然而，消除参禅者的错误观念，并不正言直说，而是要旁敲侧
击，应机示现，不留丝毫痕迹；要启发参禅者自证自悟，也必须消除世俗

---

① 《圆悟佛果禅师语录》卷二十，《大正藏》第 47 册，第 810 页。

的观念，才能获得佛教智慧。既如此，为什么还要研究这些表面上看来有违于禅宗主旨的公案呢？克勤的反问，就是强调古圣所传"麻三斤"的公案，其意义在于启发人们自证自悟，不要在表面文字上兜圈子。

公案"本则"及其夹注内容和形式如下：

> 举。僧问洞山：如何是佛［铁蒺藜，天下衲僧跳不出］？山云：麻三斤［灼然破草鞋，指槐树骂柳树，为称槌］。

克勤在"如何是佛"之下的注语，暗示这个问题难以回答，难以理解，许多人都是不知如何回答的。"麻三斤"后面的注语，暗示"麻三斤"并不是对"如何是佛"问题的正面作答。

本则公案之后，是克勤的"评唱"，文字颇长。首先，他指出这则公案的特点：

> 这个公案多少人错会。直是难咬嚼，无尔下口处。何故？淡而无味。古人有多少答佛话，或云：殿里底；或云：三十二相；或云：杖林山下竹筋鞭；及至洞山却道麻三斤，不妨截断古人舌头。

"如何是佛"，是参禅者经常要提出的问题，历来有多种回答。克勤认为，这些答语都同"麻三斤"一样，是用"淡而无味"的话去截断从字面上去理解思路。接下去，他批判了关于这则公案的几种错误理解：

> 人多作话会，道：洞山是时在库下称麻，有僧问，所以如此答；有底道：洞山问东答西；有底道：尔是佛，更去问佛，所以洞山绕路答之；死汉！更有一般道：只这麻三斤，便是佛。且得没交涉。尔若恁么去洞山句下寻讨，参到弥勒佛下生，也未梦见在。

这些解释都是围绕"麻三斤"答语的字面意义去解释，所以都不得要领（巴鼻），都不能把握公案中蕴含的禅理。按克勤的主张，"言语只是载道之器，殊不知古人意，只管去句中求，有什么巴鼻。不见古人道：道本无言，因言显道，见道即忘言。若到这里，还我第一机来始得"。因此，这则公案是让人追求言外之旨，即扫除情解，离言会道。他引用五祖法演的颂云："贱卖担板汉，贴称麻三斤，千百年滞货，无处著浑身。"
由此克勤得到这样的解释："你但打叠得情尘、意想、计较、得失、是
非，一时净尽，自然会去。"简言之，洞山以"麻三斤"来回答"如何是
佛"的问话，只是让人扫除一切情解，净尽所有得失是非，由此自然
会道。

接下去是列举重显的项文，中间也有夹注：

> 金乌急［左眼半斤。快鹞赶不及，火焰里横身］，玉兔速［右眼
> 八两。姮娥宫里作窠窟］，善应何曾有轻触［如钟在扣，如谷受响］。
> 展事投机见洞山［错认定盘星，自是阇黎怎么见］，跛鳖盲龟入空谷
> ［自领出去，同坑无异土，阿谁打尔鹞子死］。花簇簇，锦簇簇［两
> 重公案，一状领过，依旧一般］，南地竹兮北地木［三重也有四重公
> 案，头上安头］。因思长庆陆大夫［癫儿牵伴，山僧也怎么，雪窦也
> 怎么］，解道合笑不合哭［呵呵！苍天！夜半更添冤苦］。咦［咄，
> 是什么便打］！

克勤对这段颂文的解释也很长，他首先指出，重显讲的禅理同洞山是
一致的："雪窦见得透，所以劈头便道'金乌急，玉兔速'，与洞山'麻
三斤'更无两般。""南地竹兮北地木，与麻三斤只是阿爷与阿爹相似。"
据此，他批判禅僧对重显颂文的各种错误理解。关于"金乌急，玉兔速"
一语，克勤说："人多情解，只管道：'金乌是左眼，玉兔是右眼'，才问
著便瞠眼云：'在这里。'有什么交涉？"关于"花簇簇，锦簇簇，南地竹
兮北地木"一语，他说："后人却转生情见道：麻是孝服，竹是孝杖，所
以道'南地竹兮北地木'。'花簇簇，锦簇簇'，是棺材头边画底花草。还
识羞么？"克勤之所以认为这些解释都是错误的，不在于它们脱离了公
案，而是没有超出"情见"，同"麻三斤"公案的主旨背道而驰。为此，
克勤对重显的颂文每一典故都作了考证，以此证明颂文的主旨与公案相
同，都是表达不要执着于言句，不要作道理会的。

比如，他考证"花簇簇，锦簇簇，南地竹兮北地木"的话语出自智
门和尚，智门和尚这句话的意思，已由洞山守初讲出来："言不展事，语
不投机，承言者丧，滞句者迷。"重显颂文中加以引用，就在于"破人情
见，故意引作一串颂出"。"因思长庆陆大夫，解道合笑不会哭"典出

《景德传灯录》卷十《陆亘大夫》①。这样，颂文的每一句话都应该考证，考证的结果，就是说明颂文与公案表达的是同一主旨，由此形成了《碧岩集》的一大特点，即思想单一而考证烦琐。

克勤在《碧岩集》第一则《圣谛第一义》中说：

> 达磨遥观此土，有大乘根器，遂泛海得得而来，单传心印，开示迷途，不立文字，直指人心，见性成佛。若怎么见得，便有自由分，不随一切语言转，脱体现成。

这本是隋唐以来诸大禅师咀嚼过多少遍的老生常谈，他当作新的发现，贯彻到颂古之中，所谓"古今言教，机缘公案，问答作用，并全明此"②。"古人举一机一境，皆明此事"③。这样，他把丰富多彩、表现着诸多禅僧生活和社会内容的禅思想，统归到一个框架之中，使得禅也贫困化起来。

正因为克勤是把"百则公案从头一串穿来"④，所以像《禅林宝训》等称，"圆悟又出己意，离之为《碧岩集》"。克勤对公案、颂文的解释，处处都要装进一个框架，处处都使之显出属于"己意"；为要证明他所穿的那"一串"符合公案和颂文的本旨，又进行了细密考据。用大立文字的方法，支持"不立文字"的宗旨，结果将人引进了烦琐的考证，形成《碧岩集》的另一特点。

《碧岩集》把公案、颂古和佛教经论融成一体，在弘扬禅学的同时也讲解佛教的基本知识。因此，传禅和传教是该书的两个重要方面。我们说《碧岩集》的主导思想单一，是从它专注于弘扬禅宗主旨方面讲的，但是，从《碧岩集》烦琐考证方面考察，它又同时具有了传播佛教基础知识的作用。而在传播佛教基础知识过程中，始终贯穿着禅教一体、禅教一

---

① 陆大夫指陆亘，是南泉普愿的弟子；"长庆"即福州大安，为百丈怀海的弟子。陆亘事迹最早见于《祖堂集》，与《景德传灯录》的记载差别很大。重显颂文用的典故，本于《景德传灯录》，编者以长庆的口吻，对陆亘的话作代别曰："合善不合哭"，此处改为"合笑不合哭"，这是禅师们随兴用典的例证之一。

② 《圆悟佛果禅师语录》卷十四，《大正藏》第 47 册，第 778 页。

③ （北宋）克勤：《击节录·德山示众》，《卍续藏经》第 67 册，第 227 页。

④ （北宋）克勤：《碧岩集·普照序》，《大正藏》第 48 册，第 139 页。

致的思想。

在《碧岩集》第八十九则，克勤解释"网珠垂范影重重"一句时，比较系统地讲述了华严宗的基本教义。他解释：

> 雪窦引帝网明珠，以用垂范。手眼且道落在什么处？华严宗中立四法界：一理法界，明一味平等故；二事法界，明全理成事故；三理事无碍法界，明理事相融，大小无碍故；四事事无碍法界，明一事遍入一切事，一切事遍摄一切事，同时交参无碍故。所以道：一尘才举，大地全收。一一尘含无边法界。一尘既尔，诸尘亦然。网珠者，乃天帝释善法堂前，以摩尼珠为网，凡一珠中映现百千珠，而百千珠俱现一珠中。交映重重，主伴无尽。此用明事事无碍法界也。

在这里，克勤对四法界的叙述，是符合华严宗教理原来意思的，并没有用禅学予以改造。同时，他在这里重点强调的是"事事无碍"，并且认为这正是重显颂文的本意："雪窦以帝网珠，垂示事事无碍法界。"禅宗僧人讲授华严宗的教义，自然具有传播佛教知识的作用，但是，其目的却在于把"教"与"禅"结合起来，说明教禅的一致。

> 雪窦拈帝网明珠，垂范况此大悲话。直是如此，尔若善能向此珠网中明得挂杖子神通妙用，出入无碍，方可见得手眼。所以雪窦云：棒头手眼从何起？教尔棒头取证，喝下承当。只如德山入门便棒，且道手眼在什么处？临济入门便喝，且道手眼在什么处？且道雪窦末后，为什么更着个"咄"字？参。

克勤重点强调"事事无碍"，目的就是让学僧把学习华严宗理论同参禅结合起来。通过理解和参悟"事事无碍"，理解禅宗机锋棒喝的主旨。因此，克勤在直接"传教"的同时，也是直接"传禅"。

然而，这种在禅教一致、禅教融合思想指导下讲述教门理论，往往会发生曲解教门理论以俯就禅学的倾向。克勤与张商英对"四法界"的讨论，就是用禅学改造华严学。

据《罗湖野录》卷上记载，克勤于荆州见到张商英，在谈论华严旨要时，克勤说："华严现量境界，理事全真，初无假法所以即一而万，了万为一，一复一，万复万，浩然莫穷，心佛众生，三无差别，卷舒自在，无碍圆融。此虽极则，终是无风帀之波。"张商英对克勤归纳的华严宗旨很感兴趣，问："到此与祖师西来意为同为别？"即华严宗的这个理论与禅宗的理论是同还是别。克勤认为"且得没交涉"，即完全不同。他解释："更须知有向上全提时节，彼德山、临济岂非全提乎？"克勤的意思是说，上述的华严宗理论，还没有包括禅宗自证自悟的教义，只有在德山棒、临济喝下领悟言外之旨，才是超越华严进入禅门。

第二天，克勤为张商英讲"四法界"，讲了事法界、理法界之后，又讲理事无碍法界，张商英问："此可说禅乎？"即问理事无碍境界是否能和禅的境界相联系。克勤认为不可以，只有到事事无碍法界才能说禅。他解释："若到事事无碍法界，法界量灭，始好说禅。如何是佛？干屎橛。如何是佛？麻三斤。是故真净（克文）偈曰：事事无碍，如意自在。手把猪头，口诵净戒。趁出淫坊，未还酒债。十字街头，解开布袋。"

根据克勤的解释，到事事无碍，就不仅仅是一种对禅境的体验，不仅仅是获得一种真理性认识，而是在现实生活中的实践（法界量灭）。这里的"十字街头，解开布袋"，是指五代布袋和尚契此的故事。契此被认为是弥勒佛的化身，他的种种疯癫举动、怪诞行为，都被视为彻悟的表现，是适应拯救世人的需要而为之。如果不联系禅宗的基本理论，仅仅从字面来理解克勤引用的真净克文的偈文，似乎是说，一切随心所欲的行事，包括各种违背戒律的丑态恶行，都是成佛的表现，都是拯救世人的行为。实际上，这是禅宗僧人习用的走极端的表述，其目的不过是启发禅众不崇拜偶像，解除精神枷锁，走自立自强之路。当然，把"事事无碍"解释成不执着于"佛"或"道"的"如意自在"，把它作为现实生活中的行为准则，虽说是在弘扬自我解脱的教义，但的确有损害佛教的弊端，很容易被伪君子用来为其各种丑行辩护。

克勤的《碧岩集》把解释公案、颂文和阐述经教三者结合起来，用评唱直截了当地进行解说，容易为人们所理解。但在夹注中或透机锋，评唱中时用机语，仍不失禅家的特色，从而创造了一种新的禅宗经典形式，在禅林中产生了很大的影响。这种禅宗的新经典，既顺应了文字禅的发展潮流，又开创了融合经教的新途径。这种经典的流传，既是传禅，也是传教。另外，克勤在融合禅教过程中，也存在着重新解释教门理论以俯就禅学的倾向。在禅学的长期发展过程中，这实际上是一种普遍现象。

在克勤的弟子中，最著名的是大慧宗杲和虎丘绍隆，他们的传承后来成为南宋中后期南方临济宗的主要两支，有影响的禅师大多出自这两个系统。大慧宗杲在下面专门介绍，这里只简述绍隆一系的基本情况。

虎丘绍隆（1078—1136）是和州（安徽和县）含山县人，9 岁出家，15 岁受具足戒，20 岁以后游方参禅，曾从学于长芦崇信、湛堂文准、黄龙死心等禅师，后来慕名投到圆悟克勤门下，习禅二十年，晚年常住苏州虎丘。在南宋初年，绍隆的名望远不能和宗杲相比，《大明高僧传》卷五说二人在当时被并称"二甘露门"，是后人对绍隆的抬高。现存《虎丘绍隆禅师语录》一卷。

绍隆一系后来十分兴盛。他的弟子应庵昙华（1103—1163）是湖北黄梅县人，俗姓江，17 岁于东禅寺出家，曾追随圆悟克勤，后投到绍隆门下。不久，他辗转于江西、江苏、湖北、浙江一带，住持过多处寺院，最后居住浙江天童。昙华的影响不断扩大，据说大慧宗杲见到僧人们传抄他的"示众"语录，"极口称叹"[1]。

昙华的嗣法弟子八人，密庵咸杰（？—1186）的知名度较高。他是福州人，俗姓郑。曾随昙华习禅四年，后奉诏住持杭州径山和灵隐。咸杰有弟子破庵祖先和松源崇岳，绍隆一系由此大盛起来，其影响逐步超过宗杲系。

祖先（1136—1211）是广安（四川宁西）人，俗姓王，字破庵。出家后，"闻密庵大弘临济之宗，遂腰包参谒"[2]。咸杰住持灵隐寺时，令他"分座"训徒。祖先住持夔州（四川奉节）卧龙寺，后又至江浙一带住持多处寺院。他的著名弟子无准师范（？—1248），四川梓潼人，俗姓雍，9 岁出家，后到灵隐寺侍奉祖先。先后也在江浙一带住持寺院，晚年奉诏住径山。师范的门徒中有断桥妙伦、雪岩祖钦、兀庵普宁、无学祖元，以及日僧圆尔辩圆等。这一系在把禅宗传向日本方面起过突出作用。

松源崇岳（1132—1202）是处州龙泉（浙江龙泉）人，俗姓吴，隆兴二年（1164）出家，长期游方参禅。咸杰住灵隐寺时，曾命他为"第一座"。庆元三年（1197）奉诏住持灵隐寺。他的弟子有运庵普兴、灭翁文礼等人。相对来说，这一系影响力较弱。

---

① （明）如惺：《大明高僧传》卷六，《大正藏》第 50 册，第 921 页。
② 《大明高僧传》卷八，《大正藏》第 50 册，第 932 页。

四　宗杲的看话禅体系

在整个中国禅学发展史上，克勤弟子大慧宗杲无愧为划时代的人物、里程碑式的人物，他倡导和完善化的看话禅，成为以后禅学的主流，跨越了派系界限，盛行于整个禅林，一直到现代，并且影响到国外。

（一）生平事迹略述

宗杲（1089—1163），宣州（安徽）宁国人，俗姓奚，出生在一个祖上为官但已"家道日微"的破落地主家庭。17 岁出家，受具足戒于本州景德寺。他一生的活动可分为四个阶段。

第一，游方参学时期。从徽宗崇宁四年（1105）至钦宗靖康元年（1126），前后 21 年。

宗杲出家后先在景德寺潜心苦读两年，兼学多种佛教著作，以禅宗语录为主，尤其喜欢云门文偃的语录。游方参学之初，他首先接触到曹洞宗僧人，曾就学于芙蓉道楷的弟子瑞州微和尚。两年中，对"曹洞宗旨，一时参得"。由于不满于微和尚将"功勋五位、偏正回互、五王子之类许多家事来传"，认为若"禅有传授，岂佛但自证自悟之法？遂弃之"[①]。这个记载一定程度上反映出他不喜欢那种所谓细密的禅风。

大观三年（1109），宗杲到泐潭山宝峰寺（今江西南昌），投到湛堂文准（1061—1115）门下。文准是临济宗黄龙派真净克文（1025—1102）的弟子。又与文准的同学慧洪、兜率从悦（1044—1091）的弟子慧照（1049—1119）保持着密切关系。宗杲对慧洪尤为崇拜，慧洪对宗杲的评价也高。文准逝世后，宗杲编集他的语录，"谒洪觉范，以议编次"，[②] 并请慧洪题记。宗杲的为人和禅风，与慧洪有许多相似处。文准临终，嘱咐宗杲投奔当时已名冠丛林的佛果克勤。宗杲几经周折，又经克勤的同乡张商英推荐，于宣和七年（1125）四月抵京师，在天宁寺见到克勤。一个月以后，克勤"著《临济正宗记》以付之，俾掌记室，分座训徒"，宗杲"乃握竹篦为应机之器，于是声誉蔼著，丛林咸归重之"。[③] 克勤所示，主要是讲解公案。他听过宗杲解释法演的一段公案，评其"出语无滞"，同

---

①　（南宋）祖咏：《大慧普觉禅师年谱》，大观二年（1108），《嘉兴藏》第 1 册，第 794 页。

②　《大慧普觉禅师年谱》，政和五年（1115），《嘉兴藏》第 1 册，第 794 页。

③　《大慧普觉禅师年谱》，宣和七年（1125），《嘉兴藏》第 1 册，第 797 页。

时又指摘他"只恐你透公案不得"。这表明二人在解公案上，一开始就有意见分歧，不甚投机。宗杲在汴京很快就声誉大振，"士大夫争与之游"，钦宗赐号"佛日大师"。①

宋代禅宗以临济、云门和曹洞三家为主，宗杲始而自学禅宗语录（尤喜云门语录），继而跟随曹洞宗的僧人习禅，最后又投到临济宗著名僧人门下，成为临济派的宗师。他的这种求学经历，使他能够站在宋禅发展的最前沿，为他日后再批判和继承传统禅学的基础上有所创新提供了条件。

第二，弘教传禅，独辟新说时期。这是宗杲思想最活跃的阶段，从南宋高宗建炎元年到绍兴十年（1127—1140），前后 13 年。

靖康二年（1127），汴京陷落，二帝被俘，宗杲和许多僧人一起逃离京城，辗转于江浙、广、闽等地。建炎四年（1130），"妙喜庵于云门，方成法席"。绍兴八年（1138），其住持新都杭州径山能仁禅院，聚集僧众多达 1700 人，"宗风大振，号临济再兴"。

这一时期，宋王朝依然是危机四伏，朝不保夕。民族战争、阶级斗争、和战之争都处在最尖锐、最激烈的状态。宗杲主要做了两件事。其一，批判"默照禅"。绍兴四年（1134），他结庵于福建洋屿，看到正觉倡导的默照禅盛行于闽，不仅吸引了许多禅僧，而且受到士大夫的欢迎，引起了强烈不满，遂"力排默照为邪"②。

其二，火烧《碧岩集》。这一事件发生的具体时间，史无记载，大体不会晚于绍兴十年（1140）。对自己师长的著作采取如此深恶痛绝的态度，即使在极不看重权威的禅宗历史上也是罕见的。据《碧岩集·希陵后序》记：

> 大慧禅师因学人入室，下语颇异，疑之。才勘而邪锋自挫，再鞠而纳款自降，曰：我《碧岩集》中记来，实非有悟。因虑其后不明根本，专尚语言，以图口捷，由是火之，以救斯弊也。

宗杲毁《碧岩集》是由于它导致禅僧"专尚语言，以图口捷"，不应

---

① 《大慧普觉禅师年谱》，靖康元年（1126），《嘉兴藏》第 1 册，第 797 页。
② 《大慧普觉禅师年谱》，绍兴四年（1134），《嘉兴藏》第 1 册，第 799 页。

继续流传在国难时刻，并不是针对克勤其人。心闻昙贲（嗣育王介谌，南岳下十六世）说：

> 绍兴初，佛日入闽，见学者牵之不返，日弛月骛、浸渍成弊，即碎其版，辟其说，以祛迷援溺，剔繁拨剧，摧邪显正，特然而振之，衲子稍知其非而不复慕。然非佛日高明远见，乘悲愿力救末法之弊，则丛林大有可畏者矣。①

如果说，宗杲是在游闽时即碎《碧岩集》版，则其动机与力排默照禅完全一致，都有社会政治意义。尽管如此，《碧岩集》并未因此而禁绝，它依然有人欣赏，至元延祐年间（1314—1320）再次刻版流行，对元、明两代北方曹洞僧人影响尤大。正是在扫荡默照禅和《碧岩集》的过程中，宗杲形成了自己的禅学，这就是"看话禅"。绍兴五年（1135），有人致书宗杲，讨论关于"看狗子无佛性一语"的效果问题，是有关看话禅的最早记录。

第三，流放时期，从绍兴十一年至二十六年（1141—1156），前后约十五年。

绍兴十年（1140）五月，金人叛盟，大举来攻。宋高宗急于议和，于六月始，屡贬主战派重臣赵鼎，八月又降黜主战派大臣张龙成等七人。次年，前线诸帅在全面北进中被先后召回，八月，罢岳飞兵权，十二月以诬杀之。绍兴十三年（1143），张九成又坐党赵鼎，谪居安南军。宗杲与张九成甚善，据《宋史》张九成本传："径山僧宗杲善谈禅理，从游者众，九成时往来其间。（秦）桧恐其议已，令司谏詹大方论其与宗杲谤讪朝政"，由此放逐。据《大慧普觉禅师塔铭》，绍兴十一年，宗杲于径山同张九成的问答，中有"神臂弓"之语，因而被追牒流放。先是衡州（湖南衡阳），后移梅州（广东梅州），直至绍兴二十六年（1156）遇赦，恢复僧人身份。在此期间，他主要为参禅僧人讲说公案语录，其弟子汇集成书，自题《正法眼藏》六卷。

第四，晚年垦荒传禅。

宗杲遇赦后回到浙江，先后住育王山和径山，威望盛极。所谓"裹

---

① （南宋）净善重集：《禅林宝训》，《大正藏》第48册，第1036页。

粮问道者，万二千指，百废具举，冠于今昔"。① 他把众多僧人组织起来，
开荒垦田，建立农禅庄园，其中"筑涂由凡数千顷，诏赐其庄名般若"②。
绍兴三十一年（1161）到仪真，听说"州学文宣王殿建造未圆"，便"以
说法施利二十万而助之"。尽管当时他的思想已相当消沉，但爱国之心依
然未泯，垦田拓荒和扶植儒学都属执行南宋的基本国策。绍兴三十二年，
宋孝宗赐"大慧禅师"号，次年逝，谥号"普觉"。祖琇曾经指出，宗杲
"去世未几，道价愈光，法嗣日盛，天下学禅者仰之，如泰山北斗云"③。
嗣法弟子八十四人，随他参禅的僧人和士大夫不计其数。

　　记载宗杲言行的主要著作有其弟子蕴闻所编的《大慧普觉禅师语录》
（简称《大慧语录》）三十卷、祖咏的《大慧普觉禅师年谱》一卷、道谦
的《大慧普觉禅师宗门武库》一卷。现存《大慧普觉禅师语录》（以下简
称《大慧语录》）三十卷，有九卷是宗杲在各地与禅僧的机语问答，与一
般《语录》相似，没有什么价值。卷十至十二是"颂古"、"偈颂"和
"赞佛祖"的诗偈，也很平平。他的禅思想，特别是关于"看话禅"，主
要保存在卷十三以后的"普说"、"法语"和"书"这三部分之中。"普
说"六卷，半数是为士大夫和居士讲的；"法语"六卷，则全是对在家人
的讲话；"书"六卷，几乎全是与士大夫的往来书信。从他宣教的对象
中，也可以透露出他的禅思想特点。

　　宗杲所处的时代，阶级矛盾和民族矛盾异常尖锐。宗杲虽然是一名出
家僧人，也有着炽烈的忠君爱国热情。他与张九成、张商英、张浚等人关
系密切，非常赞赏他们抵御外敌、革除弊政、振兴国家的主张。宗杲自己
也说："予虽学佛者，然爱君忧国之心与忠义士大夫等。"④ 张浚在《大慧
塔铭》中也说："师虽为方外士，而义笃君亲。每及时事，爱君忧时，见
之词气。"宗杲的忧国忧民意识和为宋王朝服务的热情，均在他的禅法思
想中有所反映。他提出"菩提心则忠义心也，名异而体同"⑤，可算是一
个集中的表现。

　　宗杲并不是一个墨守成规、株守旧说的人。他具有强烈的批判精神，

---

①　（清）纪荫编：《宗统编年》卷二十四，《卍续藏经》第 86 册，第 240 页。
②　（南宋）张浚：《大慧普觉禅师塔铭》，《大正藏》第 47 册，第 837 页。
③　《僧宝正续传》卷六，《卍续藏经》第 79 册，第 579 页。
④　（南宋）祖咏编：《大慧普觉禅师语录》卷二十四，《大正藏》第 47 册，第 912 页。
⑤　同上。

他在禅学上的贡献是多方面的。他为了纠正当时禅僧唯务记诵文字而不重修持的流弊，火烧了被奉为"至学"①的《碧岩集》一书；他激烈批判正觉赖以中兴曹洞宗的默照禅体系；他注重钻研禅宗公案，鼓励参禅者学习颂古；他博采众长，倡导多种教禅和学禅形式。宗杲在禅学上的最大贡献，乃是他倡导和完善化了看话禅体系。看话禅影响极为深远，它不仅是宋代以后禅学的一个主流，而且很快走出国门，影响到日本、韩国等佛教国家。

（二）话头与活句

佛教史上一般将宗杲禅法称为"看话禅"，这个名称之得来，是与当时禅学发展实际状况相联系的。宋代禅僧教禅和学禅的主要资料不是佛教的传统经典，而是《灯录》和《语录》。历代著名禅师的言行记录于《灯录》和《语录》，许多可以独立的参禅问答或故事在辗转流传中形成所谓"公案"。公案大多是禅师和参学者之间的简短问答。对公案的不同理解和钻研方式构成了各种禅学形式。宗杲重视对公案中"话头"的参究，由此建立了其"看话"禅体系。

宗杲的看话禅既与公案相联系，又不用于对整个公案的解释。所谓"看话"是指参究"话头"，所谓"话头"是指公案中禅师的答话。在禅师和参学者见面的问答中，经常是参学者问话，禅师根据情况予以回答，用以启悟参学者。宗杲主张参的话头有六七个。他主张"看庭前柏树子、麻三斤、干屎橛、狗子无佛性、一口吸尽西江水、东山水上行之类"②，另外还有云门的"露"字③等。但是，宗杲在论述看话禅时使用频率最高的，依然是"狗子无佛性"这则公案中的话头。

---

① （南宋）净善重集：《禅林宝训》，《大正藏》第48册，第1036页。

② 《大慧普觉禅师语录》卷二十七。上述六个话头的原公案是：（1）"庭前柏树子"出自唐代禅师从谂。有个僧人问从谂："如何是祖师西来意？"从谂回答："庭前柏树子。"（2）"麻三斤"出自唐代僧人洞山守初。有个僧人问守初："如何是佛？"守初回答："麻三斤。"（3）"干屎橛"出自五代僧人云门文偃。僧问云门："如何是佛？"云："干屎橛。"（4）"狗子无佛性"出自赵州从谂。僧问："狗子还有佛性也无？"州云："无。"（5）"一口吸尽西江水"出自唐代禅僧马祖道一。庞蕴居士问马祖："不与万法为侣者是什么人？"马祖道："待汝一口吸尽西江水，即向汝道。"（6）"东山水上行"出自云门文偃。僧问："如何是诸佛出身处？"云门答："东山水上行。"（见《大正藏》第47册第811—942页）

③ "露"出自云门文偃。僧问："杀父杀母，向佛前忏悔；杀佛杀祖，向什么处忏悔？"云门答："露。"

看话禅并非始自宗杲，相传最早引用从谂这则公案的是黄檗希运（？—855），他与从谂（778—897）是同时代人。在《黄檗断际禅师宛陵录》中，希运提出了看"无"字话头："若是个丈夫汉，看个公案。僧问赵州（从谂）：狗子还有佛性也无？州云：无。但去二六时中看个无字，昼参夜参……日久月深，打成一片。忽然心花顿发，悟佛祖之机，便不被天下老和尚舌头瞒，便会开大口。"

赵州从谂是唐代著名禅师，他的问答机语曾广为流传。但是，在从谂留下的众多问答机语中，这则公案并未受到重视。成书于五代末的《祖堂集》和北宋初的《景德传灯录》，都没有记载这则公案。另外，唐中叶以后直到五代，禅宗内部机锋棒喝盛行，看话禅也远没有成为禅学主流。

北宋临济宗著名禅师五祖法演（？—1104）接过希运的话题，重视这则公案，提倡看话头，并增加了新的内容："僧问赵州：狗子还有佛性也无？州云：无。僧云：一切众生皆有佛性，狗子为什么却无？州云：为伊有业识在。师云：大众，你诸人寻常作么生会？老僧寻常只举无字便休，你若透得这一个字，天下人不奈你何。你诸人作么生透？还有透得彻底么？有则出来道看。我也不要你道有，也不要你道无，也不要你道不有不无，你作么生道？"①

从希运和法演的论述来看，他们所倡导的看话头有三个特点。其一，不对话头作解释，参究话头可以脱离公案的上下文。对"无"字的参究，并不是要回答上文提出的狗是否有佛性这个问题。关于这个问题，法演比希运讲得更明确。狗有无佛性这个问题，按照禅宗的理论是很容易回答的，但参究"无"字话头，却并不是要求对此问题作解释。说有说无，不有不无都不行，而是要求证悟言外之理。其二，看话头是一种长期的践行功夫，而不是在一时一刻就可以完成的。它要求与禅僧的生活打成一片，要求时时刻刻去参究。因此，看话头也就是对禅的精神的体验。其三，看话头的目的是追求悟，因此，对话头的参透，不仅是对这则公案的理解，而且是对"佛祖之机"的顿悟。顿悟之后，就不会再对那些机语之类不理解，即"不被天下老和尚舌头瞒"，便可以任意说法，即"便会开大口"。所以，他们对话头的这种理解，实际上包含着认为一个话头中蕴含着全部禅理的思想。参透一个话头，意味着体验了全部禅的精神。

---

① 《古尊宿语录》卷二十二，《卍续藏经》第 68 册，第 146 页。

宗杲所倡导的看话禅，继承了希运和法演的思想。宗杲联系批判当时禅宗境界流行的各种禅学形式，对如何看话头作了说明：

> 但将妄想颠倒底心，思量分别底心，好生恶死底心，知见解会底心，欣静厌闹底心，一时按下，只就按下处看个话头。僧问赵州：狗子还有佛性也无？州云：无。此一字子（无），乃是摧许多恶知恶觉底器仗也。不得作有无会，不得作道理会，不得向意根下思量卜度，不得向扬眉瞬目处探根，不得向语路上作活计，不得扬在无事甲里，不得向举起处承当，不得向文字中引证。但向十二时中，四威仪内，时时提撕，时时举觉。①

宗杲在这里提出了要"按下"五种"心"和八个"不得"，正是对以机锋棒喝为禅、以概念分析为禅以及对默照禅的批判。所谓"不得作有无会，不得作道理会，不得向意根下思量卜度"以及"不得向语录上作活计"四种，是对专门崇尚机锋的批判。"不得做有无会"，是针对赵州狗子一则公案具体来讲的，这也是希运和法演的共同主张。宗杲又增加了三个"不得"，则普遍适用于其他一切话头。看话头首先要求不能对话头作解释，不能分析它的意思，不能用语言酬对。这与力图从机语问答中体验禅境的主张是相对立的。宗杲倡导看话禅，有着革除机锋棒喝之弊的特点。

所谓"不得向扬眉瞬目处垛根"，"不得向举起处承当"，则是对那些完全抛弃师徒间的机语问答、完全抛开公案倾向的批判。有些禅师以"不立文字"为口实，对任何问话，都以怪异动作来作答，以为这就表明自己证悟了禅理。宗杲对这些禅师提出了批评："或者谓一切语言总不干事，凡举觉时先大瞪却眼，如小儿患天吊见神见鬼一般，只于瞪眉努眼处领略……亦各各自谓得祖师巴鼻。"② 由此可见，宗杲一方面反对只在文字语言上下工夫，只钻研参禅过程中的机语酬对；另一方面又反对完全抛开机语问答，完全抛开公案和话头。他倡导看话禅反对偏执一端。

所谓"不得扬在无事甲里"，按下"欣静厌闹底心"，则是对默照禅

---

① 《大慧普觉禅师语录》卷二十六，《大正藏》第47册，第921页。
② 《大慧普觉禅师语录》卷十四，《大正藏》第47册，第868页。

的批判。宗杲曾批判主默照的禅师教人"是事莫管"①，并指出默照禅之所以盛行，在于它迎合了士大夫"厌恶闹处"②的心理。

　　宗杲强调对话头不能用语言文字来解释，不能用逻辑思维来把握，这说明他是把话头作为"活句"来看待的。唐中叶以来，禅宗内部盛行师徒或师友间的问答酬对，或交流彼此对禅境的体验，或启发参禅者证悟，或试探对方是否理解教义。这样，禅宗就逐渐开始追求使用语言的技巧。在对机语的分类中，有所谓"死句"和"活句"之分。死句是指对问话的正面的答语，是可以从字面来理解其含义的句子。活句也称"玄言"，是指本身没有任何意义的句子，它们经常是反语或隐语，而且并不是对问话的正面回答。宋代禅僧认为，只有活句才具有启悟的功能，重视活句成为宋代禅学的一个主流。宗杲提出的话头，也正是顺应着这股潮流。他常用的"狗子无佛性"的话头是一种反语，当然属于活句。他所提倡的其他六个话头，也都不是对问话的正面回答，也都不能从字面上来理解其含义，所以也都属于活句。宗杲明确指出："夫参学者，须参活句，莫参死句。活句下荐得，永劫不忘；死句下荐得，自救不了。"③宗杲正是在这一原则指导下来选择话头和理解话头的。正因为话头是活句，所以不能作正面解释，不能用文字做注解，不能以逻辑思维来把握。也正因为话头是活句，只有活句才能启悟，所以又不能抛开公案中的话头。就取自公案中的话头本身而言，因为它们是活句，便具有不可解释性；但就活句话头作为其中的一个组成部分的整个公案而言，又不妨碍整个公案具有可解释性。所以，宗杲既重视以韵文解释整个公案的颂古，又倡导参究公案中不可解释的活句话头，两者并行不悖。宗杲解决了公案的可解释性与活句话头不可解释性之间的矛盾，为作为文字禅体系中重要组成部分的颂古和看话禅的并存提供了理论依据。

　　（三）看话头的心理体验

　　宗杲把对佛教经典和公案的探索归结为对话头的参究，把对禅理的彻底证悟归结为对话头的参透。他指出："千疑万疑，只是一疑。话头上疑破，则千疑万疑一时破。话头不破，则且就上面与之厮崖。若弃了话头，

――――――――――

①　《大慧普觉禅师语录》卷二十五，《大正藏》第 47 册，第 918 页。

②　《大慧普觉禅师语录》卷二十六，《大正藏》第 47 册，第 923 页。

③　《大慧普觉禅师语录》卷十四，《大正藏》第 47 册，第 778 页。

却去别文字上起疑，经教上起疑，古人公案上起疑，日用尘劳中起疑，皆是邪魔眷属。……佛语祖语，诸方老宿语，千差万别，若透得个无字，一时透过，不著问人，若一向问人佛语又如何，祖语又如何，诸方老宿语永劫无有悟时也。"①

佛教的经典（佛语）可以说是浩若烟海，唐宋之际出现的语录（祖语、诸方老宿语）举不胜举，在禅宗界广泛流传的公案亦有数以千计。这些不唯数量惊人，且内容庞杂，的确是"千差万别"。如果一部经一部经地去研究、一段公案一段公案地去理解，无法完全掌握，永远没有悟时。所谓"起疑"，约相当于"探索"和"钻研"。在这里，宗杲用参究话头取代了阅读经书和钻研语录。话头的参透，便是对千差万别的佛语和历代著名禅师语的完全领悟。对个别的、部分的和具体的事物的把握，让位于对一般的、全体的和抽象的禅理的把握；对单个公案的逐一理会，让位于对一个无意义的话头的证悟。

参透话头不仅是证悟了佛理，而且对士大夫来说，也就是理解了三教圣人的全部说教。宗杲的话头禅不仅是为僧人讲的，而且也是为士大夫讲的。他对看话禅的论述基本保留在为士大夫讲的"法语"和与士大夫来往的书信之中。他在《示成机宜（季恭）》法语中说："蓦然不知不觉，向'露'字上绝却消息，三教圣人所说之法，不著一一问人，自然头头上明，物物上显矣。"②

参究话头以后，不仅可以一通百通，而且原来被否定的一切又都变成有用的了。"得消息绝了，起佛见、法见、众生见，思量分别，作聪明说道理，都不相妨。"③ 只要参透话头，可以施机锋行棒喝，可以解说一切佛教道理。这样，只要参透话头，禅师的一切怪诞言行、各种相互区别的禅学形式，都有存在的合理性。

宗杲对看话头时的心理状态和心理体验作了详细描述："但于话头上看，看来看去，觉得没巴鼻，没滋味，心头闷时，正好著力。切忌随他去，只这闷处，便是成佛作祖，坐断天下人舌头处也。""所谓工夫者，思量世间尘劳底心，回在干屎橛上，令情识不行，如土木偶人相似，觉得

---

① 《大慧普觉禅师语录》卷二十八，《大正藏》第47册，第930页。
② 《大慧普觉禅师语录》卷二十四，《大正藏》第47册，第912页。
③ 《大慧普觉禅师语录》卷二十八，《大正藏》第47册，第930页。

昏怛没巴鼻可把捉时,便是好消息也。莫怕落空,亦莫思前算后,几时得悟,若存此心,便落邪道。"

看话头的过程是一种有别于逻辑思维的几近无意识的心理状态。这是不需要思考任何东西,甚至连对预设的主观目的——悟的追求也要排除。心头烦闷,觉得没有可资依托的东西,觉得不得要领,也可以说是没有任何思维活动,这正是修话头禅时的心理感受。

但是,此时没有思考任何东西,意识却又是很清楚的,既不同于混沌昏沉,又不同于杂念颇多,两种极端的心理状态都要以看话头来改变。宗杲指出:"要静坐时,但烧一炷香静坐,坐时不得令昏沉,亦不得掉举。昏沉掉举,先圣所诃。静坐时才觉此两种病现前,但只举狗子无佛性话,两种病不著用力排遣,当下帖帖地矣。日久月深,才觉省力,便是得力处也。"①

所谓"昏沉",是指意识懵懂不清的状态;所谓"掉举",是指心识纷乱,精神不集中的状态。看话头时要避免这两种情况。一方面,看话头时什么都不要思考;另一方面,此时头脑又是很清醒的,实际上,看话头时要求头脑中一片空白,没有任何思维活动,这正是宗杲讲的"莫怕落空"②。看话禅正是要求通过这种"空"来达到"悟"。这种心理感受据说在看话头十天八天之后就可以得到,而且这种体验还具有无法描述、不可言说的特征。"居士试如此做工夫看,只十余日,便自见得省力不省力,得力不得力矣。如人饮水,冷暖自知,说与人不得,呈似人不得。"③

宗杲还结合唯识宗的理论来论证看话头时的心理体验。他指出:"只觉得肚里闷、心头烦恼时,正是好底时节,第八识相次不行矣。觉得如此时,莫要放却,只就这无字上提撕。"④　"第八识既除,则生死魔无处栖泊。生死魔无栖泊处,则思量分别底,浑是般若妙智,更无毫发许为我作障。"⑤宗杲的看话禅具有集禅学发展之大成的性质,宗杲不仅继承了禅宗的传统理论,而且吸收了其他派别的学说。在这里,宗杲吸收了唯识宗的学说,并将其与般若空观结合起来,论述看话禅的体验和这种体验所赖

---

① 《大慧普觉禅师语录》卷二十六,《大正藏》第 47 册,第 922 页。
② 《大慧普觉禅师语录》卷三十,《大正藏》第 47 册,第 941 页。
③ 《大慧普觉禅师语录》卷二十七,《大正藏》第 47 册,第 927 页。
④ 《大慧普觉禅师语录》卷三十,《大正藏》第 47 册,第 939 页。
⑤ 《大慧普觉禅师语录》卷二十,《大正藏》第 47 册,第 896 页。

以存在的理论依据。

　　唯识宗把"识"分为三类八种，最重要的是第八识。唯识宗认为，人们生活在世界上，总要有心、口、身三个方面的活动，这些活动产生精神性的种子，保存在第八识中。所谓种子，是能够生起宇宙万有的一种潜在能力。据认为，整个人类和宇宙都是由这些精神性种子所变现出来的。变现出来的个人又要进行活动，形成新的种子，即新的生起万有的潜在能力。它们也被保存在第八识中。人的活动产生种子，就作"现行熏种子"，种子变现新事物，叫做"种子生现行"，两者互为因果，由此构成无限的因果循环过程。按照这种理论，人们由于不懂佛教的道理，其世俗活动是错误的，所熏习出来的种子是染污的；懂得佛教之后，人们的活动所产生出来的种子便是清净的。这两类种子都保存在第八识中，人们只有按照佛教的理论去指导思想和行动，才能产生出清净种子，弃舍旧有的染污种子，最后依据这种清净种子而获得解脱。否则，如果依据染污种子，人们就只能沉沦于无始无终的生死轮回之中。宗杲正是吸收了唯识宗的这种思想。他把看话头时的体验归结为"第八识相次不行"和"第八识即除"，他把看话头"心头闷"时的体验解释成为一种消除引起轮回的第八识，从而成就"般若智"的过程。唯识宗宣扬的是"转识成智"，"舍染还净"，宗杲则把"第八识即除"和"浑是般若妙智"结合起来，表达了同样的思想。但是，宗杲把转识成智的解脱过程完全归结为看话头，这又是他的创造，是唯识宗所没有的说法。宗杲这种以看话头获得般若智慧，消除世俗谬见和体验般若实相的主张，与他对"禅"所下的定义是相联系的。他对"禅"作出了不同于前人的新解释："禅乃般若之异名，梵语般若，此云智慧。"① 因此，在他看来，看话头的目的就是对般若实相的体验，就是对般若智慧的证悟。

　　与希运和法演一样，宗杲主张每时每刻去看话头。但是，希运和法演讲看话头是对僧人的要求，宗杲讲看话头则不仅仅是对僧人的要求，而且是对士大夫的要求。"赵州狗子无佛性话……时时向行住坐卧处看，读书史处，修仁义礼智信处，侍奉尊长处，提诲学者处，吃粥吃饭处，与之厮崖。"② 因此，他不仅强调把禅的体验贯彻到僧人的日常生活中去，而且

---

① 《大慧普觉禅师语录》卷十九，《大正藏》第 47 册，第 894 页。
② 《大慧普觉禅师语录》卷二十八，《大正藏》第 47 册，第 933 页。

强调把禅的体验贯彻到士大夫的日常生活中去，用到他们忠君孝亲、维护封建纲常名教的一切社会活动中去。

看话头的最终结果便是悟。"时时以话头提撕，莫求速效。研穷至理，以悟为则。然第一不得存心等悟，若存心等悟，则被所等之心障却道眼，转急转迟矣。"① 宗杲反复强调在看话头的过程中不能从主观上追求悟，这种不以迷悟为念的思想，是对《六祖坛经》中反复强调的"无念"的一种新发挥。然而，这种不能从主观上追求的悟，又会在看话头时于"不知不觉"之中出现。它是在瞬间发生的，宗杲常用"蓦然"、"囫地一下"等来形容，如"行住坐卧，但时时提掇，蓦然喷地一发，方知父母所生鼻孔只在面上"②。

证悟便是认识自己的本来面目，这是"识自本心"的另一种表达形式。所谓"本心"、"本来面目"，也就是时时提到的"佛性"，亦即人先天具有的觉悟本性或成佛的内在根据。宗杲对参透话头之后的境界也作了描述："若得囫地一下了，儒即释、释即儒，僧即俗、俗即僧，凡即圣、圣即凡，我即尔、尔即我，天即地、地即天，波即水、水即波，酥酪醍醐搅成一味，瓶盘钗钏熔成一金，在我不在人。得到这个田地，由我指挥，所谓我为法王，于法自在，得失是非，焉有罣碍？不是强为，法如是故也。此个境界，除无垢老子，他人如何信得及。"③

在看话头过程中，瞬间产生的智慧或瞬间体验的证悟，不过是要认识和体验一种无差别的境界，不过是要求参禅者在思想上对一切都不加区别。凡圣无别，天地无别，三教无别，一切主客差别均已消除，只有一个"我"。世间一切事物和现象都是因为"我"而存在，只有这个"我"才是唯一的真实，而这个"我"又是与世界万有融为一体之"我"。这个"我"就是人的本来面目，实际上它是修禅者臆想出来的神秘的主观精神。这是看话禅要求直觉体验的禅境，也就是禅僧所要认识的终极真理。

（四）随缘放旷、任性逍遥

通过看话头而获得的证悟，并不仅仅是对诸法实相、对自己"本来面目"的认识和神秘体验。看话禅所要解决的并不仅仅是思想认识问题

---

① 《大慧普觉禅师语录》卷三十，《大正藏》第 47 册，第 942 页。
② 《大慧普觉禅师语录》卷二十一，《大正藏》第 47 册，第 900 页。
③ 《大慧普觉禅师语录》卷二十八，《大正藏》第 47 册，第 932 页。

和宗教神秘体验问题，它还包括着在现实生活中的具体实践，它要解决的是"知行合一"的问题。宗杲说："忽然一句下透得，方始谓之法界无量回向，如实而见，如实而行，如实而用。便能于一毛端现宝王刹，坐微尘里转大法轮。成就种种法，破坏种种法，一切由我。如壮士展臂，不借他力；师子游行，不求伴侣。种种胜妙境界现前心不惊异，种种恶业境界现前心不怕怖。日用四威仪中，随缘放旷，任性逍遥。"①

在这里，宗杲吸收了华严宗"法界观"的内容。世界上各种各样的现象、千差万别的事物，即"种种法"，都不过是理法界的显现，也就是人本心的显现。因此，"成就种种法，破种种法，一切由我"。正因为世间的千差万别中只有一个"我"，所以"我"可以在现实生活中"随缘放旷，任性逍遥"。这八个字正是禅宗所宣扬的人生哲学。讨论宗教彼岸的问题，其立脚点并没有离开现实社会，解决宗教解脱问题的手段，也只能在现实生活中获得。宗杲在颂"释迦拈花，迦叶微笑"这则公案时说："若言付心法，天下事如麻。"② 禅宗的传佛心印，体现在对"如麻"般纷乱的天下事的解决之中。是否证悟，最终在僧侣现实生活中的言行上达到体现。"随缘放旷，任性逍遥"，正是他们的生活准则。

所谓"随缘放旷，任性逍遥"，并不是不顾客观条件随心所欲而任意妄为，恰恰相反，宗杲还极力反对"放旷任其自在"③。宗杲在这里讲的"放旷"要以"随缘"为前提，"逍遥"要以"任性"为前提。它们都是在顺应客观环境中得到体现的。宗杲说："然既悟了，以为实亦在我，以为非矣在我，如水上葫芦，无人动著，常荡荡地。触著便动，捺著便转辘辘地。非是强为，亦法如是故也。"④

像水上漂浮的葫芦一样，随波逐流，并且遇触则动，遇捺便转，这正是对"随缘放旷"最形象的注解。宗杲正是这样教士大夫行事处世的。所谓"种种胜妙境界现前心不惊异，种种恶业境界现前心不怕怖"，并不是要人们去改造客观世界，而是要求对眼前出现的一切采取一种听之任之的态度。由于这种病态的麻木，当然就会对眼前发生的一切无动于心，这

① 《大慧普觉禅师语录》卷二十七，《大正藏》第 47 册，第 928 页。
② 《大慧普觉禅师语录》卷十，《大正藏》第 47 册，第 850 页。
③ 《大慧普觉禅师语录》卷二十五，《大正藏》第 47 册，第 918 页。
④ 《大慧普觉禅师语录》卷二十八，《大正藏》第 47 册，第 933 页。

也就是"随缘放旷"了。

宗杲指出:"现在事到面前,或逆或顺,亦不须著意,著意则扰方寸矣。但一切临时随缘酬酢,自然合着这个道理。"① 在处于逆境时,他要求人们去"忍",并且认为这是最容易做到的事。"逆境界易打,顺境界难打。逆我意者,只消一个'忍'字,定省少时,便过了。"② "忍"是佛教一贯强调的,作为禅宗六祖的慧能就很强调这个"忍"。王维在《六祖能禅师碑铭》中提出,慧能是以忍"为教首"的。所谓忍就是通过自我克制而达到一种心理平衡,通过自我心理调节而达到顺应社会的目的。

宗杲认为"逆境界易打",是说人们处于逆境之时,只要能忍,能保持那种"不著意",即保持麻木不仁的态度,这样就会获得心理上的平衡,就不会自己和自己过不去。但是,顺境对人的诱惑力大,在顺境之时,人们很难保持麻木不仁的态度。"顺境界直是无你回避处,如磁石与铁相偶,彼此不觉合作一处。"③ 所以宗杲对秦国夫人说:"儿子作宰相,身作国夫人,未足为贵。粪扫堆头,收得无价之宝,百劫千生受用不尽,方始为真贵耳。然切不得执著此贵,若执著则堕在尊贵中,不复兴悲起智,怜愍有情耳。"④ 处于顺境中的人,一方面心安理得地享受现实的富贵;另一方面,又不把这种富贵作为目标来追求。只要有悲悯众生之心,不管这种主观愿望是否兑现,都可以问心无愧地享受富贵。对逆境中的人,宗杲让他们毫无怨言地去忍;对顺境中的人,宗杲让他们心安理得地去享富贵。这也就是在逆顺境中保持同样的"不著意"的态度。

宗杲所讲的"任性逍遥",也就是依天理和天性而行事。这些天理和天性是以儒家纲常伦理为内容的。有位士大夫死了儿子,宗杲教导他说:"世间法则佛法,佛法则世间法也。父子天性一而已,若子丧而父不烦恼不思量,如父丧而子不烦恼不思量,还得也无? 若硬止遏,哭时又不敢哭,思量时又不敢思量,是特欲逆天理灭天性,扬声止响,泼油救火耳。"⑤ 宗杲在这里没有讲人生无常的佛教道理,而是以世间法取代了佛法,以随顺天理天性来教导士大夫,绝对不违背儒家的说教。

---

① 《大慧普觉禅师语录》卷二十九,《大正藏》第 47 册,第 938 页。

② 同上。

③ 同上。

④ 同上书,第 927 页。

⑤ 同上书,第 929 页。

就"随缘放旷，任性逍遥"的社会意义而言，不过是让处于不同境遇中的人都各守本分，劝导富贵者安于富贵，告诫贫困者安于贫困。宋代禅僧常说的"一切现成"，正是这个意思。肯定现实社会中的一切都是合理的，是上下相安，有利于维护宋王朝的统治，这便是忠君爱国了。

综上所述，宗杲提倡看话禅，要求时时提撕话头，也就是让人在每时每刻去体验近于无意识的禅的心理状态，在这种状态中自然而然地引发出对世间一切皆无差别、世间一切皆由心生的理论认识。让人们通过长期的"做功夫"的心理体验，通过这种证悟，接受禅宗的人生观，并且在这种人生观的指导下去实践。

宗杲圆寂后，其弟子大都在江浙、福建一带住持寺院，大都与南宋王朝保持着密切关系。其中感山晓莹例外，他以撰写《云卧纪谭》和《罗湖野录》而著名。它们记录了他平生的见闻，有当代禅师的言行、禅僧与士大夫的往来、禅宗界的趣闻逸事等，是研究宋代禅宗历史的重要资料。特别是《罗湖野录》，"其所载者皆命世宗匠、贤士大夫言行之粹英，机锋之劲捷，酬酢之雄伟，气格之弘旷，可以辅宗乘、训后学、抑起人与至善，是故阅者不忍释手"[1]。

宗杲的弟子辈中，以佛照德光（1122—1203）最有代表性。他住持过多处大寺院，与朝廷关系密切。"孝宗皇帝在位二十七年，每宣诸山长老论道，唯佛照禅师最为知遇。"[2] 他入宫谈禅论道，既有禅学，也有儒学，多表达对朝廷的忠诚。《古尊宿语录》收有《佛照禅师奏对录》一卷。德光的弟子也多，北硐居简和妙峰之善两支比较活跃，在元初都出现过知名禅师。

第三节　云门宗的理论与实践

宋徽宗以前，云门和临济并驾齐驱，是禅宗中最活跃的两派。云门宗逐渐由岭南向北推移，出现了许多有影响的禅师，大都是文偃的第三和第四代弟子。其中，圆通居讷和佛印了元在江西和江苏建有比较稳固的传法基地；雪窦重显以明州（浙江宁波）雪窦山为中心，影响更大，被称为

---

① 《大明高僧传》卷八，《大正藏》第50册，第933页。
② （南宋）道融：《丛林盛事》卷下，《卍续藏经》第86册，第699页。

"中兴云门";大觉怀琏、宗本和善本师徒、法云法秀等人住持汴京国立大寺院,使南方禅宗在北方得到发展;明教契嵩虽然在扩大禅宗队伍方面没有什么建树,但他所倡导的儒释融合理论,特别为持排佛立场的士人所接受,对以禅宗为主流的佛教发展起到了清障"护法"的作用。

一　云门诸系禅师概说

北宋云门系的圆通居讷①(1010—1071)字敏中,樟州中江(四川中江)人。俗姓蹇,11岁出家,于汉州什邡(成都附近)竹林寺侍奉元昉,17岁试经得度。后东行至庐山,成为延庆子荣的弟子,先后住持归宗寺和圆通寺,在江州(江西九江)一带有不小影响。特别是他重视儒学,致力于沟通儒释关系,深得士大夫的好评。庆历四年(1044),激烈反佛的欧阳修遭贬时见到居讷,交谈中,居讷"出入百家而折衷于佛法",使欧阳修"肃然心服"。皇祐(1049—1053)初年,有诏请他住持京城净因寺,他荐怀琏以代。另外,他还荐举临济僧人守端住持江州承天寺。

佛印了元②(1032—1098)的经历和活动,可以作为北宋上层禅师与士大夫交往的一个缩影。了元字觉老,饶州(江西鄱阳)人,俗姓林。15岁出家,19岁去庐山参见开先善暹。当他见到圆通居讷时,居讷称赞他:"骨格已似雪窦,后来之俊也。"③居讷把他与雪窦重显相比,可见他年轻时代便精通儒学,擅长诗文。了元曾住持庐山归宗寺、镇江的金山、江西的大仰和云居等,"凡四十年间,德化缁素,缙绅之贤者多与之游"④。

了元与苏轼兄弟的交往堪入文坛史话,"佛印禅师平居与东坡昆仲过从,必以诗颂为禅悦之乐"。某次,苏辙要见了元,先寄诗一首:"粗砂施佛佛欣受,怪石供僧僧不嫌,空手远来还要否?更无一物可增添。"了元回赠一首:"空手持来放下难,三贤十圣聚头看,此般供养能歆享,木

---

① 圆通居讷是文偃的第四代弟子,其传承是:文偃—香林澄远—智门光祚—延庆子荣—圆通居讷。

② 佛印了元的传承是:文偃—双泉仁郁—开先善暹—佛印了元。

③ (元)念常:《佛祖历代通载》卷十九,《大正藏》第49册,第676页。

④ 同上书,第677页。

马泥牛亦喜欢。"① 宋代士大夫好与禅僧结方外之交，往往通过机语问答、诗颂酬对，表达各自的禅学见解，交流彼此的感情。了元在这方面的表现是比较突出的。

佛印了元与理学家的关系也很密切。周敦颐与了元结"青松社"，推了元为青松社主。他们"相与讲道，为方外友"，有"青松已约为禅社"之语。名僧晓莹指出："公（指周敦颐）虽为穷理之学，而推佛印为社主，苟道之不同，岂能相与为谋耶?"② 儒释兼通的禅师与理学家的交往，促进了宋代思想界的活跃和理学的形成。尽管了元本人擅长诗文，并以此作为与士大夫联系的纽带，但依然坚持禅家固有的"不立文字"的主张，反对学者"渔猎文字语言"。他曾指出：

> 今室中对机录，皆香林（澄远）、明教（契嵩）以纸为衣，随所闻即书之，后世学者渔猎文字语言，正如吹网欲满，非愚即狂。时江浙丛林尚以文字为禅之谓请益，故元以是风之。③

首先应诏住持京城寺院的云门僧人是大觉怀琏（1009—1070），系文偃的第四代法孙。④ 他是漳州龙溪（福建龙溪）人，幼年出家，曾随泐潭怀澄十年，后来到庐山，掌居讷的记室。皇祐初年（1049），居讷推荐他住持汴京左街十方净因禅寺，使禅宗始行于北宋京城，改变了只有唯识、律宗诸派的局面。

另外几个住持汴京名刹的云门僧人，出自雪窦重显一系的天衣义怀门下。义怀（989—1060）曾住持安徽无为县的铁佛寺等，后来常住越州（浙江绍兴）天衣寺，组建了庞大的僧团，嗣法弟子八十三人。其中有慧林宗本（1020—1099），常州无锡人，俗姓管，19 岁出家，29 岁受具足戒，前后住持过姑苏瑞光寺、杭州净慈寺。元丰五年（1082），应诏住持汴京慧林禅院，曾受宋神宗召见，晚年返归南方。高丽僧人义天来华，"请以弟子礼见"。有《慧林宗本禅师别录》一卷，记其言论。

---

① 《云卧纪谭》卷下，《卍续藏经》第 86 册，第 677 页。
② 《云卧纪谭》卷上，《卍续藏经》第 86 册，第 661 页。
③ 《佛祖历代通载》卷十九，《大正藏》第 49 册，第 677 页。
④ 怀琏的传承：文偃—双泉师宽—五祖师戒—泐潭怀澄—大觉怀琏。

宗本的门人中有长芦崇信，崇信的弟子怀深，于宣和三年（1121）住持慧林寺。宗本的另一弟子法云善本（1035—1109）比较著名。善本是颍州（安徽颍州）人，出家后到姑苏光瑞寺，随宗本五年，住持过婺州双林寺和杭州净慈寺。在继宗本住持净慈寺时，"食堂千余口"，可见规模之大。当时人们把他及其师长宗本并称"大小本"。哲宗时诏善本住持东京法云寺，赐"大通禅师"号。他住持法云寺八年，晚年归隐于西湖之畔。

义怀的另一位弟子法云法秀（1027—1090），秦州陇城（甘肃秦安县）人。俗姓亭，19 岁试经得度，重视钻研佛典，后到安徽无为铁佛寺参见义怀，曾在江苏、江西一带住持多处寺院。京城法云寺落成，他应诏为第一代住持。他的弟子佛国惟白撰《建中靖国续灯录》三十卷，并继任法云寺住持，晚年移住明州天童寺。

云门宗僧人奉诏住持京城寺院的人数众多，挟皇权之势，影响及于全国，但他们的大本营仍在江浙一带。在这个时期，对于禅风和禅理的发展产生影响的，乃是雪窦重显和明教契嵩。

二 雪窦重显及其颂古

重显（981—1053）字隐之，俗姓李，遂川（四川遂宁县）人。22 岁时在成都普安院出家，后离川东行，长期游学子湖北、江苏、安徽、浙江等地。他嗣法于智门光祚，是文偃的第三代弟子。① 重显后来居明州雪窦山资圣寺，长达 31 年。《佛祖历代通载》谓其"迁明之雪窦，宗风大振，天下龙蟠凤逸，衲子争集，号云门中兴"。他的传法弟子 83 人。现存有他的《明觉禅师语录》六卷。

重显受汾阳善昭的影响，作《颂古百则》，把宋初的颂古之风推向高潮，风靡整个禅林，几乎所有能提笔的禅僧都有颂古之作，所有参禅者都要钻研颂古，所有名禅师都发表对颂古的评说。在这种情况下，颂古著作剧增，构成了禅宗典籍的重要组成部分。到南宋中期，一些禅僧把它们从众多的单行语录本中抽出来，加上零散的颂古之作，分门别类，汇集成册，以利参学。池州（安徽贵池）报恩光孝禅寺僧人法应，花了三十年时间，收集颂古，于淳熙二年（1175）编成《禅宗颂古联珠集》，"采摭

---

① 重显的传承：文偃—香林澄远—智门光祚—重显。

机缘（公案）三百二十五则，颂（颂古）二千一百首，宗师（作颂古的禅僧）一百二十二人"。元初钱塘沙门普会接续法应的工作，从元代元贞乙未年（1295）开始，用了二十三年时间编成《联珠通集》，"机缘先有者，颂则续之，未有者增之加机缘"，因此，"加机缘又四百九十又三则，宗师四百二十六人，颂三千丹五十首"[1]。从这些远不能囊括宋代全部颂古之作的集子中，大体可见它席卷禅林的规模。

颂古是对公案的解释发挥，是作者对公案发表具有创新性的观点，所以，著名禅师的颂古都不雷同，各有自己的特点。只有这样有创意的颂古才能吸引学者，才能够在丛林中和社会上传扬开来。这样一来，随着制作颂古成为风气，颂古名家也增多了。在善昭之后，影响最大的颂古作者有四位，即云门宗的雪窦重显和曹洞宗的投子义青、丹霞子淳以及宏智正觉。其中以重显的《颂古百则》尤具创新意义。如果说善昭制作了颂古的雏形，重显就是使之成熟，他们代表了宋代颂古的两种基本类型。《俱胝一指》前有善昭的颂文，重显也有关于此则公案的颂文，谓："对物深爱老俱胝，宇宙空来更有谁？曾向沧溟下浮木，夜涛相共接盲龟。"

本颂前两句的大意是：从真谛看，宇宙本空，无物我之别；然面对世间种种苦难，俱胝和尚以一指度人的苦心，令人赞叹。后两句引用《法华经》关于"如一眼之龟值浮木，孔无没溺之患"的寓言，说明俱胝和尚以"一指"示人，如同在夜幕笼罩下波涛汹涌的大海投下一浮木，拯救沦于生死苦难中的芸芸众生。由此，引经据典构成了颂古的又一特点。"雪窦《颂古百则》，丛林学道诠要也，其间取譬经论或儒家文史，以发明此事。"[2] 重显好用儒释经典，又善于融入情感，使他的颂古之作显得富赡华丽，文词可读，这与善昭颂文之"殊不以攒华迭锦为贵"是很不相同的。重显有很好的文学素养，其上堂小参、举古勘辩，都很注意辞藻修饰。元代名僧行秀评论说："吾宗有雪窦、天童，犹孔门之有游、夏；二师之颂古，犹诗坛之李、杜。"[3] 这个评价不一定恰当，但确实反映了这种追求。后来的禅僧纷纷仿效，推动禅宗走上舞文弄墨、着意于文字华丽一途，以致本来注重的"玄言"演变成辞藻之学。对此，一些崇尚朴

---

①　（南宋）法应：《禅宗颂古联珠通集序》，《卍续藏经》第 65 册，第 475 页。

②　《碧岩录·关友无党序》，《大正藏》第 48 册，第 224 页。

③　（元）行秀：《评唱天童从容庵录寄湛然居士书》，《大正藏》第 48 册，第 226 页。

实的禅僧颇为不满，心闻昙贲说："天禧间，雪窦以辨博之才，美意变弄，求新琢巧，继汾阳为《颂古》，笼络当世学者，宗风由此一变矣。"①

尽管如此，重显的颂文并没有完全脱离公案。由于他着力在艺术的表现，语义愈加模糊，有利于人们的联想，所以特别能为文学之士喜爱。但他的后学们却因此而抛开公案，使人无法理解颂文是什么意思了。圆悟在《枯崖漫录》中记：

> 临安府净慈肯堂充禅师，余杭人，嗣颜万庵。风规肃整，望尊一时。颂"即心即佛"云：美如西子离金阙，娇似杨妃下玉楼；终日与君花下醉，更嫌何处不风流。②

作这样颂古的禅师，竟然是"风规肃整，望尊一时"者，可见当时禅林风气之一斑。晓莹直评之为"今之疏带俳优而为得体，以字相比丽而为见工"③。多是助人优悠消闲，已经没有多少禅韵了。

"颂古"密切了禅僧与文人的关系，也为释氏哲学向文人中渗透架起了一座文艺的桥梁。绍兴年间（1131—1162），一位士人到焦山风月亭，题诗一首："风来松顶清难立，月到波心淡欲沉。会得松风元物外，始知江月似吾心。"这是一首具有超然物外情调的诗，显然受般若空观的思想影响。月庵果禅师行脚到此，读后说："诗好则好，只是无眼目。"他把后两句改为："会得松风非物外，始知江月即吾心。"使之符合"唯识无境"的教义："松风"不是"物外"，与"江月"一样，乃是"吾心"。诗词宜于渲情抒意，不便于说理讲道，从这个意义上说，唯识说比般若论更适合于诗的创作，所以月庵的修改，寓意于境，更有品头。据此，晓莹说：

> 做功夫眼开底人，见处自是别，况月庵平昔不曾习诗，而能点化如此，岂非龙王得一滴水能兴云起雾耶！兄弟家行脚，当辨衣单下本

---

① 《禅林宝训》卷四，《大正藏》第 48 册，第 1036 页。
② 《枯崖漫录》，《卍续藏经》第 87 册，第 26 页。
③ 《罗湖野录》，《卍续藏经》第 83 册，第 383 页。

分事，不在攻外学。久久眼开，自然点出诸佛眼睛，况世间文字乎？①

禅与诗相通，诗眼需要佛眼点化，始能提高意境。这就成为禅家标准的诗论了。

当然，在追逐文词工巧的同时，发明公案古圣意旨的颂古亦连绵不断，倡导所谓发扬善昭这方面传统的主要代表是宗杲。他与其他禅师作颂，以"斟酌古人之深浅"；亦以颂古启发后学。绍兴三年（1133），宗杲与东林珪禅师在泉州云门庵度夏，效法白云守端和保宁仁勇，取古公案一百一十则，各作颂古一百一十首，"更互酬酢，发明蕴奥，斟酌古人之深浅，讥诃近世之谬妄；不开智见户牖，不涉语言蹊径，各随机缘，直指要津。庶有志参玄之士，可以洗心易虑于兹矣"②。

利用创作颂古来斟酌古人、讥诃近世的做法，是典型的古为今用，讽古喻今。宗杲特别推崇"颂古"，就是意在厚今薄古，起到抬高时论的价值。他在给林判院（少瞻）的信中说，与其喜读《圆觉经》，不如读我写的一首颂，"但将此颂放在上面，却将经文移来下面，颂却是经，经却是颂。试如此做工夫看"③。他认为，有些颂文表达的情境、蕴含的义理，可以与佛所说的经典有同样的功能，可以超过"公案"昭示的古德言行，像白云守端的颂文就有"提尽古人未到处"。重视颂文超过重视公案，把颂古视为新的经典，已经成为宋代禅林的风气。

三 契嵩及其儒释融合思想

在倡导儒释融合的历史上，契嵩代表了一个全新的阶段。在他以前的僧人，大都主张释不违儒，而能容儒，强调释是融合的主体。在新的历史条件下，契嵩不仅为儒释融合提供了新的理论基础，并且要求把儒家伦理置于佛教戒律之上，承认儒家在国家社会生活中的至高地位。这种适用君主专制社会的原则，几乎被所有正统佛教信徒所遵循。契嵩融合三教的思想很丰富，其中最有特色的三个方面是：把三教融合作为维护佛教的手

---

① 《丛林盛事》卷上，《卍续藏经》第 86 册，第 690 页。
② 《大慧普觉禅师年谱》，《嘉兴藏》第 1 册，第 798 页。
③ 《大慧普觉禅师语录》卷二十九，《大正藏》第 47 册，第 936 页。

段，把心性情三者结合思考来超越儒学理论，把孝放在戒律之先来接受、维护儒家伦理观念。

（一）以三教融合护法

契嵩（1007—1072）字钟灵，自号潜子，藤州镡津（广西藤县）人，俗姓李，7 岁出家，13 岁剃度，14 岁受具足戒，19 岁开始游方参学，十余年间来往于南方各地，在瑞州（江西高安）谒云门宗洞山晓聪，得法。明道年间（1032—1033），他以佛教五戒十善会通儒家五常，作《原教》一文；庆历年间（1041—1049），来到杭州灵隐寺，独居一室，潜心著述，由此，"以文鸣道于天下"①。

嘉祐六年（1061），契嵩带着他的著作《辅教编》②、《传法正宗论》、《传法正宗记》和《传法正宗定祖图》北上京城，通过开封府尹王素上达仁宗，请求将它们编入大藏经。次年"诏付传法院编次，以示褒宠"，并赐"明教"师号。不久，辞归杭州，先住佛日山数年，后回灵隐寺，直至终老。

契嵩倡三教融合之时，正值宋仁宗开始减度僧尼，朝野上下抑佛排佛的呼声高涨。契嵩顽强地坚持了三教融合，调和儒佛两家关系的主张。他以护教的宗教热情与排佛者争论。"遇士大夫之恶佛者，仲灵无不恳恳为言之。由是排者浸止，而后有好之甚者，仲灵唱之也。"③ 他上书仁宗，不仅讲明自己"谋道不谋身，为法不为名"，而且申明自己是"不避死亡之诛"④ 而来。这种精神也受到不少缙绅先生的称誉。

契嵩在京城上书逗留期间，与其书信往来的有韩琦、富弼、田况、曾公亮和欧阳修等人。"朝中自韩丞相而下，莫不延见而尊重之。"⑤ 以后士大夫中主张调和儒佛关系者，如张商英、李纲等人，都受过契嵩的影响。

契嵩的第一篇知名文章《原教》，用佛教的五戒十善比附儒家的五常，认为二者是"异号而一体"⑥。这种从伦理观方面寻找佛儒两教契合

---

① 《镡津文集·怀悟序》，《大正藏》第 52 册，第 747 页。

② 《辅教编》分上中下三卷，包括《原教》、《劝书》、《广原教》、《孝论》、《坛经赞》和《真谛无圣论》。《真谛无圣论》是怀悟在重编时加入的。

③ 《镡津名教大师行业记》，《大正藏》第 52 册，第 648 页。

④ 《万言书上仁宗皇帝》，见《镡津文集》卷八，《大正藏》第 52 册，第 687 页。

⑤ 《镡津名教大师行业记》，《大正藏》第 52 册，第 648 页。

⑥ 《辅教编·原教》，《大正藏》第 52 册，第 649 页。

点的方法，早在《牟子理惑论》和《颜氏家训》等书中已经讲得很透彻了。契嵩的新意主要表现在《广原教》中。

《广原教》作于 1056 年，开宗明义即曰："惟心之谓道，阐道之谓教。"比较《中庸》所谓"天命之谓性，率性之谓道，修道之谓教"，韩愈《原道》所讲"博爱之谓仁，行而宜之谓义，由是而之焉之谓道"，差别是明显的。契嵩讲的"道"，与天命无关，与仁义等道德无关，"道"唯是一"心"。"道"，为"圣人所履"，所以圣人所行的只是"心"；"教"，指"圣人之垂迹"，圣人教诲和示范于世人的也是"心"。因此，以"心"规定道的内涵，而非天命和儒家的道德规范，就成了他的主要思想特点。

关于这"心"的含义，他糅进了《老》、《庄》、《周易》关于"道"的规定：

> 心乎，大哉至也矣！幽过乎鬼神，明过乎日月，博大包乎天地，精微贯乎邻虚。幽而不幽故至幽，明而不明故至明，大而不大故绝大，微而不微故至微，精日精月，灵鬼灵神，而妙乎天地三才。若有乎，若无乎？若不有不无？若不不有？若不不无？是可以言语状及乎？不可以绝待玄解谕。得之，在乎瞬息；差之，在乎毫牦者。是可以与至者知，不可与学者语。①

契嵩《坛经赞》对"心"的描述，与此大同。"心"具有哲学本体论和佛教伦理学双重意义，心既是最高的精神存在，世界的本原，又有"本觉"②的功能，与"佛性"同义。这样的"心"是绝对的，遍于一切的整体，无任何对立和差别，所谓"一物犹万物也，万物犹一物也"③。正因为如此，心具有离言绝相的性质，既不是有，也不是无，不可以言传，不可以相示，只能为悟者所知，所谓"是可以与至者知，不可与学者语"。

---

① 《辅教编·广原教》，《大正藏》第 52 册，第 655 页。

② 《坛经赞》指出："方《坛经》之所谓心者，亦义之觉义，心之实心。"《大正藏》第 48 册，第 346 页。

③ 《辅教编·坛经赞》，《大正藏》第 52 册，第 663 页。

契嵩关于三教融合的新主张，就是把它牢固地安置在禅宗的这一心学基础上：释迦牟尼所传的心，既是佛教圣人之心，也是三教乃至百家圣人之心，既是天地之心，也是众生之心。这样，契嵩找到了众圣与众生相同处。所以不论信奉何教，都是信奉自己的本性，信奉自心，相信圣人与相信自心，是一而二、二而一的关系：

> 是故圣人以信其心为大也。夫圣人博说之，约说之，直示之，巧示之，皆所以正人心而与人信也。人而不信圣人之言，乃不信其心耳。①

如果说，此前的禅宗仅是把对佛的信仰转变为对自心的信仰，那么契嵩就是把对三教百家的信仰统归之于对自心的信仰，把禅宗传统的"自信其心"之说贯彻到了最彻底的程度。他作《劝书》三篇，目的即在于此。"潜子为《劝书》，或曰：何以劝乎？曰：劝夫君子者自信其心，然后事其名为然。"② 所谓"事其名"，便是信奉"迹异"的儒教和佛教。信佛即是自信，排佛即是自弃。用"心"统一三教，落脚点是为佛教张目，使佛教在三教中获得一个平等的地位。

（二）"正心"与"正情性"

契嵩从禅宗心学出发，着重解释了新儒学所热衷讨论的"性情"说，拓宽了儒释融合的理论视野。他对"性"有两个相似的规定："夫性也，为真，为如，为至，为无邪，为清，为静。近之，则为贤，为正人；远之，则为圣神，为大圣人。圣人以性为教教人。""性也者，无之至也，至无，则未始无。出乎生，入乎死，而非死非生。圣人之道，所以寂焉，明然，唯感所适。"

性是唯一的真实（真），诸法的实相（如），它非有非无，非死非生，清静无邪。从近言之，循性可以造就世间的正人君子；从远言之，见性可为圣神，为大圣人。圣人以"性"成道，也以"性"教人。

对于"情"，契嵩也有明确的解说："情也者，有之初也。有有，则有爱；有爱，则有嗜欲；有嗜欲，则有男女万物生死焉"；"夫情也，为

---

① 《辅教编·广原教》，《大正藏》第 52 册，第 656 页。
② 《辅教编·劝书第一》，《大正藏》第 52 册，第 652 页。

伪，为识。得之，则为爱，为惠，为亲亲，为疏疏，为或善，为或恶；失之，则为欺，为狡，为凶，为不逊，为贪，为溺嗜欲，为丧心，为灭性"。这里把"情"当作"有"之始，与传统佛教把"无明"当作人之本，或把"动"或把"名"作为世之初的观点，是很有些不同的。自道安、慧远以来，中国佛教义学多在情欲性爱的意义上使用"情"字，契嵩则泛指一切"情识"，即扩展而为一切思想情感。按照佛教教义，这样的"情"必然具有"伪"、"识"、"变"等属性。"伪"指其"假有"，性空而不实；"识"指其不智，受世俗认识左右；"变"指其非静，受生灭无常的铁律支配。据此，这"情"就成了佛教对世俗世界诸特征的概括，相当于"有情世界"的"情"。因此，人的任何活动，都必然具有这些特征：所谓爱惠、亲疏、善恶等，它的本质应是"无记"（非善非恶）。这里值得注意的是，得"情"者，性属"无记"，是善是恶全在得者的个人作为，而失"情"者，则肯定为全恶无善，欺狡凶戾，沉溺贪欲，以致于"丧心"、"灭性"。

　　人之不能无"情"如此，不仅在佛教中独树一帜，在某种程度上也反映了宋禅特别钟情的一大特色，而且在宋明理学有关性情之辨中，也是极有个性的主张。把失情当作"丧心灭性"的表现，使这一个性特殊而鲜明起来。支持这一个性的理论基础，则是性情统一说："情出乎性，性隐乎情。"具体说：

　　　　心必至，至必变。变者，识也；至者，如也；如者，妙万物者也；识者，纷万物，异万物者也；变也者，动之几也；至也者，妙之本也。……万物之变见乎情，天下之至存乎性。以情可以辨万物之变化，以性可以观天下之大妙。善夫情性，可以语圣人之教道也。①

　　契嵩用的"至"，相当于玄学喜用的"极"、"宗极"，指最高本体；"如"，即佛教通用的"真如"。"心"必然是最高本体，这一本体称为"如"；此"如"必然变动而成为人的通常情"识"。在契嵩看来，这是无须乎论证的，因为这一宇宙发生论，同《起信论》构造的"一心二门"图式完全一致，至少在禅家中是得到公认的。契嵩创新在于用"性"表

_____

① 　上引均见《辅教编·广原教》，《大正藏》第52册，第655页。

示"如",用"情"表示"变",从而使他的议论同他的整个时代密切起来,有了强烈的社会意义。情与性一样,都是不可偏离的圣人之"教道"。

契嵩反对儒家把"性"看成是外在的"天命"。"问曰:郑氏其解天命之谓性云:天命谓天所命生人者也,是谓性命。……考夫郑氏之义,疑若天命生人,其性则从所感而有之也。"契嵩回答说:"然郑氏者,岂能究乎性命之说耶?夫所谓天命之谓性者,天命则天地之数也,性则性灵也。盖谓人以天地之数而生,合之性灵者也。性乃素有之理也,情感而有之也。"①

在五代以前,佛教普遍认为人需感"气"而成,同道家的学说调和。这里提出,人需假"天命"而生,反映契嵩在细微处也向儒家倾斜,但佛教的根本理论未变,只有与"性灵"相合的"天命",才能成人。"天命"属"数"的有限变化领域,"性"才是绝对的、不变之理。

但是,契嵩在《论原·性德》中还说:"性,生人者之自得者也;命,生人者之得于天者也。""性内也,命外也。圣贤正其性而任其命。故其穷之不忧,而通之不疑也。"这一说法,反映了契嵩对儒家的原则让步。中国佛教历来认为,"天"属于世间轮回范围,"业"是世界人生的决定因素,天地万有无非一心,所谓"唯识无境"。因此,不论从宗教观念,还是从哲学体系上看,佛教都不承认"天"有决定生人之"命"的作用,更不会承认"天"是存在于"性"外,与"性"并行的独立力量。契嵩这样做,完成了佛教最后臣服于君主专制的理论步骤。因为"天"之在中国,乃是君主的象征,君主代表了天命之所归。此外,说"正其性"等,同他用"正心"、"治心"等词一样,特别与禅宗之主张"任性逍遥"者有别,而是来自儒家"正心"、"诚意"。因此,他对正宗儒学的批评,不过是为佛教在新儒学中找到一个恰当的位置,即分工于治心顺天。

然而契嵩关于"性"的规定,却始终坚持佛教的正宗观点,并以此批评孔孟的人性论:

> 或问:吾尝闻人之性有上下,犹手足焉,不可移也。故孔子曰:

---

① (北宋)契嵩:《中庸解第三》,见《镡津文集》卷四,《大正藏》第52册,第666页。

唯上智与下愚不移。韩子曰：上焉者，善焉而已矣；下焉者，恶焉而已矣。孟子曰：然则，犬之性犹牛之性，牛之性犹人之性。而与子之谓性者疑，若无贤不肖也，无人之与畜也，混然为一，不辨其上下焉。……子何以异于圣贤之说耶？

上智下愚，上善下恶，人与畜，如此等等差异，属于"情"的范围，与"性"是没有关系的：

> 吾之所言者，性也；彼二子（孟子与韩愈）之所言者，情也。情则孰不异乎？性则孰不同乎？①

他以"性相近也，习相远也"证明孔子也是主张"性"无上下的。契嵩的这种观点为禅宗僧人所共同承认。金山达观昙颖禅师作《性辩》一文，认为："今古圣贤言性者，只得情也，脱能穷理，不能尽性。"②

契嵩根据自己的"情性"论，最后提出了他的儒释分工互补说。圣人之"心"相同，垂迹"制情"之"教"有别，因而各得其所而不相扰："圣人各为其教，故其教人为善之方，有浅有奥，有近有远，及乎绝恶，而人不相扰，则其德同焉。"就佛教言，用以制情的是"五乘"之教，因为众生"其所成情习，有薄者焉，有笃者焉，机器有大者焉，有小者焉，圣人宜之，故陈其法为五乘者"，"前之二乘云者，以世情胶甚，而其欲不可辄去，就其情而制之"。"后之三乘云者，盖导其徒超然之出世者也，使其大洁清污，直趣乎真际，神而通之，世不可得而窥之。"③至于儒家则以"礼"制情，他说：

> 礼者，因人情而制中……人情莫不厚生。而礼乐之养；人情莫不弃死，而礼正之丧；人情莫不有男女，而礼宜之正；人情莫不有亲疏，而礼适之义；人情莫不用喜怒，而礼理之当；人情莫不怀货利，

---

① 上引均见《中庸解第四》，见《镡津文集》卷四，《大正藏》第 52 册，第 667 页。
② 《云卧纪谭》卷下，《卍续藏经》第 86 册，第 679 页。
③ 《辅教编·原教》，《大正藏》第 52 册，第 649 页。

而礼以之节。①

据此，契嵩强调，佛儒百家都有其存在的合理性："方天下不可无儒，无百家者，不可无佛！亏一教，则损天下之一善道；损一善道，则天下之恶加多矣。"具体说，"儒者，圣人之治世者也；佛者，圣人之治出世者也"②。治世与治出世不同，但其起"治"的作用则一，所以说"儒佛者，圣人之教也，其所出虽不同，而同归乎治"③。他在《再书上仁宗皇帝书》中说，他之所以作《辅教编》，主旨就在于"推会二教圣人之道，同乎善世利人矣"④。

总之，契嵩融合儒佛两教，在实践上求佛教的生存条件，在理论上则纳儒入佛，同当时新儒学之援佛入儒是同一种思潮，都有着明确的为君主专制服务的政治目的。

（三）孝在戒先

契嵩曾说："吾之喜儒也，盖取其于吾道有所合而为之耳。"⑤ 他很重视《中庸》，作《中庸解》五篇，"以中庸几于吾道，故窃而言之"。这种"于吾道有所合"、"几于吾道"之说，实是基于妥协性的求同，中心是在用佛教的五戒十善会通儒家五常的基础上，用五常解释佛教的全部说教："儒所谓仁义礼智信者，与吾佛曰慈悲，曰布施，曰恭敬，曰无我慢，曰智慧，曰不妄言绮语，其为目虽不同，而其所以立诚修行，善世教人，岂异乎哉。""今儒之仁义礼智信者，岂非吾佛所施之万行乎！"⑥ 把五常等同于佛教的"万行"，等于把佛教僧侣的一切言行统统纳入儒家的伦理范围，绝对地接受儒家的规范。

在儒家的伦理规范中，契嵩特别尊崇"孝"道。他撰《孝论》，第一句话就是："夫孝，诸教皆尊之，而佛教殊尊也。"全论多处引用《孝经》、《书经》、《礼记》等儒家经典，以致把孝说成"天之经也，地之义也，民之行也。至哉大矣"！其大足以感天地、动鬼神，"天地之神，不

---

① 《论原·礼乐》，见《镡津文集》卷五，《大正藏》第 52 册，第 667 页。

② 《辅教编·原教》，《大正藏》第 52 册，第 651 页。

③ 《寂子解》，见《镡津文集》卷八，《大正藏》第 52 册，第 686 页。

④ 见《镡津文集》卷九，《大正藏》第 52 册，第 691 页。

⑤ 《寂子解》，见《镡津文集》卷八，《大正藏》第 52 册，第 686 页。

⑥ 《中庸解》，见《镡津文集》卷八，《大正藏》第 52 册，第 686 页。

可以不孝求，不可以诈孝欺"。推"孝"至于社会，就会"与世和平，而亡忿争也"。维护了社会安定，当然是大大有利于王朝的事。因此，契嵩特别要求发挥佛教在维护儒家孝道中的作用，其中做佛教功德，就是尽孝道的重要内容。

佛教一传入中国，即有所谓"福业"一途，至南北朝而大盛。"福业"涉及的范围很广，其中之一，是为父母亡灵追福。按兴福的方式讲，北方多为造像、建寺；南方则侧重创制各种"法事"，诸如作道场法会，办盂兰盆会等，至于写经、读经、供养、布施等，在全国都很流行。但这类活动最后成为民间习俗，则经过了隋唐数百年的酝酿，到宋代才定型。

契嵩说："佛也极焉，以儒守之，以佛广之；以儒人之，以佛神之，孝其至且大矣。"佛教成了推广和神化孝道的手段，也成了"慎终追远"的儒家孝制中不可缺少的组成部分。佛教再也不能任人随意从社会生活中排斥出去了。

正因为"孝"具有如此重大的意义，契嵩要求一切佛徒必须无例外地强制执行，这就是所谓"孝为戒之端"。契嵩说：

> 子亦闻吾先圣人。其始振也，为大戒，即曰孝名为戒。盖以孝而为戒之端也。子与戒而欲亡孝，非戒也。夫孝也者，大戒之所先也。戒也者，众善之所以生也。为善微戒，善何生邪？为戒微孝，戒何自邪？故经曰：使我疾成于无上正真之道者，由孝德也。[1]

他的逻辑是：正觉由万善成，众善由戒生，戒由孝发端。于是"孝"由儒家的"万善之首"，变成了佛家的正觉之端，尽孝即可成佛。在契嵩这里，"孝"的作用已经被推到了顶点。

第四节　曹洞宗的理论与实践

一　曹洞法系概述

五代至宋初，曹洞宗中没有出现知名禅师，宗派影响微弱。尤其到仁宗时期，在临济、云门两宗名家辈出，新禅学激荡佛教界，其社会影响不

---

[1]　上引均见《孝论》，《大正藏》第 52 册，第 660 页。

断扩大的形势下，曹洞宗依然没有起色。在这百余年间，源自云居道膺（835—902）的曹洞宗传法禅师依次是同安道丕、同安观志、梁山缘观、大阳警玄（948—1027）。警玄晚年从自己的弟子中找不到合适的继承人，请求与他关系密切的临济僧人浮山法远（？—1067）日后为他物色人选，并且写了一首偈，连同一双皮履和一件布直裰留下，作为接续曹洞法统的信物。警玄寂后二十余年，法远嘱咐投子义青（1032—1083）嗣法警玄。

义青俗姓李，青社（安徽舒州）人，据《投子义青和尚语录》卷下所载《行状》，义青 7 岁投本州妙相寺出家，15 岁试《法华经》得度，第二年受具足戒，习《大乘百法明门论》，后入洛中，专习《华严》，"深达法界性海、刹尘念劫、重重无尽"。在开讲《华严玄谈》时，"妙辩倾泻如流，闻者悦服"。但是，当他讲到诸林菩萨即心自悟偈文时，忽然醒悟："法离文字，宁可讲乎？"他是在讲《华严经》的过程中领悟到修行佛法不能以讲解为目的，于是离开讲席，南下游方，参学禅宗。他从临济僧人浮山法远学习六年，遵其所嘱，传承当时已经断绝了的曹洞宗法系。熙宁六年（1073），义青始住舒州白云山，八年后移住投子山，"道望日远，禅者日增"，曹洞宗法系从此流传下来。

义青从教入禅的修学经历，使他在弘传禅学的同时也注意宣传佛教义学，特别是对他所熟悉的华严学的传播和创用，在北宋曹洞宗僧人中颇有特点。

在义青的语录中，有不少出自华严典籍的内容，基本被作为传禅的材料使用。"莲华世界，毗卢现七佛家风；流水莺啼，观音示千门法海。尘尘影现，刹刹光明，转大法轮，普成佛道。到这里，若信得去，只悟得佛边事，须知有七佛外消息始得。诸仁者，作么生是七佛外消息？良久云半夜白猿啼落月，天明金凤过西峰。"[1] 义青早年习《华严经》时所重视的内容，也保留在他晚年的禅语中。此中"尘尘影现，刹刹光明"，与当年他所"深达"的"法界性海、刹尘念劫、重重无尽"的含义大体相同，是更简略的说法。这是说，作为一真法界体现的世界万有，处于大（刹）小（尘）无碍、长时（劫）短时（念）互摄的圆融无尽状态。这里他坚持了早年离教从禅时的认识，强调懂得华严教义，不过是"悟得佛边

---

① 《投子义青和尚语录》卷上，《卍续藏经》第 71 册，第 737 页。

事"，还"须知有七佛外消息"。在禅宗语录中，"七佛外消息"是停止追求外在的佛，反观自心，求得自证自悟教义的另一种表达方式。因此，义青对华严教义的不满足，最终通过信奉自证自悟的禅宗法门来弥补。

然而，信得华严教义只是"悟得佛边事"之说，并不意味着义青完全否定华严教义，"尘尘现影、刹刹光明"也可以运用于另外的方面："毗卢楼阁，善财见七佛家风；华藏海心，普贤指一生妙果。尘尘现影，刹刹光明，主伴交参，互兴佛事，致使尧云弥布，舜雨膏萌，星辰交换于九宫，和气淳风于万国。"[1] 禅宗吸收华严宗无碍圆融的教义是普遍现象，但在不同的时代又有不同的表现。义青生活在北宋前中期，宋王朝还保持着发展势头，有一定的活力，反映在"中兴"曹洞宗的义青禅语中，使圆融无碍说又增加了一层歌颂升平盛世的色彩。而"主伴交参，互兴佛事"又有一种号召上下齐心协力振兴佛教的少见气派。

在义青的弟子中，有个性且著名者是芙蓉道楷（1042—1117）。他是沂州（山东临沂）人，少时信奉道教，后从投子义青习禅。先后住持安徽马鞍山、江西洞山、湖北大阳等地寺院。徽宗崇宁二年（1103），住持京城净因禅院，大观二年（1108）移住天宁寺。徽宗曾赐紫衣和师号，道楷拒不接受，被遣放缁州（山东缁州）。次年，徽宗许其在芙蓉湖畔结庵传禅。和临济、云门的许多传法宗师不甚相同，道楷与统治者和官僚士人的关系相对疏远。他很注重个人修行，坚持每日一食。追随他的僧众不多，但影响不小，曹洞宗从此有了起色。

道楷的著名弟子有鹿门自觉和丹霞子淳。自觉一系初无著名禅师，到金元时盛行于北方。子淳（？—1119）门下出现了长芦清了和宏智正觉，使曹洞宗在两宋之间兴盛起来。

清了（1091—1152）号真歇，左绵安昌人，俗姓雍。据《真歇清了禅师语录》卷上《劫外录》，他18岁试《法华经》得度，具戒后往成都大慈寺，学习《圆觉经》《金刚经》《起信论》等。他曾先登峨眉礼普贤大士，后入五台礼文殊菩萨，对华严系统的菩萨信仰十分重视。清了先师从邓州（河南南阳）丹霞山子淳习禅，后又到东京参访禅讲名席，对当时南北各地的佛教情况比较了解。从宣和五年（1123）开始，清了历住真州长芦山（江苏扬州）、四明补陀、福州雪峰、杭州径山等多处寺院。

---

[1]　《投子义青和尚语录》卷上，《卍续藏经》第71册，第738页。

他所提倡的禅法，主要是禅、净、教各宗合一。关于他的言行，有《真歇清了禅师语录》二卷。曾作《净土集》，倡导念佛法门。又作《华严无尽灯记》，以华严宗"十法界"说论证禅学，很有特色。

在《华严无尽灯》中，清了以镜灯的比喻来讲华严教理，与法藏的做法类似。"譬东南西北上下四维中点一灯，外安十镜，以十镜喻十法界，将一灯况一真心。一真心则理不可分，十法界则事有万状。然则理外无事，镜外无灯，虽镜镜中有无尽灯，惟一灯也；事事中有无尽理，惟一理也。以一理能成差别事故，则事事无碍，由一灯全照差别镜故，则镜镜交参。一镜不动，而能变、能容、能摄、能入；一事不坏，而即彼、即此、即一、即多。主伴融通，事事无尽。"从其内容来看，这是照本宣科讲述华严宗的教义，没有什么创新。但是，这里的讲解始终坚持在理事关系上立论，既不违背华严宗的教理，又继承了自希迁以来的传统。从理事关系上立论，是曹洞宗自创宗以来的主要特点之一，清了予以继承。然而，即便这些从形式到内容都是照搬华严宗的议论，最终还是要归结到禅宗倡导的启发悟解言外之旨的思想上。清了的最后一首偈："镜灯灯镜本无差，大地山河眼里花，黄叶飘飘满庭际，一声砧杵落谁家？"① 就很好地说明了这一点。

南宋中期的南方曹洞宗僧人，大都出自清了一系。而在北宋末年到南宋初，影响最大的是宏智正觉。正觉之后没有出现有影响的禅师，其法系数传之后不明。长芦清了经天童宗珏、雪窦智鉴，传至天童如净（1162—1228），曹洞宗又有了起色。如净是明州苇江人，出家后，多年游方参学，嘉定三年（1210），住持建康清凉寺，继之住持台州瑞岩净土禅寺、杭州净慈禅寺、明州定海县瑞岩寺等。宝庆元年（1225）住天童山。他虽然有多年游方经历，却注重坐禅修行，认为参禅是身心脱落，坐禅才是明心见性的唯一途径，实质上，他是正觉默照禅的延续。现存《如净和尚语录》二卷、《天童山景德寺如净禅师续语录》一卷。日本京都人道元（1200—1253）入宋师事如净三年，如净将芙蓉道楷的法衣和洞山良价所著《宝镜三昧》、《五位显诀》及自赞顶相相赠。道元回国后，创立日本曹洞宗。

---

① 上引均见《华严无尽灯记》，《卍续藏经》第 71 册，第 779 页。

二　正觉的"默照禅"

正觉（1091—1157）是隰州（山西隰县）人，俗姓李，11 岁出家，14 岁受具足戒，18 岁开始游方参学。正觉最初几年主要活动在今天山西、河南两省。他接触的第一位名禅师，是汝州（今河南临汝）香山寺的枯木法成。法成是曹洞僧人，芙蓉道楷的弟子，曾受诏住持汴京净因寺，名重一时。至 23 岁，正觉在邓州（河南邓县）见到丹霞子淳，并随子淳到唐州（河南泌源县）大乘山和随州（湖北随县）大洪山，先掌记室，后升首座。子淳逝世后，正觉与清了保持密切关系。宣和四年（1122），清了住长芦山时，请正觉为首座。

从宣和六年（1124）到建炎二年（1128），正觉先后住持过泗州大圣普照禅寺、舒州太平寺、江州庐山圆通寺等，建炎三年开始住持明州天童寺，并倡导默照禅，前后近三十年。高宗诏谥"宏智禅师"。其生平言行主要收录在《宏智正觉禅师广录》中。

正觉在禅学史上的最大贡献，是倡导和完善化了"默照禅"。在南宋初年，追随正觉修习的僧俗数以千计，天童"寺屋几千间，无不新者"，形成了一个庞大的修禅中心。但其知名弟子只有十四人，其余绝大多数是"分化幽远，晦迹林泉"。宗杲评正觉是"起曹洞于已坠之际，针膏肓于必死之时"①。曹洞宗之所以振兴，主要赖正觉之力。

（一）默照禅与注重坐禅的传统

默照禅的主要特点之一就是静坐，把静坐守寂作为证悟的唯一方式，作为明心见性的唯一途径。正觉倡导默照禅是身体力行的，他"昼夜不眠，与众危坐，三轮俱寂，六用不痕"②。进入正觉住持的天童寺，便会见到"禅毳万指，默座禅床，无謦咳者"③。这种重视坐禅的主张与慧能以来的南宗思想是相违背的。

禅宗在形成之初就对坐禅有不同的认识。唐代神秀和慧能对坐禅有截然不同的看法。以神秀为首的北宗主张坐禅，以慧能为首的南宗则反对执着于坐禅，主张在行住坐卧之间随时随地体验禅境。随着北宗的衰亡和南

---

① 《大慧普觉禅师语录》卷十二，《大正藏》第 47 册，第 860 页。

② 《正觉宏智禅师塔铭》，《嘉兴藏》第 32 册，第 201 页。

③ 《宏智正觉禅师广录》卷九，《大正藏》第 48 册，第 120 页。

宗的兴盛，南宗的一些著名禅师进一步发挥了慧能的思想，贬抑坐禅在修行中的重要性，南岳怀让和马祖道一师徒的"磨砖作镜"一则公案，更是提出了"坐禅岂能成佛"的诘问，对执着于坐禅形式给予彻底否定。主张不拘形式，在日常生活中时时体会禅境，已成为一种占主导地位的思想。正觉祖述慧能的禅学，但是他又强调坐禅形式，这的确与慧能的主张不同。但是这并不意味着如同有些学者提出的，默照禅是向北宗的回归，恰恰相反，正觉在禅学理论上依据慧能的思想，即便在注重坐禅形式这一点上，也是继承了南宗内部的一些禅学支派，并没有在理论上向神秀北宗靠拢。

由于慧能以后的一些著名禅师极力反对执着于坐禅形式，致使许多学者忽视了南宗内部还有一些禅师注重坐禅的现象。其实，贬抑坐禅与注重坐禅是南宗内部始终存在的两种并行的思潮，只是后一种思潮在正觉之前不占主导地位而已。当道一接受"坐禅岂能成佛"的诘问时，与他并列为南宗一大派的石头希迁门下就不乏重视坐禅者。其中石霜庆诸（807—888）尤为著名。"师止石霜山二十年，学众友长坐不卧，屹如株杌，天下谓之枯木众也。"①庆诸以注重坐禅闻名，引起了唐僖宗的重视。僖宗曾"遣使赍赐紫衣"②。庆诸重视坐禅虽然在形式上有悖于慧能的禅法而与神秀的禅法有相似之处，但在思想实质上却是坚持着慧能的禅法理论。神秀主张坐禅，是要观"心"、观"净"相，他没有把般若空观完全贯彻到自己的禅法中去。慧能则坚持般若空观理论，认为并没有一个可供在坐禅过程中观想的"心"或"净"相。所谓"若言看心，心原是妄，妄如幻故，无所看也"。"起心看净，却生净妄，妄无处所，故知看者看却是妄也。净无形相，却立净相，言是功夫，作此见者，障自本性，却被净缚。"③神秀和慧能在坚持佛性本有、人心本觉这方面是相同的，但在坚持般若空观思想方面却存在着差异。庆诸虽然重视坐禅，但他对坐禅的理解是承袭慧能的思想而不是承袭神秀的思想。庆诸并不是通过坐禅来观心、观净。他有一种通过静坐来体悟般若空义的模糊主张。"问：佛性如

---

① （北宋）道原：《景德传灯录》卷十五《潭州石霜山庆诸禅师》，《大正藏》第 51 册，第 321 页。
② 同上。
③ 敦煌本《坛经》第 18 节，《大正藏》第 48 册，第 338 页。

虚空如何？师曰：卧时即有，坐时即无。"① 我们从"佛性如虚空"的问话中可以看到，庆诸完全不主张有所观的对象，他是要通过坐禅体验般若实相。庆诸对此还没有展开论述，还没有给注重坐禅形式提供完备的理论依据。而正觉的默照禅，则完成了这个任务。只有当不仅坚持众生皆有佛性的观点，而且在坚持般若空观理论时，注重坐禅在南宗禅法体系内才具有存在的理论上的合理性，正觉的默照禅正是沿着这种思维路线前进的。

正觉倡导静坐守寂的默照禅，也与他前期的参禅经历有关。他从受戒之初就重视坐禅，他"自初得戒，坐必跏趺，食不过午"②。他的所谓"入道"就是从坐禅开始，"师初以宴坐入道"③。他接触的第一位著名曹洞僧人法成就以喜好"枯木禅"闻名，因而被称为"枯水法成"。对正觉禅学思想形成影响最大的是子淳，他也是一位重视坐禅的僧人。子淳于政和五年（1115）在唐州大乘山对众僧人说："诸人时中快须休歇去，准备他去，把今时事放尽去，向枯木堂中冷坐去。"④ 所谓枯木堂指禅堂，禅僧在禅堂静坐时身如枯木，求静求寂，所以叫枯木堂。因此，默照禅强调守静守寂，重视坐禅形式，乃是继承了南宗内部一些禅师的传统，它代表了南宗内部不同于贬抑坐禅形式的支派的一个支派。

（二）默照禅的空幻体验

到两宋之际，禅宗已有数百年的发展历史，正觉在此时倡导的默照禅具有集禅学发展之大成的性质。他不仅吸收了慧能以来禅宗心性理论和般若理论，而且突出了"返观内照"的思想，从而形成完备的禅法体系。

禅宗所谓的"心"，既是宇宙之心，又是个人的本心，还是真如、佛性、如来藏等的同义词。它兼具本体论、认识论和解脱论的三重意义。同时"心"本身又是非有非无，离言绝相，不能以语言来描述，不能用思维来把握。正觉的默照禅继承了禅宗关于心性的传统说法，并且突出强调心的"虚空"特性，把成佛的关键归结为"空心"。

世界上的万事万物，一切现象，都是心的派生物，都是心的显现，所

① 《景德传灯录》卷十五《潭州石霜山庆诸禅师》，《大正藏》第 51 册，第 321 页。

② 《正觉宏智禅师塔铭》，《嘉兴藏》第 32 册，第 201 页。

③ 同上。

④ 《丹霞子淳禅师语录》，《卍续藏经》第 71 册，第 757 页。

谓"一切诸法,皆是心地上妄想缘影"①。所以,世界上的一切事物和现象,一切可以用语言来描述、用思维来把握的现象都是虚幻不实的。它们的形成和毁灭都取决于心,"十方法界,起自一心;一心寂时,诸相皆尽"。因此,只要心空,那么就一切皆空。

参禅的目的在于超脱生死轮回而达到解脱,这是禅宗各派的共同认识,"参禅一段事其实要脱生死,若脱生死不得,唤什么作禅"②?这种脱生死的关键就在于"心空"。因为其所以有地狱天堂这种种现象(诸法),关键在于人们的心有活动,心念皆无,也就没有地狱天堂,也就无所谓生死轮回。"若是一切心念尽也,无天堂到你,也无地狱到你。"③

认识自己的"本来面目"是禅宗经常提到的话题,所谓自己的本来面目,与本心佛性是同义语。正觉把自己的本来面目视为"空心","直须歇得到空空无相,湛湛绝缘,普与法界虚空合,个实是尔本身"④。达到空心,也就是达到了成佛:"此是选佛场,心空及第归。若心地下空寂,便是及第底节时。"⑤

"空"是心的特性,也是法界、真如、佛性的内在本质,也是自我修行的最高境界。但是"空"是空而不空,是灵妙的体现。"一切法到底其性如虚空,正恁么时却空它不得。虽空而妙,虽虚而灵,虽静而神,虽默而照。"⑥ 心本身是空而不空的,心本身并不是不存在,它只不过是离言绝相而已。由于人们为世俗妄念所缠绕,心不能空,以至于陷入生死轮回之中,因此,空心的过程就是去诸妄缘的过程,就是修习默照禅的过程。

正觉指出:"真实做处,唯静坐默究,深有所诣,外不被因缘流转,其心虚则容,其照妙则准。内无攀缘之思,廓然独存而不昏,灵然绝待而自得,得处不属情,须豁荡了无依倚,卓卓自神,始得不随垢相。个处歇得,净净而明,明而通,便能顺应,还来对事,事事无碍。"⑦ 通过静坐默究,即通过修习默照禅要达到两个目的,其一是"外不被因缘流转",

① 《宏智正觉禅师广录》卷五,《大正藏》第48册,第60页。
② 同上。
③ 同上。
④ 同上书,第67页。
⑤ 同上。
⑥ 同上书,第64页。
⑦ 《宏智正觉禅师广录》卷六,《大正藏》第48册,第73页。

其二是"内无攀缘之思"，也就是要从思想上排除一切来自世俗世界的干扰，达到没有思维活动、没有主观追求，甚至连任何感受都不存在的境界，这就是所谓"休歇处"。这被认为是诸佛诸祖所体验的极境，"诸佛诸祖无异证，俱到个歇处"①。

正觉所讲的"空心"、"休歇"，实际上就是要把整个现实世界"空"掉，所谓"默默蒲禅，空空世缘"②。他是以空心、休歇来达到对现实世界的否定，从而肯定一个以实相佛性等为名的彼岸世界的存在。通过空心，排除了任何来自外界的干扰和内在的干扰，既没有对现实社会的追求，也没有对现实社会的感受，的确心如死灰。这样，默照禅就把解决一切社会问题和个人问题的手段归结为自我心理调节，归结为静坐中的空幻感受。这种空幻体验被认为是个人和世界的本来面目，被认为是诸法实相或佛性的显现。

正觉不仅用从子淳那里接受来的"休歇"之说来说明"空心"，而且以"默照"来论证这种空幻体验。正觉所作的《默照铭》全文只有288个字，却是对默照禅思想的总结，这里讲了默与照的关系，还讲了默照禅所要体验的境界。

"默照之道，离微之根；彻见离微，金梭玉机。"③ "离微"是指法性的体用，法性与真如、实相、法界、涅槃等是异名同体。它们的体（离）便是"空"，"微"是法性之用，也就是般若智慧。因此，默照禅要"彻见离微"，就是要通过默与照的两个方面来直观体验诸法实相，达到成佛目的，正觉对默与照分别作了论述。

所谓"照"是指般若智慧的观照，这种般若观照同时也就是自我观照，是心无所住，什么都不思考的精神状态。这种"返观内照"的说法是受了僧璨的影响，据称是禅宗三祖的僧璨曾著《信心铭》，其中说："虚明自照，不劳心力，非思量处，识情难测。"④ 正觉的默照禅正是吸收了这一思想，提出"隐几虚心还自照，炷香孤坐绝它思"。⑤ 同时，正觉还从理论上对"照"作了阐述。

---

① 《宏智正觉禅师广录》卷六，《大正藏》第48册，第74页。
② 《宏智正觉禅师广录》卷七，《大正藏》第48册，第79页。
③ 《宏智正觉禅师广录》卷八，《大正藏》第48册，第100页。
④ 《五灯会元》卷一，《卍续藏经》第80册，第45页。
⑤ 《宏智正觉禅师广录》卷七，《大正藏》第48册，第96页。

他认为"灵然独照,照中还妙"①。"照"是没有特定的观照对象的,实质上是本空的新的自我观照。不仅如此,在自我观照之时,观照的主体和客体都"寂灭"了。"照与照者二俱寂灭,于寂灭中能证寂灭者是尔自己。若恁么桶底子脱去,地水火风,五蕴十八界,扫尽无余。作么生是尽不得底?"② 因此,所谓般若观照,所谓自照,不仅要求坐禅者什么都不去思考,而且要求修禅者自己也要融入"空"之中,即"地水火风,五蕴十八界,扫尽无余"。达到了这种一切皆空的境界,也就是证悟成佛了(桶底于脱去)。因此,正觉的默照禅实际上就是通过静坐排除思维活动,消除任何欲望,消除任何感受,从思想上达到泯灭物我、泯灭主客对立的目的,达到直观体验空幻的境界。

从"默"与"照"的关系上讲,静坐守默与般若观照两者是相辅相成的,唯有把两者结合起来,才能体验般若实相,获得最终的觉悟。正觉指出:"照中失默,便见侵凌……默中失照,浑成剩法。默照理圆,莲开梦觉。"③ 如果不守静默,即不坐禅,那就无法用般若观照,无法体验无差别的空的境界。相反,如果只是默然静坐,不知道"空心",也就是不用般若观照,那么坐禅本身也就毫无用处。

只有把"默"与"照"结合起来,才能体验诸法实相,认识自我的本来面目,最终获得"觉"悟解脱。因此,强调静坐守寂,追求对空幻感受的直观体验,就是正觉默照禅的两个本质特征。

(三) 默照禅与庄子思想

禅宗自创立之日起就与中国传统文化相融合,这是禅宗能够适应中国社会而得以发展的一个重要原因。在宋代三教融合的大潮流中,正觉不仅继承和变革了传统的传法,而且侧重融摄庄子思想,从而使默照禅具有了更为丰满的理论形态。正觉把默照禅与庄子的"坐忘"、"齐物"和"心斋"等思想相等同,认为这两种精神修养方法是"大道同归"。他关于这方面的论述很多,下面仅举几例。

　　坐忘是非,默见离微,佛祖之陶冶,天地之范围。……麒麟步药

---

①　《宏智正觉禅师广录》卷八,《大正藏》第 48 册,第 100 页。
②　上引均见《宏智正觉禅师广录》卷五,《大正藏》第 48 册,第 70 页。
③　《宏智正觉禅师广录》卷八,《大正藏》第 48 册,第 100 页。

峤，金毛师子威，相逢捉手，大道同归。

形仪淡如，胸腹空虚；懒不学佛，钝不知书。静应诸缘而无外，默容万象而有余。齐物而梦蝶，乐性而观鱼，渠正是我今我不是渠。梦蝶境中闲有趣，露蝉胸次净无尘。①

很明显，庄子的"坐忘"、"齐物"是建立在相对主义基础上的，默照禅是建立在禅宗心性论基础上的，这两种精神修养理论存在着明显差异，尽管如此，它们在修养方式和修养目的方面还是有许多相通之处。庄子主张通过端坐而达到浑然忘却一切物我和是非差别的精神境界，"庄周梦蝶"的寓言就反映了一种泯除事物差别、彼我同化的境界。这种理想的境界，就是要人不计是非利害，忘乎物我，泯灭主客，从而使自我与整个宇宙合为一体。中国传统哲学总是将"天人合一"之境作为哲学的最高境界，作为理想人格（圣人）的本质特征。通过把梦与醒、主与客、彼与此等两极对立泯灭，使人们从精神上超越种种对立，获得精神上的解脱和自由。默照禅强调静坐守寂，要求"彻见离微"，追求对无差别的"虚空"境界的直观体验，也就是要达到从精神上超越生死和主客的对立。这两种精神境界的确有相同之处。默照禅注重"静坐默究"，一方面摒弃了传统禅学关于坐禅的烦琐规定，只以静坐为主；另一方面，它强调守默守静，一反在南宗内部占主导地位的主张，时时处处体验禅境的思想，这就更接近庄子所主张的精神修养方式。另外，正觉主张的"空心"之说，更与庄子的"心斋"有相同之处，它们都强调排除思虑和任何欲望。

正觉的默照禅注重静坐，推崇静与默的作用，这与理学家的思想也颇为接近，周敦颐在《太极图说》中提出"主静"之说，认为未有天地之前的"太极"是"静"的，所以人之天性本"静"。由于人们后天染上了欲，必须通过所谓"无欲工夫"，才能达到"静"的境界。

正觉倡导的默照禅曾引起许多士大夫的关注，不少人跟随正觉修习默照禅。这种与中国传统精神修养方式近似的禅法之所以受到士大夫的欢迎，在于它为士大夫提供了愈合精神创伤、消除精神疲劳的良药。与正觉同时代的临济宗僧人宗杲也是两宋之际全国闻名的高僧，他倡导一种看话

---

① 《宏智正觉禅师广录》卷九，《大正藏》第48册，第107页。

禅，反对默照禅。他曾指出了士大夫喜好默照禅的一个重要原因："往往
士大夫多是掉举，而今诸方有一般默照邪禅，见士大夫为尘劳所障，方寸
不宁怗，使教他寒灰枯木去，一条白练去，古庙香炉去，冷湫湫地去。"①

　　这里的"掉举"是一个佛教名词，《俱舍论》卷四说："掉谓掉举，
令心不静。"《成唯识论》卷六说："云何掉举？令心于境不寂静为性，能
障行舍摩他（指定、止）。"掉举就是心不安静执着追求，欲望很多，处
于高度兴奋的精神状态。一些有雄心的士大夫或为追逐名利而镇日忧心，
或为报效国家而整天操劳，心是静不下来的。这种追求世俗利益的忙碌
（"尘劳"）必然造成精神上的疲劳，即所谓"方寸不宁怗"。默照禅宣扬
静坐空心，强调守静守寂，正是松弛身心、消除精神疲劳的有效方法。经
过一段高度紧张的工作之后，通过默照静坐使身心松弛，的确对身心健康
有益。就这一点而言，还是有道理的。从宗杲分析士大夫喜好默照禅的原
因中我们可以看到，有些士大夫参禅并不完全是出于追求超脱生死的宗教
目的，他们是要获得一种消除精神疲劳的手段。

　　宋代士大夫喜好参禅是一个普遍现象，这与当时的社会现实是分不开
的。当时，许多士大夫或因官场倾轧而丢官，或因不得赏识而壮志难酬。
当他们受到暂时的挫折时，当他们感到绝望而又找不到出路时，他们为了
获得一种心理上的平衡而投入禅门。默照禅主张静坐空心，主张排除世俗
的困扰，这正符合那些失意的士大夫的需要，默照禅使他们认识到一切荣
辱毁誉和名利事业到头来都不过是梦幻而已，从而使他们放弃追求，在生
活中抱一种听之任之的态度，获得一种虚假的精神解脱。因此，默照禅在
士大夫中的盛行，从一个侧面反映了宋代封建士风的萎靡和堕落。这也说
明默照禅是一种消极的生活与处世方式。

第五节　华严和天台的"中兴"

　　从唐末开始，当以诠释外来经典为主要方式的理论创造结束以后，教
门义学各派就度过了鼎盛阶段，开始走上了衰落的道路。从宋代开始，无
论是哪一个教门义学派别以"中兴"自居，都再也没有出现全面理论创
新的兴盛局面。宋代以振兴本宗为己任的义学各派，都是把主要精力放在

---

① 《大慧普觉禅师语录》卷十七，《大正藏》第 47 册，第 884 页。

收集、整理散失的唐代典籍，争取多继承前代遗产，力求较全面普及本派佛学基础知识等方面。对于这些派别来说，突出本派理论个性的时代已经结束，通过整理、弘扬前代学说来适应社会需求，兼容并蓄各派思想，成为他们的共性。在宋代，值得注意的义学派别是华严和天台。

一　净源与华严宗"中兴"

华严宗在宋代还有不小的影响，甚至在北宋中叶还出现了所谓的"华严宗中兴"。我们能够在宋代华严学中找到的一些理论方面的创造，是在佛教各派思想融合潮流中生发出来的，而且大多是由非华严系统的僧人提出来的。在宋代僧俗禅悦之乐传为佳话、僧俗结社蔚成风气的大环境中，华严典籍和华严宗学说也引起士大夫的关注，一定程度上决定了华严学被运用的形式，决定了它要被赋予什么样的新内容。

北宋时期，兼习《华严》或专业《华严》的学僧遍布南北各地。其中，杭州慧因寺集中的学僧最多，影响也最大，被视为中兴华严宗的基地。实际上，自宗密后，华严与禅宗融合，并没有一个师徒相承的华严宗法系。但是，后出史书把北宋僧人子璿（一作濬）归于宗密下的法灯系，再传净源，使宋代华严宗传承一直未断绝。尽管这种传法世系并不像禅宗的师承那么重要，而且子璿的华严师承也不明确，但慧因寺系的确是两宋华严学中最重要的一支。

子璿（965—1038）并不是研究和弘扬《华严》的学僧，他被纳入华严系谱，与其弟子净源以后在慧因寺中兴华严宗有直接联系。

在佛教史上，净源（1011—1088）被称为宋代华严宗的"中兴教主"。他振兴华严宗的工作包括四个方面：其一，建立了永久弘扬华严宗的基地慧因寺；其二，终生致力于华严典籍的收集和整理；其三，提出华严宗新的传法系谱；其四，以华严教义解释其他较流行的佛教典籍，促动华严学在整个佛学中的运行。

据《佛祖统纪》卷二十九、《武林西湖高僧事略》载，净源俗姓杨，字伯长，泉州晋水（今福建晋江县）人。初依东京报慈寺海达法师出家，后游学南北各地。受具足戒之初，即随横海明覃习《华严经》，又习李通玄的《新华严经论》，曾到五台山求学于华严名僧承迁。最后南返从学于长水子璿，习《楞严经》、《圆觉经》和《起信论》。净源离开子璿后，主要活动于江浙一带，住持过多处寺院，有泉州清凉寺、苏州报恩寺、杭州祥符寺、秀水（今浙江嘉兴）青镇的密印宝阁、华亭（今江苏松江）普照的善住宝阁。其后，经在杭州的左丞蒲宗孟上奏朝廷，将杭州慧因禅寺改为教寺，命净源住持，使该寺成为永久弘扬华严宗的道场。宋代华严学的研究和传播中心地由此建立，并且长久不衰。

宋哲宗元祐元年（1086），高丽僧统义天航海来宋，上表四次，请传授华严教义，以便归国弘传。朝廷命有关部门推荐可以传授华严学的法师，首选的是东京觉严寺的诚法师，因为他"讲《华严经》历席既久"①。但诚法师上表推荐净源，于是朝廷采纳了他的建议，命与诚法师关系较密切的杨杰送义天到杭州慧因寺。义天在请教净源的同时，也带来了许多国内已佚失的唐代华严注疏，丰富了慧因寺的藏书。义天回国后，于第二年遣使送来金书《华严经》的三种译本一百八十卷，即"六十华严"、"八十华严"和"四十华严"，净源建华严阁安置。

经历唐末五代的动乱和灭佛运动，至北宋时，唐代华严类著述大多散失，净源常年致力于华严典籍的搜集和整理。由于他游学南北，熟悉各地的佛教情况，所以他在校订和注解每一种重要著作时，务必收集历代的注疏本，加以整理，刊出统一的注本。他所整理和注解的，包括了法顺、法藏、澄观、宗密等人的著作。在北宋时期，他是接触唐代遗留下来的华严典籍最多的人之一。他本人的著作也以整理文献为特点。从他的记述中，可以了解唐末五代至北宋华严典籍的流传情况，以及华严学的发展情况。

第一，关于法顺的著作。从澄观开始，《华严法界观》即被认定为法顺所作，此书在宋代为华严学僧所重视。据净源《法界观助修记序》介绍，为此书作注解者"殆盈四家：西蜀仁周法师、开宝守真大师、浙水从朗法师、景德有明大师"，可见《法界观》流行之广。净源认为，所有这些注疏本"虽皆连疏累偈托文为证，而于所解之义，有多互违者"。所以他"删众说之繁文，补诸祖之要义，勒成两卷"②，以便传于后世，有助于学僧修习。他改订重编的注疏本，即《法界观门助修记》二卷。

第二，关于法藏的著作。净源整理、校释的法藏著作主要有四部，第一部是《五教章》。当他随横海明覃习《华严经》时，即认为《五教章》"开一乘之渊旨，发五教之微言，故其立宗判义，独耀古今。兹实先圣之

---

① 《补续高僧传》卷二，《卍续藏经》第 77 册，第 380 页。
② 见《圆宗文类》卷二十二，《卍续藏经》第 58 册，第 562 页。

遗烈，作后世之龟鉴者也"。但是，当时流传的《五教章》各本"其间标题有乖谬（书名不统一），列门有参差（段落错乱，如第九门与第十门颠倒），传写有讹舛（错字别字很多）"。鉴于有此"三失"，净源收集南北各地流传的多种本子，"与二三子详校其辞，以垂当世"①。

第二部是《华严经义海百门》。据此书"详校题辞"，净源曾花费数年时间，"遍搜古本，历考十门以前之九门，具彰序意（指《义海百门》所述十门之前的序言），列义通结，唯后之一门，亡其通结（指十门之后没有与前面序言相对应的结语部分），或诸本传写缺文耶，或祖师立言互略耶"。这是对此书结构逻辑关系的考证，对此书是否有缺文还不能肯定。另外，原第六门为"圆明解缚"，属误题，改为"差别显现"。

第三部是《妄尽还源观》。北宋天台宗人认为此书是法顺作，孤山智圆即持此说。净源在阅读唐裴休的《妙觉塔记》时，发现裴休认为此书是法藏作，于是根据法藏的其他著作证实此说。熙宁元年（1068），净源带上所收集的"诸郡《观》本"，请教钱塘通义子宁，又找出《妄尽还源观》中与《华严经义海百门》、《般若心经疏序》等相同的句子。从此，《妄尽还源观》被公认是法藏的著作。在考证《妄尽还源观》的基础上，净源于元丰二年（1079）作《华严妄尽还源观疏钞补解》一卷。早在景祐年中（1034—1037），净源在昆山慧聚法师处习《妄尽还源观》，所用疏文及科文均为法灯所作。净源认为，法灯大师"所释序文及诸观义，虽尽乎善，而未尽乎美"，所以，他"探清凉之疏旨，索《演义》之钞辞，补其偏善之功，成其具美之绩"。这是说，他要用澄观的《华严经疏》和《演义钞》来补法灯疏文之不足。实际上，他的疏文除引用澄观著作外，还引用了法藏的其他著作，以及僧肇的《肇论》、《宝藏论》（传为僧肇所作）等。特别引人注目的是，他还引用了子璿的《大乘起信论笔削记》。他受子璿重《起信论》的影响，并结合对法顺《法界观》和法藏《妄尽还源观》的理解，提出了马鸣为华严宗初祖说：

> 帝心（杜顺）冥挟《起信》，集三重法界（指《华严法界观》中所述）于前；贤首显用论文，述六门还源（指《妄尽还源观》，书

---

① 《教义分齐章重校序》，见《圆宗文类》卷二十二，《卍续藏经》第58册，第562页。

分为六门）于后。推是言之，以马鸣大士为吾宗初祖，其谁谓之不然。①

《起信论》传为印度马鸣所著，因认为此论弘扬华严宗旨，所以立马鸣为华严宗初祖。另外，净源还认为传说是龙树所撰的《十住毗婆沙论》与《起信论》性质相同，所以立龙树为二祖，加上从法顺到宗密的唐代五位祖师，即成"华严宗七祖"说。建立华严宗的新法系，也是净源中兴华严宗的一个重要内容。

第四部是《华严金师子章》。由于此书是简要介绍华严宗教义，文简义丰，易于理解，在宋代佛教界流传很广，所谓"禅丛讲席，莫不崇尚"。就其注疏本言，净源见过四家，"清源止观禅师注之于前，昭信法灯大士解之于后。近世有同号华藏者，四衢昭昱法师，五台承迁尊者，皆有述焉"。净源认为这四家注解"或文繁而义缺，或句长而教非"，于是"探讨晋经二玄，推穷唐经两疏"，选取其中"与祖师章旨炳然符契者，各从义类以解之"②。他是参考智俨、法藏（晋经二玄）和李通玄、澄观（唐经两疏）的著作来注解《金师子章》，实际上释文中还引用了宗密等人的著作。净源注《金师子章》的著作名为《金师子章云间类解》，一卷，其序文作于元丰三年（1080）。

第三，关于澄观的著作。净源曾抄澄观的《华严经疏》，注于《华严经》经文之下，以便于观览，今存五十八卷。

第四，关于宗密的著作。治平二年（1065），慧因寺的可中作《原人论》科文及赞，送净源审阅。熙宁七年（1074），净源著《原人论发微录》三卷。此书引用典籍较多，尤其多引儒家和道家的典籍。但净源认为，此书是"录广钞之要辞，发斯论之微旨"，"然既录论主钞辞以发微旨，故号之曰《发微录》焉"。他用宗密的《圆觉经大疏钞》来解释《原人论》，其目的在于让人们全面理解宗密的著作。

以上是净源在整理和注释唐代《华严》注疏方面的主要著作，此外他还有《注仁王护国般若经》四卷、《佛遗教经论疏节要》一卷、《华严普贤行愿修证仪》一卷、《圆觉经道场略本修证仪》一卷、《首楞严坛场

---

① 《华严还原观疏钞补解序》，《卍续藏经》第58册，第175页。
② 《金师子章云间类解序》，《大正藏》第45册，第663页。

修证仪》一卷、《肇论中吴集解》三卷和《肇论集解令模钞》等。

净源有关华严方面的著作具有传播华严学知识的特点。他的教学目的之一，是让学僧系统学习唐代《华严》注疏之作，融合各种不同见解，兼容并蓄。他在《策门三道》中提出三个令学僧思考的问题，前两个是《贤首判教》和《判教有差》，都是讲法藏与宗密在判教上有不同点，让人思考其不同的原因；第三个是《儒释言性》，列举儒家各种心性说，让人思考有哪些与佛教的心性论相同，这是把融合的范围扩大到儒释两教。总的说来，净源在华严学说方面的议论没有超出唐代华严学，所谓华严宗的中兴，并不表现在提出新理论方面。

除华严类典籍外，净源还研究过《肇论》，著有《肇论中吴集解》和《肇论集解令模钞》。前一部书是净源整理中吴秘思法师的遗稿著成，后一部书是对前者的再解释，并不是直接注解《肇论》本文。中吴秘思法师生前"久传《四绝》（指《肇论》），名冠环中"①，所以，这两部书的学说特点，不仅反映净源本人的思想，而且反映北宋佛教界在理解《肇论》方面带普遍性的倾向。

《肇论中吴集解》在《宗本义》前题：

> 宗本之要，其妙明真心乎！然则心之为义，有性焉，有相焉。推之于相，万物不迁也；本之于性，万有不真也。统而括之，唯真俗二谛而已。夫观二谛之交彻，非般若无以穷其源。穷源极虑，故能内鉴照其真，外应涉乎俗。涉俗亡染，大悲所以不住；照真亡缘，圣智所以无知。以圣智无知之因，冥涅槃无名之果。②

这段论述是讲《肇论》四篇论文的逻辑结构，也是对《肇论》学说的概括。按照这种解释，《肇论》学说建立在"真心"（一真法界）论的基础上。由于"心"有性和相两方面，所以《物不迁论》是讲"心"的"相"，即由心产生的一切事物；《不真空论》讲"心"之"性"，即心的实体。把两者结合起来，不过真俗二谛，而《般若无知论》和《涅槃无

① 净源：《肇论中吴集解题辞》，《续修四库全书》第 1274 册，《续修四库全书》编撰委员会编，上海古籍出版社 2001 年版，第 38 页。

② 《肇论中吴集解》卷上，《续修四库全书》第 1274 册，第 2 页。

名论》正是分别讲这两者。很明显，这番议论实际上是用有宗改造空宗，用华严教义解释《肇论》。

以华严宗教义释《肇论》，是两部书的共同特点，以两书对"不真空"的解释为例可见。《肇论中吴集解》在释《宗本义》文中指出："幻有即是不有有，真空即是不空空；不空空故名不真空，不有有故名非实有，非空非有是中道义。"① 《肇论集解令模钞》在释前者的《不真空论》解题文时指出："直以非有非真有，非无非真无。非，不也，《演义》云：以不不之，故云不真空。"② 僧肇所讲的"不真空"，意为"不真"即是"空"，一切事物是虚假存在（不真），此即为"空"的体现，并不承认有一个实在的心生起一切事物。唐代元康的《肇论疏》也以"不真即空"释"不真空"。净源则认为"不真空"是"不空空"，即不把"空"空掉。这样，"不真空"就是"不是真正的空"之义。这是强调"真心"的实存。

把《肇论》般若学进行改造，是净源的自觉行动，他曾因此指出僧肇的理论不足。《集解题辞》谓："夫总万有之本，莫大乎一心，宗一心之源，莫深乎《四论》。昔者论主，生于姚秦，遮诠虽详，表诠未备。"③ "遮诠"是否定表述，"表诠"是肯定论述。般若学对一切都不作肯定回答，僧肇也继承了这种论证方式，所以他并没有肯定过"一心"的实存。《肇论集解令模钞》则进一步指出批评僧肇"遮诠虽详，表诠未备"的原因："言遮诠虽详者，详，广也，以八部《般若》泊《破相》诸论，当姚秦时已传东夏，故云虽详。表诠未备者，如《华严》梵文虽赍此土，而未翻宣。《楞严》、《圆觉》诸经，《起信》、《十地》诸论，犹在西竺。唯《法华》、《净品》等经流通于此，放云未备也。"④ 此处所讲的僧肇未看到的几部经和论，是宋代佛教界比较流行的典籍，不仅仅为华严学僧所重。般若学的方法论已为佛教各派所吸收，而突出"真心缘起"，则是改造《肇论》的一个重要方面。

另外，在宋代华严学的历史上，道亭、师会、观复和希迪被后世称为

① 《肇论中吴集解》卷上，《续修四库全书》第 1274 册，第 2 页。
② 《肇论集解令模钞校释》，伊藤隆寿、林鸣宇校释，上海古籍出版社 2008 年版，第 100 页。
③ 同上书，第 460、461 页。
④ 同上。

"宋代华严四大家"。这个称号的由来，是因为他们四位先后注解唐代法藏的《五教章》，围绕其中涉及的某些概念展开论战而得名的。他们对《五教章》的不同理解和所争论的主要问题，反映了宋代华严学僧的治学范围及特点，也反映了他们所关注的主要问题，以及他们继承唐代华严学的具体内容等。在他们的论辩中，理论色彩淡薄，门户之见甚深，辨析名相功力不足，泄愤责骂之辞不少。包括其中作为净源三传弟子的师会（1102—1166）在内，这些被奉为"四大家者"的佛学修养、社会影响等都不能与净源相比。

二　知礼与天台宗"中兴"

兴起于浙江地区的天台宗与兴起于长安地区的其他义学诸派的命运是一样的，都在唐代中期以后沉寂下去。天台宗之所以能在北宋前中期出现所谓"中兴"局面，并且在一段时间内成为义学诸派中比较活跃的一派，大约有四个方面的原因。其一，五代时期吴越国相对稳定的政治形势和佛教政策，为佛教各派的发展提供了有利的社会环境；其二，从高丽、日本收集到国内散失的天台典籍，激发了学僧的研究兴趣和弘法热情，为该宗的中兴提供了资料基础；其三，天台宗普遍重视各类佛事，重视净土信仰，特别是其代表人物，那种必欲献身于忏的专注，那种把忏法的社会政治作用发挥到无以复加程度的实践，震动朝野，大大提高了该宗在社会各阶层的影响；其四，天台宗倡导的止观双修，教行并重，比佛教义学各派的专务名相更能为宋代士人所接受。

天台宗的"中兴"也和华严宗的"中兴"一样，并不是表现在创新理论方面。教理的繁荣，著作的增加，主要表现在对本宗原有教义的不同理解方面，表现在就某些理论的争论方面。

唐代湛然之下递传五世，至高论清竦。他被奉为天台宗的第十四代祖师，入宋以后出现的天台宗著名人物，均出自他的门下。清竦的两个重要弟子是义寂和志因，二人都有传承弟子。在义寂再传弟子知礼时期，发生了有关教理方面的论辩，并且发展为派系争斗。以知礼为代表的义寂一支最后宣布本派获胜，自称为"山家"，是天台宗的正统，把志因弟子一系贬为"山外"，是天台宗的异端。从此，天台宗分为山家、山外两派。山外派不久便衰落了。知礼一系一直流传于南宋及其以后。

义寂（919—987）是温州永嘉人，俗姓胡，字常照，12 岁入温州开元寺从子安法师出家，19 岁受具足戒，跟从会稽清律师学习《南山律钞》。22 岁之后，入天台山国清寺，投清竦门下，专业天台教观十余年。显德年间（954—959）应张彦安之请，住持其创建的螺溪传教院。据说，吴越王钱俶在读《永嘉集》时，不理解"同除四住，此处为齐，若伏无明，三藏即劣"一句，便请问德韶。德韶推举义寂，义寂应请入宫回答问题时，讲到当时天台宗典籍的情况，"时遭安史兵残，近则会昌焚毁，中国教藏残缺殆尽。今惟海东高丽阐教方盛，全书在彼"①。吴越王便派遣使者到高丽，求请天台典籍。北宋建隆二年（961）十月，高丽王派沙门谛观送来若干天台宗的论疏和著述。获得许多失传的唐代天台宗典籍，激发起学僧研究和弘扬天台教义的兴趣，奠定了该宗中兴的资料基础。②义寂因请吴越王遣使求经而备受尊重，这也是他对当时佛教发展的一个突出贡献。太平兴国八年（983），钱俶请义寂传授菩萨戒，执弟子礼，赐"净光大师"号。义寂一生讲天台"三大部"各二十遍，还讲《维摩》、《光明》、《梵网》、《金刚錍》、《法界观》、《永嘉集》等。

　　义寂的弟子有宝云义通、谛观等。谛观是高丽人，于建隆二年奉高丽王之命，赠送典籍至天台山，拜师义寂，随侍十年，精心研究天台教义，著有《天台四教仪》。后世义寂的法系是从其弟子义通传承下来的。义通（927—988）是高丽人，字惟通，俗姓尹，在高丽以研究《华严》、《起信》而知名。乾祐年间（948—950），义通游学汉地，到螺溪传教院见义寂，执弟子礼，学习天台教观。太平兴国七年（982），宋太祖敕封为"宝云尊者"。他重视净土信仰，经常称呼施主为"乡人"，人问其故，他说："吾以净土为故乡，诸人皆当往生，皆吾乡中人也。"后被奉为天台宗第十六代祖师。义通著有《观经疏记》、《光明文赞释》、《光明句备急钞》等。③其最有影响的两位弟子是遵式和知礼。

　　遵式（964—1032）字知白，俗姓叶，台州宁海人。幼年出家，20 岁受具足戒，次年随守初律师学律，不久到天台山国清寺，发誓弘传天台教义。雍熙元年（984），遵式到四明宝云寺就学于义通，专门研究天台教

---

　　① 《天台四教仪》卷一，《大正藏》第 46 册，第 774 页。

　　② 吴越王派遣使者求取天台典籍是到日本还是到高丽，史书的记载有出入。即便在《佛祖统纪》中，《义寂传》和《谛观传》所述就有不同。学者也有多种考证。从义寂门下多高丽弟子来看，天台典籍当时主要来自高丽之说根据充分。

　　③ 上引见《佛祖统纪》卷二十七，《大正藏》第 49 册，第 227 页。

义。端拱元年（988），义通圆寂之后，遵式又到天台山，以苦学得了疾病，以至于吐血。淳化元年（990），遵式受请在宝云寺继其师义通的讲席，一直讲《法华》、《维摩》、《金光明》等经典。至道二年（996），与僧俗信众修习净业，行念佛三昧。遵式著有《誓生西方记》。咸平三年（1000），与知礼一起同修光明忏为郡祈雨。遵式居宝云寺十二年，很少与外界来往。咸平五年回天台。在住持东掖寺时，带领众人修念佛三昧。大中祥符七年（1014）到杭州昭庆寺讲说，次年到苏州开元寺弘法，听众成千上万，甚至惊动官府。大中祥符九年（1016），天台僧正慧思到京城，奏其事迹，朝廷赐紫服。天禧四年（1020），由于王钦若的举荐，遵式受真宗所赐"慈云"之号。在王钦若的帮助下，天台教文入藏流通，恢复天竺寺旧名。在扩大天台宗在北方，特别是京城的影响方面，遵式起了重要作用。其弟子有祖韶等多人。其弟子把他的著作整理为《金园集》和《天竺别集》各三卷。

知礼（960—1028）被称为天台"中兴教主"，是当时整个天台系统中最有影响的人物。知礼字约言，俗姓金，浙江四明（今宁波）人。幼年出家，15岁受具足戒后，专业律学。太平兴国四年（979）随义通学习天台教义，三年后可以代替义通讲解诸部经论。至道元年（995），住保恩院，后来将该院改为常讲"天台教观"的十方丛林。大中祥符三年（1100）十月，敕赐保恩院为延庆寺。概括知礼一生的活动，主要有四方面的工作，即讲经授徒、著书立说、修忏祈福、论战扶宗。

知礼自23岁接替义通讲解经论开始，几十年间勤于讲经弘法。他一生曾讲过《法华玄义》七遍，《法华文句》和《摩诃止观》各八遍，《金光明玄疏》十遍，《涅槃疏》一遍，《净名疏》两遍，《观音玄义》和《观无量寿经》各七遍，至于《十不二门》、《金錍论》、《止观大意》、《止观义例》、《始终心要》不计其遍。从他所讲的经典来看，包括了唐代重要的天台宗著作，还有净土信仰方面的典籍。他讲述的内容大致涵盖了宋代天台宗学僧的基本研习范围。

知礼的著作很多，主要是研究唐代湛然的著作，注释湛然未研究的天台典籍。其主要著作有《观音玄义记》四卷、《观音经义疏记》（又称《别行义疏记》、《观音别行疏记》）四卷、《金光明文句记》十二卷、《金光明玄义拾遗记》六卷、《金光明经释难扶宗记》一卷、《十不二门指要钞》二卷、《四明十义书》二卷、《法智遗编观心二百问》一卷、《观无量寿佛经疏妙宗钞》六卷、《观无量寿佛经融心解》一卷、《千手千眼大悲心咒行法》一卷、《金光明最胜忏仪》一卷、《四名尊者教行录》七卷。其中有些是其弟子或后继者集成。

知礼很重视忏法，特别是"法华忏"和"金光明忏"，他在这方面的著述和实践，为寺院佛事商业化经营，让佛事充分发挥社会政治功能，以及为天台各类忏法的定型，发挥了不可替代的作用。咸平三年（1000），他与遵式等人修"光明忏"祈雨。真宗时，知礼和遵式先后多次"修法华忏，为国祈福"，[①] 天台僧人由此与宋朝廷建立了较密切的关系，天台宗的典籍也被获准编入大藏经。大中祥符六年（1013），他创设念佛施戒会，参加的僧俗男女信众有一万人，同修念佛，发菩提心，求生净土。他晚年曾结伴十僧共修"法华忏"，三年后拟集体自焚，经杨亿、李遵勖、遵式等人劝阻而未实行，其名声更大，真宗特赐"法智大师"号。知礼的弟子很多，据说入室者超过千人，北宋中期以后的天台法系，均出自其门下的广智尚贤、神照本如、南屏梵臻三支。

根据《宋高僧传》卷七的记载，悟恩（912—986）字修己，俗姓路，江苏常熟人，13 岁出家，初学南山律，后到杭州投慈光院志因门下学习天台教义，通达《法华经》、《金光明经》和《止观论》。他注解天台智颉的《金光明经玄义》，名为《金光明经玄义发挥记》，是在北宋前中期引发论战的著作。

晤恩的弟子有文备、洪敏、源清（？—997）等人，该派的传承出自源清。源清的生平事迹不详，著有《法华十妙不二门示珠指》二卷。

源清弟子中，有影响的人物是孤山志圆（976—1022）和梵天庆昭（963—1017）。志圆字无外，自号中庸子，亦名潜夫，俗姓徐，钱唐人，幼年出家，8 岁受具足戒，21 岁从源清学习三年。源清圆寂后，其隐居于西湖的孤山，专心于研究经论和撰写著述，从学甚众。志圆兼通儒释，治学广泛，有各种经疏记钞凡三十种，七十一卷，诗文集《闲居编》五十一卷。志圆在扩大本派组织规模方面并没有什么建树，但通过著书立说，在倡导三教融合方面有一定的影响。

就北宋天台宗的范围来讲，志圆所倡导的三教融合理论是最具代表性和影响力的。他认为："夫儒释者，言异而理贯也，莫不化民，俾迁善远

---

① 《佛祖统纪》卷四十四，《大正藏》第 49 册，第 406 页。

恶也。儒者、饰身之教，故谓之外典也；释者，修心之教，故谓之内典也……儒乎，释乎，其共为表里乎！"① 他的思想就是儒释本同，互为表里，有助于教化民众，而且两教有分工，应该以儒修身，以释治心。这些议论，实际上也是北宋大多数僧人的共识。但是，就当时整个佛教界的范围而言，他的著作所产生的影响还不能与明教契嵩相提并论。

在此系之中，梵天庆昭则是以扩大本派的规模、充分探讨本派的理论著名的。庆昭字子文，俗姓胡，钱唐人，幼年出家，13 岁受具足戒。21 岁从学于源清，并继其法席。从学者甚多。景德元年（1004），徙梵天寺，平生讲说《法华》、《止观》诸部经论一百余遍，其著作已经不存。据说他的传法弟子多达九十七人，著名者有咸润、继齐等。

两派纷争的直接诱因是晤恩的著作，具体的争论过程是从鉴定智颛著作的真伪开始，发展到对天台宗基本教理的理解，最后演变为两个派系之间的门户之争。参加辩论人数之多、论战延续时间之长、影响之大，远远超过当时华严宗系统的争论，成为显示天台宗存在和义理发展的一个重要表现。

宋景德年之前，智颛的《金光明经玄义》有广略两种本子同时流传。广本有上下两卷，上卷是释义，下卷论观心，而略本没有下卷，缺少观心的内容。晤恩作《金光明经玄义发挥记》（以下简称《发挥记》），只解释略本，并且认为广本有理乖、义疏、词鄙、事误等四失，是后人的伪作。晤恩认为："大师（智颛）顺经文法性之圆谈，乃明十种三法，始自性德三道，终至果人三德，一一三法，无非妙性；一一妙性，尽是真源；若法若心，即金光明不思议法性。岂有如此钝谈法性之外，别更'观心'者？"② 在晤恩看来，智颛在《玄义》"教义释"中以"十种三法"（三德、三宝、三涅班、三身、三大乘、三菩提、三般若、三佛性、三识、三道）解释"金光明"三字之义，概括了经文宗旨和佛法要领，已经是法性之圆谈，所以没有必要再撰写"观心释"以解释观心。换言之，"十种三法"既然已经讲了从凡入圣、修行解脱的全过程，特别讲了解脱境界，那么，也就没有必要再谈修行上的"观心"问题了，"观心释"就自然是多余的篇章了。在这里，晤恩并不是要废除观心的修行，也看不出他是要

① （北宋）志圆：《中庸子传》卷上，《卍续藏经》第 56 册，第 894 页。
② 《释难扶宗记》，《卍续藏经》第 56 册，第 848 页。

废除"妄心观"而另立什么"真心"作为观察对象的意思。

晤恩的见解不但为其后代弟子们所继承,并且后学以此为基础,不断有所发挥,把论争的范围进一步扩大。晤恩的弟子源清、洪敏一起作《难词》,提出针对广本真伪的问难、质疑,以赞成其师的观点。当时钱唐宝山善信将此事告知礼,请其评论,两派的论战由此开始。

知礼首先作《释难扶宗记》,批驳晤恩师徒的观点,坚持《金光明经玄义》的广本是真实的。知礼的反驳著作一出,立即得到晤恩系的回应,源清的弟子庆昭和志圆撰写《辩讹》,维护晤恩《发挥记》的观点,并且反驳知礼的观点。此后辩论主要在知礼和庆昭之间进行。知礼作《问疑书》,庆昭回以《答疑书》,知礼再作《诘难书》,庆昭回以《五义书》。知礼再作《问难书》,当时庆昭一年未回答,所以知礼又作《复问书》,催促庆昭迅速作答,于是庆昭作《释难书》,"往返各五,绵历七载"。最后,知礼于景德四年(1007)综合七年间的前后论难文义,撰成《十义书》。到此时为止,两派超出义理探讨范围的门户之争就明确下来了。志磐后来指出:"法智(知礼)乃复备引前后之文,详而论之,号《十义书》,而四明之学者始指恩、清、昭、圆之学称为'山外',盖贬之之辞云。"①

庆昭于同年五月作《答十义书》。知礼于当年六月再作《观心二百问》,就观心问题提出二百条问题,但是庆昭并没有作答,双方的第一次论战就告一段落。此后论战还在延续,参加者有知礼和庆昭的弟子。以后的论战就不仅仅是书信的往返,而且有当面的指责,甚至不得不请出地方官吏出面调停。天禧二年(1018),志圆著《金光明经玄义表征记》,依然主张广本是伪作。知礼则于天圣元年(1023)再作《金光明经玄义拾遗记》,反驳此说。因此,就两派所争论的问题来看,谁也没有说服谁,两派都坚持自己的主张。另外,在论战中热情最饱满、主动进攻意识最强、积极性也最高的是知礼。他不仅激烈批判晤恩系,而且也容不得弟子有不同意见。由于弟子仁岳有不同观点,他又与其进行了不调和的论战,一直到逝世。此后仁岳也被贬出山家派。总的说来,所谓山家与山外的争论,主要是以知礼为首的一派与庆昭和志圆的辩论,而知礼始终是主导论战进程的核心人物。

---

① 《佛祖统纪》卷十《庆昭传》,《大正藏》第 49 册,第 204 页。

知礼对晤恩系的批判和他自己对"观心"的看法，涉及许多方面的问题，就其思想核心而言，主要有两个方面。

其一，在知礼看来，不能因为谈了"法性"，就不要再谈"观心"了。这也是他展开与晤恩系论战的第一个重要理由。他认为："观心者，正论观法，的示行门，须对境明观，俾惑灭果成，岂此圆谈法性，便不立观心耶？"① 知礼认为："应知十种三法，唯谈果佛所证法相，只是约教开解。况文初自云，约信解分别，故于此后须有观心一科，显于圆行，方合一家教观傍证之义也。"② 如果只谈佛果境界，不谈观心法门，那就是"有教无观"了，而这正是天台宗批判华严宗的一贯言论。实际上，知礼"岂此圆谈法性，便不立观心耶"的批评是无的放矢。因为，晤恩只是认为"观心释"是多余的，并没有主张废除"观心"修行。

其二，知礼认为，"观心"主要观"三魔四障"。这不仅与智顗的思想有差距，也是与晤恩系分歧的焦点。

对于在修行止观时以什么作为观想的对象，所观想的"心"具有什么样的性质，天台宗智顗已经有明确说明："众生法太广，佛法太高，于初学为难。然心佛及众生，是三无差别者，但自观己心则为易。"③ 佛心高远难测，修行者不好把握，所以不主张把解脱世界的佛心作为认识和体认的对象；众生无量无尽，数不过来，到底把哪个众生的心作为观想对象不好解决，所以也不主张把众生心作为观想对象。那么，可以把修行者个人的"己心"作为观想对象。所谓"己心"，就是修行者的起心动念，具体的心理活动过程。"己心"当然是有污染的、变动不居的、属于现实世界的"妄心"。轮回世界的"妄心"虽然不同于解脱世界的"真心"，却也不是纯恶无善。对于"己心"的性质，天台宗内部历来有着不同见解。晤恩一系就很强调一念心所蕴含的真如性质，例如，晤恩弟子源清认为："今指一念知性，本来清净，不生不灭，是真无性。以此性令即十界色心之法，故云三千宛然，是知一念三千世间相常也。"④ 这种论述表明，晤恩系并不是要以"真心"为观想对象，而是强调"一念"、"妄心"的本

---

① 《十义书》卷上，《大正藏》第 46 册，第 832 页。
② 《十义书·一不解能观之法》，《大正藏》第 46 册，第 834 页。
③ 《法华玄义》卷二，《大正藏》第 33 册，第 696 页。
④ （北宋）源清：《十不二门示珠指》，《卍续藏经》第 56 册，第 318 页。

体是清净真如。然而，知礼所要"观"（想）的对象（"境"），却不是一般意义上的"妄心"，他认为：

> 故一家之教，依此意故，乃立阴心为所观境。所以《止观》及以诸文，皆令观心，以取近要之心，为观所托。若无所托阴界入境，观依何修？理依何显？故离三障四魔，则无所观境界也。①

知礼讲的所观之境，核心是"三魔四障"，不但是与真如、佛果直接对立的东西，也是"众生心"、"己心"中纯恶无善的部分。如果这些就是"己心"的话，那么在他的眼里，一切就都是黑暗可怕的、恐怖的。他的焚身追求，就是这种极端思想指导下的极端追求。知礼提出的"妄心"观，是一种严酷的宗教实践，这种实践让人们在观想过程中，只把日常中的所有恶来观想，通过认识一切"恶"，达到转恶为善、转妄成真、转凡成圣的目的。这种重点让人们认识和体认"妄"、"恶"的纯负面精神活动的止观实践，可能会具有实现自我忏悔罪恶、加强自我道德修养的作用，但是，它同时也会让人不能全面看待世界、人生和自我，把人带到与"存天理，灭人欲"相同的道路上去。

山家一派的后来者，曾经指出山家与山外产生理论分歧的原因：

> 唐之末造，天下丧乱，台宗典籍流散海东，当是时，为其学者，至有兼讲《华严》，以资说饰，暨我宋隆兴，此道尚晦。螺溪、宝云之际，遗文复还，虽讲演稍闻，而曲见之士气习未移，故恩、清兼业于前，昭、圆异议于后，（继）齐、（咸）润以他党而外务，净觉以吾子而内畔，皆足以淆乱法门，壅塞祖道。四明法智，以上圣之才，当中兴之运，东征西伐，再清教海，功业之盛，可得而思……自荆溪而来……备众体而集大乘，辟异端而隆正统者，唯法智一师耳！②

这样的总结带有浓厚的宗派意识，但其中也包含了一些事实：山外派的确受到华严教理的影响。然而，这正是与宋代各宗派理论的相互融合大

---

① 《十义书》卷下，《大正藏》第 46 册，第 850 页。
② 《佛祖统纪》卷八《知礼纪赞》，《大正藏》第 49 册，第 194 页。

潮相适应的。此后，佛教内部各派思想的融合就更加明显了。

北宋中期之后，从法系传承方面考察，天台著名僧人大都出自知礼的弟子广智尚贤、神照本如和南屏梵臻三支；从学说发展方面看，知礼的后继者中很少有人坚持他的天台学，而是走上了与禅、净土和忏进一步融合的道路。这是与当时的政治形势和佛教内部的变化密切相关的。随着北宋末年内忧外患的加剧，社会急剧动荡，天台的义学探讨已经没有继续维持的外部环境。大量流民涌入佛门，带来了禅学的兴盛。在这种情况下，出自天台法系的僧人也清楚地看到了义学不适应动荡社会的弊端，或转向禅学，或专门弘扬净土，或继承知礼、遵式以来重忏法的传统。特别是对知礼带有极端色彩的"妄心观"，反对的人就更多了。用志磐的话说，就是"背宗破祖"的人很多。

在宋代天台传承法系中，有一位虽然在发展天台教理方面贡献不大，但是对佛教史学贡献极大的人物，即志磐。志磐号大石，出家后学禅宗，精通天台宗教观，是山外派仁岳下的传人，曾住四明（今浙江鄞县）福泉寺及东湖月波山。他在参考元颖的《天台宗元录》、吴克己的《释门正统》、克昭的《释迦谱系历代宗承图》、景迁的《宗源录》、宗鉴的《释门正统》、德修的《释氏通纪》、祖琇的《佛运统记》等书的基础上，撰成《佛祖统纪》。志磐自宝祐六年（1258）动笔，到咸淳五年（1269）完成，历时十余年，五次修改书稿。书成之后，还邀请必升、慧舟、善良、宗净、法照五人参与校正，于咸淳七年（1271）刊行。可以说，此书集众家之长，补前书不足，是宋代编辑史书的集大成之作。现存《佛祖统纪》五十四卷，其中卷四十八、卷五十三等个别部分载有元代的一些内容，是后人增补的。

《佛祖统纪》分为本纪、世家、列传、表和志五部分。其中，本纪部分有八卷（卷一到卷八），叙述从释迦牟尼、大迦叶尊者到师子尊者的历代嫡传祖师系谱，中国方面则是从北齐慧文到北宋的知礼。这是天台宗的正宗传承。世家部分有两卷（卷九、卷十），有南岳、天台以至宝云的十三个支派，被认为是与诸祖相互辉映的本宗传教大师。列传部分有十二卷（卷十一到卷二十二），分为三类，其一是《诸师列传》，自慈云以下，至法智十世为止，尤其多述广智、神照和南屏三家；其二是《诸师杂传》，为净觉、神智、草庵三家，认为他们"背宗破祖，别树门庭"，所以区别开来；其三是《未详承嗣传》因为这些法师有功于天台宗的传播，但其师承事迹不完全清楚，所以另外集成一部分。表的部分有两卷（卷二十三到卷二十四），前一卷是《历代传教表》，从梁武帝天监元年（502）到宋仁宗明道二年（1033），按照年代顺序排列从慧文到知礼的大事，是天台宗的大事年表；后一卷是《佛祖世系表》，把本纪、世家和列传中的法师用列表的方法以表明传承关系。这四个部分的内容，是以志磐一系的观点来叙述整个天台宗的历史。对天台系统的僧人划分等级，一方面是着眼于他们对天台宗发展的贡献，另一方面也与派系斗争有关。

志的部分有三十卷（卷二十五到卷五十四），其内容已经不限于天台一宗，而是涉及整个佛教。共分为九个部分：第一《山家教典志》，是慧思、智颐等六十一人的著述目录。第二《净土立教志》，有莲社七祖以及东晋慧远莲社成员的传记，然后是历代往生净土的僧俗信众二百多人。第三《诸宗立教志》，记载禅宗、华严宗、慈恩宗、密宗和律宗的祖师。第四《三世出兴志》，记载过去、现在和未来三世世界的演变及佛教的情况，主要是有关佛教的世界成住坏空的神话故事。第五《世界名体志》，绘制有关华藏世界、万亿须弥、大千世界、诸天宫以及地狱等佛教经典中描述的整个世界的图景，还包括震旦、西域以及五印等现实世界的图景。第六《法门光显志》，介绍佛教各种仪式和事项的起源、内容和变革。第七《法运通塞志》，按照年代顺序记述佛教的产生、发展、传播及其盛衰消长变化，始自周昭王二十六年（公元前 970），终于南宋理宗宝庆三年（1227）。第八《名文光教志》，选录有关天台宗的重要碑文、序言、书牍等。第九《历代会要志》，按年代先后分类排列的有关佛教以及佛教以外的重要史实，共六十五项。

《佛祖统纪》以记述天台宗的历史为主，兼及其他宗派以及整个佛教，也涉及道教的一些内容。志磐在确定该书体例方面，有着效法《史记》和《资治通鉴》长处的主观愿望。从总体上讲，该书是一部纪传体的通史著作，但是，从各部分的具体内容来看，该书又把纪传、编年和会要融为一体，一方面内容很丰富，保留了许多佛教以外的重要史料；另一方面也使该书的结构不太严密，显得松散，各部分的安排也不太协调。

该书每部分的前面都有"序"，本纪的后面有"赞"，遇到有疑难问题需要特别说明，则有"述"。这样的安排不仅使叙述脉络清楚，而且通过对书中所涉及的人物、事件、教理等问题的解释、评论、辨析，使读者对所述内容有更全面的理解。这反映了该书作者对佛教史的深厚研究功底。无论与此前或此后的佛教史书相比，它的学术价值都是很突出的。另外，书中对一些重要的史实等还用夹注解释，一些叙述末尾加资料出处，反映了作者严谨的治史态度。

宋代以后，重要的佛教史书有《佛祖历代通载》、《释氏稽古略》等，都是编年体的佛教史书。像《佛祖统纪》这样一部纪传体的佛教通史著作，不仅在宋代以前没有，宋代以后也没有仿效作品。所以，它在中国佛教史学中的地位是十分显赫的。

第六节　律宗与净土信仰

一　宋代律宗简况

进入宋代，律宗的法脉出自道宣的南山宗，发展中心是在杭州地区。继承道宣法系的周秀，递传道恒、省躬、慧正、玄畅（世称法宝律师）。玄畅撰有《行事钞显正记》，最著名弟子是赞宁（919—1001）。

赞宁早年于杭州祥符寺出家，继入天台山受具足戒，最后往灵隐寺，专习南山律。赞宁学识渊博，朝野知名，先为吴越王钱俶所重，署为两浙僧统，赐"明义示文大师"号；太平兴国三年（978），因奉阿育王寺真身舍利到汴京（今河南开封），又为宋太宗所敬，受赐紫衣及"通慧大师"号，入翰林院。六年（981），充右街副僧录。淳化元年（990）任左街讲经首座，第二年任史馆编修。至道元年（995）掌洛京（今河南洛阳）教门事，咸平元年（998）加右街僧录，次年迁左街僧录。他与人谈论，辞辩纵横，有"律虎"之称，律学方面著作有《四分律行事钞音义指归》三卷（已佚）。赞宁在佛教史上最有影响的贡献，既不是曾任中央僧官，也不是在律学发展方面有成就，而是撰写了两部佛教史书。即《大宋高僧传》和《大宋僧史略》，集中体现了宋代佛教史学从继承唐代传统向开创宋代新史学过渡的特点，影响深远。

《大宋高僧传》在体例上仿效梁代和唐代的僧传，也分为十科：一译经（三卷），二义解（四卷），三习禅（六卷），四明律（三卷），五护法（一卷），六感通（五卷），七遗身（一卷），八读诵（二卷），九兴福（三卷），十杂科（二卷）。该书收录从南朝宋到北宋初十个朝代的僧人，正传五百三十三人，附见一百三十人，共六百六十三人，有弥补《续高僧传》缺漏的作用。赞宁在上太宗文中说：他撰写本书时"遐求事迹，博采碑文"，在自序中说："或案诔铭，或征志记，或问辀轩之使者，或询耆旧之先民。"可见其搜集资料的广泛，并且重视资料来源的多样性和可靠性。该书在一些重要人物传记的后面加上"系曰"，表达作者的观点，或者设问自答，解释疑难问题。这些是该书的创造。

僧传是人物传记，在《唐高僧传》写作时期，宗派意识在整个佛教界还很淡薄，僧传史书的写作可以较少受其影响。但是，到宋代，宗派意识强烈，不受宗派局限的史书就少见了。宋代的绝大部分史书，包括僧传，都是属于宗派的。例如，禅宗僧人达观昙颖的《五家宗派传》、石门慧洪的《禅林僧宝传》、祖琇的《僧宝正续传》等，都是如此。《宋高僧传》则是继承前代僧传传统的最著名代表。

《大宋僧史略》（简称《僧事略》）三卷，此书完成于哪一年尚无明确记载，仅在每卷的目录下注有"咸平二年（999）重更修理"。该书不是僧传，也不是只记僧尼事迹的史书，而是记载佛教重要史实以及典章制度起源和沿革的著作。本书上卷目录之后说"所立仅六十门"，实际上是五十九门。上卷二十三门，内容包括佛陀降生、三宝东传、佛经翻译、寺宇创建、中土僧众的出家、服装、受戒、斋忏、礼节、讲经、注经、传禅、密教等，对各项内容都讲其起源与变化。中卷分为十七门，内容包括僧制、行香、唱导、赞呗、佛教管理机构、僧官设置及待遇、国师封号、内道场等。下卷十九门。内容包括紫衣师号、僧官品秩、戒坛规定、法社、谥号、对国王的称谓、度牒、盛经七宝案、城门天王像、上元节灯会、摩尼教等。该书所记载的每一事项，多叙述其起源、变化。该书涉及范围十分广泛，不仅涉及佛教自身的历史、理论和典章制度的发展，而且在佛教与政治的关系、佛教与社会的关系、三教关系等方面提供了许多有价值的资料，这是其他著作所不具备的。在现存的宋代以前的佛教著作中，还没有与此书同类的著作。志磐曾经指出："台阁之士欲通练内外典故者，皆于此观之。"① 更为重要的是，该书的许多记载可以补正史的不足。真宗于大中祥符四年（1011）诏令该书收入大藏。

玄畅递传元表、守言、元解、法荣、处元、择悟、允堪，至此律宗开始出现复兴势头。允堪（1005—1061）是钱塘人，曾住持西湖菩提寺，专弘律学。庆历、皇祐年间（1042—1053），在杭州大昭庆寺、苏州开元

① 《佛祖统纪》卷四十四，《大正藏》第 49 册，第 402 页。

寺、秀州精严寺建立戒坛，每年依照戒律度僧。他对道宣的所有重要著述都作"记"解释，有《行事钞会正记》、《戒本疏发挥记》、《羯磨疏正源记》、《拾毗尼义钞辅要记》、《教诫仪通衍记》、《净心诚观发真钞》等十部，世称"十本记主"。其中，他的《行事钞会正记》比较重要，后来把继承其学说的一派称为"会正宗"。

允堪递传择其、元照（1048—1116），律宗又产生了较大影响。元照是余杭人，初依祥符寺的慧鉴律师出家，专门学习毗尼，后来从天台学僧处谦探究天台教观。此后三十年间，元照住持杭州的灵芝寺，广事讲说和写作，著有《行事钞资持记》、《戒本疏行宗记》、《羯磨疏济缘记》等，共一百多卷。他的《行事钞资持记》用天台宗的教义解释道宣的学说，与允堪的《行事钞会正记》在行仪方面有许多不同，如绕佛的左右旋转、衣服定制的长短等，都提出新见解。继承此派的称为"资持宗"。律宗以后只有此支维持传承，并且传播到日本。宝祐六年（1258），临安明庆闻思律师奏请朝廷将元照著作入藏流通。元照之后递传智交、准一、法政、法久、了宏、妙莲等，到了元明之际，法系传承不明。律宗经过这一阶段的短暂复兴以后，直到明末清初才重新兴盛。

二　净土信仰发展的特点

从纯宗教目的来说，人们对于净土信仰的追求，实际上是对救世主的呼唤，是对消除现实苦难的期盼，是对百年之后获得圆满美妙归宿的憧憬。这些的精神追求，就是禅学所不能满足的。如果说，在社会动荡时期，禅宗满足了聚集一地的流民的生活需要，这是山林禅宗勃兴的社会基础，禅宗自耕自食、自我拯救的教义，是小农经济生产方式的宗教反映；那么，对于在和平年代的更大数量的一般民众，也就是被某些禅师斥为"愚夫愚妇"者，禅显然就不能满足他们的精神需要。一定程度上说，正是禅宗理论内在的顽强理性精神，为净土信仰的广泛流行铺平了道路。信仰禅，是推崇自力解脱；信仰净土，是祈求他力解脱。

在宋代，净土信仰的学说与实践也出现了多种新变化，其信仰的兴盛也表现在许多方面。

第一，倡导和实践净土信仰开始成为各个宗派僧众的共识。就佛教内部而言，无论禅宗、华严宗、天台宗以及律宗的有影响人物，还是一般僧众，大多有净土信仰，或接受某种学说，或奉行某种行仪。志磐的《佛祖统纪》将宋代僧人 75 位列入《往生高僧传》，表明当时可作为信奉净土信仰表率人物的数量之多。著书宣扬历代净土信仰榜样的人，既有出家僧人，也有在家居士。有影响的著作如遵式的《往生西方略传》、戒珠的《净土往生传》、王古的《新修往生传》、陆世寿的《净土宝珠集》等，都是为信仰、宣扬和实践净土的代表人物树碑立传。

第二，净土学说多渠道、多层面展开，其社会功能进一步扩大。在从古印度传入的佛教经典中，宣扬净土信仰的典籍不少；在唐代中国僧人的注疏著作中，提出的净土种类就更繁多了。就其影响和普及程度而言，以崇奉阿弥陀佛的西方净土说最为流行，这种情况到了宋代依然没有变化。自北宋初年开始，在佛教界这种西方净土学说与各派学说广泛融合的潮流中，一些原本与净土信仰相互矛盾、对立和抵牾的学说，也开始发生明显改变。属于西方净土信仰系统的各种净土说教不仅普遍流行于各派僧人中，而且通过他们广泛传播于社会各阶层。宋代倡导净土信仰的代表人物，自觉把整理净土学说与适应士大夫和一般信众的生活需要，与有利于社会的稳定、有利于建立社会秩序结合起来。宋代出现的创新性质的净土学说，成为重新整合佛教各派理论的手段和工具，从而又加快了佛教各派相互融合的步伐。

在佛教各派学说融合发展的基础上，出现了多种自成体系的净土学说，分别属于禅宗系统、华严系统、天台系统和律宗系统。这些净土信仰一般并不是孤立地以某一类经典为依据组织起来的，而是具有吸纳多种因素的融合特点，不但远远超出了佛教译籍的学说范围，也超出了唐代注疏的论证范围。它们之间既有冲突更有融合。

在净土学说和实践的多样化发展过程中，有一个突出的共性，就是无论出自哪一个宗派的净土信仰，无论以哪一派的教理为依据的净土思想，都在理论和实践上与本于弥陀经典的西方净土内容有着千丝万缕的联系。这是西方净土思潮广泛流行于社会各阶层的直接反映。各派净土学说所依据的基本理论、所崇拜的信仰对象、所确定的修行内容、所树立的修行目的，都与传统的净土经典存在差别，具有适应社会需要的创新性质。

第三，以净土信仰为纽带的僧俗结社运动风起云涌，贯穿于整个宋代。

当时僧俗结社现象很普遍，名目繁多，种类不少，并非都是净土结社。其中，有以禅学为纽带的结社活动。佛印了元（1032—1098）与理学家关系密切，曾与周敦颐结"青松社"，被推为社主。他们"相与讲道，为方外友"，有"青松已约为禅社"的美谈。名僧晓莹指出："公（指周敦颐）虽为穷理之学，而推佛印为社主，苟道之不同，岂能相与为谋耶？"[①] 这种结社规模比较小，是以谈禅论道为主要活动。另外，根据《大慧年谱》记载，绍兴二十七年（1157），"师率八万四千人，结般若胜会。人出缣钱，余竭衣盂，以成岁入，用瞻斋厨"。这种般若胜会也属于佛教结社，而且规模很大。结社还有以念诵某些经典为主的。例如，陆伟"中年厌世念佛，率众结法华、华严二社，各百许人。其法：各人在家诵经一卷，月终就寺读诵，终日而散。如是二十年，遂成大会"[②]。

宋代流行最广、影响最大的佛教结社，是以净土信仰为纽带的僧俗结社。宋代净土结社运动从以杭州为中心的江浙一带兴起，影响到北方的京畿地区。以净土信仰为纽带的结社名目繁多，其规模之大、延续时间之长、传播速度之快，也是历史上所罕见的。有些结社组织始终是地方性质的，影响仅限于一地；有些结社组织则成员遍布朝野，影响遍及全国。创建和参与各类结社的人员，在僧团之外有朝廷的达官显宦，有各级地方官吏，有一般士人，更有广大下层民众；在佛教内部有各宗派的领袖人物，地方名寺的住持，也有一般的僧众。由名僧和达官显贵组织的结社很多，例如省常在西湖昭庆寺创建的"净行社"、遵式在四明宝云寺设立的"念佛会"、知礼在明州延庆寺建立的"念佛施戒会"、本如在东掖山能仁精舍创建的"白莲社"，等等。

由于净土结社活动相当普及，一些小寺院的住持或一般僧众，甚至有佛教信仰的平民，也在地方上发起或参加净土结社。例如，延庆寺住持惠询慕庐山慧远念佛结社故事，结十八人"为念佛三昧西归莲社"[③]。华亭超果寺灵照"每岁开净土会七日，道俗常二万人"与会[④]。若愚"建无量寿阁，劝道俗四季开会念佛，凡三十年"；中立"常以净业诱人，其徒介然创十六观堂，为东州之冠，实师勉之也"；思照"于月二十三日率道俗系念三圣，常及千众"，道言"大集道俗念佛"[⑤]。这些念佛结社有些发展

---

① 《云卧记谭》卷上，《卍续藏经》第86册，第661页。
② 《佛祖统纪》卷二十八，《大正藏》第49册，第285页。
③ 《乐邦文类》卷二，《大正藏》第47册，第175页。
④ 《佛祖统纪》卷二十七，《大正藏》第49册，第278页。
⑤ 上引均见《佛祖统纪》卷二十七，《大正藏》第49册，第277、278页。

得规模很大，延续的时间也很长。

另外，也有达官显宦发起或资助念佛结社。钱象祖"问道于保宁全无用，尤以净土真修为念，尝于乡州建接待十处，皆以净土、极乐等名之，创止庵、高僧寮，为延僧谈道之所"；咎定国"常念佛，读净土诸经，结西归社以劝人。……三、八集僧俗，就净土院讽《观经》、念佛以为常"①。文彦博兼译经润文使时，"在京师与净严禅师结僧俗十万人念佛，为往生净土之愿"②。一些地方富裕地主，发起的结社规模之大、持续时间之长，也是很可观的。姚约"觉海友师劝里人结净业社，约实主其事"③，与社中友人日日念佛，以期往生。

各种净土结社中，大部分社团在发展过程中始终得到国家的默许甚至支持，也得到佛教内部非社团僧众的认可。个别社团在发展过程中背离了佛教的基本教条，引起地方治安问题，既被正统佛教宗派斥为"魔道"，也受到朝廷的镇压。

净土信仰的纯宗教行仪内容，是以口念阿弥陀佛名号，对佛忏悔、发愿往生西方净土世界为主要内容。但是，作为结社活动，其目的就不仅仅如此。赞宁在《僧事略》卷下说："历代以来，成就僧寺为法会，社也。社之法，以众轻成一重，济事成功，莫近于社。今之结社，共作福因；条约严明，逾于公法。行人互相激励，勤于修证，则社有生善之功大矣。"④结社有着佛教修行的目的，希望通过集体的力量来增强修行的功效；又有壮大僧团经济实力的重要作用。另外，还对稳定社会秩序有利。赞宁对结社作用的归纳，反映了当时人们对僧俗结社的一般看法。但是，随着净土结社运动的发展，出现了新情况，净土结社的作用就复杂多了。

第四，净土结社在发展过程中还产生了民间的秘密教团，在宋代最有影响的是白莲教、白云宗等。其中，白莲教的兴起与净土结社活动有更直接的关系。

南宋初年，江苏吴郡延祥院僧人茅子元先学习天台宗教义，修习止观禅法，后仿效庐山慧远结莲社的做法，"劝人归依三宝，受持五戒"，"念

---

① 上引均见《佛祖统纪》卷二十八，《大正藏》第 49 册，第 284 页。
② 《佛祖统纪》卷四十五，《大正藏》第 49 册，第 412 页。
③ 《佛祖统纪》卷二十八，《大正藏》第 49 册，第 285 页。
④ 《大宋僧事略》卷下，《大正藏》第 54 册，第 250 页。

阿弥陀佛五声，以证五戒，普结净缘，欲令世人净五根，得五力，出五浊"①。他摘录《大藏经》中的有关内容，编成《莲宗晨朝忏仪》，教人礼佛忏悔，专念弥陀，同生净土。后住淀山湖，建立"莲宗忏堂"，与大众同修净业，并著《西行集》，自称"白莲导师"。由于白莲宗倡导不杀生，不饮酒，断肉食菜，所以又名"白莲菜"。

　　按照茅子元的说法，"此土但有信愿念佛，不断烦恼，不舍家缘，不修禅定，临命终时，弥陀接引，皆得往生净土"②。茅子元以未来的佛国世界为号召，并且认为不需要修什么禅定，也用不着舍弃家庭生活，僧徒可以娶妻生子，并不妨碍修行，就可以得到一切。这对一般乡镇民众是很有吸引力的。然而，到此为止，白莲宗的活动还没有超出一般净土结社的范围。绍兴初年，当局曾因白莲宗"宗风大振"，"愚夫愚妇转相诳诱，聚落田里皆乐其妄"③，以"食菜事魔"的罪名流配茅子元于江州。所谓"食菜"不但不是什么罪过，还是信守佛教戒律的表现，但是，"事魔"的确是不能被宽恕的罪过。所谓"事魔"，主要指白莲宗"劝诸男女同修净业"④，甚至搞男女淫乱活动。这不仅为正统佛教徒所不齿，也是官方所不容的。进入元代以后，白莲宗的部分徒众转向反抗少数民族统治的斗争，有了政治色彩，也一再被元王朝下令禁止。

　　第五，随着宋代净土信仰在社会各阶层的普及，净土的宗派传承法系开始编排，成为净土创宗建派过程中的一项重要内容。首先，净土宗的立宗之说是在南宋后期出现的，由天台宗人提出来。四明宗晓（1151—1214）以庐山慧远为莲社始祖，这几乎是宋代主张净土信仰的僧俗人士的共识，所以对此不仅当时在佛教界没有异议，在后代也没有反对意见。其次，善导、法照、少康、省常、宗赜五位法师，这是净土宗的六祖说。⑤稍后，四明知磐又立七代祖师：慧远、善导、承远、法照、少康、延寿、省常，这是净土宗的七祖说。⑥确定的祖师虽然有差别，但把净土作为与隋唐时期产生的其他佛教宗派并列的一个宗派，是得到当时佛教界

---

①　《庐山莲宗宝鉴》卷四，《大正藏》第47册，第326页。
②　《庐山莲宗宝鉴》卷二，《大正藏》第47册，第313页。
③　《佛祖统纪》卷四十七，《大正藏》第49册，第425页。
④　《释门正统》卷四，《卍续藏经》第75册，第315页。
⑤　《乐邦文类》卷三，《大正藏》第47册，第192页。
⑥　《佛祖统纪》卷二十六《净土立教志》，《大正藏》第49册，第260页。

和社会信众广泛认同的。

无论是宗晓还是志磐，选择祖师的原则都是一样的，是选取对弘扬净土法门有贡献的人，并不在乎其所属宗派，也不问师承关系。这与其他宗派的形成完全不同，反映了该宗信仰的多样性特征。宋代之后佛教界又在此基础上添加祖师，选取原则也是这样。明清之际，立袾宏为净土八祖，清道光年间，悟开更立智旭为九祖、实贤为十祖、际醒为十一祖。①

宋代以前，无论在佛教界还是在社会一般民众中，西方净土信仰是各种净土学说中影响最大、流行最广的一种。西方净土信仰在理论上的特点，是强调修行者依凭佛力的拯救，追求来世的幸福和解脱。按照这种说教，信奉者以称名念佛为主要内容的修行活动构成“内因”，阿弥陀佛拯救众生的愿力构成“外缘”，内外相应，修行者就可以往生净土。就其修行规定而言，简单易行，远胜于其他宗派的修行规定。西方净土真实存在，佛有拯救众生的能力，来世可以解脱，是净土学说成立的前提条件。在解脱论上，净土信仰与佛教其他派别存在分歧，尤其与禅宗的理论直接对立。

在各种净土学说中，除了西方净土之外，最有影响的就是禅宗的唯心净土理论。禅宗认为，自我具足一切，佛教中所有美好的东西都存在于自己的心中，因此，觉悟和解脱只能凭靠自己的努力来完成，不能凭借任何外部力量达到，所谓“识心见性，自成佛道”。《六祖坛经》对西方净土的态度十分鲜明，可以说是禅宗对西方净土信仰的最早、最有系统并且是最有影响的理论，确定了此后禅宗净土学说演变的基调。根据一般认为成书不迟于宋初，并且保持古本原貌的敦煌本《坛经》记述，当有人问，对于“僧俗常念阿弥陀佛，愿往生西方”这个现象应该怎样理解时，慧能回答：

> 世尊在舍卫城说西方引化，经文分明，去此不远。只为下根说远，说近只缘上智。人有两种，法无两般。迷悟有殊，见有迟速。迷人念佛生彼，悟者自净其心。所以佛言：随其心净则佛土净。使君，东方人但净心即无罪，西方人心不净亦有愆，迷人愿生东方。②

① 《莲宗正传》，《大正藏》第 62 册，第 629 页。
② 敦煌本引文见杨曾文《六祖坛经》，宗教文化出版社 2001 年版，第 43—44 页。

古本全书错漏较多，所幸此段文字除了最后一句外，其余部分文字可以读通，意思也大体清楚。对照更晚出的《坛经》本子，意思就更清楚了。成书于元代至元二十八年（1291）的宗宝本《坛经》，对于慧能答语相关部分的记述是：

> 世尊在舍卫城中说西方引化，经文分明，去此不远。若论相说里数，有十万八千，即身中十恶八邪，便是说远。说远为其下根，说近为其上智。人有两种，法无两般。迷悟有殊，见有迟疾。迷人念佛，求生于彼，悟人自净其心。所以佛言："随其心净，即佛土净。"使君东方人但心净即无罪。虽西方人，心不净亦有愆。东方人造罪，念佛求生西方，西方人造罪，念佛求生何国？凡愚不了自性，不识身中净土，愿东愿西，悟人在处一般。

成书于宋初的敦煌本《坛经》与成书于元代的宗宝本《坛经》相比较，可以看到，尽管字句有差异，但是基本思想没有变，即否定净土世界的实存，倡导自力解脱。禅宗并不直接否定净土类典籍，但是经过它的解释，实际上是否定了在人身之外有一个实存的净土世界，取消了人们所希望的死后归宿。在禅宗看来，关于西方净土的说法不过是一种比喻，是为素质低下的人讲的。距离西方净土的"十万八千"，只不过是指"十恶八邪"，并不是真正的空间概念。禅宗所讲的"唯心净土"，全盘否定了西方净土信仰的主要学说要素。

宋代倡导净土信仰的著名禅师，大多在理论上坚持本宗的唯心净土说。在这些众多禅师中，延寿倡导净土信仰影响较大，并被禅宗以外的僧人奉为净土宗祖师。他的特点，就是在坚持唯心净土的前提下主张禅净双修，对净土信仰的态度是比较温和的。

根据慧洪《禅林僧宝传》记载，延寿（904—975）俗姓王，余杭人。28岁时为华亭（今江苏松江县）镇将。34岁出家，曾于天台山净修禅定，参谒天台德韶，从其受法，成为法眼宗弟子。后到明州雪窦山，住持资圣寺。宋太祖建隆元年（960），吴越王钱俶请住持杭州灵隐山新寺。第二年，又请住持永明寺（今杭州西湖净慈寺），"众至二千人，时号慈氏下生"。高丽国王远慕其名，遣使奉书，叙弟子礼。前来从学于延寿的高丽僧人有三十六位。延寿的主要著作有《宗镜录》一百卷、《万善同归集》三卷、《唯心诀》一卷，另有一些诗文。

宋代法眼宗并不是在开拓禅学新形式、提出禅学新思想方面有创造，而是以延寿为代表，在倡导佛教内部各宗融合、主张禅宗僧人兼修净土两个方面有所建树，并且影响着宋代禅学的发展趋向。延寿在理论和实践上兼容并蓄，有着使禅学失去独立性的特征，所以，宋代的史学家们已经对他有不同的看法。例如，慧洪把他视为法眼宗祖师①，赞宁把他列入《兴福篇》，志磐则把他奉为净土宗祖师。

禅师倡导禅教的融合，从唐代就已经开始，被奉为禅宗祖师和华严宗祖师的宗密就是著名代表。这种主张禅教融合的思想在唐代也得到士大夫的积极回应。延寿针对五代时期禅宗界出现的新情况，对禅教融合思想有了进一步发挥。《宗镜录》是延寿论证禅教融合、禅教一致的代表作，在历代众多以论证佛教诸宗派融合为主旨的著作中，论引证资料之丰富、篇幅之巨、影响之久远，还没有超出该书的。根据慧洪《林间录》的记载，该书是集中精于义学的贤首、慈恩和天台三家学者参与讨论，由延寿以"心宗"为准绳审定编辑而成。该书征引大乘佛教经典一百二十种、祖师语录一百二十种、圣贤集六十种，通过这种广征博引、多番问答，达到"举一心为宗，照万法如镜"，即用禅宗理论统摄全部佛教的目的。延寿融合禅教的特点就是，在坚持禅宗基本理论的基础上，用法相宗证成万法唯识，用华严宗明万行的必要，用天台宗检约身心，去恶从善，从而使一切经教全部纳入禅宗领域。延寿的理论，实际上是宣布纯然一色的禅宗时代的结束，宣布综合性禅学时代的来临，而这正是宋代及其以后禅宗的演变方向，所以影响深远。清代雍正在整顿当时的禅宗时就特别称赞延寿，认为他"超出历代诸古德之上"，并且说"六祖以后永明为古今第一大善知识"。

延寿影响后世的第二个重要思想，就是倡导禅宗僧人兼修净土法门。正如延寿在倡导禅教融合时坚持禅宗基本理论一样，他在倡导兼修净土时也坚持禅宗的"唯心净土"。他在回答有关唯心净土和西方净土的关系时讲得很明白：

---

① 《禅林僧宝传》卷九《永明知觉禅师》，《卍续藏经》第 79 册，第 510 页。

问：唯心净土，周遍十方，何得托质莲台，寄形安养？而兴取舍之念，岂达无生之门；欣厌情生，何成平等？

答：唯心佛土者，了心方生。……故知，识心，方生唯心净土；著境，只堕所缘境中。既明因果无差，乃知心外无法。

问：心外无法，佛不去来，何有见佛，及来迎之事？

答：唯心念佛，以唯心观，遍该万法。既了境唯心，了心即佛，故随所念，无非佛矣……如是念佛，此喻唯心所作，即有而空，故无来去。又如幻非实，则心佛两亡；而不无幻相，则不坏心佛，空有无阂，即无去来。①

延寿调和这两种完全不同的说法，认为"唯心净土"是"识心方生"时的提法，是从"唯识无境"得知"诸佛及一切法皆唯心量"中产生的结论，一旦"净土"这个境界由心产生，以此为所缘，就要堕于所缘境中，这就是"西方净土"。佛说二谛，无俗不真，西方净土属于俗谛，处在因果之中，若不信其实有，就是"断见"。因此，他调和两种"净土"的结果，是要肯定"西方净土"的实在性，让净土名正言顺地进入禅宗领域。

第七节 佛教艺术新风貌

经历了隋唐五代时期佛教的大繁荣、大变革，禅宗最终成为中国佛教的代名词。从北宋开始，禅宗的派系演变基本代表了中国佛教派系的演变，禅学的发展也就基本等同于整个中国佛学的发展，这种情况历宋元明清而没有实质性改变。与这种佛教派系、思想、信仰和诸多宗教实践的巨变相适应，宋代佛教文化艺术的各门类也发生了令人耳目一新的多种变化，具有了新风貌，形成了新特点。

宋代佛教艺术的门类众多，品种繁杂，保存至今的遗存物也不少。其中，寺塔建筑、佛教造像、石窟艺术、绘画艺术等，都有值得特殊留意的内容。

---

① 《万善同归集》卷上，《大正藏》第 48 册，第 967 页。

一　寺塔建筑

北宋统一后，太祖、太宗两朝帝王对佛教都采取扶植政策，佛教组织规模有所扩大，寺院的数量也随之增加。有学者推算，宋真宗景德年间的佛教寺院已有 22500 所。[①] 与唐代相比，宋代寺院建筑规模一般较小，但更为秀丽、绚烂而富有变化，出现了各种形式复杂的殿阁，建筑的附件和装饰也更为多样。宋代寺院的整体布局基本模仿唐代，但也出现了一些变化，比较重要的一点就是大多数寺院都以殿代塔，大殿成为寺院建筑群中的中心建筑，佛塔则建在大殿旁侧或寺院的后部，成为一种标志性建筑。同时，由于宋代以后，禅宗寺院最盛。禅宗寺院流行的"伽蓝七堂"制度逐渐被多数寺院所遵循。七堂是指佛殿、法堂、僧堂、库房、山门、西净（厕所）、浴室。较大的寺院还有讲堂、经堂、禅堂、塔、钟鼓楼等建筑。

位于北宋都城汴京（今河南开封）的大相国寺，曾是北宋规模最宏大的寺院。大相国寺始建于北齐天保六年（555）。北宋时期，相国寺深得皇家尊崇，多次扩建，是京城最大的寺院和全国佛教活动中心。据《燕翼诒谋录》记载，当时相国寺"乃瓦市也，僧房散处，而中庭两庑可容万人，凡商旅交易，皆萃其中，四方趋京师以货物求售转售他物者，必由于此"。寺院本来是信众的生活场所、修行场所和朝拜场所，然而作为大相国寺，又成了商品货物的集散中心、交易中心。宋代的国内外商业贸易发达，也直接波及寺院，促成了皇家国立大寺院规模的膨胀、功能的增加、影响的扩大。在社会稳定、政治统一、经济繁荣、贸易发达的时代环境中，商品经济一定会通过各种方式、各种渠道渗透到佛教中，本来是一些虔诚信徒向往的佛门清净地，必然会变成"利益交征"场所，吸引来一批又一批"以清贫为耻，以厚蓄为荣"的贪婪之徒。自佛教寺院经济发达以来，这种情况历代都有，并且往往在位于通都大邑的中心大寺院中表现更充分。

宋代大相国寺的具体建筑、结构布局已不可考，但据《东京梦华录》可见其大概："三门阁上并资圣门，各有金铜铸罗汉五百尊、佛牙等，凡有斋供，皆取旨方开三门。左右有两瓶琉璃塔，寺内有智海、惠林、宝

---

①　游彪：《宋代寺观数量考辨》，《文史哲》2009 年第 3 期。

梵、河沙东西塔院……大殿两廊皆国朝名公笔迹。左壁画炽盛光佛降九曜鬼百戏。右壁佛降鬼子母，揭盂殿庭，供献乐部马队之类。大殿朵廊皆壁隐楼殿人物，莫非精妙。"① 大相国寺也是"国相名公"流连忘返、以各种才艺会友联络的胜地，自然留下了他们珍贵的墨宝，留下了他们的趣闻佳话。在大相国寺大殿等处墙壁上的许多绘画，是翰林图画院画家的手笔，是那个时代顶级大师的精心制作，当然"莫非精妙"绝伦。从一定意义上说，大相国寺也成了能够代表一个时代艺术水平的精品佳作收藏馆。

隆兴寺（或称龙兴寺）位于河北正定，是现存最完整的一座宋代寺院。隆兴寺始建于隋开皇六年（586），本来叫龙藏寺，唐代改今名。北宋开宝四年（971），宋太祖下令在寺内兴建大悲宝阁以供奉千手观音像。此后，寺院不断扩建，慢慢形成以大悲阁（又称佛香阁）为核心的建筑群。隆兴寺在元、明、清都经过重修，但基本上保存了北宋时期的总体布局，被认为是宋代寺院建筑的典型。整个寺院从南到北依次为山门、钟楼、鼓楼，往里是大觉六师殿（已毁），穿过大觉六师殿，再往北是摩尼殿及其左右配殿。继续往北，穿过牌楼门，便进入由韦驮殿（已毁）、慈氏阁、转轮藏殿、佛香阁构成的另一个院落。② 整个寺院构成了沿中轴线纵深发展的布局，由外向内，建筑高低错落，主次分明，层次清楚。院落空间宽窄相间，错落有致，变中生趣。其中，佛香阁与周围的转轮藏殿、慈氏阁所形成的空间，成为整组寺院建筑群的华彩，极具感染力。隆兴寺中保存最完好、最能体现宋代寺院建筑特色的是摩尼殿和转轮藏殿。

摩尼殿建在 1.2 米高的台基上，面阔七间，进深七间，平面是一个近似于正方的长方形。大殿外观为重檐九脊殿，重叠雄伟。大殿四面的正中都有抱厦（大殿出入的通道），除此之外，四面都是砖墙，并没有窗牖，大部分光线都由抱厦进入。对此，梁思成大加赞赏："这种的布局，我们平时除去北平故宫紫禁城角楼外，只在宋画里见过；那种画意的潇洒、古劲的庄严，的确令人起一种不可言喻的感觉，尤其是在立体布局的观点

---

① 孟元老：《东京梦华录》卷三，中国商业出版社 1982 年版，第 20 页。
② 寺院建筑布局依据梁思成《中国古建筑调查报告》（生活·读书·新知三联书店 2012 年版，第 164 页）"隆兴寺平面现状草图"。

上，这摩尼殿重叠雄伟，可以算是艺臻极品，而在中国建筑物里也是别开生面。"① 大殿上下两层檐下，都有雄大的斗拱。各面的檐柱，四角的都比中间的高，檐角的翘起线，柱头的阑额也非常和谐，这正体现了《营造法式》里所谓的"角柱生起"。

转轮藏殿，坐西向东，面阔三间，进深三间，体量高大，是一座前出副阶的二层楼阁式建筑。下层前面有雨塔，上层有平座，重檐歇山式屋顶。转轮藏阁下层中安置了一座八角形的木制转轮藏。转轮藏可整体旋转，藏身中心为一根巨型立轴，整座轮藏的重量由轴下部的藏针承载。转轮藏整体可分藏座、藏身、藏顶三部分，藏身平面呈八角形，每面三开间，角柱为八瓣梅花柱，平柱为下不及地的垂莲柱，雁翅板上雕刻有精美的卷草纹。转轮藏殿结构精巧，设计奇妙，是木构建筑中的杰作。

宋代是佛塔建造的兴盛期，各地佛塔外观之丰富多彩、造型之千变万化、质料之多种多样、某些制作工艺之精湛奇巧，远远超过前代。这时期的佛塔已由木结构向砖石结构转变，塔的平面形式和外观都更丰富多彩。宋塔平面多为八角形或六角形，偶有四边形者，这与唐塔千篇一律端庄稳重的四边形形成了鲜明的对比。宋塔多为楼阁式塔和密檐式塔，此外还有造像式塔、宝箧印式塔、无缝塔、多宝塔等其他形制的塔。宋塔每层都建有外挑的游廊，有腰檐、平座、栏杆、挑角飞檐等建筑部件，增加了建筑的轻巧灵动之感。在塔院的平面布局上，宋塔与唐塔相比，发生了巨大的变化，在唐代，塔是寺院的核心部分，大多建筑在寺院的前院；而宋代寺院的核心是正殿，塔大多位于后院或正殿两侧。

宋代木塔建造不多，几乎没有保留下来。据梁思成先生推断，位于河北正定天宁寺内的木塔应为宋代建筑。此塔塔身九层，平面八角形，塔身下四层为砖造，上五层木造，各层砖面砌出柱枋、斗拱等，砖砌的斗拱很多很紧促，其上砖砌平坐则没有斗拱；上面五层木造部分斗拱权衡比较正常。②

宋代砖石塔存留很多，形式多样，构造也非常先进，这一时期是中国砖石塔发展的高峰。宋代大型砖石塔的形制一般分为密檐式和阁楼式两种。密檐式塔一般是实心的，不能登临，构造、造型比较单一。阁楼式塔

---

① 梁思成：《中国古建筑调查报告》，第 151 页。
② 参见梁思成《中国建筑史》，百花文艺出版社 2005 年版，第 284 页。

则比较多样，大致有三种类型：其一，塔身砖砌，外檐采用木结构，其外形同于阁楼式木塔；其二，全部砖造，但塔的外形完全模仿楼阁式木塔建造；其三，用砖或石砌造，模仿阁楼式木塔，但不是亦步亦趋，有所简化。① 著名的砖石塔有杭州六和塔、苏州报恩寺塔、景县开福寺舍利塔等。

宋代还出现了用铁色琉璃砖砌成的"铁塔"，著名的有北宋庆历四年（1044）建成的河南开封祐国寺塔，此塔平面八角形，高十三级。塔身壁面是褐色的琉璃砖，各层塔身宽度递减。塔上所用构件如柱额、椽枋、斗拱、平坐等用 28 种类型的琉璃砖镶拼而成，琉璃砖上雕刻有飞天、降龙、麒麟等图案，精美异常。

宋代盛行以铁铸塔。现在保留下来的铁塔中，大部分都是宋代铸造的，如光孝寺东铁塔、西铁塔、当阳铁塔、甘露寺铁塔、济宁铁塔等。其中湖北当阳玉泉寺铁塔保存最为完整。此塔铸于宋仁宗嘉祐六年（1061）。塔平面为八角形，高十三级。第一层之下为须弥座，以上各层都有平坐腰檐，均以斗拱承托。宋代还有银塔，如浙江慧光塔出土的玲珑银塔，全身由银片制成，塔刹由多层相轮、宝珠等组合而成，很有艺术价值。

经幢实质上是佛塔的一种形式，也属于重要的佛教建筑。经幢多为石雕，也有少数铁铸的，高度不等，圆柱形或六角、八角形，多为八角形。一般由基座、幢身和幢顶三部分组成，幢身刻有陀罗尼经文，基座和幢底则雕饰花卉、云纹等图案以及菩萨、佛像，十分华丽。宋代建造经幢之风甚盛，其经幢艺术也很有特色。河北赵县城内的赵州陀罗尼经幢，全部用石料叠砌而成，高约 18 米，是我国现存石经幢中最高的一座。幢下方为方形石基，台基上是八角形束腰式须弥座，经幢一至三层刻有陀罗尼经，其余各层布满佛教人物、动物、花卉等图案。幢顶以铜质火炎宝珠为刹，轮廓庄严清秀，展现了宋代造型艺术的杰出成就。梁思成在评价赵县幢时说："宋代建造经幢之风甚盛。盖以镌刻佛经为主之小型塔也。然亦有形式较近乎柱状者。现存宋代诸幢中，以河北赵县幢为最大。"②

---

① 参考刘敦桢《中国古代建筑史》，中国建筑工业出版社 1984 年版，第 220 页。

② 梁思成：《中国建筑史》，第 218 页。

二　佛教造像

从整体上看，佛教造像艺术在唐代达到了顶峰，至宋代已渐趋衰落。但具体而言，宋代造像中也不乏具有较高艺术性的作品。宋代的佛像无论是形制、材料，还是造像的题材都与以前有很多不同。宋代的佛像在形制上或模仿唐代，或另辟新途。与唐代相比，其体型更为庞大，表情多显呆板，在衣褶的刻画上却更为细致流动。梁思成先生对宋代造像的评价不高，他曾这样来总结宋代佛像的特点："脸部浑圆，额头比以前宽，短鼻，眉毛弧形不显，眼上皮更宽，嘴唇较厚，口小，笑容几乎消失，颈部处理自然，自胸部伸出，支持头颅，与头胸之间没有分明的界限。唐代菩萨那种 S 型曲线姿势不见了。宋代雕塑虽然并不僵硬，但唐代那种轻松地支持体重并降低放松的那一侧身体的安闲像不是宋代雕刻者所能掌握的。禅宗搞出另一种观音像，她坐在石头上，一脚踏石，一脚垂下。这种复杂的姿势向雕刻家提出了处理身躯和衣褶的新问题。"[1] 这时除了少数的石窟造像之外，佛像主要是木刻或泥塑的，也有一些是铜铸的，还出现了铁铸佛像。造像的题材除了原有的佛、菩萨像外，观音像、罗汉像以及密宗的图像有了更多的体现。此外，还出现了以布袋和尚为原型的喜笑颜开的大肚弥勒像。

宋代木雕佛像保存下来的比较多，以观音像为主。这时的观音姿态越来越灵动秀丽，逐渐由象征的偶像变成了和蔼可亲的人。性别也完全由男性变为女性，女性美成为观音特征之一。其中，有一种被称为水月观音（或普陀洛迦观音）的造像最被人称道。这种观音像姿势自在舒适，其一足下垂，一足上踞，一臂下垂，一臂倚踞足膝上，完全突破了经典仪轨的制约。观音的五官一般非常娟秀，表情娴静温和，和蔼可亲，多了一份女性的秀丽之气，极富世间生活的情感。这种类型的观音像最早出现在唐代，但宋代以后才普遍流行，充分体现了宋代造像的世俗化倾向。这些观音像大多数已经流入西方博物馆，美国费城彭省大学美术馆、波士顿美术馆、尼尔逊美术馆都收藏有这种类型的观音像。

由于朝廷对民间使用金、银、铜控制甚严，宋代金铜佛像数量锐减，流传下来的更不多见。所幸，河北正定隆兴寺大悲阁保留下来了一尊铜铸

金装的千手千眼观世音菩萨立像。《金石萃编》称此像"高七十三尺，四十二臂，宝相穹窿，瞻之弥高，仰之益躬"①。实际上这尊佛像没有这么高，但也是我国现存最大的铜佛像。此佛像为开宝四年（971）宋太祖下令铸造，像身高达22.5米，全像分七段铸成，菩萨高髻、戴冠饰，胸部袒露，穿天衣、帔帛，衣裙稠叠贴体，垂挂璎珞。此像姿势挺直，璎珞天衣以及衣褶多作对称式安排，非常端庄严肃，极具宗教气氛。其四十臂虽可能是后来补装，雕工相对拙劣，但也注意保持了躯体的整体完整性，两条主臂保持正常的比例结构，而将其余的几十条臂膊置于肩背部，呈扇形向四方辐射，成为造型很强的一体。

广州六榕寺六祖堂内的惠能像也是宋代铜造像中的佼佼者。此像为北宋端拱二年（989）铸造，安置在铜座椅上，通高1.8米。据说，工匠们在铸造此像时参考了广东曲江南华寺内的惠能真身，所以造像栩栩如生。此像双手叠置，弯眉垂目，凝神静思，庄严肃穆，生动形象地展现了惠能大师禅定时的情状，具有很高的艺术水平。

宋代泥塑佛像数量极为庞大，保存下来的也很多。其中最有特色的要数各式各样的罗汉像。罗汉是阿罗汉的简称，梵语arhat，为声闻四果之一，指断尽三界见、思之惑，证得尽智，而堪受世间大供养之圣者。在汉传佛教艺术中，除了单尊的罗汉，主要有十六罗汉、十八罗汉、五百罗汉等形式。十六罗汉一般是指佛陀涅槃前付嘱住世游化的十六大阿罗汉。十八罗汉是指十六罗汉外再加降龙、伏虎二罗汉。五百罗汉，通常是指佛陀在世时常随教化的大比丘众五百阿罗汉，或佛陀涅槃后结集佛教经典的五百阿罗汉。从六朝开始佛教艺术中就出现了罗汉题材，特别是唐代后期的绘画作品中更有不少罗汉画。但罗汉成为最有特色的佛像艺术形式之一、罗汉群像的流行，却是宋代以后的事情。宋代无论是在绘画还是雕塑作品中都有大量的罗汉题材，尤其是十六罗汉、十八罗汉和五百罗汉的罗汉群像更受重视。这时的罗汉塑像既有石刻的，如大足大佛湾168窟的五百罗汉造像、杭州飞来峰金光洞的十八罗汉；也有木刻的，如广东韶关南华寺的五百罗汉像；更多的则是泥塑的，如山西晋城青莲寺的十六罗汉、苏州东山紫金庵的罗汉雕塑等。其中，以吴县甪直保圣寺和山东长清灵岩寺的

---

① 《金石萃编》卷一百二十三，《历代碑志丛书》第六册，江苏古籍出版社1998年版，第714页。

泥塑罗汉最为杰出。

吴县角直（苏州市吴中区）保圣寺历史悠久，据记载始建于梁天监二年（503），于唐会昌五年（845）被毁，北宋大中祥符六年（1013）重建，元末又衰颓。明成化二十二年（1487）重新振兴，当时规模很大，有两百多间建筑。寺内大殿原来保存有北宋中叶制作、明代重塑的彩塑影壁一堂，分为左右两堵，分塑十八罗汉像。民国初年，该寺已岌岌可危。1926 年，日本学者大村西崖来到保圣寺，这时大殿已经多处坍塌，已有五尊罗汉被拆下放在旁边的陆龟梦祠内。大村西崖回国后写了《吴郡奇迹·塑壁残影》一文，详细记载了保圣寺大殿内塑像以及大殿木结构的情况，并判定大殿木结构及泥塑为北宋遗物。这篇文章引起了叶圣陶、顾颉刚、蔡元培等人的注意，在他们的大力呼吁下，部分罗汉像得到保护（现存九尊），但大殿却被毁。保圣寺雕塑的主要特点是将罗汉配置在浮雕的山崖林泉之间，并施以色彩，运用写实对比的手法，形成一种立体效果。每一尊罗汉都形态逼真，栩栩如生，如达摩罗汉盘膝而坐，若有所思；袒腹罗汉神态安详，举止洒脱；降龙罗汉气宇轩昂；讲经罗汉循循善诱，听经罗汉则恭恭敬敬、神情专注。还有一位被称为"尴尬罗汉"的络腮胡子罗汉，他的表情非常丰富，令人哭笑不得，极具世俗性和人性化。

山东长清灵岩寺千佛殿内的彩塑罗汉像也是宋代泥塑的典型代表。灵岩寺最早由东晋高僧僧朗创建，北魏太武帝太平真君七年（446）被毁，北魏孝明帝正光年间（520—525）在法定和尚主持下开始重建。唐代的灵岩寺已经颇具规模，至北宋则达到鼎盛。灵岩寺内保存有辟支塔、千佛殿等众多建筑。其中最有名的是千佛殿内的四十尊彩色泥塑罗汉像。这些罗汉像的制作年代并不一致，根据寺院维修时发现的文物资料和碑记，可以确定最初的罗汉像有三十二尊，塑于宋治平三年（1066），当时被安置在灵岩寺内的般舟殿中。元致和元年（1328）曾重新上妆，后来般舟殿顷塌，五尊罗汉像被毁。明万历十五年（1587）将剩下的二十七尊罗汉像移到千佛殿内，并增补至四十尊。现存的二十七尊宋代罗汉像身高 1.6 米左右，呈环状置列在 80 厘米高的砖砌束腰座上，有老、中、青三种类型。这些罗汉像打破了传统的佛教造像模式，侧重于写实，具有浓郁的世俗气息和现实生活情趣。每位罗汉的相貌、气质各不相同，形态、动作也各异其趣，他们有的端身而坐，有的静坐禅观，有的游戏谈论，举手投足间都能展现人物的性情。此外，人体与衣饰的关系处理得也非常恰当，线条的曲直、虚实与起伏，动作瞬间的衣褶变化，织物的质感，都表现得准确而生动，节奏感极强。这些佛像大都以现实生活中的僧侣为参照，展现了宋代高超的写实技巧和把握人物性格特征的能力。1982 年维修时还发现，这些彩塑罗汉还像人体一样有腹腔，腹腔内有用丝绸做的五脏六腑，此外还有五铢钱、开元通宝和宋代前三朝的铜币及宋代铜镜、墨书题记等文物。1912 年，梁启超来此游览，赞誉千佛殿泥塑罗汉像为"海内第一名塑"，并亲笔写下了碑碣。

三　石窟艺术

从中国石窟艺术整个历史发展演进态势方面考察，宋代石窟艺术已是强弩之末，开凿石窟的地区减少，参与创作的人员减少，值得大书特书的精品减少。比较而言，位于西南的四川、重庆等地接续蜀国佛教石刻兴盛的遗风，在石窟艺术方面取得了不少新进展，呈现出一些新面貌。

四川、重庆地区的石窟造像主要集中在东南一带，以安岳和大足两地延续时间最长，造像数量最多，内容最丰富，艺术水平最高。而且由于两县毗邻，在造像风格、题材上也比较一致。

安岳石窟位于四川安岳县境内，唐代开始开凿，五代、北宋时期安岳石窟的艺术进一步发展，成为佛教密宗的主要造像区之一。其中毗卢洞的雕制最为精美。洞内造像题材包括柳本尊十炼图、柳本尊三身像、华严三圣、十八罗汉等，表明宋代盛行的柳本尊教派在此非常活跃。观音堂的水月观音造像也别具风格。此像高 3 米，半镂空雕刻，坐在一块突出的岩石上，背倚浮雕紫竹和柳枝净瓶，头戴装饰华丽的宝冠，上身着披肩短袖薄裟，袒胸露臂，璎珞盘曲而下，下身着绣花长裙，裙角褶纹飘逸自然而有风韵。观音神情庄重柔和，被誉为东方的"阿芙洛蒂特"。安岳石窟还以巨型佛雕而著名。华严洞正中雕刻着高 5.2 米的华严三圣，两侧又有高 4.1 米的十大菩萨，圆觉洞、高升大佛岩、延寿寺等都有高达 6 米的佛或菩萨像。这些巨型佛像依山崖雕刻，雄伟壮观，神态虽不同，但大都和蔼可亲。

大足石刻始创于唐初，五代十国时期曾形成造像的高潮，宋初却沉寂下来。北宋后期，随着石篆山释、道、儒"三教"造像区的开凿，大足石刻造像掀起第二个高潮。在北山佛湾、宝顶山、妙高山等处都发现了宋代的石窟遗存，其中数量最多、内容最丰富的是北山佛湾和宝顶山两处。

北山佛湾造像中，136 窟（又称转轮经藏窟）是规模最大、形制最特殊、造像内容最丰富的一窟。窟中央雕刻有一座八角形的转轮经藏，下面是蟠龙缠绕的须弥座。石刻正壁刻有一坐佛，头顶化出两道向左右放射的光芒，在窟顶绕成四圈，贯穿全窟。坐佛左侧刻迦叶和净瓶观音，右侧刻阿难和大势至。左壁从内到外依次为文殊菩萨、宝印菩萨和如意珠菩萨；右壁自内而外依次为普贤菩萨、日月观音及数珠手菩萨。石窟门口左右各有一金刚力士。全窟布局井然有序，结构对称谨严。菩萨的神情慈祥和悦，非常具有亲和感。菩萨面庞丰盈，眼细口小，具有明显的女性化倾向。菩萨的衣冠华丽，璎珞蔽体，飘带满身，具有很强的装饰意味；而且保存得非常完好，宛如新刻，被公认为是"中国石窟艺术皇冠上的一颗明珠"。北山佛湾的造像题材也有了明显的变化，五代时期流行的地藏像、药师经变等题材明显减少，观音造像的数量却大增。观音的样式也更为丰富，出现了十三观音变相、日月观音、宝印观音、数珠手观音、如意珠观音等。其中，有些样式不见于经典记载，应该是宋代新创造的图像。

宝顶山石刻造像以大佛湾为中心，包括小佛湾、倒塔、龙头山、殊始山、黄桷坡、高观音等十三处石窟群。其中以大佛湾石刻造像规模最大，艺术价值最高，保存最完好。大佛湾和小佛湾都是在柳本尊教派的僧人赵智凤主持下有计划地开凿的，历时七十年之久，是中国佛教密宗史上唯一的一座大型石窟道场。其开凿之时就享有很高的声誉，不少朝廷官员曾前往瞻仰礼拜。

大佛湾是一处马蹄形山湾。在长约 500 米、高 15—30 米的崖壁上，雕刻有大小造像万余躯。大佛湾石刻造像依山势崖形雕刻，浮雕高大，题材广泛，包括了护法神龛、六道轮回、广大宝楼阁、华严三圣像、千手观音、释迦涅槃圣迹图、父母恩重经变像、地狱变像、圆觉道场、牧牛道场等，形象逼真，内容丰富。小佛湾位于大佛湾西南角的圣寿寺内，现存一座祖师塔和戒坛。戒坛上有五间禅室，仅容少数人静坐观想。大佛湾应是对广大世俗众生进行说教的场所，小佛湾则是信徒受戒、修行的内院，二者形成一个功能完整的道场。在两处石窟的显著部位，都刻有柳本尊的行化事迹图，并在二十多处造像的主尊位置刻柳本尊、赵智凤"即身成佛"的形象。

大佛湾第 8 号窟的千手千眼观音，刻于南宋时期，是大足石刻的一绝，在同类题材造像中也是最有特色的作品之一。主像千手观音高 3 米，观音背后左右上三方雕刻了 1007 只手臂，呈放射状分布，每只手心都有一只眼睛，每只手中都持有一种法器，整个造像如孔雀开屏，精美异常。第 29 号窟，又称圆觉洞，也开凿于南宋时期，是大足地区最大的一处石窟。此窟高 6 米，宽 9 米，深 12 米，并有 3.9 米的甬道。窟内雕塑是依据《圆觉经》所造，正壁刻有三身佛像，左右两壁对称刻有十二圆觉菩萨像。正对三身佛的地方有一尊圆雕菩萨，菩萨低头合掌，跪在莲台上，乞求佛陀说法开示。所有的造像都端庄典雅，优美细腻，具有很高的艺术价值。

　　大佛湾造像具有很强的系统性。数千尊造像，题材却无一重复，其内容开始是六趣图，最后是柳本尊正觉成佛，龛窟之间既有教义上的联系，又有形式上的衔接，形成一个有机的整体。经变相还配以经文、偈语、颂词等，图文并茂。造像注重通过故事、形象阐述哲理，把佛教的基本教义与中国儒家的伦理和道教的学说融为一体，显示了宋代佛学思想的特色。大佛湾造像虽然刻画的是佛教题材，却穿插了很多生活的场景。如父母恩重经变相中展现了母亲求子、怀胎、临产，以及养育子女的过程，形象非常生动。牧牛图长达 30 余米，虽是为了隐喻佛教调服内心的过程，刻画的却是现实生活中形态各异的牛群、牧童，中间还刻有林泉山涧、云雾缭绕，极具生活情态。又如独奏横笛的"吹笛女"，内心充满喜悦的"养鸡女"，酒后昏乱的"父子不识"、"夫妻不识"、"兄弟不识"、"姐妹不识"的"醉酒图"等，无不活灵活现，处处流露出生活的气息，这是大佛湾佛造像的一大特色。此外，大佛湾的经变处理也很有特色，菩萨、密迹金刚、佛像等都采取下半身隐入岩际的做法。这种方式既凸显了主尊的宏伟，又可以利用更多的壁面雕刻故事情节。半身像也是宝顶山雕刻的重要特色。

四　绘画艺术

　　宋代佛教绘画艺术主要体现在寺院壁画、文人画中的佛教人物画、佛教版画等方面。

　　宋代帝王对于绘画艺术非常重视，宋太祖即位之初，就设立翰林图画院，召集散落在各地的画家。这是一个专门为宫廷服务的机构，由宦官管理。画院画家都经过严格的筛选，入选者都具有极高的画艺。一旦进入画院，画家们会享受很好的待遇，可以穿绯紫官服，可以借阅宫中的大量藏画进行临摹。乾德三年（965）北宋平蜀后，很多西蜀画院的著名画家如黄荃父子、孙知微、袁仁厚、高文进父子等都来到了汴京（今河南开封）。开宝八年（975），灭南唐后，南唐画院的周文矩、董源、徐崇嗣等也随之入京。这些画家都供职于翰林图画院，任翰林、待诏、祗候、学生等职。一些中原的画家王霭、高益、燕文贵等也都在画院供职。翰林图画院比以前历代的画院规模都更大，画家的实力也更为雄厚，这就为宋代绘画事业的发展奠定了坚实的基础。

宋初诸帝都崇信佛教，兴建了不少大型寺院。翰林图画院画家的一项重要任务就是为这些敕建寺院绘制壁画。至道元年（995），汴京大相国寺修整扩建，其殿阁、廊庑的壁画不少即出自画院名家之手。行廊上的“阿育王变相”以及“炽盛光佛”、“九曜”就是当时著名的佛道画家高益奉宋太宗之旨所作。画院中与高益齐名的高文进也参与了大相国寺壁画的绘制工作，他主要绘制有《降魔变相》、《擎塔天王》、《五台峨嵋普贤变相》等。在相国寺作画的还有李用及、李象坤、孙梦卿等众多画家。这一时期，从事寺院壁画的重要画家还有武宗元。武宗元的画师法吴道子，行笔如流水。他在洛阳、开封各寺观画了大量壁画，有关佛教的主要有许昌龙兴寺的《帝释梵王相》、经藏院的《旃檀瑞像》等。

寺院壁画除了一部分由宫廷画家完成外，更多则由民间画工完成。这类壁画中也有一些水平较高的作品。如山西高平开化寺大雄宝殿的壁画就是宋代寺院壁画中的精品。壁画多有残损，西壁的《报恩经变》和北部的《鹿女本生》保存较好。根据题记，这些壁画是由民间画匠郭发所画。壁画的构图、布局、色彩都非常有特色，画中的佛、菩萨、比丘、天龙八部等，描绘得精丽庄严。画中的佛经变相虽然是依据经典，但却具有很强的生活气息，画面上充满了耕织、渔猎、宴饮、祝寿等生活场景，形形色色的人物都跃然纸上。

寺院里除了绘制壁画，每当重要的佛教活动之时，还会悬挂一些巨幅的卷轴画。据记载，12 世纪初，宫廷里收藏了 49 位画家绘制的 1179 幅此类作品。但如今大部分已经丢失。保存在日本的《孔雀明王图》就是此类作品中的佼佼者。画中的明王端坐在莲座上，神情安详专注；莲花座置于一只色彩斑斓的孔雀背上；明王有六只手，两手合十，其他四只手拿着不同的法器。

翰林图画院的画家之中有不少擅长佛教人物画，除了奉旨绘制寺院壁画外，他们也有单独的佛教人物画。高益就是当时的释道画大家，他的画作虽已不存，但据《圣朝名画评》称，高益的画"色轻而墨重，变通应手，不拘一态"，可见高益应是前代吴家样的继承人，以色轻墨重的技法和千变万化的造型为主要特色。高文进也擅长佛道画，被认为是宋太宗一朝翰林画工之宗，名重一时。《圣朝名画评》论高文进的画作"笔力快健，施色鲜润"，高文进的设色画作也已经失传，但还有几幅版画作品传世。其中一幅名为《弥勒菩萨》，从中可以看出他的绘画风格。这幅版画人物衣纹流畅、线条匀整，几乎没有肥瘦变化，但飞天与协侍女子却天衣飘扬，具有"吴带当风"的遗韵。中央的弥勒菩萨，衣服紧窄，衣纹繁密，又具有"曹衣出水"的风格。可见，他的画正是综合了"曹衣出水"和"吴带当风"两种风格。[①] 大体说来，北宋初年的佛教人物画基本上继承了唐代以来的画风，大多数画家都以吴道子、曹仲达、周昉的风格为基础，只是在技法和赋色上加以修改而已。

北宋中叶，佛教人物画有了重大突破，其中关键人物是李公麟。李公麟（1049—1106）字伯时，号龙眠居士，北宋舒州桐城人。宣和御府收藏有107件他的作品，其中佛道画数量最多。李公麟创造了精炼的白描手法，形成了具有高度概括性和表现力的艺术形式，成为可与重彩和水墨淋漓的画法相抗衡的传统绘画样式之一。他以浓淡、刚柔、虚实和轻重的线条来塑造人物形象，作画多不着色，若有需要，仅以淡墨、浅赭烘托。其作品以立意为先，布置次之。画面非常简洁，层次关系却非常妥当。李公麟敢于突破前人的定式，他画长带观音，飘带长过一身有半；他还画过石上卧观音，这些都是他创造的新式样。他的创造性还表现在他对题材的理解上，他画"观自在观音"，不是按照一般流行的坐相，他说"自在在心不在相"，不必限制于某一固定的坐相，而是另创一种他认为能表现出心情自在的坐相。总之，李公麟创造出了一种文人气息浓郁的佛教人物画，在宋以后山水画逐渐流行的情势下，为佛教人物画拓展了新的方向，后代文人画家笔下的佛教人物画多以此为宗。

南宋时期，也出现了一些擅长佛教人物画的画家，如贾师古、梁楷、

① 参见李玉珉《中国佛教美术史》，台北：东大书局2001年版，第162页。

法常等。贾师古，汴京人，曾任宫廷画院祗候；其师法李公麟，用笔流畅，顿挫有致，他画的佛教人物，完全生活化、民间化，使人倍感亲切，主要作品有《大士像》等。梁楷，祖籍山东，在南宋宁宗时期曾担任画院待诏。这是最高级的宫廷画师，皇帝曾特别赐给金带，这是画院最高的荣誉，但梁楷却不接受，他把金带挂在院中，飘然而去。梁楷师法贾师古，又远远超过老师。他善画山水、佛道、鬼神，梁楷与僧人往来甚密，既画画，又参禅。他喜好饮酒，酒后的行为不拘礼法，人称"梁风（疯）子"。梁楷传世的作品有《六祖伐竹图》、《李白行吟图》、《泼墨仙人图》等，以《泼墨仙人图》最为有名。他的画通常简练豪放，笔势纵横，人物形象夸张、古怪。法常，号牧溪，是南宋末年的著名画僧。他因攻击权相贾似道被捕，逃脱后，遁入空门，为径山无准禅师法嗣。他善画花鸟人物，尤其擅长佛教人物。他画的"观世音菩萨"端庄秀美，繁简得宜，构图富有变化，其代表作品有《观音图》、《罗汉图》、《达摩图》等。法常生前虽受冷遇，但对后代画家沈周、徐渭、八大山人、"扬州八怪"等均有影响，并对日本水墨画的发展产生了巨大影响。

从绘画的题材来看，宋代的佛教人物画以观音和罗汉为主。观音像除了经典中有依据的如意轮观音、大悲观音等，还出现了没有经典依据、画家自己创造的观音形象。如李公麟创造的"长带观音"、孙之微创造的"渡海观音"、武洞清绘制的"应梦观音"等。罗汉画的兴盛是宋代画坛的一种风尚。罗汉画中有十六罗汉、十八罗汉、五百罗汉等。李公麟的绘画中就有大量的罗汉题材，《宣和画谱》中著录的就有《十八尊者》、《十八罗汉渡海图》、《罗汉》、《渡水罗汉》、《过海罗汉》、《大罗汉》以及《五百罗汉图》等，人们将他所画的罗汉样式称为"龙眠样"。南宋的画家刘松年也擅长罗汉画，这一时期的罗汉画多为一幅多人，非常关注罗汉与周围环境和人物的关系。台北故宫博物院收藏有三轴刘松年的"画罗汉"。这三轴画设色艳丽，罗汉身上的袈裟都用泥金勾描。画中的罗汉都浓眉大眼，皱纹满面，双眉紧蹙，非常生动传神。这时写实性强的祖师和高僧像也非常流行。此外，在儒释道三家融合的时代背景下，"三教图"也非常流行。

随着雕版印刷术的发展，宋代的佛教版画也有了较大发展，数量众多，其中不少保存至今。如发现于敦煌莫高窟藏经洞的《大随求陀罗尼轮曼荼罗》，刻于宋初太平兴国五年（980），此版中央是手执法器、端坐莲台的八臂菩萨，上方刻有陀罗尼轮，下方刻有莲花、佛像及经咒文字，结构严谨，线条缜密，刀法劲利，技艺高超。此外，日本清凉寺藏有北宋太宗雍熙元年（984）所雕的《弥勒菩萨像》、《文殊菩萨像》、《普贤菩萨像》、《灵山变相图》等单幅版画。宋代民间佛经版画也达到了很高水平，如南宋临安贾官人经书铺所刻的《佛国禅师文殊指赞》，每页都文图对照，表现善财童子五十三参，形象活泼生动，有的宛如是一幅世俗的婴戏图，显示出坊刻版画的高超技艺。

第二章　辽金佛教

第一节　辽代社会与佛教

一　辽代诸帝与佛教特点

辽代佛教虽然和北宋佛教一样，是接续唐五代佛教发展而来，但是由于受到不同社会条件的制约和诱导，由于辽朝统治者采取了有别于唐朝和同期北宋的宗教政策，辽代佛教在许多方面呈现新特点。

辽朝（907—1125）[①] 建立之前，契丹人基本没有接触到佛教，大多数民众没有佛教信仰。正是随着对外征服战争的扩大、地域的拓展，契丹人才逐渐接触到汉族和女真族的佛教。契丹统治者最初是出于政治目的允许佛教存在的，后来逐渐把佛教作为契丹人信仰的一个重要组成部分。

辽朝在建立之初，为了使被掳掠的汉民能够在迁徙地稳定生活，开始容许佛教的存在和发展。这种适应开拓疆域需要而采取的宗教政策，从辽太祖耶律阿保机时期（907—926 年在位）就开始了。唐天复二年（902），阿保机占领河北、河东九郡，将占领地的汉民全部迁徙于潢河之南的龙化州（今内蒙古翁牛特旗西部），为了安抚和稳定被迁徙的汉民，阿保机在建造城池、设置州县的同时，也建立了佛教寺院——开教寺，这被认为是辽地第一座寺院。当时寺院由被俘虏的汉族僧人住持，信奉者也是汉族民众。采用这样的措施，既可以防止僧人因为没有寺院居住而逃跑，又能保留被迁徙汉人的原有宗教信仰，有利于社会的稳定。在安置被迁徙的汉人所建的"汉城"中，往往要建立孔庙、祠堂、佛寺等，是全盘汉化的模式，由此汉文化被复制到了辽地。当时佛教传播速度很快，唐

---

① 辽建国于公元 907 年，国号契丹，公元 916 年始建年号，公元 947 年改国号为辽，建都于今内蒙古巴林左旗南，称为"皇都"。公元 983 年复称契丹，公元 1066 年又改称辽。

天祐末年，在都城西楼南边的汉城中，"有佛寺三，僧尼千人。其国人号阿保机为天皇王"。① 契丹天显二年（927），将俘获的僧人崇文等五十人迁徙到都城西楼，被安置于专门建造的天雄寺。

随着受汉族文化影响的日益加深，佛教信仰也逐渐在契丹贵族阶层中流行。从耶律阿保机开始，辽廷已经不再把佛教看作是汉人的事情，而是开始自觉地效法唐代帝王的奉佛故事，利用佛教为其政治服务。在这个过程中，佛教也开始成为契丹人信仰的一部分。阿保机即位的第三年（909）夏四月，诏命左仆射韩知古在龙化州大广寺建碑，以纪功德。神册三年（918）五月，又下诏建立佛寺。

阿保机对儒释的看法，实际上与唐代帝王基本相同。神册元年（916），阿保机问群臣："受命之君，当事天敬神，有大功德者，朕欲祀之，何先？"群臣认为应当以佛为先，阿保机说："佛非中国教。"太子倍回答："孔子大圣，万世所尊，宜先。"阿保机予以肯定。② 儒教为第一，但并不排斥佛教，可见佛教在当时契丹贵族中的地位在阿保机时期已经奠定了契丹人信仰佛教的基础。

太宗（927—947 年在位）会同元年（937），契丹贵族取得燕云十六州（今河北、山西北部）。当这些佛教兴盛地区被纳入辽朝版图之后，就有了真正意义上的辽朝佛教。太宗耶律德光想把燕云十六州建设成继续向南拓展的基地，所以努力经营，对佛教也采取进一步扶植的政策。正是在这个时期，佛教信仰开始渗透到契丹人的宗教生活和政治生活中，与契丹人的原有宗教信仰相互融合。根据《辽史》卷四十九《礼志》记载："太宗幸幽州大悲阁，迁白衣观音像，建庙木叶山，尊为家神，于拜山仪过树之后，增诣菩萨堂仪一节，然后拜神，非胡剌可汗之故也。"耶律德光崇拜观音，改变契丹的祖宗家法，改变旧的风俗，把"白衣观音"奉为"家神"，使契丹王族的拜山仪有了新的祭祀程序和方式。把佛教崇拜对象纳入辽王朝的崇拜体系之中，反映了契丹王族信奉佛教程度的逐步加深。

从太宗之后的整个辽代佛教历史发展来看，在世宗、穆宗和景宗这三朝（947—982），辽代佛教逐步发展起来，而圣宗、兴宗和道这三朝宗

---

① （北宋）薛居正：《旧五代史》卷一百三十七，中华书局 1975 年版，第 1830 页。
② （元）脱脱：《辽史》卷七十二《义宗记》，中华书局 1974 年版，第 1209 页。

(982—1101)，则是辽代佛教的百年兴盛时期。历代帝王对佛教的态度，基本上走了一条从信佛到佞佛的发展路线。这种的发展是与辽代贵族汉化程度加深同步进行的。其中，最典型的代表就是道宗耶律洪基（1055—1101 年在位）。他本人酷爱汉文化，博学多才，精通音律，善于书画，爱好诗赋，经常与臣下称"诗友"之交，作诗赐予外戚、大臣。对于佛教，他更是尊崇、沉醉和痴迷。道宗本人在即位之前就学习过梵文，并且很有研究，所谓"有若生知，殊非性习"。他不但广泛阅读儒、释经典，撰写佛教方面的著作，而且有"观行"的实践，所谓"阅儒籍则畅礼乐诗书之旨，研释典则该性相权实之宗。至教之三十二乘，早赜妙义；杂华之一百千颂，亲制雄词。修观行以精融，入顿乘而邃悟"。他研究儒释的目的，乃是"欲使玄风，兼扶盛世"。① 他积极主张用儒教和佛教的道德规范教化人民，"十善治民，五常训物"。道宗对佛教经典的重视程度，可以和南朝梁武帝相比，他对《华严经》的痴迷就是一个例证。根据《辽史·道宗本纪》中的资料，咸雍四年（1068）二月，他颁行自己撰写的《华严经赞》；咸雍八年（1072）七月，他又颁行自己书写的华严五颂。他还著有《华严经随品赞》等。太康元年（1075），道宗命皇太子写佛书。

　　在宗教管理方面，辽王朝始终没有设置专门管理宗教的机构和官吏，任命僧官往往与帝王个人喜好有关。辽朝对僧人的封官赐爵始于景宗，盛于兴宗、道宗。保宁六年（974）十二月，景宗诏命昭敏为三京诸道僧尼都总管加兼侍中，这是辽代封僧人官职的开始。正因为如此，景宗被认为是辽代诸帝中第一位佞佛者。如果说"三京诸道僧尼都总管"还是属于僧官，那么兼任的"侍中"就不属于僧官了。后世对此予以斥责："沙门昭敏，以左道乱德，宠以侍中，不亦惑乎？"②

　　兴宗耶律宗真（1031—1055 年在位）是一位"好名，喜变更，又溺于浮屠法"③ 的皇帝。他本人也于重熙七年（1038）受戒。兴宗大量兴建寺塔，铸造金银佛像，组织整理编刻大藏经，举办佛事供僧。尤其重要的是，兴宗给僧侣封以高官显爵，重熙十九（1050）春正月，僧慧鉴加检

---

① 赵孝严：《神变加持经义释演密钞引文》，《卍续藏经》第 23 册，第 523 页。
② 《辽史》卷九《景宗本纪赞》，中华书局 1974 年版，第 105 页。
③ 《辽史》卷六十二《刑法志下》，中华书局 1974 年版，第 943 页。

校太尉。"僧有正拜三公、三师兼政事令者，凡二十人，贵戚望族化之，多舍男女为僧尼。如王纲、姚景熙、冯立辈皆道流中人，曾遇帝于微行，后皆任显官。"① 辽代的官职承袭唐代，以太尉、司徒、司空为三公，以太师、太傅、太保为三师，政事令相当于唐代的中书令。道宗任命的僧官也较多。根据《辽史·道宗本纪》，清宁年间（1055—1064）有僧守臻、精修、智清等加司徒、司空；咸雍年间，有守志、志福为司徒，圆释、法钧为司空。

辽代帝王的这些做法，助长了全社会的崇佛风气，影响到朝野上下各个阶层。所以，民间愿意出家为僧尼的人很多。咸雍八年（1072）三月，"春、泰、宁江三州，三千余人愿为僧尼受具足戒。许之"②。正是由于社会各阶层弥漫着崇佛风气，僧侣的社会地位和政治地位空前提高，他们所享有的某些特权，只有后来元代的喇嘛教僧人才享有。

辽代几乎每一个帝王都把"饭僧"作为一项功德善事。"饭僧"也称"斋僧"，即为僧人提供饮食。辽代饭僧规模之大、次数之频繁，为唐宋王朝所不及。从景宗开始，辽代帝王就相信饭僧这种功德事的作用。圣宗统和四年（986），诏上京举办佛教法事一月，饭僧万人。特别是在道宗时，辽廷与各地方饭僧形成风气。据《辽史》卷二十三《道宗本纪》，太康四年"诸路奏饭僧尼三十六万"。辽王朝把饭僧作为一种功德善事，其主要目的是为帝后祈福、庆贺战功、超度阵亡将士、赈灾济贫等。这种大规模的饭僧不仅为前代所未见，也为后代所批评："一岁而饭僧三十六万，一日而祝发三千，徒勤小惠，蔑计大本，尚足与论治哉！"③ 道宗对佛教的态度和政策，被后世看作亡国原因之一。

辽朝廷先后颁布过某些整顿佛教的诏令，采取过某些整顿僧团的措施，但是收效都不大。从《辽史》卷十三、十五、十六的记载来看，统和九年（991）诏许私度僧尼。但是，此禁一开，引起许多弊端，出现滥度之风，于是又在统和十五年（997）十月，诏诸山寺院毋滥度僧尼。辽朝的绝大部分时间都是禁止私度、滥度僧尼的。开泰四年（1015）十一月汰东京僧。另外，还有禁止僧尼妄述祸福收取财物、禁

---

① 《契丹国志》卷八，齐鲁书社 2000 年版，第 66 页。
② 《辽史》卷二十三《道宗本纪》，中华书局 1974 年版，第 273 页。
③ 《辽史》卷二十六《道宗本纪》，中华书局 1974 年版，第 314 页。

僧燃身炼指、禁僧尼破戒等诏令颁布。道宗也提倡用佛教的戒律约束、整顿僧团。他允许在宫廷设坛传戒，形成讲习律学之风。太康五年（1079）九月，诏令诸路不要禁止僧徒开坛。总的来说，辽代对佛教是疏于控制的。

在弥漫于朝野的崇佛氛围中，辽代的寺院经济也快速发展起来。辽地的第一座寺院就是在王朝的直接支持下建立起来的。有辽一代的寺院经济，始终是在王室、贵族大量施舍的示范效应下，通过社会各阶层广泛参与捐资而发达起来的。支撑辽代寺院经济基础有三大因素：其一，从朝廷到达官显宦和一般富豪的大量施舍捐献；其二，寺院二税户制度；其三，社会民众以结社形式参与寺院佛事。

辽代寺院大多有相当规模的地产，其主要来源是社会的捐献，特别是辽朝帝室、贵族的大量施舍。例如，圣宗次女秦越长公主舍南京（今北京）私宅，建大昊天寺，同时施舍田地百顷、民户百家；其女懿德皇后又施舍钱十三万贯。兰陵郡夫人萧氏施中京（内蒙古大名城）静安寺土地三千顷、谷一万石、钱二千贯、民户五十家、牛五十头、马四十匹。权贵、功臣、地方富豪给寺院施舍庄田、农户、牲畜和钱粮，使寺院经济快速发展。还有些寺院，并没有直接获得朝廷或富豪的土地捐赐，而是通过社会捐献的钱财购买土地，置办庄园。

辽代寺院一般都比较富裕，僧尼生活优裕。特别是一些大寺院，的确可以说是富可敌国。在道宗末年，政府财政困难，出现了寺院向国家捐献的现象。"至其末年，经费浩穰，鼓铸仍旧，国用不给，虽以海云佛寺千万之助，受而不拒。"[1]

皇帝赐予寺院寺额，是对寺院合法性的肯定。在兴宗之前，皇帝并不给寺院随便颁赐寺额。例如，圣宗曾许诺为晋国公主的新建佛寺赐额，因为受到大臣谏阻而作罢。从兴宗开始，就不遵守这个规定了。"兴宗皇帝偶因巡幸事、亦稽先太平间，赐号曰缙阳。"[2] 到道宗耶律洪基时期（1055—1101），给寺院赐额就很普遍了，甚至出现了一处寺院两度由皇帝改名赐额的现象。例如，清宁四年（1058），道宗特赐兴中府安德州的

---

① 《辽史》卷六十《食货志》，中华书局 1974 年版，第 931 页。

② 郑昉：《添修缙阳寺功德碑记》，《辽文存》卷四，任继愈主编：《中华传世文选》，吉林人民出版社 1998 年版，第 40 页。

一处寺院为"净觉"；咸雍六年（1070），又赐名"灵岩"。咸雍六年（1070），道宗给知涿州军州事耶律昌允之妻兰陵郡夫人萧氏自建的一佛寺赐名静安寺。

把民户施于寺院，对寺院经济发展的影响尤其深远。原来属于领主的民户都要把向国家交税数额的一半交于领主，他们被施舍给寺院以后，即将这半数税金上交寺院，他们因此被称为寺院的"二税户"。据《金史》卷九十六《李宴传》，当时任御史中丞的李宴说："辽主拨赐户民，俾输税于寺，岁久皆以为奴。"这是"二税户"的来源。他们原来是辽朝皇室或贵族的民户，被赏赐给寺院以后，逐渐沦为寺院的奴仆，社会地位十分低下。金代人往往把"二税户"产生的原因与契丹贵族的佞佛联系起来：

> 初，辽人佞佛尤甚，多以良民赐诸寺，分其税一半输官，一半输寺，故谓之二税户。辽亡僧多匿其实，抑为贱，有援左证以告者，有司各执以闻。上素知其事，故特免之。①

北魏时期，以官奴为"佛图户"，供寺院用于洒扫的日常劳动，并且向寺院纳粮。到唐代有了"两税户"的名称。如唐武宗会昌五年（845）灭佛时，《唐会要》卷四十七载："天下拆寺四千六百余所，还俗僧尼二十六万余人，收充两税户。拆招提兰若四万余，收膏腴上田数千万顷，收奴婢为两税户十五万人。"辽代是把良民赐予寺院为"二税户"，与上述不同。他们受着双重压迫。到金章宗大定二十九年（1189）才废除二税户制度，这已经是辽朝灭亡六十余年的事情，可见二税户制度在辽的影响。

民间对参与寺院兴办佛事积极性很高，人民时常组织起来，以结社的形式来参与，由此出现了所谓"千人邑社"的组织。"千人邑"这种结社组织在辽代以前的佛教史上没有出现过，在官方编撰的《辽史》中也没有提到，但是在辽代各地方寺院的碑铭中有大量的记载。这是一种以某个寺院为中心，以举办某些特定兴建工程和法事活动为内容，由民间信徒自发组织起来的社团。"千人邑"名义上是组织一千户人构成，但是实际上，"一千"并不是一个确数，并不是每一个邑社都有这样的规模。但有

---

① 《金史》卷四十六《食货志》，中华书局1975年版，第1033页。

一点可以肯定，就是组织"千人邑"在辽代是相当普遍的现象。

"千人邑"的首领被称为"邑长"、"邑主"、"邑头"等，大多是寺院的住持，也有俗人信徒充当的现象。无论首领是僧人还是世俗信众，这种团体一般都隶属于寺院。有些邑社规模较大，具有一定的组织系统，在充任邑长的寺院长老之下，还设都维那、维那以及邑长、邑证、邑录等职，社员就是当地的居民。所有参与邑社的成员都是自愿的，并没有任何强制性的措施。

各种邑社由于建立的目的不同、规模不同，存在的时间长短也不同。但其内部的经济运作规定大同小异。以云居寺住持谦讽所组织的"千人邑"为例：

> 今之所纪，但以谦讽等同德经营，协力唱和，结一千人之社，合一千人之心。春不妨耕，秋不妨获。立其信，导其教，无贫富后先，无贵贱老少，施有定例，纳有常期；常贮于库司，补兹寺缺。①

由此记载可见，结社活动是以不妨碍农业生产为前提，以佛教信仰为纽带的。参加邑社的成员是自愿的。在邑社内部，所有成员一律平等。成员的义务是按照规定向寺院施舍，所有的捐献财物储备于寺库，以供寺用。

兴办的佛事不同，"社邑"的名称也不一样。如"念佛邑"，以定期聚会念诵阿弥陀佛名号，祈求往生西方极乐世界为主要内容；"舍利邑"，为了举办安置佛舍利的法事，以兴建某些建筑为主要活动；"经寺邑"，为了镌刻石经和修整寺院而组织；"兜率邑"，信仰往生兜率天的信徒为共同修行而组织的；"太子诞邑"，为举办每年一度纪念佛诞辰活动而组织；"供灯塔邑"，为供养寺院佛塔等建筑而组织；等等。另外，寺院印刷和保存大藏经，由于规模较大，有时也组织邑社来举办。

邑社在辽代各地的广泛流行，反映了佛教信仰在民间的深入和普及，同时，也有力地促进了寺院经济的发展和佛事的盛行。由于寺院经济的强大、各社会阶层的广泛参与，寺院举办佛事规模也就越来越大，种类也就

---

① 王正：《重修范阳白带山云居寺碑》，见缪荃孙《辽文存》卷五，任继愈主编：《中华传世文选》，吉林人民出版社 1998 年版，第 62 页。

越来越多。随着佛教影响日益深入各阶层的日常生活中，许多契丹习俗也就在这种情况下发生变化。

从辽太宗开始，朝廷就把观音作为王族的保护神。此后的帝王对佛教的崇信程度不断加深，进一步刺激了佛教信仰在民间的流传。例如，妇女喜欢用黄粉涂面，称为"佛装"。契丹人无论男女贵贱，都流行着使用佛教名词起小名的习俗，从宫廷到民间，这种做法都很盛行。其名或直接用佛、菩萨名，或直接用佛教的一些名词，更为常见的，是在佛、菩萨名后加"女"、"奴"等字样。在辽王室中，有佛教小名的包括太子、公主、皇后，甚至连帝王也不例外。辽世宗（947—951 年在位）的二女小名为"观音"；辽景宗（969—982 年在位）二子名"普贤奴"，四子名"药师奴"，长女名"观音女"，二女名"长寿女"，三女名"延寿女"；圣宗（982—1031 年在位）的小名是"文殊奴"，他的仁德皇后萧氏小字"菩萨哥"。

佛诞日是佛教的节日，在佛教信仰广泛普及社会各阶层的情况下，也成为辽朝从京城到地方的全国性节日。《辽史》卷五十三《礼志》记载："二月八日①为悉达太子生辰，京府及诸州雕木为像，仪仗百戏导从，循城为乐。"

辽代帝王也利用佛教沟通与别国的关系，增进彼此往来。由于圣宗崇佛，属国也投其所好，统和十九年（1001）春正月，回鹘进献梵僧。根据《辽史·道宗本纪》的记载，在对外关系方面，道宗也利用佛教沟通往来。咸雍三年（1067），西夏遣使送达回鹘僧人、金佛像和梵文经典。咸雍八年（1072）十二月，道宗赐高丽一套大藏经，影响了高丽大藏的再雕刻。太康九年（1083）十一月，诏僧善知校订高丽所进的佛经，并命颁行。寿昌元年（1095）十一月，西夏进贡多叶佛经。

在帝王的大力支持和民间信众的广泛参与下，辽代佛教文化事业也有了发展。其中有两个最显著的成就，即雕印的《辽藏》和续刻的房山石经。《辽藏》又称《契丹藏》、《丹藏》，是继我国第一部木刻本大藏经《开宝藏》之后的第二种大藏经。圣宗太平元年（1022），辽朝得到《开

---

① 佛诞日《辽史》记为二月八日，其他记为四月八日，《元史》二〇二《释老传》记为三月八日。关于佛诞日的最详细和权威的考证，见于魏源的《海国图志》卷七十二《历法异同表》。

宝藏》的印本，激发起朝廷组织重新刻印藏经的愿望。《辽藏》于圣宗时代（983—1031）始刻，至道宗清宁八年（1062）完成。全藏以燕京为中心刻印，收经总数是 1414 部，6054 卷，579 帙，在内容上尽量补充了《开宝藏》所缺少的写经。《辽藏》至少有两种不同的版本，一种版本是在山西应县木塔发现的印本所属的版本，是卷子装，每卷首尾均有经名卷次及千字文帙号，每版纸长 50—55 厘米，宽 30 厘米左右。经文四周有单线边框，框高 22—24 厘米。每版经文 27—28 行，每行 17 字。《辽藏》的另一种版本，是在丰润县天宫寺塔发现的小字册装本，每册所含卷数不等，每页版心刻经名、卷次。每半页有版框，刻经文 12 行左右，每行 30 字左右。《辽藏》曾经送到高丽，对高丽藏再雕本的校补和订正产生了很大影响。同时，《辽藏》在整个中国刻藏史上也影响深远，它"继承了比较规范的统一的官写本大藏经的传统，而这种传统又为宋元以来各版大藏经所继承"①。

涿州房山云居寺的石经雕刻开始于隋代，到了唐末一度中断。辽代的续刻工作分为两个阶段。第一个阶段是从圣宗太平七年（1027）到道宗清宁三年（1057），前后 31 年。这是由辽廷直接支持的阶段。太平七年，州官韩绍芳奏请续刻云居寺石经，获得圣宗批准，由政府拨款提供费用，并委派沙门可玄主持其事。到兴宗时，又增加拨款，扩大续刻规模。在这一时期，辽朝与北宋订立了澶渊之盟，战事日少，在相对和平的社会环境中，辽朝的经济实力不断增长，所以对佛教的财政支持力度也随之加大。这个阶段主要是把《般若》、《涅槃》、《华严》、《宝积》这四大部续刻完毕。总共刻经二百卷，石碑 600 条。

第二阶段是在大安九年至十年（1093—1094），在没有官方支持的情况下，由民间自发进行的，只维持了两年。当时有僧人通理和他的弟子善定等在云居寺发起授戒大法会，募集民间资金，续刻经 44 帙，4850 片石碑。辽代续刻房山石经，并不是为了预防天灾人祸，而纯粹是为了接续静琬的事业，将其作为一件佛教功德事来做。

另外，行均所著《龙龛手鉴》比较有影响。该书四卷，成书于统和十五年（997），集佛教典籍中的字，作切韵训诂，计收 26430 余字，注

---

① 上述内容参见李富华、何梅《汉文佛教大藏经研究》，宗教文化出版社 2003 年版，第 155 页。

163100 余字。沈括《梦溪笔谈》卷十三记："幽州僧行均，集佛书中字为切韵训诂，凡16万字，分四卷，号《龙龛手镜》。燕僧智光为之序，甚有词辨。契丹重熙二年集。契丹书禁甚严，传入中国者法皆死。熙宁中，有人自敌中得之，入傅钦之家。蒲传正帅浙西，取以镂版。其序末旧云重熙二年五月序，蒲公削去之。观其字音韵次序皆有理法，后世殆不以其为燕人也。"从宋至清，提及此书者很多，褒贬不一，此书对研究辽代燕京地区的民俗语言很有价值。崇仁寺的希麟所撰《续一切经音义》十卷也是有价值的著作。

二 辽代佛教义学

辽王朝为了提高僧人的文化素质、佛学水平和道德素质，比较重视佛教义学。辽王朝各州府都选拔有学问的高僧为纲首，指导僧众学习，以便使广大僧众在讲（讲解佛经）、业（修持）、诵（读经）三方面都有提高和进步。出于培训一般僧众的目的而推出的这种措施，也在一定程度上促进了辽代佛教义学的发展。另外，朝廷还以经律论考选僧材，给学业优秀者授以法师称号。

大体说来，从圣宗到道宗的一百余年间，是辽代佛教的义学兴盛期，各派义学的代表人物基本活跃在这个时期。在辽代历史上，有一些侧重研究或弘扬净土、唯识和律的学僧，但数量不多。辽代佛学的主流，是密教和华严。对于汉地最流行的禅宗，辽代帝王大多歧视，认为其不是正宗，应在打压之列。圣宗时，甚至下令焚烧禅宗的相关经典，使禅宗在辽代经历了很大打击。

纯慧非浊（？—1063），字贞照，活动于兴宗、道宗两朝，曾任上京管内都僧录，在宣传净土信仰方面有影响，撰有《随愿往生集》二十卷（已佚）、《三宝感应要略录》、《首楞严经玄赞科》三卷、《大藏教诸佛菩萨名号集》（亦名《一切佛菩萨名集》）二卷等。

诠晓是圣宗时期的名僧，曾主持《契丹藏》的编修。高丽义天（1055—1101）《新编诸宗教藏总录》卷二、卷三著录诠晓著作有六类十七种共七十五卷。六类为《法华经》类、《金刚般若》类、《弥勒经》类、《成唯识论》类、《百法论》类和经录类。由此可见其治学的广泛。诠晓重视唯识学，撰《成唯识论详镜幽微新钞》十七卷。诠晓的著作早已全部散失，近现代在不同地方发现了一些残卷，但是根据这些残卷远不能恢复其思想原貌。

辽代弘律或研究律学的著名僧人有多位，其中，守道曾应道宗之诏于内廷设置戒坛，此外，志远也曾主持内廷戒坛。非觉（1006—1077）住蓟州盘山普济寺，以律行闻名，任右街僧录判官。其弟子等伟（1051—1107）于寿昌三年（1096）在慧济寺讲律，为三学殿主，名重一时。法均于清宁年间（1055—1056）校定诸家章钞。燕京奉福寺国师圆融澄渊，撰《四分律删繁补阙行事钞详集记》十四卷；思孝所撰《近住五戒仪》、《近住八戒仪》、《自誓受戒仪》各一卷，《发菩提心戒本》三卷，《大乘忏悔仪》四卷，都已经不存。思孝博通诸经，根据高丽《义天录》记载，他有《华严》、《法华》、《宝积》等许多经典的注疏之作。另外，沙门行琳辑《释教最上乘秘密陀罗陀尼集》三十卷；中京报恩传教寺诠圆通法大师法悟撰的《释摩诃衍论赞玄疏》五卷、《科》三卷、《大科》一卷；燕京归义寺纯慧守臻撰《通赞疏》十卷、《科》三卷、《大科》一卷（已佚）；闾山慈行志福撰《通玄钞》四卷、《科》三卷、《大科》一卷。这些研究都是与华严、密教兴盛有关的。

山西五台山原来是华严学的研究基地，对辽境各地的佛学有较大影响。上京开龙寺圆通悟理大师鲜演即以专门研究华严著名。其撰写《华严悬谈抉择》六卷，以阐扬澄观之说。道宗对华严学也有偏好，曾撰《华严经随品赞》十卷。辽代华严学兴盛，不是表现在对唐代原有教义的创新方面，也不是表现在独立传播的范围扩大方面，而是表现在与密教的融合方面。辽代最著名的密教学问僧是精通华严的，而倡导显教和密教融合的学僧也是研究华严的学者。辽代华严学是在密教刺激下发达的。显教和密教的关系，在辽代实际上表现为华严和密教的关系。

辽代密教信仰广泛流行于社会各阶层。从皇室贵戚到士庶百姓，往往通过雕塑佛菩萨像、建塔造幢以及讽诵行持等活动，表达虔诚的信仰。密教的兴盛，显密之间的对立、冲突和融合，也正是在这种社会大背景下形成的。

辽代传译密教经典的代表，是来自中印度摩揭陀国的慈贤，其大约活动于圣宗到道宗时期。根据房山石经目录和《至元录》的记载，慈贤共翻译了九部十三卷密教经典，其中，陀罗尼经有五部五卷，即《大摧碎陀罗尼经》一卷；《大佛顶陀罗尼经》一卷、《大随求陀罗尼经》一卷、《大悲心陀罗尼经》一卷、《尊胜佛顶陀罗尼经》一卷；新译瑜伽密典四部八卷，即《妙吉祥平等观门大教王经》五卷、《妙吉祥平等观门大教王经略出护摩仪》一卷、《妙吉祥平等瑜伽秘密观身成佛仪轨》一卷、《如意轮莲华心观门仪》一卷，其中后四部经典是重译本。当时，民间盛行的密法还有《准提咒》、《六字大明咒》、《八大菩萨曼陀罗经》等。

在辽朝各地传播密教的僧人很多，朝廷不但不加以禁止，而且对于传教有影响的还予以鼓励。据咸雍八年（1072）范阳王鼎所撰的《大辽蓟州神山云泉寺记》记载，志秘师徒在蓟州一带传播密教，远近皆信，很有影响。重熙九年（1040），本郡张从轸等百余人请志秘到家乡传教。志秘与弟子定远到神山，住云泉寺。他所行甚密，徒众很多。原来的一座荒废破落的云泉寺，由于志秘师徒的到来，香火旺盛。他重修寺院，建立道场，正殿之内，设立八大菩萨曼茶罗坛场，以备皈依。朝廷赐以云泉寺额，表示了对这种密教传播的支持。

在辽朝各地传播密教的僧人很多，既有外来僧人，也有本地僧人。在圣宗时，有西印度僧摩尼传无上瑜伽密教，著名弟子有觉苑。弘演及其弟子道广，在南京道武清、香河一带，以广济寺为基地传教，影响比较大。有学者根据《全辽文》统计，道宗时见于记载的密教僧人有涿州广因寺的奉振、守恩、智觉，房山云居寺的可成、季令，西京道缙阳寺的奉润，涿州石经寺的善慈、志莹等。[①] 辽代统治者对密教的重视和喜好，推动了密教在朝野的流行。当时的密教传播也被认为有着劝人弃恶从善的作用。宋璋在《广济寺佛殿记》中说："或农商侣至，睹之者，生善而归；或渔猎人来，瞻之者，断恶而去。"

正是由于密教流传范围广，影响大，并且得到朝廷的支持，才引起了显教与密教之间的争论和冲突：

> 习显教者，且以空、有、禅、律而自违，不尽究竟之圆理；学密部者，但以坛、印、字、声而为法，未知秘奥之神宗。遂使显教密教矛盾而相攻，性宗相宗凿枘而难入。互成非毁，谤议之心生焉。[②]

显教指在汉地占主导潮流的所有教门和宗门诸派，包括华严、唯识、

---

① 吕建福：《中国密教史》，中国社会科学出版社 1995 年版，第 471—172 页。

② 陈觉：《显密圆通成佛心要集序》，《大正藏》第 46 册，第 989 页。

天台、净土、律宗和禅宗。密教则是指唐代建立的密宗，曾作为一个宗派
兴盛一时，虽然很快衰落，但是它的许多影响还存在。它们之间的差别是
明显的，所以相互攻击不可避免。显密冲突的结果，是两者的沟通和融
合，融合的目的在于说明："显密之两途，皆证圣之要津，入真之妙道。"
在辽代佛教界，觉苑是倡导显密融合的重要代表。

　　觉苑活动在兴宗和道宗时期，幼年就学习密教，主要居住在燕京圆福
寺，有燕京右街检校太保大卿、崇禄大夫、行崇禄卿的封职。兴宗组织雕
刻大藏经，觉苑奉旨参加校勘工作，并发现了唐代一行的十四卷《大日
经义释》。此书湮没达三百年之久，所以当时京城大臣和僧官一百多人请
求抄解。道宗降旨刊刻入藏，并且命朝廷大臣赵孝严亲自作序。觉苑先开
讲本经，并作《大日经义释》的《科文》两种（已经失传）、《演密抄》
十卷。

　　觉苑的《演密抄》分为两个部分：第一部分是"文前聊简"，相当于
玄谈性质，也就是对全经的概括性论述。文前聊简分为六个小部分：一起
教因缘，二藏教收摄，三说经会处，四禅教浅深，五明经宗趣，六翻译传
通。第二部分是"依文正释"，是随文释义的性质，逐句或逐段解释所依
据的文本。

　　觉苑是在继承一行学说的同时，重点吸收和融合华严思想。在判教问
题上，他提出了显密五教说，实际上是在法藏以来华严宗的判教基础上，
加上抬高密教地位的议论而形成的。"五教"是指：一小乘教；二始教；
也名分教；三终教，亦名实教；四顿教；五圆教。他认为，圆教是宣传本
来成佛思想的，可以分为两种，即显圆和密圆。《华严经》法界缘起境
界，帝网重重，主伴具足，相即相入，一位即一切位，一切位即一位，等
等，属于圆教。《大日经》也是讲这些内容的，所以与《华严经》同属圆
教。觉苑多方面论证密教与华严学的一致性，其中，从观行方面看，《大
日经》的字轮旋陀罗尼，以一字摄一切字，一切字全是一字，初后相摄，
举一全收，横竖相该。一切法门，不离一字，全同于《华严经》的四十
二字。从《金刚顶经》讲的观佛来看，五部中的每一部都具有三十七尊，
每一尊都成三十七尊，一尊与三十七尊的关系，也是一即一切、一切即一
的关系。

　　从觉苑沟通密教与华严的关系来看，其中的判教之说，只是形式上的
比附，只有华严法界缘起的核心内容，即"一即一切，无过不离，无法

不同"的思想，才是沟通的实质性内容。这是自智俨《十玄门》开始就强调的核心内容，所以，密教与华严的融合，不是与《华严经》的融合，而是与华严宗思想的融合。从一定程度上说，觉苑所弘扬的密教，是用华严宗思想改造之后的密教。

第二节　辽代寺塔建筑艺术

辽代与北宋处于大致相同的历史阶段，并且都是继承唐五代佛教而来，其佛教艺术既有很多相似性，又具有鲜明的地域特色。相对说来，辽代的寺塔遗存物比较多，有利于从实物方面了解当时的佛教艺术实况。

辽代的寺院遗迹保留下来的比较多，在河北、天津、山西、辽宁、内蒙、北京等地还有十几处辽代的寺院。天津蓟县独乐寺、山西大同下华严寺、天津宝坻广济寺、山西应县佛宫寺、辽宁义县奉国寺、河北新城开化寺、大同善化寺是其中的代表。

辽代佛教的派系、思想上承唐五代，重要的辽代佛教建筑艺术也是如此。梁思成曾称独乐寺为"上承唐代遗风，下启宋式营造，实研究我国（中国）建筑蜕变之重要资料，罕有之宝物也。……谓为唐宋间式之过渡式样可也"[1]。蓟县独乐寺始建于隋仁寿四年（604），辽统和二年（984）重建。寺内保存较为完好的山门和观音阁，都是辽圣宗统和二年所建，这是辽代建筑的重要代表，也是我国现存最古老的木结构建筑。两座建筑内的数尊塑像，尤其是观音阁内的观音菩萨像也是辽代雕塑艺术的杰出代表。

独乐寺山门面阔三间，进深两间，屋顶是庑殿式。山门内有两尊高大的天王塑像守卫两旁，俗称"哼""哈"二将，二像面目凶狞，肩部长巾飘然若动，是辽代彩塑中的珍品。独乐寺山门正脊的鸱尾，长长的尾巴翘转向内，犹如雉鸟飞翔，十分生动，是我国现存古建筑中年代最早的鸱尾实物。

独乐寺主建筑观音阁高23米，集我国木结构建筑之大成，是国内现存最早的木结构楼阁。观音阁面阔五间，进深四间，下为低平台基，前出月台，阁高三层，而外观似乎只有两层，其上下主要层之间夹以暗层。柱

---

[1]　梁思成：《中国古建筑调查报告》，生活·读书·新知三联书店2012年版，第2、3页。

子有侧脚和生起，斗拱宏大疏朗，出檐深远，整个外形轮廓稳重而轻灵，与唐代敦煌壁画中所见的建筑极为相似。

观音阁是环绕着一尊约 16 米高的十一面观音像建造起来的。阁内二层和三层的楼板中央都留有一个空井，观音像从地面穿过上面两层，树立在当中。这尊观音像是辽代泥塑艺术中的珍品，又是我国最大的泥塑佛像。观音像立在须弥坛上，身披偏袒右肩式袈裟，头顶伸出四重十个菩萨头像。观音弯眉楔鼻，长目圆颔，面露微笑；腹部微突，身体向前倾；衣褶缓和，两臂上飘带下垂，下端贴在莲花座上，风格十分接近唐代传统。观音像两侧有二菩萨协侍。协侍菩萨面目丰润，姿态手法极为精妙，和唐代仕女画一脉相承，也具有很高的艺术价值。明代王宏祚《修独乐寺记》曾这样称赞：本州"宫观梵刹之雄，以独乐寺称；寺之雄，以大士阁（观音阁）称；阁之雄，以菩萨像称"。

独乐寺建筑及其佛像造像结构精妙，艺术超群，其经历千百年的天灾人祸仍能够完整地保存下来，也是中国文化史上的奇迹。

华严寺创建于辽重熙七年（1038），是辽代西京巨刹。据文献记载，该寺北阁曾放置辽代诸帝的石像和铜像，因此华严寺又具有皇家祖庙的性质。辽末，部分建筑毁于战火，金代又重修，明朝中叶分为上、下两寺。辽代的建筑、造像大多集中在下华严寺。

下华严寺以薄伽教藏殿为主殿。薄伽教藏殿也是辽代木建筑中的典范。大殿建于砖台上，平面长方形，面阔五间，进深四间，单层九脊顶。殿内四壁建有重楼式木构壁藏和天宫楼阁，用以藏经。殿内的彩画大部分也是辽代所作。平棋藻井上的飞天，形体修长，天衣浮动，极具感染力。

薄伽教藏殿中最有名的是三十一尊彩塑佛像。殿内砖台上，并列着三尊坐佛，每尊坐佛两侧布列协侍弟子、菩萨、供养天等，台四角各列一金刚像。这组群像突破了佛坛的限制，结构紧凑，组合自由而严整，是辽代造像艺术中的精华。中间的如来像跌坐在莲花座上，莲瓣四层，形制精美，每一个莲瓣上都描有泥金小佛，构图清新秀逸。座下有八角形二重平台。如来背光内侧，装饰有网目形花纹，这是一种典型的辽代图案。背光外侧刻有火焰纹，尚有唐代旧制。背光两侧各有一飞仙，轻盈飘逸。三尊佛像肉髻低平，面部圆满，前额狭窄，眼睛细长，眼眉平直，鼻梁高挺，嘴角下抑，具有典型的契丹民族特征。佛像的基本形制仍有唐代周家样的遗韵，但也具有辽代的特殊风格，比如上身长、胸挺直、腰有束带等。

薄伽教藏殿的菩萨神情端严，不苟言笑，与唐代菩萨的亲切和蔼截然不同，这是辽代造像的重要特征。这些菩萨有的端身而坐，有的侧身挺立，有的双手合十，有的一手上举，姿态自然，造型各异。菩萨们有的顶戴高冠，身穿紧身衣；有的则头戴镂空华冠，袒露上身，只着天衣。菩萨衣褶复杂流畅，变化多端，显示出高超的雕塑手法。菩萨头冠的纹饰、菩萨的发丝等细节也刻画得一丝不苟，栩栩如生。中央毗卢遮那佛右侧的跌坐大菩萨像比较引人注目。佛像胸前挺，面部微颔，右手作说法印，左手置于腿上，造型优美庄严。另一尊胁侍菩萨双手合十，两唇轻启，牙齿微露，刻画细致入微。这尊菩萨上身微裸，头饰华丽精美，两条长辫垂至肩部，体态优美、丰满，光脚立于莲台之上，衣饰飘带流畅自如，显得亭亭玉立，堪称辽代雕塑中的精品。

佛塔是辽代佛教艺术中很有特色的种类。辽代建造了大量雄伟壮丽的佛塔，保存至今的就有数百座。这时木塔已经不再流行，砖石塔成为佛塔建筑中的主流。这时的佛塔大都建于寺院的后部，大多用来藏经。塔的造型除了砖木结构的阁楼式，多为八角密檐式。塔的外表多刻有浮雕，塔体较高，一般在50—70米，雄伟壮观。辽塔内部建筑结构非常合理，塔身异常坚固，抵御自然灾害的能力很强。现存的著名辽代佛塔有应县佛宫寺释迦塔、丰州万部华严经塔、中京大明塔、上京南塔、庆州白塔等。

山西应县佛宫寺释迦塔建于辽清宁二年（1056），是我国现存最早的大型木塔。塔立于佛宫寺山门之内，大殿之前，中轴线上，是全寺的中心建筑，延续了唐代寺院"前塔后殿"的布局。塔建造在4米高的台基上，塔高67米，平面呈八角形。第一层立面重檐，塔身之外，更加副阶。以上各层均为单檐，共五层六檐，各层间夹设有暗层，实为九层。因底层为重檐并有回廊，故塔的外观为六层屋檐。各层均用内、外两圈木柱支撑，每层外有24根柱子，内有8根，木柱之间使用了许多斜撑、梁、枋和短柱，组成不同方向的复梁式木架。塔顶作八角攒尖式，上立铁刹。内外层柱上都有斗拱，每层檐下装有风铃。木塔建筑结构精美而坚固。

释迦塔每层都保留了辽代的雕塑，共计34尊。第一层内供奉一尊释迦牟尼佛像，佛像高11.12米，装饰华丽，右手作与愿印。第二层正中有一方台，释迦牟尼佛端坐在方台正中，右手作触地印，其右侧是一协侍菩萨和骑狮文殊菩萨，左侧是一协侍菩萨和骑象普贤。第三层正中有八角坛，坛上有四尊佛像相背而坐，分别为东方阿閦佛、南方宝生如来、西方阿弥陀佛和北方不空成就如来。第四层正中也是八角坛，坛上释迦牟尼佛居中而坐，右侧为阿难、文殊菩萨，左侧为迦叶和普贤。第五层以大日如来为主尊，四周有八大菩萨围绕，形成一个曼陀罗。

释迦塔底层四周的墙壁上及南北门两侧绘有丰富多彩的壁画。正对大佛头顶部有一个八角形伞状藻井，前面还有一个平棋，内槽前后门额壁板上有六幅供养人画像，大佛周围内槽墙壁上绘有佛像六尊、飞天十二身，内槽外墙壁上部绘迦叶、阿难两弟子，下部绘两护法金刚。大佛宝座下，有彩塑力士八尊，彩塑立龙柱八条，莲座束腰部绘彩龙八条。① 在这些壁画中，佛像静谧端严，飞天飘逸清秀，整体造型严谨，构图讲究，设色大气高雅，线条流畅刚劲，细微处一丝不苟，是辽代寺院壁画中的佳作。

位于呼和浩特丰州的万部华严经塔是辽代阁楼式塔的代表。此塔为辽圣宗时兴建，为八角七层阁楼式砖木结构，高 50 米，下部为须弥座，上有三层仰莲座承托塔身。塔身第一、第二层有砖浮雕佛、菩萨、天王、力士像。塔内明层都有塑像，其中一层大佛，三层四方佛，五层大日如来及八菩萨曼陀罗的布局与应县释迦塔极为相似，都体现了辽代华严宗和密宗盛行在图像上的影响。塔的第七层无塔心壁，塔室中空如庭，与北方游牧民族帐式穹庐顶的造型相似。塔檐层层回收，每层八面檐下都嵌以铜镜。铜镜是很多辽塔都有的装饰，应与契丹原始宗教萨满教以镜驱祟有关。②

辽中京大明塔，位于内蒙古自治区赤峰市宁城县天义镇南城村辽中京遗址内，塔建在高大的夯土台基上，是 13 层八角砖砌密檐式塔。塔高 74 米，是现存辽塔中最高的一座。塔第一层大檐距地面近 11 米，每面雕有栩栩如生的佛、菩萨、力士等浮雕造像，上端还刻有飞天，每面左棱上有一个二截塔的造型，上截刻有本面佛说法地名，下截刻有本面佛的法名。这些都是辽代雕塑艺术中的佳作。

此外，辽代石窟艺术也有延续，较有名的石窟有朝阳千佛洞、赤峰灵峰寺石窟、内蒙古巴林左旗林洞山石窟、后昭庙石窟等。云冈石窟中也有辽代开凿的窟寺。但总体而言，石窟艺术已经衰弱，保存下来的遗物也已经不多。

---

① 参见程乃莲、张敏《应县佛宫寺释迦塔图像解析》，《美术大观》2011 年第 2 期。

② 参见金维诺《中华佛教史·佛教美术卷》，山西教育出版社 2013 年版，第 261 页。

第三节 金代社会与佛教

一 金代诸帝与佛教

金王朝（1115—1234）在建国之前，就从高丽、渤海等周边地区接受了佛教信仰。随着对辽国的征服，统辖地区不断扩张，又接受了辽国的佛教，这是金朝初期佛教的主要成分。金王朝南下占领北宋都城汴京，进而把黄河流域以至淮水以北地区纳入版图之后，宋地的佛教就成为金代佛教的主体。

金太宗完颜晟时期（1123—1135）对佛教比较重视，天会元年（1123）"帝于禁庭亲睹瑞光，光中现佛。即敕模像，殿庭供养。帝亲扫洒，每食跪献，累年无怠，每岁设会，斋僧万余"。[①] 这个记载表明，佛教影响金朝统治者从金太宗就开始了。太宗对于佛教感兴趣，主要是相信其灵异，而不是思想教义。太宗崇佛的行动，就是从事"斋僧"这样的功德活动。他供奉佛像于内廷，说明佛教僧人已经与金王朝的最高统治者有接触，这也从一个方面反映了当时佛教在女真族中的兴盛情况。天会五年（1127），迎旃檀像被安置于燕京悯忠寺（今北京法源寺），并"建水陆会七昼夜"[②]。天会年间（1123—1137）完颜晟还诏令善祥于山西应州建净土寺，皇后则为海慧法师于燕京建大延圣寺，以后改名为大圣安寺，始终是燕京的著名寺院。与加强对黄河以北地区控制的政策相配合，金王朝后来陆续在河北、山西一带大量建寺造塔，促进了佛教在金统治区的发展。

熙宗完颜亶时期（1136—1149），南部边境已经拓展到淮水以北，典章制度迅速汉化。在积极提倡尊孔读经的同时，朝廷也加大了扶植佛教的力度。熙宗优礼名僧海慧（？—1145）、清慧、悟铢（？—1154）等。太子生日，"诏海慧大师于上京（今会宁市）宫侧，建大储庆寺，普度僧尼"，海慧当时任大储庆寺的寺主。熙宗还"诏海慧、清慧二禅师住储庆寺，迎瑞像于本寺积庆阁中供养"。皇统五年（1145），海慧卒于上京，

---

① 《佛祖历代通载》卷十九，《大正藏》第49册，第683页。
② 《佛祖历代通载》卷二十，《大正藏》第49册，第685页。

"帝偕后亲奉舍利，五处立塔，特谥佛觉佑国大禅师"①。悟铢则于皇统年间（1141—1149）被任命为中都右街僧录。

金天德五年（1153），海陵王完颜亮迁都燕京，志在灭宋，既轻视儒学，也限制佛教，佛教曾一度遭受打击。世宗完颜雍即位（1161），金代进入全盛期，重新开始尊孔崇儒，保护佛教。从 1162 年到 1184 年，世宗先后诏令在燕京建大庆寿寺，赐钱两万缗，良田二十顷；在东京辽阳府建清安禅寺，度僧五百；于仰山建栖隐寺，赐田若干，度僧万人。

世宗即位之初，曾因军费缺乏而采取北宋王朝的一些做法，出售度牒、紫衣、师号、寺额等，刺激了佛教队伍的迅速扩大。但是世宗更重视儒家伦理，对于佛教则很注意整顿管理，相继采取严禁民间私自建立寺院、防止僧侣逃避课役等措施。章宗完颜璟基本上继承了世宗的佛教政策，明昌四年（1193）诏请万松行秀入内廷说法，并亲自礼迎，内宫贵戚均罗拜拱跪，大量施舍珍宝，并建普度会。从承安二年（1197）以后，由于国家财政困难，朝廷恢复了出售度牒等做法，以便筹措经费。承安四年，出于为太后追荐冥福的目的，朝廷敕下和龙府建大明寺，造九级浮图，度僧三万，施以度牒。根据《金史》卷九《章宗本纪》的记载，章宗于明昌年间（1190—1196）多次诏令整顿寺院僧尼，严禁民间私度僧尼，对在籍僧尼三年一考试，禁止僧尼出入王室贵族之家，规定僧尼必须参拜父母，行丧礼。金代统治者接受儒家文化影响的程度，要比辽代帝王更深。章宗之后，因蒙古人军事压力的增强，金王朝军费开支剧增，所以度牒、紫衣、师号、寺额的出售也更加广泛。

金代的有些寺院也和辽代一样，占有大量的土地，拥有巨额资产，其来源主要还是帝室、显贵的布施。有一部分辽代的旧寺院，在金代初期还保留着二税户制度。这种制度受到金代朝野上下的反对，经过世宗、章宗两度下诏免二税户为民，才最终消灭了这种制度。金代民间佛教结社，也有类似辽代的千人邑会。兴中府的三学寺是千人邑会，规定参加者每年十月须纳钱二百、米半斗。这些捐献和施舍，成为维持寺院僧众的生活费用和举办各种法事的主要经济来源，是寺院经常性的稳定收入。由于寺院经济收入可观，也举办社会福利事业，主要是施药和救济饥民等活动，并且得到官方的支持。在寺内设置药局，负责给贫民布施药物，首创于青州一

---

① 《佛祖历代通载》卷二十，《大正藏》第 49 册，第 687 页。

辨，后来各地寺院纷纷效仿。一些经济实力雄厚的寺院还参与典当行业牟利。

金代佛教在多方面受宋王朝的影响。"浮图之教，虽贵戚望族多舍男女为僧尼，惟禅多而律少。在京曰国师，帅府曰僧录、僧正，列郡曰都纲，县曰维那。披剃威仪，与南宋等。"① 从这个记载可以看到，在金王朝佛教的宗派构成方面，是"禅多而律少"，大体与宋王朝近似。在中央和地方的僧官设置方面，有"国师"、"僧录"、"僧正"、"都纲"、"维那"等名目，这与宋王朝是不同的。至于"披剃威仪"的制度方面，就和南宋一样了。总的说来，金代佛教是在逐渐消除辽代的残余影响，逐步向宋地佛教靠拢。

金代民间佛教信仰的盛行，可以从大藏经的雕刻和印刷中反映出来。关于《金藏》的雕刻过程原来不清楚，近年在北京图书馆收藏的宋本《碛砂藏》印本"火"帙《大宝积经》卷二十九末，发现一则明永乐九年（1411）释善恢撰写的《最初敕赐弘教大师雕藏经板院记》，比较详细地记述了雕刻这部大藏经的过程。②

《金藏》是由私人募资雕刻的私版大藏经，始雕于金熙宗天眷年间（1138—1140），大约在大定十三年（1173）之后完成。所依据的底本是《开宝藏》。首倡者是潞州长子县（今山西长治）的崔法珍。她13岁断臂出家，立誓雕刻藏经，三十年间，"同心协力"的雕经者有杨惠温等72人，助缘雕经者还有刘法善等五十余人。经版总数为168113片，收录经籍6980卷。《金藏》雕刻完成后，崔法珍等人印经一藏，于金大定十八年（1178）进献于朝廷，奉敕安置于大圣安寺。经版也于大定二十一年（1181）运到京城，安放在大昊天寺。朝廷还命有司遴选精通经典的沙门导遵等五人，"校正"这部藏经。金朝廷为了表彰崔法珍，准其在圣安寺落发为尼，并赐紫衣，号"弘法大师"。协助雕经的杨惠温等72人也给度牒，并礼弘法大师为师。自从经版运到燕京之后，有明确记载的印经活动至少有两次，一次是在金大定二十九年（1186），一次是在金大安元年（1209）。在赵城发现的《金藏》，现存有5000余卷，是我国宋元时代所刻各种大藏经中保存实物最多的一种，被作为当代重编的《中华大藏经》

① 《大金国志》卷三十六，崔文印校证，中华书局1986年版，第517页。
② 李富华、何梅：《汉文佛教大藏经研究》，宗教文化出版社2003年版，第98—100页。

的底本使用。

二　佛教基本情况

金王朝的统辖地区包括了此前的辽地，佛教也有继承辽代佛教的因素，但同时受到宋朝的影响，佛教的派系结构和佛学思想发生了重要变化。密教与华严学不再成为显学，继承北宋传统的禅学成为佛学的主体。不但在佛教界，而且在有佛教信仰的士大夫中，三教融合也成为共识。金代居士李屏山（1185—1231）撰《鸣道集说》，集中批判宋儒的排佛言论，主张三教融合，在当时有较大影响。李屏山曾经师从万松行秀，其思想也受到行秀的影响。从李屏山的著作来看，在论述三教关系，特别是儒释关系中所涉及的问题、所提出的观点等，都没有超出两宋学僧和士大夫考虑的范围。

受辽代佛教余波的影响，密教在民间还有流行，但是已经趋向衰微。金朝弘扬密教的知名人物很少，主要活动地区依然是山西五台山。根据《补续高僧传》卷十九记载，在五台山地区弘扬密教者有法冲，大定年中曾到京城，与道士萧守真斗法，并获胜。闵宗大加赞赏，赐仪仗送归五台山，敕建万岁寺居之。又有名知玲者，曾从嵩山少林寺英公受总持法，后于皇统中住河北盘山感化寺弘传密法。另外，来自北印度的密教僧人呼哈啰悉利等一行七人，曾到五台山、灵岩等地巡礼，并建有寺院。

金代以专业华严知名的学僧有几位，但都没有著作传世，其华严思想的具体内容不很清楚。其中，宝严于天德三年（1151）住上京兴正寺，两度开讲《华严》，据说听众达到五百余人。义柔精通《华严》，当时被称为"华严法师"。另有惠寂法师，曾从汾州天宁寺的宝和尚学习《华严法界观》，后来到鄂城等地讲说。印度那烂陀寺的高僧苏陀室利，在 85 岁高龄时率领弟子七人航海来华。他虽然以精通《华严经》闻名，但来华后并没有宣讲，后逝于五台山。

燕京地区始终是金代佛教的中心，云集来自各地的有影响力的僧人。在燕京及其周边地区，活跃着一些弘扬净土信仰的僧人。其中，祖朗（1148—1222）是蓟州人，俗姓李，少年出家，大定年间，先后住持燕京的崇寿、香林等寺院。贞祐年间获赐"圆通大师"号。他每日诵阿弥陀佛名号数万声，受其感化的信众很多。广思在河北临城山建立净土道场，效法庐山慧远的故事，结白莲华会，带领僧俗信众修习念佛法门。除了这些专门弘扬净土的僧人之外，当时的禅师中也盛行净土信仰。

金代以戒行严谨著名的律师首先是悟铢（？—1154），他兼通经论，在燕京有很高的声誉。法律（1099—1166）于天眷三年（1140）住燕京净垢寺，皇统二年（1142）奉命普度僧尼十万人，后为平州三学律主。广恩（1195—1243）在邢州（今河北邢台）开元寺度僧千余人，著有《密莲集》。

金代的禅宗僧人知名者较辽代为多，其禅学多受北宋佛教的影响。济南灵岩寺是北方禅宗的一个重要基地，黄龙系的净如（？—1141）在此传教。其弟子道询（1086—1142）也主要在灵岩寺活动，著有《示众广语》、《游方勘辨》、《颂古唱赞》等。另一个禅宗僧人聚集地是燕京。圆性（1104—1175）曾从学于汴梁的佛日禅师，于大定年间受请住持燕京潭柘寺，以复兴禅学为己任，有《语录》传世。弟子中有普照、了奇、圆悟、广温、觉本五人。广温（？—1162）也曾从学于燕京竹林寺的广慧，后来住河北蓟县盘山双峰寺。先后住潭柘寺的禅师还有政言，著有《颂古》、《拈古》各百篇以及《金刚经证道歌》、《金台录》、《真心说》、《修行十法门》等；相了（1134—1203）曾从懿州崇福寺的超公学习；另外，比较著名的禅师还有教亨（1150—1219），号虚明，济州任城（山东济宁）人，长期活动在嵩山一带，曾"五做道场"，后应金左丞相夹谷清臣的邀请，住持潭柘寺，晚年归少林，其弟子有宏相等人。郑州普照寺有道悟（1151—1205）等。而在金代末年最有影响的禅派，则是曹洞宗的一支。

金代曹洞宗的传承源自鹿门自觉一系。自觉递传华严慧兰、常州一辨、大明僧宝、王山僧体、雪岩如满。在如满时期，此系还没有产生什么影响，到其弟子万松行秀时期，此支成为曹洞宗的代表，昌盛于金代末年及以后。此支的佛教思想继承北宋禅宗，并且先后与金、元朝廷保持着密切关系。

行秀（1166—1246），河内之解（河南洛阳一带）人，俗姓蔡，15岁在邢州（河北邢台）净土寺出家，曾到磁州（河北磁县）大明寺参见曹洞宗僧人雪岩如满，成为其嗣法弟子。返回邢州净土寺后，在寺旁建"万松轩"，由此有万松之号。不久，应请住持中都（北京）万寿寺。

金章宗明昌四年（1193），行秀应诏赴内廷说法，受到章宗躬亲迎礼，后妃贵戚罗拜于前，各施珍财的隆重礼遇。承安二年（1197），应诏住持西山的仰山栖隐寺，后迁报恩寺，晚年退居报恩寺从容庵。

行秀在金元之交，以"儒释兼备，宗说精通，辩才无碍"① 著称，吸引了金、元众多的官僚和士大夫，尤其对契丹贵族后裔、儒学素养很高的耶律楚材（1190—1244）影响最大。在蒙古兵围燕京期间（1214—1215），作为金朝留守官员的耶律楚材拜行秀为师；归元后，为元朝的中书令。终其一生，耶律楚材都对行秀尊敬唯谨，称得上是佛教的内外护。

行秀的著作很多，除著名的《从容庵录》外，还有《请益录》六卷、《祖灯录》六十二卷，以及《释氏新闻》、《鸣道集》、《辨宗说》、《心经凤鸣》、《禅悦法喜集》等。行秀的门徒众多，得法者一百二十人。他们中的许多人住持名刹，与元王朝有直接的联系。其中影响最大的有林泉从伦、华严至温和雪庭福裕。

林泉从伦（1223—1281），曾住持万寿寺和报恩寺。至元九年（1272），元世祖诏他入内廷说法，他"从容问辨，抵暮而退，帝大悦"。他引用《华严》、《楞伽》、《涅槃》等经典，说明"禅"就是"佛性"、"如来藏"。"达磨以来递代相传者，是如来清净禅也。"② 以此论证禅宗是佛教的正宗，禅与教经一致。至元十八年（1281），从伦奉旨在燕京悯忠寺主持焚烧道教经典，成为元初佛道斗争中佛教一派的代表。他著有《空谷集》和《虚堂集》，进一步推动了曹洞僧人诠释公案和颂古的风气。

华严至温（1217—1267），字其玉，号全一，邢州人，俗姓郝。幼年入寺，从 15 开始随行秀习禅，常年不离左右。后住京城华严寺，与继住报恩寺的从伦齐名。至温与刘秉忠幼年相交，经其推荐，"留王庭多有赞益"，"居三岁遣还，出赐金资，日用不计其费"。忽必烈赐号"佛国普安大禅师"，命他"总摄关西五路，河南、南京等路，太原府路，邢洛磁怀孟等州僧尼之事"。他在保护和振兴这些地区的佛教方面起了重要作用，"凡僧之田庐见侵于豪富及他教者，皆力归之"③。后代僧人评论这一时期

---

① 耶律楚材：《万松老人评唱天童觉和尚从容庵录序》，《大正藏》第 48 册，第 226 页。

② 《五灯会元续略》卷一，《卍续藏经》第 80 册，第 457 页。

③ 《敕赐佛国普安温禅师塔铭》，见《佛祖历代通载》卷二十二，《卍续藏经》第 49 册，第 728 页。

曹洞宗时说："今人独味万松评唱之语，而不闻公（指至温）有回天之力。"①

雪庭福裕（1203—1270），太原文水（山西文水县）人，俗姓张。22岁出家，从学于行秀十年。金元交兵，嵩山少林寺遭到毁坏，福裕在行秀和印简的支持下，兴复禅宗祖庭。1248年，奉诏住和林兴国寺。后受宪宗召见，奉命"总领释教"，重建各地废毁寺院236处。他也是参加元初佛道论战的主要人物，受赐"光宗正辩"法号，并住持万寿寺，晚年退居嵩山。以后行秀一系曹洞宗的传承均出自福裕，并长期以河南嵩山少林寺为主要传法基地。

三 《从容庵录》略析

当圆悟克勤的《碧岩集》受到南方禅师普遍冷落的时候，金末元初的北方曹洞宗僧人却对它推崇备至，并极力仿效。行秀撰《从容庵录》于前，从伦作《空谷集》和《虚堂集》于后，纳评唱之风为曹洞宗风，从而影响了元代南北禅学的不同走向。

从伦的《空谷集》，全名《林泉老人评唱投子青和尚颂古空谷集》，六卷，诠释投子义青的《颂古百则》。《虚堂集》，全名《林泉老人评唱丹霞淳禅师颂古虚堂集》，也是六卷，诠释丹霞子淳的《颂古百则》。从伦在谈及他撰写这两部书的目的时说："非敢与佛果、万松联镳并骛于世，且傍邻舍试效颦者欤。"② 说其是"效颦"之作，当非自谦之词，它们的影响也远不如《从容庵录》那样大。《从容庵录》一书，足够反映此宗评唱的特点。

《从容庵录》，全称《万松老人评唱天童觉和尚颂古从容庵录》，诠释天童正觉的《颂古百则》，有六卷和三卷两个版本。其中每则公案和颂古组成一个部分，每部分包括五项内容，即示众、列举公案、列举颂古、公案和颂古中的夹注，以及它们之后的评唱，完全是效仿《碧岩集》的形式。每部分之前有四个字的标题，比《碧岩集》的题目整齐，用语也生动。

关于《从容庵录》的成书过程，行秀曾说："万松昔尝评唱，兵革以

---

① 《南宋元明禅林僧宝传》卷七，《卍续藏经》第79册，第617页。

② 陆应阳：《林泉老人评唱投子、丹霞颂古总序》，《卍续藏经》第67册，第267页。

来，废其祖薰，迤来退居燕京报恩，旋筑蜗舍，榜曰'从容庵'，图成旧绪，适值湛然居士（耶律楚材）劝请成之。"① 行秀在蒙古太祖十七年（1222）接到耶律楚材的信，次年成书，第三年耶律楚材为此书作序。《从容庵录》是行秀整理多年讲解公案和颂古的旧稿，代表了他长期弘扬的曹洞禅风，也反映了金元北方统治集团对这种禅风的认可和赞赏。

行秀把《从容庵录》与同类著作进行比较指出："窃比佛果《碧岩集》，则篇篇皆有示众为备；窃比圆通《觉海录》，则句句未尝支离为完。"② 《碧岩集》少部分没有示众一项，而《从容庵录》不缺，讲清每则的中心思想；《觉海录》对公案和颂古的讲解有时支离不全，《从容庵录》则句句有解。行秀指出的这两个方面都是形式上的问题，而不是内容上的问题，表明他注重的是形式的完备，而不是内容的创新。

行秀曾指出他撰《从容庵录》的动机是："一则旌天童学海波澜，附会巧便；二则省学人检讨之功；三则露万松述而不作，非臆断也。"③ 用"述而不作"和"省学人检讨之功"，以展示天童正觉的学识渊博，充分显示他以文字考证和诠释见长的特性。在这方面，比之《碧岩集》有过之而无不及。下面仅举一例说明。

《从容庵录》第八则是《百丈野狐》，说的是百丈怀海说法时，总有一个老人前来听讲，一天，说法结束，众人散去，唯老人不走。怀海问他是什么人，老人说，他远在迦叶佛时期就居于此山，那时有人问他"大修行底人还落因果也无"？他回答"不落因果"。就因这句话，使他"堕野狐身五百生"。所以老人请怀海"代一转语"，以便脱去"野狐身"。怀海说了一句"不昧因果"，老人"言下大悟"。正觉据此"公案"作颂文曰：

> 一尺水，一丈波，五百生前不奈何。不落不昧商量也，依前撞入葛藤窠。阿呵呵，会也么？若是尔洒洒落落，不妨我哆哆和和。神歌社舞自成曲，拍手其间唱哩啰。

---

① 《评唱天童从容庵录寄湛然居士书》，《卍续藏经》第 48 册，第 227 页。
② 同上。
③ 同上。

行秀即对上述公案和颂文的每一句都进行细致的考证和解释，这里仅举一例以见一斑。

《从容庵录》解释"哆哆和和"说：

> "哆哆和和"，婴儿言语，不真貌。又《法华释签》云：多踪学行之相。喽和习语之声。《涅槃经》有病行婴儿行。有本云：婆婆和和。石室善道禅师云：涅槃十六行中，婴儿行为最。哆哆和和，时喻学道人离分别取舍心，与下"神歌社舞"皆一意也。

为了解释这一词，行秀考证了它的词源字义，又考察了它在佛教典籍中的用法，最后诠释正觉用在这段颂文中的含义，简直是禅宗用语的绝好词典。行秀就通过这种词典式的注解，达到令学道人"离分别取舍心"的禅学目的。

在将禅学引向考据学和诠释学方面，《从容庵录》与《碧岩集》相同，但行秀更增添了一项内容，那就是围绕公案，附会蔓衍，大篇幅地讲解儒道经典和有关神话。例如《从容庵录》第九则《南泉斩猫》，公案讲南泉普愿提起一只猫，对弟子说："道得即不斩。"众皆不知所云，南泉就把猫斩了。后来南泉将此事讲给赵州从谂，赵州听罢，脱下草鞋，顶在头上走出去。行秀联系正觉对此公案的颂文，评唱道：

> 赵州脱草鞋，头上戴出，果然此道未丧，知音可嘉。孔子云：天将未丧斯文也。看他师资道合，唱拍相随，无以为喻。谥法泉源流通曰禹，又受禅成功曰禹。《尚书·禹贡》：导河积石至于龙门。《淮南子》：共工氏兵强凶暴，而与尧帝争功，力穷触不周山而死，天柱为之折，女娲炼五色石补天。《列子》：阴阳失度名缺，炼五常之精名补。……南泉如大禹凿山透海，显出神用；赵州如女娲炼石补天，圆却话头。

从这里可以看到行秀所谓"附会巧便"，在很大程度上是借题发挥，传播儒道等传统文化，尤其是用大禹治水受禅和女娲炼石补天这类传说、神话譬喻禅师，是特别容易发古人之幽思的。

《从容庵录》的评唱，在文字考证、引用典籍、背离公案等方面，都比《碧岩集》走得更远，但却容易为不倾心于禅学而又希望获得佛教知识的民众和官僚士大夫所接受。精通天文地理律历术数及释老医卜之说的耶律楚材，特别喜好此类评唱，就颇能说明问题。耶律楚材是元初儒学的积极提倡者，而志不得伸，心情的压抑时时露于文字。当然，促发评唱之风盛行的主要原因，还是当时政治上需要将禅僧禁锢于书斋之中，以限制禅宗的活动范围和人数的发展。

第四节　金代佛教艺术概况

金代佛教艺术在北宋、辽的基础上发展起来，并形成了自身的某些特点。无论是寺塔建筑还是雕塑作品、绘画作品，遗存物大多集中在今天的山西省境内。

金代寺院经济发达，寺院数量多、规模大，寺院在建筑方面也很有特色。现在保存下来的金代寺院建筑主要集中在山西大同善化寺、华严寺，五台山佛光寺，应县净土寺，朔县崇福寺，繁峙岩山寺，定襄洪福寺等寺院内。

善化寺，位于山西大同城内西南隅，始建于唐。玄宗时称开元寺。辽保大二年（1122）遭受战争破坏，金天会六年（1128）重建，历时十五年完成。善化寺坐北朝南，从南到北依次为山门、三圣殿、大雄宝殿。大雄宝殿前左为文殊阁遗址，右为普贤阁。整个寺院建筑依中轴线高低错落，主次分明，左右对称，是全国现存辽、金时期寺院中布局最完整的一座。其中大雄宝殿和普贤阁是辽代建筑，山门和三圣殿则是金代建筑。

山门是善化寺的正门，广五间，深两间，单檐四阿顶，是我国现存最大的金代山门。内置四天王像，雕塑工艺比较粗劣。三圣殿，平面长方形，面阔五间，进深四间，单檐四阿顶。内供一佛二菩萨像（华严三圣）。此殿特点有三：一是殿顶无一间平棋（天花板），全部施以"彻上露明"做法，这样既便于把佛像塑得高大，又可以把梁架结构之美展现出来。二是减柱法实行得最为大胆。按此殿间数计算，它应有内柱 12 根。但古代匠人只用了四根主柱支撑（后人又加了四根辅柱），扩大了殿内活动空间。三是殿外次间、补间铺作的斜栱，它形似"倒置的香蕉"，美如"怒放的花朵"，结构特殊而复杂，是金代最为绚丽、最为硕大的斜栱，堪称斜栱之最。①

山西省忻州市五台县佛光寺创建于北魏孝文帝时期（471—499）。寺内保存了大量唐至清代的建筑、雕塑、壁画等历史文物。其中文殊殿是金代重建的建筑，体现了金代建筑的特色。

文殊殿重建于金天会十五年（1137）。文殊殿广七间，深四间，单檐悬山顶，檐下是用单抄单昂五铺作的斗拱。正面中三间开门，两梢间开直棂窗，后面当心间开一道门，其余都是用砖砌成的墙，规模十分宏大。正殿七间，而把大殿作为配殿，这在我国佛教寺庙中非常罕见。文殊殿外表看上去很平凡，但其内部构造却是我国现存古建筑中的孤例。此殿内柱分布不规则，内额长度很宽，梁架使用了粗长的木材，两架之间用斜木支撑，构成类似今天"人字桁架"的构架，增加了跨度，减少了立柱，加大了殿内空间。这在我国现存古建筑中是仅见的。文殊殿的佛坛上塑着狮子文殊像等七尊菩萨、胁侍像。塑像风格样式大致模仿唐代，但其宝冠、衣褶极为繁复，应该是元代遗物。②

金代佛教造像的题材更为多样化，这时，普陀洛迦观音菩萨坐像普遍流行，不仅是石窟造像的主要题材，还出现了不少单尊的木雕作品。保存在加拿大多伦多安大略博物馆的一对观音立像是金代佛教塑像中的精品。佛像面部方圆丰腴，神情冷峻严肃，嘴角下抿，体态粗圆，上身半袒露，天衣缺少流动感。菩萨头戴宝冠，宝冠高耸华丽，中间有一尊化佛，化佛背后有背屏。这是金代特有的宝冠样式。其中一尊观音像背后，有"金明昌六年"的墨书题款，属于金代晚期的作品。

大同善化寺大雄宝殿的佛像雕塑代表了金代造像的最高成就。大雄宝殿为辽代建筑，大殿内现存辽金时代佛教造像三十三尊，正中为五方佛及弟子、胁侍菩萨造像九尊，坐北面南；二十四诸天护法造像位于五方佛两侧，沿大殿东西墙壁分两组相对排列，东西各十二尊。其中五方佛、两侧弟子及胁侍菩萨像都是辽代雕塑，金重修善化寺时曾进行重妆。二十四诸天护法像完成于金代天会六年至皇统三年间（1128—1143），这些造像立于青砖台座之上，造型生动，工艺高超，是金代彩塑艺术的代表作之一。塑像中有长髯垂须的老者，有威武英俊的少年，有端庄华丽的妇人，有温

---

① 此段参考何莉莉《善化寺》，《五台山研究》2010 年第 3 期。

② 参见梁思成《中国古建筑调查报告》，第 822 页。

柔恬静的少女，有彬彬有礼的文臣，有虎背熊腰的武将；有的手持法器，有的恭敬肃立，有的怒目横眉，有的相貌庄严。这种写实手法，也是善化寺雕塑的独到之处。这些天神护法虽然是印度的神祇，但大多穿着中国古代的冠冕、衣服，无论造型还是服饰都已经完全中国化。有的造像完全突破了佛教仪轨的束缚，完全像是世间的人物。例如东侧的大梵天塑像，长须垂胸，双手握着镇圭，完全一副人间帝王的形象。与之相对应的帝释天，面形长圆，五官娟秀，身穿宽袍大袖的长袍，雍容华丽。其头上戴着装饰精美的宝冠，宝冠上有化佛，宛如后宫中的嫔妃。二十四诸天像中还有独特的鬼子母像。这尊鬼子母盛装艳丽，宛如贵妇人，在她左脚下方有一青面红发张着血盆大口、肩上扛着小孩的女鬼像，即鬼子母作恶时的形象，这种造型在佛教殿堂中极为少见。

金代的佛寺壁画也主要集中在山西省，朔县崇福寺、繁峙县岩山寺、定襄洪福寺等地都发现了金代的壁画。

朔县崇福寺，始建于唐麟德二年（665），金天德二年（1150）题额崇福禅寺。寺内主殿弥陀殿和后殿观音殿都是金代建筑。弥陀殿东西两壁对称，各画三铺说法图。说法图构图基本一致，都是佛端坐中间，胁侍菩萨分列左右。佛像基本沿袭唐代，衣着装束简练，背光素雅。胁侍菩萨却服饰华美，璎珞繁复，又用贴金的方式来表现，极为富丽精致。东壁佛背光两侧各有流云组成的佛坛一团——有火焰纹和纲目纹，五尊小佛分坐其中；西壁两侧的佛像背光处各画一尊飞天，与祥云交织在一起。南壁东尽间有六尊画像，都是坐式，分上下两排，上排是释迦、毗卢、药师，下排是妙吉祥、除盖障和地藏，其中下列是金代原作，上列为明代补绘。南壁西尽间绘有千手千眼观世音菩萨像，画面高达 4.68 米，壮观而精美。画面色调以朱红、石绿为主，整个画面线条有力，庄严壮观。

繁峙县岩山寺，创建于金正隆三年（1158）。寺内保留了不少金代的建筑、造像、壁画等。其中文殊殿内的壁画是岩山寺历史遗存中的精华所在，也是金代壁画遗存中水平最高的壁画。据寺内碑文和西壁题记所示，这组壁画由金代宫廷画师王逵等人绘制而成。壁画题材丰富，画技高超，虽为宗教的题材，却反映了当时的许多社会内容和民俗风貌。西壁为佛传故事，即释迦牟尼一生的传记。画面以宫廷建筑为中心，故事人物穿插其间。东壁除了佛、菩萨外，多为本生故事和经变故事。东西二壁经变都是鸟瞰式全景构图，打破了以往以佛说法为中心的经变样式，创造了金碧界画山水为统一构图的经变。北壁西半部分画五百商人航海堕入罗刹国的故事，东半部分画舍利塔院。南壁画殿阁楼台和供养人像。这些壁画共有90平方米，画面想象丰富，构思奇巧，人物描绘活灵活现，各具情态，是研究金代经济、政治、文化、风俗人情、佛教信仰等的珍贵资料。

第三章　西夏佛教

　　西夏是一个多种宗教流行、以佛教信仰为主的王朝。西夏主体民族党项羌原来是自然崇拜和鬼神信仰，流行巫术。西夏建国前后，统治者大力提倡佛教，同时也有道教流传，形成以佛教为主，佛教与道教、原始宗教并存的局面。西夏的佛教在境内广泛流行，而且贯彻始终。西夏灭亡后，其佛教对元代佛教流传产生了重要影响。

　　"佛"在西夏文中写为绋，其构成是左部为"人"，右部三横，以一竖贯穿。西夏皇帝作序的政府官修韵书《文海宝韵》解释其构造为"人贯三界"。其构思可能受汉字"王"的传统解释"一贯三为王"的影响。[①]《文海宝韵》对"佛"的释义为："佛者梵语也，番语（西夏语）觉之谓，指教有情者是也。"[②] 西夏官修文献对"佛"的阐释表明西夏政府对佛教的理解和尊崇。

第一节　西夏社会与佛教

　　西夏是中国中古时期西北部地区一个有重要影响的封建王朝，自称大夏国（1038—1227），因其位于宋朝的西部，史称西夏。西夏前后共历十个皇帝，享国一百九十年。前期与北宋、辽朝对峙，后期与南宋、金朝鼎足；西北、西南还有回鹘、吐蕃政权。其首都为兴庆府（后改名中兴府，今宁夏回族自治区银川市）。西夏的佛教与西夏的历史发展有密切联系。

---

　　① （汉）许慎：《说文解字》，徐铉等校定本，中华书局影印本，第9页。

　　② 史金波、白滨、黄振华：《文海研究》，中国社会科学出版社1983年版，第426、577页。

一　党项羌与西夏兴衰

西夏的主体民族党项羌，在南北朝时期主要分布在四川北部、青海南部一带。隋唐时期其势力逐渐发展。唐初党项族最强大的拓跋部首领拓跋赤辞归唐，被赐李姓。"其界东至松州，西接叶护，南杂春桑、迷桑等羌，北连吐谷浑，处山谷间，亘三千里。"[1] 唐代初期，因其西部吐蕃势力的强大和扩展，党项族不堪吐蕃的挤迫，开始内迁，至公元 7 世纪后期达到迁徙高潮。唐朝把北迁的党项人安置在庆州（今甘肃省庆阳）一带。安史之乱爆发后，吐蕃进而夺取河西之地，这些地区的党项部落再一次东迁到银州（今属陕西省米脂县）以北、夏州（今属陕西省靖边县）以东地区。唐中和元年（881）党项族首领拓跋思恭参与镇压黄巢起义，曾进军长安，被唐朝赐予李姓，封为定难军节度使，管领夏、银、绥（今陕西省绥德县）、宥（今属陕西省靖边县）、静（今属陕西省米脂县）五州之地，设治所于夏州。唐末、五代时期，作为藩镇之一的夏州党项政权势力不断壮大，开始了事实上的地方割据。五代时的夏州党项政权先后依附于中原的梁、唐、晋、汉、周各王朝，势力不断壮大。[2]

随着宋朝的建立，党项统治者开始臣属宋朝，被赐赵姓。宋朝欲意统一党项占领的广大地区，改变以往长期实行的羁縻政策，企图进行直接管辖。然而一部分党项族统治者为维护自己的利益，执意抗宋自立。党项族首领李继迁率部反宋，得到辽朝的强力支持。李继迁娶辽朝公主，并被辽册封夏国王，逐渐由弱转强。北宋咸平五年（1002）李继迁夺取宋朝重镇灵州（今宁夏灵武西南），次年改灵州为西平府，将其作为自己新的统治中心。李继迁死后，其子李德明继承王位，他与宋朝大体上保持了友好往来，宋朝每年赐给大量银、绢、茶，还在保安军（今属陕西省志丹县）开设榷场，发展贸易。天禧四年（1020）李德明将其统治中心移往贺兰山麓的怀远镇，改称兴州（今宁夏回族自治区银川市），并逐渐将其发展成西北地区的一大都会，其势力更加壮大。天圣六年（1028）李德明派

---

[1] 《旧唐书》卷一九八《党项羌传》，中华书局校点本（以下正史同），第 5290 页。参见《北史》卷九六《党项传》，第 3192—3194 页；《隋书》卷八三《党项传》，第 1845—1846 页。

[2] 《旧五代史》卷一三八《党项传》，第 1845—1846 页。

其子元昊率兵向西攻占甘州（今甘肃省张掖）、凉州（今甘肃省武威）。不久，瓜州（今甘肃省安西县）、沙州（今甘肃省敦煌县）也来降服。元昊又占领了整个河西走廊，奠定了建立西夏王国的版图基础。

　　元昊时期党项族统治者实力更加雄厚。元昊具有雄才大略，早就提出"英雄之生当王霸"的主张。他不断标新立异，采取一系列政治、军事、文化措施，做正式建国的准备。他取消了唐、宋赐给的李、赵姓氏，改姓嵬名氏；改变名号，自称"兀卒"（西夏语，"皇帝"意）；又突出民族风习，下秃发令；发展民族文化，创制文字；倡导佛教信仰，大规模翻译经典；模仿中原制度，建立官制；完善首府，升兴州为兴庆府；大力整顿军旅，在境内分设监军司。他还接连对北宋、吐蕃、回鹘用兵，进一步扩大版图。北宋宝元元年（夏天授礼法延祚元年，公元 1038 年）元昊筑坛受册，正式立国称帝，国号大夏，并公开上表于宋。西夏辖今宁夏、甘肃大部，陕西北部，内蒙古西部和青海东部的广大地区，成为当时能与宋、辽周旋抗衡的第三大势力，在中国中古时期形成复杂而微妙的新"三国"局面。宋朝开始不承认元昊的地位，不断对西夏用兵，宋、夏双方接连进行了三次大战。西夏天授礼法延祚三年（1040）与宋军战于三川口（今陕西延安西北），次年与宋军战于好水川（今宁夏隆德县东），又过一年，宋夏双方战于定川寨（今宁夏固原西北），三战皆以宋军大败、损兵折将而告结束。又隔一年，辽兴宗亲率十万大军三路进攻西夏，大战于贺兰山，西夏赭地清野，择机猛攻，辽军溃败，辽兴宗勉强逃出。此后，军事上的攻防和政治上的谈判交替进行，宋朝疲于奔命，无力征服西夏，西夏也财困民穷，锐气渐消。最后双方达成妥协，西夏向宋称臣，宋朝承认西夏的实际地位，每年赐给西夏银、绢、茶共 25 万 5 千两/匹/斤。后元昊在宫廷内乱中被长子行刺身亡，是为景宗，在位 11 年。

　　元昊原与大将野利遇乞妻没藏氏私通，皇后野利氏将没藏氏出为尼，号"没藏大师"，居于兴州戒坛寺。元昊死后，没藏氏与元昊的幼子谅祚在襁褓中即位，母后没藏氏垂帘听政，与母舅没藏讹庞共同主政，与宋朝有战有和。谅祚 14 岁时在朝臣的支持下擒杀企图篡权的没藏讹庞，开始亲政。谅祚在位 19 年，是为毅宗。他死后儿子秉常也是冲龄即位，年仅 7 岁，母后梁氏和母舅梁乙埋执掌朝政。秉常 16 岁亲政，因想与宋媾和，与太后政见相左，被囚禁兴庆府。宋朝乘机起五路大军攻夏，最终因指挥失当而溃败。西夏大安九年（1083）宋、夏在永乐城（今陕西米脂县西北）激战，西夏调集大军围困宋军，宋军主帅徐禧等大将多人战死，损失士卒役丁20万人，致使宋神宗临朝痛悼。秉常也在位19年，是为惠宗。秉常子乾顺孩提即位，时仅3岁，母后梁氏（秉常母梁氏侄女）和母舅梁乙逋（梁乙埋之子）专权，15年后乾顺亲政，与辽结好。元德四年（1122）金灭辽国，西夏改事金朝，并在金朝灭辽攻宋的战争中，乘机夺取了部分土地，扩大了版图。乾顺在位长达54年，是为崇宗。

这一时期三朝的母党专权，使西夏皇族和后族的矛盾高潮迭起，并伴随着统治阶级内部多次发生"蕃礼"和"汉礼"的严重斗争。这一阶段西夏经济又有新的发展，宋、夏之间互通有无，贸易往来频繁。每当宋、夏交战之际，宋朝往往以停岁币、罢和市、断榷场相要挟，这也反映出西夏经济发展的不完善。

仁孝是乾顺子，16岁即位。不久境内发生原投诚的契丹人萧合达的叛乱，又因严重饥荒，爆发了大规模的人民起义。外戚任得敬在平定叛乱和镇压人民起义的过程中，渐握朝柄，升为国相，进位楚王、秦晋国王，最后欲分国自立。仁孝在金朝的支持下诛杀了任得敬并剪灭任得敬党羽，度过分国危机。仁孝大力提倡文教，国家实行科举，朝臣修订律令，寺庙校印佛经，文人著书立说，文化事业繁荣发展，达到鼎盛时代。仁孝也在位54年，是为仁宗。

仁孝死后，西夏内忧外患加剧，开始走下坡路，进入西夏晚期。这时蒙古已崛起于漠北，并不断侵掠西夏。在西夏晚期的30多年中，西夏外患不已，烽烟不断，蒙古六次入侵；内乱频仍，皇权不固，先后五易帝位；其中，桓宗纯佑在位12年，襄宗安全在位4年，神宗遵顼在位13年，献宗德旺在位3年，南平王睍在位1年。西夏宝义元年（1227）蒙古大军在攻占了西夏的黑水城（今属内蒙古额济纳旗）、沙州、肃州（今甘肃省酒泉）、甘州、灵州等重要城市的基础上，进围中兴府。在国势风雨飘摇之际，末帝睍力屈请降，旋即被杀。这个长时间雄踞西北地区的西夏王朝终告灭亡。[1]

---

[1]　《宋史》卷四八五、四八六《夏国传》（上、下），第13981—14033页。《辽史》卷一一五《西夏外记》，第1523—1532页。《金史》卷一三四《西夏传》，第2865—2879页。参见（清）吴广成《西夏书事》，清道光五年（1835）刊本。吴天墀：《西夏史稿》，四川人民出版社1981年版。

在元朝党项族被称为"唐兀"人，属色目人。唐兀人融入元朝社会，对当时的政治、军事、经济、文化都有相当影响。党项后裔经元、明而逐渐消亡。

二　佛教发展历程

西夏所在的河西、陇右地区，早就居住着汉族和其他各族人民。这里是中国佛教信仰很早的地区，自凉、魏经隋、唐，佛教在这一地区已经流行了六七百年，迁到这一地区来的党项族在潜移默化中直接继承了佛教信仰。

佛教在党项族中流行有适宜的土壤。党项族在公元 7 世纪中期以后的两百多年时间里，经历了长途迁徙，唐末安史之乱的动荡、藩镇割据的战乱，加上本民族上层统治者的压迫剥削，人民生活十分痛苦。他们渴望安定的生活，向往美好的未来，他们找不到解脱苦难的出路。佛教关于人生无常、充满痛苦的基本说教和人们的悲观情绪相适应。佛教因果报应的理论，以及经过信佛行善可以进入"极乐世界"的说教，为饱受煎熬的人民提供了精神上的慰藉。

西夏统治者率先接受并大力提倡佛教，把"佛"当作精神统治的重要支柱之一，使佛教迅速传播和发展。

党项族周围的民族多已信仰佛教，处于汉族、契丹、回鹘、吐蕃几个信仰佛教民族中间的党项族，比较快地接受了佛教的影响。

西夏最早的佛事活动记载是北宋景德四年（1007）。当时党项族首领、夏州节度使、西平王德明的母亲罔氏下葬时，德明要求到宋朝北部佛教中心五台山修供十寺（唐以后五台山有大寺十所），并派致祭使护送供物到五台山。可见当时佛教已成为党项王室的重要信仰了。

德明时期相对稳定的局势为向宋朝求取大藏经的佛事活动提供了有利条件。北宋天圣八年（1031）十二月，德明派使臣去宋朝，乞求宋朝赐佛经一藏。宋朝答应了这一请求。①

德明之子、景宗元昊在佛教发展方面更有重要建树，他通晓"浮图学"，在继承王位后的第三年，即宋景祐元年（1035）十二月，又向宋求

---

① （南宋）李焘：《续资治通鉴长编》卷一〇九，仁宗天圣八年（1030）十二月丁未条。中华书局 1979 年校点本，第 2549 页。

赐佛经一藏。① 宋宝元元年（1038）元昊又向宋朝提出希望派使臣到五台山供佛。② 元昊在紧锣密鼓地筹备立国称帝的前夕，仍与宋朝保持着佛教的往来。

在元昊立国之初，就注意搜集佛舍利，建佛舍利塔。明《嘉靖宁夏新志》记载了西夏初期为葬舍利而作的《大夏国葬舍利碑铭》。铭文尾题年款"大夏天庆三年八月十日建"，③ 由此知为西夏正式建国（1038）前两个月所立。碣铭记录了为葬舍利而在首府兴建佛塔的盛况。④ 这是目前所知西夏最早的重要佛教碑碣。《碣铭》中提到贡献舍利的有"东土名流，西天达士"，这可能指中原人和印度人。安放舍利时用银椁、金棺、铁匣、石匮，下通地下泉水，上复连云宝塔，可见佛事的铺张、建筑的豪华。这是西夏建塔最早的记载。

将佛经翻译为西夏文是西夏传播、发展佛教最重要的举措。要在不懂得汉语的党项族群众中发展佛教，只有汉文佛经而没有党项族自己民族文字的佛经是难以实行的。西夏文字创造不久，就开始了大规模翻译佛经。翻译西夏文大藏经持续了五十多年，是西夏佛教发展史上最为重大、最有特色的事件，此举为佛教在西夏境内进一步流传、发展打下了坚实的基础。

元昊还用行政命令的方法扶植佛教。他下令以每一季第一个月的朔日（初一）为"圣节"，让官民礼佛，这就把佛教推上了更高的地位。天授礼法延祚十年（1047）元昊又兴建规模宏大的高台寺："于兴庆府东一十五里役民夫建高台寺及诸浮图，俱高数十丈，贮中国所赐大藏经，广延回鹘僧居之，演绎经文，易为蕃字。"⑤ 寺庙和其中的佛像都很高大宏伟，显示了西夏佛寺的规模和西夏佛事的铺张。寺内存贮宋朝所赐大藏经，并且请回鹘僧人演绎经文，翻译成西夏文。显然此次建寺和贮藏汉文佛经、

① 《续资治通鉴长编》卷一一五，仁宗景祐元年（1035）十二月癸酉条，第 2708 页。

② 《续资治通鉴长编》卷一二一，仁宗宝元元年（1038）正月癸卯条，第 2849 页。

③ 牛达生：《〈嘉靖宁夏新志〉中的两篇佚文》，《宁夏大学学报》1980 年第 4 期。

④ （明）胡汝砺编，管律重修：《嘉靖宁夏新志》卷八，上海古籍书店影印天一阁藏明刻本（1982），第 44—45 页。《嘉靖宁夏新志》天一阁影印本。（清）张金城修，杨浣雨纂，陈明猷点校：《乾隆宁夏府志》，宁夏人民出版社 1992 年版。

⑤ （清）吴广成：《西夏书事》卷一八，《续修四库全书》第 334 册，上海古籍出版社 2001 年版，第 439 页。

翻译西夏文佛经有直接关系。

西夏毅宗谅祚初期，母后没藏氏专权。这个曾经一度出家为尼的皇太后十分好佛。在她执政的第三年，即天祐垂圣元年（1050），开始兴建著名的承天寺，历时近六年于西夏福圣承道三年（1055）建成。据记载："因中国赐大藏经，役兵民数万，相兴庆府西偏起大寺，贮经其中，赐额'承天'，延回鹘僧登座演经，没藏氏与谅祚时临听焉。"① 当时所作的《新建承天寺瘗佛顶骨舍利碣铭》描绘了兴建承天寺和埋葬佛顶骨舍利的情景。② 其中"大崇精舍，中立浮图"反映出西夏初期大力修盖寺庙、佛塔的情景。寺庙修成后，其中也贮藏宋朝所赐大藏经，并延请回鹘僧登座演经，没藏氏本人和小皇帝谅祚有时还来听讲。

没藏氏又于承天寺建成的当年（1055）派遣使臣到宋朝，又得到宋朝一部大藏经。③ 没藏氏死后，毅宗时又先后两次自宋朝得到两部大藏经。与此同时，西夏也向辽朝进贡回鹘僧、金佛、《梵觉经》。当时回鹘一部分地区为西夏所有，回鹘僧人不仅被用来为西夏演经、译经，还被用来作为友好往还的"礼品"送往他国。

惠宗秉常和崇宗乾顺在位前期，都是笃信佛教的母后专权。惠宗之母梁氏是崇宗之母梁氏的姑母，她们都大力推行佛教。惠宗时，第六次向宋朝求赐大藏经。④ 当时作为佛教圣地的莫高窟、榆林窟也已留下了西夏佛教信徒的足迹。莫高窟有天赐礼盛国庆二年（1070）西夏文题记。据榆林窟十六窟题款记载，天赐礼盛国庆五年（1073）阿育王寺僧人惠聪等人曾修弥勒大像。至少在此时已经刻印汉文佛经，黑水城（今属内蒙古额济纳旗）所出汉文刻本佛经中有"天赐礼盛国庆五年岁次癸丑八月壬申朔陆文政施"的题款。⑤

崇宗时期基本完成了西夏文大藏经 3500 余卷的翻译，成就了西夏佛教发展的一大工程。

---

① （清）吴广成：《西夏书事》卷一九，《续修四库全书》第 334 册，第 449 页。

② 《嘉靖宁夏新志》卷四，第 4 页。

③ 《续资治通鉴长编》卷一七九，仁宗至和二年（1055）四月庚子条，中华书局 1980 年校点本，第 4330 页。

④ 《宋史》卷四八六《夏国传下》，第 14009 页。

⑤ 史金波、魏同贤、［俄］克恰诺夫主编：《俄藏黑水城文献》第四册，上海古籍出版社 1997 年版，第 7 页。

天祐民安四年（1093），由皇帝、皇太后发愿，动用了大量人力、物力和财力，重修著名的凉州感通塔及寺庙，第二年完工后立碑赞庆。此碑即第一批国家国家重点文物保护单位之一的重修护国寺感通塔碑，是西夏时期留存至今的最重要的佛教石刻。① 此碑碑文两面，一面西夏文，28行；一面汉文，26行。两种文字内容大体相同。汉文部分开始叙述阿育王建立八万四千宝塔中，凉州塔即其中之一，中间几经兴废。夏国建立后，此塔祥瑞感应故事很多，崇宗继位后，西夏对佛教十分重视，会集工匠，修饰佛塔，使之焕然一新，赞扬了皇帝、皇太后"发菩提心，大作佛事"的善举，同时还记载了西夏在境内大力修葺寺庙，使佛刹林立的情况："至于释教，尤所崇奉。近自畿甸，远及荒要，山林溪谷，村落坊聚，佛宇遗址，只椽片瓦，但仿佛有存者，无不必葺，况名迹显敞，古今不泯者乎？"②

崇宗时期另一项大规模修建寺庙的活动是在甘州建筑卧佛寺。据明宣宗《敕赐宝觉寺碑记》所载：西夏乾顺时，有沙门族姓嵬咩（嵬名），法名思能，号为国师。他掘得古涅槃佛像后，于崇宗永安元年（1098）修建卧佛寺。③ 又据《西夏书事》记载：乾顺自母亲梁氏死后，常供佛为母祈福。甘州僧人法净声称，自己于张掖县西南首浚山下夜望有光，掘得古佛三身，皆卧像，献于乾顺。乾顺遂于贞观三年（1103）在甘州建宏仁寿，即后来的卧佛寺。④ 显然，两种说法在时间、人物、情节上都有差异，但两说都认为甘州卧佛寺是在乾顺时期兴建的。这一寺庙规模宏大，寺内的卧佛身躯伟岸，为河西所仅见。

西夏仁宗一朝五十多年中，佛教比前代有了新的发展，其影响进一步扩大。这一阶段突出的佛事活动有两项，一是西夏文佛经的校勘；二是刻经和施经。西夏的刻印事业逐步发展起来，当时政府设刻字司，专主刻印，这为佛经的大量刻印和广泛流行创造了有利的条件。

从所见文献看，仁孝一朝多次印施佛经，每次所印佛经很多。特别值得提出的是，在《观弥勒菩萨上生兜率天经》后的一篇汉文发愿文中记

① 碑文始见于（清）张澍《养素堂文集》卷一九，道光十七年刊本。
② 史金波：《西夏佛教史略》，宁夏人民出版社1988年版，第252页。
③ 《甘州府志》卷一三《艺文》，第26—28页，明宣宗《敕赐宝觉寺碑记》；又卷五《坛庙》，第19页，乾隆四十四年修。
④ （清）吴广成：《西夏书事》卷三一，《续修四库全书》第334册，第545—546页。

载了乾祐二十年（1189）九月，在大度民寺作一大法会，散施西夏文、汉文《观弥勒菩萨上生兜率天经》十万卷，汉文《金刚普贤行愿经》、《观音经》各五万卷，作各种法事，长达十昼夜。会上散发二十万卷佛经，充分反映了仁孝时期佛教的兴盛。桓宗时期，罗太后发愿令人抄写全部西夏文大藏经，黑水城出土的《佛说长阿含经》和《佛说宝雨经》卷首各有一方木刻押捺题款记载这一活动。①

西夏晚期的佛教虽受到朝代频繁更迭和战乱破坏的影响，但西夏皇室在艰难喘息之间，还要顾及佛事，甚至妄想祈求佛的保佑以挽救必败的颓局。光定四年（1214），神宗遵顼在内外交困、国力衰微之际，组织缮写泥金字《金光明最胜王经》。保存在西安市的一部分残页虽已历时七百余年，却仍然色泽鲜艳。

西夏后期佛教曾进一步传播，至晚期受战乱影响，有衰落的趋势。

三　佛经翻译和校勘

西夏佛教发展最富影响的莫过于用西夏文翻译汉文佛经。用西夏文翻译佛经，始于景宗元昊时期。当时西夏已向宋朝求到两部汉文大藏经，为西夏译经准备了汉文底本。在开始译经的前两年，西夏创造了自己的文字，这就使翻译佛经成为可能。

元昊称帝当年，已开始把汉文佛经译成西夏文。当时的译经主持人是国师白法信。西夏文《过去庄严劫千佛名经》发愿文中记有："夏国风帝新起兴礼式德，戊寅年中，国师白法信及后禀德岁臣智光等，先后三十二人为头，令依蕃译。"至天祐民安元年（1090），用 53 年时间，共译经 362 帙，812 部，3579 卷。②"风帝"即指元昊，"戊寅年"为元昊称帝的 1038 年。主持译经的是国师白法信、白智光等。"令依蕃译"即下令按照蕃文（西夏文）翻译。此时，宋朝刻印完毕的大藏经只有《开宝藏》一种，其他几种私刻大藏经均未印成。由此可知，西夏把佛经译为西夏文的底本当是《开宝藏》无疑。

国家图书馆所藏一幅珍贵的西夏译经图，描绘了西夏惠宗时期译经的真实情况。上部正中的高僧为"都译勾管作者安全国师白智光"，即译场

---

① 史金波：《西夏社会》，上海人民出版社 2007 年版，第 603—604 页。

② 史金波：《西夏文〈过去庄严劫千佛名经〉译证》，《世界宗教研究》1981 年第 1 期。

主译人，跏趺而坐，正在讲解经文。旁列十六人为"助译者"，其中八僧人分别有党项人或汉族人名题款，后排世俗官员八人。图中绘西夏惠宗秉常和母梁氏皇太后亲临译场的坐像，展示了西夏时期译经的生动情景。①

此后虽然有所增译，但大都属于零星补充性的工作。

目前已发现西夏文佛经约四百种。现在所说的西夏文大藏经，西夏时期被称作"蕃大藏经"。它在中国佛教史，乃至中国文化史上占有特殊的地位。到目前为止，已经出土西夏文佛经在数千卷以上，它们被收藏于国内外各有关部门。

仁宗时期采取了佛、儒并重的政策，推动佛教进一步发展，其中最值得称道的是佛经校勘。《过去庄严劫千佛名经》发愿文中，在叙述了西夏译经的情况后，接着提到了西夏校经的史实："后奉护城皇帝敕，与南、北经重校。"护城皇帝即仁宗。"南经"当指西夏之前的宋本，即《开宝藏》。西夏以北的辽、金先后刻印了汉文大藏经，一为《契丹藏》，一为《赵城藏》，此时均先后完工，所以"北经"应是辽、金的《契丹藏》或《赵城藏》。传世的西夏文佛经中，在卷首明确记载进行过校勘的，绝大多数是仁宗时所校。

西夏境内西夏文、藏文、汉文、回鹘文四种文字的佛经同时流传。西夏的汉文佛经，流存于现在的有《大方广佛华严经》、《妙法莲华经》、《金刚般若波罗蜜经》等以及译自藏传佛教的佛经多种。此外，传世的还有西夏僧人纂集的《密咒圆因往生集》。又有西夏三藏金总持译的《法大乘义决定经》三卷，证明元朝仍有西夏汉译本流传。

西夏时期还有的藏文佛教经典流传。② 俄藏黑水城文献中有藏文写本如《大般若波罗蜜多心经》、藏文写本《法法性论辩》、《圣胜慧到彼岸功德宝集偈》等。③ 藏文的刻本也陆续有所发现，其中有梵夹装《般若经》封面残页，有蝴蝶装式《圣观自在大悲心总持功德依经录》、《顶尊胜相总持功德依经录》等经。④ 这样藏传佛教在西夏境内进一步扩大了影响。

① 史金波：《西夏译经图解》，《文献》（第一辑），书目文献出版社1979年版。中国社会科学院西夏文化研究中心、国家图书馆编：《国家图书馆学刊》2002年增刊《西夏研究专号》，图版3。

② 史金波：《西夏的藏传佛教》，《中国藏学》2002年第1期。

③ 史金波、魏同贤、［俄］克恰诺夫主编：《俄藏黑水城文献》第一册，彩图59、60。

④ 史金波：《中国历代少数民族文字印刷考略》，《中国印刷》2004年第10、11、12期。

西夏黑水城还出土有一种特殊的手写本西夏文佛经,其中每一个西夏字都用藏文为之注音。这种佛经仅发现有数纸,为俄国科兹洛夫和英人斯坦因自黑水城遗址掘获。①这种注音形式便于懂藏文的人学习、诵读西夏文佛经,表明了西夏党项文化和藏族文化的互动。

西夏文佛经中个别的还可能直接译自梵文或以梵文本校勘。北京房山云居寺所藏石刻佛经中,有一种西夏时期翻译、明朝镌刻的藏汉合璧的《圣胜慧到彼岸功德宝集偈》,首列题款二十二行,其中有"梵译"者、"亲执梵本正义"者,此经的翻译底本可能参照梵文原本,或参照梵文本对勘。②

在黑水城和敦煌出土的文献中都有少量的回鹘文佛经,其中多未记明时间。但从当时回鹘在西夏社会的具体状况和文献发现地点分析,其中可能有西夏时期的回鹘文佛经。在敦煌石窟北区发现的一千余枚回鹘文木活字,也应是西夏时期用来印刷回鹘文佛经的实物。③

四　西夏佛教特点

党项族与辽、金王朝主体民族契丹族、女真族一样,在初始阶段皆以本民族比较原始的方法治理所辖地区,当这些民族进入中原地区并统治了中原部分地区后,便顺其自然地逐渐接受中原王朝治理国家的理念和方法,形成了以儒治国的制度和方法。儒学引领着社会思潮,形成政府的统治思想和民间行事主流意识,左右着政府,渗透于法律。舶来的佛教历经千年的流布、嬗变和发展,也深深植根于中土,势力宏大。本土形成的道教凭借其深厚的基础,在与佛教摩擦、吸收过程中扩展着范围和影响。民间对自然、神祇的信仰以其古朴形态,展示民族、地域特色。综观10—13世纪中国境内的宗教信仰分布,大体上是东部佛、道并存,佛、道势力旗鼓相当,西部回鹘、吐蕃、大理以佛教为主,伊斯兰教渐从回鹘西部进入。中部西夏地区虽也兼容佛、道,但佛教强势,道教弱势,是中国宗

---

①　《国立北平图书馆馆刊》第四卷第三号(西夏文专号),1932年出版,第7—21、241—244页。

②　史金波:《西夏佛教史略》,第138页。另参见苏航《西夏时期的〈圣胜慧到彼岸功德宝集偈〉研究》,《中国多文字时代的历史文献研究》,社会科学文献出版社2010年版。

③　史金波、雅森·吾守尔:《中国活字印刷术的发明和早期传播——西夏和回鹘活字印刷术研究》,社会科学文献出版社2000年版,第137—139页。

教的过渡地带。

西夏佛教与其同时的几个王朝相比有其特点，有很多新的创举，在中国佛教史上占有重要的地位。

（一）用本民族文字翻译大藏经

由梵文译为汉文大藏经用了差不多一千年的时间。西夏自立国伊始便开始组织用西夏文翻译佛经，仅用了53年就译完汉文大藏经的主要经典，称为西夏文大藏经。西夏文大藏经的翻译速度堪称中国翻译史上惊人的创举。中国国家图书馆保存的"西夏译经图"是中国唯一的真实反映译经场面的图画。

辽、金发展佛教，皆在北宋首次雕印汉文大藏经的基础和影响下，刻印汉文大藏经。尽管他们都创造了本民族文字契丹文和女真文，但皆未用民族文字翻译汉文大藏经。契丹人和女真人如果不懂得汉语，就无法听到读诵佛经的声音，当然也看不懂佛经。与辽、金王朝相比，西夏在主体民族传播佛教方面有开创性、突破性进展。

由于西夏文佛经的民族性特点，此后当契丹人、党项人和女真人都走上消亡道路时，党项后裔至明代还凭借民族文字西夏文佛经经卷和经幢的使用，证明其民族还在延续。[①] 如果没有西夏文佛经的流传，党项族后裔的传承可能止步于元朝末年。明代党项后裔借助西夏文佛经，不经意间将本民族延长了一个半世纪。

（二）率先在非藏族地区发展藏传佛教

西夏中后期又接受藏传佛教，在藏传佛教东传过程中，西夏有举足轻重的地位。这是西夏佛教又一显著特点。在西夏地区发展藏传佛教首创藏传佛教在非藏族地区传播，酝酿成熟了在非藏族地区传播的体制和经验，为此后藏传佛教向中原腹心地区东传打下了基础。

蒙古统治者占领西夏后，宗王阔端受封于西夏故地，坐镇凉州，经营吐蕃。他召请吐蕃最有影响的萨迦寺主萨迦班智达及侄子八思巴等来凉州，议定吐蕃归附蒙古大事。会谈地点凉州是藏传佛教信仰影响很大的西夏故地，阔端在这里不难了解到藏传佛教的影响，以及西夏统治者利用藏传佛教的情况。会谈中阔端表现得对藏传佛教十分尊重，为这一重要会谈增添了和谐的文化、宗教色彩。会谈的成功确立了蒙古对吐蕃的统治，也

---

① 史金波、白滨：《明代西夏文经卷和石幢初探》，《考古学报》1977年第1期。

确认了藏传佛教的地位，使藏传佛教在西夏传播的基础上得以继续向汉地和其他地区传播。

（三）创立帝师制度

大量西夏封设帝师资料的发现改变了中国帝师制度始自元世祖忽必烈成说，目前已知的五位西夏帝师应是中国最早的一批帝师，这改写了中国佛教史上的重要一页。

西夏的帝师制度对元代产生了重大影响。西夏确立了帝师在宗教上的崇高地位，给予帝师正式封号，并在藏传佛教信仰的高僧和吐蕃僧人中遴选帝师，这些关于封设帝师的原则和措施都为元代的帝师制度所继承、发展和完善。元世祖忽必烈封八思巴为帝师，后元朝皇帝即位之初，例从藏族僧人受戒，并设帝师。

中国佛教的帝师制度从西夏至元代延续了差不多两个世纪。

（四）兴建北五台山清凉寺并大力续修石窟

西夏时期修建寺庙很多，其中仿中原地区的五台山寺在西夏修建自己的五台山寺最具特色，在中国佛教史上独树一帜。西夏初期即对宋朝的五台山情有独钟。西夏建国后，与宋交恶，既不能去五台山，就按照山西五台山寺形制建起西夏的北五台山寺，寺庙群中也建有清凉寺。寺内高僧云集，传道译经，成为西夏佛教的中心之一。

西夏建国前就占领了沙州、瓜州。两州境内的莫高窟和榆林窟自唐朝达到艺术高峰后，因唐末、五代的战乱而开始走下坡路。西夏占领这一地区后，隆盛佛教，修葺洞窟，使两窟群再次呈现新的辉煌。

莫高窟在西夏有特殊的地位，窟内西夏题记中的"圣宫"、"朝廷圣宫"，即是对莫高窟的称誉。[①] 修建或重修洞窟需要大量财力、人力，西夏王朝经济力量有限，大型佛事活动应以皇室或地方政府为主，大规模修建敦煌莫高窟洞窟也应是西夏皇室所为。

除敦煌莫高窟、安西榆林窟外，河西走廊还有多处石窟都有西夏洞窟。西夏掩有河西走廊，占据石窟寺地理优势，使石窟艺术再现辉煌，取得辽、金所不及的成就。

（五）有多种皇室发愿文和序

佛教传入中土后，逐渐引起统治者的重视。为推行佛教，唐、宋时期

---

① 史金波、白滨：《莫高窟榆林窟西夏文题记研究》，《考古学报》1982 年第 3 期。

的皇帝亲自撰写圣教序，为刻印佛经撰写序言或发愿文。西夏统治者继承
中原王朝的衣钵，不断印刷、施放佛经，其中一部分佛经由皇室刻印，并
以皇帝或太后的名义撰写发愿文或序言。

　　目前所能见到的以西夏皇帝、皇太后名义撰写的施经发愿文、佛经序
等至少有 17 件。如崇宗刻印《圣大乘无量寿经》御制序，仁宗时印施番
汉文《大方广佛华严经普贤行愿品》御制发愿文、印施番汉文《圣观自
在大悲心总持》及《顶尊胜相总持功德依经录》后序愿文、印施《佛说
圣佛母般若波罗蜜多心经》发愿文、刻印《圣大乘胜意菩萨经》发愿文、
刻印《佛说圣大乘三归依经》发愿文、印施《观弥勒菩萨上生兜率天经》
发愿文，皇后罗氏印施《大方广佛华严经入不思议解脱境界普贤行愿品》
题记、印施《金刚般若波罗蜜经》题记，桓宗皇太后罗氏印施《仁王护
国般若波罗蜜多经》发愿文、印施《佛说转女身经》发愿文、印施《大
方广佛华严经入不思议解脱境界普贤行愿品》、抄写全部西夏文大藏经木
刻押捺题款，襄宗散施《金刚经》、《般若经》的发愿文[①]，神宗时泥金
字写本《金光明最胜王经》御制发愿文。此外还有御制《大白高国新译
三藏圣教序》（残）、《慈悲道场忏罪法》序等。[②]

　　一个朝代有这样多的御制佛经发愿文和序言，在中国历史上或许是绝
无仅有的。这些发愿文和序不仅数量多，而且内容丰富，其中不仅记录了
西夏对佛理的认识，更重要的是真实地记载了很多西夏重要佛事活动，有
重要学术价值。

　　西夏皇室佛经序言和发愿文多集中在仁宗、桓宗两朝，反映出这段时
间西夏王朝推动佛教的力度加大，特别是仁宗和罗太后在西夏后期佛教发
展方面起到关键作用，也反映出西夏时期印刷业，特别是佛教经典印刷有
非同以往的进展。

　　（六）法事活动规模宏大

　　西夏的法事活动也呈现发展的趋势。特别是西夏中期以后，法事活动
在佛教信仰中占据越来越重要的地位。

---

　　①　以上分别见俄罗斯圣彼得堡东方学研究所藏黑水城文献，原编号 Инф. №. 612、3780、
6821、6360、6796、7577、2315、638、80、5423。史金波、魏同贤、〔俄〕克恰诺夫主编《俄藏
黑水城文献》，上海古籍出版社 1996—1997 年版；第四卷，TK164、165；第三卷，TK145、128、
121；第二卷，TK58、61、98；第一卷，TK14。

　　②　史金波：《西夏佛教史略》，第 239—240、280—285 页。

　　崇宗时重修凉州护国寺和佛塔，天祐民安五年（1094）竣工时大兴庆祝，"用鸣法鼓，广集有缘，兼起法筵，普利群品"，做饭僧、度僧、赐金、赐衣、赐钱和官作诸般活动。①　仁宗天盛十九年（1167）"皇太后周忌之辰"，大兴法事，印造并散施佛经番汉两万卷，请国师等做烧结灭恶趣中围坛仪，作法华会、大乘忏悔等法事。乾祐十五年（1184）为仁宗"本命之年"，命国师等烧施结坛、摄瓶诵咒、施食、打截截、作忏悔、放生命、喂囚徒、饭僧设贫等诸法事，印施佛经、彩绘十余万。乾祐二十年（1189）仁宗 66 岁，请三位国师在大度民寺作广大法会，印施佛经凡二十万卷，做诸般法事，凡七昼夜。乾祐二十四年（1193）仁宗去世，聚会文武臣僚、僧众等三千余员，做烧施道场供养等，七日七夜，读诵番、汉、西番三藏经各一遍，印施番、汉经两千余卷。桓宗天庆元年（1194）皇太后罗氏于仁宗"周忌之辰"，印施佛经番一万部，汉两万部，请国师等作广大法会七日七夜，请法师等作水陆不拒清净大斋法事三日三夜。天庆二年（1195）罗太后于仁宗"二周之忌辰"印施番、汉文共三万余卷，并彩绘功德三万余帧。天庆三年（1196）仁宗去世后三年，皇太后罗氏又许愿于三年之中，作大法会烧结坛等三千余次，大会斋十八次，开读经文六百多藏、五百五十多万部，度僧三千员，散斋僧三万多员，散施八塔成道像等七万多帧，佛经共九万余部。襄宗应天四年（1209）作广大法事，烧施道场等作一千七百余遍，读诵经一百八藏、二万于部，剃度僧人三百余员，令国师等众僧六万七千余员作斋会，散施佛经五万卷。②　除皇室外，有能力作大法会、印施佛经的，还有高官显宦。如西夏中书相贺宗寿亡故后，其子刻印《佛说父母恩重经》并作一系列法事活动，请禅师僧众等七千余员，修设水陆道场三昼夜，作无遮大会一遍。

　　西夏的佛教法事活动后期较多，规模很大，反映出西夏后期佛事的铺张和奢侈。

　　总之，佛教是宗教信仰的主流，由于皇室大力提倡，很多活动具有浓重的皇室或官方色彩。但西夏佛教不具有全民性，更不是"国教"。西夏

　　① 史金波：《西夏佛教史略》，第 252 页。
　　② 俄罗斯圣彼得堡东方学研究所藏黑水城文献，原编号 Инф. No. 3780、683、5423；《俄藏黑水城文献》第三卷，TK121、128；第二卷，TK58；第一卷，TK 12。

的佛教和儒学各有其职，但又能在皇室的操控下相互协调，相互补充。西夏时期中国境内有多种政权，但文化相互影响，显现一体化坡度趋势：佛教信仰由东至西渐强，道教由东至西渐弱；儒学则与佛教成相反布局，由东至西渐弱。处于几个政权中间的西夏，在儒学和佛教发展中都形成了自己的特点。①

第二节　佛教政策和管理机构

西夏佛教政策与西夏佛教制度有极密切的关系。为了加强统治，西夏王朝大力提倡儒学和佛教，使之成为西夏社会思想的两大精神支柱。

西夏佛教发展的一个特点是皇室的直接参与。不少重要佛事活动以皇帝、皇太后的名义实施。目前所能见到的西夏皇帝、皇太后御制的或大臣敕撰写的碑铭、发愿文、佛经序等有很多。此外，西夏皇帝还仿唐宗、宋帝，御制西夏文《新译三藏圣教序》。② 由于西夏朝廷的倡导，在西夏境内形成了上下崇佛、寺庙林立、僧人众多、信徒广布的局面。不难想见西夏王朝有意识地大力推行佛教的总政策。

一　佛教政策

西夏政府为发展佛教，在很多方面对佛教实行加意保护和优容照顾的政策。这在西夏王朝法典《天盛改旧新定律令》（以下简称《天盛律令》）中有明确的规定。如："诸人佛像、神帐、道教像、天尊、夫子庙等不准盗损灭毁。若违律时，造意徒六年，从犯徒三年。"③ 西夏政府以法律手段保护佛教、道教和儒学，其刑罚之严，由此可见。其中把保护佛像置于首位。此条中又规定："若非损坏，盗而供养者，则有官罚马一，庶人十三杖。"盗窃佛像后持归礼拜供养者，则法律上网开一面，对其处罚大大减轻。西夏统治者为了贯彻推行佛教这一总政策，在法律上把为了供养佛像而行盗窃的罪行淡化了。

---

① 史金波：《关于西夏佛与儒的几个问题》，《江汉论坛》2010 年第 10 期。

② 史金波：《西夏佛教史略》，附录一《西夏碑碣铭文、佛经序、跋、发愿文、石窟题记》，第 283—285 页。

③ 史金波、聂鸿音、白滨译注：《天盛改旧新定律令》，法律出版社 2000 年版，第 184 页。

西夏僧人在法律上还享有特权。有些僧人犯罪时有减免之法。在《天盛律令》中有以下规定："诸有官人及其人之子、兄弟，另僧人、道士中赐穿黄、黑、绯、紫等人犯罪时，除十恶及杂罪中不论官者以外，犯各种杂罪时与官品当，并按应减数减罪。"①

西夏对寺庙在经济上给予很大照顾，寺院领有土地，并不纳税。② 从黑水城文书中看到寺庙以大批粮食放高利贷、出租土地的情况，可知当时寺庙经济的特点和影响。③

西夏政府为制止贵族在丧葬方面的铺张行为，对使用僧、道的活动也有严格的规定，《天盛律令》规定："诸男女有高位等，死亡七七食毕，官方应为利益时，所赐僧人、道士数依谕文所出实行，此外，不许自求僧人、道士。倘若违律而求之，报、取状者一律有官罚马一，庶人十三杖，僧人、道士勿获罪。"④

《唐律》和《宋刑统》关于宗教的条款很少，属于保护道教、佛教的只有一条。西夏法典《天盛律令》中大大增加了宗教信仰内容。《天盛律令》卷三有"盗毁佛神地墓门"，特别是于卷十一专辟"为僧道修寺庙门"，含二十三条，约三千字的篇幅。此外卷一、十、十四也还有关于僧道的条款。西夏法典中有关宗教内容大幅度增加，明显反映出佛教、道教在西夏社会受关注程度的提升。

二　佛教管理机构

西夏佛教对世俗社会极力适应，与世俗政权紧密配合，而西夏政府对佛教及其上层也给以很高的地位，并请他们直接参与佛教的管理，这是西夏佛教制度的另一个重要特点。

西夏对佛教的管理，可分为两个层次。

（一）中央级僧署

在《天盛律令》显示的西夏政府机构中，次等司中有两个管理佛教事物的机构，即僧人功德司、出家功德司。法典有时又将二功德司记为在

---

① 史金波、聂鸿音、白滨译注：《天盛改旧新定律令》，第 138—139 页。

② 同上书，第 496 页。

③ 史金波：《西夏粮食借贷契约研究》，《中国社会科学院学术委员会集刊》第 1 辑（2004 年），社会科学文献出版社 2005 年版。

④ 史金波、聂鸿音、白滨译注：《天盛改旧新定律令》，第 410 页。

家功德司和出家功德司。而管理道教的机构仅有一个，即道教功德司。①
在西夏汉文《杂字》司分部十八中有各种司职，其中也有"功德"、"道
德"。② 这里的"功德"当为佛教两功德司的简称。西夏设功德司统管佛
教，是继承了唐代衣钵；而功德司又分为两种，则是西夏的新创。

唐、宋佛教管理机构级别都不太高，而西夏管理宗教的政府机构功德
司的地位很高。《天盛律令》规定，西夏政府中第一等为上等司，有中
书、枢密，第二等为次等司，包括殿前司、御史、中兴府、三司等 17 个
司，其中管理佛教和道教的有三个功德司。可见其地位比唐、宋时期明显
提高。

《天盛律令》中规定佛教两种功德司各设六位国师、两位合管。西夏
国师在功德司中都任正职。这样两功德司同时可以有十二位正职。两功德
司由政府颁发司印，为铜上镀银十五两。③ 近些年来，在西夏资料中发现
任功德司职务的人不少。

《天盛律令》中多是佛、道并提，似乎地位平等，但在西夏管理佛教
的官员为管理道教官员的六倍。可以推想，西夏的佛教势力远大于道教，
佛教事务远多于道教。

在俄藏黑水城出土文献中，有一译自藏文的西夏写本《胜慧到彼岸
要论教学现前解庄严之注》，在经末的译者、校者题款中有："出家功德
司正、禅师、沙门彭智满证义，出家功德司正、副使、沙门尼则法净文，
出家功德司承旨、沙门景智有与吐番本校。"④ 他们的职务出家功德司正、
副使、承旨都与《天盛律令》所载相合。《圣胜慧到彼岸功德宝集竭》题
款五人中有三人涉及功德司职务。⑤

现已发现西夏担任功德司内职务的人中，尚未见有俗人，可能功德司
的正、副、承旨等职务概由僧人担任。佛教传入中国的早期政府设置管理
机构时，系由世俗人任职；僧人出任的僧官，只管理僧人内部的佛事活
动。随着政府对佛教关心和干预的增多、佛教对政府的服务和依赖的加

---

① 史金波、聂鸿音、白滨译注：《天盛改旧新定律令》，第 363、367 页。

② 史金波：《西夏汉文本〈杂字〉初探》，《中国民族史研究》（二），中央民族学院出版
社 1989 年版。

③ 史金波、聂鸿音、白滨译注：《天盛改旧新定律令》，第 358—379 页。

④ 俄罗斯圣彼得堡东方学研究所手稿部藏黑水城文献，原编号 Инф. No. 5130。

⑤ 俄罗斯圣彼得堡东方学研究所手稿部藏黑水城文献，原编号 Инф. No. 598。

强，一些被政府信任和赏识的僧人上层便进入了政府机构，参加全国的佛教事务的管理。西夏正是这种情况，西夏僧人中的上层，与官府过从甚密，不少人居官任职，有的已经成为西夏统治阶级中的要员。

（二）地方和寺院僧职

俄藏黑水城文献中的汉文本《杂字》中，有僧官、僧正、僧副、僧判、僧录等官位名称。尽管未明确其具体为哪一级僧职，但它们应不是中央级僧官，而是地方或寺院中的僧职。又乾祐十五年（1184）刻印的《佛说圣大乘三归依经》御制发愿文中有："朕适逢本命之年，特发利生之愿。恳命国师、法师、禅师暨副、判、提点、承旨、僧录、座主、众僧等，遂乃烧施结坛，摄瓶诵咒，作广大供养，放千种施食。"① 所记副、判、提点、承旨都应是功德司内的职务，而文中的僧录、座主当是地方和寺庙的僧职。

西夏寺庙中的僧职还可以从《天盛律令》中寻找到一些线索。其中有一条规定做在家僧人的程序时，提到"所属寺僧正、检校等当转"，"所属寺僧监、副、判、寺检校、行童首领、知信等"。② 由此可以确知西夏寺庙中设有寺僧正、副、判、检校、行童首领、知信等职。

西夏寺院中的僧职，还能从西夏的佛教碑刻和佛经款识中得到印证。西夏凉州感通塔碑西夏文、汉文碑铭中都记录了参与重修塔寺的有关人员，汉文中有寺庙提举、僧正、僧副等。③ 提举当是总管、主管之职，只有特殊的大寺院才能设。《天盛律令》有严格规定："国境内有寺院中圣容一种者，当遣常住镇守者正副二提举，此外不许寺中多遣提举。"④

西夏寺庙僧职中有"座主"，西夏文记为寺庙"小监"。佛教中的座主意为大众一座之主，统理一山一寺者，与上座、首座同义。在西夏文一些佛经题款中也多次出现座主⑤，而座主都与译传佛经有关，或许西夏座主多为有佛学造诣的僧人。

---

① 史金波：《西夏佛教史略》，第 262 页。

② 史金波、聂鸿音、白滨译注：《天盛改旧新定律令》，第 402—403 页。

③ 史金波：《西夏佛教史略》，附录一《西夏碑碣铭文、佛经序、跋、发愿文、石窟题记》。

④ 史金波、聂鸿音、白滨译注：《天盛改旧新定律令》，第 403 页。

⑤ 俄罗斯圣彼得堡东方学研究所手稿部藏黑水城文献，原编号 Инф. No. 119、4976、819、7211。

第三节　僧众管理与寺庙

一　僧众管理

作为一个佛教盛行的王朝，西夏僧人数量很多。其中部分上层有封号，有官位，有赐衣。西夏是一个多民族的王朝，其僧人的民族成分也是多民族的。西夏政府对僧人有严格管理，实行度牒制度。

（一）封号

佛教在中国流传过程中，逐渐形成了封号制度。唐代有大师、国师封号；宋朝废行国师的封授，但盛行大师、禅师的封赐。西夏不仅继承了前代的封号制度，而且有了新的发展，形成了一套复杂的封号体系。

《天盛律令》有："皇帝之师监承处：上师、国师、德师。皇太子之师：仁师。诸王之师：忠师。"① 这些师号中的主要名号，如上师、国师、德师等皆是授予高僧的名号。

西夏佛教封号制度中最重要也是最高的师号是"帝师"。西夏汉文《杂字》官位第十七中列有帝师、法师、禅师，确证了西夏帝师的存在。② 目前从新的文献资料中发现的西夏帝师已经有五位。

一位是仁宗时期的贤觉帝师，名为波罗显胜。在汉藏文合璧《圣胜慧到彼岸功德宝集偈》的汉文题款为"贤觉帝师、讲经律论、功德司正、偏袒都大提点、赐卧勒沙门波罗显胜"。不难看出他在西夏的宗教地位极高，官位也很高。所赐官位"卧勒"是皇帝以下的最高封号，相当于大国王的地位。③ 贤觉帝师名波罗显胜，不会是汉人。其传著要经过别的高僧译成西夏文，可见他也不是党项人。因此贤觉帝师应是西夏的吐蕃族高僧。

另一位帝师法名慧宣，他撰著的佛经也不少，有其题名的如《风身上入顺》中有五种要论，每一种要论的名称后都有"中国⋯帝师沙门慧

---

① 史金波、聂鸿音、白滨译注：《天盛改旧新定律令》，第 365 页。

② 史金波：《西夏汉文本〈杂字〉初探》。

③ 俄罗斯圣彼得堡东方学研究所手稿部藏黑水城文献，原编号 Инф. No.598。参见罗炤《藏汉合璧〈圣胜慧到彼岸功德宝集偈〉考略》，《世界宗教研究》1983 年第 4 期。史金波：《西夏佛教史略》，第 137—142 页。

宣"的题名。① 根据多种西夏文文献证明，凡名字前带有"中国"二字的僧人，皆为藏族僧人。

还有一位帝师为大乘玄密帝师。由清宫流传出来的汉文本《大乘要道密集》内有一些文献是西夏时译传的。其中第六篇《解释道果语录金刚句记》，题款为"北山大清凉寺沙门慧忠译，中国大乘玄密帝师传，西番中国法师禅巴集"。② 大乘玄密帝师是西夏的帝师。在俄藏文献中虽未见大乘玄密帝师的题名，但有大乘玄密国师的记载。西夏文、汉文两种乾祐二十年（1189）印施的《观弥勒菩萨上生兜率天经》御制发愿文中，记载大度民寺作大法会的高僧有大乘玄密国师。他后来升号帝师。

在夏末元初僧人一行编辑的《大方广佛华严经海印道场十重行愿常遍礼忏仪》中关于华严宗系谱中特别提及大夏国弘扬华严诸师，其中有真国妙觉寂照帝师、真圆真证帝师。③ 这两位帝师中寂照曾为国师，他们在西夏华严宗中有先后的传承关系。

这五位帝师证明西夏的帝师之设已经制度化。西夏首封藏族高僧为帝师，在中国佛教史上是值得重视的一件大事。

《天盛律令》未记载帝师，所记最高师号为上师。帝师可能于西夏天盛年间后由上师转化而来。西藏噶举派第三代祖师都松钦巴是派遣弟子藏索格西到西夏，被西夏主奉为上师。④ 俄藏黑水城文献记有上师。⑤ 又据《嘉靖宁夏新志》记载："永济尚师，河西人，通五学，为西夏释氏之宗，称为祖师。"⑥ "尚师"也即上师。

西夏的"国师"不仅是西夏皇帝之师名号，还是西夏管理佛教的机构两种功德司正的正职。在遗存的文献记载中发现国师不少。目前共辑录到二十八位西夏国师，三十种封号。中原地区早有国师，但西夏国师之

---

①　俄罗斯圣彼得堡东方学研究所手稿部藏黑水城文献，原编号 Инф. №. 3708、6344。

②　陈庆英：《西夏及元代藏传佛教经典的汉译本》，《西藏大学学报》2000 年 5 月。

③　（元）一行慧觉录：《大方广佛华严经海印道场十重行愿常遍礼忏仪》卷四十二，1937 年刊本。

④　藏文文献记载至少有两位西藏喇嘛被西夏皇室任命为帝师，其一为藏卜巴管主僧哥（gt-sang po pa dkon mcog deng ge），另一位是相加思罗斯巴（sangs rgyas ras pa）。参见沈卫荣《宗教信仰和环境需求：十一至十四世纪藏传密教于黑水城地区的流行》，《黑水城人文与环境研究》，中国人民大学出版社 2007 年版。第一人可能是藏索格西，也许他就是前述第一位帝师波罗显盛。

⑤　俄罗斯圣彼得堡东方学研究所手稿部藏黑水城文献，原编号 Инф. №. 5923。

⑥　《嘉靖宁夏新志》卷二，宁夏人民出版社 1982 年版，第 150 页。

多，在历朝国师封号中十分突出。从已知国师的传法、译经活动中可以了解到他们或管理佛教功德司事务，或传译佛经，或主持法事，在佛教事务中有举足轻重的作用，在西夏社会中也有重要影响。榆林窟真义国师鲜卑智海像、黑水城出土鲜卑国师说法图是中国目前所知最早的国师像。

西夏还有"德师"、"大德"、"大师"、"法师"、"禅师"的称号。其中法师的地位低于国师。往往在佛教文献同一题款中，国师任功德司正，而法师任功德司副。另法师可进封为国师。

（二）官位

宋初，在官制上采取了官号与职权既有联系又有区别的两套官制，设官位以定爵寄禄，置职事官以掌实职。西夏吸收了这种职官制度，并有新的发展。先是区分"有官"和"庶人"。"有官"依品级高低分为若干等级，每等各有官位名号，相当于爵位，有的名号前冠以"赐"字。此外，职事官系由政府任命的各机构中的职务。西夏有较高官职人员往往不只有一种官衔，而是两种或两种以上，而其中以最后一种为实授。①

西夏的僧官也和俗官一样，地位显赫者也被赐官位，成为"有官"人，得到这种官位者地位都很高。如帝师波罗显胜有"卧勒"官位，系西夏官位中上品封号，于臣宰封号中为最高。另一些高僧的官位多为下品或末品。如主持重校《音同》的嵬名德照有"正净"官号，属官位中下品第一列，地位也很高。西夏五明显密国师、功德司正掭也阿难掭被赐予"乃将"官号，属官位中下品第九列，地位也相当高。西夏僧官只有品级较高的人才有官位号。

僧官担任的职务除前述佛教管理方面的功德司正、副、提点、承旨、提举、僧正、僧副、座主等以外，有的还冠有管理世俗事务的政府机构的职衔。如前述主持重校《音同》的嵬名德照有中书、知枢密院事的职衔。藏于德国的西夏文刻本《妙法莲华经》序作者旺普信有枢密西摄、典礼司正的职衔。凉州感通塔碑所记庆寺都大勾当卧屈皆就有皇城司正、典礼司、统军司正的职称。显然这些职称都属职事官之列，只是一种品级待遇，不是实授，而是虚衔。

西夏僧官有其实际负责的职务，这种职务类似中原王朝的"差遣"，它是对某一僧官所管具体事务的任命，有的是正式的经常性职务。如凉州

---

① 史金波：《西夏的职官制度》，《历史研究》1994 年第 2 期。

感通塔碑所记药乜永诠的常任职务是圣容寺感通塔两众提举，而他的临时性职务是为修感通塔而设置的庆寺监大勾当。

（三）赐衣

西夏对僧人有赐衣制度。在中国佛教史上早有赐紫、赐绯制度，即对那些有学问、有德行的高僧，由政府赐给红袈裟、紫袈裟以示荣崇。西夏赐衣范围很宽，前述《天盛律令》中规定僧人、道士中赐黄、黑、绯、紫者可以减罪。其中提及"若革职位等后，赐黄、黑徒五年，赐绯、紫及与赐绯、紫职位相等徒六年者当除僧人、道士"①。其中赐黄、黑者减罪多，赐绯、紫者减罪少，可见赐黄、赐黑者地位高于赐绯、赐紫者。

在西夏佛教文献题款中赐绯僧比较多见，前引凉州重修护国寺感通塔碑所记赐绯僧有：庆寺都大勾当卧屈皆、庆寺监修都大勾当药乜永诠、修塔寺小监令介成庞、护国寺感通塔番汉四众提举王那征遇、修寺诸匠人监酒智清、修寺诸匠人监石碑白智宣。

俄藏黑水城文献中也有赐绯僧的记载。如西夏文刻本《维摩诘所说经》经末题款中有"赐绯移合讹平瑞吉"，又如《十王经》和《阎魔成佛受记经》题款中记翻译者赐绯沙门法海等。还有写《大乘圣无量寿经》的赐绯僧人柔智净，书写刻本《慈悲道场忏法》印面的赐绯僧人裴慧净，为《佛说佛母出生三法藏般若波罗蜜多经》书写印面的赐绯和尚刘德智。②

赐紫僧人仅见一例。在榆林窟第 15、16 窟有长篇汉文题记，为"阿育王寺释门赐紫僧惠聪俗姓张住持窟记"。题款末有"……国庆五年岁次癸丑十二月十七日题记"③。撰写时间应为西夏惠宗天赐礼盛国庆五年（1073）。可见西夏早期已有赐衣制度。

由于西夏地处西偏，特别是语言、文字阻隔，中原王朝对西夏佛教及其高僧知之甚少。西夏著名僧人虽然很多，如已知西夏有多位帝师、二十余位国师，但在中原人编著的《高僧传》中西夏僧人寥寥无几。个别入传的西夏僧人主要是与中原佛教有来往的高僧。如《高僧传》中的西夏

① 史金波、聂鸿音、白滨译注：《天盛改旧新定律令》，第 145—146 页。

② 俄罗斯圣彼得堡东方学研究所手稿部藏黑水城文献，原编号 Инв. No. 2311、119、4976、819、953、7714、238。

③ 史金波：《西夏佛教史略》，第 304—305 页。

僧释吉祥，一说本天竺人，曾游方至西夏，居住很长时间，后至宋朝东京，献梵书，并译经。①

（四）数量和民族

西夏僧人在政治上有一定特权，在经济上有特殊照顾，出家成为僧人除有宗教信仰的依托外，还有种种实惠。这就使不少人愿意踏入空门，成为僧人，致使西夏僧人数量庞大。关于西夏僧人的数量，尚无系统的材料可资统计，只能从传世的西夏佛教文献中做一些分析。

西夏桓宗天庆二年（1195）皇太后罗氏于仁宗去世二周年之际，作了多种佛事活动，在汉文《大方广佛华严经入不思议解脱境界普贤行愿品》发愿文中对这些活动有记载："谨于大祥之辰，所作福善……暨三年之中通兴种种利益，俱列于后……度僧西番、番、汉三千员，散斋僧三万五百九十员……"② 这里所记度西番（藏）、番（党项）、汉三族僧人共三千员，应是三年内西夏度僧的总数。在西夏这样一个国家中每年新增加一千僧人，是很可观的；又三年散斋僧三万余人，平均每年一万多人，也可见西夏僧人数量众多。

黑水城出土的西夏文刻本《拔济苦难陀罗尼经》发愿文记述，仁宗死后"三七日"西正经略使贺宗寿在护国塔下作佛事，"延请禅师、提举、副使、判使、住家、出家诸大众等三千余员"。③ 西经略司应在西凉府，为西夏辅郡，那里作法事活动可集中延请三千僧人，规模可谓宏大，可见当地僧人众多。

贺宗寿亡故后，其子印《佛说父母恩重经》，请僧众七千余员作法事活动。④ 因死者的地位很高，延请大量僧人作法事是可以理解的，但以七千多人作法事，规模盛大，令人侧目。

更有甚者，襄宗应天四年（1209）作广大法事，令众僧等67193员

① （清）喻谦：《新续高僧传》第四集，卷一，北洋印刷局癸亥年版，第6页。
② 史金波、魏同贤、〔俄〕克恰诺夫主编：《俄藏黑水城文献》第二册，上海古籍出版社1996年版，第372—373页。
③ 俄罗斯圣彼得堡东方学研究所手稿部藏黑水城文献原编号 Инв. No.117。
④ 史金波、魏同贤、〔俄〕克恰诺夫主编：《俄藏黑水城文献》第三册，上海古籍出版社1996年版，第47—49页。参见聂鸿音《俄藏西夏本〈拔济苦难陀罗尼经〉考释》，《西夏学》第六辑，上海古籍出版社2010年版。

作斋会。① 可见西夏僧人数量是多得惊人的。

西夏是多民族的王朝，其僧人也是多民族的。包括主体民族党项族、汉族、藏族、回鹘以及印度（天竺）僧人。其中党项族僧人和汉族僧人人数最多。党项族僧人如功德司正国师觉善嵬名德源、番三学院百法博士骨勒善源、法师沙门鲜卑宝源、写经者嵬移师、出家僧人酩布慧明、僧人令合名印茂等。带有汉姓的僧人如功德司副沙门周慧海、写经执笔僧人刘法雨、写经者赐绯僧人裴慧净、书者僧人刘宝美、校者僧人刘善智等。很多僧人只留下法号，无姓氏，难知其民族。也有时在法号后注明姓氏，如有的佛经题款记"功德司正副使三学院提点沙门慧照　李番译"，提示僧人慧照俗姓李。②

回鹘僧人在西夏佛教史上占有重要地位，他们是西夏前期译经的主力。白法信、白智光两位著名僧人，他们是汉文文献中反复提到的"回鹘僧"的代表人物。汉朝班超通西域后，龟兹国王为白姓，后世从龟兹来到内地的传法僧人遂多以白（帛）为姓。回鹘兴起后，其地为回鹘所有，因此，唐、五代以后，称西域一带的少数民族僧人为"回鹘僧"是完全可能的。白法信和白智光分别是西夏元昊和秉常时代译经的主持人，而汉文文献记载西夏建高台寺、承天寺时，演绎经文、译为蕃字的正是回鹘僧人。③

藏传佛教在西夏的影响颇深，因此，在西夏的藏族僧人数量一度较多。汉文文献记载西夏乾祐九年（1178）派大将蒲鲁合野攻金朝麟州（今陕西省绥德西北），邛都部酋禄东贺作西夏内应，相约日期者即为蕃僧谛刺。这次战争因藏族僧人的穿针引线，遂使金兵首尾受敌，致遭惨败。④ 后又有蕃僧减波把波带着蜡丸书，为西夏和南宋进行秘密联络。⑤ 可见藏族僧人在西夏政治、军事活动中也受到信任。

西夏文献中记载了不少藏族僧人，其中有地位崇高的帝师、上师、国师、法师，有传译佛经的高僧。在西夏文佛经题款中记载这些藏族僧人时，往往在他们的法号前冠有"中国"字样，有的在"中国"前还有

---

① 俄罗斯圣彼得堡东方学研究所手稿部藏黑水城文献，原编号 Инв. No. 5423。
② 俄罗斯圣彼得堡东方学研究所手稿部藏黑水城文献，原编号 Инв. No. 2543。
③ 史金波：《西夏佛教史略》，第 78—79、148—149 页。
④ （清）吴广成：《西夏书事》卷三八，《续修四库全书》第 334 册，第 602 页。
⑤ （清）吴广成：《西夏书事》卷四〇，《续修四库全书》第 334 册，第 620 页。

"羌"（音字）或"西羌"字样，使其族属更加明确。如集《菩提勇识所学道及果与一顺显释宝炬》的羌中国内三藏知解宝狮子、集撰著《金刚王默有母随智烧施为顺要论》等多种要论的羌中国耶凉讹师、传著《金刚王默有母之念定为顺》的德王中国上师也晾新拔、集《吉有令净恶趣本续之干》羌中国大默有者幢名称师，以及参与集传佛经的西羌中国大孔雀寺三藏巧智行善菩提等。有的法号前没有"中国"字样，但有"羌国"的字样。如传著《最乐净土求生颂》的是讲经律论羌国大法师沙门龙幢。以上这些僧人的撰著都被译成西夏文，分别以写本或刻本传行。[①]宁夏贺兰山拜寺沟方塔出土的活字版《吉祥遍至口和本续》的羌译者为"中国大宝胜路赞讹库巴啦拶"。[②] 在西夏文献中有"中国"头衔的藏族僧人是否都来过西夏应具体分析。凡有西夏官职、住西夏寺庙的都可以确定是在西夏的藏族僧人；而有的则只是藏族僧人的著作被译成西夏文，其本人未必来到西夏。

11世纪末以后，伊斯兰教在印度强力推行，对原来的佛教造成重大威胁。不少印度僧人为躲避灾难，并弘扬佛法，到西藏传法。同时一些印度僧人也到佛教兴盛的西夏传法，有的人在西夏有很高的宗教地位，同时也有了相当高的官位。

（五）度僧与度牒

僧尼太滥，不仅会加重政府和人民的负担，对佛教的传行也会产生不利影响。中国自唐代就禁止私自出家而兴试经度僧制度。西夏政府也采取措施控制僧人数量，以免引起社会劳动力过度丧失，社会负担过重。

西夏沿袭了前朝成例，实行试经度僧，并且要求更加严格，规定更为具体。西夏度僧分为两种，一种是在家僧人，一种是出家僧人。《天盛律令》规定："番、汉、羌（藏）行童中有能晓颂经全部，则量其业行，中书大人、承旨当造一二□（人），令如下诵经颂十一种，使依法诵之。量其行业，能诵之无障碍，则可奏为出家僧人。"又规定："僧人、道士所属行童中，能诵《莲华经》、《仁王护国》等二部及种种敬礼法，梵音清和，则所属寺僧监、副判、寺检校、行童首领、知信等，令寻担保只关

---

①　俄罗斯圣彼得堡东方学研究所手稿部藏黑水城文献，Инв. No. 781、4772、8324、2517、7909、5112、2265。

②　宁夏文物考古研究所：《拜寺沟西夏方塔》，文物出版社2005年版，第19—20页。

者。推寻于册，实是行童根，则量其行，前各业晓，则当奏而为住家僧人。此外，居士及余类种种，虽知其有前述业行，亦不许为僧人。"① 看来度出家僧人比在家僧人更为严格。顾名思义，在家僧人是要住在家中的，这种僧人可能在有没有度牒、有没有徭赋方面与出家僧人有区别。

西夏对度僧既有严格规定，对那种不应为僧人而随意剃度为僧人者也有严格的处罚，本门中又规定："若违律时，使为僧人者及为僧人者等之造意当绞杀，从犯徒十二年。"② 可见西夏是不允许非法剃度僧人的，对违犯者要处以重刑。

西夏和中原地区一样，为了加强对度僧的管理，实行度牒制度，由政府发给合法僧尼身份凭证。此外，西夏还实行将僧尼登记于册的簿籍制度。③ 西夏也采取以僧隶寺、以寺隶官的办法。牒和簿籍是西夏管理、控制僧人的重要手段。持牒者有经济方面的利益，至少可免除徭役赋税。度牒已成为有价值的证券。因此，西夏规定度牒不能私相授受，人死后也不准由至亲承袭。西夏政府对于假冒僧人状、私自为僧人者，有严厉、具体的处罚，规定："有僧人、道士之实才以外诸人，不许私自为僧人、道士。倘若违律为僧人、道士貌，则年十五以下罪勿治，不许举报，自十五以上诸人当报。所报罪行依以下所定判断。"④

西夏规定寺庙度僧人时，首先要考虑有多少钱。收到常住钱多即可多度僧人，收到钱少只能少度僧人。《天盛律令》规定舍"三千缗以上者一律当得五僧人"，也就是说，舍钱再多一次度僧也不能超过五名。除修寺庙可按规定度僧外，有高位者去世时，为祭奠、超度其亡魂，也可度僧。前述皇太后罗氏发愿三年之中度僧西番、番、汉三千员，平均每年度僧一千人，似为皇家特例。从已经发现的包括黑水城在内的一些西夏城遗址看，当时西夏城内寺庙很多，占地面积宽大，由此亦可推知其僧人数量众多。

二　寺庙概况

寺庙是佛教活动的中心，所以历来提倡佛教的统治者无不重视寺庙的

---

① 史金波、聂鸿音、白滨译注：《天盛改旧新定律令》，第 402—403 页。
② 同上书，第 406 页。
③ 同上书，第 411 页。
④ 同上书，第 407 页。

建设。西夏大力发展佛教，除利用原来的佛教建筑设施外，又重修建了很多寺庙以及佛塔，使西夏地区塔寺林立，以致后世有诗人发出"云锁空山夏寺多"的感慨。[①]

前面已介绍了西夏部分寺庙的建设缘起和盛况，其实西夏的寺庙数量很多，远不止上述所列。但至今尚未在历史文献中发现对西夏寺庙的系统记载。现只能通过零散的资料汇集以及对西夏遗址的考察，来寻找西夏境内寺庙的踪迹，并对其规模、数量、分布以及内部结构等有大略的了解。在这些寺庙中，有的是西夏时期新建，有的是前已有之，而为西夏所继续利用。其中可以归纳为几个寺庙中心。

（一）兴庆府—贺兰山中心

兴庆府（中兴府）既是西夏政治中心，也是文化和佛教中心。这里不仅有笃信佛教并在全国大力提倡佛教的皇室，也是管理西夏佛教的行政机构功德司的所在地。兴庆府集中了很多著名的寺庙。

贺兰山早就是僧人修行之所，被列为西夏三大神山之一，备受西夏政府的重视。贺兰山中有不少重岩叠嶂、环境幽雅之处，是修建寺庙的理想所在。明代尚有"颓寺百余所并元昊故宫遗址"。[②] 这些寺庙遗址多应是西夏时期的遗物。西夏时期在这些寺庙中或敬佛传法，或刻印辑录佛经。考古工作者对贺兰山进行勘察后发现其中有多处西夏寺庙遗址，说明贺兰山一带确是西夏佛教寺庙比较集中的一个地区。

兴庆府和贺兰山一带，西夏时期有众多寺庙，如戒坛寺、高台寺、承天寺、海宝寺、大度民寺、报庆寺、周家寺、贺兰山佛祖院[③]、五台山寺[④]、慈恩寺、方塔、定州塔寺、康济寺、大佛寺、安庆寺、一百八塔寺等。

兴庆府一带的寺庙多为名寺，各具特色。高台寺、承天寺都曾贮藏宋

---

① 《嘉靖宁夏新志》卷二、七，第151—157、380页。

② 《嘉靖宁夏新志》卷一，第12页。

③ 西安市文物管理处、中国社会科学院民族研究所：《西安市文管处藏西夏文物》，《文物》1982年第4期。陕西省图书馆藏：《佛说摩尼罗亶经》、日本天理图书馆藏《高僧传》卷五后的西夏文押捺题款。

④ （清）张鉴：《西夏纪事本末》，清光绪十一年刻本。在卷前有一幅西夏地图上标明贺兰山中有北五台山寺。又西夏辑《密咒圆因往生集》中有五台山寺，见《卍续藏经》第86册，第565页。

朝所赐汉文大藏经,高台寺又是译经的中心。戒坛寺当是僧人受戒之所,这种性质的寺庙历来都居重要地位。贺兰山的五台山寺是西夏佛教圣地,具有崇高的地位。贺兰山佛祖院也是名副其实,高僧辈出。

(二) 凉州—甘州中心

凉州是西夏的西凉府,位居辅郡,地处要冲,历来佛教浸盛。西夏时期那里党项族、汉族、吐蕃、回鹘族人民杂居一处,藏传佛教有巨大影响。留存于世的凉州重修护国寺感通塔碑是凉州佛教隆盛的历史见证。近些年在下西沟岘禅洞、亥母洞和景泰县的寺庙墙壁中都先后发现了西夏佛教文献和实物。①

甘州是“佛法所从入中国”之地,位于河西走廊的中心。西夏时期甘州为番和郡,也是党项、汉、吐蕃、回鹘等民族共居之地。莫高窟西夏文题记中有“甘州众宫(寺)”,当指甘州的大寺庙,或专指卧佛寺。西夏曾于甘州译经,更显示出此地在西夏佛教发展中的地位。

这一带的寺庙有普门寺、西来寺、广庆寺、白衣寺、圆通寺、东山寺、崇庆寺②、诱生寺③、十字寺④、禅定寺⑤、马蹄寺⑥等。

此外,还有天梯山石窟,位于凉州城南 50 公里处,创建于东晋十六国时期的北凉,西夏期间也有扩建,至明、清时期已成为藏传佛教寺院。石窟中也发现了西夏文佛经。⑦

以凉州、甘州为主形成的河西走廊的西夏寺庙群,这里是汉传佛教、藏传佛教最早交汇之处,呈现出多民族僧人同住一寺庙、不同民族文字碑文合璧于同一寺庙碑石中的复杂情况,更显出多民族信仰佛教的事实。

(三) 敦煌莫高窟—安西榆林窟中心

举世闻名的敦煌莫高窟和安西榆林窟被誉为佛教圣地。西夏自大庆元年 (1036) 占领这一地区后,莫高窟、榆林窟成为西夏佛教信仰的圣地。西夏统治者很重视两窟群的建设和修茸,投入了很多人力、物力。两窟群

① 甘肃省博物馆:《甘肃武威发现一批遗物》,《考古》1974 年第 3 期。

② 《甘州府志》卷五,《中国地方志集成·甘肃府县志》第 44 册,第 251 页。

③ 《大正藏》第 46 册,第 1007 页。

④ 《甘州府志》卷四,《中国地方志集成·甘肃府县志》第 44 册,第 228 页。

⑤ [日] 西田龙雄:《西夏文华严经》1,京都大学文学部 1975 年版,第 13 页。

⑥ 俄罗斯圣彼得堡东方学研究所手稿部藏黑水城文献 Инв. No. 5112。

⑦ 陈炳应:《天梯山石窟西夏文佛经译释》,《考古与文物》1983 年第 3 期。

的兴盛对西夏佛教发展有着重要影响。

莫高窟由始建至西夏已有六百多年的历史。西夏统治敦煌地区达191年，是自始建佛窟以来，统治这里时间最长的王朝。西夏文《圣立义海》第二"山之名义"中有"沙州神山"，其释文为："凿山，多有佛像、寺庙、圣众住处。"① 沙州神山当指敦煌石窟所在的鸣沙山，西夏时不仅有佛像，还有寺庙。榆林窟又名万佛峡，与莫高窟同属一个系统，其中有很多西夏洞窟，特别是西夏晚期洞更具典型性。

1964年敦煌文物研究所和中国科学院民族研究所组成西夏考察小组，对莫高窟、榆林窟两窟群的西夏洞窟进行了系统调查，发现了一百余处西夏文题记和西夏时期的汉文题记。当时从洞窟形制、壁画、文字题记等各方面进行综合排比分析，发现莫高窟和榆林窟的西夏洞窟相当多。当时初步确定莫高窟有77窟，榆林窟有11窟，可分为早、中、晚期。②

另有敦煌安西县桥子乡的东千佛洞，安西县城南榆林河下游的下洞子石窟，肃北蒙古族自治县的五个庙石窟、一个庙石窟，玉门市玉门镇东南的昌马石窟，都有西夏石窟。③

莫高窟北区主要是敦煌僧人居住、坐禅的场所。近些年来，敦煌研究院在莫高窟北区进行了系统发掘，发现了很多重要文物、文献。其中在不少洞窟中都发现了西夏文文献，证明西夏时期有很多僧人在这里生活。④

（四）黑水城中心

黑水城为西夏始建，是西夏北部重镇，黑水镇燕监军司驻所，城中有很多寺庙遗址。城外的佛塔中出土了震惊学坛的大量文献，其中绝大多数是西夏文、汉文、藏文等佛教文献。⑤ 同时还出土了大量不同风格的佛

---

① ［俄］克恰诺夫、李范文、罗矛昆：《圣立义海研究》，宁夏人民出版社1995年版，第59页。译文有改动。

② 刘玉权：《敦煌莫高窟、安西榆林窟西夏洞窟分期》，《敦煌研究文集》1982年第3期。史苇湘：《关于敦煌莫高窟内容总录》，《敦煌莫高窟内容总录》，文物出版社1982年版。史金波、白滨：《莫高窟榆林窟西夏文题记研究》，《考古学报》1982年第3期。

③ 张宝玺：《东千佛洞西夏石窟艺术》，《文物》1992年第2期。

④ 史金波：《敦煌莫高窟北区出土西夏文文献初探》，《敦煌研究》2000年第3期。

⑤ 史金波、魏同贤、［俄］克恰诺夫主编：《俄藏黑水城文献》第一册至第十四册，上海古籍出版社1996年版。

画。① 其中有的受中原地区佛画影响较深,有的又有浓厚的藏传佛教色彩。这里出土的西夏文佛经木雕版,证明此处可能印刷过西夏文佛经。这一点具有重要意义。这里与西夏腹地交通不便,大概只靠从外地输送佛经难于满足要求。近年来内蒙古自治区考古工作者在黑水城遗址又发掘出一批西夏文佛教文献,其中有一纸残页上书写有二十余个僧人的姓名,可能是黑水城等寺庙的僧人名册的一部分。

在黑水城附近还有绿城遗址,其中还出土过西夏彩塑佛像和供养人像,这些塑像又具有显教的风格。② 总计城内外有佛塔二十余座。可知此地不仅寺庙集中,佛塔也很多。

除以上寺庙外,还有不少西夏寺庙只知其名,尚不知其寺址方位,如众圣普化寺③、温家寺④、仁王院⑤、大延寿寺、阿育王寺、德法茂盛寺⑥、五明出显寺⑦、妙喜寺⑧等。

以上所列寺庙及佛塔计五十余座,当然这远非西夏寺庙的全貌,可以说寺塔遍及西夏全境,数量是十分可观的。

西夏政府制定法规保护所有的寺庙殿宇、宗教建筑、佛像及圣地。规定偷盗、破坏圣物、毁坏圣地的人要坐牢六年,而僧人则要加重处罚,坐牢八年。西夏寺庙内的职务要由政府批准任命。寺庙享有种种特权,但它们仍需要向政府申报寺内财产、寺内人员（常住）和寺奴的多少。法律规定一个新建或重建的寺庙,接受国家一千缗钱,可设两名常住;接受两千缗钱,可有三名常住;接受三千缗钱,可有五名常住。这些常住并非完全免除税役,第一年要交地租,第二年要交纳干草并服劳役。⑨

总之,西夏境内有数量可观的寺庙,这些寺庙主要分布在作为各地政

---

①　[俄] 米开罗·皮欧特洛夫斯基编:《丝路上消失的王国——西夏黑水城的佛教艺术》,台湾历史博物馆 1996 年版。

②　史金波、翁善珍:《额济纳旗绿城新见西夏文物考》,《文物》1996 年第 10 期。

③　史金波、魏同贤、[俄] 克恰诺夫主编:《俄藏黑水城文献》第二册,TK21,第 7 页。

④　史金波、魏同贤、[俄] 克恰诺夫主编:《俄藏黑水城文献》第一册,TK14,第 309 页。

⑤　李逸友:《呼和浩特市万部华严经塔的金元明各代题记》,《文物》1977 年第 5 期。

⑥　俄罗斯圣彼得堡东方学研究所手稿部藏黑水城文献,Инв. No. 2852。

⑦　俄罗斯圣彼得堡东方学研究所手稿部藏黑水城文献,Инв. No. 944、810。

⑧　俄罗斯圣彼得堡东方学研究所手稿部藏黑水城文献,Инв. No. 942。

⑨　史金波、聂鸿音、白滨译注:《天盛改旧新定律令》,第 408 页。[苏] 克恰诺夫:《从法律角度看西夏佛教与国家》,匈牙利《东方学报》1980 年总第 34 卷,第 1—3 期。

治、文化中心的城镇和名山胜地。不难想见，在当时西夏管辖的范围内，金碧辉煌的寺庙、作为寺庙显著标志的佛塔，以及其中千姿百态的塑像和壁画，构成了西夏社会佛教信仰虔诚、兴盛的图景。

第四节　佛教宗派和藏传佛教

佛教通过西域传入中原后，陆续把佛教的一些派别也带了过来，同时又结合中国特点和社会发展的需要，创造了一些新的宗派。西夏所接受的汉传、藏传佛教基本上皆属于大乘，同时也接受了大乘佛教的宗派影响。

一　佛教宗派

关于西夏佛教宗派，也只能通过在西夏流传的佛经进行初步分析和推断。

（一）华严宗

在西夏华严宗影响很大。华严宗宣说"顿入佛地"的思想，在社会动乱较多的西夏有比较大的影响。存世的西夏文《大方广佛华严经》有众多版本；有刻本，也有写本。西夏刻印汉文《大方广佛华严经》，较早的有大安十年（1083）刻本。甘肃省定西县泥金字书写《大方广佛华严经》，可见西夏对《华严经》的重视。西夏在贺兰山仿宋朝五台山建北五台山寺，其中有清凉寺。原来五台山被认为是《华严经》中所谓的"清凉山"。西夏五台山寺的清凉山寺，大概也是西夏华严宗的道场。

在夏末元初的高僧一行著的《大方广佛华严经海印道场十重行愿常遍礼忏仪》中还记录了华严宗在西域流传、东土传译各祖师，特别是接续记载了大夏国弘扬华严诸师：《大方广佛华严经》中讲经律论重译诸经正趣净戒鲜卑真义国师、《大方广佛华严经》中传译经者救脱三藏鲁布智云国师、《大方广佛华严经》中令观门增盛者真国妙觉寂照帝师、《大方广佛华严经》中流传印造大疏钞者新圆真证帝师、《大方广佛华严经》中开演疏钞久远流传卧利华严国师、《大方广佛华严经》中传译开演自在喻咩海印国师、《大方广佛华严经》中开演流传智辩无碍颇尊者觉国师、《大方广佛华严经》中西域东土依《大方广佛华严经》十种法行劝赞随喜一切法师、《大方广佛华严经》中兰山云岩慈恩寺流通忏法护国一行慧觉法师。① 这一西夏弘扬华严的记载十分珍贵，从中可见，在西夏华严宗传承有序，有众多高僧参与译介流传，从西夏早期至晚期都是重要宗派。②

（二）天台宗

西夏还流行天台宗。天台宗又称法华宗，定慧双修，是入涅槃的要门，可以见佛性，入涅槃。西夏不仅流传天台宗的宗经《妙法莲华经》，而且在传世的西夏文佛经中，以《法华经》的版本种类最多。其中有金银字写本西夏文《妙法莲华经》、出图本西夏文《妙法莲华经观世音菩萨普门行愿品》、蝴蝶装写本西夏文《妙法莲花经》、汉文刻本《妙法莲华经》等。在西夏文《妙法莲华经》施经发原文中，强调了此经的高妙。③ 此宗的重要论著《大智度论》也被译成西夏文。此外，传说僧肇所著《宝藏论》也被翻译为西夏文。总之，在西夏的佛教中天台宗的影响很大。

（三）净土宗

净土宗也在西夏这样的地区广泛流传。西夏的佛经中有大量净土宗经典。如提倡念佛往生、快速成佛的净土宗的重要经典《无量寿经》、《阿弥陀经》等都有西夏文译本。另一部净土宗主要经典《观弥勒菩萨上生兜率天经》有西夏文、汉文多种刻本。在乾祐二十年（1189）仁宗为印施《观弥勒菩萨上生兜率天经》作规模宏大的法会，散施此经十万卷。已发现的西夏佛经发愿文中不乏提到"早生净土"的语句，也证明了净土宗在西夏的广泛信仰。

出土的西夏绘画中有多幅《阿弥陀佛来迎图》，绘阿弥陀佛作接引之势，下绘被接引人，寓意人死后被阿弥陀佛接入西方极乐世界。又敦煌莫高窟、安西榆林窟、东千佛洞、酒泉文殊山石窟的绘画中，都有西夏时期的西方净土变，按佛经的内容，以华丽的建筑、欢乐的人物渲染西方极乐世界，更加证明西夏的净土宗信仰的普遍。④

---

① 《大方广佛华严经海印道场十重行愿常遍礼忏仪》卷四十二，《卍续藏经》第 74 册，第 253—259 页。

② 崔红芬：《僧人"慧觉"考略——兼谈西夏的华严信仰》，《世界宗教研究》2010 年第 4 期。

③ 史金波：《西夏佛教史略》，附录一《西夏碑碣铭文、佛经序、跋、发愿文、石窟题记》。

④ ［俄］爱尔米塔什博物馆：《丝路上消失的王国——西夏黑水城的佛教艺术》，台湾历史博物馆 1996 年中文版，第 181、183、185、187、189 页。

（四）禅宗

禅宗是西夏佛教中影响较大的一个宗派，提倡师徒之间互相默契，以心印心，而不重视佛教经典的钻研。在西夏所流行的西夏文、汉文都难学、难记，因而禅宗这种不重视经典的佛教宗派可能反而容易传播发展。由于禅宗势力的扩展，西夏也出现了精通禅学的高僧。例如乾祐二十年（1189）在大度民寺举办的大法会上，恭请了禅师到会。禅宗在西夏也有重要典籍，如《六祖坛经》就有西夏文译本。目前所见到的西夏文《六祖坛经》仅为十多纸残页。与传世的四种汉文版本相比较，它与敦煌所出唐朝法海集录的古写本相近。其中有不少改译的痕迹，所改的字、词，较原译文更为贴切。① 由此可以想见，西夏对于这一禅宗经典的翻译十分认真。西夏还译有唐朝慧忠撰写的《二十五问答》②，唐朝宗密所撰写的《禅源诸全集都序》、《禅源诸诠集都序之解》、《禅源诸诠集都序择炬记》、《禅源诸诠集都序干文》，此外还有《中华传心地禅门师资承袭图》以及《修禅要语》等。西夏僧人中有坐禅之法。武威下西沟岘是发现西夏佛经、佛像等文物的山洞，可能即为西夏僧人的修禅窟。此洞在静僻的山中，幽深严密，洞中有佛经、佛像，还有生活用品，正是理想的修禅所在。

（五）法相宗

法相宗系唐代玄奘及窥基师徒创立，也称唯识宗、慈恩宗。所据教理系出于印度大乘佛教瑜伽行派一系。

黑水城出土有译自中原传入的西夏文《瑜伽师地论》、《二十唯识论》译本，西安市文物考古研究所也保存有西夏文《瑜伽师地论》残卷，证明此宗也在西夏流行。

（六）密宗

密宗又名真言宗，传入西夏可能有两个途径：一是从中原传入，一是从西藏传入。西夏文《百千印陀罗尼经》、《拔济苦难陀罗尼经》等密宗经典，都是从汉文译为西夏文的。西夏译自藏文的密宗经典相当多。密宗在西夏有较深厚的根基。《圣胜慧到彼岸功德宝集偈》的译者题款中有

---

① 史金波：《西夏文〈六祖坛经〉残页译释》，《世界宗教研究》1993 年第 3 期。

② ［俄］索罗宁：《南阳慧忠（？—775）及其禅思想》，载《中国多文字时代的历史文献研究》，社会科学文献出版社 2010 年版，第 17—40 页。

"显密法师"和"显密国师"的称号，天梯山石窟所出西夏文残经中也有"显密法师"的称号，这些都证明了在西夏佛教中，密宗有着与显宗同样重要的地位。

其实佛教各宗派之间既有判教的分歧，又有相互的融通，华严宗、净土宗、禅宗甚至密宗都在不断地融会贯通。

二　藏传佛教

西夏接受并发展藏传佛教有其民族渊源和历史基础。两族族源较近，语言同系，地域衔接，山水相连。两者都有较大的势力，文化交流，特别是宗教往来比较多。经过长期交往、迁徙，双方形成犬牙交错的居住形式，相互自然地进行密切的经济、文化交流。西夏在发展佛教时，除主要吸收中原佛教外，对吐蕃佛教也采取兼收并蓄的态度。西藏噶玛噶举派的都松钦巴（1110—1193）是该派的初祖法王，他不仅在吐蕃有很大影响，也很受西夏仁宗的崇敬。仁宗遣使入藏专程迎请，都松钦巴未能前来，但还是派遣弟子藏索格西来到西夏。藏索被西夏尊为上师后，就组织力量大规模翻译佛经，很受宠信。后来，都松钦巴所创有名的粗布寺建白登哲蚌宝塔时，仁宗又献赤金璎珞及幢盖诸种饰物。都松钦巴死后，在其焚尸处建造吉祥聚米塔，藏索又自西夏做贡献，以金铜包饰此塔。后来，西藏萨迦派第三代祖师札巴坚赞（1149—1216）的弟子迥巴瓦国师觉本也曾被西夏王奉为上师。成吉思汗征西夏时，曾向西夏王的上师、后藏人通古娃·旺秋扎西请问佛法，此人是蔡巴噶举的一位喇嘛。由此可见，至少在西夏中、后期，吐蕃佛教中的噶玛噶举派和萨迦派都已传入西夏。①

在西夏人的心目中，吐蕃人是笃信佛教的典范。西夏文《新集碎金置掌文》中有"弭药勇健行，契丹步履缓，羌多敬佛僧，汉皆爱俗文"的记载，② 明确指出藏族的特点是"敬佛僧"。在黑水城出土的另一件西夏文文献中称"东汉礼王国，西（羌）法王国"。③ 西夏人认为西部的藏

---

① 　班钦索南查巴：《新红史》，黄颢译，西藏人民出版社 1984 年版。达仓宗巴·班觉桑布：《汉藏史集》，陈庆英译，西藏人民出版社 1986 年版。蔡巴·贡噶多吉：《红史》，东噶·洛桑赤列校著，陈庆英、周润年译，西藏人民出版社 1988 年版。

② 　聂鸿音、史金波：《西夏文本〈碎金〉研究》，《宁夏大学学报》1995 年第 2 期。

③ 　俄罗斯圣彼得堡东方学研究所手稿部藏黑水城文献，原编号 Инф. No. 292。

族地区是信奉佛法的王国。

西夏中期以后更加迅速地从藏传佛教吸收了丰富的营养。莫高窟、榆林窟中众多的西夏洞窟中，晚期洞窟带有浓厚的藏传密宗色彩。在西夏故地都能见到西夏时期藏传佛教的遗迹。在西夏首都中兴府西贺兰山中一座方塔中，出土了西夏文密教经典《吉祥皆至口合本续》等九卷，以及汉文藏传佛教经典《初轮功德十二偈》、《是竖橛咒》、《吉祥上乐轮略文等虚空本续》，藏传佛教木刻本佛画、朱红捺印佛画等。① 贺兰县宏佛塔内发现了比较多的藏传佛教的佛画，如《上乐金刚图》、《千佛图》、《千手观世音图》、《坐佛图》、《大日如来图》、《护法力士图》、《八相塔图》等。② 在贺兰山拜寺口西夏双塔的西塔各层外表的影塑也是按藏传佛教的风格布局的。③ 青铜峡市黄河岸边的一百零八塔，都是受藏传佛教影响的宝瓶式白塔，同时在其附近也发现了西夏时期藏传佛教的佛画。

在甘州曾译藏传佛教经典。仁宗乾祐七年（1176）在甘州立黑水建桥敕碑，一面用汉文书写，一面用藏文书写，此碑不仅表明在甘州一带藏族居民较多，而且碑文内的贤觉菩萨就是弘扬藏传佛教的贤觉帝师。④

除莫高窟、榆林窟外，西夏境内的酒泉文殊山、肃北五个庙、永靖炳灵寺、玉门昌马下窟、裕固马蹄寺、武威天梯山、宁夏固原须弥山等石窟中，也有藏传佛教的遗迹。可以说西夏藏传佛教遗物遍布西夏地区。有的西夏寺庙中还设有管理吐蕃僧人的官员。如凉州感通塔碑西夏文碑铭中记有"感通塔下羌汉二众提举赐绯和尚臣王那征遇"的职称和人名，可知该塔寺中有羌（吐蕃）族僧人和汉族僧人。

黑水城出土的文献中，译自藏文的藏传佛教经典相当多，如西夏文《圣大乘守护大千国土经》、《佛母大孔雀明王经》、《大寒林经》、《圣大明王随求皆得经》、《大密咒受持经》、《圣八千颂般若波罗蜜多经》、《佛说圣大乘三归依经》、《圣大乘胜意菩萨经》、《圣胜慧到彼岸八千颂经》、

---

① 宁夏回族自治区文物考古研究所、宁夏回族自治区贺兰县文化局：《宁夏贺兰县拜寺沟方塔废墟清理纪要》，《文物》1994 年第 9 期。

② 宁夏文管会、贺兰县文化局：《宁夏贺兰县宏佛塔清理简报》，《文物》1991 年第 8 期。雷润泽、于存海、何继英：《西夏佛塔》，文物出版社 1995 年版，第 55—75 页。

③ 何继英、于存海：《西夏拜寺口双塔影塑释读》，（台湾）《历史文物》第 10 卷第 8 期，2000 年 8 月。

④ 史金波：《西夏佛教史略》第四章，宁夏人民出版社 1988 年版，第 55 页。

《出有坏母胜慧到彼岸心经》、《圣胜慧到彼岸功德宝集偈》、《圣观自在大
悲心总持功德依经录》、《顶尊胜相总持功德依经录》、《圣摩利天母总
持》、《不动总持》、《大印究竟要集》、《吉有金刚王空行文》、《圣金刚王
能断胜慧到彼岸大乘经》、《无量寿宗要经》、《圣柔吉祥之名真实诵》、
《呼金刚王本续之记》、《秘密供养典》、《呼王九佛中绕随五佛亥母随略供
养典》、《不动佛随广大供养典》、《六幼母供养典》、《吉有令净恶趣本续
干》、《十五天母加赞》等。有不少是藏传佛教的法事仪轨，如《聚轮供
养作次第》、《胜令住顺法事》、《菩提勇识之业中入顺》、《菩提心及应常
作法事》、《离世七道法事》、《心习顺次》、《金刚王亥母随净瓶以亲诵作
顺》、《圣顶尊相胜母供顺》、《金刚王默有母之念定为顺》、《番言圣观自
在千眼千手之供顺》、《风气心上入顺》、《风气心上入顺》等。此外，还
有很多要论，如《白伞盖随母施食要论》、《四十种空幢要论》、《默有自
心自恋要论》、《吉祥上乐轮随耶稀鸠稀字诵以前尊习为识过定入顺要
论》、《金刚王默有母随智烧施为顺要论》、《令欲乐全混顺要论》、《大白
伞盖母之总持诵顺要论》、《大乘默有者入道中顺大宝聚集要论》、《中有
身要论》、《诸密咒要论》等。有的在当时译为汉文，如《大黑根本命
咒》、《慈乌大黑要门》、《大黑求修并作法》等。

　　藏族的因明学也传到了西夏，西夏文因明著作也有不少，如《正理
滴之句义显用》、《正理意暗除之文略释》、《正理滴特殊造他利比量品》、
《正理滴特殊造》、《正理空幢要论》、《正理滴第一义释记》、《正理滴第
三义释记》等。

　　西夏的藏传佛教既有对噶举派的传承，又受萨迦派的影响。藏传佛教
的传入，在很大程度上改变了西夏佛教的格局和西夏佛经的比例构成。藏
传佛教对西夏佛教乃至整个西夏文化影响很大，而西夏对于藏传佛教的发
展和在元代的继续东传又起到非常重要的作用。①

第五节　佛教艺术

　　佛教崇拜偶像，以绘画、雕塑等形象手法宣扬佛教教义是佛教流行、
发展的重要方面。作为各地佛教中心的寺庙，不仅常常保存着佛教绘画和

---

① 　史金波：《西夏的藏传佛教》，《中国藏学》2002 年第 1 期。

雕塑，其寺庙、佛塔建筑艺术也很有特色。中古时期的艺术品保存下来的多是佛教艺术品。西夏时期的佛教绘画、雕塑、建筑等得到了很大发展，反映了当时佛教发展的兴盛和高超的佛教艺术水准。

一　绘画

西夏时期的佛教绘画造诣很高，留下了不少艺术精品。

敦煌莫高窟和安西榆林窟的西夏壁画数量多，类型全，内容丰富，真实地反映出西夏绘画的水平和特色。两群窟的西夏壁画中以佛像、说法图、经变图、菩萨像等为主。早期壁画在题材、布局、人物形象、衣冠服饰、技法等方面都接受了北宋、五代的影响，其画风与五代归义军时期相衔接，具有严谨、写实的作风，但构图上往往公式化，题材比较单调。西夏晚期逐渐形成了本民族的特点，人物形象逐渐接近党项族的面部特征和体质特点，衣冠服饰也发生了很大变化，西夏流行的服饰大量出现在壁画上。壁画所反映的民族风格和民族特点进一步发展并臻于成熟。后期藏传佛教的影响进入洞窟，藏式佛画开始流行，以密宗的本尊大日如来和观音为坛主的壁画出现，壁画供养人已是典型的党项人装饰。西夏晚期壁画也受到辽、金和南宋画风的一定影响。[①]

莫高窟西夏壁画在花饰图案上有不少精美之处。如莫高窟第301窟顶部的团龙藻井，中央是栩栩如生的团曲龙形，四角配以朵云，构图新颖。第16窟的藻井更显现出绚丽多姿的色彩。图案中心由一凤四龙组成，四角各绘一龙，作相互追逐之势，构成旋转飞腾的生动气势。画面施以红、绿、金等色彩，鲜明热烈而雅致稳重，是西夏藻井图案中的上品。在敦煌飞天中童子飞天十分少见，而西夏的童子飞天画则很有特点。这些都反映了西夏壁画的装饰习俗。

榆林窟多为西夏晚期壁画。第2窟的西壁有两幅西夏时期绘制的《水月观音图》，都很精彩。画师继承了中原山水画的传统，在观音像上将人、神融为一体，又将山水和人物有机地结合，运用勾描、皴擦、点染等技法，使画面达到了很高的意境。榆林窟第3窟有大铺普贤变，图画布

---

① 刘玉权：《敦煌莫高窟、安西榆林窟西夏洞窟分期》，《敦煌研究文集》1982年第3期。刘玉权：《略论西夏壁画艺术》，《西夏文物》，文物出版社1988年版。刘玉权：《西夏对敦煌艺术的特殊贡献》，《中国国家图书馆馆刊》（西夏研究专号）2002年。

局严谨，人物生动，画面优美，笔调流畅，是西夏晚期绘画的优秀代表作品。其中普贤菩萨后左侧波涛的彼岸有唐僧取经图。唐僧有头光，双手合十朝普贤菩萨礼拜，猴面行者孙悟空亦仰首合十，周围云气缭绕。玄奘身后白马鞍上有莲花，莲花上载包裹经书的黄色包袱，放射出熠熠神光。榆林窟和东千佛洞壁画中的唐僧取经图在传世同类作品中为最古。

西夏晚期的人物画在榆林窟表现得很有特色，面部长条脸，小嘴，细眼，形成党项型。其中以榆林窟第 29 窟西壁的西夏供养人群像最富有代表性。壁画南侧和北侧各有男女供养人像两列，窟主及其眷属皆以西夏文题记标明职官、姓名、身份。男供养人上列以高僧真义国师西壁智海为先导，后有施主沙州监军赵麻玉等供养人七身，后三身为侍者，下列是施主的长子等供养像。北侧女供养人像两列皆以比丘尼为先导，其余为施主的女眷，她们神态端庄，再现了女供养人虔诚礼佛的形象。

在榆林窟第 3 窟的《千手千眼观世音像》的法光中左右对称地画有《犁耕图》、《踏碓图》、《酿酒图》、《锻铁图》各两幅。此外，还有行旅图和锹、镐、锄、犁、耙、斧、锯、镑、剪、尺、规等农业、手工业生产工具。画面充满浓郁的生活和时代气息，生动地再现了农业、手工业生产场景，表现出西夏佛教绘画反映现实生活的特点，在中国古代绘画中是不多见的。

出土于我国黑水城、现保存于俄罗斯圣彼得堡爱尔米塔什博物馆的西夏绘画有二百余幅，包括多种艺术风格，反映出中原地区和藏族地区宗教和绘画的巨大影响，也反映出西夏在吸收各民族绘画艺术成就的同时，逐渐形成了自己的绘画特点。受中原绘画艺术影响而创作的如《阿弥陀佛接引图》、《大势至菩萨图》等，后者是宋朝时期我国绘画的精品之一，它有唐代遗风，其画技又可能和元代有渊源关系，是一幅不可多得的人物画。还有很多具有藏传佛教风格的密宗唐卡。其中《绿度母》线条优美，技艺精巧，色彩浓重；《十一面观音像》观音端坐在正中莲花座上，十一种面孔分别表示出慈悲相、愤怒相，最顶上一面则为佛面。这些唐卡浓墨重彩，色调深沉，充分反映出藏传佛教的绘画艺术特点。

西夏的佛经中还有不少木刻版画，主要是佛经卷首前的佛画。如汉文《大方广佛华严经》卷首有教主大毗卢遮那佛说法图，他跏趺而坐，法光圈外有朵朵祥云，菩萨、弟子错落安坐于左右听讲，佛像端庄慈祥，菩萨典雅秀美，他们身材比例适度，衣纹线条流畅，是一幅出色的说法图。黑水城遗址和敦煌出土的出图本《妙法莲华经观世音菩萨普门品》上图下文，更像一部连环画。这是中国最早的连环画之一。①

二　雕塑

由于佛教寺庙的发展，佛教塑像在西夏比较普遍，并且具有较高的水平。

莫高窟第 491 窟佛座南侧有西夏供养天女彩塑一铺，高 67 厘米，头梳垂环髻，身穿袿衣，脚着尖头鞋，额宽腮小，鼻梁高与额平齐，面露微笑，宛然如生，显示出少女的温柔、典雅和美丽，是一个完美的女性形象，既继承了唐宋彩塑的传统手法，又具有西夏造型特征。莫高窟第 263 窟中心塔柱东向开盝顶帐形龛，在马蹄形佛床上有西夏彩塑一佛、二弟子、二菩萨像。其中南侧弟子光头、圆面、细眼，面相稚嫩，身体直立，右手下垂，左手向胸前弯曲，赤足，内着交领花袍，外披百衲袈裟，比例匀称，形态自然，表现出佛弟子阿难年轻憨厚的形象；菩萨梳云头高髻，细眼修鼻，面形圆浑，表情文静，腰身左倾，右手微曲下垂，左手向外上弯曲，身段自如，项戴璎珞，左肩斜披络腋，身披披肩，半袒露胸腹和双臂，下着团花裙和围裙，腰束拖地长带，赤足，双臂、手腕戴环、钏，表现出菩萨婀娜形态。②

黑水城出土的西夏艺术品中也有一批泥塑。其中最引人注目的是一尊分身佛像，上身自胸部分开，双头分别向左右下方稍垂，是世上唯一的一幅分身彩塑佛像。③

黑水城遗址附近的一个古庙中出土过 25 尊彩塑像，包括佛像、菩萨像、男女供养人像、力士像、化生童子像。它们虽然都是佛教塑像，但却着力表现了现实生活中的人物，有浓郁的生活气息。如其中两尊金刚力士像，运用写实与艺术夸张相结合的手法，刻画出武士筋肉丰满、体魄健壮、孔武刚健的形象。其他如姿态各异、内心虔诚的菩萨，皓首白须、心地善良的老人以及活泼可爱的儿童等，真实自然，活灵活现。④

---

①　刘玉权：《本所藏图解本〈观音经〉版画初探》，《敦煌研究》1985 年第 3 期。

②　史金波、白滨、吴峰云：《西夏文物》，文物出版社 1988 年版，图 240、图 241。

③　同上书，图 237。

④　盖山林：《绚丽多彩的艺术奇葩——记额济纳旗西夏彩塑》，《内蒙古文物考古》1981 年创刊号。史金波、白滨、吴峰云：《西夏文物》，图 243—253。

1993 年在距黑水城东南 20 公里处的绿城发现一批西夏文物，其中有两尊彩塑菩萨像，均为单腿盘坐式。菩萨头戴花冠，面带微笑，两耳垂肩，颈部佩带项饰，身披彩巾，一花结在肩部，彩巾两头飘于肩和腹前，下身内穿彩裤，外系罗裙，腰间系花结。塑像面部丰满美观，神态自然安详，有很高的艺术价值。另一像与此相类，但坐姿各有不同。①

近年在宁夏贺兰县的宏佛塔天宫发现了一批西夏彩绘泥塑像，皆为残品，但表现了西夏泥塑的高超水平。其中佛头像六尊，佛面像四尊，罗汉头像十八尊，罗汉身像十二驱，力士面像两尊，以及佛手等。其中一佛头像螺纹髻，额丰颐圆，双眉隆起，眼珠乌亮有光，鼻梁高直，双唇闭合，下额绘日、月、云纹，表情庄重慈祥，反映了西夏泥塑的精湛工艺。②

拜寺口双塔西塔上二层至十三层每层檐下有方形浅龛，龛内影塑彩绘僧人、罗汉、金刚、童子、菩萨、七宝、八吉祥，具有藏传佛教装饰内容，充满了神秘的宗教色彩。③

三 建筑

佛教的广泛传行，带动了塔寺的大规模兴建。寺庙是佛教活动的中心，也是僧人的居所，所以历来提倡佛教的统治者无不重视寺庙的建设。西夏除利用原来已有的佛教建筑设施外，又重新修建了很多寺庙以及佛塔。下面仅举数例以大致了解西夏塔寺的建筑形制和风格。

承天寺为十一层八角形楼阁式砖塔，高峻秀丽；拜寺口双塔并立，皆为八角形十三层密檐式砖塔，十分罕见；宏佛塔是楼阁塔与喇嘛塔的复合形式，施以彩绘；拜寺沟方塔系十三级密檐式空心砖塔，造型似中原唐塔；康济寺塔为八角形十三级空心砖塔，再现了早期密檐式塔的风格和韵律；永寿塔为八角七层楼阁式空心砖塔，端庄挺拔；一百零八塔为世上稀有的大型塔阵，是内地最早的覆钵式白塔群；卧佛寺有高超的建筑艺术技巧，是河西地区所存最大的古建筑之一。

综观西夏塔寺的建筑有以下特点。

---

① 史金波、翁善珍：《额济纳旗绿城新见西夏文物考》，《文物》1996 年第 10 期。

② 雷润泽、于存海、何继英编著：《西夏佛塔》，第 194—202 页。

③ 同上书，第 225—246 页。

（1）形式多样。有多层楼阁塔，如承天寺塔、安庆寺塔、田州塔；有密檐式塔，如贺兰山拜寺沟方塔、拜寺口双塔、康济寺塔；有上为覆钵式下为楼阁式的复合形塔，如宏佛塔；有覆钵式喇嘛塔，如一百零八塔。

（2）多数建筑造型精巧。西夏塔建造精制，耗费材料、工时很多，形成塔寺宏伟、庄严、华丽的特点，表现出当时政府和社会重视佛教建筑的风俗。

（3）建筑设计合理，用材讲究，施工认真。西夏塔高而坚固，有的弥久而不毁，有的年久重修后仍保持着西夏的风格。[①]

特别值得提出的是，位于兴庆府西边、贺兰山东麓的西夏皇帝陵园中的灵台不同于中原地区的唐宋，也不同于北方的辽金，其灵台为密檐式的实心高塔建筑，这在中国陵园建筑中极为特殊，突出地反映了西夏统治者崇奉佛教的宗教意识和佛教建筑的特点。

---

① 史金波：《西夏佛教新探》，《宁夏社会科学》2001 年第 5 期。

第四章　元代佛教

第一节　元代社会与佛教

元世祖忽必烈至元九年（1279）灭南宋，完成全国统一，建立起一个幅员辽阔的多民族国家，基本上开拓出中华民族此后生息繁衍的疆域范围。统一帝国的建立，加强了各民族的多方面联系，为各民族地区的政治、经济趋于平衡发展，为多民族文化的相互融合，提供了必要的社会条件。正是在这种新的历史背景下，以多民族宗教空前大冲突、大融合为标志，中国佛教发生了不同以往的新变化，并且直接影响了以后明清两朝佛教的发展和演变。

蒙古贵族统治汉族及其他少数民族地区后，自身经历了对新的生产力方式的适应和调整过程；同时，奴隶制因素注入汉地封建制度中，也使得宋代发展起来的封建经济遭受挫折，走上迂回曲折的发展道路。蒙古少数民族上升为统治民族，采取了有别于唐、宋旧制的民族政策，形成了波及面深广的民族新格局。无论在政治结构、经济结构还是意识形态方面，元朝都呈现新的特点。相对于辽、金两个少数民族建立的王朝，元朝统治对中国社会各方面发展变化的影响要深刻和久远得多。

元王朝按照族别的不同和地区被征服的先后，把全国人民划分为蒙古、色目、汉人和南人四个等级，在任用官吏、法律地位以及其他权利和义务等方面，做出种种不平等的规定，在各族人民的友好往来和文化融会中人为地制造障碍，直接波及了民族心理和文化的分布。在这种民族等级制度下，流行于不同地区的宗教首次被官方放置在有民族等级优劣划分的前提下来考察。由于信奉佛教的汉族等级低下，相应的，汉地佛教在元代整个佛教体系中的地位受到前所未有的冲击。特别是由于南人处于最低等级，主要在南方流传的禅宗便更受到影响。元王朝对民间宗教的政策，既不同于此前的唐宋，也不同于此后的明清，对正统佛教也有刺激作用。在新的社会环境中，佛教在寺院组织、派系结构、教理信仰和修行实践等许多方面发生了巨大变化，直接影响着中国佛教以后的发展方向。

一　宗教政策与喇嘛教地位

成吉思汗（1206—1227 年在位）时期，在征伐亚洲广大地区的掠夺战争中，蒙古贵族接触到了在这些地区民族中流行的宗教，其中，道教、佛教禅宗和喇嘛教都与蒙古贵族建立了联系。这种早期的联系不仅对各宗教以后的发展有直接或间接的影响，而且构成了元代宗教政策形成过程的必要环节。总的来说，从成吉思汗到宪宗蒙哥，基本奠定了蒙古统治者宗教政策的大政方针，到世祖忽必烈时期，就奠定了元代宗教政策的基础，此后再没有大的变动。

成吉思汗和窝阔台时期，蒙古贵族就制定了平等对待各民族宗教信仰、允许多种宗教并存的政策。蒙元贵族进入汉地之初，基本遵循着这样的既定方针。当时除佛教、道教、儒教、伊斯兰教以外，也里可温（天主教）、术忽（犹太教）也占有一席之地。宪宗蒙哥（1251—1259 年在位）在保护各种宗教的基础上，开始侧重扶植佛教。据他说："今先生言道门最高，秀才人言儒门第一，迭屑人（指景教）奉弥失诃言得升天，达失蛮（指伊斯兰教）叫空谢天赐与，细思根本，皆难与佛齐。"[1]

至忽必烈时期（1260—1294），根据国内的政治形势和藏传佛教的具体情况，元廷确定了依靠萨迦派、崇奉喇嘛教（藏传佛教）的宗教政策，直到元末没有根本改变。这个政策的形成，是有历史原因的。

1206 年，成吉思汗出兵西夏，由于西夏王室与萨迦派有联系，使他注意到卫藏地区。据说他曾致书萨迦寺的大喇嘛，表示尊重喇嘛教。[2] 窝阔台时期（1229—1241），经营西夏故地和藏族地区的阔端，也和成吉思汗一样，希望找到能够协助治理卫藏地区的宗教代理人。当他得知萨迦派是吐蕃佛教中有影响的教派时，便采取部下的建议，主动与该派首领联系。1244 年，阔端致函萨班，召其到凉州商谈卫藏地区归顺蒙古问题。

---

① （元）祥迈：《辨伪录》卷三，《大正藏》第 52 册，第 770 页。
② 王森：《西藏佛教发展史略》，中国藏学出版社 2002 年版，第 224—225 页。

萨班带领他的两个侄子八思巴（帕思巴）和恰那来到凉州，于 1247 年和萨班进行谈判，共同拟订了西藏归顺蒙古的协议。藏区的各派僧俗集团都很快同意了这些条件，正式归顺蒙古。经过萨班的努力，萨迦派取得了在藏区行政和宗教事务方面的领导地位。创立于 11 世纪的萨迦派，从此成为藏传佛教中最有政治势力和社会影响的一派。这种情况直到元朝灭亡才发生变化。

宪宗蒙哥即位后，授权忽必烈负责漠南蒙古和汉藏地区。忽必烈继续执行成吉思汗以来的政策，于 1252 年派人到凉州召见八思巴。1253 年，八思巴到六盘山谒见忽必烈，遂留在忽必烈身边。这个事件为元朝建立后重用八思巴、进而崇奉喇嘛教奠定了基础。

从蒙哥侧重扶植佛教到忽必烈崇奉喇嘛教，也有重要的多民族文化融合、民族认同原因。蒙古族、藏族所信奉的喇嘛教，与汉族信奉的佛教，实际上都是佛教，只是地域民族不同形成了差别。但是，它们之间有再大的差别，也不足以否定同为佛教。所以，在当时存在的诸多宗教中，只有佛教才是蒙汉藏各族共有的认同基础，其他任何宗教或哲学都不能作为跨民族的文化认同纽带。所以，蒙古统治者逐步倾向推崇佛教，帝师制度也就在佛教中产生了。帝师制度之所以产生在藏传佛教中，又与那里的政教之间存在特殊关系有关，与元王朝利用这种政教关系实现统治藏族地区的政治目的有关。

中统元年（1260），忽必烈即位后封八思巴为国师，至元七年（1270）又进封其为帝师。从此以后，历代皇帝奉藏传佛教萨迦派僧人为师，成为元朝的一项制度，此即为帝师制度，这是宋辽金三代所没有的。

帝师制度的建立和延续，与八思巴是分不开的。八思巴（1235—1280）是吐番萨斯嘉（今西藏日喀则地区萨嘉县）人，童年时代接受了良好的佛学教育，被"国人号之圣童"。元宪宗三年（1253），"年十有五，谒世祖于潜邸，与语，大悦，日见亲礼。中统元年（1260），世祖即位，尊为国师，授以玉印"①。不久，八思巴受命为蒙古族制造文字，至元六年（1269）颁行天下。这是八思巴对蒙古文化的一大贡献，他因此被"升号帝师、大宝法王，更赐玉印，统领诸国释教"②。至元十一年

---

① 《元史》卷二○二《释老传》，藏东为"王"，中华书局 1976 年版，第 4517—4518 页。

② 《佛祖历代通载》卷二十一《帝师行状》，《大正藏》第 49 册，第 707 页。

（1274）八思巴请求返回藏地，由其弟亦怜真接替其位。八思巴死后的赐号是"皇天之下、一人之上、宣文辅诏、大圣至德、普觉真智、佑国如意、大宝法王、西天佛子、大元帝师"，共三十六个字。八思巴的著述三十余种，其中为世祖的太子真金讲的《彰所知论》最为流行。八思巴曾述《根本说一切有部出家授近圆羯磨仪轨》一卷。其著名弟子有胆巴、阿鲁诨萨里、沙罗巴、达益巴、迦鲁纳达思等。

在元代的历史上，八思巴始终得到元朝统治者的尊崇。英宗至治元年（1321）三月间，"建帝师八思巴寺于京师"，并且派遣使者赏赐八思巴家乡的僧人，"金二百五十两，银二千二百两，袈裟二万（件），币、帛、幡、茶各有差"[①]。英宗还"敕建帝师殿碑"，按照碑文的说法，元世祖能够"德加于四海，泽洽于无外……启沃天衷，克弘王度，实赖帝师之助焉"。这样的评价显然言过其实，但反映了八思巴始终受到元王朝的尊崇，也从一个侧面反映了喇嘛教的持续兴盛。泰定元年（1324），元廷命令绘制八思巴画像颁发各行省，"为之塑像"[②]。

亦怜真任帝师六年，继任者是答儿麻八剌乞列，在此之后，"每帝师一人死，必自西域取一人为嗣，终元世无改焉"[③]。综合《元史》各处的零散记载，其后的帝师依次是亦摄思连真、乞剌斯八斡节儿、辇真监藏、相家班、相儿加思、公哥罗古罗思监藏班藏卜、旺出儿监藏、公哥列思八冲纳思监藏班藏卜、辇真吃剌失思。[④] 这些历任帝师都出自萨迦派。

从八思巴开始，帝师直接领导和管理全国佛教和藏区军政事务的中央最高机构宣政院，拥有推荐任免高级世俗官吏和上层僧官的权力，其命令与皇帝的诏书具有同等权威，可以并行于藏区。终元一代，在八思巴的弟子、兄弟、侄子、侄孙辈中，不少人在中央和地方身居要职，有的继任为帝师，有的尚公主或长公主。萨迦派帝师的徒众、亲属纷纷随之飞黄腾达，地位显赫，受封为司空、司徒、国公等，受赐金印、玉印者，历朝不绝。泰定年间（1324—1327），帝师"弟子之号司空、司徒、国公，佩金

---

① 《元史·英宗纪一》卷二十七，第611页。

② 帝师殿碑的碑文见《佛祖历代通载》卷二十二，《大正藏》第49册，第733页。

③ 《元史纪事本末》卷十八，中华书局1979年版，第146页。

④ 日本学者野上俊静、稻叶正就所著《元代帝师考》，对帝师的在位时间、生卒年月等有考证，见《东洋论丛》1958年，大阪关西大学编印。另外，王森《西藏佛教发展史略》根据藏文资料对元朝的历代帝师进行了考证，参阅该书第五篇。

玉印章者，前后相望"①。藏区各地方领主通过他们到京城谋求职位、封爵和赏赐的，就更多不胜计。

帝师主持宣政院，其他高级藏僧往往在地方任职。出身于唐兀族的杨琏真佳加曾总摄江南诸路释教；幼年从八思巴出家的西域僧人沙罗巴观照历任江浙、福建等地释教总统；担任云南诸路释教都总统的节思朵、积律速南巴等人也都来自西藏。建藩于云南等地的诸王仿效中央的做法，也常到西藏延请高僧，封为"王师"。这些僧官制约着汉地佛教的演化，影响着各宗派的消长，其作用不可忽视。一些上层藏僧在内地占据不少规模较大的寺院，作为其传法的基地，赢得不少信奉者。喇嘛教由此大踏步地进入汉族聚居地区，并深刻地影响着蒙古民族。

帝师不仅控制了藏区的军政大权，而且使内地上至朝廷、下到地方的各级官吏都程度不同地受到制约。在元代历史上，达官显宦，甚至皇亲国戚，奔走于帝师及其徒属门下，是很平常的事情。帝师在举办各类名目繁多的法会时，在出行或办理丧葬时，往往要惊动朝廷百官。每逢帝师从藏区来内地，"其未至而迎之，则中书大臣，驰驿累百骑以往。所过供亿送迎。比至京师，则敕大府假法驾半仗以为前导。……用每岁二月八日迎佛威仪往迓，且命礼部尚书、郎中专督迎接。及其卒而归藏舍利，又命百官出郭祭饯"。帝师还可以通过求"福利"、作"布施"等名义，包庇违法官员，使各类罪犯逍遥法外，严重影响了执法的公正，直接导致了行政的腐败。"又每岁必因好事奏释轻重囚徒，以为福利，虽大臣如阿里阃帅如别沙儿等，莫不假是以逭其诛。宣政院参议李良弼，受赇鬻官，直以帝师之言纵之。其余杀人之盗，作奸之徒，黉缘幸免者多。至或取空名宣敕以为布施，而任其人，可谓滥矣。"② 武宗至大元年（1308）十二月，中书省臣对作佛事释放罪犯提出意见："自元贞（成宗在位时）以来，以作佛事之故，放释有罪，失于太宽，故有司无所遵守。今请凡内外犯法之人，悉归有司，依法裁决。"③

由于元代帝王的纵容，帝师徒属及其一些上层藏僧违法乱纪、扰乱治安、侵官害民，引起了朝野上下的普遍怨恨和仇视。元世祖时，出任江南

---

① 《资治通鉴后编》卷一百六十八，《景印文渊阁四库全书》第 345 册，第 327 页。

② 上引均见《元史》二〇二卷《释老传》，第 4521—4524 页。

③ 《元史·武宗一》卷二十二，第 492 页。

释教总统的杨琏真加"发掘故宋赵氏诸陵之在钱塘、绍兴者（有宁宗、理宗、度宗等帝王陵墓）及其大臣冢墓凡一百一所"①。他还"截理宗顶（骨）以为饮器，弃骨草莽间。……复发徽、高、孝、光四陵及诸后陵"②。泰定二年（1325），西台御史李昌奏称："尝经平凉府静、会、定西等州，见西番僧佩金字圆符，络绎道途，驰骑累百，传舍至不能容，则假馆民舍，因迫逐男子，奸污女妇。奉元一路，自正月至七月，往返者百八十五次，用马至八百四十余匹，较之诸王、行省之使，十多六、七。驿户无所控诉，台察莫得谁何！且国家之制圆符，本为边防警报之虞，僧人何事而辄佩之？"③

藏僧不仅作恶于地方，为害于民间，在京城也是劣迹昭彰。开元寺的藏僧就殴打、劫持京城官员。"（武宗）至大元年（1308），上都开元寺西僧强市民薪，民诉诸留守李璧。璧方询问其由，僧已率其党持白梃突入公府，隔案引璧发，捽诸地，捶扑交下，拽之以归，闭诸空室，久乃得脱。奔诉于朝，遇赦以免。"对于元王朝的王妃，藏僧也敢于抗争、殴打。至大二年（1309），"复有僧龚柯等十八人，与诸王合儿八剌妃……争道，拉妃堕车殴之，且有犯上等语，事闻，诏释不问"。这些发生在元王朝的事情，可谓空前绝后，足见喇嘛教特权地位引发的弊端之深重。

到了元代末期，包括最高统治者在内的蒙古上层官僚腐败堕落，他们接纳上层藏僧完全不是出于什么政治目的，而是利用喇嘛教某些性修炼的内容充实其糜烂生活。

至正十三年（1353）十二月间，身为丞相的哈麻和其担任集贤殿学士的妹婿秃鲁帖木儿等人，偷偷把喇嘛僧送给元顺帝，教他"行房中运气之术，号'演揲儿法'（'大喜乐'之意）"。秃鲁帖木儿（图鲁特穆尔）还把精通秘密法的喇嘛策琳沁（伽璘真）推荐给元顺帝，并且说："陛下虽尊居万乘，富有四海，不过保有见世而已。人生能几何，当受此秘密大喜乐禅定。"元顺帝接受了这种淫秽之法，并且"诏以西天僧（来自古印度的密教僧人）为司徒，西番僧（来自藏地的喇嘛）为大元国

①　《元史》二〇二卷《释老传》，第4521页。
②　《续资治通鉴》卷一八四，中华书局1957年版，第5021—5022页。
③　《元史》二〇二卷《释老传》，第4522页。

师"。秘密法引入宫廷，使元顺帝更荒淫，使一些朝廷大臣更无耻，使某些精通秘密法的喇嘛僧更骄横跋扈，使更多的百姓乃至官员的家庭遭殃蒙辱。当时，元顺帝不但自己"日从事其法"，而且命人"取良家女"奉献给该僧，"谓之供养"。元顺帝和他的亲信嬖幸们"相与亵狎，甚至男女裸处。号所处室曰'皆即兀该'，华言事事无碍也。君臣宣淫，而群僧出入禁中，无所禁止，丑声秽行，著闻于外，虽市井之人，亦恶闻之"①。"事事无碍"是汉地华严宗的最高精神境界，也为包括禅宗在内的各派僧人所接受和创用。这里的"事事无碍"，是对佛教教义最无耻的运用。喇嘛僧的所作所为，加速了元王室的腐败，也加速了萨迦派的衰落。

　　萨迦派创立于 11 世纪，从 13 世纪中叶到 14 世纪中叶，也就是与元王朝相始终的历史阶段，是萨迦派的黄金时代。萨迦派自从八思巴之后，政治上得势者多，在元朝中央、内地和西藏地区身居要津者多，其派系声势显赫。藏文书籍《青史》说，当时绝大多数萨迦派三藏法师追求世俗利禄，贪图享受，不守戒律。这和汉文资料《元史》所记番僧在内地横行不法、跋扈恣睢、乱政害民是一致的。然而，萨迦派活跃于元代政治舞台上，也发挥了多方面的积极历史作用。萨迦派帮助元廷在西藏地区建立了有效的行政体制，结束了大约四百年的分裂割据局面，实现了政治的统一。帝师制度的建立，使中央与西藏的政治和宗教联结为一体。藏族地区作为一个整体密切了与中央的关系，也加强了和内地各省的关系，这对藏区和内地的经济发展、技术交流和文化融合，起到巨大的推动作用。"内地的印刷器材和印刷术、木渡船和造船技术、建筑技术，等等，就是在这一时期先后传入西藏的；藏族形式的塑像、造塔、用具工艺等技术，也是在这一时期自西藏传入内地的。"② 在元代，蒙、藏、汉等族的相互交流、相互融合，达到了前所未有的程度。从长远讲，这有利于中华民族的共同文化、共同心理的形成，其意义不仅仅限于元代，也远远超出宗教范围。

　　喇嘛教在整个意识形态中占据特殊地位，使元代形成了有别于历代封建社会文化形态的特殊结构，突出表现是把儒学放置在佛道之下，一般儒

---

　　① 《元史》卷二〇五《哈麻》，第 4583 页。大体相同的记载见《元史·顺帝六》，《续资治通鉴》卷二一一等。

　　② 《西藏佛教发展史略》，中国社会科学出版社 1997 年版，第 82 页。

士长期受到冷落。所谓"释氏掀天官府，道家随世功名，俗子执鞭亦贵，书生无用分明"①。这话也许有些偏激，但就主要方面说，是符合事实的。至仁宗（1312—1320 年在位），开始认识到"明心见性，佛教为深，修身治国，儒道为切"。② 直到皇庆二年（1313），朝廷才决定恢复久废的科举制度，儒学逐渐开始受到重视，反映了大部分蒙古上层的意向，反映了蒙古民族汉化程度的加深。但是，元代无论是科举取士的数量，还是入仕者在统治集团中占据的位置、发挥的作用，都不能与唐、宋两代相提并论。由于元代没有造就出一大批从科举入仕的官僚士大夫阶层，由于元代官僚显贵普遍文化程度较低，所以文化僧侣就失去了在宋代所依傍的社会力量，佛教义学的衰落是不可避免的。

在藏传佛教居统治地位的情况下，汉地佛教受到巨大的冲击。特别是那些不堪忍受蒙古贵族压迫的汉族僧人，从修行思想到实践都发生了变化。他们往往主张退隐山林，不与统治者来往。元代著名诗僧善住就是一位比较突出的代表，《四库提要》认为他在当时的诗僧中"首屈一指"。善住字无住，别号云屋，常住吴郡城的报恩寺。他著有诗集《谷响集》三卷，他在《山庵》一诗中写道："平生爱幽致，况得共跏趺。片月挂木末，一峰当坐隅。断猿寒欲下，惊鸟夜相呼。世上耽名者，还能到此无？"这首诗是他的一生的写照。他不去现实社会争名逐利，而是甘愿在林泉之下离世隐修。这不仅仅是遵守佛教的一般教义，不是在宗教观念驱动下的人生选择，而是有着深厚的社会原因。他的《赠隐者》诗名义上是叹别人，实际上是个人抒怀："……对食惭周粟，纫衣尚楚兰。……穷达皆由命，初非行路难。"他在《悼隐者》诗中说："安知新宇宙，犹有故衣冠。"③ 他的离世隐修，是为宋遗民情结所驱使，为刻骨铭心的亡国之恨所驱使。他采取隐修的方式，是与蒙古统治者不合作的政治行为，也是一种反抗民族压迫的斗争方式。至于"穷达皆有命"的感叹，也多少反映了他作为出家人的无奈。但是，联系善住一生过着隐修生活的实际，可知他的抗元信念始终没有改变。与善住相同的这种抗元情绪，在元代初中期的南方禅宗中特别浓重。这也是促动佛学转向、促动元代禅学与宋代

---

① （南宋）汪元量：《湖山类稿》卷二，《景印文渊阁四库全书》第 1188 册，第 231 页。
② 《元史》卷二十六，《仁宗三》，第 594 页。
③ 上引均见《谷响集》卷一，《景印文渊阁四库全书》第 1195 册，第 661 页。

禅学拉开距离的重要原因之一。到了元代后期，许多汉族僧人受到元廷的重视，也与上层喇嘛的沟通有关。

随着喇嘛教的兴盛，在内地沉寂很久的密教也兴盛起来。据元代念常追述："唐宋间始闻有秘密之法，典籍虽存，犹未显行于世。"由于藏僧的到来，"秘密之法，日丽乎中天，波渐于四海。精其法者，皆致重于天朝，敬慕于殊俗。故佛氏之旧，一变于齐鲁"①。当时的士人也承认："我国朝秘密之兴，义学之广，亦前代之所未有。"② 正由于密教传播的范围渐广，引起了显教与密教间的争论："习显教者，且以空、有、禅、律而自违，不尽究竟之圆理；学密部者，但以坛、印、字、声而为法，未知秘奥之神宗。遂使显教密教矛盾而相攻，性宗相宗，凿枘而难入，互成非毁，谤议之心生焉。"③ 在陈觉看来，显密各执一端相互攻击，是尚未圆融的表现，因此，只有两者调和才是全面的。元代有许多僧人致力于沟通显密关系。作为汉地佛教的主流派别禅宗，其内部本来就有密教秘密流传，至此，受到藏传佛教的影响，不少人也大张旗鼓地致力于融合禅密关系，使禅宗的内容进一步多样化起来。

二　中央和地方管理机构

由于喇嘛教前所未有地上升至佛教中的至尊教派，元代的佛教管理机构也随之发生了巨大变化。总的说来，元代的宗教管理机构繁多杂乱，设立和罢撤随意、管辖范围交叉重叠，僧官位高权重。可以说，这些是元代佛教管理体系的重要特点。

元代初年管理全国佛教的中央机构是释教总制院，由当时的国师八思巴领导。后来曾一度设立功德使司，但存在时间不长。至元二十五年（1288）十一月，总制院改名为宣政院，是"秩从一品"的机构。其行政长官是晋升帝师的八思巴。宣政院置院使二名，由朝廷命官担任。吐蕃有事，则设分院往治。宣政院的职责比以前的释教总制院有所扩大，既管理全国的佛教事务，又直辖西藏地区的民政、军政和司法事务。任用宣政院

①　《佛祖历代通载》卷二十二，《大正藏》第 49 册，第 733 页。
②　《佛祖历代通载序》，《大正藏》第 49 册，第 477 页。
③　陈觉：《显密圆通心要集序》，《大正藏》第 46 册，第 989 页。

官员的原则，是"军民通摄，僧俗并用"①。宣政院代表中央对西藏行使全面管辖大权，如果形势需要，可以在当地设立分院治理。这是元朝设立的一个特殊机构，与中书省、枢密院、御史台并列为国家的四大军政机构。从宣政院的品级、地位和在元朝廷中央机构中的位置，可以看出喇嘛教的重要作用和元朝廷对藏区事务的重视。

在地方上，各路设置行宣政院，代替功德使司的管理事务。至顺二年（1331），曾一度撤销行宣政院，在全国设立十六个广教总管府，管理各地的佛教事务。元统二年（1334），又撤销了广教总管府，恢复行宣政院。宣政院管理的僧官有僧录、僧正、僧纲等。元代的僧官衙门并不是完全与行政建制配套，有些机构是针对不同地区的情况临时设置或裁撤。例如，蒙元军队攻占南宋都城临安不久，就设立江南释教总统所，管理江南的佛教，在江南各路的僧官，也由释教总统所来管辖，它直接隶属于京城的宣政院。至元十四年（1277），命元吉祥和怜真加加瓦掌管汉人佛教事务。江南释教总统所于大德三年（1299）罢。江南行宣政院曾于武宗至大四年（1311）撤销。元廷往往针对不同地区和不同教派的具体情况，设置特殊的管理机构。元代僧官衙门的品级都很高，例如，宣政院是从一品，元代以后，再也没有出现过这样品级的僧官衙门。

元王朝宗教政策不稳定，机构设置随意，也反映在对白云宗的管理方面。白云宗是从佛教中分化出来的一个民间教派，由洛阳宝应寺沙门孔清觉（1043—1121）于北宋徽宗大观年间（1107—1110）在杭州创立。南宋时期，白云宗受到朝廷的多次明令取缔。进入元代，白云宗被看作有别于佛教其他宗派的合法教派，并且专门设立机构管理，这在元代以前是没有先例的。元代初年所设立的白云宗摄所，属于官方机构，另外别置白云宗僧录司，任命南山普宁寺道安为僧录。此后元廷白云宗管理机构又屡罢屡设，直至被彻底取缔。成宗大德十年（1306）"罢江南白云宗都僧录司，汰其民归州县，僧归各寺，田悉输租"②。武宗至大元年（1308）又"复立白云宗摄所，秩从二品，设官三员"③。仁宗至大四年（1311）二

---

① 《元史》卷八十七《百官三》，第2193页。宣政院"秩从一品，掌释教僧徒及吐蕃之境而隶治之。遇吐蕃有事，则为分院往镇，亦别有印。如大征伐，则会枢府议。其用人则自为选，其选则军民通摄，僧俗并用"。

② 《元史·成宗四》卷二十一，第467页。

③ 《元史·武宗一》卷二十二，第497页。

月，在"罢江南行通政院、行宣政院"的同时，"御史台臣言：白云宗总
摄所统江南为僧之有发者，不养父母，避役损民。乞追收所受玺书银印，
勒还民籍。从之"①。仁宗延祐六年（1319）十月，"中书省臣言：白云宗
总摄沈明仁，强夺民田二万顷，诳诱愚俗十万人私睐近侍，妄受名爵，已
奉旨追夺，请汰其徒，还所夺民田。其诸不法事，宜令复问。有旨：朕知
沈明仁奸恶，其严鞫之"②。仁宗延祐七年（1320）正月，"江浙行省丞相
黑驴言：白云僧沈明仁，擅度僧四千八百余人，获钞四万余锭，既已辞
伏，今遣其徒沈崇胜潜赴京师行贿求援，请逮赴江浙并治其罪。从之"③。
同年二月，元廷因为"白云宗总摄沈明仁为不法坐罪，诏籍江南冒为白
云僧者为民"④。至此，白云宗被元王朝最终取缔。

三 佛教与道教斗争始末

道教在蒙元贵族的扶植下，政治、经济势力在北方部分地区急剧膨
胀，终于在元朝初期爆发了以全真教与曹洞宗为主角的道教和佛教的冲
突。这场斗争的起源，可以追溯到成吉思汗时期。

成吉思汗为了寻求长生不老之术，主动接触汉地的道教。1219 年，
在西征途中，成吉思汗命令汉人官吏刘仲禄去山东莱州，邀请全真道的长
春真人丘处机来讲授长生之术。由此可以看出，当时全真道在北方地区的
影响还是比较大的，已经为蒙古上层知晓。1222 年三月，成吉思汗在阿
姆河营帐第一次会见丘处机，当年十月再次会见，论道三日，由契丹人耶
律阿海作翻译。在与成吉思汗的密谈中，丘处机坦言没有什么长生不老之
药。他对成吉思汗所讲道法的核心内容有二：其一，作为个人所应遵守的
长生之道，不过是要清心寡欲。这是对成吉思汗长生不老幻想的否定。其
二，作为统治者所要采取的治国方略，无外乎敬天爱民。这是对蒙古军队
残酷杀戮和野蛮掠夺的规劝。很难得的是，成吉思汗特别重视丘处机的讲
话，命令耶律阿海把几天的密谈记录下来，并且要传给他的子孙。成吉思
汗做出的影响全真道日后发展的一个重要决定，是赐给丘处机一张诏书，

---

① 《元史·仁宗一》卷二十四，第 538 页。
② 《元史·仁宗三》卷二十六，第 591—592 页。
③ 同上书，第 593 页。
④ 《元史·英宗一》卷二十七，第 598 页。

免除道士的赋税和差发。初创时期的蒙古国统治者对全真道的这一政治支持，有利于道教的发展，同时也为道教与佛教在元朝初期的斗争埋下了种子。

全真教得到蒙古统治者的积极扶植，急剧发展。据说，河溯之人十分之二成了全真教徒。[①] 也就在此期间，全真教与北方佛教的冲突开始激化。根据佛教的记载，丘处机在燕京时就"持力侵占"佛教寺田，他的弟子们在各州县更是肆意侵夺寺产，甚至捣毁佛像，改佛寺为道观。

丘处机死后，其弟子李志常（1193—1256）依然得到元统治者的支持，1227 年被任命为都道录兼领长春宫事，1233 年受诏教授蒙古贵族弟子，1238 年嗣住道教事，1251 年受金符玉诰。在侵占佛寺、打击佛教势力方面，到李志常达到顶点。祥迈说他"虚冒全真之名，不行道德之实；枭鸣正道，虎视释家；挟邪作威，侵占佛寺；袭丘公之伪迹，扇残贼之余风"。此外，李志常还刊行《太上混元上德皇帝明威化胡成佛经》和《老子八十一化图》，力图用伪造经典的方法，证明佛陀是老子的门徒，置道教于佛教之上。

元初的北方佛教是承亡金的余绪，以禅宗的势力最大。首先起来对抗道教侵吞和攻击的是曹洞派禅僧。1255 年，曹洞禅师福裕上书，控告道教徒。蒙哥命福裕等僧与李志常廷前辩论，结果佛教稍占上风。朝廷诏令中原断事官布智尔和克什米尔僧那摩检查道藏伪经，并"教那先生依前旧塑释迦、观音之像。……那坏佛的先生依理要罪过者"。同样，"若是和尚每坏了老子，塑著佛像，亦依前体例要罪过者"。这次曹洞宗僧人为佛教争得了一个与道教平等的地位。1256 年，福裕等人再次到和林控告道教徒，佛教大胜。蒙哥指示："譬如五指皆从掌出，佛门如掌，余皆如指。"[②] 令佛教的地位高于道教和其他宗教。

1257 年秋，福裕等人再次上书蒙哥，控告道教徒没有退还佛寺和焚烧《化胡经》。次年，由忽必烈召集僧道和九流名士，在开平城举行第二次论战。佛教以福裕为首，另有那摩、刘秉忠等三百余人参加。道教以全真教教主张志敬为首，参加者二百余人。此外，参与断事和作证的官员、

---

① （金）元好问：《紫微观记》，见《遗山集》，《景印文渊阁四库全书》第 1191 册，第 410 页。

② 上引均见《辨伪录》卷三，《大正藏》第 52 册，第 767—770 页。

儒士等有二百余人。据《佛祖历代通载》所记，八思巴被任命为仲裁人，
"戊午（1258），师（八思巴）二十岁。释道订正《化胡经》，宪宗皇帝
诏师剖析是非，道不能答，自弃其学"。八思巴是喇嘛教萨迦派大师，
由他裁定佛道两家的"是非"，道教惨败是不言而喻的。结果，参与辩
论的道士十七人削发为僧，道藏经典四十五部被焚，二百多处道观改为
佛寺。

至元十八年（1281），以喇嘛教为首，对道教进行了更彻底的清算。
是年，胆巴（？—1303）"得道藏《化胡经》并《八十一化图》，幻惑妄
诞。师乃叹曰：'以邪惑正如此者！' 遂奏闻。召教禅大德及翰林承制等，
诣长春宫辩证"①。忽必烈诏谕天下，除《道德经》外，其他一切道教经
典全部烧焚，并命福裕的同门林泉从伦主持下火仪式。以全真教徒为首的
道教和以曹洞僧人为首的佛教之间的斗争至此告一段落。

在这场延续数十年的释道斗争中，曹洞宗禅师起了重要作用。他们得
到喇嘛教和蒙古贵族的支持，从而密切了北方禅宗和元朝统治者的联系，
为禅宗在北方的发展创造了有利的政治条件。

四　尊教抑禅局面的形成与影响

蒙元王朝初期，统治者出于入主汉地的政治需要，重视利用禅宗僧
人。临济宗的海云印简、曹洞宗的万松行秀、林泉从伦和华严至温等，在
管理佛教事务、沟通蒙汉民族关系、把禅宗纳入为元王朝服务的轨道方面
用力甚多。到忽必烈时，元王朝扶植的重点从禅宗转向教门。至元二十五
年（1288）召开教禅廷辩，其结果使"教冠于禅之上"②。尊教抑禅在政
治上反映了蒙古统治者对南人的歧视，在经济上反映了他们尚不了解自
然经济条件下的农业特征，在思想上反映了他们不能容忍禅僧的任性
放狂。

如果从宗教信仰方面考察，尊教抑禅与崇奉喇嘛教是相互联系的。这
与蒙元贵族所要利用佛教的具体内容有关。凭借武力征服汉地的蒙古贵族
虽然"崇尚释氏"，但所关注的不过是布钱施物、建寺造塔、写经斋僧、
礼佛拜忏之类的功德善事，对于义理研究之类则并无兴趣。他们推崇喇嘛

---

① 上引均见《佛祖历代通载》卷二十二，《大正藏》第 49 册，第 707、726 页。
② 《佛祖统纪》卷四十八《附元》，《大正藏》第 49 册，第 435 页。

教，除了适应控制西藏地区的政治需要外，还在于喜好那些为达到解脱成佛而进行的性修炼活动，以便吸收过来充实其糜烂的生活。禅宗不重经典、不拜偶像，倡导自主独立、自我解脱的修行理论和实践，自然与蒙元贵族可接受的佛教信仰格格不入。相对说来，汉地教门诸派所重经典和所倡教义与喇嘛教有更多相通处，更容易为蒙元贵族接受。

教禅两派到京城进行廷辩，其具体酝酿过程各书记载不一，已不是很清楚。据《佛祖历代通载》记："戊子（1288）春，魔事忽作，教徒潜毁禅宗……有旨大集教禅廷辩。"① 主持召集这场廷辩的是藏僧杨琏真佳。尽管参加会议的有教、禅、律三派僧人，中心议题则是教、禅关系。禅宗代表是妙高，义学代表为仙林。

关于仙林的生平不详。妙高（1219—1293）在南宋曾奉诏住持金陵蒋山寺院十三年，徒众多达五百余人，在江南颇有影响。德祐乙亥年（1275），因抗拒乱兵抢劫，得到蒙古丞相伯颜的保护。这次他以古稀之年赴京，可能是出于对南方禅的辩护。

在廷辩中，仙林说："南方众生多是说谎，所以达磨西来，不立文字，正恐伶俐的说谎，贪著语言文字，故有直指之语。"用"南人"善于说谎，说明达摩特别要化之以禅的原因，前提是"南人"低下。以南人为低下，已不再像过去那样，只限于南北相嘲，而是元朝统治集团正在推行的等级制度。以此驳难禅宗，禅僧的任何辩解都是多余的。

妙高说："夫禅之与教本一体也。禅乃佛之心，教乃佛之语，因佛语而见佛心，譬之百川异流同归于海，到海则无异味。"这种禅教一致的老调，当然不会引起忽必烈的兴趣，他倒提出一个令禅僧十分难堪的问题："俺也知尔是上乘法，但得法底人，入水不溺，入火不烧，于热油锅中教坐，汝还敢么？"答云："不敢。"奉圣旨："为甚不敢？"奏云："此是神通三昧，我此法中无如是事。"② 此外，妙高曾举云门公案一事，欲为佛祖雪屈，忽必烈很不高兴。

廷辩的最终结果，"使教冠于禅之上"。事实上，结论在辩论之前早已定下了。"尊教抑禅"反映了蒙古统治者对南人的政治歧视，表现了他们对自然经济条件下的农业特征尚不了解。当然，禅僧的任性放狂，不像

---

① 《佛祖历代通载》卷二十二《妙高》，《大正藏》第49册，第721页。
② 上引均见《佛祖历代通载》卷二十二，《大正藏》第49册，第721页。

必须依赖国家寺院为生的义学僧人那样驯服，也是促成政府采取压制措施的一个原因。元王朝重视义学，从义学沙门中选拔地方僧官，早有规定。至元二年（1265）二月，诏谕总统所："僧人通五大部经者为中选，以有德业者为州郡僧录、判正、副都纲等官。"① 这就促使汉地僧人重视佛教经典，诱导禅僧走上禅教融合的道路。

向江南禅宗兴盛地派遣讲经僧人，改变禅僧不重经教的学风，树立传统佛教典籍的权威，是元王朝实施尊教抑禅政策的重要内容。《佛祖历代通载》卷二十二《世祖弘教玉音百段》记："帝平宋已，彼境教不流通，天下拣选教僧三十员，往彼说法利生，由是直南教道大兴。"所选僧人无论出自佛教哪一派，都必须精通佛教典籍，严格按佛教规定修行。至元二十五年，"诏江淮诸路立御讲三十六所，务求其宗正行修者分主之"②，对于讲什么经典并无具体规定，依《智德传》记，有《法华》、《华严》、《金刚》、《唯识》等经疏。

元王朝还支持把禅寺改为"讲寺"。如天台家僧人性澄，请将国清寺由禅院改为"讲寺"，忽必烈"赐玺书复之"③，表示支持，就是突出的一例。中唐以来，佛教义学衰微，僧侣"从教入禅"成为一种时髦。入元以后，也出现了"从禅入教"的潮流。如四明延庆寺僧本无，原依寂照禅师在中天竺习禅，"亦有省处"，但后来又投到性澄门下，去"精研教部"。寂照为此给本无寄去一偈："从教入禅今古有，从禅入教古今无。一心三观门虽别，水满千江月自孤。"④ 不无遗憾。

在元统治者的倡导下，汉地佛教界出现了"禅学浸微，教乘益盛，性相二宗，皆以大乘并驱海内"⑤ 的局面。在这种教禅新格局中，教门诸派的传播和流通也受到了一定程度的刺激，其传播途径也具有了新的时代特点。

事实上，受到尊教抑禅打击最重的是北方禅宗，此后基本上销声匿迹了。南方禅宗则采取消极对抗态度，但其作为佛教在南方的主体地位并没有因为政府的政策而有剧烈的变化。所以在相当长的时间里，南方的多数

---

① 《元史·世祖纪三》卷六，第 106 页。
② 《大明高僧传》卷二《智德》，《大正藏》第 50 册，第 907 页。
③ 《大明高僧传》卷一，《大正藏》第 50 册，第 902 页。
④ 《大明高僧传》卷二，《大正藏》第 50 册，第 906 页。
⑤ 《佛祖历代通载》卷二十二《妙文》，《大正藏》第 49 册，第 732 页。

禅师与朝廷保持距离。到元朝中后期，情况有了变化。

第一，随着社会的稳定，元王朝对南方禅宗逐步减弱了压力，加强了怀柔的成分，有助于缓解对抗。比如，对临济宗禅师中峰明本在江南僧俗各界享有盛誉，元朝廷曾多次征召，却多次地被他拒绝。延祐六年（1319），"帝闻天目中峰明本之道，聘之不至，制金纹伽黎衣赐之，号之曰'佛慈圆照广慧禅师'。赐狮子院（明本曾住持的寺院）额曰：正宗禅寺"。至治三年（1323），即明本临终那年，"遣使即其居修敬"。天历二年（1329），"赐谥智觉，塔曰法云，召奎章阁学士虞集至便殿，命撰《中峰塔铭》"。元统二年（1334），"大普庆寺住持善达密的理表奏，以先师《明本广录》入藏，帝可其奏，加'普应国师'"①。元代中期诸帝对明本的推崇，是对南方禅宗既有形势的一种肯定。到了元代末期，南方有更多的禅师与元廷加强了联系。

第二，元代后期，朝政腐败，社会动荡，"士大夫逃禅"成为引人注目的现象。一些地方官僚开始向禅宗寻找出路，其中既有汉族官吏，又有蒙族官吏；既有"向司县间作小吏，弄到老死，构不得九品八品"的仕途"无根脚"之人，又有"出身便是五品四品"或"白身便是三品"的统治者。尽管他们的儒学和佛学修养一般不能与宋代的士大夫相比，关心的问题与宋代士大夫不完全相同，参究的内容也有差别，但是毕竟减少了对禅宗的歧视。

五　寺院经济的膨胀与危害

元代佛教出现了一个新现象，就是由官方把政府管理的寺院进行分类，并且要求各寺院保持自己的专业。根据《元史·释老传》记载："若夫天下寺院之领于内外宣政院，曰禅、曰教、曰律，则固各守其业。"官方承认并隶属于宣政院的寺院分为禅、教、律三类，这在宋代没有正式规定。但是，在南宋朝廷颁赐寺额过程中，已经逐渐形成了寺院分类的现象。元王朝在寺院分类方面的做法，为明代寺院分类管理的系统化和完善化奠定了基础。

元代初年，由政府掌握的寺院以及僧尼数量大体与南宋时期相当。至元二十八年（1291）十二月间，"宣政院上天下寺宇四万二千三百一十八

---

① 《佛法金汤编》卷十六，《续大正藏》第87册，第443页。

区，僧尼二十一万三千一百四十八人"①。僧尼人数显然是太少了，未经注籍的要远远超出这个数字。一般说，禅僧逃避统计或不在统计之列。

寺院占有大量土地，寺院经济恶性膨胀，是元代寺院的重要特点。大寺院所占的巨量田产，首先是来自皇室的赏赐，是与蒙元贵族的大土地占有相联系的。元统一全国后，朝廷把土地作为"官田"，以赏赐的形式分配给贵族、官僚，其数额之巨之滥，为历史上所罕见。与此同时，佛教寺院和以喇嘛教僧人为主的佛教界头面人物，也获得大量土地。由国家主管的大寺院，特别是一些皇室捐建的国立寺院，动辄占田成千上万亩。忽必烈敕建的大护国仁王寺，在大都等处直接占有的水陆地和分布在河间、襄阳、江淮等处的田产，共达十万顷以上，此外，还有大量的山林、河泊、池塘等。至大四年（1311），仁宗一次赐大普庆寺田八万亩。元文宗曾一次赐给大承天护圣寺田地十六万顷，元顺帝时又赐田十六万顷。这些是比较突出的例子。

对于帝王大建寺院和大量赏赐寺院土地，元代后期的重臣也提出异议，指出其危害。泰定三年（1326），"中书省臣言：养给军民，必籍地利。世祖建宣文弘教寺，赐永业，当时已号虚费。而成宗复构天寿万宁寺，较之世祖，用增倍半。若武宗之崇恩福元，仁宗之承华普庆，租榷所入，益又甚焉。英宗凿山开寺，损民伤农，而卒无益"②。但是，尽管有这些议论，此后元王朝仍然没有停止大建寺院和大量赏赐寺院土地。

对于寺院的租税和僧人的差役，蒙元统治者一开始是免除的。世祖曾对群臣说："朕以本觉无二真心治天下……故自有天下，寺院田产，二税尽蠲免之，并令缁侣安心办道。"③但是，后来情况有了变化。仁宗延祐五年（1318）十月，"僧人除宋旧有及朝廷拨赐土田免租税，余田与民一体科征"④。对于僧人的差役，也是时免时征。成宗大德七年（1303）闰五月，"诏僧人与民均当差役"⑤。但是到延祐七年六月，英宗又"诏免僧人杂役"⑥。所以，在元代历史上，短时间内实行的征收寺院租税和僧

---

① 《元史·世祖纪十三》卷十六，第 354 页。
② 《佛祖统纪》卷四十八《附元》，《大正藏》第 49 册，第 436 页。
③ 同上书，第 435 页。
④ 《元史·仁宗三》卷二十六，第 586 页。
⑤ 《元史·成宗四》卷二十一，第 452 页。
⑥ 《元史·英宗一》卷二十七，第 603 页。

人当差役的措施，并没有起到限制寺院经济恶性膨胀和僧人特权的作用。

另外，上层僧人利用权势，搜刮民脂民膏，巧取豪夺，是造成寺院经济恶性膨胀的重要原因。元王朝曾经下令禁止寺僧扩占民田，至大四年（1311）十月，仁宗"禁诸僧寺毋得冒侵民田"①。但是，事实表明，这些禁令收效甚微。

由于寺院曾长时间享有免税免役等特权，许多民户自愿成为寺院的佃户。但是在更多的情况下，上层藏僧是利用特权强行把在籍农民编入寺籍。在江南各地的寺院中，占有土地和佃户的情况是比较严重的。成宗大德三年（1289）七月间，"中书省臣言：江南诸寺佃户五十余万"②。

为逃避赋税和差役，也使大量土地通过不合法的渠道流入寺院。因为元代寺院长时期不交赋税，没有差发，所以，有些汉人地主将私产托名寺院，规避差税。有的富户使子弟一人出家，然后把全家田产托名这个出家僧人所有，使全家不再纳税。有的地主将土地施舍给寺院，然后再向寺院承佃，这样，就不必向官府纳税和承担差役。凡此种种做法，实际上是侵害了国家的利益，促进了寺院经济的恶性膨胀。《至顺镇江志》载，镇江路平均每人占有土地约六亩，而僧尼则达五十亩左右，这反映了当时寺院占有田地规模之大。史称泰定帝时（1324—1328），"江南民贫僧富"③，以致有人说，"天下之田，一入于僧业，遂固不移"④。

元朝崇佛重在修功德、作佛事。从建寺造塔、赐田斋僧、写经印经、念经祈祷，到帝后受戒、受法，各种功德法事常年不断，几无虚日。为此耗费的人力、财力、物力是惊人的。大德七年（1303），郑介夫说："今国家财赋，半入西蕃"⑤，这是特指西藏而言的；至大三年（1310），张养浩说："国家经费，三分为率，僧居二焉"⑥，这是指全国的情形了。据延祐五年（1318）统计，各寺作佛事日用羊万头。清赵翼指出："此供养之

---

① 《元史·仁宗一》卷二十四，第547页。

② 《元史·成宗纪三》卷二十，第428页。

③ 《元史》卷二十九，第653页。

④ 吴师道：《吴礼部文集》卷十二，《北京图书馆古籍珍本丛刊》第93册，书目文献出版社，第353页。

⑤ 《历代名臣奏议》卷六十七，台北：学生书局1985年版，第955页。

⑥ 《归田类稿》卷二，《钦定文渊阁四库全书》第1192册，第491页。

费，虽官俸兵饷不及也"；佛事"土木之费，虽离宫别馆不过也"；寺院"财产之富，虽藩王国戚不及也"①。

寺院占有土地，同时也就控制了土地上的农户。寺院佃户人数很庞大，例如，江浙行省寺院的实际寺院数量和占田数量没有确切数字，但是行省所管寺院佃户达到五十余万户。寺院的田产名义上属于寺户，并不为私人所有，但实际上为主管的各级僧官所支配，他们是实际占有者和使用者。

寺院既占有田地，也占有山林，数量都是惊人的。许有壬《乾明寺记》说"海内名山，寺据者十八九"。此类说法自然有夸张的成分，但是寺院田地山林之多是不争的事实。

元代寺院经济不是与社会生产发展同步成长起来的，而是通过掠夺民田、接受赏赐、规避差税等方式在短时间内突发式膨胀起来的，所以对社会经济造成了更大的危害。同时，经济实力的极度膨胀，也成为佛教内部孳生腐败堕落的温床。

第二节　元代教门简况

元代称"教"者，具体指天台、华严和慈恩三家，并非总是笼统指佛教的所有典籍。慈恩之所以特别为元代佛教所重，与喇嘛教以法相为理论基础、以因明为方法论有关。就禅宗与教门三家的力量对比而言，禅宗是元代佛教的主体；就它们主要分布区域而言，是所谓的"南禅北教"。这一格局，一直延续到明清两朝。

元代僧人对教门三派主要思想的来源及特点有简明归纳：

> 教自隋唐之后，传者各宗其说，遂派而为三：由止观之门，观假而悟空，观空而趣中，以入于实相者，为天台宗；会缘入实，即俗而明真者，为贤首宗；穷万有之数，昭一性之玄，有空殊致而同归乎中道者，为慈恩宗。②

---

① 《陔余丛考》卷十八，商务印书馆 1957 年版，第 352、353、354 页。
② 《佛祖历代通载》卷二十二《秦州普觉》，《大正藏》第 49 册，第 730 页。

　　天台宗兼重"止观"修行，通过认识"假"、"空"、"中"三者的统一关系，体认不依赖人的意识而存在的世界真实体相（"实相"），获得佛的智慧，达到解脱。这个归纳概括了天台宗止观双修、三谛圆融及中道实相等主要教义的基本思想。华严宗讲"俗"即是"真"，由体认"俗"（缘）而进入真"实"法界。这种归纳强调华严宗视世俗世界为解脱世界的观点，但没有涉及它的主要学说。至于唯识宗，则是通过分析一切现象（万有）的虚假不真实，体认真实的本源"一性"，所以"空"与"有"互异，均不可执著，应同归于"中道"。《成唯识论述记》讲："唯遮境有，执有者丧其真；识简心空，滞空者乖其实。所以晦斯空有，长溺两边；悟彼有空，高履中道。"悟得空有关系，体认唯识无境，即为中道。很明显，这里的归纳突出强调唯识宗（慈恩宗）唯识无境的观点。

　　元代教僧是按照唐代各宗注疏讲经，使唐代诸派学说持续流传。一般说来，他们的宣讲只起到普及各宗基本知识的作用，殊少创新。讲经僧人大多兼通各宗教义，专弘某一派而贬抑其他派的现象并不多见。

　　总的说来，元代研究唯识的学僧很少。见于《大明高僧传》记载的有普觉英辩（1247—1314），从学于柏林潭，在秦周州景福寺弘法，被称为无佛之世的佛。云岩志德（1235—1322），从真定龙兴寺法照学习唯识，至元二十五年（1288）被选为讲主，除了讲《唯识》等疏外，兼讲《法华》，号"佛光大师"。同为江淮御讲所讲主的吉祥普喜，也通达《唯识》和《因明》。云南僧人端无念，曾和普喜讨论《唯识》，受到其赞赏。传播华严学和天台学的僧人要相对多一些，但无论其社会影响和对本宗教理的研究深度和广度，都不能与宋代相比。无论弘扬华严还是天台的学僧，几乎没有争夺本宗正统或振兴本宗派的意识。能够为复兴本宗派的重要寺院而努力的僧人，比如天台学僧性澄，就已经是很少见的了。

一　华严学僧及其思想

　　元代弘扬《华严经》的教僧遍布全国各地，北方以五台山为中心，聚集了一批有影响的华严学僧。元大都也有兼通或弘扬华严的僧人。南方的华严学僧则主要活动在江浙地区。

　　元京城兼通华严教理的有达益巴、妙文、德谦、万安拣坛主等。达益巴（1246—1318）出身不详，早年从学帝师八思巴十三年，"凡大小乘律论及秘密部皆得乎理之所归"，后至甘肃临洮，师从绰思吉十九年，返京城后住庆寿寺。《通载》卷二十二并未记其兼通华严宗教理，《大明高僧传》卷二本传说他"兼通贤首之教，于是名誉四表，道重三朝"。武宗曾听其讲经，赐"弘法普济三藏"之号，并"敕王公大臣皆咨决心要"①。达益巴华严学的师承不详。他应是藏传佛教僧人接受汉地佛教影响的一例。

妙文（1237—1319），蔚州人，俗姓孙，9 岁出家，18 岁受具足戒后游学云朔燕赵，21 岁至元大都，依明和尚习华严教理十一年，32 岁开始讲经。忽必烈称其为"福德僧"，诏居宝集寺。鉴于当时"相学之流，囿于名数，滞于殊途，蔽情执之见，惑圆顿之旨"的情况，妙文力主振兴"圆宗"（指华严宗），"使守株于文字者有以荡涤情尘，融通寂照"②。妙文希望以华严教理清除义学之弊，而他以反对"株守文字"为主，又带有禅的特色。据《大明高僧传》本传，妙文晚年"专修念佛三昧"，这也是当时义学僧人的一个特点。

据《通载》卷二十二和《大明高僧传》卷二本传，德谦（1267—1317）号福元，俗姓杨，宁州平定（治在今甘肃宁县）人。幼年出家，后游"秦洛汴汝，逾河北齐魏燕赵之邦，咨访先德"。他初学《般若》于邠州守，习瑞应于原州忠，受幽赞于好畤仙，学《圆觉》于乾陵一，习《唯识》、《俱舍》于陕州政，听《首楞严》、《四分律》于阳夏闻。所谓"六经四论一律皆辞宏旨奥，穷三藏之蕴"。在进入元大都之前，德谦即以博学多能著称。

德谦入京城后，慕名就学于万安拣坛主，专习华严教义。拣坛主侧重弘扬华严，并且重视五台山地区。忽必烈曾问："何处为最上福田？"拣坛主回奏："清凉。"忽必烈欣然首肯，谓是"真佛境界"，"乃建五大寺为世福田"。③ 德谦因受拣坛主器重，在京城有一定影响，先奉诏居万宁寺（元成宗时所建），后迁崇恩寺（武宗时所建），前后十年，谥"佛护宣觉宪慈匡道大师"。

五台山是元朝统治者作佛事功德的首选地点，经常建寺造塔，举办各种法会，诏僧人讲经等。这里聚集的兼通或专弘华严的僧人较多，且与外

---

① 《大明高僧传》卷二，《大正藏》第 50 册，第 907 页。
② 《佛祖历代通载》卷二十二，《大正藏》第 49 册，第 732 页。
③ 《佛祖历代通载》卷二十二《世祖弘教玉音百段》，《大正藏》第 49 册，第 724 页。

界有广泛联系。

善柔俗姓董，德兴之永兴人，7 岁出家，随永安广行习《金刚》、《楞严》等经，20 岁始习华严教义。他承广严传戒，具有较大影响。宪宗蒙哥赐号"弘教通理大师"，命其在五台山举办"清凉大会"，还在京城开《华严》讲席。由于他在各地传菩萨戒，"自是门人加进，法道半天下矣"。他对振兴佛教十分积极，"经之缺者，勒而补之；寺之废者，撤而新之"①。善柔在元王朝的支持下，通过举办法会和传戒扩大了华严的传播范围。

与善柔一样，定演（1237—1310）也沟通了五台山与元京城的佛教交流。定演是崇国隆安和尚弟子，专习华严教义，先住五台山上方寺，后继隆安住崇国寺，"日以《杂华》为讲课，训释孜孜"②，元世祖赐号"佛性圆融崇教大师"。至元二十四年（1287），赐地元大都，定演与门人又建崇国寺，与其在五台山所住寺同名，成南北二寺。

五台山也聚集着依《华严经》修禅观的僧人，正顺是其中的代表。正顺是蔚州人，俗姓高，初依五台山寿宁用，受具足戒后，"结庐深树间，屏绝诸缘，唯读《华严经》，数满千部"。正顺依《华严》修禅定，"于岭头建大阁，阁下为海水，出大莲华，华上坐毗卢遮那佛满月像。每对佛入观，五七日方起，故人以'华严菩萨'称之"。显然，正顺所设的观想（思考）对象来自《华严经》中的神话描述，但其通过这种观想所悟的境界，并不是《华严经》中所描述的神通境界。他入华严观后所证悟的是："行住坐卧，了无一物为障碍，无一念为起灭，身心荡然，与法界合。"并且他强调："无尽刹海，不离当处，妄情未瞥，悟入无时。"在这种证悟之后，他"为人演说，言如涌泉，皆契法界深义"③。所谓"无一念而起灭"是"无念"；"无尽刹海，不离当处"，则是把世俗世界视为解脱世界。此类证悟说辞，源于华严宗的教理，并与禅学有相通处，显然与所观的海水、莲华及佛像无关。

五台山地区知名度最高的华严一支是文才系。文才（1241—1302）俗姓杨，号仲华，清水（在今陕西省）人。早年遍览经史，尤精理学，

① 《补续高僧传》卷四，《卍续藏经》第 77 册，第 392 页。

② 同上书，第 389 页。

③ 同上书，第 395 页。

受具足戒后多方听讲经论，以习华严教义为主。他曾隐居成纪（治在今甘肃天水），于户外植松，人称"松堂和尚"。元世祖诏命主持白马寺，号"释源宗主"（因认为中国佛教始兴起于白马寺，故称"释源"）。元成宗于五台山建万圣佑国寺，经帝师迦罗斯巴推荐，诏为开山第一代住持，并铸金印，署为"真觉国师"。文才一生以"大弘清凉之道"为己任，是元代少数专弘华严的名僧之一。

文才经常教导弟子："学贵宗通，言欲会意，以意逆志，为得之矣。语言文字糟粕之余也，岂有余味哉？……以记问自多，殊不知支离其知，穿凿其见，愈惑多歧，不能冥契于道。听其说适足以熟耳而已，岂能开人惠目乎？"他反对拘泥于经书文句，背诵经典，主张"会意"和"宗通"，把握精神实质，强调转变人的思想认识（开人惠目）。这些主张都是与禅思想相通的。

根据《佛祖历代通载》所记，文才著有《华严悬谈详略》五卷、《肇论略疏》三卷、《惠灯集》二卷，"皆内据佛经，外援儒老，托譬取类，其辞质而不华，简而诣取其达而已"①。就其传播华严的著作而言，除了《华严悬谈详略》介绍唐代澄现以来的华严教义外，更有特色的是以华严学解释《肇论》，作《肇论新疏》三卷和《肇论新疏游刃》三卷。后者并非直接释《肇论》，而是对前者的进一步发挥。两者的关系大同于宋净源的《中吴集解》和《中吴集解令模钞》的关系。

文才认为，云庵达禅师、光瑶禅师和净源法师的《肇论》注疏之作"醇疵纷错，似有未尽乎《论》旨之妙夥矣"。于是"因暇日，谨摭诸先觉之说，别为训解，以授座下"②。《肇论新疏》即是他给僧众讲授的记录。总观文才此书的诠释，最显著的一个特色是接受净源的影响，并予以发挥，用华严宗的心、理、事三范畴统摄整部《肇论》。

文才在解释《宗本义》时说：

　　四论所崇曰宗，本谓根本，通法及义。法有通别：通者，即实相之一心。中吴净源法师云：然兹四论，宗其一心，然四论虽殊，亦各述此一心之义也。别者，即四论所宗各殊。所以尔者，非一心无以摄

---

①　上引均见《佛祖历代通载》卷二十二，《大正藏》第 49 册，第 725 页。
②　《肇论新疏序》卷一，《大正藏》第 45 册，第 201 页。

四法，非四法无以示一心，即一是四，即四是一。

文才虽然从"通"和"别"两方面讲四论的同一和差别关系，但主旨是把四论建立在心学基础上。这不是文才的独创，而是承自净源著作。

在用理事关系概括《肇论》内容方面，文才又比净源前进了一步。《宗本义》开头一句是："本无、实相、法性、性空、缘会，一义耳。"文才对五个概念的释文是：

> 此五名诸经通有，义虽差殊，不越理事。今始终相蹑，略而释之。初谓缘会之事，缘前元无，故云本无；无相之相，复云实相；即此实相，是诸法性，故云法性；此性真空，故复云性空；复由性空之理不离于事，以理从事，复名缘会，谓因缘会集，而有诸法，或名缘集，缘生等，皆意在法也。杜顺和尚云：离真理外，无片事可得。①

文才循环论证，目的是要以理事关系修正和改造僧肇的般若学。他坚持华严宗的理事关系说，认为理事不可分，并把理作为诸法的本源，但是，他讲的"缘会之事，缘前元无"，又完全不同于华严宗的缘起说。华严宗最有特色的"性起缘起"讲"缘集不有，缘散不无"，是无起之起。因此，文才在以理事关系概括时，并不具有以华严理论全面改造《肇论》的能力。

文才以后，此系有影响的人物是大林了性和幻堂宝严。宝严（1272—1322）多年跟随文才，助其在各地传教。文才圆寂后，宝严继住其席，后奉诏住玉山普安寺。了性（？—1321）俗性武，早年曾从学于文才，不久周游"关陕河洛襄汉"，寻访名僧，先后从学于柏林潭、关辅怀和南阳慈。《通载》卷二十二谓此三人"皆以义学著称"，《大明高僧传》卷二《了性》谓此三人"皆以贤首之学著称一时"。了性此后又至清水投文才，认为"佛法司南，其在兹矣"，承认文才在佛学上的权威地位。他跟随文才到五台山，文才圆寂后，他"北游燕蓟"，"优游江海之上"，过着"与世若相忘"的隐居生活。到元成宗诏居万宁寺，由此而"声价震荡内外"。至大年间（1308—1311），奉诏住五台山普宁寺，为第

---

① 上引均见《肇论新疏》卷一，《大正藏》第 45 册，第 201 页。

一代住持，直至圆寂。

在五台山的华严学僧中，有坚持隐修不听元王朝调遣者，如正顺，"成宗闻师名，三召不起"①；有获得元王朝的支持，保持自身独立，不媚喇嘛教权贵者，了性是其中著名的一位。当时汉地僧人见到喇嘛僧便抠衣接足，乞其摩顶，谓之"摄受"。了性则"独长揖而已"。有人谓其傲慢，他说："吾敢慢于人耶？吾闻君子爱人以礼，何可苟屈其节而巽于床，自取卑辱乎？且吾于道，于彼何求哉？彼以其势，自大而倨，吾苟为之屈焉，非谄则佞也。"② 不乞求喇嘛教僧摩顶，也反映了汉地佛教具有的特殊独立性的一面。

南方华严僧人主要集中于江浙一带，或宣讲华严教理，或依经修行，从事著述者极少。丽水盘谷是海盐（治今浙江嘉兴）人，元至元年间（1280—1294）游历五台、峨眉、伏牛、少室等处，有"足迹半天下，诗名满世间"③ 之誉。元世祖的驸马高丽王子王璋请其于杭州慧因寺讲《华严》大意，使僧俗听众信服。后至松江隐居，专修净土，日诵阿弥陀佛名号，有《游山诗集》三卷。

浦尚（1290—1362）字希谷，檇李（浙江嘉兴）人，曾随景岩福习华严观。文宗天历元年（1328）后，受宣政院命历住多处寺院，受"慈峰妙辩大师"号。浦尚晚年自号"杂华道人"，"宗华严，志不忘也"④。浦尚的弟子有数十人，著名者有学古海和滋泽翁。

元末倡天台与华严融合的代表人物是善学（1307—1370），号古庭，曾从宝觉简习澄观的《大疏钞》，以及《圆觉》、《楞严》、《起信》等。常住阳山大慈寺。他告诫徒众："吾宗法界还源，非徒事于空言，能于禅定而获证入者，乃为有得耳。"可见其重视禅定践行。而他融合天台与华严，也是侧重于这方面论述。

由于禅定体验有相通处，所以善学反对"专守一门"，他指出："吾早通《法华》，虽累入法华三昧。"他所说的"法华三昧"体验，与"法界还源"的禅体验是相通的。因此，他所倡的天台与华严的融合，特指

---

① 《补续高僧传》卷四，《卍续藏经》第 77 册，第 395 页。
② 《佛祖历代通载》卷二十二《本传》，《大正藏》第 49 册，第 733 页。
③ 《大明高僧传》卷一，《大正藏》第 50 册，第 903 页。
④ 《补续高僧传》卷四，《卍续藏经》第 77 册，第 388 页。

天台禅定体验与华严禅定体验的融合，属于实践问题而不是理论问题。然而，这种融通也颇受士大夫的欣赏。宋濂称他"于诸宗之文颇尝习读，每病台衡、贤首二家不能相通，欲和会而融贯之，恨鲜有可言斯事者，不知世上乃复有师乎"①！善学没有华严方面的专著，但有《法华问答》、《法华随品赞》、《辨正教门关键录》等著述。

大同（1289—1370）字一云，号别峰，是元末明初知名度较高的华严学僧。大同早年出家于会稽崇胜寺，先从春谷习华严教义，《补续高僧传》卷四谓其特重《五教仪》和《玄谈》二书。次访古怀肇习"四法界观"。返归宝林寺后，春谷告诉他："子之学精且博矣，恐滞心于粗执。但益多闻，缚于知见，诚非见性之本。宜潜修而涤之，庶为吾宗之幸。"所谓"潜修而涤之"，指禅定修习过程中的心理体验。于是他先后依钱塘晦机元熙和中峰明本习禅数年。明本告诉他："贤首一宗，日远而日微矣，子之器量，足以张之，毋久滞此。"并"书偈赞清凉像"付之。大同认为："吾今始知万法本乎一心，不识孰为禅，又孰为教也。"② 因此，他日后所弘扬的华严学，在主导思想方面与禅学是不分彼此的。

大同离开明本返回宝林寺春谷处，受命分座讲《华严经》。元延祐年间（1314—1320），住持萧山净土寺，继迁景德寺、嘉禾东塔寺、绍兴宝林寺等，终生弘传华严宗。由于宝林寺被视为澄观肄业之处，大同也被看作华严正宗传人，从学者甚众。至正（1341—1368）年初，受赐"佛心慈济妙辩"之号。至明初，明太祖曾请其参加钟山无遮大会，大同又受到新朝统治者的重视。

大同与士大夫来往较多，《补续高僧传》本传记有永康胡长孺、吴兴赵孟頫、巴西邓文原、长沙欧阳玄、乌伤黄潜等。并谓其"独能撑支震耀，使孤宗植立于十余传之后，凡五十年"。然而，大同并不因为振兴华严宗而排斥他宗，多次因荐举禅宗和天台宗僧人主持名刹而受称赞，所谓"扶植他宗，毫无猜忌"③。他的著作有《天柱稿》，是汇集自己的诗文；《宝林类编》，是汇集古今人的诗作。他的嗣法弟子有皋亭善现、高丽若兰、景德仁静、姜山明善、延寿师颛、南塔国琛、福城大慧、景福性湛、

① 上引均见《补续高僧传》卷五，《卍续藏经》第77册，第396页。
② 《大明高僧传》卷三，《大正藏》第50册，第910页。
③ 《补续高僧传》卷三，《大正藏》第50册，第910页。

妙相道儞、法云道悦、净土梵翱、宝林日益等。其学徒虽众，但未出现以华严命家者。

云南地区弘传华严教义的代表人物是普瑞。普瑞字雪庭，号妙观，榆城人，少年出家后喜读《华严经》，曾师事禅僧皎渊。南诏段氏统治大理时，住水月山，元统一后，住苍山再光寺，以讲《华严》为主。僧传谓其"虽印心南宗（指师从皎渊），而恒阐《华严》为业"①，但他的华严学师承不详。普瑞著有《楞严纂要》十卷、《金刚方语》、《华严心镜》、《玄谈辅翼》以及《华严玄谈会玄记》（简称《会玄记》）四十卷，另外还补注唐一行的《华严忏仪》四十二卷。在这些著作中，《会玄记》是他弘扬华严教理的代表作。

据《会玄记》卷一介绍，普瑞作此书分四个步骤，该书每部分相应有四项内容，即"先科（分段）、次经（引《华严经》经文）、次疏（引澄观《华严经疏》）、后钞（引述澄观《随流演义钞》）"，查其全书，基本严格依此。《会玄记》并非随文释义式的逐句解释《华严经》本文，而是依照澄观《华严经疏》所概述的主要问题选配经文。书中间或也引宗密等人的著作，个别地方也有一些发挥，但本质上是借《华严经》传播澄观的华严思想。对于《华严经》本文的解释，均以澄观的《华严经疏》为准，辅之以《随流演义钞》。他在介绍澄观时说："号澄者，定也；观者，慧也，表和尚定慧双修。"此说是普瑞的发挥。该书谓澄观"历九宗圣世，为七帝门师"②，不知依据什么材料。另外，所述澄观的生平事迹等也与《宋高僧传》多有不符。

二　天台学僧及其思想

元代天台宗的活动范围比较小，主要集中在杭州地区，以上下天竺寺为中心。元代传播天台宗的著名僧人，从法系传承上来讲，主要是由南宋南屏系统发展而来，主要是北峰宗印一支。宗印（1148—1213）师承竹庵可观，俗姓陈，盐官（浙江海宁）人，15 岁受具足戒，他曾经被宋宁宗召对便殿，问佛法大义，得赐"慧行大师"之号。宗印的弟子很多，活跃于元代的著名天台僧人基本都出自宗印的再传弟子门下。有出自佛光

---

① 《新续高僧传》卷三，北洋印刷局癸亥年（1923）版，第二册，第 23 页。
② 《华严玄谈会玄记》卷一，《卍续藏经》第 8 册，第 94 页。

法照门下的东溟慧日（1291—1379），出自桐洲怀坦门下的玉冈蒙润（1275—1342）、大用必才（1292—1359），出自剡元觉先门下的湛堂性澄（1265—1342）等。

慧日是浙江天台人，为宋丞相贾似道之孙，出家于本县广岩寺。从至元四年（1338）开始，先后住持荐福寺、下天竺寺、上天竺寺。慧日曾得到帝师欣赏，受赐"普济大师"之号和法衣。元明更迭之际，明太祖曾问以"升济沉冥之道"，被尊为"白眉大师"。在他的努力下，金陵瓦官寺得以重建。慧日对恢复和保护天台宗的传法基地做了很多工作，这是他的一个贡献。

蒙润俗姓顾，浙江海盐人。根据《续佛祖统纪》卷一所记，他曾在海盐德藏聚众讲《法华》，听众有上千人。曾先后住持过演福寺、下天竺寺等，著有《四教仪集注》。其弟子必才俗姓屈，台州临海人，12岁出家，曾足不出户，苦读大藏十年。在蒙润的弟子中，他在"剖决宗旨，议定教章"方面是上首。所以，蒙润在德藏讲经的时候，他分座讲演。从至正二年（1342）开始，必才先后住持杭州兴福寺，后迁演福寺。他一生勤于讲经，但对净土信仰十分重视，临终还要告诫弟子不要抛弃往生净土的修行实践。他的主要著作有天台三大部的增治助文，以及《法华》、《涅槃》的讲义等。他的弟子也主要活动于杭州地区。

性澄俗姓孙，别号越溪，至元十三年（1276）出家，初依石门殊律师习律，至元二十二年（1285）从佛鉴学习天台教观，后又从学于允泽。从大德元年（1297）开始，先后住持东天竺的兴源寺、南天竺的演福寺和上天竺寺，其因说法祈禳有功而受朝廷的奖励。性澄振兴天台宗的宗派意识很强烈，并且孜孜不倦地追求。为了把已经改为禅寺的国清寺重新恢复，性澄不远数千里到京城，向宣政院说明情况，最后获得成功；他致书高丽，希望求取天台宗的典籍，直到对方回书说没有才作罢。性澄的弟子有弘济、本无、允若、善继等，以杭州地区的寺院为传法中心。

弘济（？—1356），嘉兴余姚人，俗姓姚，字同丹，别号天岸。少年出家，20岁受具，先学律，后到四明延庆寺从半山全学习天台教义。受到性澄的重视，任演福寺的首座。泰定年间，开法于圆觉寺。他一生除讲天台教义之外，重视行各种忏法、净土修行，曾有多种神异事迹，受到僧俗各界的拥戴。其主要著述有《四教仪记要》、《天岸外集》等。弟子有上竺道臻、超果允中、圆通有传等人。

本无（1286—1343）俗姓陈，台州黄岩人，字极元，又号我庵。13岁出家，先后从学于蒙润、性澄。曾住持凤山崇寿、普福、延庆等寺院。著述有《楞严经集注》、《山意集》等。弟子有弘道、慧隐、大始等。

允若（1280—1359），浙江绍兴人，字季蘅，号浮休、若耶。少年出家，先从大山恢学天台教，后慕名到南天竺演福寺依从性澄。他对知礼的思想比较重视，精研其典籍。这在元代传承天台的僧人中是不多见的。至正年间，先后住持圆通寺、下天竺寺。允若活动在杭州地区，比较重视寺院建设。同时，他也注重与文人的交往。后亡于战乱。

善继（1286—1357），浙江诸暨人，俗姓娄，字绝宗。出家后先从学于兴福寺的大山恢，后到演福寺投到性澄门下。善继住持过良渚、天竺荐福、天台能仁二处寺院，以讲天台三大部为主。元末战乱时期，以修净土念佛为主。弟子有演福如（王己）等，活跃于明初。

第三节　临济宗及其禅学演变

一　北方临济宗概述

元代临济宗分为南北两支，北方临济宗主要是印简系。在北方佛教界，他是与蒙古贵族建立密切关系的第一人。他不仅是禅宗的主要代表，也是整个佛教的领袖人物。临济一宗在元代北方的兴盛，与他在政治上的活动分不开。

印简（1202—1257），字海云，俗姓宋，山西岚谷宁远（今山西岚县）人。自幼出家，拜中观沼为师，11 岁受具足戒。据《佛祖历代通载》记，印简 13 岁，蒙古军队攻陷岚谷，他于"稠人中亲面圣颜（大约是窝阔台）"。1219 年，木华黎军再取岚谷，印简见到清乐元帅史天泽和义州元帅李七哥，颇受赏识。不久，印简师徒随木华黎北行，到赤城，成吉思汗传旨给木华黎："尔使人说底老长老（指中观）、小长老（指印简），实是告天的人，好与衣粮养活者，教做头儿，多收拾那般人，在意告天。"由此，中观得赐号"慈云正觉大禅师"，印简得赐号"寂照英悟大师"。

不久，中观禅师圆寂，印简来到燕京大庆寿寺，从学于中和璋禅师，并成为他的嗣法人。他先后应请住持过兴州（河北滦平）仁智寺、涞阳兴国寺、兴安（河北承德）永庆寺和燕京庆寿寺。1235 年，窝阔台差官选试天下僧道，印简被推为住持，进一步加深了与蒙古贵族的关系。1237年，成吉思汗的二皇后赐号印简"光天镇国大士"。1242年，忽必烈请他到漠北讲法。1245年，奉大皇后旨，在五台山为国祈福。1247年，贵由皇帝命他统领僧众，赐白金万两，太子合赖察请他至和林，住太平兴国禅寺。1251年，蒙哥即位，命印简掌管全国佛教事务。1256年，奉旨在昊天寺建法会，再次为国祈福。印简寂后，忽必烈命建塔于大庆寿寺之侧，谥"佛日圆明大师"。

印简历事成吉思汗、窝阔台、贵由和蒙哥四朝，并与专管汉地事务的忽必烈保持密切关系，是汉人僧侣中权势最大的一个。他以禅师身份参与政治活动，又以政治需要改造禅宗面貌，对北方禅宗以至整个佛教都有不小影响。

他把政治条件列进选僧标准，把佛教引向直接为蒙元服务的轨道。

1235年，印简参与选试僧道，蒙古主考官确定："识字者可为僧，不识字者悉令归俗。"印简反对，对主考官说，他自己就"不曾看经，一字不识"。厦里丞相问他："既不识字，如何做长老？"他反问："方今大官人还识字也？"他的话使在座的蒙古达官、外镇诸侯大惊失色。接着他说："应知世法即是佛法，道情岂异人情？古之人亦有起于负贩者，立大功名于世，载于史册，千载之下，凛然生气。况今圣明天子在上，如日月之照临，考试僧道……宜以兴修万善，敬奉三宝，以奉上天，永延国祚可也。我等沙门之用舍，何足道哉！"这话是十分清楚的：僧侣的资格不应由精通多少经论取得，而是看他们能否为"永延国祚"尽力决定。"奉上天"是主要的标准，沙门自身的规定不足挂齿。

这次考试僧道经业，是蒙古联宋灭金后的第一项文化措施，对佛教界震动颇大。许多名僧忧心忡忡，担心佛教受到沙汰。唯独印简，胸有成竹，他说："主上必有深意。我观今日沙门少护戒律，学不尽礼，身远于道，故天龙亡卫而感朝廷，励其考试也。三宝加被，必不辜圣诏。"主上考试经业只是名义，通过考试，令僧人循规蹈矩才是本质。结果，"虽考试，亦无退落者"。

印简积极投靠蒙元的行为，是否也带有类似丘处机那样的"化胡"目的很难评说，但他在劝说蒙古贵族接受汉文化方面，确实是尽过力的。其中影响最大的，是劝他们以儒术治国。1236年，孔子第五十一代孙孔元措托印简向上陈情，准于袭衍圣公，并免差役。印简劝告忽都护，接受了这一请求。在印简的努力下，颜、孟等儒家圣贤的后裔也被免除差役。1242 年忽必烈请印简到漠北讲法时，曾问："佛法中有安天下之法否。"印简劝他"宜求天下大贤硕儒，问以古今治乱兴亡之事，当有所闻也"。意思是说"安天下"的事情应请教儒家，不应垂问佛家。在告别时，印简又说，"恒念百姓，不安善抚，绥明赏罚，执政无私，任贤纳谏"，所有这一切，"皆佛法也"。换言之，在没有发现古贤硕儒之前，他的佛法就是治国的儒术。

1236 年，蒙元正括中原户口，曾想用"印识人臂"的非人道手段防止人们逃亡。印简向断事官忽都护说："人非马也，既皆归服国朝，天下之大，四海之广，纵复逃散，亦何所归？岂可同畜兽而印识哉？"[①] 印简的努力阻止了这种野蛮行为。

印简宣扬孔子之教，从三纲五常到治国平天下，其用心的程度，远比弘扬佛教教义为深。在他领袖下的北方临济宗，已无别的禅理和禅行可言。

至大二年（1309），赵孟頫奉敕撰《临济正宗碑》，把印简一系奉为临济正宗，他的传承法系被追溯到北宋的五祖法演：演传天目齐，齐传懒牛和，和传竹林宝，宝传竹林安，安传容庵海，海传中和璋，璋传印简。很明显，这个系统能为世人所知，全赖印简的腾达。

印简有知名弟子二，一是可庵朗，二是赜庵儇。可庵朗有俗弟子刘秉忠，赜庵儇有弟子西云安，对印简一系的持续兴盛有重大作用。

刘秉忠（1216—1274）原是云中南堂寺僧人，名子聪。印简去蒙古见忽必烈时，途经云中，携其同行，因而得识忽必烈。《元史》本传说刘"久侍藩邸，积有岁年，参帷幄之密谋，定社稷之大计"。忽必烈即位后，诏复原姓，更名秉忠，以翰林侍读学士窦默之女妻之，拜光禄大夫、太保，参领中书省事。秉忠寂后，忽必烈对群臣说："秉忠三十余年，小心慎密，不避艰危，事有可否，言无隐情。又其阴阳术数之精，占事知来，若合符契，惟朕知之，他人莫得预闻也。"有这样一位职高权重的俗家弟子，对扩大印简一系的社会影响，无疑是有利的。

西云安也有很高的政治地位，元贞元年（1295），成宗诏请西云住大都大庆寺。武宗赐以"临济正宗之印"，封为荣禄大夫、大司空，并让

---

① 　上引均见《佛祖历代通载》卷二十一，《大正藏》第 49 册，第 704 页。

他"领临济一宗事"①，说明元代统治者是把印简一系作为临济正宗的代表。

二 南方临济宗四系简说

南方禅宗均属临济宗，分别出自宗杲和绍隆两系。宗杲弟子育王德光之后，出现了灵隐之善和北磵居简两支；绍隆的再传弟子密庵咸杰之后，出现了松源崇岳和破庵祖先两支。这四支构成了南方临济宗的主流。总体可归为功利禅和山林禅两种类型。

功利禅型，指以功利为目的，积极靠拢朝廷，凭借政治权势，带动禅宗发展的派别，其代表主要有之善系和居简系，以及崇岳系的清茂、守忠等人。五山十刹，主要由这类禅师住持。山林禅型则与此相反，大多数人山居隐修，不为世人所知；部分人活动于民间，影响很大，但拒绝应征，与朝廷官府的关系疏远，最重要的代表是祖先系统。

（一）之善系与居简系

之善系最著名的代表人物是元叟行端（1255—1341）。行端是之善的再传弟子，俗姓何，台州临海（浙江临海）人，12岁出家，18岁受具足戒。曾随藏叟善珍学禅于有"众满万指"之称的径山，后又到袁州仰山，随雪岩祖钦习禅三年，仍回径山。行端擅长诗文，在径山时作《拟寒山子诗》百篇，"皆真乘流注，四方衲子多传诵之"②。大德四年（1300），行端住持湖州资福寺，由此"学徒奔凑，名闻京国"。七年（1303），诏赐"慧文正辩禅师"号。九年（1305），应命住持中天竺万寿禅寺，在行宣政院的支持下，"树门榜而正邻刹之侵疆，治殿宇而还丛林之旧观"。皇庆元年（1312），住持灵隐寺，并奉旨在金山水陆法会上说法，受"佛日普照"号。至治二年（1322），住持径山兴圣万寿禅寺。泰定元年（1324），获"大护持师"玺书。早在大德七年受赐号诏书时他就说："天恩浃肌骨，浅薄将何酬？愿君为尧舜，愿臣为伊周。"③

① 《佛祖历代通载》卷二十一，《大正藏》第49册，第727页。

② （元）黄潜：《行端塔铭》，凡引文未标注者，皆出此，《卍续藏经》第71册，第547页。

③ 《元叟端禅师语录》，《卍续藏经》第71册，第517页。

在元代禅师中，像他这样急剧地升为新贵的寥寥无几。这是元代禅宗的成功之笔。自此，南方禅师陆续与元结缘者不乏其人。笑隐大䜣说："今我径山法叔（行端），再世妙喜（宗杲）也。"①可见他受人尊重和艳羡的程度。

行端一生，"以呵叱怒骂为门弟子慈切之诲，以不近人情行天下大公之道"。"呵叱怒骂"，其迹确系临济宗风，然其所行"天下大公之道"，那精神与其前辈不知相去几千里了。

由于行端四主名刹，"三被金襕袈裟之赐"，名声远播，招致众多门徒，"嗣其法而同时阐化于吴楚闽粤蜀汉间者若干人"，对蒙古人也有影响。他的其他弟子，如楚石梵琦、梦堂昙噩、古鼎祖铭、愚庵智及等都比较有名，成为活跃于元末明初、势力最大的一个禅派。

居简系所出人才较多，其中笑隐大䜣（1284—1344）是居简的三传弟子，南昌人，俗姓陈，幼年出家，曾遍阅大藏经文，后到百丈山从晦机元熙学禅多年。至大四年（1311），住持湖州鸟回寺；延祐七年（1320），住持杭州大报国寺；泰定二年（1325），江浙行省丞相脱欢命他住持中天竺，"僧徒相从者垂千辈"。至天历二年（1329），奉诏住持金陵大龙翔集庆寺，得封"大中大夫"，受赐号"广智全悟大禅师"。至顺元年（1330），与昙芳守忠等南方著名禅师北上，"京师之为禅宗者出迎河上"，受文宗召见。后至元二年（1336），加赐"释教宗主兼领五山寺"号。

大䜣重视丛林清规和禅众教育，指出："百丈作清规而丛林大备，有书状、有藏主、有首座，将使禅者兼通经教外典，欲其他日柄大法，可以为全材而御外侮也。"②要求禅僧兼通经教外典，是相当开放的主张，但目的是为他日"柄大法"、"为全材"做准备，则与百丈的"规式"精神全不相干。这反映了南方禅师在多教兼容的社会条件下，有意参与角逐的热切心肠。大䜣曾奉旨召集学问僧，审定德辉编集的《敕修百丈清规》，从这个《清规》中多少也可以看到大䜣的思想。

大䜣也擅长诗文，与赵孟頫、邓文原等士人有良好关系。黄潜评论其文：

① 《笑隐䜣禅师语录》卷二，《卍续藏经》第 69 册，第 709 页。
② 《笑隐䜣禅师语录》卷四，《卍续藏经》第 69 册，第 719 页。

无山林枯寂之态，变化开合，奇彩烂然。而议论磊落，一出于正，未尝有所偏蔽。虞公（集）称其如洞庭之野众乐并作，铿钛轩昂；蛟龙起跃，物怪屏走，沈冥发兴。①

南方临济宗至于元代，一般因袭宗杲的传统，行看话禅。大䜣则起来反对："每见近时宗师教人提个话头……使其朝参暮参，疑来疑去，谓之大疑必有大悟。虽是一期善巧方便，其奈愈添障碍。"他斥责那些参究话头的禅僧说：

愚痴之辈，一丁不识，窃吾形服，经教不知，戒律不守，问著百无所能，但道：我请益善知识，举个话头。口里诵，心里想，如三家屯里学堂，教小儿子念上大人相似，眼醒记得，睡着忘了；或用心太过，愈疑愈乱，遂至失心颠狂；或妄生卜度，胡言乱语，诳吓无知；或痴痴兀兀，黑山下鬼窟里淹过一生。②

这种斥责，揭露了看话禅的流弊，有令迷入歧途者猛醒的意义。与此同时，大䜣也批评慧南的"黄龙三关"：

黄龙三关，如商君立法，法虽行而废先王之道，故当时出其门者甚多，得其传者益寡。使其恪守慈明家法，子孙未致断绝。③

把慧南设"三关语"视为黄龙派法系断绝的原因，自然不是什么可靠根据，但是在当时提出来，是有所指的。元初，祖先系代表人物原妙即效法慧南，也设"三关"传禅，颇有影响。因此，大䜣的批评也是针对祖先系的，尽管他与祖先系的许多禅师关系不错。

大䜣肯定的禅风是"行棒行喝"，与行端相近；又重述"直指人心，

---

①　黄潜：《元大中大夫广智全悟大禅师住持大龙翔集庆寺释教宗主兼领五山寺䜣公塔铭》，《卍续藏经》第 69 册，第 724 页。

②　上引均见《笑隐䜣禅师语录》卷二，《卍续藏经》第 69 册，第 709 页。

③　《笑隐䜣禅师语录》卷一，《卍续藏经》第 69 册，第 700 页。

见性成佛"，表明他没有忘记禅的宗旨。

居简系还有其他一些禅师，像觉岸和念常等，对佛教史学有所贡献。觉岸著《释氏稽古略》四卷，属编年体通史，从三皇五帝到南宋末，按干支帝纪年号记载历朝沿革和佛教史迹等。其资料大多取自南宋咸淳年间(1265—1274)本觉所撰的《释氏通鉴》。《释氏稽古略》的史学价值比不上念常的《佛祖历代通载》。

念常(1282—1341)，俗姓黄，号梅屋，世居华亭(上海松江)，12岁出家，曾从平江圆明院体志学律，元贞元年(1295)受具足成。至大元年(1308)到杭州净慈寺随晦机元熙习禅七年，元熙迁住径山后，他留在净慈寺，又住持嘉兴祥符寺。至治三年(1323)，赴燕京缮写黄金佛经，面见帝师，听讲密教教义。历时二十年，撰成编年体通史《佛祖历代通载》二十二卷，内容大部分取自《景德传灯录》和南宋祖琇的《隆兴佛教编年通论》，补述了南宋、金元的佛教史。虽然有些记述过于繁冗，史实方面亦有讹误，但仍不失为研究宋元佛教的重要著作。

德辉也出自居简系，由他重编的《敕修百丈清规》为后来禅宗各寺采纳，影响久远。据德辉自序，自百丈怀海制定《禅门规式》以来，历代都有重编"丛林清规"流行，详略不一。延祐年间(1314—1320)，晦机元熙、一山了万、云屋善住曾打算对各种版本"删修刊正，以立一代典章"①，但没有实现。德辉有志于完成他们的未竟之业，在住持百丈山大智寿圣禅寺期间，奔走京城，奏请重编统一的《百丈清规》，元统三年(1335)诏许。当时德辉没有发现所谓的《古清规》，而认为有三个流行本可取，即宗赜的《崇宁清规》、惟勉的《咸淳清规》和弌咸的《至大清规》。德辉根据这三个本子，删繁就简，正误补缺，经大䜣主持审定，分成九章十卷，题《敕修百丈清规》，于后至元年间(1335—1340)刊行。

（二）崇岳系和祖先系

崇岳系的影响相对小一些，出自该系的著名禅师也不多。其中的代表人物主要有古林清茂和昙芳守忠。他们都是"道契王臣"者，活跃于金陵地区。

清茂(1262—1329)，号金刚幢，晚称休居叟，俗姓林，温州乐清

---

① 《敕修百丈清规序》，《大正藏》第 48 册，第 1159 页。

人，11 岁出家，13 岁得度，曾居天台国清寺。19 岁，参横川如珙（1222—1289），深得器重。20 岁回国清寺，作《拟寒山诗》三百首。不久，如珙迁住育王山，应命前往随侍六年。先后住持过平江府天平山白云禅寺、开元禅寺、饶州永福禅寺和金陵凤台山保宁禅寺等。仁宗赐号"扶宗普觉佛性禅师"，英宗也曾下诏问道。

清茂晚年住保宁禅寺八载，颇得居住于金陵的图帖睦尔（即位后称文宗）的尊敬，"先是上居潜邸时，留神内典，时数枉驾，诣师问道"。其刻印《般若心经》、《高王观世音经》，都请清茂作序，"章显佛心，冠乎经首"①。文宗即位第二年，遣使问候，时清茂已经圆寂了。

清茂平生所作诗文偈颂不少，流传也广。比较重视的是拈古和颂古，著《重拈雪窦举古一百则》，以及其他颂古之作。关于他的著述有《古林清茂禅师语录》五卷、《古林和尚拾遗偈颂》二卷。这些在国外也受欢迎，"日本扶桑之域，求师语录，刊以播其国"②；《偈颂》传到高丽，刻版印行。

守忠（1275—1348），南康都昌人，俗姓黄，11 岁出家受具足戒，拜云居玉山珍为师，后游方至金陵蒋山。大德九年（1305），受请住持金陵崇因禅寺十五年。至治元年（1321），脱欢请他住持蒋山，由此声望日隆。1325 年，图帖睦尔在金陵时与守忠来往尤密，守忠预言他日后能做皇帝，并为之祈祷。天历元年（1328）秋，图帖睦尔刚即位，便遣使赐守忠"佛海普印大禅师"号，将其在金陵的潜邸改为大龙翔集庆寺，诏选守忠为开山祖师，守忠推荐大䜣以代。次年春，文宗又加赐"大中大夫广慈圆悟大禅师"号，命住持蒋山和崇禧两处寺院。

至顺元年（1330），守忠与大䜣应诏赴京，受到文宗及皇后、太子和帝师的隆礼接见，赏赐极多。返回时，诏命所经官府沿途护送。守忠用所得钱财在金陵"大兴营构，穿楼佛殿，殆若天降"。不久，文宗又赐钞五千锭，割平江上田五十顷，蠲两寺田赋。③ 至正元年（1341），守忠告老，后仍被诏出，特别是诏令住持和修复称作"国朝江南建寺，惟此一寺为

---

① （元）梵僲：《古林和尚行实》，《卍续藏经》第 71 册，第 291 页。

② 《古林和尚碑》，《卍续藏经》第 71 册，第 292 页。

③ （元）欧阳玄：《佛海普印广慈圆悟大禅师大龙翔集庆寺长老忠公塔铭》，《卍续藏经》第 71 册，第 176 页。

盛"的集庆寺，被视为殊荣。及其逝世，为之送葬者达数万人，"士庶率财作大会七日"，甚至有"然顶臂香为供者"。

祖先系是元代禅宗中影响最大的一个支派，著名禅师很多，影响遍及国内外。这里先介绍无见先睹、石屋清珙、万峰时蔚、天如惟则、千岩元长五位著名禅师，更为重要的高峰元妙、中峰明本专门论述。

无见先睹(1265—1334)，天台人，俗姓叶，曾师事方山文宝，后到天台山华顶，一住四十年，以善兴禅寺为基地，倡导看话禅。人们把他与中峰明本看作南方最有影响的两位禅师："入国朝以来，能使临济之法复大振于东南者，本公(明本)及禅师而已。"[1] 关于先睹的言行，有智度等编的《无见先睹禅师语录》二卷。

石屋清珙(1272—1352)，常熟人，俗姓温。20 岁出家，23 岁受具足戒。曾从高峰原妙习禅三年，后投到及庵宗信门下，被誉为"法海中透网金鳞"[2]。他长期过隐居生活，曾在霞雾山庵居，晚年住持嘉禾当湖福源禅寺七载。死后谥"佛慈慧照禅师"。记其言行的有至柔等编的《石屋清珙禅师语录》二卷。

万峰时蔚(1313—1381)，温州乐清人，俗姓金，13 岁出家，19 岁后于两浙地区游方参学。后至天台华顶见先睹。并遵其所嘱，山居隐修多年，及至先睹去世，乃慕名谒千岩元长，被元长命为"堂中第一座"。不久，到兰溪州嵩山结庵。晚年住邓蔚山圣恩禅寺。

祖先系的禅师有许多共同特点，而以与元王朝的关系疏远最为显著。他们或山居不出达数十年，或草栖浪宿、结庵而居，与同行端辈结交权贵、住持大寺以至参与官场，形成鲜明的对照。先睹所居天台华顶，"其地高寒幽僻，人莫能久处，惟禅师一坐四十年，足未尝辄阅户限"[3]。高峰原妙也居山隐修数十年。明本及其弟子天如惟则和千岩元长，或隐居一山，或长期行脚，居无定处。石屋清珙"四十余年独隐居，不知尘世几荣枯"[4]。这是此系的骄傲，世称"庵居知识"。

这些禅僧一般通过接受下层民众的布施或自耕自食来维持生计，不依

---

① 黄潜：《无见睹禅师语录序》，《卍续藏经》第 70 册，第 580 页。
② (元)元旭：《福源石屋珙禅师塔铭》，《卍续藏经》第 70 册，第 676 页。
③ (元)昙噩：《无见睹和尚塔铭并序》，《卍续藏经》第 70 册，第 592 页。
④ 《石屋清珙禅师语录》卷下《山居诗》，《卍续藏经》第 70 册，第 667 页。

赖朝廷的赏赐。如清珙，"凡樵蔬之役，皆躬自为之"，人称"有古德之风"①。尽管他们大都与中下官僚士人有来往，特别是在元代后期"士大夫逃禅"的风气下，关系更为密切，但目的不在向上巴结。时蔚说：

> 须向山间林下，镢头边接引一个半个，阐扬吾道，报佛恩德。不可攀高接贵，轻慢下流，逐利追名，迷真惑道。②

在"镢头边"弘禅授徒，形象地说明了此派禅僧的特点。他们中不少人受到朝廷的注意，或赐号褒奖，或命住持名山巨刹，但从未引起惊喜若狂的那种神态。明本曾屡辞朝廷的召见，为逃避住持名山之命而遁走各地。至正年间，朝廷"降香币以旌异，皇后赐金襕衣，人皆荣之，师淡如也"。③

惟则号天如④，是中峰明本的弟子，俗姓谭，庐陵（江西吉安）人，追随明本习禅多年。曾"遁迹松江之九峰间，十有二年，道价日振"。他也是终生拒绝住持国立大寺院，"江浙诸名山屡请主席，坚却不受"⑤。至正二年（1342），他的信徒在苏州城为他建院居住，为纪念其师明本曾住天目山师子岩，这座禅院便名"师子林"。欧阳玄曾撰《师子林菩提正宗寺记》。危素（1303—1372）说他虽"无意于当世，然四方之欲求其道者，惟禅师是归，故其言不待结集而盛行"⑥。惟则的著述有《楞严经圆通疏》、《十法界图说》、《净土或问》和《天如惟则禅师语录》九卷。

惟则在禅学上无甚创新，主要是传播明本的"看话禅"。在师子林的一次斋会上，他对一大群蒙汉官僚士大夫说："何谓参禅是向上要紧大事？盖为要明心见性，了生脱死。生死未明，谓之大事。"他劝说这群"身历宪台，法柄在手，声光赫赫，震耀海内"的诸公去参禅，以"了生

---

① （元）元旭：《福源石屋珙禅师塔铭》，《卍续藏经》第 70 册，第 676 页。

② 《万峰和尚语录》，《嘉兴藏》第 40 册，第 494 页。

③ 《福源石屋珙禅师塔铭》，《卍续藏经》第 70 册，第 676 页。

④ 关于惟则的生平事迹所知甚少。《天如惟则禅师语录》卷四载《水西原十首并引》，其中有"至正丙戌（1346），余年六十又一"一句，推知他生于 1276 年左右，卒年不详。

⑤ （元）欧阳玄：《师子林菩提正宗寺记》，《卍续藏经》第 70 册，第 842 页。

⑥ （元）危素：《天如惟则禅师语录·序》，《卍续藏经》第 70 册，第 753 页。

脱死"，是很幽默的。他又说，既然诸公"相率过我师子林，咨决禅宗向上一著，此岂偶然者哉！然我者里，别无指授之方，但请各各参取个'无'字话头，却不妨向出司按部、莅政牧民、演武修文处，时时提掇，密密觑捕"①。

参取"无"字话头，是宗杲到明本的传承，并不新鲜。但这里用来提醒当权的官僚，特别是让他们在行使权势时，"时时提掇"，就有特别的意味；在一定程度上也反映了官僚层对于行将破灭的不安和预感。

元代中后期，净土信仰盛行，对禅宗的影响愈来愈深。惟则在唯心净土的基础上，开始容纳西方净土的主张，并力图给以理论的说明，这使禅净统一的传统观念发生了重要变化。他一方面批评排斥净土的禅者："不究如来之了义，不知达磨之玄机，空腹高心，习为狂妄，见修净土，则笑之曰：彼学愚夫愚妇之所为"②；另一方面又批评修净土者"自疑念佛与参禅不同"。他认为"参禅者直指人心，见性成佛；念佛者达唯心净土，见本性弥陀。既曰本性弥陀，唯心净土，岂有不同者哉"③！

到此为止，惟则的禅净统一观并没有超出延寿、宗杲以来"唯心净土"的范围。他的特点是进一步把"西方净土"同"唯心净土"沟通起来，让唯心净土也融进极乐世界的内容。

惟则在叙述自己的思想转变时说：

> 尝闻有唯心净土，本性弥陀之说，愚窃喜之。及观净土经论，所谓净土者，十万亿土外之极乐也；所谓弥陀者，极乐国中之教主也。是则彼我条然，远在唯心本性之外矣，果何谓耶！④

惟则从唯识无境出发，肯定"在吾心"外，不会别有佛土，但他换了一个说法："极乐世界、弥陀世尊，亦吾净土中之一刹一佛而已。"⑤ 既然吾心即是吾净土，所以崇拜弥陀的极乐世界也与禅宗以心为宗的本旨不悖。他不像明本那样，把"念佛"归结到看话禅中，而是让禅众理直气

---

① 《天如惟则禅师语录》卷二，《卍续藏经》第 70 册，第 769 页。

② （元）惟则：《净土或问》，《大正藏》第 47 册，第 293 页。

③ 《天如惟则禅师语录》卷二，《卍续藏经》第 70 册，第 767 页。

④ 《净土或问》，《大正藏》第 47 册，第 294 页。

⑤ 《天如惟则禅师语录》卷三，《卍续藏经》第 70 册，第 784 页。

壮地去崇拜西方世界："念佛之外，或念经、礼佛、忏悔、发愿，种种结缘，种种作福，随力布施，修诸善功以助之，几一毫之善皆须回向西方。如此用功，非惟决定往生，亦且增高品位矣。"①

如前所述，西方净土与唯心净土的不同，是基于对外力的信仰与对自力的信心上的差别。惟则容纳西方净土进入禅门，是对自信心的一种动摇；但也反映了极乐世界对于当时世人的吸引力，使禅宗也不能无动于衷。一般说，凡西方净土盛行之日，往往也是人们对当前现实世界失望之时。

惟则曾作《宗乘要义》，集中论述禅宗五家宗旨并概括它们各自的特点："临济痛快，沩仰谨严，曹洞细密，法眼详明，而云门高古也。"这一评论，很受禅史研究者的重视，常被引用。他的目的在于用五家禅法的不同个性，说明"用有万殊，体无二致"②的道理，反对从五派教学理论和方法的异同方面寻找其兴衰存亡的原因。

千岩元长（1284—1357）是明本的弟子，在元代禅宗中也颇为有名，据明朝宗泐评论："当元之盛时，庵居知识，在天目则中峰本公，华顶则无见睹公，屹然法幢东西角。立伏龙（指元长）虽晚，出而与天目、华顶并高矣。"③意谓元长与先睹、明本在元中期称得上三足鼎立。这种评论显然不够客观，明本的影响远不是先睹和元长所能比的，但也说明了元长的影响。

元长字无明，号千岩，越之萧山人，俗姓董。17岁随昙芳游方，习《法华经》，19岁受具足成，到武林灵芝寺学律，曾以禅解律，受到律师称赞。后在一次斋僧中，遇到中峰明本，明本让他参究"无"字话头。别后即往灵隐山修行，不久又"弃归法门，随顺世缘。殆将十载"。后再次到灵隐山习禅，"跏趺危坐，胁不沾席者三年"。然后又去参见明本，明本告诫他："汝宜善自护持，栖遁岩穴，时节若至，其理自彰。"于是，元长隐居天龙山东庵，"耽悦禅味，不与外缘"。在此期间，笑隐大䜣曾荐举他住持名刹，领行宣政院事的江浙行省丞相脱欢请他"出世"，他都未应命。

① 《净土或问》，《大正藏》第47册，第301页。
② 《天如惟则禅师语录》卷九，《卍续正藏》第70册，第833页。
③ （明）宗泐：《题千岩和尚语录后》，《嘉兴藏》第32册，第234页。

泰定四年（1327），元长来到金华府伏龙山，重建已废的圣寿禅寺，弘禅授徒，声誉日隆。"内而齐鲁燕赵、秦陇闽蜀，外而日本三韩、八番罗甸、交趾琉球，莫不奔走膜拜，咨决心学，留者恒数百人。"据说还有"求道之切，断臂师前以见志者"。这是元朝的影响力扩大、与周边国家的联系进一步密切的一种反映。

元长在官僚士大夫中也有一定影响，与宋濂"为方外交垂三十年"，"王公大臣向师之道，如仰日月。名倾朝廷，三遣重臣降名香以宠嘉之"。曾被赐"佛慧圆鉴大元普济大禅师"号。

元长也以诗文见长，著"《语录》若干卷，和智觉《拟寒山诗》若干首，皆刻梓行于丛林"。① 元长也是毕生倡导看话禅，但在选择话头上比较灵活：

> 果欲到佛祖田地，须悟万法归一，一归何处话，话与父母未生前话，狗子无佛性话，不是心，不是佛，不是物话。无丝毫疑滞，无些子差错，尽平生力量，一味捱将去。捱到露布极，伎俩尽，命根断，便是到佛祖田地也。

这里列举的四个话头，都比较流行，他认为都无不可。只要能够当作话头，坚持参究就行，选择上不必那么拘束。

元长也重视沟通禅与密教的关系，他用禅宗的观点解释密教教义：

> 秘密一宗，显诸佛不传之旨，阐上上大乘之教，故能入凡入圣，入一切国土而无所入，于诸境界亦无所碍。

但他强调，密宗与禅宗一样，也应该以解脱生死为目的，从"无心"勘破一切事理中获取自由快乐，所以说：

> 你若打理窟不破，事上便不明；事上既不明，诸法皆有滞；诸法既有滞，持咒观想，皆是虚妄生死根本。唤作法身佛得么？唤作无等等咒得么？唤作大慈悲、大忿怒、大解脱、大自在得么？且道如今作

---

① 上引均见《佛慧圆明广照无边普利大禅师塔铭》，《嘉兴藏》第 32 册，第 233 页。

么生？你但无事于心，无心于事，自然虚而灵，寂而妙……随缘着衣吃饭，任运快乐无忧，不与凡圣同缠，超然名之曰祖。如上说底，即非密也，密在汝边，已是说了。无明门下，须吃棒始得。何故，大事为你不得，小事自家支当。

对于元长提出的这种要求，同当时实践中的密宗，不啻是天壤之别。这是他把密宗禅化了，或者是有意按照禅宗标准对密宗实践的批评。与此同时，他也受到密宗的影响，像"任运快乐"的话，在此前的禅宗中是没有的。

不管怎样，在总体上他与明本所取的立场一致，都肯定密宗为佛说，同禅、教一样，不应有高低差异：

> 云门"普"、赵州"无"、德山棒、临济喝，与你寻常想底佛，持底咒，同耶，不同耶？同则禅分五宗，教分五教，不同则总是释迦老子儿孙，何有彼此之异？①

祖先系的禅风也有特点。他们反对北方曹洞宗僧人继承克勤的传统，反对致力于诠释公案和颂古的评唱。他们与南方其他禅师一样，大多长于诗文，有不少诗作流传，所以并不反对诠释公案的拈古与颂古，且有颂古之作。但他们偏重和强调的乃是宗杲的看话禅。在祖先系的推动下，看话禅拥有广大的禅众，成为元代南方禅学的主流。先睹把参究话头称为"真实功夫"，并指出："今时士大夫没溺文字语言，不下真实功夫。"②这表明，作为禅的主流，并没有引起官僚士夫的强烈兴趣，这个阶层与禅宗有了隔膜，而长期居山过生活的禅僧也同这个阶层疏远起来。尽管如此，祖先系仍给看话禅以新的内容，有强烈的时代气息和浓重的地方色彩，通过各种渠道，影响着整个元代禅宗的基调。

祖先系的禅师虽山居但并不闭塞，他们与北方禅师没有断绝往来，在推动禅宗东渡方面的作用尤为彰著。南宋末年，不少南方禅师东渡日本。元初曾一度用兵日本，中日禅僧的交往中断。大德三年（1299），元成宗

---

① 上引均见《千岩和尚语录》，《嘉兴藏》第 32 册，第 218 页。
② 《无见先睹禅师语录》卷上，《卍续正藏》第 70 册，第 581 页。

派江浙释教总统一山一宁及其弟子赴日,受到日本朝野的欢迎,来华的日本僧人也随之增多,其参学的重要对象就是祖先系的著名禅师。仅习禅于中峰明本的日本知名僧人就有远溪祖雄、无隐云晦、可翁宗然、嵩山居中、大朴玄素、复庵宗己、孤峰觉明、别源圆旨、明叟齐哲、平田慈均、无碍妙谦、古先印元、业海本净、祖继大智等。其中不少人追随明本的时间很长,如远溪祖雄师事明本七年,复庵宗己师事明本九年。明本还指导过高丽僧人多名和驸马王璋习禅。

三　高峰原妙的禅学思想

出自祖先系的原妙(1238—1295),号高峰,吴江(江苏苏州)人,俗姓徐,15 岁拜嘉禾密印寺法住为师,17 岁受具足戒。曾习天台教义两年,20 岁弃教入禅,至杭州净慈寺,就学于断桥妙伦,妙伦让他看"生从何来,死从何去"的话头。原妙勤奋参究,竟然"胁不至席,口体俱忘,或如厕惟中单而出,或发函忘肩镴而去"①。但时近一年,仍然"只如个迷路人相似",乃转而求教于雪岩祖钦。祖钦让他参究看话禅中"赵州狗子"公案中的经典话头"无"字,依然无收获。又到径山参禅,经半月,忽于梦中想到妙伦说法时曾提到的"万法归一,一归何处"的话头,"自此疑情顿发,打成一片,直得东西不辨,寝食俱忘"②。发"疑情"是看话禅证悟的前提,"打成一片",是指达到主客泯灭、物我双亡时的心理感受,是彻悟的体验。

此后,原妙游学于江浙一带,到 1265 年,从法钦住天宁寺,"随侍服劳"。次年辞去,独自到临安龙须山,苦行隐修,一住九年,"冬夏一衲,不扇不炉,日捣松和糜,延息而已"。冬季大雪封山,旬月之间,不见烟火,人们以为他饥寒而死;"及霁而入,师正宴坐那伽(坐禅入定)"③。九年后转入武康的双髻峰,身边聚集了不少僧徒。两年后战乱爆发,学徒星散,他独修如故。1279 年,原妙转到杭州天目山西师于岩,营造小室以居,号为"死关",足不出门十余年,直至逝世。

原妙居师子岩时,声誉日隆。法钦在当时的南方很有影响,派人送去

---

①　洪乔祖:《高峰原妙禅师行状》,《卍续藏经》第 70 册,第 699 页。
②　洪乔祖:《高峰原妙禅师禅要》,《卍续藏经》第 70 册,第 712 页。
③　洪乔祖:《高峰原妙禅师行状》,《卍续藏经》第 70 册,第 699 页。

竹篦、尘拂和法语，把他视为最得意的嗣法弟子。1291 年，鹤沙瞿提举为原妙在西峰下建"大觉禅寺"。这里成为他的重要传禅基地，来参学的有数万人，包括"他方异域"的僧人。他被誉为"高峰古佛"。

原妙以话头禅授徒，也设"三关语"启悟学者。据《高峰原妙禅师行状》记载，他的"三关语"是："大彻底人，本脱生死，因甚命根不断？佛祖公案，只是一个道理，因甚有明与不明？大修行人，当遵佛行，因甚不守毗尼？"另据《高峰原妙禅师禅要》记载，其"室中三关"是："杲日当空，无所不照，因甚被片云遮却？人人有个影子，寸步不离，因甚踏不著？尽大地是个火坑，得何三昧，不被烧却？"这两种"三关语"大约并行于世，中心是引导人们参透生死和解脱生死。

原妙也解释公案，通过解释表达自己的见解。"丹霞烧木佛"是桩流传较广的公案。一些禅师认为这也是启悟的方式，原妙则反对，他说："丹霞烧木佛，为寒所逼，岂有他哉……若作佛法商量，管取入地狱如箭。"[1] 因为寒冷烧木佛取暖，可以理解；若"作佛法商量"，那就是罪过。这种看法也表现了原妙持戒谨严，反对放浪不羁的作派。

关于原妙始终深居隐修、与世隔离的禅生活，人们有不同的评论，其中宋本说："方是时，尊教抑禅，钦由江右召至钱塘授密戒，妙方遗世子立，身巢岩岙。"[2] 原妙是在"尊教抑禅"的形势下，不得不"遗身子立"的。当然，更多的人认为他是操守高洁，不与世同流。其弟子明本则说："先师枯槁身心于岩穴之下，毕世不改其操。人或高之，必蹙頞以告之曰：'此吾定分，使拘此行。欲矫世逆俗。则罪何可逃。'"[3] 这话是带有隐痛的。所谓"定分"，是无可奈何之词，而无可奈何，绝不是缘于"尊教抑禅"类的弹性措施。就其所处的特定历史条件看，只能从南宋的覆灭中得到解释。

原妙的禅思想可以概括为三句话，也可以作为修习的三个阶段，那就是从看话头"万法归一，一归何处"出发，运用"疑以信为体，悟以疑为用"的观念和方法，实现"无心三昧"的精神境界。

---

① 《高峰大师语录》，《卍续藏经》第 70 册，第 678 页。

② （元）宋本：《有元普应国师道行碑》，蓝吉富主编《禅宗全书》第 48 册，文殊出版社 1988 年版，第 288 页。

③ 《天目中峰和尚广录》卷二十四，《禅宗全书》第 48 册，第 245 页。

（一）"万法归一，一归何处"

原妙借以得悟的"万法归一，一归何处"是一个话头，和宗杲的"无"字话头一样，也源自赵州从谂的公案。有僧人问："万法归一，一归何处？"从谂答："我在青州作了一领布衫，重七斤。"按照宗杲选择话头的原则，这则公案应该参究的是从谂的答话，因为它和"无"字答语类似，不能从字义上理解，只是作为启悟学者的"活句"。但是，原妙没有遵循宗杲选择"活句"的原则，而是提倡直接参究问话，使他的看话头与宗杲有了不同。

原妙有参活句"无"的失败经历，后来他又做了理论的说明：

　　　　成片自决之后，鞫其病源，别无他故，只为不在疑情上做工夫。一味只是举，举时即有，不举便无。设要起疑，亦无下手处。设使下得手，疑得去，只顷刻间，又未免被昏散打作两橛。于是，空费许多光阴，空吃许多生受，略无些子进趣。

意思是说，他悟后总结教训才知道，看"活句"之所以失败，在于只举"无"字冥思，而没有在"疑情"上做工夫。原妙强调，起"疑"是证悟的前提，没有"疑情"发生，就不能证悟。因此，看话头首先要起疑，而参究"万法归一，一归何处"最易实现。他说："一归何处却与无字不同，且是疑情易发，一举便有，不待反复思维，计较作意。才有疑情，稍稍成片，便无能为之心。"① 这样，看"万法归一，一归何处"就成了原妙禅法的主要特征。

原妙的再传弟子千岩元长指出："万法归一，一归何处"，这八个字是天目高峰老祖自证自悟之后，又将这八个字教四海学者，各各令其自证自悟。② 这几个字为其后辈保持了下去。

然而，可以产生疑情的问题很多，原妙为什么单选择"万法归一，一归何处"参究呢？"万法"，泛指世间与出世间一切事物，当然，首先是世界人生；"万法"所归之"一"，按当时禅宗的共识，乃是"一心"；一心生万法，万法归一心。现在要探求的是"一归何处"，也就是一心又

---

① 上引均见《高峰原妙禅师禅要》，《卍续藏经》第 70 册，第 703 页。

② 《千岩和尚语录》，《嘉兴藏》第 32 册，第 217 页。

归向何处？如果说"空劫前"尚能得出即心即空的结论，那么，这里的提问本身，就是落寞到了茫然程度的表现。就禅宗的基本理论而言，"一心"是绝对，是永恒，是真如佛性。连"心"都要追问一个归向，对那个时代的禅宗来说，其无结论实在是必然的。

（二）"疑以信为体，悟以疑为用"

既然疑情在禅修中占据如此关键地位，那么"疑"来自何处？原妙回答：来自"信"。他说：

> 山僧……将个省力易修，曾验底话头，两手分付：万法归一，一归何处？决能便怎么信去，便怎么疑去。须知：疑以信为体，悟以疑为用。信有十分，疑有十分；疑得十分，悟得十分。

就是说，看八字话头是个入门，由此引导你信什么就疑什么，信有多少，疑即多少，疑得彻底，悟即彻底。悟必须借对信之疑才能实现。在禅宗历来崇奉的佛典中，《大乘起信论》影响最大，原妙反其道而行，创立"起疑论"：不是提起疑起信，而是据信起疑。

关于如何起疑，原妙有一段比较详细的说明：

> 先将六情六识，四大五蕴，山河大地，万象森罗，总熔作一个疑团，顿在目前……如是行也只是个疑团，坐也只是个疑团，著衣吃饭也只是个疑团，屙屎放尿也只是个疑团，以至见闻觉知总只是个疑团。疑来疑去，疑至省力处，便是得力处。

即不论是主观情识还是客体世界，不论是衣食住行还是见闻觉知，要一律疑之。疑成"疑团"，疑成"疑情"，疑到疑为本能，缠结不开，这样就很容易得悟了。据此看来，原妙倡导的"悟"，实质是对"疑"的悟，即悟解世界人生无一不可怀疑，无一可信，以此怀疑的眼光透视周围一切事相。从这个方面说，原妙的禅法是带有绝望情绪的怀疑论。

另一方面，原妙又强调"决疑"，疑必须得到解决。他说：

> 西天此土、古今知识，发扬此段光明，莫不只是一个决疑而已。千疑万疑，只是一疑；决此疑者，更无余疑。既无余疑，即与释迦、

弥勒、净名、庞老不增不减，无二无别，同一眼见，同一耳闻，同一受用，同一出没天堂地狱，任意逍遥。

"千疑万疑，只是一疑"，这"一疑"就是"一归何处"。只要解决了这"一疑"，就是成佛成祖，绝对自由。至于如何解决，原妙没有明说，但他转而强调要"信"。

所谓"信"，就是对参究话头一定能证悟的信仰。原妙说："大抵参禅不分缁素，但只要一个决定'信'字。若能直下信得及，把得定，作得主，不被五欲所撼，如个铁橛子相似，管取克日成功，不怕瓮中走鳖。"他甚至说："信是道元功德母，信是无上佛菩提，信能永断烦恼本，信能速证解脱门。"在这里，"信"，不是要人信仰"道元功德母"、"无上佛菩提"，而是说，"信"即是"功德母"，即是"佛菩提"，他们是同位的，而"信"的内涵依然不清楚。他又说："苟或不疑不信，饶你坐到弥勒下生，也只做得个依草附木之精灵，魂不散底死汉。"这里又把"疑"与"信"并作为解脱法门。

这种相互矛盾的说法，令人难以捉摸，不知原妙是在提倡"信"，还是在提倡"疑"。但有一点可以肯定，他说的"疑"是具体的、遍在的，有实在内容的；而"信"只是一个抽象，一个只能令人坚持怀疑到底，从而忘却一切的抽象。他说："万法归一，一何归？只贵惺惺著意疑，疑到情忘心绝处。"对此中的"疑"毋庸置疑，这也可以说就是"信"的实际含义。

(三)"无心三昧"

关于"疑到情忘心绝处"，原妙讲过：山僧昔年，"疑著万法归一，一归何处，自此疑情顿发，废寝忘餐，东西不辨，昼夜不分。……虽在稠人广众中，如无一人相似。从朝至暮，从暮至朝，澄澄湛湛，卓卓巍巍；纯清绝点，一念万年；境寂人忘，如痴如兀"。他教授学徒，也要如此"疑著"："吃茶不知吃茶，吃饭不知吃饭。行不知行，坐不知坐。情识顿净，计较都忘，恰如个有气底死人相似，又如泥塑木雕底相似。"他称这种"如痴如兀"，形若"泥塑"、"木雕"的状态为"无心三昧"。在原妙看来，"无心三昧"即是禅宗祖师的境界，也是儒家圣人的境界。

凡做工夫到极则处，必须自然入于无心三昧……老胡云：心如墙

壁。夫子三月忘味，颜回终日如愚，贾岛取舍推敲，此等即是无心之
类也。①

把"无心"作为禅境追求，是唐以来禅宗中的一大潮流。"无心三
昧"与此有所不同。照原妙的解释，所谓"无心"，只是注意力高度集
中，抑制了其他思维情感活动的心理现象，在一般专注于某项工作过程中
都可能发生。"无心三昧"的特别处，在于专注于"疑"，使疑情顿发，
疑结满怀，由此导致物我两忘，情识俱尽；若能将此种心态贯彻于时时事
事，持之以恒，那就是"无心三昧"，也就是看话禅的最后目标。

据此来看，原妙禅法是用集中思虑世界人生根源问题的方法，强制转
移和忘却现实的世界人生。这是对自我实施的一种自觉的精神麻醉。他甚
至希望能锻炼成"有气底死人"，全然没有灵魂的人。这实在是失望悲哀
到了极端。

原妙的禅思想，在一定程度上反映了南宋亡国的世纪末情绪，在南宋
遗民中会引起起反响。至于原妙弟子明本以后，新朝已经稳定，南人也开
始习惯，禅的这种悲观调子也有所改变。

四 中峰明本的禅学思想

（一）生平及其著作

明本（1263—1323）号中峰，杭州钱塘人，俗姓孙，生于南宋景定
四年（1263），卒于元至治三年（1323）。明本一生的活动大致可以分为
五个阶段。

第一阶段是出家之前的生活，从 1263 年到 1285 年。明本 9 岁丧母。
少年时代，他曾学习《论语》、《孟子》，由于对这些重要的儒家经典缺乏
兴趣，尚未终卷便辍学。处在宋元之交的社会动荡时期，明本很早就倾心
于佛教。15 岁时，他信守五戒，立志出家。此后，他认真学习《法华》、
《圆觉》、《金刚》等佛教经典，并且喜好禅定，经常到山上坐禅习定。因
此，明本在出家之前就具备了良好的佛学修养。

第二个阶段是跟随高峰原妙习禅，从 1286 年到 1295 年。明本 24 岁
时，因阅读《景德传灯录》遇到疑难问题，经一位名叫明山的僧人介绍，

---

① 上引均见《高峰原妙禅师禅要》，《卍续藏经》第 70 册，第 711 页。

前往杭州天目山，求教于当时著名的临济派禅师高峰原妙。在原妙禅师的指导下，他认真钻研佛教经典，获益良多。"未几，诵《金刚般若经》，至荷担如来处，恍然开解，由是内外典籍皆达其义趣。"①第二年，他随原妙正式出家，第三年受具足戒。

在跟随原妙的十年间，明本白天参加劳动，夜晚修习禅定，严守佛教戒律，刻苦钻研禅学，深得原妙赏识。原妙曾说，在他的众多弟子中，"惟本维那（指明本）却是竿上林新篁，他日成材未易量也"②。

作为原妙的得意弟子，明本并不希求住持大寺院，并不以本派传法宗师自居。原妙圆寂前，曾让他住持大觉正等禅寺。这座寺院是以与原妙关系密切的官僚霍廷发捐资兴建，是原妙一派的主要传法基地。明本没有应命任职，而是推荐了当时的第一座祖雍。明本在 60 岁时曾说："余初心出家，志在草衣垢面，习头陀行……平昔惟慕退休，非矫世绝俗，使坐膺信施，乃岌岌不自安。"③奉行居无定处、衣食随处而乞的严格头陀行，是明本早年的志向。他不愿意做大寺院的住持，并不是为了抬高身价，而是不安于过那种不劳而食的生活。在他离开原妙后的几十年中，他多次谢绝地方官吏让他住持名山巨刹之请，长期往来于江南各地，在民间传禅收徒。

第三阶段是早期的游历生活，从 1296 年到 1304 年。1296 年原妙圆寂后，明本于大德元年（1297）离开天目山，游历皖山、庐山、金陵等地。大德二年（1298），他结庵于庐州弁山。大德四年（1300），他结庵于平江雁荡山。在这一阶段，明本主要往来于江南各地，随处结庵而居。由于他曾常年追随原妙，在江南一带已有名望，向他请教禅学的人很多。他曾为赵孟頫讲"防情复性之旨"。

第四阶段是住持师子院，从 1305 年到 1308 年。大德八年（1304），明本为给原妙守塔返回天目山。从大德九年（1305）冬天开始，他住持原妙一系的重要寺院——师子院。④在这一阶段，明本不仅成为江南最著

① （元）祖顺：《元故天目山佛慈圆照广慧禅师中峰和尚行录》（以下简称《中峰和尚行录》），《禅宗全书》第 48 册，第 282 页。

② 《中峰和尚行录》，《禅宗全书》第 48 册，第 282 页。

③ 《天目中峰广录》卷十八下，《禅宗全书》第 48 册，第 211 页。

④ 据《中峰和尚行录》，明本是在 1305 年返回天目山为原妙守塔，1306 年"领师子院事"。此据《天目中峰和尚广录》卷十八《东语西话》下，《禅宗全书》第 48 册，第 211 页。

名的临济禅师，而且受到朝廷重视。至大元年（1308），当时为太子的仁宗赐明本"法慧"禅师号。

第五阶段是后期传教生活，从1309年到其圆寂。在这一阶段，明本的活动范围更广了。至大二年（1309），他离开杭州到仪真，就居于船上。第二年，他在僧众的恳请下回到天目山居住一年。至大三年（1311），他乘船到吴江，陈子聪请他弃舟登陆，并为他建"顺心庵"。不久，明本渡江北上，游历少林寺。尽管明本在北方"隐其名，僦城隅土屋以居"，但听到他到来消息的僧俗还是"争相瞻礼，皆手额曰：江南古佛也"①。皇庆元年（1312）以后，他建庵于庐州六安山，不久又去东海州，第二年，霍廷发之子请他住持大觉寺，他荐举首座永泰禅师以代。延祐元年（1314），明本再度住持师子院，但不久又离开天目山。延祐四年（1317），丹阳蒋均建"大同庵"请他居住。延祐五年（1318），明本在僧众的请求下返回天目山。当年九月，仁宗赐号"佛慈圆照广慧禅师"，命将明本所居师子院改名为"师子正宗禅寺"，并令赵孟頫撰写碑文。至治二年（1322），行宣政院请他住持杭州径山寺院，他没有应命，结庵于中佳山。当年十月，英宗特旨降香，并赐金襕僧伽梨。

明本常年草栖浪宿，奔波于江南各地。他每到一处，都受到僧俗信徒的虔诚供养，由此建立起一个个传法基地，在江南一带形成了很大的影响。宋本根据自己的见闻，描述了当时的情况："余尝使江南，闻师（指明本）所至，四众倾慕，香茗金币，拜礼供养，悉成宝坊。"② 明本不仅有众多的汉族信徒，而且也指导异族僧人习禅。据说："三藏法师沙律爱护持必剌牙室利游方时，亦尝从师参诘。"③ 明本不仅与许多汉族士大夫保持着密切关系，而且与不少蒙古族官僚交往。霍廷发、赵孟頫、冯子振、郑云翼、王璋、敬严、答剌罕脱欢等人，都曾向明本请教过禅学。明本以自己崇高的道德榜样和精湛的禅学修养而名闻江南各地，并且吸引了边远地区和周边国家的僧侣，所谓"远至西域、北庭、东夷、南诏，接踵来见"。明本曾为来自日本和高丽的僧人讲授禅学。云南沙门玄鉴慕名求教于明本，后来玄鉴在归途病逝，其弟子普福等人乃画明本图像南归，

① 《中峰和尚行录》，《禅宗全书》第48册，第282页。
② （元）宋本：《有元普应国师道行碑》，《禅宗全书》第48册，第289页。
③ （元）虞集：《有元敕赐智觉禅师法云塔铭》，《禅宗全书》第48册，第286页。

于云南建立禅宗，奉明本为"南诏第一祖"①。明本为推动元代禅学向边远地区和周边国家的传播做出了贡献。

明本不仅精于禅学，而且擅长诗文，一生著述颇多，闻名于世。为阐述自己的禅学思想，并使其广为流传，他撰写了《山房夜话》和《拟寒山诗》；为解答注重经典的僧人的问难，他写作了《楞严征心辨见或问》；为纠正某些禅僧"不求心悟，惟尚言通"②的错误倾向，他写作了《信心铭辟义解》；由于他在各处建造的茅庵都名"幻住"，他应相从的僧人之请，解说参禅的正确方法和途径，撰写了《幻住家训》。以上五篇都是明本撰成后亲自编辑整理的，自题书名为《一华五叶》，可以说是明本的代表作。

明本是元代颇负盛名的诗僧，留下的诗文很多。除《一华五叶》中收的《拟寒山诗》百首外，还有《船居》、《山居》、《水居》和《廛居》诗各十首，都是比较有名的。为了阐述自己的净土思想，明本作《怀净土诗》一百零八首。另外，还有《中峰和尚和冯海粟（子振）梅花诗百咏》。其余如歌偈、送别酬对诗数量就更多了。明本的著述、诗文及法语等分别收录于慈寂编的《天目中峰和尚广录》和编者不详的《天目明本禅师杂录》中。元统二年（1334），惠宗追谥明本为"普应国师"号，《天目中峰和尚广录》三十卷也被允许编入大藏经流传。至元元年（1335），《天目中峰和尚广录》刊行，产生了很大影响："《广录》之书完，和尚虽已化去，四众持诵，常如住世之日。"③

（二）"看话禅"思想

南宋初年，大慧宗杲（1089—1163）首次系统论述了"看话禅"④。此后，看话禅风靡于禅宗界。明本在许多方面继承和发展了宗杲的禅学思想。他驳斥了某些僧人对看话禅的种种责难，深入论述了如何选择话头和参究话头、参究话头时的心理体验、参究话头与坐禅的关系等问题。明本的看话禅法，包含着四个方面的重要内容。

1. 看话头重视"真参实悟"

为了树立看话禅的权威，明本在倡导看话禅时，驳斥了当时流行的各

①　上引均见《中峰和尚行录》，《禅宗全书》第 48 册，第 285 页。
②　《天目中峰和尚广录》卷二十四《一华五叶序》，《禅宗全书》第 48 册，第 245 页。
③　（明）徐一夔：《重刊中峰和尚广录序》，《禅宗全书》第 48 册，第 5 页。
④　关于看话禅思想，见魏道儒《宋代禅学的主流》，《中国社会科学院研究生院学报》1991 年第 2 期。

种禅学形式，他指出：

> （许多禅僧）彼此是非，立个名字，唤作如来禅、祖师禅、平实禅、杜撰禅、文字禅、海蠡禅、外道禅、声闻禅、凡夫禅、五味禅、棒喝禅、拍盲禅、道者禅、葛藤禅，更有脱略机境，不受差排者，唤作向上禅。古今已来，诸方三百五百众，浩浩商量，立出许多闲名杂字。由是而吹起知见风，鼓动杂毒海；掀翻情涛，飞腾识浪；递相汩没，聚成恶业；流入无间，卒未有休。①

明本一口气列举了十五种禅学名目，比较全面地概括了他所反对的各种禅法形式，在明本看来，通过参禅而获得明心见性的证悟，必须排除"知见"，扫除"情"、"识"，即强调不能通过逻辑思维来达到明心见性的目的，这也是禅宗的一贯主张。但是，建立诸如此类的禅学名目，传授诸如此类的禅法，都是以知见为禅（所谓"吹起知见风"），以情识用事（所谓"掀翻情涛，飞腾识浪"），不仅不能使人超脱生死轮回而解脱成佛，反而使人造作恶业，有堕入地狱无力自拔之患。明本通过痛斥这些禅学名目，为倡导看话禅提供了依据。

看话禅是产生较迟的禅法，据说首倡参究话头的是晚唐僧人希运，在《黄檗断际禅师宛陵录》中有关于看话禅的最早记录。但是，在晚唐五代时期，被称为"游戏三昧"的机锋棒喝盛行于丛林，禅僧们追求棒下领旨和喝下明宗，追求在相互之间的机语酬对中顿悟，并没有人重新提起看话禅。在北宋时期，诠释公案之风盛行于禅宗界，禅师们埋头于钻研"公案代别"、"颂古"以及"评唱"等，参究话头禅法也没有引起广泛重视。直到南宋初年，经过宗杲的努力，看话禅才成为禅学发展的主流。成书于北宋初年的《景德传灯录》是禅僧们必读之书，但此书中并没有关于著名禅师参究话头的记录。某些僧人便以此为口实，指责修习看话禅者。明本也注意到这种情况：

> 或谓《传灯录》一千七百单一人，皆是言外知归，迎刃而解，初不闻有做工夫看话头之说。在此自年朝至岁暮，其切切不绝口，惟

---

① 《天目中峰和尚广录》卷四下《示嗣禅上人》，《禅宗全书》第48册，第50页。

是说看话头做工夫，不但远背先宗，无乃以实法缀系于人乎?①

《传灯录》中记录的一千七百多位禅师，都是在一言一句、一棒一喝之下顿悟本心，并没有人通过长期的参究话头实践而悟道。明本禅师穷年累月弘扬看话禅，不仅有违于前代禅师的意愿，而且有碍于僧人们参禅明心。禅宗历来主张直指人心，见性成佛，强调参禅悟道并没有固定的方式或方法，主张修习看话禅者岂不是违背了禅宗的根本思想? 显而易见，这些指责并非全无道理。但明本认为:

> 你说得也是，一则老僧不具此驱耕夺食、换斗移星之辣手，其奈诸方不观人之根性，速于求人，多是钻腋插羽，急欲其高飞远举。奈何画虎不成反类狗也。此事大难其人。谓看话头做工夫，固是不契直指单传之旨，然亦不曾赚人落草，最是立脚稳当，悟处亲切。纵使此心不悟，但信心不退不转，一生两生，更无不获开悟者。如《传灯录》中许多言外知归之士。焉知其不自夙生脚踏实地做来?②

在明本看来，那些前代禅师之所以能够言下顿悟，有两个方面的原因：一是本人素质高，属于上根；二是其师善于启悟，能使用像驱耕夫手中牛、夺饥者口中食那样的手段来消除参禅者的错误观念。如果不问师徒根性，强求每个人都能于言下顿悟，便欲速则不达。根据当时禅宗界的状况，修习看话禅是不得已而采取的方式。另外，修习看话禅虽然不能与直指人心相提并论，却也不会引起不良后果。如果人们持之以恒参究话头，那他就一定能获得证悟。《传灯录》中记载的那些"言外知归"的禅师，也可能以前经历了长期的参究话头实践。因此，明本没有把看话禅与直指人心相等同，而是把必须修习看话禅与当时禅宗界的现实状况联系起来考虑，把修习看话禅视为明心见性最有效的手段。

为了论证看话禅的重要性，明本不仅驳斥了对看话禅的责难，而且贬抑禅宗各派的所谓"门庭设施":

---

① 《天目中峰和尚广录》卷一下《除夜示众》，《禅宗全书》第 48 册，第 27 页。

② 《天目中峰和尚广录》卷一下，《禅宗全书》第 48 册，第 27 页。

达磨西来，谓之单传直指，初无委曲。后来法久成弊，生出异端，或五位君臣、四种料简、三关九带、十智同真，各立门庭，互相提唱。虽则一期建立，却不思赚他后代儿孙……间有真参实悟底尊宿出兴于世，欲拯救此弊，无处发药，不得已于第二门头别开一路，将个无义味话头，放在伊八识田中……①

曹洞宗的五位君臣，临济宗的四料拣，五代和北宋僧人提出的三关九带、十智同真之类，都是不同的教禅和学禅理论，代表着不同派别的禅学特点。明本认为，虽然这些禅学理论是为明心见性而提出来的，但引起许多不良后果，有碍于后代僧人参禅悟道。因此，那些"真参实悟"的禅师提出了参究话头的禅法，以纠正那些"门庭施设"所引起的弊端。既然参究话头禅法是"真参实悟"的禅师所倡导的，那么参究话头本身也就是真参实悟的表现，其他各种禅学理论或禅法形式就都应在排除之列。

明本认为，若要体验佛的境界，只有修习看话禅："若人欲识佛境界，提起话头休捏怪，忽然两手俱托空，佛祖直教齐纳败。"② 一旦参透话头，就当下与诸佛诸祖无别。

明本认为，参究话头是证悟心体的唯一方法。他对此做了详细论证。他指出："心之至体无可见，无可闻，无可知，无可觉，乃至无可取舍，但有可为，皆虚妄颠倒。"心体不能通过见闻觉知来认识，不能通过主观分别来理解。也就是说，本心佛性不能通过人的感觉器官来认识，不能通过逻辑思维来把握，只有摒弃见闻觉知，才能使自我的灵知心体自然显现。然而，抱有摒弃见闻觉知的主观信念，其本身属于见闻觉知的范畴，所谓"只个欲离之念，早是增加其病耳"。此外，心体的显现又离不开见闻觉知，所谓"但远离一切见闻知觉，乃至能离所离一齐空寂，则灵知心体宛然显露于见闻知觉之间"。因此，证悟本心佛性既不能依赖见闻觉知，又不能完全抛开见闻觉知，这是一个矛盾。在明本看来，解决这个矛盾的唯一方法就是参究话头："于是古人别资一种善巧方便，将个无义味

---

① 《天目中峰和尚广录》卷一上《平江路雁荡幻住禅庵示众》，《禅宗全书》第48册，第8页。

② 《天目中峰和尚广录》卷四下《示明昶上人书华严经》，《禅宗全书》第48册，第54页。

话头，抛向学人面前，令其究竟。但知体究话头，则与见闻知觉等不期离而自离矣。"① "与见闻知觉等不期离而离"，正是参究话头所要达到的心理状态，同时也就是心体的显现。

明本以其师原妙为榜样，终生严守戒规，强调戒律在维护丛林礼法方面的重要性。特别值得注意的是，他还以参究话头来沟通禅与戒的关系：

> 须知一个所参话终日横于方寸，不思善，不思恶，善恶二途自然忘念，而言修断，何其赘耶？且参此话时，不见有一众生而可度脱，乃非饶益而饶益也。此所参话虽不称三聚，而具存三聚无少间也。朝参之，夕究之，久远而守之，一旦开悟……不知戒之在我，我之在戒也。②

传统佛教的戒律倡导"诸恶莫作，诸善奉行"，禅宗则主张善恶都不思量。历代不少僧人曾对这个问题做过解释，明本则把参究话头与信守三聚净戒相等同，从而沟通了禅与戒的关系。这里讲的"三聚"，指"三聚净戒"，包括"摄善法戒"，讲的是"无善不修"；"摄律仪成"，讲的是"无恶不断"；"饶益有情戒"，讲的是"无众生不度"。明本认为，在参究话头时，善恶两端皆忘，自然也就无所谓修善断恶之说，同时，参究话头要体验凡圣无别的境界，"不见有一众生可度脱"，自然也就无所谓"无众生可度"了。因此，参究话头不仅不是破坏"三聚净戒"，而且其本身就包含着"三聚净戒"的一切要旨。通过长期参究话头而获得证悟，就达到了禅戒一体、禅戒无别的境界。

总之，明本分析了当时流行的各种禅学形式所引起的弊端，批驳了对看话禅的种种责难，比任何前代禅师都更全面地论述了参究话头的必要性和重要性。

2. 对看什么话头提出新看法

看话禅盛行之后，禅师们对参究什么样的话头还有不同的认识。首次明确论证这个问题的是大慧宗杲。他认为，应该以公案中禅师的活句答语

---

① 《天目中峰和尚广录》卷五下《示郑廉访（云翼）》，《禅宗全书》第 48 册，第 69 页。
② 《天目中峰和尚广录》卷四下《示云南护上人求示三聚净戒》，《禅宗全书》第 48 册，第 55 页。

为参究对象。所谓活句，指不是正面回答问题，不能从字面来分析其含义的句子，往往是反语或隐语。在论述看话禅的过程中，宗杲使用频率最高的是"赵州狗子"这则公案中的"无"字话头。这则公案很简单，说的是有位僧人问赵州从谂禅师："狗子还有佛性也无？"从谂回答："无。"按照禅宗的基本理论，一切众生皆有佛性，狗当然也不例外。从谂禅师回答的"无"，是反语，属于活句范畴。只有活句才有启悟的功能，这是宋代大多数禅师的共同意见，宗杲正是在这个原则下选择所参究的话头。在宗杲之后，参究"无"字话头已为禅僧们普遍接受，"赵州狗子"这则公案也就格外受到重视。

原妙则公开否定参究"无"字话头可以使人证悟，提出参究"万法归一，一归何处"这句问话来取代参究"无"字话头。"万法归一，一归何处"这句话也出自赵州从谂禅师的一则公案。尤为僧人问从谂禅师："万法归一，一归何处？"从谂禅师回答："我在青州作了一领布衫，重七斤。"如果按照宗杲选择话头的原则，就应该参究"我在青州作了一领布衫，重七斤"这句答语，因为它不是对问话的正面回答，不能从字面来分析其含义，属于活句。原妙则以参究公案中参禅僧人的问话来取代参究禅师的活句答语。

在选择话头方面，明本对宗杲和原妙的主张兼容并蓄，并有进一步的发挥。在指导僧人和士大夫参究话头时，他既提倡参究"无"字话头，又不否定参究"万法归一，一归何处"这句问话。他认为参禅僧人的问话与禅师的活句答语具有同样的启悟功能，都能令人证悟。这就是明本既不同于宗杲又不同于原妙的新思想。

明本对"无"字话头很重视，他指出：

> 昔僧问赵州：狗子还有佛性也无？州云：无。只者一个无字，如倚天长剑，涂毒鼓声，触之则尸横，婴之则魂丧，虽佛祖亦不敢正眼觑著。[①]

明本以前的禅师，包括宗杲在内，至多只是强调不能对"无"字做解释，不能分析其含义，不能把它作为有"无"之"无"看待。明本则

---

① 《天目中峰和尚广录》卷五下《示郑廉访（云翼）》，《禅宗全书》第48册，第69页。

把"无"字喻为"倚天长剑"、"涂毒鼓声"，把它视为超佛越祖的关键，这就突出强调了"无"字话头本身所包含的神秘力量。

明本主张用"无"字话头取代那些不易使人证悟的话头。他曾告诫麟上人：

> 麟上人从前参"释迦弥勒是它奴，且道它是阿谁？"今时人参此话，多要堕落知解，妄认识情，颠倒分别，引起邪见，失佛知见。此去但只去参个赵州因甚道个"无"字。十二时中猛提起，一切处只如参。久之，自然正悟，断不相赚。记取记取。①

由此可见，在选择话头方面，明本既吸收了宗杲和原妙的思想，又有创新。

3. 强调"不起第二念"

参究话头的目的是要体验佛的境界，证悟自我的本心。明本认为，要达到这个目的，关键在于参究话头时"不起第二念"：

> 但除却一个所参底话头外，更有心念，不问是佛念、法念乃至善恶诸缘，皆是第二念。此第二念久久不起，惟于所参话上一坐坐断，久之和个所参话同时超越，便见尽十方世界皆是解脱游戏之场也。②

所谓"第二念"，概指与专念话头无关的一切思维活动，乃至一切或善或恶的事物，都不能去思考和分别。在这个时候，头脑中只存在一个毫无意义、必可解释的话头。这是强调自心排除一切外在的干扰，专注于所参究的话头。经过这种长期的心理体验过程，达到"和个话头同时超越"。明本有时也讲"和个话头，一时忘记"③，用语虽不同，其含义一样，都是指达到从主观上泯灭参究话头者和所参话头之间的差别。在这种对一切现象和事物都没有追求和舍弃的心理状态下，人的一言一行、一举

---

① 《天目明本禅师杂录》卷下《示足庵麟上人》，《卍续藏经》第 70 册，第 742 页。

② 上引均见《天目明本禅师杂录》卷下，《卍续藏经》第 70 册，第 742 页。

③ 《天目中峰和尚广录》卷一上《平江路雁荡幻住庵示众》，《禅宗全书》第 48 册，第 8 页。

一动便体现佛的教化，便是本心佛性的表现。对于达到这种境界的禅者来说，解脱并不受时间和地点的限制，所谓"便见十方世界皆是解脱游戏之场也"。

明本在这里讲的"不起第二念"，重点强调参究话头时心不外求。在《示高丽收、枢、空、昭、聪五长老》中，他对"不起第二念"做了更详细的说明：

> 所言不起第二念者，于政扣已而参处，卒急不相应时，蓦忽蓦生一念，谓"我莫是根器劣么？"是第二念；谓"我莫是罪障深么？"是第二念；"莫别有方便么？"是第二念；谓"此功夫实是难做"，也是第二念；谓"是易做"，也是第二念；于甚易做处生欢喜心，也是第二念；于艰难境中做不上处起怕惧心，也是第二念；更有一般伶俐汉，见恁么说了便云"我但一切坐断，都不起心"，正落第二念了也。①

明本总共讲了八个"第二念"，有四层意思。第一，前两个"第二念"要求不能对自己修习看话禅持有任何怀疑态度，不要认为自己素质差或沾染的尘俗习气太重而不适宜参究话头。这表明，明本认为看话禅具有广泛的适应性。第二，第三至第五个"第二念"，要求不要对看话禅本身持有任何怀疑态度，不要认为除看话禅之外还有别的证悟捷径。参究话头时证悟的必由之路，其本身并没有什么易难之别。第三，第六和第七个"第二念"，讲参究话头顺利时不要喜悦，不顺利时不要畏惧。也就是说，参究话头时要排除自我情绪波动的干扰。第四，最后一个"第二念"，要求参究话头时排除预设的主观目的。参究话头要求不起第二念，但是，如果在参究话头时思考预设的主观目的，反而会干扰参究话头。这八个第二念的中心，在于强调排除一切内在干扰，排除一切杂念。这是获得证悟的前提。

从以上两段论述来看，明本要求达到的"不起第二念"的心理状态，与禅宗一贯主张的人法皆空、心境俱寂、能所两忘、情识都尽，也就是从主观上泯灭一切差别、消除一切对立，基本上是一致的。然而，他主张只

① 《天目中峰和尚广录》卷四上，《禅宗全书》第48册，第42、43页。

有通过参究话头才能获得这种心理体验,强调在参究话头过程中排除个人的情绪波动和预设的主观目的,认为禅悟出现在"超越"或"忘记"了所参的话头之时,不仅是早期禅学所没有的内容,而且是前代禅师较少涉及或完全没有涉及的方面。

4. 论证参究话头与坐禅的关系

明本在论及参究话头与坐禅的关系时,既继承了南宋传统的禅学思想,又提出了反映元代禅僧修行特点的新见解。

第一,他主张无论或行或坐时都可以参究话头。他指出:

> 不妨提起个古人没意智话头,顿在面前,默默体究⋯⋯行时行体究,坐时坐体究,忙时忙体究,闲时闲体究,老时老体究,病时病体究,乃至死时死体究。[①]

明本把参究话头作为长期的修行实践,主张无论行时还是坐时,忙时还是闲时,都可以参究话头,从而把参究话头的禅境体验贯彻到日常生活中的每时每刻。这种主张与南宋所倡导的事事处处体验禅境的思想一脉相通。

第二,他强调坐禅在修行中的地位,把"坐"与"禅"相等同。

> 夫非禅不坐,非坐不禅,惟禅惟坐,而坐而禅。禅即坐之异名,坐乃禅之别称。盖一念不动为坐,万法归源为禅。[②]

明本把"坐"与"禅"相等同,禅就是坐,坐就是禅,从而把对禅境的体验完全局限于静坐一途。这并不与他"行时行体究,坐时坐体究"的参究话头原则相违背,也不与慧能以来南宗对坐禅的基本态度相抵触。慧能主张时时处处体验禅境,并不局限于或行或坐,这种思想已为禅僧们所普遍接受。慧能以后,不少著名禅师为了纠正某些僧人执著于坐禅之弊,进一步贬抑坐禅在修行中的重要性。怀让曾向道一发出了"坐禅岂

---

① 《天目中峰和尚广录》卷四下《示明昶上人书华严经》,《禅宗全书》第 48 册,第 54 页。

② 《天目中峰和尚广录》卷二十七上《坐禅箴并序》,《禅宗全书》第 48 册,第 264 页。

能成佛"的诘问，这是广为流传的一则禅门公案。

另外，宋代论述看话禅的代表人物宗杲，坚决反对提高坐禅在修行中的作用。在宗杲倡导看话禅时，曹洞宗僧人正觉（1091—1157）倡导默照禅，主张把静坐默究作为明心见性的唯一手段。宗杲曾集中批驳了这一点。在论述看话禅时，《永嘉证道歌》中"行亦禅，坐亦禅，语默动静体安然"一句，是宗杲经常引用的，以说明禅非坐卧又不离坐卧的关系。明本把坐与禅直接等同，形成了他所倡导的看话头的一个特点。

明本也意识到自己关于坐与禅的观点必然受到误解，因此，他也对相反的意见做出回答：

> 或问：达磨西来，门风险绝，言前荐得，已涉途程，安有所谓做工夫？况枯坐蒲团，如守尸鬼，且禅岂可以坐而得邪？无奈辱累先宗者乎？余曰：不辱累也。①

由此可见，明本对静坐十分重视，并不反对执著于静坐。这也是他把坐与禅相等同的一个重要原因。

第三，明本把静坐实践作为参究话头的基本功夫。他指出：

> 十二时中，虽随人举个话头，方上蒲团，坐席未温，其昏沉散乱，左右围绕，又不具久远不退转身心，难矣哉。"安有天生弥勒？"斯言尽之矣。②

有些人尽管时时参究话头，但刚在蒲团上打坐，便处于意识不清晰的状态（"昏沉"），或处于杂念颇多的状态（"散乱"），同时又没有坚持下去消除这两种有碍禅悟的心理状态的毅力和能力，是难于参究话头的。不具备静坐实践的功夫就难于悟道，正像没有天生的弥勒佛一样。明本倡导的看话禅有着注重静坐的特点。

明本跟随原妙步入禅门，并且亲聆教诲达十年之久，深受其影响。在

---

① 《天目中峰和尚广录》卷十一中《山房夜话》，《禅宗全书》第48册，第110页。
② 同上。

元初 "尊教抑禅"① 的社会风气下，原妙专注于个人的隐修，往往独自一人在山上坐禅习定达旬月之久，特别重视坐禅。明本在侍奉原妙期间，也是 "昼日作务，夜而禅寂"。② 对坐禅习定的重视并非原妙、明本师徒独具的特点，而是元代南方禅僧的共同倾向。这种注重坐禅习定的风气必然反映到明本的禅法思想中，从而使其看话禅有了鲜明的时代特点。

（三）禅净合一与四宗一旨

禅与净土信仰的关系是元代禅僧们讨论的重要问题之一。明本批驳了当时僧人对禅净关系的错误理解，提出了禅与净土 "证一而名二" 的关系。

六祖慧能把传统佛教的一切崇拜对象统统纳入人的本心，并不认为在人心之外还有西方净土存在。法眼宗僧人延寿（904—975）特别重视净土法门，曾把禅与净土的关系归结为四句话。延寿的这四句话历来被认为是修正了慧能的思想，把禅与净土看成是两种并列的法门，阐述了一种禅净互补的主张。在宋代云门宗和曹洞宗僧人中，不乏提倡禅净双修的著名禅师，但他们很少从理论上论证禅净关系。元代禅僧们关于禅净关系的辩论，往往围绕对延寿四句话的不同理解而展开。明本也非常重视净土信仰，对延寿的四句话作了新解释：

> 永明和尚以禅与净土拣为四句，谓有禅有净土，无禅无净土，有禅无净土，无禅有净土。特辞而辩之，乃多于净土也。致业单传者，不能无惑焉。或谓禅即净土，净土即禅，离禅外安有净土可归，离净土岂有禅门可入？审如前说，则似以一法歧为二矣。不然，教中有于一乘道分别说三，永明之意在焉。③

延寿禅师把禅与净土的关系析为四句来谈，使一些禅师产生了疑问。他们认为延寿禅师把禅与净土看作两种并列的法门，即禅之外尚有净土，净土之外尚有禅。实际上，延寿禅师所采用的论证方式与佛教经典中的 "于一乘道分别说三" 的方式相同，是从两个方面来谈一种事物，并不是

---

① 《有元普应国师道行碑》，《禅宗全书》第 48 册，第 288 页。
② （元）偈偊斯：《天目中峰和尚广录》序，《禅宗全书》第 48 册，第 3 页。
③ 《天目中峰和尚广录》卷二十八《次鲁庵怀净土十首并序》，《禅宗全书》第 48 册，第 269 页。

把禅与净土并列。明本一贯坚持"禅即净土，净土即禅"的主张，所以才这样理解延寿的论述。

在明本看来，禅僧们之所以误解延寿的思想，在于他们不知道参禅与念佛有着相同的目的：

> 昔永明和尚离净土与禅为四料拣，由是学者不识建立之旨，反相矛盾，谓禅自禅，净土自净土也。殊不知参禅要了生死，而念佛亦要了生死。原夫生死无根，由迷本性而生焉。若洞见本性，则生死不待荡而遣矣。生死既遣，则禅云乎哉，净土云乎哉？①

参禅与念佛修净土法门有着相同的目的，即超脱生死轮回。那些误解延寿禅师本意，把禅与净土视为两种并列法门的人，正是由于不懂这个道理。无论参禅还是念佛，如果达到洞见本性、超脱生死轮回的目的，那么禅与净土的划分还有什么意义呢？

不仅禅僧们对禅净关系有不同认识，禅宗僧人与净土宗僧人之间也有争论。在明本看来，这种争论也是因不以"生死大事"为念所致：

> 今二宗之学者，何所见而独悖之耶？予反复求之，遂得其悖之之源，试略言之：盖二宗之学者不本乎生死大事耳。以不痛心于生死，禅则耕空言以自高，净土则常作为而自足，由是是非倒见，杂然前陈。②

禅僧与净土僧人之所以相互指责，在于他们都没有把超脱生死轮回作为修行的目的。参禅者得意于空谈禅理，修净土者满足于念佛做功德，在修持上各有其弊而不自知，所以才各执一端，争论不息。如果认识到参禅与念佛有着同样的目的，如果两宗僧人都为超脱生死轮回而纠正各自修行上的弊端，争论自然就平息了。

明本认为，禅与净土都统一于心。"净土心也，禅亦心也，体一而名

---

① 《天目中峰和尚广录》卷五下，《禅宗全书》第48册，第75页。
② 同上。

二也。"① 禅与净土只是名称有异,它们都统一于心。既然禅与净土在理论上有统一性,那么在修行实践上也自然能够统一起来。明本正是基于这种认识,把参究话头禅法与念佛结合起来的。他对既信仰净土又倾心禅学的吴居士说:

> 居士久亲净土之学,复慕少林直指之道,直以"父母未生前那个是我本来面目"话,置之念佛心中,念念不得放舍,孜孜不可弃离。工夫纯熟,识见愈精明,道力益坚密。一旦于忘能所、绝气息处,豁然顿悟,始信予言之不尔欺矣。②

明本主张把话头"置于念佛心中"来参究,由此不断修习,从而达到证悟。他既要求参究话头,又没有抛弃"念佛之心",把两者在修行实践上紧密结合起来。明本的这种思想颇有特色。

禅宗与净土宗在理论上还有一个重要区别:禅宗主张"自成佛道"③,强调自证自悟;净土宗则主张依靠佛的愿力冥资而往生西方净土世界。前者推崇自力解脱,后者信仰他力拯救。要融合禅净关系,必须对此做出解释,沟通两者的关系。当时明本也遇到这样的问题。

> 或有号西归子者过门曰:"某念阿弥陀佛,求生净土,其透脱生死,似易于参禅。盖远承阿弥陀佛愿力冥资故也。"尔参禅无把捉,无圣力冥资,苟非大根利器,一闻千悟者,难于趣入,已故永明寿禅师有"十人九蹉路"之讥。④

参禅悟道全凭个人努力,念佛求往生有佛力冥资,所以通过念佛超越生死轮回易于参禅,参禅往往令人走入歧途。西归子比较明确地指出了禅与净土的一个重要差别。然而明本严厉斥责了这种观点:

---

① 《天目中峰和尚广录》卷十一上《山房夜话》上,《禅宗全书》第 48 册,第 106 页。
② 《天目中峰和尚广录》卷五下,《禅宗全书》第 48 册,第 75 页。
③ 敦煌本《坛经》第三十节,《大正藏》第 48 册,第 340 页。
④ 《天目中峰和尚广录》卷十一上《山房夜话》上,《禅宗全书》第 48 册,第 106 页。

　　是何言欤？审如是，则净土外别有禅耶？使果有之，则佛法二字
自相矛盾，安有会入圆融之理哉？而不达善权方便，局于已见，诬谤
先哲。①

　　明本斥责西归子不懂"会入圆融"的道理，不知灵活变通，曲解延
寿禅师之意。他完全否定了念佛比参禅易于超脱生死轮回的主张。但是，
明本并没有正面回答西归子的问题，并没有解决念佛求往生有佛力冥资和
参禅无佛力冥资这个矛盾。因此，明本关于禅净关系的理论还不太完备。
以后，明本的弟子天如惟则对这个问题做出了新解释。

　　元代政权巩固后，佛教中以喇嘛教的地位最高，是密宗的代表；在北
方重点扶植天台、华严和唯识三宗，被称为教门；南方是禅宗的天下，势
力最大；律学则为一切宗派共奉，所以，在全国是密、教、禅、律四宗并
存的局面。明本的看话禅充分肯定了这一形势。他说：

　　夫四宗共传一佛之旨，不可缺一也。然佛以一音演说法，教中
谓：惟一佛乘，无二无三。安容有四宗之别耶？谓各擅专门之别，非
别一佛乘也。譬如四序成一岁之功，而春夏秋冬之令不容不别也。其
所不能别者，一岁之功也。密宗春也，天台、贤首、慈恩等宗夏也，
南山律宗秋也，少林单传之宗冬也。

　　这四宗都为"一佛之旨"，弘扬的皆是"佛心"，所谓："密宗乃宣一
佛大悲拔济之心也，教宗乃阐一佛大智开示之心也，律宗乃持一佛大行庄
严之心也，禅宗乃传一佛大觉圆满之心也。"既然四宗都是一佛之心，宣
传的皆是佛心，所以应该四宗平等，不应该有高下优劣之分。

　　明本关于四家一旨之说，明显是为当时地位低劣的禅宗鸣不平。他用
一年四季譬喻四宗之互不可缺，意味深长。将密宗比之为"春"，禅宗比
之为"冬"，表明他是深感面临季节的严酷。不过，四季是循环的，所以
他依然很有信心，依然坚持禅宗为"大觉圆满"——佛的最高教旨。

　　明本曲折表达出来的这种心绪，在南方禅宗中可能有相当的代表性。
当时有义学教宗责难："彼三宗皆不言别传，惟禅宗显言别传者何耶？"

① 《天目中峰和尚广录》卷十一上《山房夜话》，《禅宗全书》第48册，第106页。

明本对曰:"理使然也。诸宗皆从门而后入,由学而后成;惟禅内不涉思惟计度之情,外不加学问修证之功,穷劫迨今不曾欠少。拟心领荷,早涉途程;脱体承当,翻成钝置,诚别中之别也。"① 禅宗以自我的本心圆满无缺为理论指导,既不需要增加什么,也不需要减少什么,因此,它无须"从门而入",也不必总处于"思惟计度"中。所以说它是"别传",虽然并不排斥其余三宗也是"别传",但它独得此名,确实是"理使然也"。

(四) 对《碧岩集》的态度

元代禅僧们在继承宋代禅学遗产方面有不同的侧重,北方禅僧特别是曹洞宗的著名禅师,接受了克勤的禅学传统,推崇"评唱"。元初曹洞宗禅师行秀仿《碧岩集》,评唱正觉禅师的颂古,作《从容庵录》。行秀的弟子从伦评唱义青禅师的颂占,作《空谷集》。由此可见,评唱在元代北方的流行之势。相对来说,南方禅僧更注重承袭宗杲的禅学传统,以原妙、明本师徒为代表的南方临济僧人都力主修习看话禅,反对致力于钻研颂古和评唱。明本对《碧岩集》的态度很有特色。

明本反对凭借聪明才智注释公案的做法。他指出,有些僧人"惟以聪明之资,向古今文字上,将相似语言较量卜度,会尽古今公案。殊不知,既不了生死,返不如个不会底最真"。在明本看来,不需要逐一理解每则公案的含义,只要直观参究一个话头就能解决证悟问题。"但遇著古今因缘,都不要将心解会,只消举起一个,顿在面前,发起决要了生死之正志,壁立万仞,与之久远参去。"② 参究话头完全可以取代诠解公案。

尽管明本否认诠释公案的禅学形式,但他并不主张对已有的颂古和评唱之作采取像宗杲对待《碧岩集》那样的极端做法。他对此做了大段论述:

> 无边众生各各脚下有一则现成公案,灵山四十九年诠注不出,达磨万里西来指点不破,至若德山、临济摸索不著,此又岂雪窦(重显禅师)能颂而圆悟(指克勤禅师)能判者哉?纵使《碧岩集》有百千万卷,于他现成公案上一何加损焉?昔妙喜(指宗杲禅师)不穷此理而碎其版,大似禁石女之勿生儿也。今复刊此版之士,将有意

---

① 上引均见《天目中峰和尚广录》卷十一上,《禅宗全书》第 48 册,第 102 页。

② 同上书,第 109 页。

于撺掇石女之生儿乎？益可笑也。①

众生本心一切具足，成佛解脱不过是明见本心本性，这是每个人自己的事，诸佛诸祖也代替不了。无论是重显的颂古还是克勤的评唱，对于参禅者自证自悟既无帮助也无损害。宗杲由于不懂这个道理而火烧《碧岩集》，这种做法如同禁止石女生儿一样，完全是多余的举动。现在有些人又重刊《碧岩集》，希望有助于禅者明见本心，这种做法如同劝告石女生儿一样，也是荒唐的举动。由此可见，明本依据禅宗的基本理论进行分析，对禅宗的重要典籍《碧岩集》完全采取了蔑视态度。

第四节　多民族佛教文化艺术的融合发展

元代佛教的民族成分、派系结构、信仰思想和社会地位等都发生了巨大变化，与之相适应，中国佛教文化艺术的整体形态也在元代发生了里程碑式的巨变。其中变化最剧烈、最醒目的一点，是以汉、藏、蒙为主的多民族佛教文化艺术在多方面、从多渠道发生碰撞、冲突和融合。多民族佛教文化艺术最终的相互借鉴、相互融通，也十分明显地表现在不同民族佛教文化艺术的兴衰起伏、表现形式等方面。元代的藏经刻印既有汉文本的又有少数民族文本的，元代的佛教艺术各门类既有汉族的创作又有以藏族、蒙族为主的许多少数民族创作。整个元代虽然时间不长，但是藏族、蒙古族与汉民族在佛教文化艺术方面的融合规模和程度是前所未有的，而且影响深远。

一　各民族文字藏经

元代延续宋金重视藏经刊刻的传统，百余年间雕刻完成了多部不同民族文本的藏经。元代的藏经刊刻具有鲜明的时代特征。

第一，元代继承前代的文化遗产，非常重视续刻或补刻前代藏经，增补完成了宋代开始雕刻的《碛砂藏》、金代开始雕刻的《赵城藏》，对于前代的藏经也注重补版、重刻。

《碛砂藏》即《碛砂版大藏经》，此藏于南宋理宗绍定四年（1231）

① 上引均见《天目中峰和尚广录》卷十一中，《禅宗全书》第48册，第117页。

在平江府碛砂延圣院开雕，后历经战乱，雕刻事业中断近三十年，部分经版也被毁。元大德元年（1297），延圣院恢复续刻。次年，恢复了大藏经局，组织比宋代还要完备，有功德主、对经、点样、管局、提调等职。此藏续刻过程中得到了河南江北等处行中书省左丞朱文清、松江府僧录管主八、劝缘都功德主张闾、比丘明了的大力施助。至治二年（1322）全藏刻成，共收佛典 1532 部 6362 卷，分作 591 函，比端平元年（1234）雕造的《平江府碛砂延圣院新雕大藏经律论等目录》多出了 43 函。《碛砂版藏经》宋刻依照思溪圆觉禅院本；元代续补部分参照元代普宁寺版大藏经。在全藏里又配用妙严寺版《大般若经》和《宝积经》另本，补充了管主八募刻的秘密经版，与多种藏经有着渊源关系。《碛砂版藏经》的版式和思溪版大致相同，也是每版 5 页，每页 6 行，每行 17 字。在各版第一或第二页折缝处刻有函号和版号，有时还刻有刻工姓名；卷末有时刻写经人姓名。

对于《弘法藏》的性质，学术界一般有两种看法。一种认为这是元代重新雕造的，日本学者小野玄妙等持这种观点。另一种观点认为《弘法藏》是弘法寺所藏金代刻造的《赵城藏》的增补，吕澂、宿白等都持这种观点。我们也倾向于后一种观点。《赵城藏》共收录佛典 1570 部6900 多卷，刻成不久，经版就被运到燕京弘法寺收藏。元初因战乱，近一半经版被损坏。太宗八年（1236），中书令耶律楚材发现了这些问题，以半官半私的性质发动了当时中书所辖地区（山东、山西、河北）长官帮助劝募，并召集了各地寺院里会刻字的僧人到弘法寺补雕缺版。由于刻工拙劣，补版未免草率。元世祖迁都燕京之后，将它重加整理，收入一些契丹藏经中特有的本子，像慧琳的《一切经音义》等。同时又删去宋代皇帝的一些著述，像太宗的《法音前集》等。这样构成了元代的官版藏经《弘法藏》，实际只是金藏的蜕化而已。[1]

第二，元代刊刻的藏经以私刻为主，官刻的次数和规模都不及前代，且其经版、经书多已不存。私刻藏经中以《普宁藏》最为完整，官刻藏经中仅存部分《元官藏》。

《普宁藏》全称《杭州路余杭县白云宗南山大普宁寺大藏经》，是元代私刻的大藏经，刻版地点在杭州路余杭县南山大普宁寺（现浙江省余

---

① 参见吕澂《金刻藏经》，《吕澂佛学论著选集》卷三，齐鲁书社 1991 年版，第 1441 页。

杭县境内）。由元代白云宗僧人释道安发起创刻，并由释道安、如一、如志、如贤等普宁寺历任住持主持雕造。对于此藏开雕时间，学术界存在着不同的说法，现采用至元十五年（1278）说。[①] 此藏历时 12 年完成。全藏依千字文编号计算，共 558 函，1420 部，6008 卷；后来又补入秘密经 28 函，沙啰巴所译经论等 1 函和《天目中峰广录》3 函，全藏增至 590 函。《普宁藏》的基本内容同于思溪版，后来补充和改刻的部分则和碛砂版互有增减。普宁寺大藏开雕时曾设立专门的大藏经局，并对经文经行了严格的校勘。《普宁藏》装帧形式仿照思溪藏，采用梵夹本，每版 5 页，每页 6 行，每行 17 字；在各版的第一页折缝处刻有函号和版号。

《元官藏》，全称《元代官刻本大藏经》。1982 年 12 月，在云南省图书馆藏书中首度发现，现仅存 32 卷。此前，关于元代的官刻藏经，虽然有《弘法藏》、《至元录藏》、英宗《铜板藏经》种种说法，但一直没有人见到过实物。这部官藏于元文宗至顺元年（1330）开雕，顺帝至元二年（1336）完成。主要由专司太后事务的徽政院负责刻印。全藏至少有 651 函、6510 卷。如将它与以前的其他藏经做一对比，可知它的规模仅次于《赵城金藏》，也是当时规模较大的一部官刻藏经。此藏版式是所有大藏经中最大的，一版 7 页，42 行，每页 6 行，行 17 字。上下均冠有一粗一细两行双线边栏，这也是该藏独有的特征。每版的中缝有千字文函号，卷首刻有顺帝至元二年太皇太后愿文，卷末刻有参与刻藏人员的职衔和姓名。[②]

第三，元代以蒙古贵族入主中原，对其他少数民族更为重视，出现了以各种民族语言雕刻的藏经，主要有西夏文大藏经、藏文大藏经和蒙文大藏经。

《西夏文大藏经》又称《河西大藏经》、《河西字大藏经》、《西夏大藏经》、《西夏语大藏经》。这是汉文大藏经和部分藏文大藏经的西夏文译刻本。北宋景祐元年（1034），宋朝大藏经官刻本《开宝藏》传至西夏，西夏王元昊于兴庆府建高台寺予以收藏，并召请回鹘僧等将其译为新创制的西夏文字。到西夏天祐民安元年（1090）共译出 362 帙，812 部，3579

① 参见何梅、魏文星《元代〈普宁藏〉雕印考》，《佛学研究》1999 年卷，第 210—218 页。下文的部、卷书目也依据何梅等人的成果。

② 参见童玮、方广锠、金志良《元代官刻大藏经的发现》，《文物》1984 年第 12 期。

卷。此后，从大庆元年（1140）到乾祐二十四年（1193），又依据"南北经"重校一次。元世祖至元三十年（1293），敕令二十多位管理僧事的沙门把西夏文旧经本送到杭州万寿寺刻印。元大德六年（1302）刻印完毕，共刻 3620 余卷，随即印施 10 藏。此后，松江府僧录管主八又印造了西夏文大藏经 30 余藏，施于宁夏、永昌各寺院。元武宗时，皇弟爱育黎拔力八达（后为仁宗）又曾印施过 50 藏。仁宗继位后，于至大四年到皇庆元年（1311—1312），又令御史台待御杨那尔征和枢密院知院都罗乌口吃铁木尔等主持再印施 50 藏。《西夏文大藏经》版式与《碛砂藏》、《普宁藏》版式一致，也是经折装，每折页 6 行，每行 17 字。全藏经版已经毁损，只有少量经论残本。元代除了雕版印刷西夏文大藏经之外，还曾有过雕刻木活字版排印西夏文经卷的记录，但尚未发现有关雕刻活字版的地点和明确的时间。

《蒙文大藏经》又名《如来大藏经》或《番藏经》。这是藏文大藏经的蒙文译刻本。元大德年间（1297—1307），在萨迦派喇嘛法光的主持下，西藏、蒙古、回鹘、汉族僧众会集在一起，将藏文大藏经译为蒙文，又参考汉译佛典，形成《蒙文大藏经》，在西藏地区刻造刷印。明清两代又三次增补、校译和重刻。元代首版的《蒙文大藏经》已散失殆尽。

13 世纪以前，藏文大藏经都是以抄写本形式流传。元皇庆二年（1313）至延祐七年（1320）间，在纳塘寺堪布觉丹热智的主持下，收集各地经、律、密咒校勘雕印出了藏区第一部木刻版大藏经，这就是被称为"纳塘古版"《甘珠尔》的大藏经。其版式采取贝叶经筴形式，长方形散叶两面刊刻，每部（或几部）或数卷以夹板束为一筴。版片及印本都已失传。

元代佛教单经的刊刻也非常兴盛，根据《中国古籍善本书目》，留存至今的元代单刻佛教经籍达 62 种之多。著名的有僧录管主八施印的《大华严经》、《梁皇宝忏》、《华严道场忏仪》、《焰口施食仪轨》，云南省刻印的《大华严方广普贤灭罪称赞佛名宝赞》、《华严经》、《金光明经》、《楞严经》，陕西地区刻印的《金刚经》，京兆府龙兴院刻印的《大方广佛华严经》，成都刻印的《圆悟禅师语录》，等等。

二　藏式佛教艺术

由于元代帝王推崇藏传佛教，限制打击汉传佛教，汉传佛教艺术成就并不显著，且多受藏传佛教的影响。另一方面，藏式佛教艺术却得到极大发展，并在汉地普遍流行。

元朝皇室崇信喇嘛教，为了使喇嘛教在内地广泛传播，特地请来西域工匠，为喇嘛教大兴寺塔，广作佛事。这不仅增加了内地佛教艺术的内容，也使内地的传统佛教艺术大受西域艺术的影响。在元朝皇帝请来的工匠中，以尼泊尔人阿尼哥最为有名。阿尼哥（1245—1306）诞生在尼泊尔帕坦一个贵族家庭，他的家乡素以建筑、雕塑和工艺制作著称，有"良工之萃"的美誉。中统三年（1263），阿尼哥跟随八思巴来到大都，以其高超的艺术才能得到了忽必烈的赏识，任命他负责大都（今北京）皇室兴建、寺观造像的指导工作。

阿尼哥巧思绝人，技艺精湛，对于佛像雕塑、塔庙建造、壁画绘制以及其他器物的铸造刻镂，无不精通。他在元朝旅居四十余年，主持的大型工事有塔三座、大寺九座、祠祀两座、道宫一座，其中佛像也多出其手。阿尼哥在佛教艺术上主要有两项贡献。其一，他创作、传授了佛教造像中的"西天梵相"。这是他从尼泊尔首次带入内地的技术。这种造像风格与汉地佛像迥然不同，其主要特征是：高乳、大臀、细腰、两眼向上钩，胯部呈尖状。这种造像来源于印度晚期的佛教密宗，后来全被西藏喇嘛教继承，对汉地的佛教造像也有一定影响。当时大都城内的喇嘛庙中供奉的神像几乎都是由阿尼哥雕刻塑造的。阿尼哥还注意培养人才，传授技艺，汉族巧匠刘元曾跟随阿尼哥学习"西天梵相"，得其神妙，成为仅次于其师的元代著名塑像工艺家，这种造像式样也日益盛行。

其二，阿尼哥设计建造了尼泊尔式塔（又称覆钵式塔、瓶塔或藏式佛塔），现存最著名的就是元大都西城大圣寿万安寺"释迦舍利灵通之塔"。塔始建于至元八年（1271），历时八年才完成。塔高50.9米，砖造，由塔基、覆钵、相轮、宝顶四部分组成，风格古朴，保持了印度早期佛塔的特征。塔基三层，作亚字形，其上建二重复合式方形折角须弥座。塔身呈平面圆形的覆钵形，坐落在比例硕大的覆莲和数层水平线道上。塔颈作圆锥形相轮状，共十三层。塔顶是青铜制巨大宝盖及盖上的小铜塔（原为一宝瓶）。宝盖直径9.9米，其周边悬挂36个铜质透雕之流苏和风铃。因塔座、塔身通体用石灰粉妆，故俗称"白塔"。妙应寺白塔是中国早期喇嘛塔中最重要的实例，也是内地保存下来的最好、最宏伟的藏式佛塔。

　　元代石窟艺术也有所发展，其中不少体现了藏式佛教艺术的特点。杭州灵隐寺附近的飞来峰是元代石窟造像最集中的一处。飞来峰始凿于五代吴越广顺三年（953），以后多有开凿。元朝建立后，元世祖宠信的杭州都统杨琏真伽在飞来峰大规模雕造佛像，试图以新朝喇嘛教造像，厌胜南宋故都风水，祝祷蒙古皇帝圣寿万安。飞来峰现存元代造像 68 龛、117 尊，其中藏式造像有 33 龛、47 尊。最早的为至元十九年（1282），最晚的为至元二十九年（1292）。飞来峰的藏式造像可分为佛部、菩萨部、佛母部、护法部和上师部五部。藏式造像风格与汉式造像有很大差异，这些佛像一般额方颊圆，纤眉细目，体态壮硕。头部额间的转折极强，眼睑厚重，口角深陷，耳垂扁大，有的两眉相通。佛部佛装像双重螺发，高肉髻上置宝珠顶严，共有三层，形状高尖，这是藏式风格的显著特征之一。佛着右袒贴体衣，少衣纹。菩萨（包括菩萨装佛部像）、佛母、上师和护法像多上身赤裸或肩搭帛巾，下扎裙裳，具有典型的印度、西藏风格。雕像的人体比例较为适度，只有某些护法神因经典的要求而显矮短。有的女性菩萨、佛母乳房突出，肩臂、胸腹等处圆润细腻，女性特征明显，而面容往往不像汉式菩萨那样秀丽、妩媚。菩萨（菩萨装佛部像）、佛母、护法均头戴敞顶五叶宝冠，每瓣冠叶上刻有一朵优钵罗花；发髻为磨光的馒头形或圆锥形高髻，耳挂圆形优钵罗花，耳珰大而醒目，垂至肩头。藏式造像的佛座为刻有短肥莲瓣、上沿饰细密连珠纹的仰莲台和仰覆莲台，座较扁平，莲台下为多层十字折角的须弥座。佛像的头光与身光为素面椭圆形。[①] 飞来峰的元代佛像中还有一种体现了汉藏两种风格影响的佛像。如第四十二窟中杨琏真伽所造的无量寿佛像。这尊佛像身着右袒式袈裟，挺胸收腹，乳头明显，具有明显的梵像特征。但他的五官又特别接近汉人，而且此像身躯粗壮，衣服的线条流畅细致，又显然受到汉族审美观念的影响。这种糅合汉藏两式风格的造像在北方也时有发现，是元代佛教艺术的一大特色。

　　元代还出现了一种特殊的塔——过街塔。这是一种建于街道中或大路上的塔，过街塔下可通行车马行人。这是中国佛教的一大发明，它为人们顶礼拜佛提供了极大的方便：只要从塔下经过，就算向佛顶礼一次。现存最著名的过街塔是北京居庸关过街塔。居庸关过街塔建成于至正六年

---

　　① 参见赖天兵《杭州飞来峰元代石刻造像艺术》，《中国藏学》1998 年第 4 期。

（1346）。塔的基础全部用大理石砌成，上面建有三座喇嘛塔，下面有洞门，行人可以通行。塔在元末明初被毁，塔基保存得还比较完好，又被称为"云台"。塔基洞门内刻有梵、藏、八思巴蒙古文、回鹘文、汉文、西夏文文字的陀罗尼经咒，是珍贵的古文字文物。佛经两侧和券顶上刻有四大天王和大大小小的佛像。佛像周围刻有曼陀罗等各种花草图案。塔基顶部四周挑出两层平盘，上置栏杆，栏杆座柱下向外挑出龙头，这是当时石建筑中的典型代表。

云台门洞上的四大天王像被梁思成称为"元代雕塑的代表"。这种造像是用石块拼集起来的整浮雕，非常少见。东方持国天王手抱琵琶，似在弹奏；南方增长天王目视右前方，正欲拔出宝剑；西方广目天王右手紧握一条蛇；北方多闻天王右手持伞。四尊天王都屈腿坐在岩石座上，头戴宝冠，怒目蹙眉，天王身材魁梧，气势雄猛，都处在剧烈的活动之中。这些特征与唐宋时期四天王不同，是根据西藏佛教图像雕制的，这也是中原地区最早的藏式四天王像遗存。天王甲胄图案雕刻细致，天衣飞扬飘舞，线条流畅，又显然深受中原艺术的影响。

三　汉式佛教艺术

元代汉式佛教艺术主要体现在壁画、造像及人物画中。

元代佛教壁画继承宋、辽、金的传统，题材仍然主要为经变、佛传故事、佛本行故事、佛、菩萨、明王、护法、罗汉等，但变化更为丰富，世俗化倾向更为明显。这一时期的寺观壁画主要保存在山西省内。

山西稷山县兴化寺，始建于隋开皇十二年（592），元代重修，原来有三进院落，殿宇宏伟。民国十一年（1942），兴化寺被毁。兴化寺大殿内原有延祐七年（1320）元代著名襄陵画师朱好古和张伯渊所作的七佛图、弥勒变、八大明王及释迦本行故事等壁画。朱好古是山西民间画工的领袖，他擅长人物与山水画，风格工细精巧，与唐代吴道子及宋代王瓘、武宗元等一脉相承，尤其在道释人物画方面有突出成就。芮城永乐宫壁画中的纯阳殿部分，题名画工张遵礼等八人，都是朱好古的门人弟子。1927年，外国古董商发现了兴化寺壁画，他们勾结山西的文物贩子，将壁画剥离，秘密运往北京，打算出售到国外以牟取厚利。此事被当时供职于故宫博物院的马衡得知，他以四千块大洋购回一部分，并重新拼装，这一部分现藏于故宫博物院，有一百多平方米，主要是七佛像部分。这组壁画非常引人注目，其中的佛像高三米多，长十八米。中间一佛最为高大，为释迦牟尼佛，左右各为三佛，每个佛像之上都有人首鸟翼的"伽陵频伽"环绕。佛与佛中间有胁侍菩萨及供养菩萨。供养菩萨跪侍，端严虔诚，较为别致。另外被盗走的一部分，现藏于加拿大多伦多皇家安大略博物馆。壁画内容主要有弥勒佛、文殊菩萨、普贤菩萨。在稷山县博物馆，也保存有一块该寺的壁画，内容为释迦牟尼降生后沐浴时的一个画面。兴化寺壁画虽为丈高巨制，但前后照应，一气呵成。佛及菩萨的面型仍然延续唐宋丰满姿态，人物造型精准，设色华美，线条刚劲挺直、飘逸舒展。这些壁画与永乐宫壁画风格完全一致，人物形象个性十足，细节描绘面面俱到，实为不可多得的珍品。

敦煌莫高窟第 3 窟南北壁的千手千眼观音像也是元代佛教壁画中的佳作。根据该窟西壁北侧观音像左下角的墨书题记，此画为甘州史小玉所作，但作者生平已不可考。画中千手千眼观音端坐在莲台上，两侧以对称的方式描绘有婆薮仙、吉祥天、金刚、梵天女等形象。观音面部第一层以一个正面相为主体，左右各画两个正侧面相，共有五面组成；第二层于头顶中央一个正面相，两边各一四分之一侧面相和一正侧面相共五面；第三层再一个正面相，并加有头光。三层共有十一面，除第三层中央一面为愤怒相外，其余十面均为慈悲相。主体正面相最大，长圆形，丰满圆润，细眉，弓眼，眼神微微下垂，修鼻，樱唇，颈部有三级，仪容慈悲，神情庄严。千手的刻画更是独运匠心。这幅观音经变相号称千手千眼，实际只画出七百余手。带有手臂的二十二对手，略大于其余，造型更细腻生动，显得醒目突出，穿插分布成一桃心状，手臂穿插有前有后，富于立体感。每一对手的姿态对称，与其余都不重复，各具风韵，丰硕优雅。观音姿态端正，但略显呆板，而帔帛的舞动飞扬、裙裾的柔软飘逸、饰物的华丽精致使得这尊观世音神清气爽，灵动雅致，韵味十足。①

元代汉式佛教造像多用泥、木、漆之类不耐久的材料，金石刻像已经非常少。

这时的佛教造像遗存保留不多，只在山西晋城青莲寺、赵城（今山西洪洞县）广胜寺、赵城广胜下寺和一些博物馆中保留了一些。这些造

----

① 参考郝秀丽《敦煌莫高窟第三窟千手千眼观音像的造型艺术》，《当代艺术》2013 年第 3 期。

像在样式上基本继承宋代的风格，但体格更为健壮，气势雄浑，在风格上更为世俗化。这一时期也不乏优美的作品。如山西洪洞县广胜寺下寺正殿的五尊佛像，雕刻得就非常精美。其旁边侍立的诸菩萨尤为俏丽，颇有唐代雕塑的风格。这些菩萨有的端庄，有的飘逸，衣带精美，刻画细致，也是造像中的珍品。

北京市西山十方普觉寺（俗称卧佛寺）中有一尊大型铜铸释迦牟尼卧佛像。此像铸于至治元年（1311），卧佛身长5.2米，用铜25000公斤，铸佛用工7000人。铜佛作侧卧状，双眼闭合，头朝西，面朝南，两腿直伸，赤足，左手平放在腿上，右手弯曲托首头部，安详地躺卧在佛龛内。铜佛体态自如，形态逼真，衣纹流畅，制作精细，其雕塑艺术水平和铸造工艺水平都很高。在卧佛四周塑有12个弟子立像。这组雕塑形象地展现了释迦牟尼佛涅槃前向弟子传授佛法，嘱咐善后事宜的情景。它是元代最珍贵的大型铸造文物，也是我国现存最大的铜卧佛。

除了传统的石刻、木雕、泥塑、铜铸等形式，元代陶瓷造像开始普遍流行。在北京大都遗址发现的一尊青白釉观音坐像，是元代造像中的精品。这尊佛像高66厘米，胎体由三块组成，头部、腰际接痕明显。观音通体施青白釉，晶莹光洁。观音体态健硕，面相丰满，嘴角含笑；头戴宝珠花冠，耳戴串珠式耳环，身披广袖通肩外衣，胸前佩戴宝石项圈，右腿支起，左脚下垂，现大自在相，不仅体现了元代佛像艺术的成就，也展现了元代景德镇瓷器艺术的水平。

元代画坛虽以山水画为主，但其释道人物画也很有特色。元代的释道画继承了唐代的传统，又有新的发展。在用笔上，一般简练流畅，富有节奏感和力度，能够把状物传神与壁画艺术上的装饰美巧妙地结合在一起。赋彩一般采用重彩勾填法，用青绿、褐石、白色等色，寓丰富于单纯之中。这一时期，罗汉、高僧像成为释道画的主要题材。赵孟頫的《红衣罗汉图》就是其中最有特色的作品。图中的罗汉身着红色袈裟，盘腿坐在大树下面的青石上，左手向前伸，背后有一圈淡淡的背光。罗汉神态娴静坚毅，好像正在说法。罗汉形象取西域僧人像（梵像），人物的造型及表现手法取法唐代阎立本，以铁线描勾勒，用笔凝重；设色浓丽，以赭石、土黄、石绿与大红袈裟形成鲜明对比。《红衣罗汉图》是一幅非常传真、写实的作品。赵孟頫在题记中自谓"余仕京师久，颇与天竺僧游，故于罗汉像自谓有得"，可见此画也是其得意的作品。藏于上海博物馆的

《庆有尊者像》，也有很高的艺术成就。这幅作品作者已经失传。所绘罗汉为佛教十八罗汉中第十七位的庆有尊者。图中罗汉是一位形象奇谲的老者，他头发雪白，双目凝视前方，袒裸上身，搭披袈裟，双手握着竹杖，脚踏在一头幼狮上，弯腰呈坐姿。此图笔墨技巧以线描为主，辅以皴染，在塑造人物时，线条力求简练，方折有力，疏密对比，非常生动传神。日本东海庵藏的《十六罗汉图》也很有特色。图中罗汉也取梵僧像，头发、眉毛、胡须都用白色，刻画疏朗细致。罗汉双目前视，双手合十，手指朝前。罗汉的衣纹勾勒简洁流畅，富有动感。赵孟𫖯之子赵雍的《高峰原妙禅师像》也是一副杰出的作品。高峰原妙是元代临济宗师，赵孟𫖯曾拜他为师学禅。此像是高峰圆寂后赵雍所绘。画中人物神情坚毅沉静，黑发灰发相间，衣纹疏朗流畅，色彩淡雅，传神地展现了一代高僧的神情风貌。

第五章　明代佛教

第一节　明代社会与佛教

明王朝（1368—1644）建立之后，采取了一系列恢复和发展社会经济的政策和措施，经过数十年努力，耕地数量显著增加，粮食总产量逐步提高，受到长期破坏的农业经济有了根本性好转，社会趋于稳定。明王朝废除蒙元贵族不平等的民族政策和宗教政策，不仅受到社会各阶层的拥护，也为佛教的发展提供了新的社会环境。

一　明太祖时期的佛教政策

明太祖朱元璋在加强思想文化统治方面，与宋代大多数帝王一样，倡导三教并举，主张以儒术治天下。在他统治时期制定的宗教政策，无论具体内容还是所呈现的特点，都与他强化封建专制主义统治、维护君权至上的政治目的密切联系，与当时宗教发展的具体情况直接相关，也与他个人所经历的佛教生活背景不无关系。所以，朱元璋时期（1368—1398）制定的宗教政策，严密而且针对性强，有关整顿佛教的各项措施奠定了整个明王朝佛教政策的基础。

首先，朱元璋要把佛教与其他有造反倾向的民间教派区分开来，区别对待。在称帝的第一年，他诏令禁止白莲社、大明教和弥勒教等一切"邪教"。继之，于《大明律》中规定，凡"妄称弥勒佛、白莲社、明尊教、白云宗等会，一应左道乱正之术，或隐藏图像，烧香集众，夜聚晓散，佯修善事，煽惑人民，为首者绞；为从者各杖一百，流三千里"[1]。

---

[1] 《大明律》卷十一，萧榕主编：《世界著名法典选编·中国古代法卷》，中国民主法制出版社1998年版，第750页。

对于佛教，从洪武十五年（1382）之后开始进一步强化管理。洪武二十四年（1391），颁布《申明佛教榜册》；二十七年（1394），再次颁布类似榜文，系统地陈述了佛教管理的基本内容。

随着元王朝的灭亡，喇嘛教丧失了在内地佛教界的特权地位，但在华北一些地区仍有比较坚实的基础，特别是在藏蒙等少数民族中，信仰依然普遍。朱元璋出于"化愚俗、弥边患"的政治目的，曾经"招徕番僧"，给予少数喇嘛以较高待遇。至于成祖（1403—1424 年在位）、宪宗（1465—1487 年在位）和武宗（1506—1521 年在位），因为特"好番僧"，也召来了不少喇嘛，曾一度引起"公私骚然"，朝野不满。到世宗（1522—1566 年在位）"复汰番僧"，藏传佛教对内地的影响日益缩小。

太祖曾企图让佛教僧人沟通对外关系，洪武三年（1370），命慧昙出使西域，次年，命祖阐和克勤送日僧归国；十年（1377），命宗泐出使西域；十七年（1384），命僧光及其弟子惠辩等出使尼泊尔。这些奉诏出使的僧人载誉归国后虽很活跃，但并没有带回较有影响的外来佛教因素。

明代建立的佛教管理机构主要是参考宋代的经验，并根据境况进一步完善，受元代的影响是比较小的。同时，建立和健全僧司机构，也被看作是强化佛教管理的重要措施。洪武元年，中书省奉旨命"浙之东西五府名刹住持，咸集京师，共骧天界，立善世院，以统僧众"①。设在金陵天界寺的善世院，是明廷建立的第一个临时性中央僧官机构。善世院的第一代统领是慧昙（1304—1371），从二品。僧官品级如此之高，显然是受到元代的影响。到洪武十四年（1381）六月正式建立各级僧司机构时，就在许多方面明确强调参考宋代的规定，僧官的品级也大大降低。根据当时礼部提出的方案，各级僧司衙门的设置与行政建制配套，在中央设僧录司，在府、州、县分设僧纲司、僧正司和僧会司，由此构成了自上而下的严密的佛教管理体系。同时规定了各级僧官的名额、品阶、职权范围，以及任选标准等。②

---

① 《释氏稽古略续集》卷二，《大正藏》第 49 册，第 921 页。

② 根据《释氏稽古略续集》卷二的记载，在京设置僧录司，掌天下僧教事。善世二员，正六品，左善世，右善世。阐教二员，从六品，左阐教，右阐教。讲经二员，正八品，左讲经，右讲经。觉义二员，从八品，左觉义，右觉义。各府僧纲司掌本府僧教事。都纲一员，从九品，副都纲一员。各州僧正司，僧正一员。掌本州僧事。各县僧会司，僧会一员。参见《大正藏》第 49 册，第 921 页。

按照当时的规定，僧录司的僧官由礼部任命，没有俸禄。[①] 官、吏、皂隶都由僧人及佃仆担任。各级僧司衙门的职责，是负责与寺院和僧众有关的教内事务，如向当地衙门举荐寺院住持，监督僧众恪守戒律、阐扬教法等。涉及与军民相关的案件，以及违反国家法律的案件，则分别由中央或地方行政机构处理。因此，僧官机构没有超出宗教范围之外的行政权力。这套管理机构直到明末也没有改变，而且为清代直接仿效。

洪武年间，对各府州县的僧道人数、各地方的寺观数量和僧道数量等也逐步制定出相应限额。另外，对僧人的剃度制度也做了重要变更。洪武六年，诏令全国各地免费发放度牒。明初的剃度条件一直很严格：洪武二十四年（1391）规定，男子出家限定 40 岁以上，女子出家限定 50 岁以上。

明太祖控制佛教最重要的环节，是限制僧人与社会各阶层的自由交往。经过元末战乱，许多僧人不住寺院，游荡于乡镇，杂处于民间，对社会的稳定构成威胁。明太祖多次下诏，令各级僧司调查游僧人数，强制集中，入住寺院，这就是所谓"会众以成丛林，清规以安禅"。朱元璋还特别禁止僧人与各级官吏往来，洪武二十七年诏令："凡住持并一切散僧，敢有交结官府，悦俗为朋者，治以重罪。"

一些经济实力雄厚的大寺院，必然要与当地政府有经济方面的来往，明廷专门设立了前代所没有的"砧基道人"，专门负责寺院与官府的沟通。洪武十九年（1386），明太祖"敕天下寺院有田粮者设砧基道人，一应差役，不许僧应"。洪武二十七年（1394）再次强调："寺院庵舍，已有砧基道人，一切烦难，答应官府，并在此人，其僧不许具僧服入公听跪拜。"作为寺院与官府的联系者，砧基道人要处理的事务可能不少，但主要职责是负责办理差税。到景泰年间（1450—1456），明廷限制每寺田地为六十亩，其余都交给农民佃种，并纳粮于国家，砧基道人制度也随之废止了。

明太祖还严禁僧人娶妻成家，不仅三令五申，而且鼓动民众群起攻之。洪武二十七年发布的榜文说："僧有妻者，许诸人捶辱之，更索取钞

---

① 根据《释氏稽古略续集》卷二的记载，"僧道录司衙门，全依宋制，官不支俸，吏与皂隶合用人数，并以僧道及佃仆人等为之"。根据《太祖实录》，从洪武二十五年（1392）开始，僧录司各僧官都按级别给俸，最高的月给米十石，最低的五石。

钱；如无钞者，打死勿论。"他要求僧人严格遵守传统戒律，不许逾越僧俗鸿沟。

对于那些退居山林、从事隐修的僧人，明廷特别予以鼓励。洪武二十四年的《申明佛教榜册》规定："有能忍辱，不居市廛，不混时俗，深入崇山，刀耕火种、侣影伴灯，甘苦空寂寞于林泉之下，意在以英灵出三界，听。"

明太祖直接插手佛教的内部事务，多次颁布诏令，把寺院分为禅、讲、教三等，僧人也相应分为三宗，要求"各承宗派，集众为寺"。这对明代及其以后的佛教发展走向起到决定性的作用。

洪武十五年（1382），"礼部照得佛寺之设，历代分为三等，曰禅、曰讲、曰教。其禅不立文字，必见性者方是本宗；讲者务明诸经旨义，教者演佛利济之法，消一切现造之业，涤死者宿作之衍，以训世人"①。"历代"之辞是假托，禅、讲、教的三等分类，实始于此。"禅"，专指禅宗；"讲"，指宣讲佛教经典的僧人，相当于元代的"教"；"教"，指祈福弭灾、追荐亡灵等各种法事，从事法事活动的僧人名"瑜伽僧"或"赴应僧"。与此同时，对三宗僧人的服饰也做了规定："禅僧茶褐常服，青条玉色袈裟；讲僧玉色常服，深红条浅红袈裟；教僧皂常服，黑条浅红袈裟。"② 不同类型的寺院僧人衣服颜色的不同，这可能维持到了明代末年。

明太祖把法事单列一宗，与当时民间显密法事普遍盛行、对群众有特殊影响有关。他本人相信，举办法事"明则可以达人，幽则可以达鬼"，有助于国家教化，所以比较重视。洪武十六年颁布："即今瑜伽显密法事仪式，及诸真言密咒，尽行考校稳当，可为一定成规，行于天下诸山寺院，永远遵守。"并规定，在实行过程中，任何人不得增删修改，"敢有违者，罪及首僧及习者"③。

按照钦定的仪规做法事，是教僧的职责，也是他们的特权。据认为，只有持戒严谨的教僧按程序念诵真言密咒，才能在"呼召之际，幽冥鬼趣，咸使闻知"，其他人是不会有这种神秘效力的；禁止俗人主持法事。

---

① 《释氏稽古略续集》卷二，《大正藏》第 49 册，第 932 页。

② 《明太祖实录》卷一百五十，"中央"研究院历史语言研究所校勘发行 1962 年版，第 2368 页。

③ 《释氏稽古略续集》卷二，《大正藏》第 49 册，第 932 页。

有幸充当人天和人鬼使者的教僧，可以获取合法收入。明王朝还专门规定了作法事的价格，根据担任的不同角色，得到相应的报酬。① 至此，以往司掌死者葬仪、年忌庆典、祈福消灾诸事的瑜伽僧等，都有了公认的合法地位。过去曾有过火宅僧、火宅道人等已婚俗人或僧道经营此类佛事，现在明令禁止俗人经营，对法事活动进行了规范化的整顿。日本学者推断，当时瑜伽教僧的数量达到全部僧侣的半数。②

明太祖对讲习佛教经典也很重视，洪武十年（1377），诏令全国僧人讲《心经》、《金刚》和《楞伽》，并命宗泐、如玘等人注释此三经颁行。元代帝王曾鼓励讲经，但对讲什么经并没有规定，明太祖为全国僧人指定讲习的具体经典，在此后的清代帝王中也再没有出现过。明太祖曾作《心经序》，讲述他对此经的理解。他力图通过统一对某几部佛经的解释，进而统一佛教思想，起到加强思想统治的作用。明王朝要求讲者"务遵释迦四十九秋妙音之演，以导愚昧"。③ 为国家教化"愚昧"，成为讲僧的神圣职责，享有与瑜伽僧同样的接触社会的权力。相比之下，"禅者"恰恰被剥夺了这些职责和权力。

明廷规定："其禅者务遵本宗公案，观心目形，以证善果。"④ 禅僧只能根据禅宗典籍，调节身心，以达到个人"证善果"。禅僧没有"讲僧"教化"愚昧"的任务，也没有"教僧"为人消灾祈福的职责，自然也就没有合法的经济收入。明太祖告诫禅僧，还要研读佛经："若自欲识西来之意，必幽居净室，使目诵心解，岁久而机通，诸恶不作，百善从心所至，于斯之道，佛经岂不大矣哉！"⑤ 禅宗对遵守戒律灵活性很大，让禅者读经，主要目的之一是要产生"诸恶不作，百善从心所至"的持戒功效。

游方行脚曾是禅僧重要的修行活动，明王朝先是禁止僧道四处游动，至洪武三十一年（1398）诏令："著江东驿、江淮驿两处，盖两座接待

---

① 《金陵梵刹志》记有诵读各种经典的收费标准，这只是法事支出的一部分。

② ［日］牧田谛亮：《中国佛教史》（下），见蓝吉富主编《世界佛学名著译丛》第45册，台北：华宇出版社1985年版，第106页。

③ 《释氏稽古略续集》卷二，《大正藏》第49册，第936页。

④ 同上。

⑤ 《明太祖集》卷十一，胡士尊点校，黄山书社1991年版，第211页。

寺，著南北游方僧道，往来便当。"① 很明显，"往来便当"只是一种官腔，其功能是更严厉地制止僧道，主要是禅僧的自由游动，禅僧除了"甘苦空寂于林泉之下"，或"幽居净室"之外，实在是别无出路了。显而易见，明太祖为宗教设置的政治环境，特别切断了禅宗与其群众基础的联系；给佛教划定的活动范围主要也是限制禅宗的自由。禅宗的自然衰亡，成了不可避免的事。

明太祖整顿佛教的目的之一，是力图把宗教不利于社会稳定的消极作用减少到最低程度，尽可能发挥佛教有利于统治的作用。他在整顿佛教的同时，特别重视选拔和重用有政治才干的僧人。他曾撰写《拔儒僧人仕论》、《宦释论》、《拔儒僧文》等，提出要重用佛教队伍中精通儒术的僧人，这在历史上是少见的。他的有些做法，也被认为是过分宠信僧人，有一定的弊端："帝自践祚后，颇好释氏教，诏征东南戒德僧，数建法会于蒋山，应对称旨者，辄赐金澜袈裟衣，召入禁中，赐坐与讲论。吴印、华可勤之属，皆拔擢至大官，时时寄以耳目。由是其徒横甚，谗毁大臣，举朝莫敢言。"② 明太祖重点限制的是禅宗，而僧人中受其重用者、帮助其治理佛教者，恰恰是以精通儒术的禅僧为主。

二　佛教政策的局部调整

从成祖到孝宗的一百年间 (1403—1505)，虽有几次短暂的政策变动，但洪武年间制定的佛教政策基本还是得到贯彻和维持。从主要方面讲，明廷仍然致力于消除佛教产生的不利于社会稳定的因素，发挥其有利于维护统治秩序的因素，并且收到了一定效果。明廷根据社会情况和宗教形势发展，或者重申此前的诏令，或者做出某些局部调整，对前期的宗教事务管理制度有补充和完善的作用。总的说来，这一时期的佛教还是处于王朝的有效掌控之中。明太祖之后，佛教管理制度的调整主要包括如下几个方面。

其一，完善洪武时期某些管理措施。

洪武时期颁布的一系列具体管理措施，有些不够完善和系统，有些规定甚至前后矛盾。例如对僧人出家的年龄规定，洪武二十年 (1387) 八

① 《释氏稽古略续集》卷二，《大正藏》第 49 册，第 939 页。
② 《明史》卷一三九《李仕鲁传》，中华书局 1974 年版，第 3988 页。

月，"诏民年二十以上者，不许落发为僧，年二十以下来请度牒者，俱令于在京诸寺试事三年，考其廉洁无过者，始度为僧"①；洪武二十七年（1394）正月，明太祖下令"不许收民儿童为僧，违者并儿童父母皆坐以罪。年二十以上愿为僧者，亦须父母具告，有司奏闻，方许"②。前后两个诏令，对二十岁以上者能否出家的说法并不一致。永乐十六年（1418）十月，明成祖命"榜谕天下"："今后愿为僧道者，府不过四十人，州不过三十人，县不过二十人；限年十四以上，二十以下，父母皆允，方许陈告；有司行邻里保勘无碍，然后得投寺观，从师受业，五年后，诸经习熟，然后赴僧录、道录司考试，果谙经典，始立法名，给与度牒。不通者罢还为民。若童子与父母不愿，及有祖父母、父母无他子孙侍养者，皆不许出家。"③ 这样一来，对出家的规定就更为清楚、系统和全面了。类似的情况还有很多，基本是对洪武时期佛教管理制度的补充、完善或进一步重申，并没有在大的方面有所改变。

其二，从严格限制女性出家到完全禁绝。

洪武时期就严格限制女性出家，此后有逐步强化的趋势，直至颁发完全禁绝女性出家的命令，这是明代以前所没有的。洪武六年（1373），鉴于民间女子出家者较多，规定："自今年四十以上者听，未及者不许。"④到明惠帝时，又改为50岁以上。

永乐十八年（1420）二月，山东青州地区尼僧唐赛儿打着佛教旗号起义，自称佛母，精通法术，组织起数万起义军。虽然起义不到一个月就被镇压，但唐赛儿未被擒捕，明廷仍然惶恐不安。明成祖（1403—1424年在位）恐唐赛儿混入尼僧之中，竟然下令尽逮北京、山东境内的出家女性来京审问，而后又下令尽逮全国的尼僧及道姑，先后有几万人。最后发展到命令所有尼姑都还俗。

实际上，完全禁绝女性出家根本不可能，有明一代，佛教和道教中的女性出家者始终存在。尽管如此，成祖之后的帝王不断重申禁令。明宣宗宣德四年（1249）六月，重申遵守永乐年间的禁令，"仍严女妇出家之

---

① 《明太祖实录》卷一八四中，第2771页。
② 《明太祖实录》卷二三一，第3372、3373页。
③ 《明太宗实录》卷二五，第2109页。
④ 《明太祖实录》卷八六，第1537页。

禁"①。明宪宗成化五年（1469）十二月下令，"仍禁绝妇女不许为尼"②。
明世宗嘉靖六年（1527）十二月，方献夫等人奏准，将尼僧、道姑"发
回改嫁，以广生聚。年老者量给养赡，依亲居住"③。二十二年（1547）
七月，礼部再次申明，"凡中外一切游聚尼僧，俱勒令还俗婚配"，并且
强调，"违者重惩如令"④。明王朝对女性出家如此深恶痛绝，既是空前
的，也是绝后的。这种政策与当时的思想文化和社会风尚有关。禁绝女性
出家，也对明朝佛教产生了潜移默化的作用。

其三，从免费发放度牒到鬻牒。

洪武时期，朝廷每三年免费发放一次度牒，并且不再征收"免丁
钱"，到成祖时改为每五年发放一次。明代中期以后，由于政府财政吃
紧，为了赈济遭遇自然灾害的饥民，解决大型土木工程费用，以及支付边
境地区的军饷等，明廷从景泰二年（1451）开始鬻牒，一直延续到万历
年间。其中，宪宗成化年间鬻牒最为严重，引起朝野不满。不过，从明代
鬻牒的数量、次数、范围，以及给佛教界和社会造成的影响等方面来看，
远没有宋代那么严重。但是，鬻牒制度的实行，也就意味着国家对佛教的
控制在一些环节上的松动。

其四，藏传佛教政策的延续和调整。

吐蕃地区在元末陷入政治动乱，藏传佛教内部的派系格局也发生了变
化：为元代独尊的萨迦派由盛转衰，噶举派、格鲁派等教派相继兴起。明
太祖依然仿效元朝的做法，重视萨迦派的传人，召其到京城接受封号，并
授予所荐举人员官职。洪武六年（1373），前元朝代理帝师喃迦巴藏卜入
朝，明廷赐以"炽盛佛宝国师"称号，对所推荐的乌斯藏（以拉萨为中
心的前后藏地区）和朵甘思（乌斯藏以东至陕西、四川邻界的藏族居
地）地区人员六十人，分别授予指挥同知、金事、宣慰使、元帅、招讨
等职位。洪武七年（1374）八思巴后代公哥监藏巴藏卜入朝，又被尊
为帝师。另外，明廷还在宁夏西宁、甘肃河州设置僧纲司，管理当地的
佛教事务。

---

① 《明宣宗实录》卷五五，第 1314 页。

② 《明宪宗实录》卷七四，第 1432 页。

③ 《明世宗实录》卷八三，第 1866 页。

④ 《明世宗实录》卷二七六，第 5405 页。

从成祖开始，明廷对各教派领袖分别封王，不再独尊萨迦派。永乐元年（1403），明成祖派遣中官侯显入藏，迎请噶举派黑帽支脉的转世活佛哈立麻到京城。永乐四年（1406）十二月，哈立麻到京，成祖亲自慰问，并请他到南京灵谷寺建法会。永乐五年三月，封其"为万行具足、十分最胜圆觉、妙智慧、善普应、佑国演教如来、大宝法王、西天大善自在佛。领天下释教。……赐仪仗与郡主同。其徒孛罗等皆封为大国师，并赐印诰金币等物"[①]。

萨迦派的领袖昆泽思巴，于永乐十年（1412）二月由明廷宦官迎请到京，成祖赐其冗长封号中，也有"法王"、"佛"字样，职责也是"领天下释教"。第二年正月，宦官护送其回藏。

格鲁派于明初新创，但发展很迅速，在创始人宗喀巴（1357—1419）时代即成为一大教派。明廷很快注意到这种情况，派遣大臣入藏招谕，宗喀巴曾于1408年上书成祖答谢。明永乐十二年（1414）十二月，宗喀巴派弟子释伽智（1354—1435）到京城朝见，成祖赐"大慈法王"称号。释伽智返回西藏后，创建色拉寺，是拉萨三大寺之一。释伽智后重返京城，任成祖、宣宗两代国师。

明廷虽然也封藏传佛教各派领袖"法王"、"佛"和"国师"等称号，并令两派的领袖"领天下释教"，但实际上他们只是统领本派僧众，与元代萨迦派的帝师已经完全不同。

武宗以纵欲荒嬉著称，接纳绰吉我些儿习秘术（房中术），厚赐番僧，为害朝野，一度引起"公私骚然"。到世宗"复汰番僧"，藏传佛教对内地的影响进一步缩小。

第二节　明代初中期佛教

明代佛教可以分为三个阶段，第一阶段是明代初期，约为太祖到成祖的半个多世纪（1368—1425）；第二阶段是明代中期，从宣宗到穆宗的近一百五十年间（1426—1572）；第三阶段是明代后期，从神宗到明亡的七十余年（1573—1644）。不同阶段具有完全不同的内容，呈现迥然不同的特点。

---

① 《释氏稽古略续集》卷三，《大正藏》第 49 册，第 942 页。

一　明代初期佛教

明代初期半个世纪，是佛教从王朝交替的动荡中逐渐趋于稳定，并且在新王朝规范治理过程中实现逐步转变的阶段。

元末农民起义有着推翻异族统治、反对蒙古贵族的民族歧视和压迫的色彩。明王朝的建立，顺应了推翻异族统治的要求。当时佛教界的著名人物不仅没有留恋前朝，而且对新朝具有很强的向心力。在新旧王朝鼎革之际，许多优秀人才进入佛教队伍，他们有着高涨的政治热情。在当时的佛教界，积极参与政治活动是一种时尚，是有影响的潮流。这种情况的出现，为洪武时期出台的一系列佛教改革措施的有效实施提供了条件。同时，政治舞台上也活跃着一大批政治僧侣，如姚广孝（道衍）、来复、溥洽等。他们有的因参与政治而位列朝堂，有的也因此身陷囹圄。不少僧人也因此卷入政治斗争的旋涡而不能幸免于难。

在这一阶段，佛教界的义学诸派陷入沉寂，有影响的义学名僧很少。其中，致力于融合禅与华严的无极比较著名。据《新续高僧传》卷五本传，无极（1333—1406）号法天，俗姓杨，大理人，16 岁随禅僧海印出家，习禅宗教义，不久遍历诸方，以习禅与华严为主，所谓"参叩明眼，大彻宗旨，而六相圆融，三观妙语"。无极"每登讲席，议论风生，有声于时"，常讲的经典有《华严》和《法华》。特别是他提出了"以宗印心，以教化人"的原则，明确了禅宗与教门诸派的关系。然而，他所说的"教"指佛教所有经典，《华经典》作为其中的一种，并无特殊地位。

洪武十六年（1383），无极率僧众到金陵见朱元璋，盛赞他的统一事业。朱元璋很重视依靠无极这样的僧人教化边区民众。他指出："朕朝天下，八荒之来庭者，皆荒徼诸蛮，观其威仪进退，服色制度，饮食词语，一切尽异，非重译不能通其情。所以异于中国者为此也。"① 他希望在政治统一的同时也达到文化的统一。于是，他令久居京城的无极等人返归大理。因为"其僧生本云南，学超土俗，经通佛旨，语善华言，诚可谓有志之人矣"。② 所谓"有志之人"就是有志于为新王朝服务的人。

---

① 《新续高僧传四集》卷五，第 2 页。
② 同上书，第 3 页。

无极回大理后，仍与明王朝保持了一段时间的联系。他著《法华注解》七卷，于洪武二十九年（1396）遣弟子文熹至京呈进。无极徒众数百，嗣法者四十余人，在大埋地区很有影响。就其传播华严而言，并无显著特色。

就整个佛教界的状况而言，禅宗比较活跃。元末的社会危机在江南禅宗中也有相应的表现："至正间，四方多事，士大夫逃禅海滨者众矣。"①这一现象引起元朝廷的注意，进一步增强了对江南禅僧的羁縻，"元主崇尚我宗，凡林下染衣之叟，多受隆誉"②。在"元文、顺二帝时，楚山南北，浙水东西，其有道尊宿，无不经锡徽号"③。他们的徒众多在下层民众中影响大，以后就构成了明初禅宗界的中坚力量。明太祖建都金陵后，诏见的僧人大多是这类禅师。

明太祖制定的佛教政策着重打击的是禅宗，但他为贯彻这一政策而起用的力量，大部分是禅宗宗师，这些禅师大多乐于讲经、注经和主持法会，与禅宗的传统当然是大相径庭的。

明初的著名禅师多出自江南临济宗，北方曹洞宗人极少。洪武年间，元叟行端、笑隐大䜣和竺元妙道三系临济宗影响较大，特别是前者，与明廷关系尤为密切。洪武三年，明太祖诏僧人赴金陵天界寺，"其赴诏尊宿三十余员，出元叟之门者，三居一焉"④。即使如此，他们的法系也没有维持多久就衰落了。明初禅学也发生了不同于宋元的新变化。

行端门下弟子众多，以无梦昙噩、愚庵智及和楚石梵琦在元明之际最有影响。

昙噩（1285—1373）字无梦，号西庵，早年学习儒学，出家后，广泛阅读佛教典籍，"性相之学，无不该练"。后从行端习禅，在江南一带住持过多处寺院。早在元延祐（1314—1320）初年，奉诏主持"金山水陆佛事"，元帝师赐以衣号。昙噩本人虽然饱读经书，但并不鼓励弟子们学习，他曾规定："僧堂内外，有阅经书者，罚油若干。"这反而激发了僧众的读书兴趣："一僧每逢朔望，纳油库司，读《梵网经》；一僧纳油，

---

① 《南宋元明禅林僧宝传》卷十，《卍续藏经》第 79 册，第 629 页。
② 《南宋元明禅林僧宝传》卷十二，《卍续藏经》第 79 册，第 639 页。
③ 《南宋元明禅林僧宝传》卷十，《卍续藏经》第 79 册，第 629 页。
④ 同上书，第 630 页。

读《传灯录》；一僧纳油，读《易》。"① 元末明初的上层禅师一般都有良好的佛学修养，所以能够胜任应请讲经做法事。洪武二年，明太祖诏江南知名僧人，昙噩也在应选之列，后"怜其年耄，放令还山"。他撰有《新修科分六学僧传》三十卷。

智及（1311—1378）字以中，号愚庵，又称西麓。江苏吴县人，俗姓顾。早年出家之后刻苦学习，"释书与儒典并进"。受具足戒后，专习华严。但是，当他听讲"法界观"时，还没有听完，就莞尔一笑说："一真法界，圆同太虚，但涉言辞，即成剩法。"显然，他认为"一真法界"是离言绝相、不可言传的境界，是禅的境界。于是他不再听讲，到建业投大龙翔集庆寺笑隐大䜣，后至径山谒元叟行端，并嗣其法。至正二年（1342），江南行宣政院荐举他住持庆元路隆教禅寺，其后历住普慈禅寺、杭州净慈报恩禅寺、径山兴圣万寿禅寺。洪武六年（1373），明太祖"诏有道浮屠十余人集京师大天界寺"，智及"居其首"，宋濂对他评价很高，认为"自宋季以迄于今，提唱达摩正传，追配先哲者，惟明辨正宗广慧禅师（指智及）一人而已"②。

智及能够得到元明两朝的重视，一个重要原因是他有在大法会上"据令提纲"演说的能力。此举一例：

今辰结集胜会，同音金诵《法华》妙典，说戒放生，熏修忏法，悉使见闻，莫不回三毒为三聚净戒，转六识为六波罗蜜；回烦恼为菩提，转无明为大智。以之保国安民，则国安民泰；以之禳灾弥盗，则盗息灾消；以之忏罪，则罪垢蠲除；以之荐亡，则亡没解脱；以之普度水陆会内幽显圣凡，则同驾愿轮，俱登觉岸。③

这是用法华忏法统帅和替代一切佛法的演说，从中已经很难见到禅师的面貌。以此"保国安民"成为一种定式，既可以为元祈福，也可以为明服务了。所以，他对宗泐在明太祖举办的法会上宣讲的"法"十分赞赏："说法不应机，总是非时语……今观全室禅师，钟山法会，奉旨普

---

①　上引均见《南宋元明禅林僧宝传》卷十，《卍续藏经》第 79 册，第 630 页。
②　《愚庵智及禅师语录》后附"塔铭"，《卍续藏经》第 71 册，第 699 页。
③　《愚庵智及禅师语录》卷三，《卍续藏经》第 71 册，第 672 页。

说，穷理尽性，彻果该因，显密浅深，无机不被，真得先佛之意，深与契经相合。"① 禅宗经过宋元的政治陶冶，至明而完全驯顺了，对国家的依附日益明显。

智及的著名弟子是斯道道衍，即姚广孝（1335—1418），曾随智及在"径山习禅学"，后来宗泐看到他的"赋诗怀古"，觉察到这些不是"释子语"，便很明智地将他推荐给朱棣。后来道衍扶助朱棣起兵打败明惠帝，夺得皇位。因此明成祖朱棣对佛教比较偏爱，道衍本人终身为僧，被列入禅宗系谱，当然，他同时也是世俗官僚。姚广孝的著作主要有《逃虚子诗集》十卷，续集及补遗各一卷，以及《逃虚类稿》五卷，《道余录》、《净土简要录》、《佛法不可灭论》及《诸上善人咏》各一卷等。

梵琦（1296—1370）字楚石，浙江宁波象山人，俗姓朱。9岁进寺院，16岁在杭州昭庆寺受具足戒，后来从学于元叟行端，为嗣法弟子。元英宗诏令写金字大藏经，他因善书法而应选入京。元泰定帝时，曾奉宣政院命令而开堂说法。在近五十年间，于江浙一带住持过六处寺院。元至正七年（1347），帝师赐号"佛日普照慧辩禅师"。明洪武元年和二年，奉诏参加蒋山法会，朱明太祖听了他的"提倡语，大悦"。梵琦著有《北游集》、《凤山集》、《西斋集》等。其弟子编有《楚石禅师语录》二十卷。

梵琦似乎保留了禅家的放旷风气，他曾说："如来涅槃心，祖师正法眼，衲僧奇特事，知识解脱门，总是十字街头破草鞋，抛向钱塘江里著。"② 这很像是倡导自证自悟、呵佛骂祖的样子，但他仅仅用于对付禅门，反衬出他对佛教其他法门的特殊重视。

根据记载，梵琦临终前对昙噩说："师兄，我去也。"昙噩问："何处去？"答："西方去。"昙噩再问："西方有佛，东方无佛耶？"他"乃震威一喝而逝"③。梵琦坚信西方净土，就没有把这种信仰当作破草鞋抛向江里，而是至死不渝。他著有净土诗若干首。明末袾宏指出："本朝第一流宗师，无尚于楚石矣。筑石室，扁曰'西斋'，有《西斋净土诗》一卷

---

① 《愚庵智及禅师语录》卷十，《卍续藏经》第71册，第699页。
② 《楚石禅师语录》卷四，《卍续藏经》第71册，第565页。
③ 《楚石和尚行状》，《卍续藏经》第71册，第660页。

行世。今止录十首，以见大意。彼自号禅人而浅视净土者，可以深长思矣。"① 明末另一位名僧智旭更说："禅宗自楚石琦大师后，未闻其人也。"② 以后的佛教史书多根据此类评语给梵琦加上"第一流"、"第一等"等赞词。其实，这些都是指他以禅师身份扬净抑禅的突出作用。

梵琦也和智及一样，在法会上宣讲禅宗教义，重点也在超度轮回众生和一切鬼神："臣僧梵琦，举唱宗乘，所集功勋，并用超度四生六道，无辜冤枉，悉脱幽冥，往生佛土，成就菩提。"③ 这话几乎成了梵琦历次法会的开场白。在明初大禅师那里，主办法会，宣讲禅宗教义，本质上和瑜伽僧所主持的法事仪式、所念诵的真言密咒是一样的，具有同样的通人天、达鬼神的功能。禅学的忏化，是从元代末年产生的现象，是禅师与元王朝政治结合而产生的宗教变化。

元末笑隐大䜣传法于金陵，所以此系禅师和朱元璋接触较早，主要代表有觉原慧昙和季潭宗泐。

慧昙 (1304—1371) 字觉原，天台人，俗姓杨。16 岁出家，曾习律学、华严和天台宗教义。后来到杭州中竺求学于大䜣，并随其迁住金陵大龙翔集庆寺。住持过牛头山，并得到元文宗的召见。元帝师授他"清觉妙辩"之号。

朱元璋占领金陵，慧昙到军营中谒见，受命住持蒋山太平兴国寺，一年后，迁住大天界寺。天界寺是明初最重要的寺院，交由慧昙住持，表明他在佛教界的特殊地位。每当明太祖举办法会，慧昙总是登台说法。洪武元年，善事院成立，他受命"统诸山释教事"。洪武三年，慧昙奉命出使西域诸国，是明代首批出使僧团。洪武四年，卒于今斯里兰卡。后来，宗泐出使西域，把他的遗衣带回金陵，葬于雨花台。

宗泐 (1318—1391) 字季昙，号全室，台州临海人，俗姓周。8 岁随大䜣出家，14 岁剃度，20 岁受具足戒。先随大䜣住大龙翔寺，后来南下杭州，求学于元叟行端，在浙江一带住持过多处寺院。洪武五年，奉诏参与金陵法会，并住持天界寺，管理全国佛教事务。他曾经同如玘等人笺注《心经》、《金刚》和《楞珈》三经，颁行全国。他也以擅长诗文著名，

① 《云栖法会·皇明名僧辑略·楚石琦禅师》，《卍续藏经》第 84 册，第 361 页。
② 《灵峰宗论》卷五，《嘉兴藏》第 36 册，第 347 页。
③ 《楚石禅师语录》卷二十《卍续藏经》第 71 册，第 658 页。

有《全室外集》九卷。

洪武十年（1377），宗泐继慧昙之后，奉诏出使西域，"涉流沙，度葱岭，遍游西天，通诚佛域"，经时五年，"往返十有四万余程"，一路备历艰辛险阻。途中创作的《陇头水》一诗，充分流露出其思念家国之深情："陇树苍苍陇阪长，征人陇上回望乡。停车立马不能去，况复陇水惊断肠。谁言此水源无极，尽是征人流泪积。拔剑砍断令不流，莫教惹动征人愁。水声不断愁还起，泪下还滴东流水。封书和泪付东流，为我殷勤达乡里。"洪武十五年（1382）宗泐归国，带回了《庄严宝王》、《文殊》、《真空名义》等经。同时，他还带回了觉原慧昙的遗衣。归国后任僧录右善世，仍住天界寺。

他奉诏作《赞佛乐章》八曲，分别为善世曲、昭信曲、近慈曲、法喜曲、禅悦曲、遍应曲、妙济曲和善成曲等。并"常入大内，开襟论道"，与明太祖的关系十分密切。在朱元璋的赐诗中，有"泐翁去此问谁禅，朝夕常思在目前"之句。宗泐则以"奉诏归来第一禅，礼官引拜玉阶前。恩光更觉今朝重，圣量都忘旧日愆。凤阁钟声催晓旭，龙池柳色弄晴烟。有怀报效暂无地，智水频浇道种田"回应。因参与朝政较多，为权臣所忌，不久，宗泐鉴于"朝臣党立，间有嫉之"，离开天界寺，隐居槎峰。洪武十九年（1386），又诏住天界寺，当时人们赞扬他"于内圣外王之略，无不毕备"①。总的说来，宗泐长期参与朝政，没有遭遇见心来复②那样的命运，全凭他善于处理与朱元璋的关系。

出自竺元妙道一系的临济禅师，著名者有恕中无愠和呆庵普庄，在明初也有一定影响。

无愠（1309—1386）字恕中，号空室，台州人，俗姓陈。早年随元叟行端出家，后在江浙一带参禅。阅读佛教经典"凡经十载，以博达著名"。他在竺元妙道的指导下，由于参"狗子无佛性"话头得悟。曾先后住持象山灵岩广福禅寺和台州瑞岩净土禅寺。

---

① 《南宋元明禅林僧宝传》卷十三，《卍续藏经》第79册，第642页。

② 见心来复（1319—1391）是元末明初有影响的禅师，根据《释氏稽古略续集》卷二记载，他"通儒书，工诗文，一时名士皆与之交，与文僧宗泐齐名。上闻召见之，后以赋诗忤上意，被刑"。也有记载，他的被杀与胡惟庸案有牵连。他有《四会语录》和《蒲庵集外集》六卷。

　　无愠不愿长久住持寺院，"虽两住名山，皆甫及三载而退"①。他既不愿与元王朝来往，也不愿接受明王朝的差遣。住瑞岩时，虽然"道价日高，湖江英俊趋台者不绝"，但他始终保持"住山本色之操"②。由于他在明初禅宗界的声望很高，日本请明廷遣他赴日传教，无愠没有接受明太祖的委派，愿终老林泉。后曾住天界寺，与宋濂有一些交往。

　　无愠重视以固定的问话启悟学者，重视参究话头，这是他的两大特点，他在住瑞岩时，"乃设三问勘禅流，不合即逐出，当时谓之'瑞岩三关'"③。所谓"瑞岩三关"，不过是"黄龙三关"之类的翻版，但是在元末明初禅学毫无起色的情况下，也能激起参禅者的兴趣。

　　无愠自以为博通佛经，却没有得悟，引为教训，而力主参究话头：

　　　　参禅乎，参禅乎，参禅须是大丈夫，当信参禅最省事，单单提个赵州无。行亦提，坐亦提，行住坐卧常提撕。蓦然打破黑漆桶，便与诸圣肩相齐。……近代参禅全不是，尽去相师学言语。④

　　重申看话禅的老话，没有什么新意。但相比之下，在他身上依然保持宋代禅宗的遗风，也属难得。无愠和当时绝大多数禅师一样，也重视净土信仰，作有净土诗若干首，所著《山庵杂录》两卷也颇流行。

　　普庄（1347—1403）字敬中，号呆庵，台之仙居人，俗姓袁，13 岁出家，曾求学于竺元妙道的弟子了堂惟一，洪武十年（1377），受请到镇江金山讲朝廷规定的《心经》等，次年奉诏入天界寺。洪武十二年（1379）移住抚州北禅寺，不久即率徒到云居山，重建废弃的寺院，力图复兴江西禅宗。洪武二十六年（1393），应诏到金陵见明太祖；当年秋，受命至庐山祭祀立碑；冬，奉诏住持浙江径山寺院。径山是当时海内禅宗首刹，由他作住持，说明了朝廷对他的重视。关于他的言行，有《呆庵普庄禅师语录》八卷。

　　普庄曾指点僧人说："我等沙门释子，不知岁之余闰，不问月之大

---

① 《释氏稽古略续集》卷二，《大正藏》第 49 册，第 935 页。
② 《南宋元明禅林僧宝传》卷十二，《卍续藏经》第 79 册，第 639 页。
③ 同上。
④ 《恕中无愠禅师语录》卷五，《卍续藏经》第 71 册，第 434 页。

小，唤作无事人则可，唤作了事人则不可。八万四千法门，一千七百公案，须是一一参究，一一透脱始得。"① 可以作"无事人"，不可以作"了事人"，是他的唯一新说。什么是须了的事？那就是对八万四千法门、一千七百公案，一一参究，也就是完全彻底地钻入禅宗的经学中去。很清楚，这是号召丛林把禅宗转变为教宗的措施，与王朝的要求全然一致。

二　明代中期佛教

明代佛教发展的第二个阶段，从宣宗到穆宗的近一百五十年间，是各宗在没有什么特点情况下的演变。

明代中期，佛教规模有所扩大，这是当时政府采取的一些措施导致的。按照洪武年间规定的僧道定额，府不超过 40 名，州不超过 30 名，县不超过 20 名，那么，全国总共有府 147 个，州 277 个，县 1145 个，僧道的定额应该是 37090 名。但是，当时实际僧道人数远不止这些。景泰（1450—1456）初年，为了救济饥荒和筹措军饷，明廷恢复了鬻牒制度，一直实行到明末。景泰四年，监察御史左鼎说："今天下僧数十万计。"② 宪宗成化年间（1465—1487），僧道数量进一步上升，根据倪岳的《止给度疏》说："成化十二年（1476）度僧一十万，成化二十二年度僧二十余万。以前各年所度僧道不下二十万，共该五十余万。……其军民壮丁私自披剃而隐于寺观者，不知其几何。"③ 宪宗宠信僧人继晓，封为国师。继晓与宦官勾结，操纵官员的进退。宪宗还广封僧道官。弘治九年（1496），工科都给事中柴升说："祖宗朝僧道各有额数，迩年增至三十七万有余，今之僧道几与军民相半。"④ 看来僧道实际人数要大大超过官方的统计。但是说"几与军民相半"则是夸张。武宗时大兴佛寺，僧道传升官充斥于朝。世宗初即位，对佛教进行力度较大的整顿。他采纳工部侍郎赵璜的建议，没收大能仁寺僧齐瑞竹资财，毁除佛像，革罢充斥于朝的僧道传升官。但是他笃信道教，并因此不理朝政，对佛教的治理也没有多少成效。这一阶段的突出现象，是佛教各宗普遍处于沉寂状态，

---

① 《呆庵普庄禅师语录》卷三，《卍续藏经》第 71 册，第 494 页。

② 《明英宗实录》卷二二八，第 4985 页。

③ 《明经世文编》卷七七，中华书局 1962 年版，第 666、667 页。

④ 《明孝宗实录》卷一一三，第 2051 页。

除了禅宗之外，义学僧人中知名者很少。一般说来，作法事的瑜伽僧人数很多。

　　明中期佛教尽管在规模上超过明初，但是，无论义学还是禅学，都处于有史以来最缺乏生机的阶段。在义学方面，明代中期也和初期一样，陷入沉寂状态。由于钦定经典并非各宗派根本经典，使讲僧振兴唐代旧宗派的意识淡薄了。他们多以融合诸宗学说为特色，专弘某一派或某一经的人极少。

　　在明宣宗（1426—1435 年在位）时，为朝廷认可，并为士大夫和僧众看重的所谓佛教"四大部经"，系指《华严》、《般若》、《宝积》和《涅槃》。"多官并僧众"用"金字"书写这"四大部经"[1]，是出于做功德得福报的目的，而并不是研究其义理。从明太祖至穆宗的二百余年间（1638—1572），佛教总格局没有大的改变，华严、天台、唯识等各宗义学，无在论佛教昔日的兴盛地还是在明王朝注重开发的边区，始终在这一阶段处于沉寂不振的状态。在当时，能够背诵一部经典就可以高视阔步了，能够依据古代注疏讲解经文就是著名宗师了。

　　在禅宗方面，明代中期既没有形成有影响全国能力的传教基地，也没有出现众望所归的禅师，更没有什么新的禅思潮兴起。有活动能力的多数禅师在为建寺院、治田庄、蓄财使奴、构筑豪富生活而奔忙，以致令其同行也为之感叹："自潜知识之好，哄动富势，建寺院，度徒众。居则金碧，呼则群聚，衣则滑鲜，食则甘美，乃至积金帛，治田庄，人丰境胜，便是出世一番，尽此而已。"[2] 因此，虽然也算是一方之师，在禅学上却无任何建树。潭吉弘忍在记述有明以来临济传法宗师时说："国家至今近三百年，僧行稠杂，宗祖之道，微亦极矣。虽有一、二大士，深韬岩穴名闻未著，故其《语录》无传焉。"[3] 这里讲到禅宗"微亦极矣"的另一个原因，是有极少数的"大士""深韬岩穴"，遁世隐修，[4] 这也是明廷佛教政策的产物。

　　就禅宗内部情况言，"少室一枝（指曹洞宗），流入评唱；断桥一派

----

① 《补续高僧传》卷四《慧进》，《卍续藏经》第 77 册，第 393 页。

② 《笑岩北集》卷上。

③ 《辟妄救略说》卷八，《卍续藏经》第 65 册，第 173 页。

④ 《五灯会元续略·凡例》也说：临济宗的"人在大匠"，"所在都有"，但他们"韬光敛瑞，说莫得传"。参见《卍续藏经》第 80 册，第 444 页。

（指临济宗断桥妙伦一系），几及平沉。虽南方刹竿相望，率皆半生半灭。佛祖慧命，殆且素矣"。从元初开始，曹洞宗在河南嵩山建立基地，到明中叶虽然仍在固守少室旧地，却只能因循万松行秀的禅学传统，停止在公案的"评唱"上。南方是临济宗的活动区域，尽管寺院星罗棋布，却没有什么值得一提的影响。后代临济僧人发出感叹："吾溈沱一宗，自元明叔季，盖冰霜之际矣。"①

禅宗之所以不景气，从学风上讲是由于禅僧对于义学的攀附。有明一代，讲经注经受到国家重视，义学相对发达，禅僧们竞上京城，听习经典，作为修行的必经阶段，因此，佛教经论的功底如何，不仅是衡量义学法师水平的标准，而且也是考察禅师水平的尺度。法师登门向禅师挑战，似乎也是常见的现象。根据德宝自述："每每黄口义学，见不同，厥类奋毒，将折草探量。吾亦不敢爪齿，遂作涔潦，略顺寒温，庸常管待。彼出门悉皆快畅。"② 这个故事形象地反映了当时义学的气焰与禅学的委屈自安。

在讲到明中期治经风气的特点时，明末曹洞宗僧人元贤指出："国朝嘉、隆以前，治经者类皆胶古注，不敢旁视，如生盲依杖，一步难舍，其陋不足观也。"③ 这种株守古注的作风，在有独立性的禅师看来是很可笑的。

德宝曾见到一个"无用"和尚，"背诵《法华经》，得法华三昧，悟实相之旨。住连日，相谈发言，多污漫宗眼，未甚明识者。咸谓此老固有道之士，奈未遇本色师匠耳。言其日用临机有滞"。按德宝的形容，这位"无用"和尚实是佛家里的冬烘先生，精于背诵，似有悟解，只是不知所云，更不能应用。这可以作为当时义学僧侣的一幅写真。德宝曾对义学僧侣的普遍状况做过一次回顾：

> 余初闻善知识名者，或一言一行为可宗者，不问远近，必往参见。……既夫礼见之后，或于请益、决惑、论述之际，谆谆自相矛盾者多矣。或谈必大言，及其所言，却又陕（狭）隘。每诲人曰：本

① 上引均见《南宋元明禅林僧宝传》卷十四，《卍续藏经》第79册，第648页。
② 《笑岩北集》卷上。
③ 《鼓山永觉和尚广录》卷二十九，《卍续藏经》第72册，第566页。

具现成。逮究其旨，又不了了。……倘有叩问佛祖古宿纲要，总皆罔
知。如此等师，一则从上师法非真非的，师师止此，亦是自己心志不
真，不深体察，缺大悟缘，纵遇激发，寻便弛废。①

相对而言，禅宗僧侣虽然也都看重读经悟教，但依然是当作证悟的手
段。嵩山曹洞宗的月舟文载（1455—1524）提倡"迷时须假三乘教，悟
后方知一字无"②。学习三乘教典是由迷转悟的过程中不可缺少的环节，
但毕竟只是一个过渡，不是终极。

在禅僧中也存在读经后"闭关"修行的风气。"闭关"也称"掩
关"，指在一段时间内，足不出户，专事坐禅习定。元贤曾记述了闭关修
行的由来，并对这种修行方式提出了批评：

> 余闻古之学道者，博参远访，陆沉贱役，劳其筋骨，饿其体肤，
> 百苦无不备，尝并未有晏坐一室，闭关守寂以为学道者也。自入元始
> 有闭关之说。然高峰闭死关于天目，乃是枕子落地后，非大事未明而
> 画地以自限者也。入明乃有闭关学道之事。大闭关学道其最初一念，
> 乃是厌动趋寂者也。只此一念，便为入道之障。况关中既不受知识钳
> 锤，又无师友策励，痴痴守著一句话头，如抱枯椿相似。日久月深，
> 志渐靡，力渐疲，话头无味，疑情不起，忽然转生第二念了也。甚至
> 身坐一室，百念纷飞者有之，又何贵于关哉？③

说元以前没有"闭关之说"，这符合事实；但说没有"晏坐一室"为
修行学道者，则距事实太远。如果将"闭关"特指坐禅看话头，那是始
自高峰原妙。反对"闭关"修行是禅宗内部一家之言，表明自元以来的
山居隐修至此已经形成一种"闭关默守"的定型，在此后的禅宗中一直
流行。

明中叶影响较大的禅师是笑岩德宝，他没有提出什么新的禅学理论，
但对话头禅进行了修正和补充。

---

① 上引均见《笑岩北集》上。
② 《笑岩南集》下。
③ 《鼓山永觉和尚广录》卷九，《卍续藏经》第 72 册，第 434 页。

德宝（1512—1581）字月心，号笑岩，俗姓吴，金台人，早年丧父，"失读孔孟之书，缺承父师之训"。[①] "因听《华严》，恍如破梦，乃卸世籍，为大比丘。"[②] 出家之后，长年来往于南北各地，寻师习禅。其中天奇本瑞（？—1503）门下的无闻明聪、大觉圆和大休实三禅师对他的影响较大。[③] 他在以后的弘教过程中，是"随缘开化，靡定所居"，史称其"名震海内"。[④] 万历五年（1577）后，隐居一燕京柳巷，不少知名僧人向他请教。他的言行见诸《月心笑岩宝祖南北集》四卷，隆庆年间（1567—1572）刊行。

德宝在总结自己半生求学经历时说："予自离本师至此，入山出山，遍谒诸师，博明个事，冒寒暑于十余年间，涉南北于数千里之外，方始心猿罢跳，意马休驰。岂此一心外更别有玄妙可得者哉？"[⑤] 求学十余年，参访了三十多位著名禅师，最后懂得了自悟本心不假外求的道理。他所倡导的实践和理论，都是围绕这一基本思想展开的。

德宝在当时的佛教潮流中，是比较能够独树一帜的人。他对于那种希望于公案和语录中获证的流行观点，持否定态度。他评论一些禅僧："两两三三，聚伙成队，专抱执卷册子，东刺头西插耳，采拾将来，摸寻前人义路葛藤，聚头相斗，朝四暮三，妄诤瞋喜，何异按图索马，画饼充饥？全不审思于诸已躬，有甚至涉。"他强调的是"审思于诸已躬"，而不是外求于书卷和诤论。据他看，"自世尊拈花已降，诸善知识但有词句，皆出言意之外。不可泥于言句，以意识卜度，或会深或浅，悉随力量。如要真知诸善知识阃奥，必须自己大悟后，方尽见得也"。公案语录之类，不是不可以看，而是要在证悟之后看，这是德宝所确定的阅读禅宗典籍的"法式"。换言之，《灯录》、《语录》并不是悟解的桥梁；反之，只有悟了以后，才能理解历史上诸善知识的思想实质。这样，参学公案、语录就不再是明心见性的正途，而成了获悟后可以了解的历史知识。

然而，德宝也没有创造"审思于诸已躬"的新方法，他主张自悟的

① 《笑岩南集》下。
② 《南宋元明禅林僧宝传》卷十四，《卍续藏经》第79册，第646页。
③ 德宝的传承：万峰时蔚—宝藏普持—虚白慧品—海舟永慈—宝峰智瑄—天奇本瑞—无闻明聪—笑岩德宝。
④ 《补续高僧传》卷十六，《卍续藏经》第77册，第484页。
⑤ 《笑岩南集》下。

方法，依旧是宗杲的看话头，但有不少修订。

第一，参话头与念话头结合。他说：

> 直下举个"不起一念处，那个是我本来面目？"或云："一念未生时，那个是我本来面目？"初用心必须出声，或三回，或五回，或至数回，默默审定。次或唯提一句，云："不起一念处"；或云"一念未生时"。疑句用心不定，顺意则可，只要第五个"处"字时，字上宜疑声永长，沉沉痛切。此正疑中，当驻意著眼。或杜口默切，或出声追审，的要字字分明，不缓不急，如耳亲闻，如目亲睹。即心即念，即念即疑，即疑即心，心疑莫辨，黑白不分。爆然团地一声，灼见一场笑具。①

在德宝之前，禅师讲的"举起话头"、"参话头"或"看话头"，都是指内心参究，即用集中一个话头的方法，消除其他思虑活动，属于"杜口默切"。德宝把"杜口默切"与"出声追审"结合起来，要求在内心参究的同时，也要口中念诵，并规定如何念诵的细节，因为从入定的实践看，出声念诵比内心默参更容易达到心理的宁静，使参禅者全然处在话头的氛围中，以致出现"如耳亲闻，如目亲睹"的幻觉，一直达到"心疑莫辨，黑白不分"的精神状态，获得"团地一声"的证悟。很明显，"念话头"的方法是源自"念佛"，它们的心理机制是一样的，只在最后的信仰归宿上有所不同。

第二，参话头与念佛结合。明代中期，许多禅师主张以念佛代替看话头，德宝最初求教于大寂能和尚，能和尚指导他念佛。后到河南见大川禅师，大川说："念佛有念佛功德，争奈发悟尤难，未若提无字活头为佳耳。"于是德宝改参"无"字话头。后又求教于际空禅师，际空让他只管念佛。于是德宝便"屏却无字，还只念佛，甚是顺快"②。最后他根据自己反复体验，主张将二者等同看待：

> 向无依无着干净心中唯提一个阿弥陀佛，或出声数念，或心中默

---

① 上引均见《笑岩北集》上。

② 《笑岩南集》下。

念，只要字字朗然。……但觉话头松缓断间，便是意下不谨切，便是走作生死大空子，即速觉得照破伊，则自然没处去。……如此用心，不消半年一载，话头自成片，欲罢而莫能也。①

这事实上是把阿弥陀佛名号直接当作"话头"，与其他话头一样，既可念，也可参。这样，就把净土信仰再度融进了禅的领域。

第三，解话头与参话头结合。德宝在金陵时，有一士人对他说："某参万法公案，今将半载，心中不快，乞师为分明代破。"于是德宝就为他解释"万法归一"的意思：

> 万法归一，一归何处？昔人从此悟入者，不为不多，欲知"万法"，便是而今所见虚空、山河、大地、人畜等物，乃至自己身心，总名"万法"也。欲知其"一"，便是如今人人本具，不生不灭，妙寂明心是也，亦名真心，虽有多名，皆此一心也。②

在历史上，"万法归一"云云，是不允许用语言解释的，因为参话头的出发点就是要排除知解。所以不管德宝对这一话头的解释是对是错，其解释本身就与话头禅的原意相违。话头既然可以逐字解释，甚至"分明代破"，那么"参看"实际上就变成了理解，话头禅就渗进了义学的成分。

德宝虽然早年没有读过书，却善于讲话。他在与禅师的机语酬对中，总是"随问随答"，略无少滞，德宝也善于作偈颂表达自己的思想，如明聪曾问德宝："人人有个本来父母，子之父母今在何处？"为了回答这一提问，德宝写了一首偈："本来真父母，历劫不曾离。起坐承他力，寒温亦共知。相逢不相见，相见不相识。为问今何在，分明呈似师。"所谓"本来父母"，即指本心佛性。德宝这首偈，就是表达自己关于佛性本有以及如何明见本心的见解。明聪看过这首偈后，认为"只此一偈，堪绍吾宗"③。擅长机辩，善作偈颂，在明代中叶也是传法宗师的重要条件

---

① 《笑岩北集》上。
② 同上。
③ 《笑岩南集》下。

之一。

第三节　明代后期佛教（上）

从神宗到明亡的七十余年，是明代佛教发展的最后一个阶段，也是内容最丰富的阶段，是风起云涌的阶段。

在这一阶段，明代初期制定的佛教管理制度措施已经不能执行，明廷也没有能力控制宗教。佛教出现了自发复兴时期，并且一直延续到清代初期。在明末佛教复兴浪潮中，出现了两股潮流，一股是以明末"四大高僧"为代表的佛教综合复兴浪潮，一股是禅宗复兴浪潮。

当时，国家度僧的制度已经完全停止，出家已经没有任何限制。洪武时期规定的寺院分三等、僧人分三宗以及服饰区别，都无法维持。更有甚者，三宗的名称也有了变化，成了禅、讲、律。寺院已经无法区别等级，僧人的活动也没有专业区分。袾宏讲述了他所见到的杭州地区的情况：

> 禅讲律古号三宗，学者所居之寺，所服之衣亦各区别。如吾郡则净慈、虎跑、铁佛等，禅寺也；三天竺、灵隐、普福等，讲寺也；昭庆、灵芝、菩提、六通等，律寺也。衣则禅者褐色，讲者兰色，律者黑色。予初出家，犹见三色衣，今则均成黑色矣。诸禅、律寺，均作讲所矣。嗟乎！吾不知其所终矣。①

在袾宏出家之初，僧人的衣服颜色还保持着明初的规定，此后就都成为黑色的了。当时的衣服也出现了新样式，造成了混乱："近世袈裟上遍绣诸佛，云千佛衣。此讹也。"② 不遵守古制，被认为是亵渎了佛。

一　明末佛教复兴及其社会基础

嘉靖、隆庆时期（1522—1572），宦官专权，朝臣党争，各级官吏贪腐成风，统治阶级已经难于照旧存在下去；土地兼并加剧，赋役沉重，农民的负担难以承受，被统治阶级也难于照旧生存下去。万历（1573—

---

① 袾宏：《竹窗二笔·禅讲律》，《嘉兴藏》第 33 册，第 47 页。
② 袾宏：《正讹集》，《嘉兴藏》第 33 册，第 74 页。

1620）初年，张居正推行一条鞭法改革，一度抑制了豪强的掠夺和官吏的营私舞弊，起到了缓解阶级矛盾的作用。但为时不久，改革的作用逐渐消失，政治更加腐败，自万历末年开始党社大兴，以反阉党为主线的斗争，揭开了统治阶级内部大规模斗争的序幕；不断进行反抗的农民，终于酝酿并爆发了张献忠、李自成的大起义。久在东北经营的女真人乘机入关，建立起中国最后一个封建朝代——大清帝国。

在明代末年社会急剧的变动转化中，佛教界出现了声势浩大、发展迅猛、席卷全国的复兴浪潮。这股复兴浪潮从嘉靖、隆庆时期初露端倪，到万历以后达到高潮，一直延续到清雍正（1723）时期。由于僧众的出身不同、所依凭的社会基础不同、所采取的修行方式不同、所信奉的教义有别，明末佛教复兴运动自然划分为两股潮流，或者说两个阵营。一股潮流主要在都市城镇里奔涌，是以所谓"明末四大高僧"为代表的佛教综合复兴运动；另一股潮流主要在山林村野中流淌，是以临济、曹洞为主体的禅宗复兴运动。两股潮流相互激荡，相互呼应，相互影响，打破了佛教的长期沉寂，共同促成了佛教在中国封建历史上最后一个兴盛期。

万历前后，在北京、南京和其他一些城市，相继出现了一大批学问僧。他们以净土信仰或包括禅学在内的其他佛学门类为纽带，与崇佛的官僚士大夫阶层迅速结合起来。他们身边往往聚集起数以百计的俗家信徒，在全国范围内掀起佛教综合复兴的浪潮。王元翰曾记述了京城出现的这种情况：

> 其时京师学道人如林。善知识则有达观（真可）、朗目、憨山（德清）、月川、雪浪、隐庵、清虚、愚庵诸公。宰官则有黄慎轩、李卓吾、袁中郎、袁小修、王性海、段幻然、陶石篑、蔡五岳、陶不退、蔡承植诸君。声气相求，函盖相合。[1]

活跃于城市中的学问僧很多，分别成为各地佛教综合复兴运动的领袖群体。其中最主要的代表，是被后世称为"明末四大高僧"的袾宏、真可、德清和智旭。他们从修行理论到传教实践，都形成了不同于其前辈的

---

① 《凝翠集·尺牍·与野愚僧》，《丛书集续编》第117册，上海书店出版社1994年版，第915页。

显著特点和风格。

他们一般都不重视在佛教内部的法系地位，并不争取获得法系的高贵和显赫。这与禅宗宗师重视立门户、续法嗣的传统做法是截然不同的。他们一般是依靠俗家弟子的拥戴而在社会上形成影响，凭借其佛学思想在佛教界树立权威。在他们的信众群体中，俗家弟子的人数往往超过出家弟子。他们之中的有些人，从来就没有住持过寺院，也没有接收传统意义上的嗣法弟子。清初曹洞宗僧人觉浪道盛指出："憨山与云栖、达观称三大师，相为鼎立，以悟宗门之人，不据宗门之位，是预知宗门将振，故为大防，独虚此位，而尊此宗。"① 他们从实践到理论，有着促使整体佛教综合复兴的倾向，而不是促使佛教中的某个具体派别崛起。

综合复兴运动的代表人物主要依靠官僚士人的支持，以城镇工商业者为基本群众。明代末年，一大批赋闲官僚和痛感仕途险恶的士大夫到佛教中寻找自己的精神家园，这些人往往成为佛教综合复兴运动的社会中坚力量。例如，株宏的弟子数以千计，其主体就是官僚士大夫阶层，而不是出家僧人。明末佛教信仰群体举办各种结社活动，比如净业社、念佛社、念佛会、放生会等，大都有官僚士人的支持，学问僧参与领导。同时，学问僧也重视参与社会公益事业和佛教文化建设事业。上层社会的布施、捐助成为他们的主要经济来源。

以四大高僧为代表的学问僧，在佛教思想方面有共性。他们所推崇的佛教人物，是宋代以来倡导禅教净律融合的延寿等人，他们继承宋以来教禅并重、三教合一的主张，既重禅学，也重义学，更重净土。当时接受佛教信仰的大部分士人，主要兴趣集中在念佛往生净土方面，以获取福报功德、寻求死后的终极归宿为学佛目标。所以，弘扬净土信仰几乎是当时每一位学问僧所重视的。同时，为了适应一般社会民众的需要，他们注重宣传佛教的善恶报应理论，注重推广各类救赎法事，注重弘扬菩萨信仰。他们之中的有些人，虽然不是大寺院的住持，但在改进和完善佛教寺院的管理制度、制定寺院日常课诵仪式等方面做了大量工作，对后世产生了影响。他们从理论到实践，都是全面继承佛教遗产，而不仅仅是佛教的

---

① （清）道盛：《憨山大师全集序》。德清曾从学于摄山栖霞寺禅僧法会，法会出自临济宗的净慈妙伦一系。由于此系元末以前极少著名禅师，也不属于明末复兴的临济支派。所以有时把临济僧人德清称为"不据宗门之位"的僧人。参见《嘉兴藏》第 34 册，第 714 页。

学术。

佛教综合复兴的代表人物，在依靠的主要社会力量上没有大的区别，都是以官僚士大夫阶层为主要对象。但是，他们的政治态度也有区别。例如，在"明末四大高僧"中，袾宏与智旭有相同之处，注意与朝廷保持一定距离，避免参与政治斗争；而真可与德清则更积极关注现实，热衷于参与佛教以外的政治事务。

由于这批活跃于城镇、以俗家弟子为主要宣教对象的僧人，并不以复兴佛教的某个宗派为目的，而是号召全面继承佛教遗产，所以可以把他们称为"佛教综合复兴运动"的代表。他们不仅在当时社会上和佛教界享有盛誉，也成为后世佛教信仰者顶礼膜拜的偶像。

佛教复兴的另一股浪潮是禅宗的崛起，其直接原因是社会动乱造成的穷苦民众源源不断地涌入佛教队伍。圆澄曾指出许多人出家的原因：

> 或为打劫事露而为僧者，或牢狱脱逃而为僧者；或悖逆父母而为僧者，或妻子斗气而为僧者；或负债无还而为僧者，或衣食所窘为学僧者；或要为僧而天戴发者；或夫为僧而妻戴发者，谓之双修；或夫妻皆削发，而共住庵庙，称为住持者；或男女路遇而同住者；以至奸盗诈伪，技艺百工，皆有僧在焉。①

这些人显然都是被社会排斥到无路可走的底层民众，随着战乱的蔓延，流亡无归的人愈多，进入"禅家者流"的愈众。他们的共同特点是：出家为僧首先不是出于宗教信仰，而是寻找一条生活的出路。他们缺乏必要的佛学修养和佛教知识，出家又未经官方许可，不能成为讲经僧或瑜伽僧。其中因为"打劫事露"、"牢狱脱逃"、"负债无还"而为僧者，难免要蔑视旧的社会秩序；那些"夫为僧而妻戴发"、"夫妻皆削发"和"男女路遇"而为僧者，则必然轻蔑佛教戒律。但他们毕竟皈依于佛教，所以在总体上是远离社会斗争旋涡的，多半从事垦田开荒，由此，农禅并举也就成了新兴禅宗最有吸引力的口号。由于"技艺百工"也进入了禅僧行列，所以在"农禅"的同时，更扩大了多种经营。

明末禅宗的复兴基地是江西和浙江一带的山林，随着社会动荡的加

---

① （明）湛然圆澄：《慨古录》，《卍续藏经》第 65 册，第 369 页。

剧，很快扩展到南方各地，在明清之际，出现的宗师之多，特别引人注目："今海内开堂说法者至百有余人，付拂传衣者至千有余人。"① 具有弘教传禅资格的禅师有上千人，这在整个禅宗史上也是少见的。在数以百计的"开堂说法"者周围，往往聚集着数百名僧人，有的多达一两千众。他们中不少人不循戒律，贬低佛典价值，否定西方净土，反对从事瑜伽教僧的职业，这种禅风与宋以来的禅宗传统直接抵触，而与晚唐五代的山林禅有更多的相似之处。

禅宗流行的东南地区，也是当时党社最发达的地区，至少在明末，尚没有见到禅社与党社有什么特殊密切的关系。党社是士大夫组织，他们拥有宋明充分发达起来的理学和心学体系，已经不再需要向佛教请教；而党社本身是同人组织，大部是倾向于从学论政，积极干世，不存在向僧侣队伍逃跑的要求，所以相对而言，明末的士大夫同禅宗是疏远的，这就大大影响了禅宗的素质，不利于理论的创新和提高。至于明亡，大批士大夫逃向僧侣队伍，避难因素大于信仰成分，也没有可能对佛教义理进行钻研。

当时禅宗内部的争论还是很激烈的，争论的症结在于：是突破传统佛教，还是维护传统佛教；是有选择地继承禅学遗产，还是全面地继承佛教遗产。这些争论有时十分烦琐，引发出的创见则极少，往往与参加争论者的宗派隶属、政治态度等交织在一起。就此而言，与当时党社的派系斗争又有些近似。知名的禅师几乎都对禅宗的现状不满，都有痛斥所谓"禅病"的言论。

支撑佛教综合复兴的阶层是官僚士大夫阶层；托起禅宗复兴的是失去土地和生活资料的流民。他们有不同的境遇和不同的需求，信仰佛教也有不同的目的，所以两股复兴潮流也就呈现出迥然不同的风貌。至于复兴浪潮的发展方向则是一致的。这两股浪潮都延续到清代初年。最后的结果，是禅宗复兴运动的彻底沉寂，综合复兴运动中的主导思想逐渐成为社会各阶层信众的普遍基本共识。

二　袾宏及其思想特色

袾宏是明末佛教复兴运动中最有代表性的人物。他的理论与实践，代表了佛教在明末以后的发展方向。他的佛教实践是多方面的，影响也是多

---

① 《鼓山永觉和尚广录》卷十八，《卍续藏经》第 72 册，第 491 页。

方面的，从清代帝王到一般社会民众，都对他的佛教思想予以重视。

株宏（1535—1615）俗姓沈，杭州仁和人，字佛慧，别号莲池，因为常住杭州云栖寺，世称云栖大师。株宏出身名族，少年和青年时代习儒学，受家庭影响，"业已栖心净土矣。家戒杀生，祭必素"。① 因为数年之间连续遭受妻亡子丧、父母相继去世的不幸，株宏于 32 岁出家。出家之后，到南北各地游方参学多年，曾在京城求教于遍融和笑岩德宝。隆庆五年（1571），株宏乞食来到杭州梵村的云栖山，在当地民众的帮助下，重建荒废百年的云栖古寺。此后数十年间，云栖寺在株宏的经营下，逐步发展成为全国知名的重要寺院。清代守一在《宗教律诸宗演派》中，把他作为华严系统宗密一支的第二十二代祖师；清道光四年（1824）悟开撰《莲宗九祖传略》，把他奉为莲宗第八代祖师。株宏的弟子不下数千人，其中居士多于出家人，这充分反映了他在当时社会上的影响。株宏的重要实践和思想有几个重要方面。

（一）重视清规戒律

株宏针对明末佛教界的具体情况，根据自己的亲身实践，从制定《云栖寺僧约》与《孝义庵规约》开始，逐步建立和完善寺院制度，规范僧尼的宗教生活，协调佛教与社会的关系。

对于修复云栖寺，株宏曾有一个说明："予兴复云栖，事事皆出势所自迫而后动作，曾不强为而亦所损于己不少，况尽心力而求之乎。"② 他是根据形势的需要，有针对性地提出重建云栖寺的各项措施，而不是凭主观意志行事。这不仅是他重建云栖寺的基本方针，也是他为佛教界规划寺院制度、为僧尼制定清规戒律的指导思想。他所提出的寺院建设和僧尼生活规定等管理制度，都不是因循传统的教条，而是根据自己在建立寺院和尼庵的实践中有针对性地提出来的。因此，株宏的佛教建设理论，并不是从对教理教义的探讨中归纳出来的，而是从亲身实践中总结出来的。因此，他提出的各种方案切合实际，有助于解决佛教界当时面临的具体问题，很快为许多地方的丛林所仿效。

明代末年，南北各地的戒坛被禁止很久，为僧授戒者已经不能履行合法手续。株宏根据当时的情况，对出家受戒采取了灵活的应对和处理方

---

① （明）德清：《古杭云栖莲池大师塔铭》，《嘉兴藏》第 33 册，第 194 页。

② 《竹窗随笔·建立丛林》，《嘉兴藏》第 33 册，第 29 页。

法。他主张:"明旨既禁戒坛,僧众自宜遵守。然止禁聚众开坛说戒,不
禁己身依戒修行也,兹议各各自办二部戒经,各各自于佛前承领熟读坚
持,即是真实戒子。他日坛开,随众往受,证明功德。倘其久竟未开,亦
何忝真实戒子。"① 准备出家的人自己带上两部戒律经典(指《四分律》
和《梵网经》),通过在佛前诵读,证明自己受戒,这样就能成为"真实
戒子"。这种受戒做法在佛典中找不到根据,并不符合传统佛教的规定。
另外,明廷禁止开戒坛,就是禁止出家。至于"依戒修行",与出家为僧
毕竟不是一回事。袾宏提出的这种受戒方式实际上既不符合佛教自身的规
定,也有违于明廷法令。但是,他同时又提出后续的补救办法,所谓
"他日开坛,随众往受",为遵守国家法令和佛教传统受戒规定留下后退
余地。袾宏提出的许多措施都有这种灵活权宜的性质。联系到当时明廷对
佛教的管理措施已经名存实亡,佛教实际上处于失控状态,袾宏提出的这
种受戒出家规定,满足了社会的需要,而且在实践上行得通。明代直到灭
亡也没有再禁止私度,清代初期之后,朝廷公开承认私度合法,袾宏当年
的做法,尽管不再被普遍仿效,但也没有受到指责。

针对明末佛教界的实况,袾宏深感戒律的重要性。他认为,振兴佛
教,戒是根本,没有戒律制度,一切无从谈起。制定相应的戒律,从他重
建云栖禅院之初就开始了。根据德清所撰《塔铭》的记载,袾宏在重建
云栖寺过程中,所关心的既不是如何造佛像,也不是殿堂是否合规则、寺
院是否巍峨壮观,而是关心僧人的住处和安放经与律。他在建寺之初就告
诫人们:"毗卢宫殿,遍界遍空,草昧经营,无勤檀施。唯法堂奉经律,
禅堂以处僧,兹所急也。"② 他始终把僧众的宗教修行生活放在第一位。
"不日成兰若,然外无崇门,中无大殿,惟禅堂安僧,法堂奉经像。余取
蔽风雨耳。自此道大振,海内衲子归心,遂成丛林。"③

袾宏为云栖寺制定了《僧约十章》,将其作为僧众宗教修行生活的准
则。这十章是:敦尚戒德,安贫乐道,省缘务本,奉公守正,柔和忍辱,
威仪整肃,勤修行业,直心处众,安分小心,随顺规制。对于遵守这个
《僧约》有十分严格的规定:寺院中的所有僧人,违反了其中的任何一

---

① (明)袾宏:《云栖共住规约·别集》,《嘉兴藏》第 33 册,第 165 页。
② 《云栖纪事》,《嘉兴藏》第 33 册,第 179 页。
③ 见于德清《古杭云栖莲池大师塔铭》,《嘉兴藏》第 33 册,第 194 页。

条，都要被驱逐出寺院。从《僧约》第一章的要求，就可以看到袾宏治理丛林的侧重点：

> 第一，敦尚戒德约。破根本大戒者出院，诵戒无故不随众者出院，不孝父母者出院，欺凌师长者出院，故违朝廷公府禁令者出院，习近女人者出院，受戒经年不知戒相者出院，亲近邪师者出院。①

很明显，这里的"戒"已经超出了佛教传统戒律的范围，既有关于家庭方面的内容，也有遵纪守法的内容。袾宏所重视的"戒"，不但要促成佛教内部的协调，也要促成佛教与社会各方面的协调。随着寺院规模的扩大和僧众的增多，袾宏在这个简略《僧约》的基础上，制定了更为详细和完备的《云栖共住规约》，这是对僧人寺院制度、僧人宗教生活各个方面的详细规定。

除了云栖寺规约之外，袾宏还为其前妻住持的孝义庵制定了《孝义庵规约》，收录在《云栖纪事·后附》中。这个规约虽然很简短，总共只有二十九条，却是针对尼众特点制定的。规约的制定影响很大，德清曾这样评价：

> 其设清规益严肃，众有通堂，若精进、若老病、若十方各别有堂，百执事各有寮。一一具锁钥，启闭以时。各有警策语，依期宣说。夜有巡警，击板念佛，声传山谷。即倦者眠不安寝不梦。布萨羯磨，举功过，行赏罚。以进退人，凛若冰霜，威如斧钺。即佛住祇桓，尚有六群扰众，此中无一敢诤而故犯者。虽非尽百丈规绳，而适时救弊，古今丛林未有如今日之清肃者。②

从表面来看，德清的评价是很高了，但是，如果联系袾宏对《百丈清规》的看法，德清"虽非尽百丈规绳"的评说实际上与袾宏的见解不同。袾宏认为："《清规》一书，后人增广，非百丈所作也。……盖建立丛林，使一众有所约束，则自百丈始耳。至于制度之冗繁，节文之细琐，

---

① 《云栖纪事》，《嘉兴藏》第 33 册，第 182 页。
② （明）德清：《古杭云栖莲池大师塔铭》，《嘉兴藏》第 33 册，第 182 页。

使人仆仆尔、碌碌耳，日不暇给，更何从得省缘、省事，而悉心穷究此道也。"① 这种见解与后来智旭的观点一致："马祖建丛林，百丈立清规，世相沿袭，遂各出私见，妄增条章，如藏中《百丈清规》一书，及流通《诸经日颂》三册，杜撰穿凿，不一而足。"② 所以，德清实际上并没有真正理解，袾宏制定《规约》的目的不是仅仅"适时救弊"而已，而是要完全取代《百丈清规》，因为真正的所谓"百丈规绳"是根本不存在的。

袾宏在律学方面的著作有《沙弥要略》、《具戒便蒙》各一卷，《菩萨戒疏发隐》五卷等，适应了建立新律学的需要。它们成为合法僧团成员及其在家信仰者信守戒律的依据，得到佛教界的广泛承认。他的《朝暮二时课诵》(《诸经日诵》)制定和完善了重要宗教生活的具体仪式，并且一直流传到现在。所有这些工作，使他具有了宗教导师的精神号召力，奠定了他在佛教界及其社会信众中的地位。

袾宏倡导僧人的职业正当化、生活纯洁化，反对兼营杂术。他认为："僧又有作地理师者，作卜筮师者，作风鉴师者，作医药师者，作女科医药师者，作符水、炉火、烧炼师者，末法之弊极矣。"③ 可以说，这是他强调信守清规戒律、全面整顿治理佛教的又一项重要内容。

(二) 提倡兴办法事

袾宏提倡戒杀放生，这虽然是佛教界的一贯主张，但是在明末社会动荡开始加剧的历史背景下提出来，更有利于塑造佛教的形象。对于后代影响更大的，是他全力倡导举办各类法事。他曾指出："僧人弃应院而归禅门，譬之儒人弃举业而谈道学也。二俱美事，然归而不修，谈而不行，竟有何益？"④ 僧人如果不参与举办法事活动，就等于"归而不修，谈而不行"，这种对法事重要性的强调比较少见，实际上把法事活动作为佛教存在的最重要的表现。在各种法事中，水陆法会是影响较大的一种。

水陆法会被认为是规模最庞大、仪式最隆重、功德最广大、参与阶层最广泛的一种佛教经忏法事活动。根据宋代宗鉴《释门正统》卷四记述，水陆法会起源于南朝梁武帝时期，首先在润州（今镇江）金山寺举办。

---

① （明）袾宏：《竹窗三笔·百丈清规》，《嘉兴藏》第 33 册，第 72 页。
② （明）智旭：《灵峰宗论》卷六之三《刻重订诸经日颂自序》，《嘉兴藏》第 36 册，第 363 页。
③ （明）袾宏：《竹窗三笔·僧务杂术》，《嘉兴藏》第 33 册，第 59 页。
④ （明）袾宏：《云栖大师遗稿》卷三，《嘉兴藏》第 33 册，第 148 页。

直到隋唐时期，社会上举办水陆法会并不普遍，进入宋代才开始流行。熙宁中（1068—1077），东川杨锷祖述旧规，著成有关水陆法会的仪文三卷，在蜀地流行。绍圣三年（1096）宗赜著《水陆仪文》四卷，南宋乾道九年（1173）志磐续成《水陆新仪》四卷。这种推广斋法、大兴普度之道的水陆法会自宋代流行以后，很快普及全国，特别成为战争以后朝野常行的一种超度法会。宗赜《水陆缘起》对水陆法会的功德和流行情况有一个记述："今之供一佛，斋一僧，施一贫，劝一善，尚有无限功德，何况普通供养十方三宝，六道万灵，岂止自利一身独超三界，亦乃恩沾九族……所以，江淮两浙、川广、福建，水陆佛事，今古盛行。或保庆平安而不设水陆，则人以为不善；追资尊长而不设水陆，则人以为不孝；济拔卑幼而不设水陆，则人以为不慈。由是富者独力营办，贫者共财修设。"[1]

佛教界倡导这种法事，无论在著书制定仪轨方面还是在具体参与方面，都超越了宗派界限，同时也有社会各阶层的参与。特别是有佛教信仰的达官富商，成为支持这种大法会的主要力量。宋代举办的规模较大并且较著名的水陆法会不少，例如，元丰七八年间（1084—1085），佛印了元在金山应海贾之请住持水陆法会；元祐八年（1093），苏轼为亡妻王氏设水陆道场；绍兴二十一年（1151），慈宁太后为真歇清了出资在杭州崇先显孝寺举办水陆法会；乾道九年（1173），四明人史浩施田百亩，在四明东湖月波山专门建立举办水陆法会的场所，宋孝宗特别赐给"水陆无碍道场"的寺额；月波山附近有尊教寺，也建立举办水陆法会的场所，僧俗达三千人。[2] 总的来说，宋代水陆法会的举办者以富商、达官为主，不仅吸引了各阶层民众参加，而且受到了朝廷关注。

元代举办法会就不完全是民间的自发行为，而是由元朝廷出面举办。元代在大都昊天寺、五台山、杭州上天竺寺、镇江金山寺等南北各地都举办过规模惊人的水陆法会。延祐三年（1316）在金山寺设水陆大会，命江南教禅律三宗僧人与会说法，仅参与法会的僧人就有一千五百人。至治二年（1322）的"金山大会，诚非小缘。山僧得与四十一人善知识，一

①　《施食通览》，《卍续藏经》第 57 册，第 114 页。
②　参见《佛祖统纪》卷三十三的有关记载，《大正藏》第 49 册，第 321 页。

千五百比丘僧，同入如来大光明藏，各说不二法门，共扬第一义谛"①。
洪武元年到五年（1368—1372），在南京蒋山也有官方出面举办的水陆法
会，这就促进了佛教法事在民间的盛行。

祩宏适应明代末年举行各种法事的需要，撰写了两部有关法事仪轨方
面的著作。其一是修订了《瑜伽焰口》，其二是依据志磐的《水陆新仪》
进行增删修改，完成了《水陆法会仪轨》六卷。根据智旭《水陆大斋疏》
的记载，祩宏所作的《水陆法会仪轨》首先在杭州一带流行开来。他的
著作在清代一直产生影响。仪润根据祩宏的著作，对水陆法会的具体操作
规则又进行详细叙述，撰成《法界圣凡水陆普度大斋胜会仪轨会本》六
卷。其后咫观又对祩宏的著作详细增补论述，撰成《法界圣凡水陆大斋
普利道场性相通论》九卷（略称《鸡园水陆通论》）。就其在宗教生活方
面的影响而言，此类著作不亚于明初制定的瑜伽法事仪轨，这种来自民间
的仪轨比官方的以行政手段的硬性规定具有更大的影响力，所以流传很广
泛，沿用时间也比较长。

（三）提升净土法门

在解决禅教净律四者的关系问题上，祩宏佛教思想的特点，是在提升
净土法门的前提下兼容并蓄。在融通禅教净律四者的关系方面，祩宏主要
通过会通禅与净土来进行。

修行任何佛教法门都有一个共同的终极目标，就是超脱生死轮回。这
可以说是传统佛教的老话题，但在宋代禅宗中进一步突出出来，并且广泛
影响了社会信众。祩宏早年就受到感染，很注重生死问题。据说他在未出
家之前，就"每书生死事大四字于案头"②，像禅宗典籍中讲的"明生
死"、"了生死"、"脱生死"、"出生死"之类，实际上没有本质区别，都
是指解决最终的解脱问题。祩宏把达到最终解脱的途径归结为禅与净土：
"经论所陈出生死法固有多门，约而言之，参禅念佛两种法门而已。"③ 所
以，净土与禅的关系，也就可以代表净土与其他多种修行法门的关系。

禅宗一贯用参禅来概括佛教的全部，祩宏则试图用净土念佛来概括佛
教的全部。他指出："若人持律，律是佛制，正好念佛；若人看经，经是

---

①　《月江正印禅师语录》卷上，《卍续藏经》第 71 册，第 117 页。

②　（明）德清：《古杭云栖莲池大师塔铭》，《嘉兴藏》第 33 册，第 194 页。

③　《云栖大师遗稿》卷二，《嘉兴藏》第 33 册，第 128 页。

佛说，正好念佛；若人参禅，禅是佛心，正好念佛；若人悟道，悟须佛证，正好念佛。"①

尽管袾宏用净土统摄整个佛学的意图很明确，但是并不意味着他否定佛教其他法门，尤其是禅学的重要性。他指出：

> 禅宗净土，殊途同归。所谓参禅，只为明生死，念佛惟图了生死，而要在一门深入。近时性敏者喜谈禅，徒取快于口吻；而守钝念佛者，又浮念不复观心，往往双失之。高见盖灼然不惑矣。今惟在守定而时时切念勿忘耳。②

在他看来，念佛也有弊端，也要吸收参禅入定的长处，因此，念佛并不是用口念，就像参禅并不是高谈阔论一样，两者都有特定的心理感受。这种感受在看话头中可以统一。袾宏在倡导念佛的过程中，充分吸收了宗杲看话禅在元明的发展成果，主张把念佛与参话头结合起来：

> 提话头是宗门发悟最紧切工夫，修净土人即以一声佛号做个话头，此妙法也。但心粗气浮，则未能相应，须是沉潜反照，至于力极势穷，乃有囵地一声消息。③

把佛号作为话头，在元代已经有了。而"囵地一声"，正是宗杲对参禅得悟的表述。因此，袾宏倡导的念佛号一定程度与参究话头有相同或者相似的体验。同时，它们在目的上也有一致性：

> 畏死者以未悟本来无生故也。本自无生。焉得有死？何畏之有？然无生未易卒悟。今唯当专诚念佛，久久念至一心不乱，必得开悟。就另不悟，而一生念力，临终自知死去必生净土，则如流落他乡得归故里，阿弥陀佛垂手接引往生，欢喜无量，何畏之有？
> 专以念佛求生净土奉劝，然此道至玄至妙，亦复至简至易。以简

---

① 《云栖遗稿》卷三《普劝念佛往生净土》，《嘉兴藏》第33册，第147页。
② 《云栖大师遗稿》卷二，《嘉兴藏》第33册，第128页。
③ 同上书，第130页。

易故，高明者忽焉；夫生死不离一念，乃至世出世间万法皆不离一念。今即以此念念佛，何等切近精实。若觑破此念起处，即是自性弥陀，即是祖师西来意。纵令不悟，乘此念力，往生极乐，且横截生死，不受轮回，终当大悟耳。愿翁放下万缘，十二时中，念念提撕，是所至望。①

参禅与念佛有着同样的解决生死问题的目的，念佛到"一心不乱，必得开悟"，与看话头的成功是一致的。因此，念佛的功效既有禅学自力解脱的成分，又有依凭佛的愿力拯救的功能，为念佛者提供了双重保险。同时，念佛可以得到与参禅一样的"悟"，又有参禅所不能得到的"往生净土"。袾宏倡导的念佛，从具体方法到心理感受，再到解脱目的，都吸收了看话禅的内容。

当有人问到净土与禅的优劣比较时，袾宏认为："归元性无二，方便有多门。今之执禅谤净土者，却不曾真实参究；执净土谤禅者，亦不曾真实念佛。若各各做工夫到彻底穷源处，则知两条门路原不差毫厘也。"②他并不反对参禅本身，禅与净土同样是解脱的途径，他是反对不真实参禅者。

袾宏认为，念佛修行适用于一切人，可以在任何时间进行，并且没有任何限制。"夫学佛者，无论庄严行迹，止贵真实修行。在家居士，不必定要缁衣道巾；带发之人，自可常服念佛，不必定要敲鱼击鼓，好静之人自可寂默念佛，不必定要成群做会；怕事之人自可闭门念佛，不必定要入寺听经；识字之人自可依教念佛，千里烧香不如安坐家堂念佛，供奉邪师不如孝顺父母念佛，广交魔友不如独身清净念佛，寄库来生不如见在作福念佛，许愿保襄不如悔过自新念佛，习学外道文书不如一字不识念佛，无知妄谈禅理不如老实持戒念佛，希求妖鬼灵通不如正信因果念佛。以要言之，端心灭恶，如是念佛，号曰善人；摄心除散，如是念佛，号曰贤人；悟心断惑，如是念佛，号曰圣人。"③ 这样，袾宏就用念佛修行取代了佛教的一切修行法门。

---

① 上引均见《云栖大师遗稿》卷二，《嘉兴藏》第 33 册，第 133 页。
② 《云栖大师遗稿》卷三，《嘉兴藏》第 33 册，第 145 页。
③ 同上书，第 147 页。

看话禅在元代就与持咒相结合，袾宏也告诫士大夫："念佛即是持咒，念佛得力后，对境自如作厌离想，即是解脱初门。但目前如何便得自在，久持不退，自有相应时也。"① 另外，袾宏在针对宋代以来盛行的禅学形式方面，反对作颂古、拈古，这些都与雍正整顿禅宗的思路相一致。

袾宏对佛教经典也十分重视，不因提升念佛而贬抑经典："予一生崇尚念佛，然勤勤恳恳劝人看教。何以故，念佛之说何自来乎？非金口所宣明载简册，今日众生何由而知十万亿刹之外有阿弥陀佛。其参禅者藉口教外别传，不知离教而参是邪因也，离教而悟是邪解也。……学佛者必以三藏十二部为模楷。"②

教禅律三者都有其真理性（因为都来自佛），但是，分别考察每一部分，又都有局限性，只有把三者与净土结合，才是完美的统一。认为教禅律分别代表佛教的一部分、各有真理性和局限性的观点早已有之，但把他们牢固地安置在净土信仰上才算完美，则是他本人有影响力的主张。所以，佛教的一切法门最后都在弘扬净土信仰上完美地统一起来。

袾宏所提升的净土法门是西方净土信仰，所倡导的具体修行方式是"持名念佛"。他说："念佛一门而分四种，曰持名念佛，曰观像念佛，曰观想念佛，曰实相念佛。虽有四种之殊，究竟归乎实相而已。"他指出自己强调持名念佛的原因："观法理微，众生心杂，杂心修观，观想难成。大圣悲怜，直劝专持名号。良由称名易故，相续即生。此阐扬持名念佛之功，最为往生净土之要。若其持名深达实相，则与妙观同功。"③ 在袾宏的著作中，虽然不乏承认出自传统经典的"唯心净土"的话语，但是通过对实践唯心净土者的批判，认为他们错误理解了经典，并且通过申明"净土不可言无"④，委婉地表达了他否定唯心净土的真实态度。但是，对于否定西方净土实存的言论，不管出自什么经典，也不管是谁讲的，他都要旗帜鲜明地反驳。他认为，《坛经》是他人记录，错误很多，其中"六祖不教人生西方见佛"等，就是"不足信"的。⑤

袾宏借鉴华严宗的判教方法，认为就教相来说，《弥陀经》属于"顿

---

① 《云栖大师遗稿》卷二，《嘉兴藏》第 33 册，第 132 页。
② 《竹窗随笔·经教》，《嘉兴藏》第 33 册，第 32 页。
③ 《云栖大师遗稿》卷三《普示持名念佛三昧》，《嘉兴藏》第 33 册，第 147 页。
④ 《竹窗二笔·净土不可言无》，《嘉兴藏》第 33 册，第 40 页。
⑤ 《竹窗三笔·六祖坛经》，《嘉兴藏》第 33 册，第 60 页。

教"，并且兼通"终教"和"圆教"，借此提高该经在整个佛教典籍中的地位。他说："此经摄于顿者，盖谓持名即生，疾超速证无迂曲故。"① 提高《阿弥陀经》在整个佛教经典体系中的地位，正是为他提升西方净土信仰的地位服务。

信奉西方净土的僧俗人士，总是与重视忏仪法事、灵异神迹分不开，袾宏也不例外。他曾辑录《大方广佛华严经感应略记》一卷，述汉地从晋至元以及古印度有关奉持《华严》的神异事迹。书分二十八段，每段四字为题，如"双童观瑞"、"天地呈祥"等，所述神异灵迹大都没有标明出处，书后附有《华严大经处会品目卷帙总要之图》。此书是面向社会宣传崇奉《华严》的诸种神秘功能，并非只是针对僧尼界，从而集中反映了袾宏运用《华严》的侧重点。

从宋代开始，禅已经成为佛学的主流，袾宏全力倡导念佛修行，提升西方净土法门地位，实际上是要扭转佛学发展的趋向，把佛学从以禅学为主流转变到以净土主流的轨道上。他所倡导的净土学，也并非囿于传统净土经典的内容，而是增加了新内容。

三　真可及其思想特色

真可（1543—1603）字达观，号紫柏，俗姓沈，江苏吴江人。他平生游学南北各地，广泛结交士大夫，知名于明末朝野。他博览群书，精通各派教理，并且以振兴整体佛教各种法门为己任。他不仅关心教内事务，而且热心于现实政治，具有参与政事的强烈愿望。他为保护佛教古迹、刊刻佛教经典等用力甚多，但一生遭遇坎坷，从未住持过寺院，最终因遭诬陷而逝世于狱中。真可现存著作有：《紫柏尊者全集》三十卷，收载他的法语、经释、序跋、铭传、书信和诗歌等；《紫柏尊者别集》四卷，补收全集所未收的杂文、赞偈、诗、书问、语录和附录等，另有《附录》一卷。

真可 17 岁于苏州虎丘云岩寺从明觉出家。此后的十余年间，他先后住云岩寺、武塘景德寺、匡山等地，闭门读书，专心研究各种佛教典籍，涉猎十分广泛。万历元年（1573），真可北上京城，先后求学于法通寺华严学名家遍融，禅学名家笑岩德宝、遍理等人，了解了京城的佛教情况。

---

① （明）袾宏：《阿弥陀经疏钞》，《卍续藏经》第 22 册，第 613 页。

万历三年（1575），真可到达嵩山少林寺，参见大千常润。而当他看到常润上堂讲解公案，不过是以口耳为心印、以帕子为真传时，遂大不以为然，认为这不是真正的禅学。不久他离开北方，南下到浙江嘉兴。

真可一生没有应请担任过寺院的住持，但他对兴修荒弃古寺、保护佛教的古迹和文物始终热情不减，而且取得成就。他到嘉兴不久，看到宋代子睿所居住著经疏的楞严寺荒废日久，便发愿重修，并让侍者密藏具体负责办理。万历二十年（1592），真可游历房山云居寺，在石经山雷音洞佛座下得到隋代高僧静琬所藏的三枚佛舍利，引起神宗生母李太后的注意。李太后曾请舍利入宫供养三日，并且出资将舍利重藏石窟。当时静琬塔院已经被出卖，真可用太后所施舍的资金赎回，并请德清撰《复涿州石经山琬公塔院记》。

真可在刻印藏经方面的工作尤为突出。万历初年，法本幻予告诉真可，袁了凡曾感慨请经的困难，有把梵夹改为方册以便于经典的印刷、流布的愿望。但是法本自知不能胜任此事，请他协助。真可为他撰《刻藏缘起》，宣传刻藏的功德，鼓励募刻全藏。此事得到陆光祖、冯梦祯等人的赞助。真可命密藏筹备刻经事宜。万历十七年（1589），方册藏在五台山紫霞谷妙德庵开工，由真可弟子如奇等人主持。由于五台山地区气候寒冷，不适宜刻经工作，四年后（1593），刻经工作转移到浙江杭州径山寂照庵。

德清在《达观大师塔铭》中说，真可因为看到大藏经卷帙甚多，不易流通，就"欲刻方册，易为流通"，倡议雕刻方册本大藏经。"时与太宰光祖陆公，司成梦祯冯公、廷尉同亨曾公、冏卿汝稷瞿公等议，各欢然，愿赞佐。"[1] 当时陆光祖撰写《募刻书册大藏经缘起序》，瞿汝稷则"为文导诸众信，破除异论"。他在发愿文中表达了对雕刻方册本大藏经的支持，并作誓愿偈说："我今虽食贫，檀资当勉具。历仕及归农，随缘力为办。不值此一生，愿尽未来际。常以此法藏，普度诸众生。"[2]

---

① 关于刻经缘起，道安在《中华大藏经雕刻史话》另有一个说明："方册本大藏经之出版，为袁了凡居士之发端。居士在云谷法会参禅之时，遇及云谷法会之侍者幻余法本法师，谈及明之南藏因请求印造者甚多，版面使用日久，经文已不甚清晰，而北藏经版又藏于禁内，印造不容易，如将古来之梵荚式折帖本改为方册本，不但节省经费，且使用方便。当时赞成此一提议者，有沙门密藏道开和陆光祖、冯梦祯二居士。"（《海潮音》1978 年第 8 期）

② 《居士传》卷四十四，《卍续藏经》第 88 册，第 265 页。

万历二十八年（1600），对南康太守吴宝秀因不执行朝廷征收矿税令而被捕，真可表示同情。他常感叹说："老憨（山）不归，则我出事一大负；矿税不止，则我救世一大负；传灯未续，则我慧命一大负。"在他的这三个愿望中，前两个都涉及了政治问题。不久，京城发生"妖书"事件，称神宗要改立太子，以挑拨宫廷内部纠纷。神宗下令搜索犯人。有人趁机诬告真可曾滥用太后所施舍的帑金，并且还说他就是"妖书"的制作人，真可因此被捕入狱。① 此事虽然最终查无实据，但真可一直未能出狱，最终在狱中病逝。其弟子先将其遗体藏于西郊慈慧寺外，以后又移藏于杭州径山，再移于开山。万历四十四年在开山立塔。

真可对于佛教各宗的思想采取调和态度，全面吸收佛教遗产的倾向比较突出。《别集》卷四收录有他撰写的《礼佛仪式》，其中，除了发愿礼拜十方三世一切诸佛外，还礼拜西天东土历代传宗判教和翻传秘密章句的诸位祖师。吸收融合这么多的崇拜对象，以前还没有过，是真可的首创。真可与当时排斥文字的禅宗不同，他极其重视文字经教，认为佛弟子不通文字般若，即不得观照般若，不能契会实相般若。对这三种"般若"的兼容并蓄，也就是对全部佛教理论和实践的接受。

真可对经教的态度，可以通过他对《华严》的理解和运用充分表现出来，他的态度也能够较全面地反映华严学在佛教综合复兴中的境遇。五台山作为华严宗的圣地，历来受到佛徒崇拜。真可游历五台，作有《文殊师利菩萨赞》、《礼北台文殊菩萨赞》、《蚤春谒李长者著论处》、《华严岭诗》、《登方山歌》等。他赞颂圣地、菩萨和经论，把圣地灵迹、华严典籍和佛菩萨崇拜结合起来，具有推动民间信仰综合发展的特点。

对于《华严经》，僧俗信众有血书或金书以求取功德的传统，真可对此大加赞赏，并且予以鼓励。在《紫柏尊者全集》中，收有真可所作《募书金字华严经缘起》、《麟禅人刺血跪书华严经序》、《跋麟禅人血书华严经》等。在《紫柏尊者别集》中，收有《跋照公墨书华严、楞严》等。他指出，对于礼拜书写此经，"予愿凡诸黑白贤豪，皆当见作随喜"②。真可希望这些佛事善举得到僧俗支持，特别是富豪者的支持，以促进经典的流通和信仰的普及。他同时认为，书经之类的活动有助于个人解脱。如麟

---

① 《紫柏尊者别集》附录《东厂缉访妖书底簿》，《卍续藏经》第 73 册，第 432 页。

② 《紫柏尊者全集》卷十三，《卍续藏经》第 73 册，第 257 页。

禅人原来因天性鲁钝，根本读不懂《华严》，后来由于诚心书写念诵，"忏洗"过去、现在的"重轻罪垢"，"仗毗卢之宠灵，《杂华》之熏发，法界顿开，入佛种性"①。

当然，他与一般禅众一样，也认为书经与不书经对经典本身并无作用，执著于此类做法反而有碍于解脱。所谓"书与不书，全经自在；见与不见，明昧一如"。并且强调："析骨为笔，剥皮为纸，刺血为墨，徒点染太虚；挥洒金屑，岂不重增迷闷，枉历辛勤耶？"② 他所肯定的书经当是诚心而为，不以书经本身为目的的功德活动。

对于华严宗教理，真可最重视的是"四法界"，他在《持华严偈》中说："《大方广佛华严经》，如来初转根本轮。此轮转不离四门，理转事转事理转。事事无碍最幽玄，拈来便用无廉纤。离理无事波水同，事理互转亦流类。若微第四事事幽，前三终未离窠臼。窠臼不离情不枯，情不枯兮智不讫。智不讫兮觉为碍，境风逆顺难自在。理障事障谁为魔？觉不为碍事事快。若能受持此经卷，洞达吾偈根本在。且道根本毕竟何处所？热恼烧心谁著火？清凉彻骨岂天来！"③

真可此说有两点值得注意：首先，四法界是华严宗人的创造，在《华严经》中是没有的。真可借《华严经》讲华严宗教理，继承了唐末五代以来的传统。这种经学与宗学不分家的传统，始终在华严学中占主导潮流，此后也没有变化。在这里，真可还进一步把"四法界"作为《华严经》的总纲。其次，在四法界中，真可最注重的是事事无碍及其运用。无论在佛学史上还是中国哲学史上，都找不到与事事无碍完全相同的理论。真可认为，离开事事无碍，前三者均非解脱之途。他重视事事无碍的原因，是要"拈来便用"，要落实到实践上。这就走着与北宋禅宗僧人相同的思维路线。是否体认和运用"事事无碍"理论，归根到底体现在个人于或逆或顺的境遇中都能自由自在，都能"事事快"，没有"热恼烧心"。这是真可制定的运用"事事无碍"的标准。

对于把"四法界"运用于心理调节，运用于个人处理现实生活中的每一件事上，真可有较多论述，并且把它作为《华严》总纲或核心内容：

---

① 《紫柏尊者全集》卷十五，《卍续藏经》第 73 册，第 272 页。
② 《紫柏尊者全集》卷十三，《卍续藏经》第 73 册，第 263 页。
③ 《紫柏尊者全集》卷二十，《卍续藏经》第 73 册，第 322 页。

　　夫《华严》大典，虽文丰义博，实雄他经。然其大义，不过四分、四法界而已：一念不生谓之理法界；一念既生谓之事法界；未生不碍已生，已生不碍未生，谓之理事无碍法界；如拈来便用，不涉情解，当处现成，不可以理求之，亦不可以事尽之，权谓之事事无碍法界。行者能信此、解此、行此、证此，总谓之四分也。①

　　在真可看来，四法界已不是认识问题，而是实践问题。他用心念的生与未生及其无碍关系诠释前三法界，偏重于心理调节。他用"不涉情解，当处现成"，不为理或事所束缚作"事事无碍"的注脚，明确把第四法界贯彻在个人的生活实践中，这与他在《持华严偈》中讲的于逆境顺境中都能自由自在是一致的。能够信仰（信）、理解（解）、实践（行）和体悟（证）这种理论，就是全部《华严经》的要义。经过真可的这番理解，事事无碍就与禅宗的人生实践精神一般无二了。对"事事无碍"的这种诠解，也就标志着对它运用的最后定型。真可对经教的态度由此就十分清楚了，他是用禅学来解释华严学，以达到服务于实践的目的。

　　真可并不同意悟道只依靠念佛求生净土的说法，这是对净土信仰者的批评，反映了与袾宏不同的思想。"以为念佛求生净土易而不难，比之参禅看教，唯此着子最为稳当"，这是传统的认识，此前即便是反对净土信仰者，也很少有人针对这一点进行批判。真可则认为，修净土不仅不是容易，而且往生比参禅得悟难度更大。若"到家果能打屏人事，专力净业，乃第一义"。② 这种说法，实际上是规劝人们不要以修净土而废禅行。真可此类言论不少，《全集》卷三的《法语》中就保留了很多。

　　在《达观大师塔铭》中，德清称真可的宗风足以"远追临济，上接大慧"。由于德清受真可影响很深，关于真可的评价总是多了溢美、夸张，少了真实、客观，此处就是一个例证。就禅学本身而言，真可并没有什么有影响的创新思想，怎么能够和临济义玄、大慧宗杲相提并论？真可的禅学实际上是士大夫禅，是贵族禅，而不是当时临济、曹洞两宗兴起于山林的流民禅、农民禅。

　　真可一生活动范围广大，广交社会各界人士，其俗家弟子也很多。与

---

① 《紫柏尊者全集》卷九，《卍续藏经》第 73 册，第 174 页。
② 《紫柏尊者全集》卷二十四，《卍续藏经》第 73 册，第 355 页。

祩宏关系密切的陆光祖、冯梦祯等人也奔走于他的门下。另外，在与真可来往密切的士大夫中，有代表性的当推汤显祖、瞿汝稷、王肯堂、陈赟等人。

汤显祖（1550—1617）字义仍，号若士，临川（今江西抚州）人，万历十一年（1583）进士，曾官至浙江遂昌知县。他因为不愿附和权贵而被免官，以后再不踏入仕途。汤显祖是一位性情耿直，了解明末政治黑暗的士大夫。他推崇禅学，抨击假道学，与真可友善。瞿汝稷字元立，江苏常熟人，以荫补官，曾任黄州知府，以太仆少卿致仕。他兼通儒家和佛家经典，与真可、密藏幻余、湛然圆澄等名僧交往较多。其最主要的事迹，是撰写《指月录》三十二卷。王肯堂（1549—1613）字宇泰，号念西居士，金坛（今属江苏）人，万历十七年（1589）进士，官至福建参政，并且是当时的医学大家。在佛教方面，他精通教乘，尤其对唯识学研究深入。鉴于窥基的《成唯识疏》失传，他撰成《成唯识论证义》十卷，在当时的崇佛士大夫中是比较突出的。

真可虽然贬抑净土而力倡禅学，但在他的士大夫信徒中，不乏信奉西方净土者，陈赟是其中的一个代表。他是嘉靖三十五年（1556）进士，曾任刑科给事中，因忤旨而被除名，后重入仕，官至刑部侍郎。陈赟是坚定的西方净土信仰者，有人问："尔不闻大鉴之论惟心者乎？何厌垢而欣净为？"他回答："惟心净土，发之大鉴，而非自大鉴始也。是心作佛，是心是佛，佛固先言之矣。盖惧人以不净之心求净土也。非曰土无垢净也。……客以客之禅乐垢土，而我以我之禅乐净土。"[1] 禅宗讲的唯心净土，完全否定有与现实世界（垢土）相对的彼岸世界（净土），它把实现净土安置在现实世界中，净土就在垢土中。陈赟虽然承认有禅宗的唯心净土之说，但是，他肯定有与垢土相对的另一个实存净土，就完全背离了禅宗的根本宗旨，他的所谓"乐净土"之"禅"，是徒有禅之名称的净土，是对唯心净土的根本否定，这是在西方净土信仰盛行时期出现的必然现象，是与祩宏的思想相一致的。

四　德清及其思想特色

德清（1546—1628）俗姓蔡，安徽全椒人。19 岁时，德清到南京报恩寺出家，先从住持西林的俊公学习《法华经》，后读"四书"、《易经》

---

[1]　《居士传》卷四十二本传，《卍续藏经》第 88 册，第 257 页。

等儒家经典和古文诗赋。嘉靖四十三年（1564）到摄山栖霞寺从学于云谷法会，因阅读《中峰广录》，感触颇深，下定决心学禅。同年，又从随无极明信学习《华严玄谈》，并受具足戒。因为他对清凉澄观极为景仰，自号为"澄印"。过了几年，报恩寺设立义学，教育僧徒，他被聘为教师，其后又应聘镇江金山寺教馆二年。

隆庆五年（1571），他北游参学，先到北京听讲《法华》和唯识，并参遍融真圆、笑岩德宝，分别请教禅学。当他游历五台山时，见到北台憨山风景奇秀，便有取"憨山"为自号之意。不久，他回到北京西山，与当时的名士王凤洲、汪次公、欧桢伯等交往，有诗文酬唱。

万历二年（1574）开始，他又离京游历嵩山、洛阳，然后到五台山，居北台的龙门，专门参禅。万历四年（1576）德清曾见到株宏。万历九年（1581）神宗慈圣太后派人到五台山设"祈储道场"，并修造舍利塔，他和妙峰共建无遮会为道场回向。第二年，在五台山讲《华严玄谈》，听众近万人。到此时为止，德清在五台山地区有了较大影响。

明代末年，在五台山弘扬华严的著名僧人还有月川镇澄（1547—1617）。他在早年游历各地，从学于禅教各派名僧，后常住五台山竹林寺。他弘法三十余年，"提纲挈要，时出新义，北方法席之盛，稽之前辈，无有出其右者"①。镇澄治学广博，其注疏和论著涉及《楞严》、《金刚》、《般若》、《因明》、《起信》、《摄论》、《永嘉集》等，并没有《华严经》方面的专门著作。但是，他一生"三演《华严》"②，其讲说"时出新义"也应包括在华严方面的创新。他讲《华严》以传澄观《华严经疏》为主，其创新在禅与华严的融合方面。当他从京城返回，众人请他讲经时，他指出："学者以究心为要，多说何为?"③ 镇澄在重修五台古寺、保存佛教典籍等方面都做了不少事，与京城及南北佛教界来往较多。德清指出，镇澄的受法门人"数百人，多能开化一方"。并且认为，镇澄自宗密之后，"近代远绍芳规，杰然师表者"④，由此可见镇澄在兼弘华严

---

① （明）德清：《敕赐清凉山竹林寺空印澄法师塔铭》，见《憨山大师梦游全集》卷二十七，《卍续藏经》第 73 册，第 658 页。

② 《新续高僧传》卷七本传，《卍续藏经》第 73 册，第 658 页。

③ 《补续高僧传》卷五本传，《卍续藏经》第 77 册，第 399 页。

④ （明）德清：《敕赐清凉山竹林寺空印澄法师塔铭》，见《憨山大师梦游全集》卷二十七，《卍续藏经》第 77 册，第 657 页。

及禅方面的作用及影响。

万历十一年（1583），德清到东海牢山（山东崂山）那罗延窟结庐安居，开始用"憨山"为别号。皇太后派人送三千金资助他建立寺庵，但他看到当地正值灾荒，便决定全数施舍给贫穷孤苦的人。这使他不仅在上流社会赢得声誉，而且受到当地广大下层民众的拥戴。万历十四年（1586），神宗印刷大藏经十五部，分送全国名山，慈圣太后特送一部给东海崂山，并施财修建海印寺以安置经典。这一年，达观真可与弟子道开来到崂山，与他商谈有关刻印大藏经的事情。万历二十年（1592），德清到北京房山造访真可。

万历二十三年（1595），神宗不满意皇太后为佛事耗费财物，当时恰值太后派人送经到崂山。这样，德清刚从北京返回就被捕入狱，最后以私建寺院的罪名充军广东雷州。第三年德清到达雷州，当时正遇到雷州旱灾，饿殍遍野，他发动当地民众掩埋尸骨，并建济度道场。当年八月，当地官员命令他到广州，当地的民众慕名求教者很多。他甚至穿着罪犯的服装为信众讲说佛法。

万历二十八年（1600），南韶地方官请他住持曹溪南华寺。当时作为南宗祖庭的南华寺已经衰落很久，德清到达后，大张旗鼓地开展复兴工作。他选僧授戒，设立僧学，培养人才，订立清规。但是没过多久，到万历三十一年（1603），由于真可在北京因为"妖书"事件被捕入狱，德清受到牵连，仍被遣返雷州。

万历三十四年（1606）八月，明王朝大赦，德清再回曹溪，大兴土木修建南华寺。但是，不久有僧人向按察院告他私用寺院的财产，德清被迫离开南华寺。此事后来虽然因查无实据而不了了之，但德清再也没有担任南华寺的住持。此后的十余年间，德清先后住广州长春庵、衡阳灵湖万圣寺、昙华精舍，九江法云寺等处。每到一地，他都勤于讲经，所以在各地形成了很大影响。他所讲的经典有《华严玄谈》、《法华》、《楞严》、《金刚》、《起信》、《唯识》等经论。

德清广泛结交社会各阶层的人物，有朝廷和地方的各级官吏，也有南北各地的学者士人，有书信来往的就达近百人。在他身边的士大夫信众，既有倾心于参禅者，也有专注于念佛者。明代知名的文学家屠隆（1542—1605），曾撰《佛法金汤录》三卷，批评宋代儒者的排佛言论。德清逝世后，吴应宾、钱谦益分别根据德清自撰的《年谱实录》为其撰写《塔铭》；陆梦龙撰《憨山大师传》。德清深知结交达官显宦的重要性，当他结识了钱谦益时，高兴地说"刹竿不忧倒却矣"。① 德清把佛教以及个人的命运与官僚阶层联系得太紧密，他所依凭的社会基础不像袾宏那样广泛。

德清多才多艺，早年诗文和书法都很知名。他说，古人都以禅比诗，不知"诗乃真禅"。他认为陶渊明、李太白的诗境玄妙，是不知禅而有禅味，而王维的诗多杂佛语，后人虽夸他善禅，不过是"文字禅而已"。他在叙述自己的书法时说："余平生爱书晋唐诸帖，或雅事之。宋之四家（苏黄米蔡），犹未经思。及被放海外，每想东坡居儋耳时桄榔庵中风味，不觉书法近之。"② 德清文名广播南北各地，为人撰写碑记塔铭，写作序跋题赞等，数量都很多。

德清学问广博，著作不少，关于佛教方面的著作有《观楞伽经记》八卷，《楞伽补遗》一卷、《华严经纲要》八十卷、《法华击节》一卷、《金刚经决疑》一卷、《圆觉经直解》二卷、《般若心经直说》一卷、《大乘起信论疏略》四卷、《大乘起信论直解》二卷、《性相通论》二卷（卷上为《百法明门论论义》，卷下为《八识规矩颂通说》）、《肇论略注》六卷、《曹溪通志》四卷、《八十八祖道影传赞》一卷；儒家和道家方面的著作有《道德经解》（又名《老子解》）二卷；《春秋左氏心法》一卷，另有《梦游诗集》三卷；《憨山老人自叙年谱实录》二卷等。

德清主张三教融合，认为"为学有三要，所谓不知《春秋》，不能涉世；不精老庄，不能忘世；不参禅，不能出世"。③ 这也反映了他治学的宽广。在佛学思想方面，他也以博杂多端著名。吴应宾在《憨山大师塔铭》中说他："纵其乐说无碍之辩，曲示单传，而镕入一尘法界，似圭峰（宗密）；解脱于文字般若，而多得世间障难，似觉范（慧洪）；森罗万行以宗一心，而严无生往生之土，又似永明（延寿）。"这种评价虽然有过誉之嫌，但德清重视华严与禅，的确是宗密的传统；他结交官僚孜孜不倦，议论政事无所顾忌，颇类慧洪的作风；他以禅学为主融合佛教各派学说，并且重视净土信仰，显然也是延寿的佛学特点。总的来说，对德清佛

---

① 《憨山老人梦游集》卷五十五，《卍续藏经》第 73 册，第 850 页。
② 《憨山老人梦游集》卷三十九《杂说》，《卍续藏经》第 73 册，第 745 页。
③ 《梦游集》卷三十九《学要》条，《卍续藏经》第 73 册，第 746 页。

教思想形成影响较大的，是云谷法会、无极明信和达观真可。

德清最初学《华严》，后又习禅，所以，他结合华严与禅的思想倾向比较明显。同时，他也接受了其师云谷法会的影响，主张禅净兼修。就其思想的主要方面而言，是禅、华严和净土三者并重，并且有着以净土信仰作统摄的特点。特别是在教化在家信众方面，尤其强调念佛法门。他在被流放广东时期，曾组织净土结社，向信众传授念佛三昧，并且立有规制，让信众专心净业，月会以期。晚年在庐山法云寺，他仿效慧远修六时净业。

他也和袾宏、真可一样，把参禅与念佛作为最主要的修行法门，认为"参禅看话头一路，最为明心切要。……是故念佛参禅兼修之行，极为稳当法门"①。他所谓的参禅，是元代开始就流行的融合了念佛的看话禅："古人说，参禅、提话头，都是不得已，公案虽多，唯独念佛审实的话头，尘劳中极易得力。"② 所谓"念佛审实的话头"，就是把念佛作为话头来参。从表面上看，德清是把宗杲的看话禅与延寿的念佛净土结合起来，但是，直接把"阿弥陀佛"作为中心话头，是源自元代末年的传统，与宋代宗杲的看话禅与延寿的念佛净土已经有了不少区别。

德清认为，净土法门适合所有的人修行，不但适合"禅家上上根"、"中下之士"乃至"愚夫愚妇"，也适合那些"十恶之辈"。③ 然而，同样是倡导念佛修行净土法门，德清与袾宏对净土和佛的认识却截然不同。德清告诉信众："今所念之佛，即自性弥陀；所求净土，即唯心极乐。诸人苟能念念不忘，心心弥陀出现，步步极乐家乡。又何必远企于十万亿国之外，别有净土可归耶？"④ 因此，德清是完全站在禅宗的立场上倡导净土，弘扬的是唯心净土。这与袾宏所倡导的西方有相净土完全不相同，而与真可的思想是相同的。

德清虽然与真可一样，也主张禅净兼修，但在程序上正好相反。真可认为，通过参禅、净心方可念佛；德清则认为，先须念佛、心净，方可参禅。在实践中，真可偏重参禅，德清偏重念佛。

---

① 《梦游集》卷五《示刘存赤》，《卍续藏经》第73册，第490页。
② 《梦游集》卷二《答郑颂岩中丞》，《卍续藏经》第73册，第469页。
③ 《净土指归序》，《卍续藏经》第73册，第603页。
④ 《梦游集》卷二《示优婆塞结社念佛》，《卍续藏经》第73册，第474页。

德清接受明信和真可的影响，比较重视华严学。他编著有《大方广佛华严经纲要》八十卷，据其自著《年谱》卷下"万历四十七年(1619)条"所述，当时华严一宗将失传，人们对澄观的《疏》、《钞》"皆惧其繁广"，于是"但宗《合论》"（只钻研李通玄的《新华严经论》）。针对僧界的这种情况，他节要录取澄观的《华严经疏》，并附以自己的解释（补义）。其解释只是具有通俗讲解的性质，并没有什么独到见解。此书始作于万历四十七年，成于天启二年（1622），流传并不广。查《憨山老人梦游全集》中他对《华严经》及华严宗教义的多种论述，主要是鼓励僧俗读诵、书写、礼拜《华严》，将其作为祈福消灾、获得个人解脱的有效手段。

株宏、真可、德清都重视华严学，在佛教复兴浪潮所影响的士大夫阶层中，也有少数倾心华严教义者。值得注意的是，李通玄的著作在为学僧逐步重视的同时，也引起士大夫的关注。方泽有《华严经合论纂要》三卷，李贽有《华严经合论简要》四卷，均为节要摘录的李通玄的《华严经论》。李贽（1527—1602）有佛学修养，并力图把佛学作为攻击道学的武器。他注重《起信论》的"真心"说、《般若》的"真空"说，无不尽力发挥以适应反对道学的需要。在华严学方面，他独钟李通玄的思想。经过他诠释后的李通玄学说，实际上可以完全和禅学画等号。

据《李长者华严经合论序》，李贽受袁文炜的影响，"乃知善说《华严》，无如长者"。把李通玄的学说视为最权威的华严理论，所以摘要节录《华严经论》，认为所选内容是"华严无尽藏之法界也"。据此可以"乘如来乘直至道场"，是真正的解脱之路。按照他的归纳，这个"华严无尽藏之法界"的核心内容就是：

> 自心是毗卢遮那佛智，自眼是佛文殊根本智，自身是佛普贤差别万行智，自诵是佛音声，自听是佛观世音力，自语是佛开不二之门，自念是佛不思议神通，自在功德皆佛也，吾何幸身亲见之。

坚信众生具备佛菩萨的一切智慧功德，坚信众生的一言一行、一举一动体现佛的教化，代表佛的真理性活动，如此等等，并不能说在李通玄的著作中绝无踪迹，但毕竟不是李通玄所要强调的中心内容。李贽归纳的李通玄的华严思想，与北宋张商英归纳的内容相去甚远。与其说李贽归纳的是华严学，不如说他归纳的是禅学。他通过沟通华严与禅，号召加强自信心，振奋主体精神，追求自我解脱、自我拯救，倡导于社会动荡之际无求于他人，挖掘自我的能力。

五　智旭及其思想特色

智旭（1599—1655）是明末清初倡导全面继承佛教遗产的代表人物。他不仅不分优劣地弘扬天台、禅、律、唯识、净土等教理，而且主张信仰一切佛、菩萨和祖师，并且包括佛教一切经典。他积极推广各类赎罪法事，重视和支持礼忏、持咒、血书、燃香等活动。他把念佛、戒杀和放生，有机地统一到求生净土的信念和实践中。

智旭俗姓钟，名际明，又名声，字振之，江苏吴县木渎镇人。据自著的《八不道人传》记载，智旭 12 岁学习儒家经典，对佛教与道教都采取排斥态度，有"誓灭释老"的决心，并且写作论文数十篇"辟异端"。少年时代的这些做法，智旭在他以后的著作中屡屡提及，将其作为自己要不断忏悔的大罪过，也作为劝导他人虔诚信仰佛教的教材。17 岁阅读袾宏《自知录》及《竹窗随笔》之后，受到袾宏融合儒释关系的影响，开始不再诽谤佛教和道教。22 岁丧父，对他产生触动。此后，智旭总是带着问题听讲佛教经论，或带着听讲中产生的疑问来进一步研究。因此，智旭从信奉儒教转向信仰佛教，既有受到著名僧人影响和阅读佛教经典的原因，也有自身经历方面的原因。23 岁时，因为听讲《楞严经》，对为什么有"大觉"、虚空，以及世界如何产生等问题不清楚，下决心钻研有关佛教问题。24 岁，因为三次梦见德清，他从德清的弟子雪岭剃度，取名智旭。出家后，他专注于钻研经论，先在云栖寺听讲《成唯识论》，对性相二宗的关系问题不能理解，便到径山去坐禅，至第二年夏天，通过坐禅的直观体验，达到"性相二宗，一齐透彻，知其本无矛盾，但是交光邪说，大误人耳"。在他看来，这也就是"觉悟"的体现。

27 岁时，智旭针对当时佛教界普遍存在不守戒律的现象，决心弘扬律学，并且开始系统阅读律藏。实际上，他对戒律的重视贯穿于他的整个思想中。他认为："毗尼藏者，佛法纪纲，僧伽命脉，苦海津梁，涅槃要道也。"[1] 智旭曾三次系统阅读律藏，对大小乘律书进行注释讲解。他所

---

① 《毗尼事义集要缘起·灵峰宗论》卷六之一，《嘉兴藏》第 36 册，第 349 页。

著的《梵网经疏》依据天台宗的见解，对于别解脱戒依照《四分律》，旁采诸家，并参考大乘律。他的主要著作是《毗尼事义集要》。他还曾强调："伏念诸佛灭后，以戒为师，三无漏学，以戒为首。"①

32 岁时，智旭用在佛像前抓阄的方式决定继承天台宗。这是一种随机选择，并没有其他重要原因。"于是究心台部而不肯为台家子孙，以近世台家与禅宗、贤首、慈恩各执门庭，不能和合故也。"② 他是要专门弘扬天台宗教义，但并不想成为本派的传法宗师。33 岁那年秋天，他来到灵峰（浙江孝丰县）建西湖寺。这里成为他以后的常住地。在以后的二十余年中，智旭来往于江浙闽皖诸省，主要从事阅藏、讲经、著述、举办法会等活动。

智旭的著作经过其弟子编辑整理，分为宗论和释论两大类。宗论指《灵峰宗论》，有十卷；释论包括各类著述共六十余种，一百六十四卷。

智旭的思想很庞杂，包括天台、禅、律、唯识、净土等。由于他立志专弘天台教义，所以研究天台典籍相对广泛一些，可以说是明代有代表性的天台学僧之一。明代的天台宗学僧很少，在明代末年，有传灯尝从百松真觉学习天台宗教义，后来在幽溪高明寺建立天台祖庭。他著有《净土生无生论》一卷等。其后的代表人物就是智旭。

智旭 32 岁注解《梵网经》，开始研究天台教义。他最推崇的两部书是知礼的《妙宗钞》和传灯的《生无生论》，其天台思想也主要继承这两个人的学说。在天台教理方面，智旭主张性具善恶与色心双具、理事两重三千。虽然他有时也说，"众生现前介尔心性，本无实我实法，亦无五位百法百界千如差别幻相"，略近山外的"理具三千无相"的思想，但不是他的主要思想。在观法方面，智旭沿用妄心观，把现前一念妄心作为止观的直接对象。因此，他的天台思想主要是继承山家派。在判教方面，智旭在《教观纲宗》中提出了贯通前后的五时说，就是在化仪四教的"秘密教"中，区分出"秘密教"与"秘密咒"，把一切陀罗尼章句收于秘密咒之下，这与台宗旧有教观是不同的。在论及天台与其他宗派的关系方面，智旭认为，天台应遍摄禅、律、法相，否则，就不能成其绝待之妙了。从表面上看，他在突出天台教义优越性的同时，有贬抑其他宗派的意图。实

---

① 《灵峰宗论·西湖寺安居疏》卷一之二，《嘉兴藏》第 36 册，第 265 页。
② 《八不道人传》，《嘉兴藏》第 36 册，第 253 页。

际上，智旭在论述净土等法门时，也有过同样的说法。这种论证方法用智旭的话概括，就是"乃一门圆摄百千法门，非举一废百也"①。他虽然立志传承天台教义，却并没有希望通过贬低其他宗派来达到这个目的。

明代研究唯识学的僧人很少，在明末佛教综合复兴中，唯识学的研究主要集中在《成唯识论》上。智旭在研究唯识学方面也有可提及之处。他作有《成唯识论心要》、《相宗八要直解》等，并且在用唯识思想解释天台学方面引起人们的注意。另外，主要活动在万历年间的明昱，字高原，吴人，生卒年月不详。他曾为王肯堂讲《成唯识论》，并将讲义整理成《成唯识论俗诠》十卷，该书流传较广。另外明昱撰有《相宗八要解》八卷，内容分为百法明门论赘言、唯识三十论约意、六离合释法式通关、观所缘缘论释记、因明入正理论直疏、三支比量义钞、八识规矩补注证义等。

明代末年弘扬唯识学有传承的一支是昭觉广乘，智旭也受到此系的影响。广乘于杭州莲居庵讲《唯识》，其弟子灵源大惠、古德大贤、新伊大真等继续致力于唯识学的宣传。进入清代以后，这一系还维持着传法系统，被称为莲居派。

大惠（1564—1636），浙江仁和人，俗姓邵，字灵源，他在未出家之前就到处寻访名僧，研究法相唯识学。57岁出家之后，在北京、苏州、杭州等地讲《唯识》十几年；寂于杭州昭庆寺。著有《唯识自考录》、《唯识证义》等。

大贤在云栖寺讲经，智旭曾听其讲《唯识》。大贤的继承者玉庵、忍庵也传承唯识。

大真字新伊，从云栖袾宏受具足戒，继昭觉广乘住持莲居，除了研究律学之外，也宣讲《唯识》，智旭曾从其学。他著有《成唯识论合响》，其弟子本无、圣先等相继传讲。在此派之外，内衡在杭州讲《唯识》，受到钱谦益的称赞。到清代中期，佛教义学本来就衰微，加之《楞严经》比较流行，《唯识》之学就更沉寂了。

到清代末年，研究和传播唯识学的知名学僧有松岩和默庵果仁。松岩于光绪年间在南京清凉山研究唯识宗学说，曾以唯识理论评价《天演论》、《民约论》等新传入的西方书籍。但他的著作并未流传。果仁

---

① 《灵峰宗论》卷二之三《法语四》，《嘉兴藏》第36册，第289页。

(1839—1902) 常住南岳福严寺，研究多种佛教经典，为僧俗宣讲《唯识》，并著有《唯识劝学篇》、《阅藏日记》等。传承其学的有弟子道阶和佛乘等人。

至于研究唯识学的士大夫，最著名的当推明清之际的王夫之(1619—1692)。顺治五年（1648），王夫之于衡阳举兵抗击清军，失败后，退居湘西，晚年隐居衡阳石船山。他对程朱理学、陆王心学以及佛教和道教都有深入研究，著作很多。他在佛教方面的重点研究领域之一是法相唯识学，撰有《相宗络索》、《三藏法师八识规矩赞》。在《相宗络索》中，他肯定阿赖耶识的永恒不灭，所谓"唯此八识，实有不亡，恒相接续"。书中还阐述了"转识成智"的原理和过程。通过对佛教能、所范畴及其关系的考察，王夫之建立起自己的认识论。王夫之研究唯识学，对丰富他的哲学思想有重要作用。

智旭认为，净土法门可以用来概括整个佛教："净土法门本该一切宗教，普收一切群机，故从上佛祖圣贤著述亦最富博。"[①] 他的净土思想集中在《弥陀要解》中。此书先依据天台宗的五重玄义方式，说明此经以能说所说人为"名"，实相为"体"，信愿为"宗"，往圣不退为"用"，大乘菩萨无问自说为"教相"。又认为《阿弥陀经》总摄一切佛教，以信愿行总摄该经宗旨。在智旭之前，宋代遵式作《往生净土决疑行愿二门》，已经包含了信愿行，传灯《生无生论》更正式提出："一念之道有三，曰信，曰行，曰愿。"智旭所立信愿行，就是继承了他们的主张，并且进一步发挥。

"信"的内容是：①信自。一念回心决定得生，自心本具极了。②信他。弥陀决无虚愿，释迦及六方佛决无诳语。③信因。散乱称名犹为佛种，一心不乱宁不往生。④信果。净土诸上善人皆由念佛得生，如影随形决无虚弃。⑤信事。实有极乐国土，不同庄生寓言。⑥信理。西方依正，不出现前一念心外。这六种"信"的内容，是对西方有相净土和禅宗唯心净土思想的混合，是把两种不同的信仰体系不加区分地结合在一起。没有选择，不分高下，不论优劣，同等看待佛教的遗产是智旭的一个显著特点。六种"信"中，自、因、理，是对自力解脱的信仰；他、果、事，是对外力拯救的信仰。

---

① 《灵峰宗论》卷五之一《复净禅》，《嘉兴藏》第 36 册，第 338 页。

"愿"的内容是："厌离娑婆，欣求极乐。"既然相信极乐世界实际存在，那么，这个愿就没有唯心净土的痕迹了，从而否定了极乐世界就在娑婆世界之中的认识。

"行"的内容是："执持名号，一心不乱"，"六字弘名，念念之间欣厌具足"，信决愿切，由此就能历九品生，净四种土。他主张，"即以执持名号为正行，不必更涉观想参究"，"参禅必不可无净土"，"净土必不可入禅机"。智旭实际上是认为，任何一种法门都能独立达到最终解脱，而且并不依靠其他的法门。

智旭把持名分为"事持"和"理持"，所谓"事持者，信有西方阿弥陀佛，而未达是心作佛，是心是佛，但以决志愿求生故，如子忆母，无时暂忘……理持者，信西方阿弥陀佛是我心具是我心造，即以自心所具所造洪名为系心之境，令不暂忘"。事持是对西方净土的肯定，理持则是对唯心净土的强调。

智旭认为念佛三昧有三种：其一，"念他佛者，托阿弥陀佛果德庄严，为我所念之境，专注注意而忆念之。或忆名号，或想相好，或缘四十八愿往昔洪因，或思力无畏等现在胜德，或观正报，或观依报……如东林诸上善人"。其二，念自佛者，观此视前一念，介尔之心……具足百界千如，种种怯相，与三世佛平等无二，如此观察，功深力到……豁破无明，顿入秘藏，如西天四七，东土六祖及天台大师，南岳智者。其三，自他俱念者，了知心佛众生，三无差别……托彼果上依治，显我自心理智……感应道交，自他不隔……如永明寿，楚石王奇。① 这三种"念佛三昧"，实际上是两种净土信仰体系和它们的混合形态："念他佛"指的是西方有相净土；"念自佛"指的是唯心净土；而"自他俱念"则指的是西方净土与唯心净土的混合形态。智旭三种"念佛三昧"的概括，是把历史上流行的所有念佛法门及其倡导者和传承者都予以肯定和接受。他的净土思想，不仅与袾宏有差别，而且与德清、真可更是显著不同。

智旭倡导信仰佛教典籍中记载的一切佛、菩萨、祖师，并且包括佛教一切经典，他指出："一心归命，梵网教主卢舍那佛，极乐世界阿弥陀佛，菩萨心地品、毗奈邪藏、三乘十二分教一切尊法、观音、势至、文殊、普贤、地藏、弥勒等一切菩萨，优波离、迦叶、阿难，西天东土一切

---

① 《灵峰宗论》七之四，《嘉兴藏》第36册，第384页。

圣师，愿展慈光，同垂悲济。"① 对佛教所树立的一切权威，他都无条件地予以接受。

智旭重视地藏菩萨信仰，据他自述，早年正是因为阅读了《地藏菩萨本愿经》，才萌发了出家念头。他在《八不道人传》结尾中说："知我者，唯释迦、地藏乎！罪我者，亦唯释迦、地藏乎！"② 把地藏菩萨和释迦佛并列，放在同等重要的地位，可见他对地藏菩萨的崇信程度。他写作了多种有关地藏的著作，如《化城地藏菩萨名号缘起》、《甲申七月三十日愿文》等，主要是讲述地藏在拯救世人方面所具有的多种神奇功能，反复劝导人们，只要皈依地藏，凭借地藏慈悲本愿所具有的功能，信仰者就可以消除种种罪障，既不受现世的种种苦难，也可以避免遭受来世的地狱之苦，同时还能够获得种种福报，满足各种美好愿望。

智旭还大力推动地藏信仰在民间的流行。崇祯九年（1636），他在九华山华严庵（回香阁）劝僧俗念持地藏名号，以求地藏菩萨的拯救。他曾结坛百日，念持地藏菩萨灭定业真言五百万遍。"又广化缁素，共持十万万，求转大地众生共业。"③ 记载地藏菩萨的经典很多，就智旭所重视的《地藏菩萨本愿经》而言，它宣称地藏的"大慈大悲"远超过其他菩萨，他的广利众生的神力，可以消除信仰者先天和后天的种种罪障。地藏信仰所宣传的对菩萨神力的崇拜，给信仰者以脱离苦难的希望。

智旭积极推广各类赎罪法事，并且倡导礼忏、持咒、血书、燃香等。他在《刺血书经愿文》中说："刺舌血书大乘经律，先与三宝前然臂香十二炷，发十二愿……"④ 他在《结坛持往生咒偈》中说："以此功德力，求决生安养。"⑤ 他对刺血书经、燃臂香供养、结坛持咒等行为的积极支持，与袾宏是不同的。这类活动与地藏信仰相互配合，更能激发起人们的宗教热情。

智旭认为，所谓行忏法就是要消除一切罪过："忏假称悟道、妄评公案之罪，妄造忏法、谤毁先圣之罪，损克大众、错因昧果之罪。诸如此

---

① 《灵峰宗论·西湖寺安居疏》卷一之二，《嘉兴藏》第 36 册，第 348 页。

② 《灵峰宗论》卷首，《嘉兴藏》第 36 册，第 253 页。

③ （清）印光：《九华山志》卷一，《中国佛寺史志汇刊》第二辑，第 22 册，台北：明文书局 1980 年版，第 74 页。

④ 《灵峰宗论》卷一之一，《嘉兴藏》第 36 册，第 259 页。

⑤ 《灵峰宗论》卷一之二，《嘉兴藏》第 36 册，第 263 页。

罪，愿悉消除，或不可除，愿皆代受。令现前病苦，速得痊安，若大限莫逃，竟登安养。"① 倡导和信仰修忏法有两个重要的认识前提：其一，要信仰一切崇拜对象，而不是只信仰某个主要的对象；其二，要认定自己时时处处有罪过，而不仅仅是有痛苦。智旭在大量的忏文、回向文等中，大量列举自己的"罪"过，强调个人的罪过。罪过成为个人的存在形式，罪过多于"苦"。他在《陈罪求哀疏》中自称"罪旭"："言念罪旭，少年主张理学，妄诋三宝，过犯弥天，应堕无间。"②

除了强调个人的罪过，还有强调众生乃至国家朝廷的罪过："悲佛法之衰乱，五逆横作。痛国步之艰难，朝野无改过之心。缁素争覆辙之践，良由共识相种，恶业同牵，同分妄见，眚缘共起。"那么消除这些罪过的办法，就只有举办各种救赎法事，通过这些法事活动，"普为国王帝王、父母亲缘、土境万民、法界含识，顶礼慈悲道场忏法，供养历代知识道容，然香三炷，供常住三宝，又三炷，奉供幽冥教主地藏慈尊"。③ 重视各种赎罪法事，最终归结到忏悔的功能上，智旭指出："迷真起妄，谁不造业？业有轻重，果报随之。于中转重令轻，转轻令尽，独赖有忏悔一门耳。重业而能深悔，业遂冰消；轻罪而不革心，终成定业。……所谓屠刀放下，便成佛也。"④ 在他看来，"忏悔之力，亦能往生，况持戒、修福、种种胜业，岂不足庄严净土"⑤。

智旭曾把戒杀与战争联系起来考虑："杀业既厚，劫成刀兵，寇贼纷然，干戈不息。释迦往矣，弥勒未生。设欲拯救，惟力修奢摩他耳。奢摩他此翻妙止，止一切恶，从止杀始。若能止杀，即是止一切恶。"⑥ 不杀生是佛教的根本戒律，在明代末年社会动荡的形势下，智旭倡导戒杀就有着反对战争的社会意义。很明显，智旭在这里已经不是着眼于宗教戒律来讲戒杀，而是着眼于社会现实来考虑问题。至于与劝戒杀相联系的放生活动，往往成为结社的根据和口号，也成为往生净土的重要手段。在念佛过程中，"以不杀大悲，放生大慈助严之（指作为念佛的辅助手段），必生

---

① 《灵峰宗论·礼金光明忏文》卷一之二，《嘉兴藏》第36册，第266页。
② 《灵峰宗论》卷一之三，《嘉兴藏》第36册，第270页。
③ 《灵峰宗论》卷一之三《甲申七月三十日愿文》，《嘉兴藏》第36册，第272页。
④ 《灵峰宗论》卷三《涵白关主礼忏持咒募长生供米疏》，《嘉兴藏》第36册，第382页。
⑤ 《灵峰宗论》卷二之一《法语一》，《嘉兴藏》第36册，第275页。
⑥ 《灵峰宗论》卷四之二《劝戒杀文》，《嘉兴藏》第36册，第328页。

极乐，莲华化现，永脱轮回之苦"①。念佛、戒杀和放生是联系在一起的。在特定的社会背景下，戒杀能唤起人们对争取社会稳定的共识；放生是结社的手段，可以作为募集资金、解决寺院生活资料来源的手段。这两者都在念佛求生净土中统一起来。

第四节　明代后期佛教（下）

明代后期复兴的山林禅宗，在派系结构上有曹洞和临济两宗。在曹洞宗中，比较重要的有两系，一是湛然圆澄开创的云门系，二是无明慧经开创的寿昌系。临济宗的主要派系出自笑岩德宝的弟子幻有正传（1547—1614）门下，正传的著名弟子有密云圆悟、天隐圆修（？—1635）和雪峤圆信（1570—1647），都在江南一带传禅。

圆澄（1561—1626），会稽人，幼年出家，万历十九年（1591），求学于曹洞禅师大觉方念，成为嗣法弟子，先后住持过绍兴广孝寺、径山万寿寺、嘉兴福城东塔寺等，主要活动于浙江地区。他"生平不为律缚，脱略轨仪"②，因此受到不少僧人的指责。

圆澄著作较多，有《宗门或问》、《慨古录》、《楞严臆说》、《法华意语》各一卷，《金刚三昧经注解》四卷，另有其弟子编的《湛然圆澄禅师语录》八卷。他是一位倡导禅教融合的僧人，例如，尽管他对《华严经》及华严宗教义并无偏好，但在他的《语录》中，也借用华严来为其禅教融合的主张服务。他指出：

> 闻夫四十八愿而愿愿度生，五十三参而参参见佛，所以清凉大师演华严性海于此地，阐法界一乘于多门，福慧双修，犹星天之行布；禅教两学，若万派之归宗。圆融自在，大小共辙。③

个人参学求解脱与发愿拯救众生是同一修行过程的两个方面。禅宗讲

---

① 《灵峰宗论》卷四之二《惠应寺放生社普劝戒杀念佛文》，《嘉兴藏》第 36 册，第 328 页。

② 《会稽云门湛然圆澄禅师塔铭》，《卍续藏经》第 72 册，第 840 页。

③ 《湛然圆澄禅师语录》卷八《慕造东塔天王殿引》，《卍续藏经》第 72 册，第 831 页。

明心见佛（慧），教门诸派重积累各种功德（福），实际上两者不可偏废，相资为用。既然福慧双修，也就要求禅教两学。华严宗的"圆融"说，也被运用于禅教的圆融无碍上。明末清初禅宗内部论战激烈，争论的症结在于：是突破传统佛教还是维护传统佛教，是有选择地继承佛教遗产还是继承佛教一切遗产。圆澄在这里强调澄观"阐法界一乘于多门"，是倡导全面继承佛教遗产，而不是有选择地继承禅学遗产。明末以后，这种观点在佛教界占主导地位。

圆澄系一直盛行到清初。就其个人影响而言，圆澄不及无明慧经。

一　密云圆悟及其禅学

圆悟（1566—1642），号密云，俗姓蒋，宜兴人，出身于贫困的农民家庭，成年之后，从事各种劳动。少年时，受流行的净土信仰影响，圆悟曾"恒诵佛号"。到26岁，因读《六祖坛经》而归信禅宗。29岁，抛妻离子，出外游历，立志出家。

万历二十三年（1595），圆悟到常州龙池山参见正传，以后二十余年中，除有几年出游外，都在正传身边，前三年主要是服杂役，"身任众务，以至爨薪陶器，负米百里之外"，所以他在成名以后也特别重视劳动，时常以自己的经历告诫门徒："老僧三十一上侍先师，参神学道都在务作里办，汝辈要安坐修行耶？老僧不愿丛林遗此法式。"晚年住持宁波天童寺时，一次有十几个僧人不参加"普请"，他知道后，"立摈之"。

三年后，圆悟始得落发，次年，遵从正传的教导，"掩关本山，以千日为期"，同时学习禅籍。又三年，正传去燕京，圆悟受命监理龙池山的院务。万历三十三年（1605），入京省觐正传。继之，南还游历杭州径山、天目山以及天台山等地。万历三十九年（1611），正式接受正传"衣拂"。1614年正传圆寂，圆悟坚持"心丧伴枢"三年。在此期间，作颂古二百首，"以明佛祖大意"[①]。

圆悟从万历四十五年（1617）到圆寂的二十余年中，先后住持过常州龙池山禹门禅院、天台山通玄禅寺、福州黄檗山万福禅寺等六处寺院，在江苏、浙江、福建一带产生了很大影响，有"众盈千指"、"众满万指"之说。其所到之处，都着力倡导垦田开荒。晚年居天童寺时，遇大雨，

---

① 上引均见《天童密云禅师年谱》，《嘉兴藏》第10册，第80页。

"山水暴涨",他不顾年事已高,率僧众砌筑大堤防洪,大提"通计一千三百五十尺,皆用巨石垒砌"。①

圆悟非常重视发展他的宗派势力,不像当时在江西的曹洞宗师,不轻易承认传法继承人。他可以"付衣拂"于跟随他多年、能力不强但安守本分的僧人;也可以"付衣拂"于暂投门下、桀骜不驯、持禅学异见但很有能力的僧人。这样,他的弟子遍天下。剃度的弟子二百余,嗣法弟子十二人,即五峰如学、汉月法藏、破山海明、费隐通容、石通秉公、朝宗通忍、万如通微、木陈道忞、石奇通云、牧云通门、浮石通贤、林野通奇。其中法藏、通容、道忞在明清之交影响尤大。由于圆悟门下聚集了持有各种禅观的僧人,所以矛盾多,斗争也激烈,在很大程度上反映了明末不同的禅学思潮。

明末,士大夫大规模向东南转移,情况比任何时代都要复杂,分散向禅僧请教的不在少数。《天童密云禅师年谱》之末,列举了与圆悟交往的"王臣国士"有数人,据其《行状》记载:"吴越闽楚,名公巨儒、慕师宗风,或晨夕随侍。或尺素相通,或邂逅咨请,得师激发,无不虚往而实归。"而"齐鲁燕赵及殊方异城之士,亦憧憧不绝也"②。他与这些士大夫究竟有什么性质的关系,起了什么作用,不得详知。这个事实说明,明朝末年,逃向南方的士大夫同禅宗的交往变得普遍而频繁起来,直接影响了清初禅宗的动向和清政府的宗教政策。

圆悟与明廷始终保持一定距离,崇祯十四年(1641),朝廷斋香赐紫,命他住持金陵报恩寺。他以年迈为由固辞,有"老不奉诏、朝廷慕之"③的传说,事实上,这时的明王朝已经危在旦夕了,关于他的言行,有道忞编的《密云禅师语录》十二卷,有他批评弟子法藏的《辟妄救略说》十卷。

圆悟曾花费了许多时间致力于公案研究,在他的《语录》中,有"举古"、"拈古"、"征古"、"别古"、"代古"和"颂古"达三卷多。然而,他对自己数十年修行所得的总结却十分简单:

---

① 《天童密云禅师年谱》,《嘉兴藏》第 10 册,第 84 页。
② 王谷:《行状》,《嘉兴藏》第 10 册,第 70 页。
③ 《南宋元明禅林僧宝传》卷十五,《卍续藏经》第 79 册,第 652 页。

山僧出家将及四十载。别也无成得甚么事，只明得祖师西来，直指人心，见性成佛一著子。①

"直指人心，见性成佛"，尽管不是他的创造，但他所传禅法紧紧围绕这八个字却是一个明显的特点。他用以"直指人心"的方法和启发学者"见性成佛"的手段，最后简化到只须"棒打"一条，他这样说：

老僧生平不解打之绕，唯以条棒一味从头棒将去，直要人向棒头拂着处豁开正眼，彻见自家境界，不从他得。②

当时的舆论这样评论："大师为人，不惜身命，宁使丧身失命，终不为开第二门。此是彻骨彻髓，独超千七百则宗门。"③ 这个独超千七百则法门，终不为开第二门的，就是棒打。圆悟对此有一个解释："盖缘贫道生无学识，兼之口讷，不善委曲接人，故以一条白棒当头直指耳。"④ 这话有谦虚的成分，他对禅宗典籍很熟悉，在他的《语录》中也充满着巧言善辩的机语酬对；但对他的门徒则很适用。因为他们大都从事农禅，不可能都受过禅学和言辩的良好训练。

此外，当时的禅宗中，存在着"悟"的不同理解，有所谓"大悟十八遍，小悟不计数"之说，把"悟"看成是需要反复多次才能完成的过程。圆悟以"棒打"启悟，与此针锋相对，强调"一悟不再悟，深达法源底，堕地便称尊"。唐世济在《遗衣金粟塔铭并序》中特别指出：

大悟十八遍，小悟不计数，本是宋儒言。非大慧（宗杲）所说。学人承讹久，智者亦惑之。惟师以为非确然，不肯信此。非博学得心，不受瞒故！⑤

圆悟用一条白棒启悟，精简了所有修习层次、阶段，也是对宋儒的繁

---

① 《密云禅师语录》卷二，《嘉兴藏》第 10 册，第 12 页。
② 《密云禅师语录》卷十二，《嘉兴藏》第 10 册，第 69 页。
③ 《密云禅师语录》卷七，《嘉兴藏》第 10 册，第 41 页。
④ 同上。
⑤ 同上书，第 74 页。

缛学风的一种纠正。

二　汉月法藏及其禅学

法藏（1573—1635），字汉月，号于密，晚改天山，俗姓苏，无锡人。其出身于儒学世家，少年时代受过良好的教育，15 岁于德庆院出家，19 岁得度。此后，潜心研习佛教经典及禅宗语录，并重视融会儒学与禅学的关系。他曾以禅理释《河图》、《洛书》，"粘《河图》、《洛书》于壁，尝语人曰：十河九洛，象教总持，须从无文字道理处求之直指"[①]。

29 岁时，法藏从云栖袾宏受沙戒，并得袾宏"新刻《高峰语录》，读之，如逢故物"[②]。自 30 岁始，专参原妙的"万法归一，一归何处"话头，用功数年。后来"遍购古尊宿语录读之"，尤喜北宋慧洪的著作。年37 岁，在金陵灵谷寺受具足戒，至 42 岁，宣称"我以天目为印心，清凉为印法，真师则临济也"[③]。他经常以此自诩，认为是获得了义玄、慧洪和原妙的真传。

46 岁时，法藏已颇有声誉，前来参学的禅僧和士大夫很多，以致"提唱无虚日"。但讲说时，"不正席、不升座"，不以宗师自居，因为他没有可夸耀的师承，没有获得正宗禅师的资格。直到 53 岁，法藏到金粟山广慧禅寺拜密云圆悟为师，圆悟立即让他为"第一座"，并且"手书从上承嗣源流，并信拂付嘱和尚"[④]，快速地承认了法藏为嗣法弟子。次年，法藏即以临济传法宗师的身份，历住常熟三峰清凉院、苏州北禅大慈寺以及杭州、无锡、嘉兴等地的八处寺院，扩大了在江浙一带的影响。

法藏因精通儒学，很受一些官僚士大夫的推崇。大司马岳元声见到35 岁的法藏，敬佩地说："堂堂我辈中巨人，被释门束之以袈裟，信儒门淡薄耶。"[⑤] 法藏一生与不少士大夫有过交往，既有一般的官吏，也有像董其昌那样的文人。他住持各地大寺院，都有官僚士大夫出面支持。

与此同时，法藏也重视寺院的经济建设，倡导农禅。他 60 岁时住持无锡龙山锦树院，共弟子"弘储兄弟辈散广陵、嘉禾诸郡，募置参禅田，

① 《三峰和尚年谱》万历二十年，《嘉兴藏》第 34 册，第 204 页。
② 《三峰和尚年谱》万历二十九年，《嘉兴藏》第 34 册，第 205 页。
③ 《三峰和尚年谱》万历四十二年，《嘉兴藏》第 34 册，第 205 页。
④ 《三峰和尚年谱》天启四年，《嘉兴藏》第 34 册，第 208 页。
⑤ 《三峰和尚年谱》万历三十五年，《嘉兴藏》第 34 册，第 205 页。

期岁得沿湖葑田三百余亩于寺之西，和尚率众入田，构茆凿池，刈榛疏浍，名之曰'大义庄'"①。这种散于诸郡"募置参禅田"的做法，与山林聚居、自作自食的性质已有不同。禅田属于寺院的附设田庄，"和尚率众入田"，仅是一种示范，与"普请"制度的含义也有区别。

法藏虽然投身圆悟门下，但在禅的见解上，两人大相径庭，而且都没有相互妥协的愿望，法藏曾致信圆悟，表明自己的观点：

> 自谓得心于高峰，印法于寂音，无复疑矣，乃复发愿比两枝法脉，合起临济正宗。凡遇埽宗旨者，力为诤之。不独荷负滹沱，将使云门、沩仰、曹洞法眼四家，遥承近续，今五宗再灿，愿世世生生为接续断脉之种……屈指诸家，知和尚（指圆悟）乃高峰嫡骨正传，敢不一探堂奥。向于金粟山前，叨承委付。②

法藏对于圆悟"委付"的事，时时强调，以志不忘。但在禅思想上，他绝不因师徒名分而亦步亦趋。他认为禅家五宗各有宗旨，都应继承和弘扬，而不能像圆悟那样，仅以"直指人心，见性成佛"为唯一法门。他不仅要振兴临济宗，而且要使其他四宗并兴，"五宗再灿"。他接受原妙的影响，重视参话头，对宗杲以来的看话禅进行总结；他接受慧洪的影响，重视《临济宗旨》和《智证传》，发挥"三玄三要"之说。在此基础上，他力图融五家宗旨为一家；同时吸收慧洪的说法，重新厘定禅宗五家的传承关系。这些构成了法藏禅思想的主体部分。

法藏用以统摄五宗的禅法，实际上只是宗杲的看话禅，不过他有一些新的发展。

（1）法藏对"话头"做了新的解释：

> 所谓话头者，即目前一事一法也。凡人平居无事，随心任运，千思百量，正是无生死处，只为将一件物事到前，便生九种见解，所以流浪生死，无有出期。故祖师家令人于一事一物上坐断九种知见，讨

---

① 《三峰和尚年谱》崇祯五年，《嘉兴藏》第 34 册，第 209 页。
② 《三峰藏和尚语录》卷十四，《嘉兴藏》第 34 册，第 190 页。

个出格之路，故谓之看话头。①

话头原指公案中的问话或答语，法藏将它推广到平常可能遇到的任何"一事一法"，这就打破了禅的某些书卷气。随便一件日常事象，都可以成为参究的对象，也都可以从中得到证悟解脱。

因此，法藏更强调从日常生活的具体事物中采取话头，而不要限定在抽象的玄理上。他说："（看）话头者，不可看心看性，看理看玄，须离却心窠里，单单向事上看取，谓之事究竟坚固。"② 因为只有解决了日常生活最常遇到的问题，才能真正把握禅所启悟的玄理，这种主张为传统的看语禅增添了更多的实践功能。

（2）把看话头与"格物"联系起来，也是法藏的一个特点，他说：

> 在祖师禅谓之话头，在儒家谓之格物。格物者，两端叩竭，一切善恶是非、凡圣等见，并不许些子露现。从此翻身，直到末后句，齐治均平，著著与此相应，则禅与圣道一以贯之矣。③

话头与格物之所以一致，是因为二者都要求人们平等、无差别地看待善恶、凡圣，而不必有意地去扬善止恶，贬凡崇圣。他用"齐治均平"作为禅与儒在政治思想上的衔接点，就是用佛家的平等观（齐与均）阐释儒家的治国平天下，也是他对"格物"的理解。

这样，法藏即以看话禅为尺度，评判宋元以来流行于明的几种主要禅潮流：

> 单坐禅不看话头，谓之枯木禅，又谓之忘怀禅；若坐中照得昭昭灵灵为自己者，谓之默照禅；以上皆邪禅也。坐中作止作观、惺寂相倾，观理观事，虽天台正脉及如来正禅，然犹假借识神用事，所照即境，所以命根难断，不能透脱，多落四禅八定，及生五十种阴魔，以识身在故也。大慧一出，扫空千古禅病，直以祖师禅一句话头，当下

---

① 《三峰藏和尚语录》卷六，《嘉兴藏》第 34 册，第 154 页。
② 《三峰藏和尚语录》卷十三，《嘉兴藏》第 34 册，第 189 页。
③ 《三峰藏和尚语录》卷七，《嘉兴藏》第 34 册，第 157 页。

截断意根。任是疑情急切，千思万想，亦不能如此如彼，有可著落。既无著落，则识心何处系泊？令人于无系泊处一进，则千了百当。可见才看话头，则五蕴魔便无路入矣。①

在这里，他既反对枯木禅和默照禅，也不同意天台宗的止观双运。理由是，枯木禅有失灵性，而默照禅以灵灵昭昭"为自己"，止观双运则是"假借识神用事"。此中的"自己"和"识神"，都指"我见"，按照唯识家的说法，"我见"是"末那识"的功用所生，"末那识"为第六"意识"所依，故亦称"意根"，所以"当下截断意根"，就是截断"我见"的根源，而"我见"又是一切分别和烦恼的根本，因而也是截断一切分别和烦恼的根本。换言之，法藏是把唯识家的思想引进看话禅，力求通过对一事一法的参究，以根除我见。但他特别用"假借识神用事"来表示我见，显得更加生动而贴进禅家的生活。

参禅是排除"识神用事"的过程，这是法藏的基本主张。所谓"离心意识参，出凡圣路学"，是他强调的重点。在《三峰藏和尚语录》第十五卷中有《离心意识说示禅者》和《离心意识辨识神子》两篇短文，集中阐述这个问题。他从宗杲接受唯识家关于"转识成智"的解脱之路出发，认为"心意识"乃是引起生死轮回的总根源，一切修行都以离"心意识"为目的，所以历代佛祖也都"千方万计，立转识成智之法以度之"，其中最为捷便和神奇，莫过于参究话头："厥后法之最捷而妙者，但教人看个话头，才看才疑，使顿离心、意、识三法。"②

法藏提倡话头禅，并不排斥其他禅法。他反对的是执禅而病，成为"禅病"；而禅的用意。很大部分在于治"病"。所以因病给药，禅也不能拘于一路。他给一个病中的孝廉写信说：

　　病中工夫且歇却，看话头郁遏费力，难与病情支遣，不若明明白白一看透底，便自肯心休去。第一先看此身凝湿动暖，四大从来，无有实体。……其二看色身既不交涉，其身外骨肉恩怨，功名利养，一切我所，皆是虚妄。……其三看破内外色空，何处更有妄心领

① 《三峰藏和尚语录》卷七，《嘉兴藏》第34册，第160页。
② 上引均见《三峰藏和尚语录》卷十五，《嘉兴藏》第34册，第196页。

受？……到此则身心世界一法无可当情，当下脱然放舍，便与法界平等，无一尘一法不是我自己真心。真心者，无心也。无心便当下成佛。①

法藏在这里介绍的禅法，大体是指观"身"不实，"我所"是空，观"心"无受，诸"法"平等，属于传统小乘的禅法范围。但他做了一些糅合功夫，最后归结到"真心"或"无心"上来，也就是他提倡的"离心意识"和转识所成之"智"。这些观法，可能会使那些因病魔缠身而精神负担沉重的人变得达观一些。

（3）法藏特别提倡把"看话头"与"参请"结合起来："复有看话头而不肯参请者，又有执参请而不看话头者。皆偏枯也。何不向话头疑处著个参请，参请疑处反复自看？如此参，如此看，两路夹攻，不愁不得。"②"参请"指参禅人向外的参究学习，包括禅师的机锋，棒喝和对公案、话头的解释等。而看话头则完全是内功夫。法藏认为，要想得悟，不应该把对外参学与向内自省对立起来，而要让二者相互推动、相互促进，这样一来，除看话头以外，禅的其他形式也有了合理并存的必要。正是在这种思想指导下，法藏作《五宗原》，神化"五家宗旨"，主张全盘接受禅宗遗产。

对于五家宗旨的探讨，在法藏的早年就开始了，但结果使他频感失望："及考迹来诸尊宿语录，虽不多见，然于五家宗旨，概无吃紧语，未尝不置卷长叹也。"③ 经过多年研究，"既有所立"，但又"苦无先达为证"，于是就"不远千里"到处参请，而"诸方尊宿欲抹杀五家宗旨，单传释迦拈花一事，谓之直提向上"④。也就是说，当时的"尊宿"，并不承认有独特的五家宗旨，而只承认有"释迦拈花"的传承存在。所谓"释迦拈花，迦叶微笑"，是关于禅宗创宗不立文字、默传心印的传说，在北宋中后期开始流行。至此，一些禅师重新提出来，似在反对五家的宗派纠葛，认为宗派纠葛有违禅宗"明心见性"的初衷。所以有的禅师照直对

---

① 《三峰藏和尚语录》卷十四，《嘉兴藏》第 34 册，第 193 页。
② 《三峰藏和尚语录》卷七，《嘉兴藏》第 34 册，第 160 页。
③ 《三峰藏和尚语录》卷五，《嘉兴藏》第 34 册，第 147 页。
④ 《三峰藏和尚语录》卷十一，《嘉兴藏》第 34 册，第 175 页。

他说：“五家宗旨是马祖以下人所建立，非前人意也，子盍简释迦而下逮于六祖三十四传之偈。其禅原无许多事，若向马祖之下辄作禅语，则恶俗不可当矣。”①

自《宝林传》以后，禅家说本宗传承，公认西天有二十八祖，东土至慧能为六祖，这里讲“三十四传”，就是指西、东传的总和（其中菩提达摩是重复计算）。《宝林传》并载有每个师祖的传法偈言，《坛经》名为“传衣付法颂”。这个以五家宗旨为“恶俗”的禅师，提倡的就是专门研习这些偈颂，而将道一以下的所有禅语都不当作参究的对象。这种禅风，在明清之际的禅众中，可能有一定的代表性。因此，当法藏问及临济宗时，有位禅师说：“我不用临济禅，我今尽欲翻掉他窠子，从六祖而上，直溯释迦老汉，绍其法脉耳。若接临济源流，便有宾主等法。若有宾主等法，便有生死矣。”② 当法藏向另外几个禅师请教临济宗的“三玄三要”时，他们“皆贬三玄三要为谩人语，无如是事”。③ 由此可见，当时禅宗界对所谓五家宗旨极为轻视，更不能把它们作为禅修应该依据的准则。

法藏的目标就是要大力振兴五家宗旨。在他的语录中，有许多论述各家宗旨的内容。天启五年（1625）法藏所作的《五宗原》，对五家宗旨进行了系统整理。总的来说，包括三项内容。

第一，弘扬慧洪重新厘定的禅宗五家的系谱。

自《祖堂集》开始，禅宗突出青原行思和南岳怀让两系法脉，并大体孕育了“五宗”的脉络：在编排次序上，是先青原，后南岳；青原下出曹洞、云门和法眼三宗；南岳下出沩仰、临济两宗。此后的《景德传灯录》大体沿系这一体例，唯在编次上，是先南岳后青原。然而，自慧洪等宣传崇信出自天王道悟，天王道悟嗣法于道一，从而把云门和法眼两宗归于南岳怀让法系，这种说法影响不小，宋元以来袭其说者不乏其人。法藏即据慧洪之说，认为“六祖花而出二枝，南岳怀让、青原行思是也。让出四叶”，即临济、沩仰、云门、法眼；“青原一枝出一叶”④，即曹洞宗。这些说法，全无新意，但他旧话重提，在当时的禅宗中却是别树

① 《三峰藏和尚语录》卷五，《嘉兴藏》第34册，第147页。
② 同上。
③ 同上。
④ 《三峰藏和尚语录》卷十一，《嘉兴藏》第34册，第179页。

一帜。

第二，概括五家宗旨的要点并做新的解释，法藏说：

> 此其为三玄也，三要不必言矣；四句齐行，金刚王也；全威独露，踞地师子也；以此验人，探竿影草也；究竟则一喝不作一喝用也，此四喝之谓也。……此四料简也。……此四照用也。……此四宾主也。临济宗旨大略具矣。
> 此五位君臣也，而五位王子亦具焉。此曹洞宗旨也。
> 函盖乾坤也……截断众流也……随波逐浪也……一字关也。此云门宗旨也。
> 以拄杖于空中作圆相……此沩仰宗旨也。
> 此六相义，而法眼宗旨具也。①

很显然，这里讲的五家宗旨，是吸收了法眼文益《宗门十规论》和智昭《人天眼目》的观点，也没有什么新的见解。但在《五宗原》中，则加入了宋以后各派禅师比较常用的机语。他的主要创见，在于对已概括的五家宗旨做新的解释。例如，他对"云门三句"就做了如下的发挥：

> 云门家有三句律之以定宗旨：曰：函盖乾坤句，截断众流句，随波逐浪句。以其函之盖之，乾坤固密，便能截断生死之流，不妨随波不沉，逐浪不汩。今之一句咒语，云唵折隶主隶准提莎诃，岂不函盖乾坤？如此一句，岂不截断生死？凡有所求也，则曰唵折隶主隶准提；所求某事，莎诃，岂非随波逐浪之句乎？②

"函盖乾坤"实际解释为"理"，证得此"理"，即能截断生死之流；运用此"理"，则不妨随逐生死而不会沉沦。他认为这三句云门宗旨的全部含义，都可以用一句咒语"唵折隶主隶准提莎诃"代替。这一咒语由两部分组成，"莎诃"可以单独用，也可以作为咒语的结句用，所以法藏把它分解为三种意思与云门三句相应。事实上，咒语本身是否具有他所诠

---

① 《三峰藏和尚语录》卷五，《嘉兴藏》第 34 册，第 148 页。
② 同上书，第 151 页。

释的那些意思并不重要，关键是他把一家内容繁多的宗旨归为一句咒语，本质上是把它们演变成一个话头，从而使一宗之风统摄到了看话禅中。其所以采用咒语来归纳一家宗旨，则是受了元以来流传的密宗的影响。

第三，神化五家宗旨，推崇威音王佛。法藏说：

> 尝见绘事家图七佛之始始于威音王佛，惟大作一〇，圆相之后则七佛各有言诠，言诠虽异，而诸佛之偈旨不出圆相也。夫威者，形之外者也；音者，声之外者也；威音王者，形声之外，未有出载，无所考据，文字以前，最上事也。……圆相早具五家宗旨矣，五宗各出一面。①

在某些佛经神话中，威音王佛被认为是最古老的佛。有些禅僧则把威音王当作本心佛性、"实际理地"的形象化说法，他离言绝相，只能用圆相来表示。法藏据此认为，五家宗旨不是在中国禅宗发展到特定阶段中的产物，而是一直蕴含在威音王佛中，只是为五宗体现出来罢了。这样，五家宗旨就成了威音王佛的显现，各表现了它的一面，比之"释迦拈花，迦叶微笑"所传的宗旨具有更高的神圣性。

法藏之所以强调五家宗旨，在当时有特殊的针对性。他说：

> 比年已来，天下称善知识者，竟以抹杀宗旨为真悟，致令无赖之徒，无所关制，妄以鸡鸣狗盗为习，称王称霸，无从勘验，诚久假而不归矣。②

由于抹煞"宗旨"，无从勘验禅众所行的真伪，以致出现了一些无赖之徒，以鸡鸣狗盗称王称霸，这种抨击可谓激愤之极。至于他们的表现，与法藏同时代的曹洞宗禅师无异元来列举过：

> 近时妄称知识者，行棒行喝，入门便打，入门便骂，不论初心晚进，妄立个门庭，皆是窃号之徒。鼓动学者一片识心，妄兴问答，竖

---

① 《三峰藏和尚语录》卷十一，《嘉兴藏》第 34 册，第 175 页。

② 《五宗原》后附《临济颂语》，《卍续藏经》第 65 册，第 108 页。

指擎拳，翻筋斗，踢飞脚，大似弄傀儡相似，使旁观者相袭成风。①

元来还说，这些人"胸中无半点禅气，强作机锋；肚里怀一块肮脏，伸为问答。鬼见拍手而笑，人逢侧目而嗔"②。元来的指责近乎辱骂。但从中可以看现，被斥责的这类禅风为数不少。《五宗原》之作，是在理论上做声讨，目的在唤醒禅者回到五家宗旨，特别是回到看话禅的轨道上去。

关于法藏等人所揭露的诸种"禅病"，是否真的为"病"，从事棒喝、翻踢的禅者，是否就是"以鸡鸣狗盗为习"，姑且不论，问题是，在当时处在这股风浪的顶尖，足以"称王称霸"的代表人物是谁呢？人们很容易联想到唯以一条白棒从头打到尾的乃师圆悟。圆悟对法藏的观点深恶痛绝是不可避免的。

三　圆悟对法藏师徒的批判

崇祯三年（1630），圆悟得到法藏送去的《五宗原》，未阅全文，束之高阁。不久，圆悟的同门圆修致书批评法藏。法藏回书反驳。崇祯六年（1633），圆修把法藏的回信寄给圆悟，请其裁决。圆悟听说"汉月藏每提唱时喜为穿凿，恐后学效尤，有伤宗旨，因其省问，乃为规诲"③。他是如何"规诲"的，不知其详。次年，圆悟著《辟妄七书》，揭开批判《五宗原》的序幕。

崇祯九年（1636），法藏已死，圆悟又著《辟妄三录》，再次批判。法藏弟子潭吉弘忍为维护法藏之说，兼驳圆悟，著《五宗救》十卷。圆悟曾说"潭吉聪明伶俐，博极群书，其所作《五宗救》，读书人爱看"④。但在潭吉弘忍死后不久，崇祯十一年（1638），圆悟推出《辟妄救略说》十卷，对法藏、弘忍师徒一起清算。

《辟妄救略说》按过去七佛到密云圆悟（附法藏）历代佛祖传记的顺序排列，摘录弘忍《五宗救》的言论附于每条之后，逐条批驳，矛头则

① 《无异元来禅师广录》卷七，《卍续藏经》第 72 册，第 317 页。
② 同上书，第 269 页。
③ 《天童密云禅师年谱》，《嘉兴藏》第 10 册，第 83 页。
④ 《辟妄救略说》卷十《附三峰》，《卍续藏经》第 65 册，第 189 页。

主要指向法藏。论述比较杂乱，但中心思想突出。

首先，斥责法藏不尊师长，是无君无父，乱臣贼子。他说："古人道：威音王以后，无师自悟，尽是天然外道。汉月抹杀老僧，便是外道种子，所以老僧竭力整顿他，亦为道也，非为名分也。"① 又说："汉月妄攀高峰为得心之师，觉范为印法之师，真师则临济，正若世间无父之子，认三姓为父亲，遗臭万年，唾骂不尽。"② "世有读书君子，明理高贤，以为如此人者，能逃孔孟贼子之笔伐，无父之口诛否耶?"③

圆悟的这类咒骂，从宋明的儒家道学看，是义正词严，冠冕堂皇，因为"天地君亲师"，师已上升到与君亲并重的伦理地位，当然是违逆不得的。但就禅宗而言，却不尽然。唐禅以超越佛祖为洒脱，宋禅把呵佛骂祖视作解脱，一般禅者也以弟子创新为师之能；师辈也不以弟子违于己说而视作叛逆。因此，禅理禅风不断翻新，显得思想十分活跃。至于圆悟，以师长的身份压人，身份成为真理的象征，表明新儒学的伦理观也已深入禅众。因此，法藏的失败，是被历史地注定了。

其次，是对法藏神化五家宗旨的批判。圆悟说：

汉月不识五宗正旨，妄捏一〇，为千佛万佛之祖，则千佛万佛，正法眼藏，已被汉月抹杀。更谓五宗各出〇之一面，任汝作《五宗原》、《五宗救》，建立五宗，实乃抹杀五宗。任汝执三玄三要、四宾主、四料简，举扬临济，实乃抹杀临济。④

那么，什么是真正的五家宗旨？什么是真正的临济宗旨？这就涉及禅法本身问题。

圆悟认为，所有禅家宗旨，只有一个，即"从上已来，佛法的大意，惟直指一切人，不从人得之本来，为正法眼藏，为曹溪正脉，为五家无异之正宗正旨"⑤。圆悟的"直指一切人心"，既是佛祖的宗旨，也是五家共同的宗旨，此外别无宗旨。

① 《辟妄救略说》卷七，《卍续藏经》第65册，第166页。
② 《辟妄救略说》卷八，《卍续藏经》第65册，第167页。
③ 《辟妄救略说》卷九，《卍续藏经》第65册，第178页。
④ 《辟妄救略说》卷四，《卍续藏经》第65册，第136页。
⑤ 《辟妄救略说》卷九，《卍续藏经》第65册，第181页。

　　显然，圆悟此说缺乏禅史知识。因为以圆相〇示佛理，佛理即是诸佛的本源，是始自沩仰宗的慧寂，并不是法藏的"妄捏"。从"圆相"说的理论形式上看，它属于禅宗中的理学派；以"一心"为诸佛起源，因而强调"直指人心"，我们称之为禅宗中的心学派。实际上，理学派的理，本质也是"心"；心学派的"心"，也有"理"的含义。所以从哲学本质体论上看，二者没有原则区别。圆悟用"直指人心"批驳法藏的圆相，没有展开心学与理学的分歧，而是以意气用事代替了理论分析。

　　其实，圆悟本人对五家宗旨的论述也是有矛盾的。一方面他否定五家各有宗旨；另一方面，在分述各宗时，又肯定各派确有自己的宗旨。关于临济宗，他就反复强调："此临济建立宗旨，唯问著便打而已。"[1] "老僧只据临济道，你但自家看，更有什么？山僧无一法与人，是临济宗旨。""老僧拈条白棒，问著便打，直教一个个迥然独脱，无倚无依，者便是老僧的宗旨。"[2] 这样，"无一法与人"和"问著便打"都是临济宗旨。

　　若按这样的标准计算，则宗旨可以多到不可数。显然，圆悟在这里把禅宗的共性同各派的特性，把各派的禅理及其禅风都混为一谈。这暴露了当时禅师们理论水平的普遍粗浅和低下。

　　如上所述，圆悟一生以"问著便打"著称，并引以为自豪。潭吉弘忍把"打"称为"狂"，把"骂"称为"泼"，对他进行抨击。圆悟也坚决驳斥，他列举了"黄檗打临济，大觉打兴化"，而"天下万世，未有指为狂打者"的事例；列举了某些尊宿用"噇酒糟汉，屎床鬼子"骂人，而"天下万世，未有指为泼骂者"的事例，证明"打"和"骂"正体现了禅的"全机大用"。圆悟认为："妄称狂打泼骂自潭吉始，使天下万世，疑打即是狂，骂即是泼，师家束手结舌，不敢以本分草料接人，自潭吉一言始矣。"[3] 作为一个禅师如果不能打骂，就只有"束手结舌"，等于说，禅师的全部本领只有打和骂了。

四　无明慧经的农禅兴宗

　　自元初行秀弟子雪庭福裕受诏住持少林，到明代中期，嵩山一直是曹

---

① 《辟妄救略说》卷一，《卍续藏经》第 65 册，第 112 页。
② 《辟妄救略说》卷十，《卍续藏经》第 65 册，第 189 页。
③ 《辟妄救略说》卷八，《卍续藏经》第 65 册，第 170 页。

洞宗的主要基地，吸引了各地众多的僧人前来参禅。但从这里产生的有影
响的禅师，则为数寥寥。真正使曹洞宗振兴起来、形成全国性影响的，是
明代末年的无明慧经。

慧经（1548—1618），号无明，抚州崇仁（江西崇仁县人），俗姓裴。
9 岁入乡校，21 岁出家，到江西黎川廪山求学于蕴空常忠。常忠
（1514—1588）的知名度没有当时幻休常润高，但对慧经的影响很大。据
"杭州径山嗣法曾孙道盛"撰《建昌廪山忠公传》记，常忠是建昌人，
"少时习姚江良知之学，尝以自有别见当揭明之"。常忠出家之后，到嵩
山参见小山宗书，并游历五台、北京等地。小山宗书住持北京宗镜寺，他
"服勤三载，深得其旨"。后来他回到江西黎川廪山隐居，而"独与大参
罗近溪汝芳征、邓潜谷元锡二公相与论性命之学，间拈《金刚》、《圆
觉》，发挥宗门大意，及举向上事，剖决良知，扫除知解，皆超出情
见"①。据此，常忠是用佛教教义"剖决"王学的中心概念"良知"，并
由之所阐发"性命之学"的。可惜这方面的资料不多，具体内容难详。
常忠并不广交士大夫，曾把一些缙绅名士拒之门外。有人问他原因，他
说："彼且多知多解，肉饱酒醉，来寻长老消闲。予粥饭僧，那有许多力
气，与他搔皮宽肚，取人爽快，图人赞叹也。"② 这是一个不愿给人作消
闲材料，不甘清客身份，而有独立性格的禅师。这对慧经是有影响的。

常忠曾有自己的志向："当嘉、隆间，宇内宗风，多以传习为究竟。
师疾时矫弊，志欲匡扶大法，而力未迨，以故终身韬晦。"③ 他反对的
"以传习为究竟"，是指嵩山传习的评唱，他力图加以改革，而响应者少，
所以不得不"终身韬晦"。直到慧经"从其剃落，后蒙记莂，始为弘
扬"。④ 而常忠未申之志，在慧经那里得到实现。

慧经随侍常忠三年，后到鹅峰山住二十八年。⑤ 万历二十八年
（1600），慧经到各地游历参访，曾见到云栖袾宏、无言正道、瑞峰广通
等当代名僧。据德清撰《新城寿昌无明经禅师塔铭》记，慧经还曾前往

---

① 《建昌廪山忠公碑》，《卍续藏经》第 72 册，第 226 页。
② 同上。
③ 同上书，第 227 页。
④ 《博山语录集要序》，《卍续藏经》第 72 册，第 383 页。
⑤ 一说慧经在峨峰居住二十四年，此据元贤的《无明和尚行业记》，见《鼓山永觉和尚广
录》卷十五，《卍续藏经》第 72 册，第 472 页。

京都，谒达观（真可）禅师，达观"深器重之"。[1]

此中涉及慧经传承关系的有两个人：其一是无言正道（1548—1618），幻休常润的弟子，继住少林，被视为曹洞正宗；其二是瑞峰广通，笑岩德宝的弟子，属临济宗。广通对慧经也有影响，黄端伯在《寿昌语录序》中说慧经"最初从廪山发悟，而末后印法于五台（广通）"，把慧经归于临济宗。慧经在万历三十一年（1603），初次开堂说法，即宣布嗣法常忠，确定自己属曹洞宗系。尽管如此，到清初仍有人提出慧经一系的归属问题。

万历三十六年（1608），慧经受请住持福建董岩，不久重返宝方寺。第二年，迁住建昌府新昌（江西黎川具）寿昌寺，直至逝世。习惯上即把他这一派称为曹洞宗寿昌系。关于他的言行，有其弟子元来所编《寿昌无明和尚语录》二卷。

慧经在江西振兴禅宗，主要借助农禅扩大丛林规模。在他出家后的四十余年中，除两三年行脚外，都是住山开田。在鹅峰山时，他"凿山开田，不惮劳苦"；在宝山寺时，他"虽临广众，不以师道自居，日率众开田，斋甫毕，已荷锸先之矣。时有志于禅者日渐集"。至于寿昌寺，他"居败屋，日中率众开田，一如宝方，未尝少倦。数载之间，重建一新，庄严伟丽，甲于江右丛林"。他的弟子元贤说："四十余年，锄犁弗释，年逼七旬，尚混劳侣，必先出后归，未尝有一息苟安之意。三刹岁入可供三百众，皆师血汗之力也。"[2] 他的另一弟子元来说："入山躬自作务，力田饭僧。凡鼎建梵刹大小十余所，皆吾师一锸之功也。"[3] 慧经正是以倡导并带头劳动，将禅建立在保障自给的经济上，才使禅众不断扩大的。在宝方寺，"四方闻风而至者，络绎于道，挂搭常数千指"；[4] 在寿昌寺，"二十年来，千指围绕"。[5]

慧经的农禅，是对百丈怀海的自觉效法，他说："山僧昨早停箸，披

---

① 元贤认为，德清所撰《塔铭》"述先师（指慧经）入道机缘，率多失实"，故另作《元明和尚行业记》，认为慧经并没有见到达观真可。

② 《无明和尚行业记》，《卍续藏经》第 72 册，第 473 页。

③ 《无异元来禅师语录》卷三十三，《卍续藏经》第 72 册，第 370 页。

④ 《无明和尚行业记》，《卍续藏经》第 72 册，第 473 页。

⑤ 《新城寿昌无明经禅师塔铭》，《嘉兴藏》第 25 册，第 684 页。

蓑顶笠，镢头到晚，犹不觉倦。若不履践至百丈堂奥，焉能禁得大众？"①
在他看来，"能禁得大众"的，不是精深的学问，而是解决大众的衣食问
题；以亲身劳动带动大家共同劳动，才是禁制大众不失散、不违戒的根本
途径。也正因如此，他受到推崇，被尊为"寿昌古佛"。"学侣参寻，每
将镢柄为禅杖；尊宾顾访，且就蓑衣准布袍，故有'寿昌古佛'之称。"②

慧经"常示参徒"，"牵犁拽钯，法法全彰，岂待老僧再举扬乎"③！
开田垦荒、牵犁拽地，就是示以佛法，用不着再有什么说教。德清说他
"生平佛法，未离镢头边也"④。这个评价是恰当的。

慧经贯彻的农禅制度非常彻底。其表现之一，就是拒绝接受官僚王公
的布施，所谓"历主三刹，皆不发化主，不扳外缘"。⑤ 当时的达官显贵
进山，总要"斋香修敬"。对于这些人，慧经"漠然不答"。寺中知事劝
他"稍循时宜"，他回答："吾佛制，不臣天子，不友诸侯，为佛儿孙，
而违佛制，是叛佛也。"⑥ 这是因为有了独立的经济，所以才有独立的品
格。而这种禅宗的独立性，只有在中央集权薄弱或失势的年月才能实现。

慧经一反明代禅宗风习，主张保持禅林的纯洁性，反对把"禅坊"
变为"应院"。洪武年间，明王朝规定禅、讲、教分宗。由于官民法事盛
行。"教"寺香火旺盛，赴应僧赚钱十分容易，所以禅僧多兼作法事。这
种风气也曾流到慧经创业的山寺，他大加斥责："汝邀一时之利，开晚近
流弊之端，使禅坊流为应院，岂非巨罪之魁也！"⑦

从这类言行看，慧经努力恢复的，确是晚唐农禅的模式，在振兴江西
丛林中有不少号召力。但拒受布施，不作法事，大约只能行之于他所住持
的寺院，并不能改变元明以来的旧风。

在对待各种禅学形式方面，慧经继常忠之志，反对讲习评唱，也反对
钻研公案机语，他指出：

---

① 《寿昌无明和尚语录》卷上，《嘉兴藏》第25册，第670页。
② 《南宋无明禅林僧宝传》卷十四，《卍续藏》第79册，第650页。
③ 《寿昌无明和尚语录序》卷上，《嘉兴藏》第25册，第667页。
④ 《新城寿昌无明经禅师塔铭》，《嘉兴藏》第25册，第684页。
⑤ 《无明和尚行业记》，《卍续藏经》第72册，第473页。
⑥ 《南宋无明禅林僧宝传》卷十四，《卍续藏经》第79册，第650页。
⑦ 同上。

　　参禅者须得禅源底要妙，方有语话分。此语无来由，没格式，但应机便用，实无有铺排，着量之言。所以云："无味之谈，塞断人口。"如僧问赵州："如何是道？"州曰："门外是。"……此等语话可商量乎？尽是禅源到底句，但具眼者自然相契。①

　　意思是说，机语是"没来由，没格式"的"无味之谈"，不能通过分析它们的含义悟解。只有"得禅源底要妙"，"具眼者"自然契会。所谓"具眼"，这里指具有"道眼"；"道眼"能令人明慧，所以又名"道眼明"。慧经认为，令人"道眼明"的唯一的方法是看话头。慧经说：

　　　　参学之士，道眼未明，但当看个话头……如是最是省力，不须念经，不须拜佛，不须坐禅，不须行脚，不须学文字，不须求讲解，不须评公案，不须受皈戒，不须苦行，不必安闲，于一切处，只见有话头明白，不见于一切处。②

　　他这里讲的看"话头"，也是明末的潮流。他的特点是针对性强，目的是用以取代讲习评唱。而看话头的方法也没有定式，禅者只要将注意力集中于某个话头上，令心力不要旁涉就足够了。这样，看话禅被简化了，同劳动的结合也更容易密切了。

　　在慧经的弟子中，以寿昌元谧、晦台元镜、博山元来和鼓山元贤较为著名。

　　元谧（1579—1649），字见如，一字阒然，南昌人，俗姓胡。21 岁到宝方寺见慧经，要求剃发，未获应允，遂去抚州金山，随铠法师出家。一年后，返回宝方寺，一直追随慧经，先作火头，后为维那。元谧接受了慧经的禅学传统，重视参究话头；对扩大丛林建设多有贡献。后继慧经住持寿昌寺二十余年，并重建了宝方寺和本邑的龙湖禅寺。关于他的言行，有弟子道璞集的《见如元谧禅师语录》一卷。

　　元镜（1577—1631），字晦台，别号湛灵，福建建阳人，俗姓冯，万历三十二年（1604）出家，随慧经住宝方寺和寿昌寺。万历四十三年

---

① 《寿昌无明和尚语录》卷上，《嘉兴藏》第 25 册，第 674 页。

② 同上书，第 673 页。

（1615），从博山元来到福建大仰，晚年归隐武夷石屏山，被称为"武夷第一代禅祖"。关于他的言行，其弟子觉浪道盛编《晦台元镜禅师语录》一卷。李长庚作《武夷第一代禅祖东苑镜公大塔塔铭并序》，附在《语录》之后。

元镜弟子觉浪道盛，是寿昌系的后起之秀。他先后跟随元来、慧经、元镜习禅，元镜曾以"寿昌宗派并书偈付之"。元谧也很看重道盛，后来让他代替自己住持寿昌寺。

五　博山元来的兼容思想

元来不同于其师慧经，不专以劳作为务，而是以禅律并行治理丛林，禅教兼重，又盛倡净土信仰，其影响远元超过慧经。

（一）禅律并行，禅教兼重

元来（1575—1630），又名大䑀，字无异，俗姓沙，舒城（安徽舒城县）人。16 岁到金陵瓦棺寺，听讲《法华经》，后至五台山出家，从天台宗僧习止观法门。他后来追述这段修行过程说：

> 参五台山静庵通和尚，蒙示三观之旨。先修空观，一空一切空。彼时于蒲团上，当下不知血肉身心前境，不知有山河大地。如此五年。[1]

显然，元来注重的是天台宗的坐禅观想，所以一直勤于此，"尝露坐松下，不知晨夜，蚊蚋集躯，如嘬槁木"[2]。由此形成他终生重视禅修实践的作风。

五年之后，元来慕名到鹅峰参见慧经，见他貌似田夫，遂未停留便去福建白云峰，苦修三年，有所证悟。然后又到宝方寺见慧经，慧经让他为首座。27 岁，至鹅湖访祩宏弟子心和尚，"受菩萨毗尼"。在此期间，曾三次拜见祩宏，祩宏书写"演畅真乘"相赠。

从 28 岁开始，元来独立住持寺院。初住博山（江西上饶）能仁禅寺，后三十年中，住持过福州董岩禅寺、福州鼓山涌泉禅寺和金陵天界寺

---

① 《无异元来禅师广录》卷八，《卍续藏经》第 72 册，第 272 页。
② 《博山和尚传》，《卍续藏经》第 72 册，第 378 页。

等，在江西、福建和江苏一带颇有影响。

明末，南方禅宗崛起，涌入禅门的僧人普遍轻视戒律。元来以戒律约束僧徒，受到社会好评。他能够住持博山能仁禅寺，就是当地官僚士大夫看重他这一特长。"博山故韶国师道场，荒废日久，寺僧皆肉食者流。广文君倡诸缙绅，偕寺僧请和尚。和尚至，则诛茅为屋，仅足容膝，而禅律并行，蹶然兴起。鹅湖闻和尚居博山，即以授戒仪轨畀之。"① 他以戒律治理丛林，有很大的号召力，前来请他授戒的人很多，"学士大夫、文学布衣，礼足求戒者，动至数万"。②

元来也很重视参究话头，但不像慧经那样用它代替一切。他鼓励学徒多读佛典："夫为学者，凡经律论三藏文字，大小偏圆，靡不遍涉。"③ 他认为宗与教不应该相互褒贬："然宗教殊途，皆归一致，都城趋入，迟速不同。非敢以宗抑教，以教抑宗，真有所抑，即是魔人。"④ 他本人即颇通经典和诸宗教义，增强了对文人的影响力。"姑苏刘监军锡玄，素慕和尚，闻和尚在金陵，走谒焉。询义以台教，辩如悬河，和尚为剖疑义，更示以别传之道，监军脔然自丧。"⑤ 据《无异元来禅师广录》载，他经常为僧人和士大夫讲解天台、华严和唯识等宗的教义。他自撰《宗教答响》五卷，专门论述宗与教的相通关系。这种禅教并重的做法，适应了整个佛教发展的大趋向，这是他名重一时的重要原因。

刘日杲曾高度评价元来："明兴二百年，宗乘寥寥，得和尚而丕振，猗与盛哉！禅律不相谋，宗教不相为也，而和尚法嗣寿昌，律传鹅湖，殆兼之矣。"⑥ 认为元来改变了明代二百年来禅宗萎靡不振的局面，是溢美之词，但指出元来打破了"禅律不相谋，宗教不相为"的框框，促进了禅律并行、禅教兼重的发展，则是事实。

元来的门徒编有《无异元来禅师广录》三十五卷，收录他六坐道场的语录及杂著、拈古、颂古、书启、诗文、传记等；元贤从中筛选，编为《博山无异大师语录集要》六卷。

---

① 《博山和尚传》，《卍续藏经》第 72 册，第 379 页。
② 同上。
③ 《无异元来禅师广录》卷二十六，《卍续藏经》第 72 册，第 342 页。
④ 《无异元来禅师广录》卷二十三，《卍续藏经》第 72 册，第 328 页。
⑤ 《博山和尚传》，《卍续藏经》第 72 册，第 379 页。
⑥ 同上。

元来一系后被称为寿昌系的博山一支，其传承法号有二十字："元道宏传一，心光普照通，祖师隆法眼，永传寿昌宗"。[①] 元来的门徒很多，在他第二次住博山时，"朔既燕都，南尽交趾，望风而至者，岁以千计"[②]。知名的弟子有长庆道独（1599—1660）、雪礀道奉（1597—1675）、古航道舟（1585—1655）、瀫山智闇（1585—1637）等。其中智闇曾住持博山、福州鼓山、杭州虎跑、信州瀫山等处，影响较大。他的思想没有超出元来的范围。关于他的言行，有《雪关和尚语录》六卷和《雪关禅师语录》十三卷。

（二）禅与净土，"当求一门深入"

在禅宗史上，关于禅与净土的关系问题，始终意见不一。当明清之际，禅宗重兴，再次出现了排斥净土信仰的思潮，元来则是卫护净土信仰的代表。他批判当时的一些现象说：

> 慨末法我相自高，边见分执，贬净土为小乘，指念佛为权行，甚者向人诞唾下，觅尖新语句，蕴在八识田中，以为究竟极则。及乎到头，一毫无用，是之谓弃楚璧而宝燕石，反鉴而索照也。[③]

将净土信仰斥于禅外的人，是要用参究话头取代佛教一切法门。据元来看，这将"一毫无用"。他的观点是："禅净无二也，而机自二。初进者，似不可会通，当求一门深入。"[④] 他的意思是说："禅"与"净"本身并无区别，由于行者根基不同，禅与净始划分为二。初学者尚不能将二者会通为一，则参禅者可专心看话头，求西方者可专心于念佛。就是说，禅净结合最好，否则禅净单修也行，但绝不能把二者对立起来。以后元来指导学人修习，或参禅，或念佛，都没有背离这一原则。

元来提倡禅净无二，其中的"净土"，首先指的还是唯心净土，所谓"十万亿刹之外，不出一心"[⑤]。他作《净土偈》一百零八首，每首都以"净心即是西方土"一句开头，其中前三首是：

---

① 《宗教律诸宗演派》，《卍续藏经》第 88 册，第 564 页。
② 《博山和尚传》，《卍续藏经》第 72 册，第 379 页。
③ 《无异元来禅师广录》卷三十二，《卍续藏经》第 72 册，第 365 页。
④ 《无异元来禅师广录》卷二十一，《卍续藏经》第 72 册，第 317 页。
⑤ 同上书，第 318 页。

　　净心即是西方土，行遍西方步不移。无影树头非色相，瞥然起念便支离。

　　净心即是西方土，念佛声消我是谁。彻底掀翻"谁"字窟，三家村里活阿弥。

　　净心即是西方土，何必瞿昙万卷书。霹雳一声聋两耳，全身挦入赵州"无"。①

　　第一首是重述唯心净土的原理，无甚特色。第二首是接受袾宏关于融通禅净的思想，并纳入看话禅。他曾指出："我云栖师翁将禅净二途缚作一束，教人单提一句'念佛是谁'。"② 即用看"念佛是谁"，代替念诵阿弥陀佛；通过"念佛声"，"消我是谁"的"我执"观念。如果参透这个话头，就是"彻底掀翻'谁'字窟"，将"我执"彻底掀翻，也就达到了念佛求见阿弥陀佛的目的。第三首，是用念佛代替看话头，认为二者会有同样的效果：念佛若念到无其他知觉的程度，等于看赵州"无"字话头所达到的境界。

　　这种"净心即是西方土"，在具体运用上可以有很多方面，但就唯心言净土来看，本质上是反西方净土的，属于禅宗的老调。但是，若依据修行根机来分，禅与净土是两种法门，这里的净土，就是西方净土："如果提一句弥陀，当以信、行、愿为资粮。信者，信自心有成佛底种子，信有弥陀可见，信有净土可生，信我念佛将来毕竟见佛，毕竟成佛，更无疑虑也……"③ 既然承认"有弥陀可见"，"有净土可生"，那么，弥陀和净土就不是存在于自我心中，而是外在可崇拜的对象。在这里，元来还把西方信仰当作"资粮"，即手段。但在另一些地方，他把唯心净土与西方净土这两种相互矛盾的说法完全沟通起来：

　　　　然行人念佛，正当发愿往生，不可执目前净土。大方之家，安可滞一隅，谓之心净土净，正所谓弃大海认浮沤为全潮者，不迹迷

---

① 《无异元来禅师广录》卷二十，《卍续藏经》第 72 册，第 313 页。
② 《无异元来禅师广录》卷八，《卍续藏经》第 72 册，第 271 页。
③ 《无异元来禅师广录》卷二十，《卍续藏经》第 72 册，第 318 页。

乎？……果将一句弥陀，念教不念自念，究竟到一心不乱，则唯心之理，不言可喻，又何妨发愿往生乎？①

他认为，以"心净土净"反对求往生，是愚迷的表现；而念诵佛号求往生，最终也能达到唯心净土的境界。看来，矛盾并没有从理论上解决，只是在实践上调和了。

与此相应，他将历史代禅师呵佛骂祖等反对偶像崇拜的言论当作"权语"，以便把西方净土纳入禅中："是故求一门深入，不可滞祖师权语，又不可滞抑扬之说也。……祖师亦云：'佛之一字，吾不喜闻'。又云：'念佛一声，三日漱口。'祖师意总不在此。"②最后，他依然是重述念佛会有佛力冥资，易于参禅等老调："此净土一门，仗果位中佛，发大弘誓，广摄念佛行人，比于诸法门中，似省力也。"③

元来提出的禅净可以不必兼修，当求一门深入的主张，影响不小。他的同门师弟元贤更做了进一步发挥。元贤告诫禅僧，不论是参禅还是念佛，能同样达到解脱："又有一等人，才念佛又愁不悟道，却要参禅，心挂两头，功不成就，全不知念佛也是这心，参禅也是这心，参禅参得到的，念佛也念得到。"④

然而在元贤的继续解释中，却从禅净可以不必兼修，变成了禅净不可兼修：

> 问：参禅兼修净土可乎？曰：参禅之功，只贵并心一路，若念分两头，百无成就。如参禅人有一念待悟心便为大障，有一念恐不悟心便为大障，有一念要即悟心亦为大障，况欣慕净土诸乐事乎？况虑不悟时不生净土，已悟后不生净土乎？尽属偷心，急加剿绝可也。⑤

这样一来，参禅和念佛不是相辅相成、互为补充的，而是相冲相克、水火不容的。尽管二者都可以独立达到解脱的目的。

---

① 《无异元来禅师广录》卷二十一，《卍续藏经》第 72 册，第 318 页。
② 同上书，第 317 页。
③ 同上书，第 318 页。
④ 《鼓山永觉和尚广录》卷九，《卍续藏经》第 72 册，第 436 页。
⑤ 《鼓山永觉和尚广录》卷二十九，《卍续藏经》第 72 册，第 569 页。

元来和元贤这些充满矛盾的主张，反映了明清之际净土思潮的高涨，使禅宗处在两难之中，最后不得不以承认净土为独立的解脱法门，来保持禅宗绝对内向的纯净。但这种日子也不多了。

六　永觉元贤的禅学特点

元贤（1578—1657）字永觉，俗姓蔡，建阳（福建建阳县）人。未出家前受过良好的儒家教育，是一个典型的"以儒而入释"的禅师。他喜好宋代理学家的著作，尤其"嗜周、程、张、朱之学"，25 岁到寺院听讲《法华经》，对佛教产生信仰，便继续研习《楞严》、《圆觉》等在当时最流行的佛典。万历三十一年（1603），往福建董岩，随慧经习禅，慧经还指导他参究"干屎橛"话头。

万历四十五年（1617），元贤正式出家。一年后慧经圆寂，又随元来习禅三年。至 46 岁，闭门三年，阅读大藏经。自 57 岁以后的二十余年，先后住持福建鼓山涌泉禅寺、泉州开元禅寺、杭州真寂禅院和剑州宝善庵。其弟子为霖道霈称他"四坐道场，大作佛事，言满天下，道被域中"①。

元贤是继元来之后曹洞宗最有影响的禅师。他重建了许多废弃的寺院，他居住时间最久的鼓山成为"八闽丛林之冠"。"山中所依止率三百余人；问道受戒，不啻数万人。"②

元贤晚年，正是明清交兵的年月，南方战事频仍，生灵涂炭，人民蒙难，死亡狼藉。元贤率领僧徒，从事赈济灾民、葬埋死者等慈善活动。如清顺治七年（1650），率众"收无主遗骸千余瘗之"。顺治十二年（1655）春，兴化、福清、长乐一带，"罹兵变，饥民男妇流至会城南邻……师乃敛众遣途，设粥以赈。死者具棺葬之，凡二千余人，至五十日而止"③。中国佛教在战争年代从事大规模的社会救济活动，大约应该从元贤算起。

元贤的社会视角广，关心的问题也多，反对溺杀女婴的陋习是其中之

---

① 道霈：《最后语序》，《卍续藏经》第 72 册，第 589 页。
② 潘晋台：《鼓山永觉老人传》，《卍续藏经》第 72 册，第 580 页。
③ 《福州鼓山白云峰涌泉禅寺贤公大和尚行业曲记》，以下简称《贤公大和尚行业曲记》，《卍续藏经》第 72 册，第 577 页。

一。他说：

> 今世俗溺女，正所谓杀无罪之子，愆之莫大者也，而世俗恬不知怪，视以为常，不亦异乎？昔孟子谓：今人乍见孺子将入井，皆有怵惕恻隐之心，非纳交于孺子之父母也，非要誉于乡党朋友也，非恶其声而然也，直曰：无恻隐之心非人也。……其爱子之情，岂有择于男女哉。①

元贤以精通儒释闻名，本人也很自负，临终述怀，竟以拯救儒士和禅者为嘱：

> 老汉生来性太偏，不肯随流入世廛。顽性至今犹未化，刚将傲骨救儒禅。儒重功名真已丧，禅崇机辩行难全。如今垂死更何用，只将此念报龙天。②

在他看来，儒士追求功名而丧尽真性，禅僧巧言善辩则正行难全。此话讲于明亡清初之际，是否别有所指，很难推度，但最后要将此念报"龙天"，确实特别。在佛徒中，一般不会说"报龙天"这种话的，尤其是一个知识僧侣。

元贤一生著述很多，道霈说："师平生说法语录及诸撰述共二十种，凡八十余卷，盛行于世。"③ 元贤自述其著作"凡二十种，计一百余卷"。④ 道霈集元贤的语录及部分杂著，编为《鼓山永觉和尚广录》三十卷。除了上堂说法语录之外，他的著作可分为四类：一是史传，包括两部《灯录》，一部地区僧史和重修的两部分寺志；二是禅学论述，以《洞上古辙》二卷为代表；三是"会通儒释"之作，主要是《寱言》；其四是注疏，包括《楞严翼解》、《楞严略疏》、《金刚略疏》、《般若心经指掌》、《法华私记》等。

---

① 《喜山永觉和尚广录》卷十六，《卍续藏经》第72册，第475页。
② 《贤公大和尚行业曲记》，《卍续藏经》第72册，第577页。
③ 《喜山永觉老人传》，《卍续藏经》第72册，第580页。
④ 《喜山永觉和尚广录》卷十八，《卍续藏经》第72册，第494页。

元贤很重视编撰禅宗的史书，用力甚大。为补《五灯会元》的不足，他于顺治六年（1649）编撰了《补灯录》，补记了一百八十五人，希望能"发前贤之秘光，开后学之智眼"。① 两年之后，他又补了《五灯会元》和《五灯续略》的不足，编撰《继灯录》六卷，分述临济（始于第十八世）和曹洞（始于第十六世）两宗，其影响大于《补灯录》。

元贤的《建州弘释录》二卷，是在元来鼓励下编撰的，完成于崇祯二年（1629）。元来指出，他早年游历福建，知道这里是"理学渊薮"，后读《灯录》，又知道"建州为禅学渊薮"。② 因此劝元贤写一部他的故乡僧史。元贤遂"博探群籍，取诸师之产生于建者，或开法显化于建者，悉录而传之"，③ 记录了从唐到明的名僧七十七人。

元贤整理和续编了两部山、寺志书，即续编《泉州开元寺志》和《鼓山志》。后者原为两卷，未最后定稿。

元贤对临济和曹洞两宗的研究，独具心得，认为两家禅学具有一致性。他说："予三十年前学临济，三十年后学曹洞，自从胡乱后，始知法无异味。"④ 在临济禅学方面，曾作《三玄考》，重新解释三玄三要。而费力最多的，最研究曹洞宗禅学。清顺治元年（1644），写成《洞上古辙》二卷，顺治五年（1648），经"再四订定"，最后定稿。此书把曹洞宗旨的源头归结到希迁的《参同契》，认为"参同契"乃"洞宗之源也"；⑤ 元贤还对五位君臣、偏正回互等曹洞宗义，重新解释，并选集了历代曹洞禅师若干言行。

元贤在讲到撰写《洞上古辙》的背景时指出：

> 至我明弘治中，有《四家颂古注》，嘉靖中，有《曹洞宗旨绪余》及《少林笔记》等书，悉皆谬妄，迷乱后学。……乃作《洞上古辙》二卷，尽删邪说，惟取古德旧案，类集成书，间有发明考订，乃不顾危亡，直犯忌讳。⑥

---

① 《鼓山永觉和尚广录》卷十四，《卍续藏经》第 72 册，第 464 页。
② 《无异元来禅师广录》卷十二，《卍续藏经》第 72 册，第 366 页。
③ 《鼓山永觉和尚广录》卷十三，《卍续藏经》第 72 册，第 454 页。
④ 《鼓山永觉和尚广录》卷十六，《卍续藏经》第 72 册，第 477 页。
⑤ 《鼓山永觉和尚广录》卷二十七，《卍续藏经》第 72 册，第 536 页。
⑥ 同上。

《洞上古辙》在于用"发明考订"的方法，批驳谬妄，厘清迷乱，而矛头则是直指《曹洞宗旨绪余》及《少林笔记》等代表的嵩山系曹洞宗。因此，《洞上古辙》的性质与法藏的《五宗原》相似，也有反权威的意义，在一定程度上反映了南北曹洞禅师在禅思想上的差异。

元贤论述儒释关系的著作是《寱言》。写于崇祯五年（1632）的《续寱言序》说："昔余居荷山，因诸儒有所问辩，乃会通儒释，而作《寱言》。"① 所以他强调的是儒佛二教的一致性："人皆知释迦是出世底圣人，而不知正入世底圣人，不入世不能出世也；人皆知孔子是入世底圣人，而不知正出世底圣人，不出世不能入世也。"② 视佛为出世之教，儒为入世之教，二者分工治世，是一种十分流行的观点。现在元贤则把二家圣人完全等同起来，他们是出世的，同时也是入世的。

《寱言》的内容比较庞杂，引用大量儒典，涉及历代很多儒士，分析了不少哲学命题。但比较集中论述的，仍然是心性问题。在谈及和程朱及王阳明的学说与禅宗心性论之同异时，他说：

> 佛氏论性，多以知觉言之。然所谓知觉者，乃灵光独露，回脱根尘，无待而知觉者也。阳明倡良知之说，则知待境起，境灭知亡，岂实性之光乎！程朱论性，直以理言之，谓知觉乃心，心中所具之理为性，发之于四端为情。阳明之良知，正情也。即欲深观之，则此情将动未动之间，有灵灵不昧，非善非恶者，正心也，岂实性之理乎？③

这是一个禅僧对于宋明儒学热门话题的观点，是值得注意的。以《圆觉》、《楞严》为代表的"佛氏"，即禅宗的主流，以"知觉"为人的本"性"。但此"知觉"与王阳明的"良知"不同：佛氏之"知觉"，是无条件的存在；王氏的"良知"则受对象的限制。程朱把人"性"归为"理"在心中的显现，知觉仅归为心的功能，理成了知觉的本体。这是三家的差别。元贤认为，儒家两说都不究竟：王氏之"良知"，属于道德化

① 《鼓山永觉和尚广录》卷三十，《卍续藏经》第 72 册，第 570 页。
② 《鼓山永觉和尚广录》卷二十九，《卍续藏经》第 72 册，第 561 页。
③ 同上书，第 565 页。

的"善"；"善"是"情"的一种，故曰"正情"；程朱之理，"发之于四端"者，也是善，与王氏之"情"是一回事。但在此"情"之上，即"此情将动未动之间"，善恶尚未分化，是谓"正心"，即"灵灵不昧"的"知觉"，这才是"实性"所在，而不是别有其"理"的存在。因此，王学是讲情而非"性"；程朱讲"理"亦非"性"，只有禅宗的"知觉"才是"性"，也与儒家的"正心"之旨相合。

注重讲经注经也是明代佛教界的一种风气。元贤在追溯这种风气的变化时说：

> 国朝嘉隆以前，治经者类皆胶守古注，不敢旁视，如生盲依杖，一步难舍，甚陋不足观也。万历间，雪浪起而振之，尽罢诸疏，独演经文，遂为讲中一快。然而轻狂之士，强欲效颦，妄逞胸臆，率尔灾木，其违经叛圣之害。岂止于陋而已哉？[①]

明代治经有两个阶段，在嘉靖、隆庆（1522—1572）年以前，讲经者都是株守古注，不敢有一点自己的见解。从万历开始（1573—1619），治经出现了转折：精通《华严》、《唯识》的雪浪洪恩（1545—1608），完全撇开古疏，而按自己的理解阐发，使治经之风为之一新。但由此又引发另一种流弊，使"轻狂之士"任意发挥，以致"违经判圣"。在元贤看来，这种现象比株守古注更为有害。他以《楞严经》的讲习为例说："英敏者既藐视前修，则竟逞臆裁，而全经之旨，几至扫地。稍钝者进无新得，退失故局，则有从席下拾残唾而已。"[②] 因此，治经既不能全靠古注，又不能"藐视前修"；既不能曲解经义，又不能没有独立见解。应该把二者结合起来。元贤注解《楞严经》时就是按这个原则做的："今山中闲寂，客有请益《楞严》者，乃俾以旧解为指南，间有未安者，乃旁采众说，或出私意以翼之。"[③]

元贤很赞赏谢介庵注《金刚般若经》，能够"使天下学者读之，无不

① 《鼓山永觉和尚广录》卷二十九，《卍续藏经》第 72 册，第 566 页。
② 《鼓山永觉和尚广录》卷十三，《卍续藏经》第 72 册，第 454 页。
③ 同上。

了然于目，豁然于心，亦善巧方便，接引初机之一法也"。① 他自作《楞严略疏》，更以"使观者触目而爽然会心，不为经文所蔽、诸疏所乱"②为目标。实质上是把注经变成了弘禅的方便手段，所以时出"私意"就成了必然的事。因此，他的注疏往往受到指责。他的《金刚略疏》三易其稿而后成，自以为"尽诛旧日葛藤，独揭斩新日月，但理求其当，辞求其达"，绝对"无纤回隐昧之弊"，可谓得意之作。但却有人批评他："古疏上祖慈尊，下宗二论，无片言只字不有所本，今子弃之而弗从，岂子之智能超于诸大圣哉？"③

很显然，这种批评本身是迂腐的，根本不值一驳。元贤把治经作为发挥自己禅观的手段，作为教授学徒明心的方便，无疑是继承了禅宗历来提倡"六经注我"的传统，表明自由解释的学风也在明清之际复苏起来。

在传授方式及佛学思想等方面，元贤不类其师，他对华严的态度及评论，不仅代表了曹洞一系的观点，而且反映了明末清初佛教界带普遍性的思想倾向。他主张全面接受唐宋以来华严学的成果，把华严宗人及其教外居士的华严学说同等看待，发掘其中的共性。

元贤在《重刻华严要解序》中说：

> 《华严》为世尊成道最初所说，实称性之真谈，非逐机之曲说，他经不可得而并拟者也。昔杜顺大师首为发端，贤首继之，颇畅厥旨。至于清凉而表里发挥，罄无余蕴矣。然其旨幽，其理圆，其文富，其义丰，非浅薄之机所敢窥，故学者多望洋而退。至方山李长者，则别为《合论》，约繁就简，独明大旨，盖是大圣方便，用接此方好略之机，非二师之有轩轾也。④

元贤推崇《华严》，把它奉为众经之首，视为佛的真实之谈，不过是老话重提。另外，他认为杜顺最早阐发《华严经》义理，认为法藏承杜顺而不提智俨，又把李通玄列于澄观之后等，均与史实有违。但是，他确

---

① 《鼓山永觉和尚广录》卷十三，《卍续藏经》第72册，第459页。
② 同上书，第456页。
③ 《鼓山永觉和尚广录》卷十四，《卍续藏经》第72册，第461页。
④ 《永觉元贤禅师广录》卷十三，《卍续藏经》第72册，第457页。

认澄观发挥了华严宗的全部要义，李通玄"独明大旨"，则真实反映了唐
末五代以后此两人著作最受重视的情况。这也是在宋僧戒环书中所反映
的。元贤没有涉及从杜顺到澄观华严思想的演变脉络及其学说异同，反而
强调澄观与李通玄的著作仅有繁简之异，真实反映了李通玄学说与华严宗
人学说合流的史实。在禅教融合的大潮中，禅僧也把华严内部各支派的学
说进一步糅合混同，寻求其共性，而不论其差别。抱着求同存异、兼容并
蓄的态度对待此前的佛学遗产，实际上也是宋代以来禅宗的传统。

第五节　明代佛教文化艺术

明代佛教文化艺术和明代佛教的整体状况很协调，与前代比较起来，
缺少了很多生气，引人注目的内容明显少了。相对说来，在经藏刻印方
面，佛教绘画和造像方面还有一些成就。

一　藏经刻印

明代非常重视藏经的刊刻，从明太祖到明成祖统治的几十年中，就
先后雕造了三部官版大藏经。洪武元年（1368），明太祖朱元璋定都南
京，永乐十九年（1421）明成祖朱棣迁都北京，世人便将刊版于南京
的大藏经称为《南藏》，而将刊版于北京的称作《北藏》。又因《南藏》
有过两次雕版（分别在明太祖和明成祖时期），所以有《南藏初刻本》与
《南藏再刻本》（又名《永乐南藏》）的区别。这时的私刻藏经事业也比
较兴盛，著名的私刻藏经有《武林藏》、《嘉兴藏》等，据说《武林藏》
是最早的方册本大藏经①，但全藏已经亡佚，现在保留下来的只有《嘉兴
藏》。

《初刻南藏》②又名《洪武南藏》，是明代刊刻的第一部官版大藏经。
《初刻南藏》开雕的年代很早，洪武五年（1372），明太祖朱元璋敕令四

---

① 密藏道开在《募刻大藏文》一文中说："太祖高皇帝既刻全藏于金陵，太宗文皇帝复镂
善梓于北平，盖圣人弘法之愿，惟期于普，故大藏行世之刻，不厌于再也。后浙之武林仰承德
风，更造方册。历岁既久，其刻遂湮，今宇内所行，惟南北两藏。"（明）宋奎光：《径山志》卷
5，台北：《中国佛寺史志汇刊》第一辑，第 31 册，明文书局 1980 年版，第 431 页。

② 此部分内容主要参照吕澂《南藏初刻考》，《吕澂佛学论著选集》卷三，齐鲁书社 1991
年版，第 1475—1479 页。

方名僧会集于南京蒋山寺点校藏经，随后开始刻雕。① 洪武二十四年（1391）全藏基本完成，此后又将各宗的重要典籍，尤其是禅宗的一些语录编入。刻经大概在洪武末年（1398）结束。经版收藏于南京天禧寺。明成祖永乐元年（1403），全藏开放流通。次年，寺僧对禅宗语录等缺版进行了修补。永乐六年（1408），僧人本性纵火烧了全寺，经版悉数被毁。② 对这次刻经，文献记载很不清楚，后人大都将《初刻南藏》与《永乐南藏》混淆，认为是同一次刻经。1934 年，在四川崇庆上古寺《初刻南藏》被重新发现。据记载，这个印本是永乐十四年（1416）蜀献王赠送的，已有残缺。

《初刻南藏》千字文函号自天字至鱼字，共 678 函，7000 多卷。其基本部分 591 函，是《碛砂版藏经》的翻刻。所收典籍 1500 多种，6300 多卷。《初刻南藏》翻刻《碛砂藏》的部分即用《碛砂藏》的版式。每版 5 页，每页 6 行，每行 17 字。其补充部分也大多沿用此式。但也有个别版式为每行 19 字。

《初刻南藏》在我国刻本大藏经的传承方面属南方一系，它是《碛砂藏》的覆刻本，保持了《碛砂藏》集宋元刻藏之大成的优势。从校勘方面看，《初刻南藏》对《碛砂藏》原本进行了点勘，并在《般若》等大部经里更多采用了一些精校的妙严寺刻本，所以它的优点要比《碛砂藏》更多。另外，《初刻南藏》收入禅宗语录一类的书较多，对后来的刻藏有重要影响。

《永乐南藏》又名《再刻南藏》，是《初刻南藏》的再刻本。永乐六年（1408），天禧寺及《初刻南藏》被毁，次年，明成祖召集名僧善启等校勘底本，准备重刻。③ 此版开雕的具体时间没有明确记载，应当在永乐十年（1412）至十七年（1419）之间。④ 雕版工作是在天禧寺旧址上重建的大报恩寺内进行的。

《永乐南藏》的版式大致与《洪武南藏》和《碛砂藏》相同，都是

---

① 何梅认为《初刻南藏》刻于建文帝朝。参见何梅《明朝第一部官版大藏经的雕印》，《法音》2001 年第 4 期。

② 参见（明）葛寅亮《金陵梵刹志》卷三十一，天津人民出版社 2007 年版，第 467—475 页。

③ 参见《大明高僧传》卷三，《大正藏》第 50 册，第 910 页下。

④ 参见《金陵梵刹志》卷二，何孝荣点校，天津人民出版社 2007 年版，第 72—76 页。

梵筴本，每版 30 行，折成 5 页，每页 6 行，每行 17 字。全藏 636 函，千字文编次天字至石字，1610 部，6331 卷。经版藏于南京报恩寺，由礼部祠祭清吏司主管批准，供全国各地寺院请印，平均每年约刷印 20 藏，所以流传的印本较多。

《永乐南藏》在佛经分类上很有特点。它受元代《至元法宝勘同总录》启发，在全部佛经的编次方面做了重大调整。此前各版藏经都以《开元释教录》为依据，先分大小乘，再细分经律论，并将宋代陆续入藏各书、译典和著述交互夹杂地附在后面，显得凌乱无序。《永乐南藏》改变了这一编法，先分经律论，再各分大小乘，而将宋元续入各书分别附在三藏之末，显得非常清楚明了。这种分类方法被此后各种续刻的藏经所采用。

《永乐北藏》是继《永乐南藏》之后，于永乐十九年（1421）开始在北京雕造的一部官刻大藏经。正统五年（1440）雕造完成。全藏 636 函，千字文编次天字至石字，1621 部，6361 卷。初刻本告成之后，藏在京城，一直作为官赐藏经由朝廷印刷，下赐各地寺院。在南、北两藏中，它更具有官方性和权威性。

万历十二年（1584），明神宗因母后施印佛藏之愿，下敕雕造《永乐北藏》的《续入藏经》，并为之序。《续入藏经》包括了《华严悬谈会玄记》、《大佛顶首楞严经会解》、《大乘起信论疏》、《肇论新疏》、《维摩诘所说经注》、《华严原人论》、《天台四教仪集注》、《教乘法数》、《佛祖历代通载》、《翻译名义集》、《百丈清规》、《三教平心论》、《禅源诸诠集都序》、《庐山莲宗宝鉴》等 36 种中国佛教撰著，共 41 函，410 卷，并附有《永乐南藏》的 4 种经卷和目录，计 5 种，15 函，153 卷。《永乐北藏》改变了摺装本藏经的传统版式，加大了字体和版心，成为每版 25 行，5 个半页，每行 17 字。

《嘉兴藏》又名《径山方册藏》，是晚明开雕的一部私刻藏经。万历七年（1579），袁了凡、幻余（法本）、紫柏真可等因官刻《南藏》岁久腐朽，《北藏》请印不易，决定刻印方册本大藏经。经过十年的筹划准备，万历十七年（1589），在密藏道开主持下，方册大藏经在五台山紫霞谷妙德庵正式创刻。连续四年，刻成正续藏共 520 多卷。万历二十年（1593）冬，因五台山气候寒冷，刊刻不便，南迁径山寂照庵续刻。后又分散在嘉兴、吴江、金陵等处募刻，于康熙十五年（1676）完工。此后，又续刻了《又续藏》。雍正元年（1723）《又续藏》编刻结束。这部藏经先在各处分刻，最后集中版片储藏于径山（现浙江省余杭县境内）化城寺，又因它的版式采取轻便的方册即一般书本式，因此得名为《径山方册藏》。又因此藏后来全部由嘉兴楞严寺经坊印造流通，所以也称《嘉兴藏》。

《嘉兴藏》分为《正藏》、《续藏》、《又续藏》三个部分，共 352 函，约 12610 卷，是我国古代收书最多的一部大藏经。《正藏》以《永乐北藏》为底本编次（末尾兼收《南藏》独有的几种），主要是大乘五大部经，1654 种，210 函，约 6930 卷。《续藏》收藏外典籍 284 种，95 函，约 3800 卷。《又续藏》收藏外典籍 318 种，47 函，约 1880 卷。

《嘉兴藏》的版式，受《武林藏》的影响，废除了过去藏经的梵筴式，而采用线装的书本式。它每版 20 行，每行 20 字，版心近于正方，分成两页，有边框行线，用宋体字。书口刻部类、书名、页数及千字文编号。每卷末都有刊记，载明施主、校对、写、刻等人的姓名，刻版年月、刻场等。

《嘉兴藏》的一个重要特点就是注重对藏外典籍的收集，注重对当时佛教著作的收录。《嘉兴藏》收入了五百余部先前藏经中所未收的佛典，至今仍有二百余部为嘉兴藏所独有。《嘉兴藏》以《北藏》为底本，而以《南藏》及少数宋、元本藏经对校，校勘也比较完善。《嘉兴藏》方册本的格式对以后的刻经也有重要影响。

二　佛教绘画

寺院壁画是明代最有成就的佛教艺术种类。这一时期保存下来的壁画很多，著名的有北京法海寺壁画、河北石家庄毗卢寺壁画、四川新津观音寺毗卢殿壁画、广汉龙居寺中殿壁画、剑阁觉苑寺大雄宝殿壁画、莲溪宝梵寺壁画等。其中北京法海寺、河北石家庄毗卢寺的壁画最具有艺术价值。

法海寺位于北京西郊翠微山南麓，建于明正统四年（1439），完成于正统八年（1443），后有重修。修建者是明英宗朱祁镇的御用监太监李童，英宗亲赐"法海禅寺"匾额。当时的寺院包括大雄宝殿、伽蓝、祖师二堂、四天王殿、护法金刚殿、钟楼、鼓楼等，现只存大雄宝殿一处。大殿内有两排金柱，正中有一佛坛，上奉三尊佛。两侧原有十八罗汉、大黑天及李童供养像，今已不存。天花和藻井上都是藏式曼陀罗，可见寺院的建造受藏式佛教的影响，但大雄宝殿内壁保存下来的大量明代壁画却完全是汉传佛教的传统。根据在该寺发现的《楞严经幢》，法海寺壁画出自宫廷画士官宛福清、王恕及张平、王义、顾行、李原等十五位画士之手。

　　法海寺壁画内容丰富，有祥云、花卉、山石、树木、泉流、佛、菩萨、诸天及各种人物像。其中最精彩的是位于背屏上的水月观音图和北壁后门两侧的帝释梵天图。水月观音四米多高，半跏坐于岩石之上，面如满月，神情超脱。菩萨头戴宝冠，身着璎珞、天衣，装饰华丽。最有特点的是菩萨披着白色的轻纱，飘然欲动。披纱上绘有六菱花瓣，每一花瓣都由四十多根金线组成，沥粉贴金，闪闪发光，细如蛛丝，薄如蝉翼。整幅画面色彩典雅，线条流畅，堪称壁画中的一绝。帝释梵天图，表现的是浩浩荡荡的天神众鬼护法的形象。图分为两部分，左侧以帝释天为首，共十七身。帝释天两臂合掌，高贵大方，很像唐代宫廷人物画中的帝后，身边三个女侍或持花、或捧盘、或掌蟠，皆高髻帔帛、仪容端庄。右侧以梵天为首，共十九身。壁画中人物形象各不相同，展现了不同的身份、性格；人物姿势各异，或说法坐禅，或行进飞舞；人物服饰华丽，形象真实，仪态端庄。在各地的明代寺庙壁画中，北京法海寺壁画是保存最好，也是制作最精美的。

　　河北石家庄毗卢寺位于市郊外西北 12 千米的杜北乡上京村，是临济宗的禅院。毗卢寺始建于什么年代，现尚无定论，有的说建于唐代，有的说建于汉代。[①] 毗卢殿内的六壁壁画，是明嘉靖十四年（1535）由优秀的专业画家和民间画匠、塑画匠依据当时留传下来的壁画粉本"壁绘"的。

　　该壁画的内容为水陆法会图。"水陆法会"全称"法界圣凡水陆普度大斋胜会"，又称为"水陆道场"、"悲济会"，传说起源于南朝梁武帝时期，是一种在供养十方诸佛、所有圣贤，进行无遮普施斋食为基础，以救拔六道所有众生为目的的佛教法会。在佛教所有的法会中，水陆法会以最盛大、最隆重，并且功德最大著称。到了晚唐时期，一些寺院专门设置了水陆院，也出现了水陆功德画。在宋代，水陆画已经建立了完整的体系。

---

　　① 吴建功：《中国壁画不可多得的艺术瑰宝——毗卢寺壁画——〈毗卢寺壁画〉导读》，《中国美术》2011 年第 1 期。

山西繁峙岩山寺的正殿原为水陆殿，殿中的壁画是金正隆三年（1158）御建承应画匠王逵和王道所绘，只是现在已经被毁。到了明代，水陆法会是大寺院最重要佛事活动之一。明代的水陆画保存下来的比较多，如藏于山西省博物馆的保宁寺水陆画，山西浑源永安寺正宗殿壁画、大同华严寺大雄宝殿壁画、稷山青龙寺腰殿壁画等，而以石家庄毗卢寺后殿的水陆画人数最多、内容最为丰富。[①]

毗卢寺壁画共 130 平方米，分成 120 组，每组旁边有题记，共画有五百多个不同的形象。构图分上、中、下三层。北壁绘有十二圆觉菩萨、十回向菩萨、四大天王、天龙八部、十六高僧、玉皇大帝等一百二十多身。东壁绘有南极长生大帝、四海龙王、地藏菩萨、冥府十王、五通仙人等一百三十多身。西壁绘有紫薇大帝、天蓬元帅、五湖龙神、大势至菩萨、北斗七命等一百三十三身。南壁以世俗人物为主，有引路菩萨，古代帝王、后妃、贤妇、烈女等一百四十多身。

壁画所绘人物题材众多，既有佛教的诸菩萨、帝释、梵天、护法神，又有道教的朝元图、山神地祇、天帝鬼神，还有世俗的帝王百姓，充分体现了明代儒释道三教合流的基本局面和佛教越来越世俗化的特色。壁画中人物造型别致，规模极为庞大，构图格局独特，绘制精美，是古代寺院水陆壁画中具有代表性，且保存最为完整的作品。

三　佛教造像

明代是金铜佛像发展的鼎盛期。金铜佛像分为汉式和藏式两类。汉式佛像大多头大身长，体态丰腴，服饰的刻画更为写实、逼真，风格上更加贴近生活，更加世俗化。这一时期汉式金铜佛像，特别是中晚期的作品，明显深受藏式佛像的影响，如头戴藏式五叶宝冠，璎珞在胸前呈缦网式垂落等。保存下来的明代金铜佛像很多，其中一些大型铜佛像最具特色。如五台山金阁寺观音阁内的千手千眼观世音菩萨大铜像。佛像高 17.7 米，重 84.5 吨，铸于明朝嘉靖三十年（1551），是明代铸造的最大铜佛像，仅次于著名的宋代正定大佛，是我国现存第二大古代大型铜佛像。再如，河北正定隆兴寺毗卢殿内的多层多面毗卢遮那佛铜像。这座铜佛像由三层坐于铜莲座上的毗卢佛铜像组成，并被安置在雕饰精美的石质须弥座上。

---

①　参见李玉珉《中国佛教美术史》，台北：东大图书出版公司 2001 年版，第 204 页。

佛像通高 6.42 米，铸于明代万历年间（1573—1620）。铜佛像是按明神宗朱翊钧与慈圣皇太后的旨意御制的，雕铸精致。又如，浙江省天台国清寺大雄宝殿内的释迦牟尼铜像。此像端坐在高台莲座之上，通高 6.8 米，重 13 吨，是现存明代铸造的最大释迦牟尼铜像。

明代统治者出于安抚、笼络西藏的政治需要和帝王个人信仰的需要，大力扶持喇嘛教在中原的传播。曾在宫内设置喇嘛教的庙宇，在英华殿、洪庆殿供奉藏式佛像，并在御用监内设"佛作"，制造藏式佛像。这一时期，藏传金铜造像迅速发展，尤其是永乐、宣德时期。这些汉地制作的藏式佛像，特别是宫廷造像，外表大都采用鎏金制作，工艺精湛，气势辉煌，姿态富于动感，极具震撼力。藏于台北故宫博物院的一尊永乐朝的大黑天像就是一件精美的作品。这尊佛像样式、神情基本按照藏式佛教的仪轨、度量，但装饰、花纹极为烦琐，又体现了汉式佛像的影响。藏传佛像除汉地制作的以外，藏中、藏西、青海等地都有制作，且不同的地区呈现出不同的风格。

明代的木雕佛像、彩塑佛像大多保存在寺院之中，山西太原晋祠章圣寺、大同上华严寺、长治观音堂、平遥双林寺等都保留了不少明代佛像中的佳作。其中，平遥双林寺最为杰出。

山西平遥双林寺，原名中都寺，始建于北齐。宋代，取释迦牟尼"双林入灭"的说法，改名双林寺。金、元以后多次重修，现存建筑、造像主要是明代遗物。寺院坐北朝南，共有十座殿堂，构成了三进院落。中轴线前端为天王殿，前院有释迦殿、罗汉堂、地藏殿、伽蓝殿和土地堂；中院为大雄宝殿、千佛殿和菩萨殿；后院是娘娘殿和贞义祠。各殿布满彩塑，共 2000 多尊，保存完好的就有 1566 尊之多。这些彩塑大的有 3 米多高，小的仅 50 厘米，其中不乏明代造像中的精品。造像题材有佛、菩萨、罗汉、帝释、梵天、护法诸神、供养信众等。有的造像周围还穿插有亭台楼阁、山石云海、花草树木等。

天王殿中的四大天王是双林寺彩塑中的精品之一。四大天王分别手持琵琶、宝剑、蛇和伞，各自护卫东南西北。这些天王身穿重甲，体形高大魁梧，雄健威猛。天王眉头紧锁，双目圆睁，具有强大的威慑力。天王的衣服装饰细致、线条流畅。整个造型张力十足，生动写实。释迦殿中的渡海观音，也是双林寺彩塑中的精品。观音用高浮雕手法塑造，单腿盘坐于红色莲瓣之上，整个身形突出壁外，身姿秀美，神情安详自若，与背景上波涛汹涌的海浪形成强烈对比，具有静中有动的艺术效果。罗汉堂的十八罗汉像，年龄、仪表各不相同，是难得的艺术珍品。这些罗汉大致与真人等高，分塑于观音两侧。工匠利用夸张的外部骨相，表现了这些罗汉老少、俊丑、胖瘦、喜怒等各种形态。罗汉像比例适当，形体厚重，造型优美，衣纹流畅，表情生动，是明代少数能达到"以形写神"的优秀作品。① 千佛殿中的韦驮像也具有很高的艺术价值，被专家誉为"全国韦驮之冠"。韦驮身穿盔甲，体形高大威猛；神情凝重，眉头紧锁；重心立于左腿，右腿微曲，上身与头部正向右扭转，眼睛却望向左方，整个身体的曲线夸张地扭成"S"型，极具创造性和想象力。韦陀身上的飘带飞舞，似乎正在迎风飘动，也很有感染力。

　　明代仍有小型石窟的开凿，但已是开窟造像的尾声了。现存的明代石窟主要有山西平顺东南与河南林县交界处的林虑山麓宝岩寺石窟、陕西旬阳县七里乡千佛洞、内蒙古百眼窑石窟等。这一时期石窟造像越来越模式化，艺术性已大幅度降低。

---

① 　参见李玉珉《中国佛教美术史》，台北：东大图书出版公司 2001 年版，第 207 页。

第六章　清代前中期佛教

清王朝（1644—1911）是中国历史上最后一个封建王朝。自 19 世纪中叶开始，逐渐进入从封建社会向半封建半殖民地社会的转型阶段。本章论述清代前中期（1644—1840）的佛教历史。

第一节　佛教政策与管理措施

一　佛教事务管理基本特点

清王朝宗教政策的指导思想，是把维护专制皇权放在第一位，彻底清除任何宗教派别中有违于皇权至上的因素。清王朝始终把儒释道"三教"与其他一切有秘密结社性质的民间教派严格区分开来，自觉把前者作为加强统治的思想工具，扶植多于限制，采取相对宽松的政策；明确把后者作为颠覆其政权的力量，武力镇压多于思想诱导，采取坚决打击的严厉措施。清王朝的佛教政策以及各项具体的管理措施，就是在这种指导思想之下制定的。

清王朝管理佛教事务的各项措施，主要在顺治到乾隆时期推出。废除试经度僧制度、废止度牒制度、撤销全面沙汰僧尼措施等，都不同程度地影响了佛教发展的走向。对于佛教内部各种宗派或各种法门，清朝诸帝态度明确，并且相当一致。他们着重鼓励和支持的是律宗和净土，重点整顿和清理的是禅宗，任其自生自灭的是教门诸派义学。清王朝采取的一系列相应措施，对佛教内部的派系结构变化及思想信仰调整，都有着直接或间接的影响。

满族贵族入关之前就仿照明朝制度，对辖区内的佛教采取过一些管理措施。入关之后，面对全国多种宗教以及民间教派，清朝诸帝历考前代宗教政策之得失利弊，确定了弘扬儒释道"三教"和打击"左道"、"邪教"的总原则。顺治十三年（1656）十一月辛亥，谕礼部："朕惟治天下必先正人心，正人心必先黜邪术。儒、释、道三教并垂，皆使人为善去恶，反邪归正，遵王法而免祸患。此外乃有左道惑众，如无为、白莲、闻香等教名色，邀集结党，夜聚晓散，小者贪图财利，恣为奸淫；大者招纳亡命，阴谋不轨。无知小民被其引诱，迷罔颠狂，至死不悟。历考往代，覆辙昭然，深可痛恨。"① 有清一代，这个宗教政策基调始终没有大的变化。清王朝对佛教事务的管理，也是在这个原则指导下进行的。

有清一代，佛教始终是信徒最多、社会影响最大的宗教。在佛教事务管理方面，清王朝借鉴前代的经验和教训，又根据当时社会、政治、经济、文化的发展状况或推出新措施，或修改老章程，或终止旧法规。与前代相比较，清王朝的佛教事务管理目标明确、措施多样、调整频繁、变动巨大。其中，僧官制度和度牒制度、对僧众和寺院的管理，以及典籍管理和册封赏赐措施，是清王朝不同时期对全国佛教采取的主要管理措施。

二 中央与地方僧官制度

清王朝在借鉴明朝僧官制度的基础上，依托行政体制，逐步建立起从中央到地方的多级僧官机构。僧官制度的建立、不断调整和完善，始终以充分发挥"以僧治僧"作用为目标。

清王朝最高的僧官机构是僧录司，在入关之前就已经成立。后金天聪朝（明天启七年至崇祯九年，1627—1636），满族贵族建立僧录司，总管各寺庙僧人。② 天聪六年（明崇祯五年，1632）正月初一日，爱新觉罗皇太极在接受各贝勒、大臣的叩拜时，其中就有僧官参与叩拜。③ 作为僧录司下属机构的僧纲司建立时间，应该不会迟于崇德五年（明崇祯十三年，1640）。满族统治者入关后，僧录司迁到北京。当清王朝在盛京设盛京五部时，僧录司作为盛京礼部下属的机构予以重置。这样，清朝出现两个僧录司，即北京僧录司和盛京僧录司。盛京僧录司虽然长期存在，但实际上

---

① 《世祖实录》第三册《世祖实录》，卷一百四，中华书局 1985 年影印版，第 811 页。

② （康熙朝）《大清会典·礼部·祠祭司·僧道［喇嘛附］》卷七十一，《近代中国史料丛刊》第三编第 72 辑，台北：文海出版社 1992 年版，第 3619 页。

③ 《满文老档·太宗皇帝》第八函第四十五册，中国第一历史档案馆整理编译：《内阁满文老档·太宗朝汉文译文》，辽宁民族出版社 2009 年版，第 601 页。

没有什么作用，管理京城和全国佛教事务的是北京僧录司。北京僧录司衙门最初"建于大隆善护国寺"，后来又搬到"正法寺"。① 僧录司陆续设置了三类僧官。

第一类是"八座"，这是僧录司最早设置的一批僧官，也是佛教界被官方任命的最高级别的僧官。所谓"八座"，包括"左右善世二员，左右阐教二员，左右讲经二员，左右觉义二员，职专释教之事"。② 八座僧官是有品级的，其中，左右善世是正六品，左右阐教是从六品，左右讲经是正八品，左右觉义是从八品。③ 僧官的最高品级是正六品，可见僧官的品级并不高，不仅与元代僧官的品级有天壤之别，即便与明代初年的僧官相比也有很大差距。对于"八座"的选补，也有一套制度，在顺治时期，"八座"的任职非常隆重。具体程序是礼部先将选补"八座"的公文发到吏部文选清吏司，吏部如果同意选补人选，文选清吏司将文案呈送吏部的主管官员，吏部主管官员写"题本请旨"。④ 皇帝亲自审阅批准后，吏部将选补情况通知礼部，礼部颁发札付给"八座"，"八座"即可上任。⑤ 到康熙十三年（1674），康熙帝允许吏部直接为礼部录用的僧官补授、注册，吏部不必写题本上呈皇帝。这样一来，"八座"的选补权就完全归礼部掌握了。⑥ 从乾隆三十八年（1773）二月初十日起，内务府取代礼部掌握"八座"的选补权。⑦ 管理内务府大臣是主要负责人，具体事务由内务府下属的掌仪司负责。掌仪司将"八座"的选补文案呈送管理内务府大臣，由该大臣确定后，发公文给礼部，最后由礼部颁发札付给"八座"。⑧

---

① （康熙朝）《大清会典·僧录司》卷一百六十一，《近代中国史料丛刊》第三编第 72 辑，第 7785 页。

② 同上。

③ （康熙朝）《大清会典·吏部·文选司·品级》卷六，《近代中国史料丛刊》第三编第 72 辑，第 188、189、195 页。

④ 《"中央"研究院历史语言研究所现存清代内阁大库原藏明清档案》第三册。

⑤ （康熙朝）《大清会典·吏部·文选司·汉缺选法》卷八，《近代中国史料丛刊》第三编第 72 辑，第 292 页。

⑥ 同上。

⑦ 《乾隆朝上谕档》第七册，中国第一历史档案馆编，中国档案出版社 1991 年版，第 281 页；以及（嘉庆朝）《钦定大清会典事例·礼部·方伎·僧道》卷三百九十，《近代中国史料丛刊》第三编第 67 辑，台北：文海出版社 1991 年版，第 7684 页。。

⑧ （嘉庆朝）《钦定大清会典·内务府·掌仪司一》卷七十四，《近代中国史料丛刊》第三编第 64 辑，台北：文海出版社 1991 年版，第 3331 页。

八座任命权力的变化，实际上说明了朝廷对全国最高级别的一批僧官的重视程度。这些变化实际上与佛教在社会上的地位及发挥作用的重要性都有着直接关系。

第二类是"正印"、"副印"。大约在嘉庆十七年（1812）前后，僧录司中设正印一人，副印一人。[1] 如果遇到正印一职空缺，则由礼部将副印奏补；副印缺出，则选熟悉经典的僧官充补。第三类是"八城协理"。僧录司僧官分设在北京的八城，即东城、南城、西城、北城、中城、东南城、东北城和西城南路。八城僧官各配置一名协理。北京僧录司在正员职位之外另设八城协理，说明了清朝廷对京城佛教事务管理的重视，这在中国僧官制度史上是独一无二的。

中央僧官机构之下就是各地方僧官机构，清王朝对各地方僧官机构的设置、僧官人数的配置，都有统一规定，按照地方行政机构的级别来配套设置。其中，全国各府设立僧纲司，有都纲一员，副都纲一员；各州设立僧正司，有僧正一员。各县设立僧会司，有僧会一员。[2] 在各级僧官中，只有僧纲司的都纲有品级，为从九品，其他僧官"未入流"，即没有品级。不过，由于不同地区佛教发展状况是不相同的，在不同省份和不同时期内，所设立的僧司机构和配备的僧官人数也存在差别。

从顺治四年（1647）开始，朝廷规定，各府、州、县僧官的选任和充补，都由各省布政使负责。各省布政司将所保举的候选人报到礼部，礼部发公文到吏部，由吏部授职。[3] 从康熙十三年（1674）开始，由布政司保举僧官的权力交给巡抚掌握。如遇到地方各级僧官有缺，巡抚将候选僧官的情况汇报礼部，礼部经过详细考察，确认后发公文给吏部，由吏部补授。吏部有权为僧官注册。地方僧官的选任和充补，始终没有皇帝亲自参与。在各级地方僧官的选任和充补过程中，地方官吏始终起着关键作用。

与中央和地方的各级行政机构一样，各级僧官机构也都曾拥有印鉴，但是在乾隆朝几经兴废。北京僧录司的印鉴是铜印，方二寸二分，厚三分

---

① （嘉庆朝）《钦定大清会典·礼部·祠祭清吏司二》卷二十九，《近代中国史料丛刊》第64辑，第1280页。

② （康熙朝）《大清会典·吏部·文选司·官制三·外官》卷五，《近代中国史料丛刊》第72辑，第165、168、170页。

③ （康熙朝）《大清会典·礼部·祠祭司·僧道［喇嘛附］》卷七十一，《近代中国史料丛刊》第72辑，第3621页。

五厘。① 最晚到乾隆时期，僧录司铜印的厚度变成了四分五厘。② 从乾隆十三年（1748）开始，规定僧录司铜印的字体用垂露篆。③ 僧纲司的印鉴也为铜制，方一寸九分，厚二分二厘。④ 后来，僧纲司铜印的厚度变成了四分⑤，字体也用垂露篆。

乾隆二十四年（1759）规定：直省各府及直隶州的僧官，停止铸给印记，已经给发的铜印上缴、销毁。以后僧官需要用印时，随时向礼部申请，礼部给发札付。⑥ 14 年后，乾隆帝恢复了地方僧官机构使用印鉴的权力，但方式有所变化。乾隆三十八年（1773）规定：将直省各府、州、县僧官的印记一律撤回，以后停止铸给。地方僧官处理相关事务需要用印记时，由布政司用官铺内梨木镌刻印记，发给地方各级僧官使用。印记长二寸四分，宽一寸三分五厘。⑦ 实际上，从僧官机构的用印变化过程来看，也是逐渐与清王朝的行政机构用印规定区别开来。

清代僧官的管理职责是由朝廷下达的任务，按照朝廷的章程办事。在清代帝王中，关注僧官管理权限，下达有关指令，主要集中在乾隆之前，乾隆之后，对僧官管理职责的要求就明显松弛了。大体说来，中央僧官的职责比较多，地方僧官的职责以维护社会安全为主。综合中央和地方僧官的职责，主要有七个方面。

第一，参加皇帝大丧仪。当朝皇帝逝世后，僧官要身着丧服，到顺天府衙门朝夕举哀，"三日乃止"。⑧

第二，管理度牒。崇德五年（明崇祯十三年，1640）规定，新出家

---

① （康熙朝）《大清会典·礼部·仪制司·印信》卷五十四，《近代中国史料丛刊》第 72 辑，第 2626 页。

② （乾隆朝）《钦定大清会典则例·礼部·仪制清吏司·铸印局》卷六十三，《景印文渊阁四库全书》第 622 册，台北：商务印书馆 1986 年版，第 129 页。

③ 同上书，第 137 页。

④ （康熙朝）《大清会典·礼部·仪制司·印信》卷五十四，《近代中国史料丛刊》第三编第 72 辑，第 2627 页。

⑤ （乾隆朝）《钦定大清会典则例·礼部·仪制清吏司·铸印局》卷六十三，《景印文渊阁四库全书》第 622 册，第 130 页。

⑥ （嘉庆朝）《钦定大清会典事例·礼部·方伎·僧道》卷三百九十，《近代中国史料丛刊》第三编第 67 辑，台北：文海出版社 1991 年版，第 7712 页。

⑦ 同上书，第 7714—7715 页。

⑧ （康熙朝）《大清会典·礼部·祠祭司·丧礼一·大丧仪》卷六十七，《近代中国史料丛刊》第三编第 72 辑，第 3467 页。

的僧人要交纳银两到户部，户部经过查收，然后发给度牒。户部发的用印度牒不是直接给僧人，而是先交给僧纲司，再由僧纲司分发给出家僧人。① 满清贵族入关后，管理全国的僧人，僧纲司管理度牒的办法也有了改变。顺治二年（1645）规定，京城和外省的僧人都要有度牒，以防止奸伪之徒冒充。颁发度牒的具体办法是：寺院住持要详查本寺院的僧人数量，登记、造册之后上交僧官。僧官把各寺院上报的情况汇总之后，在京城的僧官把材料上报到礼部；在直省的僧官把材料上交到相关衙门，经汇总后交抚按，最后统一报送礼部。礼部负责给从京城到地方的全国僧人办法度牒。② 康熙十五年（1676）规定，对于那些不领度牒的僧人、私度的僧人，处罚是杖八十，令其还俗为民。僧人使用作废的度牒，要责打四十板。对负责的僧官要"革职还俗"。③ 僧官发放度牒的职责在乾隆朝曾被废止，但是仍有稽查及收缴度牒的职责。僧官管理度牒的职责一直维持到度牒废止。

第三，发放佃帖和租单。这是只属于僧录司僧官的职责。清朝寺院田产主要是出租给佃户耕种，采用封建租佃制的经营模式。佃帖相当于佃户佃耕寺院田产的证明，类似于执照性质。租单则是佃户交租时必须凭借的单据。通过佃帖，寺院可以控制佃户、保证佃田的收入。僧录司将佃帖和租单发放到寺院，寺院按照实征册填写清楚，盖印后呈送僧录司，然后再发给佃户。佃帖是各佃每户一张，而租单是佃户十户以上、二十户以下给一纸，田多者为单首。④

第四，管理佛事活动。这是中央和地方僧官维护社会治安的一项重要职责。清王朝不允许在寺院、家庭之外的公共场所举办法事活动，各级僧官必须负责管理。顺治三年（1646）规定，严禁京城僧人沿街设置神像、念诵经咒、击打梆磬化缘。如果发生这种情况，负责的僧官要对当事者从重治罪。⑤ 康熙元年（1662）的规定更为明细和严格，社会民众如果要举

---

① （康熙朝）《大清会典·礼部·祠祭司·僧道［喇嘛附］》卷七十一，《近代中国史料丛刊》第三编第 72 辑，第 3619 页。

② 同上。

③ 同上书，第 3625 页。

④ 《清代经济简史》，中州古籍出版社 1998 年版，第 184—185、187—188 页。

⑤ （康熙朝）《大清会典·礼部·祠祭司·僧道［喇嘛附］》卷七十一，《近代中国史料丛刊》第三编第 72 辑，第 3623 页。

办法事活动，只能在本家院子内进行，不允许当街搭建棚子，悬挂旌幡等物。僧人不得在大庭广众之中做佛事，否则，责打二十板并还俗为民，对于没有负起责任的僧官要"革职"。①康熙十六年（1677）规定，京城内的寺庙不许设教聚会，男女混杂，禁止搭台演戏、举行酬神赛会。僧录司及负责的僧官要不时亲自稽查，发现有违反禁令的人，执送到礼部，将参与者和寺庙的住持一并治罪。如果僧官包庇、纵容，由礼部参处。②

第五，稽查寺庙。康熙五十年（1711）规定：直隶各省不许创建寺庙。僧官要不时稽查，写下保证书呈报地方官。如果故意违反规定，引起事端，依照法律治罪。③乾隆十八年（1753）覆准：僧纲专门负责管理僧人，如果其管区内有为匪不法之徒，就应该随时稽查、举报。如果坐视不理、包庇隐匿，一经发现，将僧纲"严提究审"。如果僧纲纵容、包庇逆犯，则依照"知情故纵逆犯本律"，区别已遂或未遂，进行量刑、处罚。僧纲即使疏于稽查，并没有包庇逆犯，也要被追究平时约束不严的责任，"坐以不应重律"，杖八十。④

第六，核查度僧及招徒。康熙四年（1665）规定：如果　户人家丁男不到三人以及年龄不到 16 岁，不能出家，否则，予以惩治。僧官知情而不举报，一同治罪，罢职还俗。⑤乾隆三年（1738）规定：僧人如果不到 40 岁而招收徒弟，或者招收的徒弟不止一人，依照违令律答责。僧官包庇的同罪。⑥乾隆四年（1739）议准：民间独子不允许出家，僧官有义务严查。僧官如果没有查出，革职。⑦

---

① （康熙朝）《大清会典·礼部·祠祭司·僧道［喇嘛附］》卷七十一，《近代中国史料丛刊》第三编第 72 辑，第 3626 页。

② 同上。

③ （雍正朝）《大清会典·礼部祠祭司·僧道［喇嘛附］》卷一百二，《近代中国史料丛刊》第三编第 77 辑，第 6793 页。

④ （乾隆朝）《钦定大清会典则例·礼部·祠祭清吏司·方伎》卷九十二，《景印文渊阁四库全书》第 622 册，第 892—983 页。

⑤ （康熙朝）《大清会典·礼部·祠祭司·僧道［喇嘛附］》卷七十一，《近代中国史料丛刊》第三编第 72 辑，第 3624 页。

⑥ （乾隆朝）《钦定大清会典则例·礼部·祠祭清吏司·方伎》卷九十二，《景印文渊阁四库全书》第 622 册，第 890—981 页。

⑦ （嘉庆朝）《钦定大清会典事例·礼部·方伎·僧道》卷三百九十，《近代中国史料丛刊》第 67 辑，第 7705—7706 页。

第七，管理游方僧人。雍正七年（1729）规定：游方僧人由僧官管辖。[①] 僧纲要按季节将寺庙中僧人的情况造册，汇报地方官。如果有游方僧人及形迹可疑、为匪不法的人，僧官要禀告地方官稽查、驱逐。[②]

大体说来，中央和地方的僧官机构或在满族统治者入关之前就已设立，或在入关不久就设立。对于僧官职责的规定，主要形成于乾隆朝之前，此后变化不是很大。各项管理规定有些随着形势的变化自动废止，有些随着清王朝统治力量的削弱也形同虚设，但是在形式上一直维持了下去。

三　度牒制度兴废过程

度牒是封建王朝颁发给僧、尼的剃度批准书，相当于身份凭证。最晚到唐代，度牒已经出现。政府通过制定诸如发放度牒的条件、数量及价格等管理办法，达到掌握僧、尼人数，控制佛教队伍规模的目的。同时，还通过定期查验、收缴度牒等手段，起到沙汰违法、犯规的僧人，提高僧众素质，稳定僧团组织的作用。

满族统治者在入关前就建立了度牒制度。天聪六年（明崇祯五年，1632）规定：各寺庙中的僧人，凡是通晓经义、恪守清规的，给予度牒。[③] 大约从崇德五年（明崇祯十三年，1640）开始，僧人领度牒要缴纳银两。

在顺治时期，出家僧人领取度牒是否纳银几经变化。顺治二年（1645），朝廷一改入关前的交银领牒做法，规定僧人停止交纳度牒银。[④] 顺治六年（1649）朝廷又改变了章法，要求全国各地没有"过犯"的僧人每人交纳四两银子，地方官发给他们每人一张度牒。各州、县年底将银两交到布政司，汇总到户部。颁发度牒的情况仍汇报礼部，以便查考。从前给过的度牒予以追缴。[⑤] 顺治八年（1651），顺治帝鉴于很多僧人因交

---

① （乾隆朝）《钦定大清会典则例·礼部·祠祭清吏司·方伎》卷九十二，《景印文渊阁四库全书》第 622 册，第 887 页。

② 《清朝文献通考·户口考［一］》卷十九，上海：商务印书馆 1936 年版，第 5030 页。

③ （康熙朝）《大清会典·礼部·祠祭司·僧道［喇嘛附］》卷七十一，《近代中国史料丛刊》第三编第 72 辑，第 3619 页。

④ 同上。

⑤ 同上书，第 3619—3620 页。

不起银两而逃走、迁徙，非常可怜，便下谕礼部，规定以后僧人不用缴纳
度牒银。但是，顺治十五年（1658）朝廷又因为换发满汉双文度牒改变
了规定。当时规定，直省僧人已经给过的汉字度牒全部查缴，送到礼部，
换给满、汉双字度牒。以前已经缴纳度牒银的免费换给新度牒，没有交纳
度牒银的，需要缴纳银两后换给新度牒。① 到了顺治十七年（1660），又
恢复了免费发放度牒。② 不到二十年时间，在颁发度牒是否收费方面反复
如此频繁，是以前从来没有过的。

在康熙时期，就全国范围来讲，在度牒管理方面变化不大。顺治十
八年（1661）十一月，江南道御史胡秉忠建议：将无度牒的僧人勒令
还俗为农民，附入丁册当差。刚登基的康熙帝采纳了他的意见。③ 康熙
十五年（1676）规定：僧人冒名顶替使用作废度牒的，"责四十板入
官"。④ 同年，康熙帝命令停止给发度牒。⑤ 康熙二十二年（1683）规定：
仍旧给盛京僧人度牒，⑥ 这纯粹属于针对特殊地方的政策，并不是全国实
行的。

乾隆时期，度牒制度变化最为剧烈，主要体现在通过度牒管理治理僧
尼方面。雍正十三年（1735）九月二十三日，乾隆帝发布上谕：近日僧
人太多，鱼龙混杂，其中真心出家求道的寥寥无几，而无赖之徒游手聚
食，还有罪犯都隐匿在佛门中。这些人"蔑弃清规，徒增尘玷"，所以要
加以甄别。他命令礼部依旧颁发度牒给僧录司及各省僧纲司等。今后愿意
出家的人，必须要申请到度牒才允许剃度。⑦

两个月后，乾隆帝用颁发度牒的办法整顿治理应付僧，为此连续采取
了很多措施。雍正十三年（1735）十一月初七日，乾隆帝指出，农民、
士大夫和商人都对社会有程度不同的贡献。但应付僧"各分房头，世守

---

① （康熙朝）《大清会典·礼部·祠祭司·僧道［喇嘛附］》卷七十一，《近代中国史料丛
刊》第三编第 72 辑，第 3620 页。

② 同上书，第 3620—3621 页。

③ 《圣祖实录》（一）卷五，《清实录》第四册，中华书局 1985 年版，第 96—97 页。

④ （康熙朝）《大清会典·礼部·祠祭司·僧道［喇嘛附］》卷七十一，《近代中国史料丛
刊》第三编第 72 辑，第 3625 页。

⑤ 同上书，第 3621 页。

⑥ 同上。

⑦ 《雍正朝汉文谕旨汇编》第二册，中国第一历史档案馆编，江苏古籍出版社 1989 年版，
第 288 页。

田宅"，并且不守戒律，过着奢靡的寄生生活，他们"在国家为游民"，在佛教"为败类"，不可听任他们"耗民财、淈民俗"。乾隆帝规定，"名山古刹、收接十方丛林"以及愿意领度牒、守戒、清修的僧人，不在治理之列。对应付僧，要当面询问其何去何从，愿意还俗的听任还俗，愿意守寺院的必须领度牒，并且不许其招收徒弟。应付僧的财产给予本人一小部分，其余归公。①

雍正十三年（1735）年底，在给总理事务王大臣的上谕中，乾隆帝表示，他并不是想用行政手段来彻底沙汰僧人，也不是想博得空名。他只是要整顿"作奸犯科"、不守戒律的应付僧，力争有效管理僧众，防止不法之徒混入僧人队伍中。他以免滋苛索为由，剥夺僧录司发放度牒的权力，并驳回礼部提出的度牒一张交银三钱的议奏。②

乾隆元年（1736）二月二十四日，乾隆帝指出：应付僧的财产给予本人一小部分，其余归公的规定针对的只是应付僧。"名山古刹、闭户清修者，在所不问。"但听说外省传述错误，一切僧人都惶惑不安，担心自己的财产归公，结果弊端百出。先前发布的谕旨很清楚，目的是为了护持僧人，并不是有意苛削僧众。礼部应该先行晓谕，去其迷惑。至于应付僧的财产就不必稽查归公了。③乾隆帝将该事项发回礼部重新议定。近两个月后，礼部给出了处理意见：顺天府、奉天府和各直省转饬地方官，在公文到达的三个月内，将戒僧的基本情况造册并"取具印结"，汇总到礼部，礼部发给度牒。度牒由地方官当堂发给僧人。僧人犯事，追缴度牒。以后愿意出家的人，必须请给度牒，才允许剃度。僧人冒名顶替使用他人的度牒及私度，一旦查出，予以治罪。对愿意受戒的应付僧给予度牒，否则勒令其还俗。老迈残疾既难受戒又难还俗的应付僧，暂时给发度牒，让他们守寺庙，"以终天年"。居住在深山僻壤，不能远出受戒、"俗家并无可归"的应付僧，也给度牒，予以注册，永远不许招收徒弟。尼僧愿意还俗的，听任还俗；不能还俗的，也暂时给发度牒，永远不许招收徒弟。以后，妇女必须40岁以上才能出家，严禁年少女性出家。乾隆帝同意了

---

① 《雍正朝汉文谕旨汇编》第二册，中国第一历史档案馆编，江苏古籍出版社1989年版，第351、352页。

② 同上书，第393页。

③ 《乾隆朝上谕档》第一册，第21页。

礼部的意见。[①]

乾隆元年（1736）七月十六日，总理事务王大臣奉上谕：从前礼部商议给发僧人度牒，没有谈及每年发给度牒的数目怎样题奏，恐怕地方官视为空文，"无从稽考"。各省要将给发度牒的实际数量以及由于"事故开除"的度牒，每年详细造册报到礼部，礼部在年底汇总题奏。当年初次奉行，从乾隆二年（1737）起题奏。[②]

乾隆三年（1738）五月壬申，和硕庄亲王允禄等遵旨议覆礼部条奏给发度牒一疏，礼部认为，应令各地官员在年底将僧人招收徒弟的情况造册上报礼部。对应招收徒弟的僧人，务必在清册内注明：开除了多少人，续收了多少人。续收的人数不能超过开除的人数。允禄等人建议乾隆帝同意礼部所请，并且进一步指出：第一，招收一名徒弟，在其师的度牒上注明徒弟的年龄、相貌、籍贯、剃度年月等基本情况，"取具五人互结存案"。师父死后，度牒代代相传，不再新发。第二，招收的徒弟如果犯事，就将其名字从师父的度牒中除去，师父也不准再招收徒弟。师父死后，将度牒上缴、销毁。第三，如果招收的徒弟病故，师父可另招一名徒弟。第四，如果师父收徒后犯罪，追回度牒，其丧失做师父的资格，师徒关系不复存在。所收的徒弟，愿意还俗的听任还俗；愿意出家的，自己另外投靠师父，别注度牒。允禄等人认为，礼部原来提议，僧人死后，招收的徒弟再给度牒，这样事情会很繁杂，容易滋生弊端。现在采用传牒的方法，冒名顶替的弊端会减少一半，但仍可能"诈伪萌生"。他们建议乾隆帝批准礼部所奏，责成僧官、地方官着力稽查，年底汇缴作废的度牒，自然就没有"顶替、私受之弊"。应付僧原本就不能招徒。即使是戒僧，也要等到年长才适合收徒。允禄等人又提议乾隆帝批准礼部的奏请。僧人40 岁以上才准招收徒弟一名，否则"照违令律论笞"。僧官如果包庇，同罪。地方官失职，"照失察例"，罚俸三个月。违反规定招收的徒弟勒令还俗。以上所述乾隆帝均同意。[③]

乾隆四年（1739）六月初三日，乾隆帝说，佛教在中国流传很久了，僧人众多，一时难以革除，所以恢复颁给僧人度牒，使目前僧人的数量有

---

① 《清实录》第九册《高宗实录》卷十六，中华书局 1985 年版，第 433—434 页。

② 《乾隆朝上谕档》第一册，第 101 页。

③ 《清实录》第十册《高宗实录》（二）卷六十九，中华书局 1985 年版，第 109—110 页。

所核查，将来可以逐渐减少。他令大学士等人秘密寄信给各督抚，让他们徐徐留心，逐渐裁减僧人，假以时日，不必着急。① 乾隆四年（1739）奏准：从乾隆元年（1736）起到乾隆四年（1739）止，共颁发过顺天府、奉天府和直隶各省度牒等340112张。以后，师徒将度牒次第相传，不再发度牒。各督抚将僧人的情况，随"五年审丁之期"，造清册汇报礼部。② 乾隆四年（1739）年底，云南巡抚张允随说，应付僧中的老疾无归者给予度牒，在僧籍册内注明，不许招收徒弟。但礼部只提出在僧籍册内注明，僧人的度牒上却没有体现，应该令地方官在已经颁发的应付僧度牒内写上"不许招收生徒"的大字，并加盖印信。礼部建议乾隆帝批准张允随的奏请，以防止应付僧暗中招徒。张允随还说，收缴、销毁度牒时，将"销"字戳记盖在牒面上，年终汇总到礼部。礼部仍请乾隆帝同意张允随所请，以杜绝"漏缴、顶替、转卖之弊"。乾隆帝均同意。③

乾隆五年（1740）十一月初一日，乾隆帝说，礼部颁发的度牒等已有30余万张，但收缴上来的还少。各督抚应该妥善处理，并在年底将减少的僧人实际数量具折奏闻。④ 乾隆六年（1741）五月十六日，乾隆帝指出，各省年底具折奏闻减少的僧人实际数量，也应该按规定造黄册具奏，并且造清册汇报礼部。应该造册的所减僧人的实数，从乾隆六年（1741）起，年底造册具奏。⑤

乾隆八年（1743）三月辛酉，乾隆帝批示，礼部颁发的度牒很多，但收缴上来的还少，所以曾令直省督抚在年底将减少的僧人实际数量具折奏闻。两年以来，据奏称，僧众人数都有核减，但实际上僧人并未见减少，这是各省督抚敷衍塞责所致。各省总督务必实心处理，妥善奉行，应当使僧人数量逐渐减少，让僧人的实际数量与册籍上的数字相符。然而，

① 《乾隆朝上谕档》第一册，第411、412页。
② （乾隆朝）《钦定大清会典则例·礼部·祠祭清吏司·方伎》卷九十二，《景印文渊阁四库全书》第622册，第891页。
③ 《清实录》第十册《高宗实录》（二）卷一〇六，第595—596页。
④ 《乾隆朝上谕档》第一册，第661页。
⑤ 《宫中档乾隆朝奏折》第二辑。

乾隆帝最后又说，如果办理起来太麻烦，那还不如照旧。①

乾隆十年（1745）六月己酉，乾隆帝给军机大臣发布上谕，各省只奏报裁减的僧人数量，并不上报续收的僧人数量，这也不是他当日办理此事的本意。今日的僧人只是乡里无依无靠的贫民，为了糊口而逃入空门，不会危害政教。这些僧人已习惯于安闲的生活，如果迫使他们从事劳动，不过使市井中增加无数游惰生事的人，倒不如将他们收在寺院中，还有所约束。乾隆帝让军机大臣将他的意思寄信给各督抚，令他们妥善体会，转饬属下，从宽办理。②

乾隆十九年（1754）正月庚午，乾隆帝说，各省督抚年终将所减僧人的实际数量奏报只是应付差事，予以停止。③ 乾隆三十三年（1768）八月，两江总督高晋因为割辫案拿获了多名僧人，要求恢复年终奏报制度。乾隆帝说，这种看法也只是治标不治本，何况这时更不可行，等事后再讲。④ 该制度以后并没有恢复。

乾隆三十九年（1774）二月癸巳，大学士等议准礼部奏称，从乾隆四年（1739）至今，度牒的颁发已停止三十余年。旧的度牒逐渐上缴、销毁，僧人大多数属于私度。由于僧人大多没有度牒，各府、州、县僧官往往悬缺未补，僧人无人管束。请饬交各督抚，转行地方官，查明现在僧人中的实心焚修者，将基本情况上报礼部，仍给予度牒。僧纲有缺，就由领有度牒的僧人充补。⑤ 乾隆帝同意恢复度牒的颁发。四个月后，由于地方官反对，乾隆帝决定废除度牒制度。乾隆三十九年（1774）六月癸巳，山西道御史戈源奏：最近礼部奏请，从乾隆四年（1739）以后，僧人没有给发度牒的，交地方官通查补给，以选补僧纲等僧官。从乾隆四年（1739）到今天，私自剃度的恐怕不下数百万人。如果通查补发度牒，必

① 《清实录》第十一册《高宗实录》（三）卷一百八十六，中华书局 1985 年版，第 399—400 页。

② 《清实录》第十二册《高宗实录》（四）卷二百四十二，中华书局 1985 年版，第 123 页。

③ 《清实录》第十四册《高宗实录》（六）卷四百五十五，中华书局 1986 年版，第 925 页。

④ 《清实录》第十八册《高宗实录》（十）卷八百十七，中华书局 1986 年版，第 1086—1087 页。

⑤ 《清实录》第二十册《高宗实录》（十二）卷九百五十二，中华书局 1986 年版，第 909 页。

然多有滋扰，请求以后永远停止颁发度牒。需要选充僧官时，让地方官查明恪守戒律的僧人，发公文到礼部，礼部给度牒充补。乾隆帝同意戈源的意见，认为度牒本属无关紧要，而查办会滋扰佛教界，所有礼部奏请给发度牒的事宜永远停止。选充僧官时就按戈源的建议办。① 至此，在中国实行了一千多年的度牒制度被彻底废除。

随着度牒制度被废除，与之相辅相成的僧籍制度失去了存在的依据。乾隆四十一年（1776）二月癸亥，礼部奏准原任广东巡抚德保咨称，以前各省每年造送的僧人四柱清册，用于选补僧纲等官，因为按照原来的制度，僧人没有度牒就不准充补僧官，所以四柱清册内只造报有度牒的僧人。现在已经奉旨停止给发度牒，四柱清册应该一并停止。需要充补僧官时，地方官写保证书保送。以后如果僧官犯事，也要查明保送的地方官，交部议处。乾隆帝批准。② 随着度牒制度、僧籍制度被废除，与之相关的僧众治理措施也就全部被放弃了。

度牒的废止是有多方面原因的。除了用度牒管理来治理佛教队伍的老办法已经不能奏效之外，还有政治、经济方面的原因。在政治方面，到了乾隆时代，佛教队伍中已经没有了反清复明的政治人物，大量流民掀起的山林禅宗复兴浪潮已经平息，对有牒照和无牒照的僧人自然可以一视同仁。在经济方面，这与雍正时采取"摊丁入亩"的赋税改革有关。清王朝将人丁税与田亩税合一，依据占有土地的面积统一征收赋税，这样，具有免役作用的度牒随之失去意义。正如清人所说："度牒之制遂废，盖以丁归地，则不须报牒免役也。"③

四　僧众和寺院管理

自南北朝以来，历代王朝都重视对佛教信众的管理。随着僧团组织规模的发展，佛教社会影响的扩大，其管理范围不断扩展，管理措施也适时增加或调整。清朝制定的许多僧团管理办法借鉴了前代的经验，并且将其管理引入法律化、制度化的轨道，尤其在管理基层僧众方面，清朝采取了

---

① 《清实录》第二十册《高宗实录》（十二）卷九百六十，中华书局1986年版，第1017—1018页。

② 《清实录》第二十一册《高宗实录》（十三）卷一千三，中华书局1986年版，第444—445页。

③ 《癸巳存稿》卷十三，辽宁民族出版社2003年版，第398页。

一些有别于前代的新措施。

康熙六年（1667），礼部统计，直省的僧人有 110292 名，尼 8615 名。① 全国僧、尼的总数是 118907 名。到乾隆初年，国家掌握的僧尼人数大幅度增加。② 乾隆四年（1739）六月初三日，谕军机大臣等，现在礼部颁发给各省的度牒已有 30 余万张。领度牒的僧人各准招收徒弟 1 人，师徒加起来有 60 余万人了。③ 到清末，据太虚估计，全国僧、尼约有 80 万人。

满清入关前，东北境内佛教的规模有限，对僧人的管理措施相对简单。天命六年（明天启元年，1621）七月十四日，努尔哈赤说，僧人也给予田地，让他们勤加耕作。④ 天命十年（明天启五年，1625）五月初三日，汗家北塔的基石被周围包衣人等盗取、毁坏。努尔哈赤了解情况后，派大臣搜寻基石，并且将被查获的人各杖打五十。为首的八名僧人因疏于看守而坐牢，等众僧修复北塔后才被释放。⑤

努尔哈赤死后，棺材暂时安放在沈阳城内。天聪三年（明崇祯二年，1629）二月己亥，僧人陈相子私自率领徒众，到努尔哈赤的棺材前旋绕诵经。护守官上奏皇太极，皇太极派人询问原因。陈相子说，他诵经想求佛引努尔哈赤的英灵受生善地。皇太极说，努尔哈赤的神灵上升于天，哪里要等众僧祷求才受生善地呢？迷惑、蒙蔽民众的正是此辈僧人。陈相子被杖责四十，勒令还俗为民。⑥ 天聪四年（明崇祯三年，1630）夏四月辛亥，皇太极指出，僧人既然信奉佛教就不应该再养牲畜，从而下达禁令。⑦ 天聪五年（1631），皇太极指出：奸民想逃避差徭，多出家为僧。至于喇嘛、班第、和尚，也必须清查人数。如果是真的喇嘛、班第、和尚，允许在城外清净的寺庙里焚修，不准容留妇女、违犯清规。如果本来

---

① （康熙朝）《大清会典·礼部·祠祭司·僧道［喇嘛附]》卷七十一，《近代中国史料丛刊》第三编第 72 辑，第 3624—3625 页。

② （乾隆朝）《钦定大清会典则例·礼部·祠祭清吏司·方伎》卷九十二，《景印文渊阁四库全书》第 622 册，第 885 页。

③ 《乾隆朝上谕档》第一册，第 411、412 页。

④ 《满文老档·太祖皇帝》第四函，第二十四册，中国第一历史档案馆整理编译《内阁藏本满文老档·太祖朝汉文译文》，辽宁民族出版社 2009 年版，第 79 页。

⑤ 《满文老档·太祖皇帝》第八函，第六十五册，第 233 页。

⑥ 《清实录》第二册《太宗实录》卷五，第 69 页。

⑦ 《清实录》第二册《太宗实录》卷六，第 94 页。

就没有坦诚、洁净的心,假称喇嘛、班第、和尚,容留妇女、不守清规,勒令还俗。以后,如果有违法擅自称为喇嘛、和尚及私自建造庙宇者,依照律令治罪。若有愿意当喇嘛、和尚及修造寺庙者,必须"启明该部贝勒",才免除他的罪行。凡有给喇嘛、班第、和尚饮食者,由男子送到寺庙。如果男子外出,妇女不许私自邀请喇嘛、班第、和尚到家,给予饮食,"违者以奸论罪"。如果举报的人是奴仆,允许他离开其主人。①

满族统治者入关之初,参照《大明律》中的相关规定管理僧人。随着清王朝法律制度的建设,满清统治者不断修订、完善有关法律条文,以便有效管理僧众。清代法律中涉及僧、尼的条文主要是为了惩罚僧、尼所犯的各种罪行。大体有如下种类。

第一,惩治有人命的犯罪。

清朝将僧人杀人和斗殴的法律条文放在一起,按照情节轻重及罪行的危害程度分别量刑。第一类是殴、杀受业师。康熙二十五年(1686)令:凡僧、尼有杀其受业师的即处斩,从犯判处斩监候,秋后处决。②雍正三年(1725)定:凡僧、尼谋杀受业师的,依照谋杀大功尊长,已杀的判处斩立决,已伤的判处绞立决,犯罪已实施但没有伤及受业师的,流二千里。殴打受业师致死的,也依照"殴故杀大功尊长律"判处斩立决。③嘉庆十六年(1811)定:凡蓄意殴杀及殴伤受业师的,僧、尼依照"谋故殴杀及殴伤大功尊长律",分别治罪。④

第二类是殴杀弟子。乾隆十九年(1754)五月丙午,刑部议覆大学士傅恒等奏称,查定例内,僧、尼殴打弟子致死的,依照"殴杀堂侄律",杖一百,流三千里。故意杀害弟子的,依照"故杀卑幼律",判处绞监候,办理得并不妥当。以后遇到僧、尼故意杀害弟子的案件,应该如何处理,请饬交刑部另行处理。刑部官员指出,僧、尼的师徒名分,原来就不是"天伦服属可比"。如果弟子违犯教令,受业师处罚时失手致死,尚且情有可原,自然应该依照原来的规定办理。如果因为奸、盗等原因,

① 《清实录》第二册《太宗实录》卷十,第146—147页。

② (康熙朝)《大清会典·刑部·律例十一·[刑律二]斗殴》卷一百二十,《近代中国史料丛刊》第三编第72辑,第6021页。

③ (嘉庆朝)《钦定大清会典事例·刑部·刑律斗殴》卷六百三十二,《近代中国史料丛刊》第三编第69辑,台北:文海出版社1992年版,第2767页。

④ 同上书,第2768—2769页。

而导致谋杀、故杀的重案，师徒之义已经断绝，不应该依照原规定仅判处绞监候。受业师"挟怒逞凶"，手拿凶器，殴打弟子有致命重伤致死的，实际上与凡人没有区别，也不应该依照原规定，"仅拟满流"。请以后僧、尼如果谋杀弟子，无论已伤未伤、已杀未杀，都按照针对凡人的规定，分别量刑、定罪。受业师"挟怒逞凶"、故意杀害弟子以及殴杀内持有凶器，多次伤害致命、重伤致死的，"亦俱以凡论"。乾隆帝同意了刑部官员的奏请。①

　　第三类是殴杀宗亲成员。清代法律规定：凡僧人对本家祖父母、父母及"有服尊长"犯罪的，仍旧按照"服制定拟"外，如果致死本宗的晚辈，无论是由于斗殴还是蓄意谋害，都按照凡人犯罪论处。女尼、喇嘛犯同样的罪行，也如此办理。②

　　第二，惩治通奸、强奸等犯罪。

　　清朝法律规定：如果僧、尼犯奸，按照凡人犯同样的罪行加二等处罚。如果属于强奸，强奸犯判处绞监候，妇女无罪。③ 乾隆二十五年（1760）定：僧、尼犯和奸的，在本寺、庵门前，枷号两个月，杖一百。僧人奸有夫之妇及刁奸的，依照法律加二等处罚，分别杖、徒治罪，仍然在本寺、庵门前，各枷号两个月。④ 对强奸而致人死亡的案件，惩处更严厉。乾隆四十年（1775）把绞监候改为立决的条款中，包括喇嘛、和尚等强奸致死人命案件中的从犯。这类人犯，情罪较重，如果案发在逃两三年后被抓获，就改为立决。⑤

　　在处理具体案件时，对犯奸僧人的处罚可能比法律条文的规定更严厉。乾隆三十三年（1768）正月二十九日，谕军机大臣等：高晋奏，审拟江宁不法僧人恒昭诱奸民妇一折，仅要求将恒昭改发伊犁，处罚过轻。这样的淫恶劣僧，长久以来危害地方的风俗，一经败露，就应该立即乱棍

---

　　① 《清实录》第十四册《高宗实录》（六）卷四百六十五，第 1034—1035 页。

　　② （光绪朝）《钦定大清会典事例·刑部·刑律斗殴》卷八百一十二，中华书局 1991 年版，第 9 册，第 865 页。

　　③ 《大清律集解附例·刑律·犯奸·居丧及僧道犯奸》卷二十五，《四库未收书辑刊》，北京出版社 2000 年版，第一辑，第 26 册，第 410 页。

　　④ （嘉庆朝）《钦定大清会典事例·刑部·刑律犯奸·居丧及僧道犯奸》卷六百四十一，《近代中国史料丛刊》第三编第 69 辑，第 3284—3285 页。

　　⑤ （嘉庆朝）《钦定大清会典事例·刑部·名律例·犯罪事发在逃》卷五百九十二，《近代中国史料丛刊》第三编第 69 辑，第 549—550 页。

打死，以示惩儆，为什么予以宽恕？在逃的月千，平日恶贯满盈，抓获时，也应当乱棍打死，这样才符合情法。①

对僧人娶妻的惩治属于户律的范围。户律中关于婚姻的条目有17项，其中之一就是僧人娶妻。② 具体的惩罚措施是：凡僧人娶妻、妾的，杖八十，还俗。女家即主婚人同罪，离异，财礼入官。寺院住持如果知情，同罪，如果属于因人连累，不还俗。寺院住持不知情，无罪。如果僧人假借亲属或者僮仆的名义娶妻、妾，而僧人自己占用的，以奸论罪。即以僧人犯奸加凡人和奸罪二等论处。妇女还亲，财礼入官。属于强迫性质的，以强奸论罪。③

除了娶妻、妾，僧人犯淫戒的另一种形式是"狎妓"。僧官、僧人有犯狎妓饮酒的，发回原籍为民。④

第三，惩治亵渎神明。

清律规定：凡私家告天拜斗，焚烧夜香，燃点天灯（告天）、七灯（拜斗），亵渎神明的，杖八十。妇女犯罪的，"罪坐家长"。如果僧人修斋设醮而拜奏青词表文及祈禳火灾，同罪，还俗。惩罚的重点在拜奏。如果只是修斋而没有拜奏青词表文，不禁止。⑤

第四，惩治偷盗。

清朝法律对僧人偷盗的处罚按照对一般民人的量刑标准来执行。僧人偷盗银一百二十两以上的，判处绞监候。⑥ 乾隆四十八年（1783）十一月，刑部提议：僧人、喇嘛等结伙盗窃的，一经得财在一百二十两以上，都属于情节较重，历年都按照规定，"拟入情实"。其余寻常的小偷小摸，情节比较轻的，"拟入缓决"。⑦

第五，惩治窝藏逃犯。

顺治九年（1652）议准：凡僧、尼窝藏、隐匿逃人的，依照民人窝

---

① 《乾隆朝上谕档》第五册，第279页。

② （嘉庆朝）《钦定大清会典·刑部》卷四十一，《近代中国史料丛刊》第三编第64辑，第1944页。

③ 《大清律集解附例·户律·婚姻·僧道娶妻》卷六，第二辑，第26册，第150页。

④ （光绪朝）《钦定大清会典事例·刑部·刑律犯奸》卷八百二十五，中华书局1991年版，第9册，第994页。

⑤ 《大清律集解附例·礼律·祭祀·亵渎神明》卷十一，第一辑，第26册，第201页。

⑥ 《大清律集解附例·刑律·贼盗·窃盗》卷十八，第一辑，第26册，第296、297页。

⑦ 《清朝通典·刑〔七〕·杂议》卷八十六，商务印书馆1935年版，第2678页。

隐逃人的规定治罪。①

第六，惩治违制。

清朝法律规定：僧、尼要拜父母、祭祀祖先（包括本宗亲属）。丧服等第（包括斩衰、期、功、缌麻之类）都与常人相同。违者，杖一百，还俗。②

雍正五年（1727）谕：僧人皈依佛教，自然应当恪守清规，置身方外，才是清净之徒。如果违法犯罪，已经为佛法所不容，怎么能够仍称为佛教徒，得以为非作歹呢？以后凡是僧人犯法，判处"斩、绞、发遣、军流、充徒、枷号"等罪的，都勒令永远还俗。发配到遣戍的地方后，令该管官员严行稽查。刑满释放回原籍的，也令地方官严行稽查，不准再为僧人。犯了罪的僧人全部被勒令还俗，由此成为制度。③

犯过罪的僧人仍然隐藏在寺院中，虽然没有给发度牒，也全部按照僧人犯罪的情况判刑。僧人该还俗的，"查发各原籍当差"。如果仍然在原寺、庵或其他寺、庵隐藏居住的，枷号一个月，照旧还俗。僧官及住持知情而不举报的，各治以罪。④ 乾隆四十二年（1777），因度牒已废止，该法律条文中涉及度牒的内容做了修正，其他内容没有变化。⑤

清王朝还对僧人服装的质料及颜色作出规定。顺治九年（1652）四月庚申定：僧人衣服，只许用绸、绢、纺丝、素纱、棉布、夏布，不许用缎、绫罗。僧袍只许用本等缁黑色，不许用别色。其余禁例与民人服装相同，只有袈裟不在禁止、限制的范围内。⑥ 如果僧人的服装违反了规定，僧人要受笞五十、还俗的处罚，衣服入官。⑦

---

① （康熙朝）《大清会典·督捕一·窝逃·僧道窝逃》卷一百七，《近代中国史料丛刊》第三编第 72 辑，第 5334 页。

② 《大清律集解附例·礼律·仪制·僧道拜父母》卷十二，第一辑，第 26 册，第 213 页。

③ （雍正朝）《大清会典·刑部·律例六［户律一］·户役》卷一百五十五，《近代中国史料丛刊》第三编第 77 辑，第 9952—9953 页。

④ （康熙朝）《大清会典·刑部·律例四［户律一］·户役》卷一百十三，《近代中国史料丛刊》第三编第 72 辑，第 5604 页。

⑤ （嘉庆朝）《钦定大清会典事例·刑部·户律户役》卷六百一，《近代中国史料丛刊》第三编第 69 辑，第 1058 页。

⑥ 《清实录》第三册《世祖实录》卷六十四，中华书局 1985 年版，第 503 页。

⑦ （康熙朝）《大清会典·刑部·律例七［礼律］·仪制·僧道拜父母》卷一百十六，《近代中国史料丛刊》第三编第 72 辑，第 5779 页。

顺治元年（1644），满清统治者着手建立保甲制度。也发给寺院印牌，以稽查僧人的出入。[1] 雍正五年（1727）八月十九日，陕西总督岳钟琪在奏折中说，寺庙中的僧人，"往来无定，聚散无常"。他们的籍贯不详，姓氏不清。其中还有犯罪后逃入佛门且四处云游的人。现在编设保甲以治理地方，应该令各官将境内的寺庙一体编进保甲册内，将寺庙中僧人的详细情况登记造册，送到各省布政司。雍正帝认为，执行保甲制度难度大，能卓有成效地实行该制度的州、县少。等到地方上实施该制度有头绪时，再扩大到寺庙才有益处。此事可以暂缓办理。[2]

乾隆二十二年（1757），清政府更定了保甲之法十六条。保甲的编制面扩大，其内部组织更趋严密。乾隆三十三年（1768）议准：各省督抚严饬地方官，申明禁令，不许私自剃度，违反规定招收徒弟。在籍的僧人遵照保甲条例，每座寺庙给予门牌，地方官将寺庙与民户一同查核。[3] 同治时期，清王朝利用保甲制度将僧团管理落实到了最基层，其管理措施更为细致。

对佛教寺院的管理，自两晋以来受到历代王朝重视。历代对寺院类型划分有不同，管理的侧重点也有异。清代寺院数量众多。康熙六年（1667），礼部统计，直省敕建的大寺庙共有 6073 处，小寺庙共有 6409 处；私建大寺庙共有 8458 处，小寺庙共有 58682 处。寺庙共有 79622 处。[4] 清王朝主要依据寺院的创建来源，把寺院划分为敕建和私建两大类；同时，也根据寺院的经营主体，把寺院分为官管寺院和私家寺院两大类。不同的寺院，管理措施并不相同。清王朝对寺院的发展规模有不少规定，以防止佛教经济势力过于膨胀。另一方面，由于民间佛事活动非常活跃。清王朝对寺院举办迎神赛会等活动、对于进入寺院的各种人员等，都制定了法律条文。总的说来，清王朝对佛教寺院的修造和经营，既有支持、保护性的举措，也有限制、约束甚至惩处性的法律条款。

早在清太祖时期，满族贵族就开始建造佛寺。乙卯年（明万历四十

---

① 《清朝通典·食货［九］·户口丁中》卷九，第 2069 页。

② 《宫中档雍正朝奏折》第八辑。

③ （嘉庆朝）《钦定大清会典事例·礼部·方伎·僧道》卷三百九十，《近代中国史料丛刊》第三编第 69 辑，第 7713 页。

④ （康熙朝）《大清会典·礼部·祠祭司·僧道［喇嘛附］》卷七十一，《近代中国史料丛刊》第三编第 72 辑，第 3624—3625 页。

三年，1615）四月，满族统治者在城东山冈上建佛寺、玉皇庙、十王殿，共七大庙，三年建成。①

皇太极对佛教十分重视，虽然当时战事频仍，朝廷依然花费大量人力和财力新修、重建寺院，使关外佛教呈现一片繁荣景象。崇德元年（明崇祯九年，1636），皇太极下令修建实胜寺。崇德三年（明崇祯十一年，1638）八月，实胜寺建成。该寺大殿有五楹，东西庑各有三楹，前天王殿三楹，外山门三楹。至于僧寮、禅宝、厨舍、钟鼓音乐之类，皇太极都为实胜寺配备好。② 该寺成为东北地区著名的藏传佛教寺院。此外，崇德元年（明崇祯九年，1636）八月十四日，千山大安寺僧人何大峰重修古寺完工。皇太极因为何大峰重修大安寺，赏银十两。③

康熙帝非常关注地方上著名寺院的修缮事宜，往往拿出国库银两进行资助。天宁寺的修缮就是典型的例子。天宁寺号称"东南第一丛林"，地位显赫。在康熙朝，每逢圣诞都在这里举办万寿道场为康熙帝诵经祈福。康熙五十九年（1720）六月初十日，苏州江宁织造李煦、曹頫给康熙帝上奏折，叙述他们遵旨查验了天宁寺需要修缮的地方，并估计维修该寺的山门和殿宇大约需要银 11600 两，维修园亭、方丈和群房大约需要银 2643 两。两淮的商人们听说此事后，纷纷表示愿意如数捐银来维修寺院。李煦和曹頫还详细列出了修理天宁寺的料估单。康熙帝令苏州、江宁、杭州三处织造各出银 500 两。其余依商人所捐，有人愿意布施，也予以准许。④ 官方所出的 1500 两银子用在了重修佛像上。⑤

雍正帝曾下谕要求地方官修建寺院，满足当地驻扎兵丁进行宗教活动的需要。雍正七年（1729）十月二十四日，天津水师营都统拉锡进京恭请圣安时，雍正帝对他说，天津水师营城内官员、兵丁有两千余人，不能没有祀享瞻拜的场所。他下令修建两座庙宇。一座庙供三世佛、龙王和海神，另一座庙供城隍和土地，费用由巡盐御史郑禅宝从他的养廉银内捐修。郑禅宝等人遵旨在城中街北建起了一座佛寺。正殿三间，供奉三世尊

---

① 《清实录》第一册《满洲实录》卷四，中华书局 1985 年版，第 172 页。
② 《清实录》第二册《太宗实录》卷四十三，第 565 页。
③ 《满文老档·太宗皇帝》第十四函，第二十五册，第 745 页。
④ 《宫中档康熙朝奏折》第七辑。
⑤ 《康熙朝汉文朱批奏折汇编》第八册，中国第一历史档案编，中国档案出版社 1985 年版，第 685、690 页。

佛，两旁是罗汉十八尊。前殿三间，供奉弥勒佛等。山门三间，左右四天王。后院僧房四间。共盖房二十九间。另一座庙宇也遵旨修造完成。两座庙宇共耗银 4258 两。①

清王朝对既有寺院采取保护的策略，严禁士兵、官员和普通百姓等拆除、毁坏及掠夺庙宇。天命六年（明天启元年，1621）十一月，努尔哈赤发布上谕：任何人不得拆毁庙宇，不得在寺庙院内拴系马牛，不得在寺庙院内大、小便。违反规定的要被抓起来治罪。②

皇太极对明朝、察哈尔及朝鲜用兵时，多次禁止士兵破坏各地的寺庙，并对违反规定的罪行预先制定了惩罚措施。天聪三年（明崇祯二年，1629）十月二十日，皇太极在进攻明朝的征程中对将士发布上谕，不许拆毁房屋和庙宇。毁坏房屋和庙宇的人，要从重鞭打。③天聪六年（明崇祯五年，1632）四月二十八日，皇太极召集诸位贝勒、大臣和军士，宣布上谕说：不准毁坏庙宇，禁止侵犯庙中为祭祀所设的一切物件，违者处死。不得扰害寺庙内的僧众，不许掠夺僧人的财物，可以记载僧众的数目来报告。如果人、畜逃到寺庙中，可以俘获。军队不能驻扎在寺庙中。④

顺治十五年（1658）夏四月辛巳，礼部奏言：和硕荣亲王坟园圈丈地内所有的寺庙应该勒令迁移。顺治帝指出，民间供奉神、佛的寺庙中的僧人也是他的子民，由于建立寝园的缘故，令他们全部迁移，他实在于心不忍。所有的寺庙都不必迁移，依然照旧存留。他令礼部尚书恩格德将他的旨意快速前往通知僧人等。⑤

雍正十年（1732）四月二十四日，雍正帝发布上谕：听说唐山县知县赵杲拆毁本县寺庙数十余处，焚毁佛像，击碎古碑三十余座，砍伐古木三百余株，驱逐僧人，勒令尼僧还俗。赵杲的做法"令人骇闻，暴厉乖张，生事滋扰之极"。赵杲"有意扰乱国政，可恶之极"。雍正帝将赵杲革职，在本县枷号，令赵杲将所毁的寺庙一一赔偿修补完毕。"倘若抗违

---

① 《雍正朝汉文朱批奏折汇编》第十七册，中国第一历史档案馆编，江苏古籍出版社 1990 年版，第 565、566 页。

② 《满文老档·太祖皇帝》第四函，第二十九册，第 98 页。

③ 《满文老档·太宗皇帝》第三函，第十七册，第 506 页。

④ 《满文老档·太宗皇帝》第九函，第五十二册，第 634—635 页。

⑤ 《清实录》第三册《世祖实录》卷一百十六，第 905 页。

推诿,不竭力赔修,必将伊立正典刑。"①

　　清王朝对寺院的修造(尤其是新建)并不是一味地支持甚至放任。寺院的修建往往要占用民田,耗费大量的社会资源,所以,清朝诸多帝王都对寺庙的兴建做出限制性甚至禁止性的规定。

　　天聪五年(明崇祯四年,1631),皇太极说:不许私自建造寺庙。现在除了明朝汉官旧建的寺庙之外,其余地方妄行新造的反而比以前更多。该部贝勒大臣要再次详细稽查,先前经过稽查允许存留的寺庙有多少,后来违法新造的有多少,违法新造寺庙的要对修造的人治罪。以后,如果有人违法私建庙宇,依照法律治罪。要修造寺庙必须上报该部贝勒,才能免除建庙者的罪行。②

　　顺治二年(1645)规定:京城内外严禁擅自建造寺庙和佛像,呈报了礼部后才允许建造。现有的寺庙和佛像也不许私自拆毁。③

　　康熙五十年(1711)年底,康熙帝指出,他近来看见直隶各省创建的寺庙很多。建造寺庙占据了百姓的田地。寺庙修成后,愚民又购买穷人的田地赠给寺庙,结果民田逐渐减少。他要求,除了原有的寺庙外,各省督抚及地方官要永远禁止创建、增修寺庙。④

　　雍正十三年(1735)九月二十三日,乾隆帝发布上谕,他看见各处地方寺庙很多,年久倾倒、坍塌的也不少,导致佛像日晒雨淋。建庙之初的目的是崇敬神佛,到头来却亵渎神灵,都是因为寺庙"太多太杂,人情喜新厌旧",乐于兴造而懒于修理和维护。以后想建寺庙的只准增修旧寺庙。如果有人想建寺庙,必须呈明督抚,督抚写题本奉旨,才允许营建,否则,予以治罪。⑤乾隆八年(1743)三月辛酉,谕军机大臣等:近来看见京师附近的寺庙,旧的依然倾圮,而仍然有新建的寺庙。直隶如此,其他省必然相同。乾隆帝认为,各督抚并没有实力奉行他的旨意,所

---

　　① 《雍正朝汉文谕旨汇编》第二册,第 118、119 页。

　　② 《清实录》第二册《太宗实录》卷十,第 146、147 页。

　　③ (康熙朝)《大清会典·礼部·祠祭司·僧道〔喇嘛附〕》卷七十一,《近代中国史料丛刊》第三编第 72 辑,第 3622 页。

　　④ 《清实录》第六册《圣祖实录》(三)卷二百四十八,中华书局 1985 年版,第 462—463 页。

　　⑤ 《雍正朝汉文谕旨汇编》第二册,第 287—288 页。

以加以重申。①

在寺院经济的管理上，清王朝明确规定了寺田免交租赋的权利。"凡在京坛壝等处、在官地亩不纳粮"。直省的寺院、祭田也是公地，"免其征科"。②寺院田产一般享有免予征科的权利，不过，也存在个别寺田纳粮的特殊情形，福建寺田就是典型的例子。乾隆元年（1736）三月癸丑，福建巡抚卢焯疏称，福建省的寺田向来是四分租谷给僧，六分租谷归官。僧人应收的租谷，官为代征；僧人应缴纳的征粮，向佃户追比。寺佃深受其累，请求将租谷和征粮全部由僧收僧纳，每亩征银二钱。乾隆帝同意了。③

有些僧人垦荒耕田，作为寺庙的经济来源。清王朝一般会考虑免除其租赋。如果该寺庙是古刹名寺，其可能性就更大。

清王朝严禁僧人私自售卖寺田，并规定了处罚措施。僧人将寺院的田地蒙混"投献王府及内外官豪势要之家"，私自签订文契典卖的，分别"发边卫永远充军"④。清王朝规定，各省的丛林、古刹过去已经列入了官府清查册的斋田，不许私自售卖，违者治罪。凡是续置的斋田，也要报明地方官，申报上司，载入清查册。庵观、茶亭、社庙、净室等处产业，住持要开具数目，到州、县呈明立案。⑤

清王朝对寺院的出租也制定了管理措施。顺治三年（1646）令：在京的寺院和庵庙，不许僧、尼混处及闲杂俗人居住，工部和五城负责清查。僧官包庇的，一体从重治罪。⑥康熙十三年（1674）定：京城内外的寺院、庵庙不许容留无度牒的僧人和闲杂人等居住。⑦

乾隆三十五年（1770），礼部具奏：京城官管的各庙，群房和围房从

---

①　《清实录》第十一册《高宗实录》（三）卷一百八十六，第399—400页。

②　《清朝文献通考·田赋考［十二］·官田》卷十二，第4959页。

③　《清实录》第九册《高宗实录》（一）卷十五，第411页。

④　（康熙朝）《大清会典·刑部·律例四［户律一］·田宅·盗卖田宅》卷一百十三，《近代中国史料丛刊》第三编第72辑，第5634页。

⑤　《宫中档雍正朝奏折》第二十四辑，《清实录》第九册《高宗实录》（一）卷三，第198—199页。

⑥　（康熙朝）《大清会典·礼部·祠祭司·僧道［喇嘛附］》卷七十一，《近代中国史料丛刊》第三编第72辑，第3623页。

⑦　（乾隆朝）《钦定大清会典则例·礼部·祠祭清吏司·方伎》卷九十二，《景印文渊阁四库全书》第622册，第886页。

来不供佛的处所可以出租收息，作为贴补和日常的费用。供佛的正殿和配庑一概不准擅自出租，违者治罪。请交步军统领督理街道各衙门随时稽查、参处。乾隆帝批准了，并令礼部在年底具奏。[①]

嘉庆四年（1799）谕：外省赴京引见及候补、候选人员可以居住在京城内外的官管庙宇，僧人也能得到香火钱。外来的游方僧人及面生可疑、来历不明的人，一定要实力稽查，断不准容留。礼部仍然在年终汇奏一次，不可敷衍了事。[②]

道光二十四年（1844）议准：京城官管各庙的住持每两个月一次，写下没有容留来历不明之人的保证书，将僧人及雇工的姓名、数量、年龄、相貌和籍贯造清册两份，由僧录司汇总，加盖印信，分别送到礼部和步军统领衙门核查。[③]

清代是民俗性佛教发达的时期，各地的各类佛事活动十分盛行，清朝为此制定了诸多管理措施。就举办道场而言，清政府做出了限制性规定。顺治八年（1651）六月壬子，礼部定例：凡遇大礼，如果奉旨启建道场，四场太监和僧人奏乐于皇城内，启建道场。皇城内居住的官员和百姓永远禁止使用喇叭、唢呐以及建设道场。皇城外、京城内的官员和百姓可以建立道场，但不许用喇叭和唢呐，“止许作僧、道乐”。[④] 康熙元年（1662）规定：凡是作道场的，只许在本家的院子内。禁止当街搭盖席棚、扬幡挂榜，以及僧人张着伞，捧托着香帛，绕街行走、取水画地、开酆都、穿戴盔甲等。违者，僧人责打二十板为民，该管僧官革职。作道场的人如果是官员，交部议处；如果是百姓，“治以违禁之罪”。[⑤]

清王朝对佛事活动的管理突出表现在对民间迎神赛会和妇女入庙烧香的查禁上。

迎神赛会指举行仪式迎神，用车子载着神像出巡，各省都有。[⑥] 赛会

---

① （嘉庆朝）《钦定大清会典事例·礼部·方伎·僧道》卷三百九十，《近代中国史料丛刊》第三编第 67 辑，第 7713—7714 页。

② 同上。

③ （光绪朝）《钦定大清会典事例·礼部·方伎》卷五百一，中华书局 1991 年版，第 6 册，第 804 页。

④ 《清实录》第三册《世祖实录》卷五十七，第 454 页。

⑤ （康熙朝）《大清会典·礼部·祠祭司·僧道［喇嘛附］》卷七十一，《近代中国史料丛刊》第三编第 72 辑，第 3625—3626 页。

⑥ 《清稗类钞·迷信类·赛会》，第一〇册，中华书局 1986 年版，第 4671 页。

的名目繁多，有地藏胜会、地官大地胜会等，目的大多是消灾祈福。赛会由民间香会来组织。赛会的组织者，在城市是州、府、县署的书吏和衙役；在乡村是地方保长和游手好闲的人。① 参与者认为赛会可以"驱邪降福，消难除蝗"②，其盛况是"举邑若狂，乡城士女观者数万人"。虽然有地方官不时示禁，但结果却是一年比一年兴盛。③

清王朝对规模盛大、男女混杂的赛会多有禁令。康熙十六年（1677）令：京城内的寺庙、庵院，不准设教聚会，男女混杂，并且不许搭盖高台演戏，敛钱酬神赛会。④

康熙四十八年（1709）覆准：鸣锣击鼓、聚众烧香、男女混杂等弊端，曾经严禁，恐怕相沿日久，"旧俗复炽"。"扶鸾书符、招摇贪缘"的情况都应该永远禁止。以后如果有仍然像之前擅自妄行的，该地方官立即查究惩治。如果不实心查拿，在京城的或者由礼部查出，外省或者经督抚查出，"将该管官员指名题参"。⑤

乾隆二十七年（1762）奏准：五城寺庙僧、尼开场演剧，男女都出资参与，号称"善会"，败坏风俗、滋生弊端，事关重大。应该交步军统领、五城、顺天府各衙门"严行饬禁"。如果有设立善会、煽惑聚集妇女的，立即将该庙为首的僧、尼查拿治罪。至于有职人员不顾为官之道，随意参与庙会，以及纵容妻、妾入庙的，一经查实，"指名纠参"。⑥

咸丰二年（1852）正月辛巳，谕：御史伦惠奏，京城西部的妙峰山庙宇，每年在夏秋两季烧香的人很多，有无赖之徒装演杂剧，号称"走会"，请予以严禁。"乡民春、秋报赛"，到寺庙烧香是不禁止的。如果像所奏的，匪徒以走会为名装演杂剧，以致男女混淆，于风化很有关系。步军统领衙门、顺天府及西北城各御史要先晓谕大众，如果有前项匪徒，立

---

① 《履园丛话·笑柄［恶俗附］·出会》卷二十一，张伟校点，中华书局1979年版，第575页。

② 同上。

③ 同上。

④ （康熙朝）《大清会典·礼部·祠祭司·僧道［喇嘛附］》卷七十一，《近代中国史料丛刊》第三编第72辑，第3626页。

⑤ （雍正朝）《大清会典·礼部祠祭司·僧道［喇嘛附］》卷一百二，《近代中国史料丛刊》第三编第77辑，第6797页。

⑥ （光绪朝）《钦定大清会典事例·都察院·五城》卷一千三十八，中华书局1991年版，第412页。

即捉拿惩办，仍然不准差役等借端扰累。①

光绪十一年（1885）正月乙丑谕：御史张廷燎奏，京师城外的白云观，每年正月间烧香赛会，男女混杂，并且有托为神仙的说法，怪诞不经。僧人造言惑众以及妇女入庙烧香，都违反了规定。以后令该地方官严行禁止。其余京城内外的各寺庙，如果有烧香、赛会与此类似的，也要随时查禁，"以端风化而正人心"。②

清朝帝王大都以有伤风化为由，禁止妇女或单身、或聚集入庙进香。顺治九年（1652）九月戊子，谕礼部：妇女叩拜喇嘛，或者叩拜寺庙，必须随自己的丈夫同行。不许妇女私自叩拜喇嘛以及寺庙、庵观，违反规定的治罪。③ 顺治十八年（1661）题准：妇女不许私自进入寺庙烧香，"违者治以奸罪"。有人举报的，罚本犯银十两给举报人。④

雍正二年（1724）覆准：愚昧的人令妇女成群聚会，前往寺庙进香，败坏风俗。以后严禁妇女到寺庙进香起会。违反规定的，照例治罪。寺庙住持和守门人不禁止的，同罪。⑤

乾隆二十八年（1763）三月壬午，浙江巡抚熊学鹏奏：杭州城的风俗之一是，妇女不避瓜田李下之嫌，进香时，有的借宿在寺院。熊学鹏先予以禁止，然后绳之以法。乾隆帝说：应该立即整顿，这不但和风教有关，佛教界也不应该出现这种现象。⑥

嘉庆十七年（1812）谕：给事中甘家斌奏请禁止妇女入庙以维护风化。寺院、庵观不准妇女进入烧香，早有禁令。京城中庙宇很多，可能时间长了执行不力。步军统领、顺天府和五城要"出示晓谕"，如果有开设会场、招摇妇女入寺的，一体查禁。⑦ 有清一代，妇女入庙参加各种佛事

---

① 《清实录》第四十册《文宗实录》（一）卷五十二，中华书局 1986 年版，第 702 页。

② 《清实录》第五十四册《德宗实录》卷二百二，中华书局 1987 年版，第 874—875 页。

③ 《清实录》第三册《世祖实录》卷六十八，第 537—538 页。

④ （康熙朝）《大清会典·刑部·律例七［礼律］·祭祀·亵渎神明》卷一百十六，《近代中国史料丛刊》第三编第 72 辑，第 5744 页。

⑤ （雍正朝）《大清会典·礼部祠祭司·僧道［喇嘛附]》卷一百二，《近代中国史料丛刊》第三编第 77 辑，第 6795 页。

⑥ 《清实录》第十七册《高宗实录》（九）卷六百八十三，中华书局 1986 年版，第 646 页。

⑦ （嘉庆朝）《钦定大清会典事例·礼部·方伎·僧道》卷三百九十，《近代中国史料丛刊》第三编第 67 辑，第 7722—7723 页。

活动，不仅屡禁不止，反而越来越盛行。

五　典籍管理与册封赏赐

清朝之前，历代王朝对佛教的典籍、教义及教派方面很少过问，疏于管理。清朝从顺治到乾隆四帝对佛教的典籍、教义及教派采取严格管理措施，构成清王朝佛教事务管理方面的独特内容。其中，函可文字狱案、雍正的"拣魔辨异"、禁止滥用《续藏》名目、禁毁《遍行堂集》、收缴御书、禁毁僧人著述等，是清代在朝野有影响的典籍管理事件。

（一）函可文字狱案

顺治二年（1645）正月，僧人函可（1612—1660）从广东到南京，刷印藏经。期间将耳闻目睹从甲申之变起南朝臣民或遇难，或自裁等惨状记为私史，写成《再变纪》。① 顺治四年（1647），函可拟离开南京（江宁）返回广东。当时任招抚南方总督军务大学士洪承畴，因函可父亲韩日缵曾是其明朝"会试房师"，便应申请发给函可护身印牌。函可出城门时，被江宁守城官兵搜出携带的《福王答阮大铖书》，其中"字失避忌"；又有《再变纪》一书，"干预时事"。当年十一月辛亥，洪承畴奏明原委，自认为与函可有世谊，"理应避嫌。情罪轻重，不敢拟议"，② 谨将原给牌文以及函可的书帖封送内院，"乞敕部察议"。函可由巴山等派人押解来京。③ 顺治五年（1648），函可及徒弟法纬等四人，以犯忌讳定罪，同年四月二十八日，被发配沈阳，焚修于慈恩寺。④ 顺治十六年（1659）十一月，函可在辽阳千山的龙泉寺圆寂。康熙元年（1662），沈阳人迎函可龛入千山建塔，塔在璎珞峰西麓下。⑤ 康熙十二年（1673）四月，郝浴为之撰写塔铭。同年，函可的弟子收集他的诗作，编成《千山诗集》，予以刻印。

乾隆四十年（1775）闰十月丙寅，乾隆帝对军机大臣等发出上谕：朕检查各省上缴应毁的书内有《千山和尚诗本》，该书"语多狂悖"，自

---

① 《千山剩人可和尚塔铭》，《禅宗全书》第 60 册，台北：弥勒出版社 1989 年版，第 91 页。

② 《清实录》第三册《世祖实录》卷三十五，第 284 页。

③ 同上书，第 285 页。

④ 《奉天辽阳千山剩人可禅师塔碑铭》，《嘉兴藏》第 38 册，第 252 页。

⑤ 同上。

然应该查缴、销毁。查得千山名函可，广东博罗人，后来因为获罪，发配
到沈阳。函可既然刻有诗集，恐怕"无识之徒"将他视为高僧，并且恐
怕沈阳地方尊其为开山祖席，"于世道人心甚有关系"。弘昫、富察善立
即确实查清，从前函可在沈阳时，是否占住过寺庙，有没有支派流传，承
袭香火，以及有无碑刻、字迹留存。要逐一查明，"据实覆奏"。① 盛京工
部侍郎兼奉天府府尹富察善随后奏请，将双峰寺所建的碑塔全部拆毁，
《盛京通志》内记载的函可事迹逐一删除②，《千山诗集》和《千山剩人
和尚语录》等亦被列入禁毁书目。

（二）雍正帝"拣魔辨异"

明朝末年，出自临济宗天童系的禅师汉月法藏（1573—1635）因与
其师密云圆悟（1566—1642）在禅学思想上分歧颇大，以致双方往返辩
难，论战激烈。明崇祯元年（1628），法藏著《五宗原》，阐述禅宗五家
分派缘由，反对圆悟的"自证自悟说"。不久，圆悟的另一位弟子木陈道
忞（1596—1674）撰《五宗辟》，斥责法藏。法藏弟子潭吉弘忍又写十卷
《五宗救》维护法藏禅学，并驳斥《五宗辟》。崇祯十一年（1638），圆
悟著《辟妄救略说》，全面批驳法藏、弘忍的观点。此时，法藏、弘忍均
已作古，两派的争论就此结束。

雍正十一年（1733），雍正帝通过对法藏、弘忍的激烈批判，借以大
规模整治当时的禅宗，清理禅僧的叛逆性格。雍正帝认为，当年的法藏和
弘忍师徒是"空王之乱臣，密云之贼子"，世间法和出世间法都不能容。③
当时"魔藏"为了取悦世俗，使僧人竞相结交士大夫，宗门衰坏，都是
由此而来。法藏徒众至今散布人间不少，如果今天不加以摒斥，"魔法"
何时熄灭？着将藏经内所有法藏、弘忍的语录，以及《五宗原》、《五宗
救》等书，"尽行毁板"，僧徒不允许私自收藏。有违旨隐匿的，一旦发
觉，以不敬律论处。此外，将《五宗救》一书，"逐条驳正"，刻入藏经
内，使后世具备正确知见的人知道它的毒害，不起疑心。天童密云圆悟派
下法藏一支的所有徒众，由直省督抚详细查明，全部削去支派，永远不许

① 《清实录》第二十一册《高宗实录》（十三）卷九百九十五，中华书局 1986 年版，第
297—298 页。

② 邓之诚：《骨董琐记·剩和尚之狱》卷七，中国书店 1991 年版，第 231 页。

③ 《御制拣魔辨异录·跋》，《卍续藏经》第 65 册，第 254 页。

复入祖庭。如果能够在他方参学，得到正确的知见，另外承续其他宗派的，"方许秉拂"。上谕到达之日，天下祖庭属于法藏子孙开堂的，就撤除钟板，不许说法，地方官选择天童系的其他支派来承接方丈。①

苏州巡抚高其倬接到雍正帝铲除法藏一派的上谕后，立即催促各地方官确查办理。雍正十三年（1735）八月初八日，高其倬奏报，据查，江苏的灵谷寺、崇报寺、圣恩寺、白马寺、翠岩寺、北寺、瑞光寺、开元寺、宁邦寺、拈花寺、宝云寺、清凉寺、宝轮寺、天宁寺、北来寺和上方寺都是法藏一派僧人的开堂之所。这些寺院立即撤除钟板，不许说法，并且削去支派，永远不许复入祖庭。高其倬又会同海保商量，选择天童系的其他支派承接。此外，圣恩寺和白马寺查出《三峰语录》及书版。翠岩寺和清凉寺查出了《五宗救》，这些书立即销毁。

清除法藏一系的同时，也影响到其他一些禅师。根据高其倬所奏，下属禀报，并没有行峰支派开堂说法的情况，也没有性音徒众记载性音受到恩遇的书。木陈道忞的《北游集》、行峰的《侍香纪略》以及康熙帝巡幸时僧人书写时事、妄夸恩遇的书也未发现。②

（三）禁止滥用《续藏》名目

在将蒙古文、汉文《大藏经》翻译成满文过程中，乾隆帝禁止僧人以《续藏经》的名目编辑、整理语录。乾隆三十八年（1773）二月初十日奉旨：唐、宋以后，僧人分立宗派。略懂经典的僧人就将论疏、语录之类编入《大藏经》中，"自诩为传灯不坠"，甚至塞入塔铭、志传，目的只是为了"铺张本师宗系"，与大慈氏正法眼藏去之愈远。这些内容原本非佛所说，列入《续藏经》已属过分，岂可漫无区别？乾隆帝下令，传谕京城及直隶各所寺院，以后凡是其他种类的语录、著述，僧人只许自行存留。永远禁止僧人编辑、汇录这些书，诡称《续藏》名目，"觊觎攓渘正典"。这样一来，"梵文严净，可以讨真源而明正见"。乾隆帝让僧录司行知各处僧纲司，令他们通饬僧众人等，永远遵行。③

（四）禁毁《遍行堂集》

僧人今释（1614—1680）自号舵石翁，法名初为性因，俗名金堡，

---

① 《御制拣魔辨异录·上谕》，《卍续藏经》第 65 册，第 193 页。
② 《雍正朝汉文朱批奏折汇编》第二十八册，中国第一历史档案馆编，江苏古籍出版社 1991 年版，第 935、936 页。
③ 《乾隆朝上谕档》第七册，第 281—282 页。

字道隐、澹归。《遍行堂集》是其主要作品之一，包含为明朝死节忠臣立传、弘扬汉人民族气节等内容。乾隆四十年（1775）闰十月，乾隆帝在各省上缴的应毁书籍中发现了《遍行堂集》，随即下令予以彻查。

乾隆四十年（1775）闰十月十五日，军机大臣太子太保福隆安谨奏：为奏闻事。臣遵旨前往原任广东韶州府知府高纲的家，查得他的儿子高秉住在地安门内宫监胡同，有自置房五间半，详细搜查，书籍很多，但并没有《遍行堂集》。审讯高秉，他供认："我父亲从前在韶州府时，有丹霞山僧人拿了已故澹归和尚做下的《遍行堂集》书一部募化。父亲帮他银钱刻板，我父亲还做过一篇序，这是我知道的。至于这书，久已没有了。"高秉家书籍很多，一时难以检查。请交大学士于敏中等派员详细检阅，有无违碍字迹。①

同年闰十月十八日，乾隆帝发布上谕：朕检阅各省呈缴的应毁书籍内有僧人澹归所著的《遍行堂集》，由韶州府知府高纲为它制序，并且募资刻行。澹归其人本不足齿，而所著诗文中多悖谬字句，自应销毁。高纲身为汉军，而且是高其佩之子，世受国恩，见此等悖逆之书，恬不为怪，隐瞒而不举报，反而制序募刻，"其心实不可问"。假使高纲在世，"必当立置重典"。高纲之子高秉收藏应毁之书，或者是由于之前没有看到。近年来"查办遗书"，屡经降旨宣谕，凡缴出的，一概既往不咎。现在高秉仍然隐匿禁书而不呈缴，自然有应得之罪，已交刑部审办。这是因为高纲是八旗大臣的子孙，其家藏有应毁之书，不可不示惩儆。如果民间还藏有禁书的，一经献出，就可免罪。②

乾隆四十年（1775）闰十月十九日，乾隆帝下令澹归的《遍行堂集》，"语多悖谬"，必须毁弃，其余的墨迹、墨刻也不应存留。李侍尧等要将它们逐一查明缴进，并将所有澹归碑石，也立即派办事稳妥的官员前往椎碎摧仆，不使它们留于世间。又听说丹霞山寺是澹归开辟的，无识僧徒竟将澹归视为开山之祖，谬种流传，"实为未便"。但寺院成造多年，不必拆毁。令李侍尧等立即详悉查明，将寺院作为十方常住性质，削去澹归开山祖师的名目，由官员选择僧人住寺，不许澹归支派之人承续。督抚

---

① 《清代文字狱档·澹归和尚〈遍行堂集〉案》，原北平故宫博物院文献馆编《清代文字狱档》，上海书店出版社 1986 年版，第 213 页。

② 同上书，第 216 页。

等地方官要办理妥当覆奏。所有高秉家查出澹归的诗集及各种墨刻，也抄寄给李侍尧阅看。①

乾隆四十年（1775）十一月初三日，江苏巡抚萨载上奏，在苏州书局内查到《遍行堂集》正、续集各一部，但并没有高纲的序文，似乎是另外一版。② 两江总督高晋、江苏巡抚萨载派人前往苏州对高秬的妻妾、子女名下的书籍及衣物进行了详细搜查，并审问了相关人员，但并未发现《遍行堂集》。与此同时，直隶天津兵备道额尔金泰等人奉命查封了高棚、高稬家存的诗画、书籍等物，大学士于敏中派人进行了认真检查，抄出了四十四本《遍行堂集》和澹归和尚草字三轴，并且，"于《韶州府志》内查有澹归和尚丹霞山事迹及所作诗词"③。此外，高晋派人在清江将高秬抓获，但高秬对《遍行堂集》一无所知，所携带的书籍、衣物中也没有这本书。

乾隆四十年（1775）十一月，两广总督李侍尧、广东巡抚德保跪奏：澹归所著的《遍行堂正续集》"语多悖逆"，不容任其流传。之前德保查出过该书，并且将《遍行堂》板片派人解赴军机处查销。接到谕旨后，臣立即秘密委派广州府知府李天培赶到韶州府，会同南韶道李璜前往丹霞山，尽心查办。金堡的所有墨刻、墨迹逐一查出，"现存碑石摹拓进呈"，一面椎碎抛弃，不使片纸只字复有留存，并将澹归支派的僧众全部逐出，令地方官选择诚实戒僧住持。一面分别委派办事稳妥的人员在省城书肆里详加查阅，并晓谕民间寺院，如有收藏金堡书籍、墨刻的，趁早献出，一概免于治罪。现在省中书商、寺僧献出《丹霞志》一部、《遍行堂随见录》一本，与金堡墨刻各种。《丹霞志》内诗文、语录有"诸多悖逆"，而且有徐乾学为他撰制的塔铭。金堡还有《岭海焚余集》、《梧州诗》两书。丹霞山寺查出有下院两处，一名"会龙庵"，在韶州府东门外；一名"龙护院"，在南雄府城内。这两处下院恐怕有金堡碑记、字迹及其支派僧众，现在也一体查办。墨刻内有尚、耿二逆重修省城光孝寺碑记，由金堡撰文。此碑固然应当销毁，而逆迹也不便遗留。凡澹归所竖之碑，已经一并椎碎。臣想，金堡既然已经托迹缁流，苟延残喘，又结交官员，"妄

---

① 《清代文字狱档·澹归和尚〈遍行堂集〉案》，《清代文字狱档》，第216—217页。

② 同上书，第218页。

③ 同上书，第242—243页。

呈笔墨，肆其狂吠，实为覆载难容"。查《丹霞志》记载海螺岩有金堡埋骨之塔，刊刻铭志也应该刨毁。臣现在又"飞饬委员查办"，不使存留。金堡当日"蹈袭虚声"，恐怕无识之徒有的将他的诗文"采入志乘"。臣等已经"札司调集磨勘"，如果有记载之处，提板铲削"以清秽迹"。①

李侍尧和德保查到的"违碍"书籍、墨迹有：《丹霞志》四本、《遍行堂随见录》一本（金堡著）、《放生社碑记》一张（金堡撰）、《重建光孝寺碑记》一张（金堡撰）、墨迹条幅四张（金堡字）、墨迹小横幅一张（金堡字）。②

江西省巡抚海成也查获了《遍行堂集》。乾隆四十年（1775）十一月，江西巡抚臣海成谨奏：为奏闻事。江西在上次已经上缴过《遍行堂集》一部、《续集》二部。这次又上缴《遍行堂集》十三部、《续集》二部。《续集》也是澹归所著。江西与江南、广东交界，书籍容易流传，"更不容不加详慎"。此等不法书籍"狂吠多端，实足为人心风俗之害"。此番搜查，断难容其再有。然而自上次购缴以后，又有三千余部之多，"愈难信其必无"。现在仍饬州、县，督令教官照旧查办。臣严加督饬，不敢稍微松懈。已经奏毁各书及名异书同者，已经刊刻书目"分发各属"，以及分防县丞、巡检等官员，俱令一体协同妥为收购、寻觅，送县汇缴，也不敢定以限期。只有令其陆续呈缴涓涓不绝，自然可以穷竭其源流。③

对澹归著述的查禁最后竟波及皇宫。李侍尧等奏：查毁金堡字迹有宝林寺内《独和尚语录》，系金堡重编。又，《八十八祖传赞》首册有金堡的序文。该寺僧人禀称，当日与藏经一同领回。是否是内府所颁，请查明应缴应销。清字经馆送到的《语录》、《传赞》两种，都有金堡的僧名——"今释"字样，应行知李侍尧等立即将"今释叙文"及"今释重编"之处一并销毁。其《语录》、《传赞》，原系旧传经典，仍然可以存留，该寺不必缴进。收藏此等经卷的不止广东一省的寺院，应该令各督抚派属下查明，一体仿照办理。清字经馆也立即将"今释"字迹销毁，并

---

① 《清代文字狱档·澹归和尚〈遍行堂集〉案》，《清代文字狱档》，第 255—257 页。
② 同上书，第 257—258 页。
③ 同上书，第 259—260 页。

知会武英殿查销字版。①

（五）收缴御书

清朝诸帝多次下令，收缴寺院收藏的前明旧敕以及本朝皇帝的御书、御笔等。顺治二年（1645）规定：内外寺庙、庵观，凡是有明朝旧敕的，全部上缴礼部，不许隐藏。②

康熙十六年（1677）三月初十日，谨奉上谕：僧人的奏疏及其所译的清文、所奉谕旨的底稿，都由皇上亲自监督焚毁。③

雍正帝即位伊始就发布上谕，令地方官检查各个寺院和臣民之家，凡有他之前赐给的字迹，不论大小、多少，都要在一年内上缴。如有隐藏，一旦发现，从重治罪。

雍正十年（1732）四月十九日，巡察保定、正定、河间三府等处监察御史查拉和凌燽谨奏：四月十一日，臣等巡至天津府青县三官庙，见该庙有皇上在康熙年间赐书的"法海无涯"四字匾额，还有藩邸爵号、图章，当即令青县知县敬谨查修，令人看守。现在三官庙已经倾颓破损，风雨不蔽，所有御书匾额，恭请皇上敕令缴回。雍正帝让其把匾额交给总督上缴。④

雍正十三年（1735）九月庚戌，乾隆帝发布上谕：从前法会中的僧人有先帝赏赐的御书及朱批等件的，不论字数多寡，都要恭缴，不许私藏。如果有皇帝赏赐的字迹，也按照规定"缴进"。⑤

（六）禁毁僧人著述

雍正十三年（1735）十月十六日，乾隆帝令总理事务庄亲王、果亲王等寄上谕给各省督抚：前年我皇考检阅玉琳通琇和木陈道忞的语录，发现木陈道忞所著的《北游集》六卷，"乖谬荒诞之处"不胜枚举。玉琳通琇的弟子骨岩写了《侍香纪略》一册，以记载其师父受到的恩遇，"诞幻支离"，竟然如同"梦中呓语"。我皇考已经降旨中外，将该书全部查毁。

①　《清代文字狱档·澹归和尚〈遍行堂集〉案》，《清代文字狱档》，第261—262页。

②　（康熙朝）《大清会典·礼部·祠祭司·僧道［喇嘛附］》卷七十一，《近代中国史料丛刊》第三编第72辑，第3622页。

③　《康熙朝满文朱批奏折全译》，中国第一历史档案馆编译，中国社会科学出版社1996年版，第4页。

④　《宫中档雍正朝奏折》第十九辑。

⑤　《清实录》第2册《高宗实录》（一）卷二，第177页。

现在朕又查出了《帝王明道录》一书，是木陈道忞的门人所写，"其荒唐之处"，与《侍香纪略》相同。过去我皇考已经下达了查毁这些书的谕旨，朕担心外省奉行不力，可秘密寄信给各省督抚，凡丛林、寺庙中，除了敕赐的御书匾额、对联、碑文之外，如果有世祖、圣祖、皇考批谕字迹，及僧人抄录稿本，与僧人所刻的语录，如《北游集》、《侍香纪略》、《帝王明道录》等书，"干涉时事，捏造言词，夸耀恩遇"，有一字关系世祖、圣祖、皇考的，无论刻本、写本，全部查出，"密封送部，请旨销毁，不得私藏片纸"。处理此事，不要在各处寺庙贴写告示，了事而已，必须派人秘密寻访，细细搜查，但是又不可借端生事。如果有疏忽、遗漏等弊端，将来一旦发觉，朕必然唯乾隆元年（1736）、二年（1737）的该省督抚是问，"不稍宽贷"。①

雍正十三年（1735）十一月初十日，山西巡抚觉罗石麟将准备查缴僧人相关著作及御书的安排进行了汇报。一个多月后，觉罗石麟奏报成果：所有省城及省城附近的各处丛林、寺庙，臣再次亲自督饬各县，务必详细访查。据阳曲县知县袁履恕在省城的紫竹林寺内查出《纶音录》一本，是江南金山寺僧人明铨所记。又据附省之清源县知县郑昆瑞在县属的普照寺内，查出僧人木陈道忞的《北游集》一本。又查出《南巡恭纪》一本，《塞北赐游集》一本，都是南海普陀寺僧人心明所写，都秘密送到。臣查僧人明铨、心明的刻本内，有捏造言词、夸耀恩遇，关系圣祖仁皇帝、世宗宪皇帝的言语。臣想此等僧人记载，"既编名目"，又经过刊刻，那么各省丛林、寺庙中一定还有流传，而金山、普陀两寺内，可能还有版存留，都难容其隐匿。除了将上述书集共四本密封送部请旨销毁，一面仍谕令各属详查外，臣谨具折奏闻请旨，将僧人明铨、心明所刻各书的书名，敕谕各省督抚一并密行查出，这样一来就不致有私藏遗留了。② 苏州织造郎中海保查获刻本《帝王明道录》一册，旧刊版片一副，恭呈御览③。

除了僧人著述和御笔之外，查禁收缴范围也扩展到像护僧榜文和寺庙

---

① 《雍正朝汉文谕旨汇编》第二册，第 324—325 页。

② 《雍正朝汉文朱批奏折汇编》第三十册，中国第一历史档案馆编，江苏古籍出版社 1991 年版，第 914、915 页。

③ 同上书，第 914 页。

碑文中的"违碍"字样等方面。乾隆二十二年（1757）九月乙卯，谕军机大臣等：据硕色等奏称，桂阳州盘获僧人广传，带有护僧榜文一纸，"俚鄙不经"，现在令下属确实查清根究。此等榜文，原来由无知愚僧捏撰传钞，如果不查明销毁，恐怕将来"展转滋疑，别生事端"。着交与富勒浑饬令该属，将这些捏造的榜文，全部查明销毁，不得仍然让它们存留。① 乾隆四十四年（1779）二月十六日，福和谨奏：京城内、外寺庙碑碣内有违碍字样的，已经查办，开单进呈，奏明磨毁。②

册封佛教上层僧侣集中在顺治和雍正两朝。顺治帝册封的都是当代僧团领袖，主要是为了笼络上层僧侣，让他们协助朝廷管理动荡社会环境中的僧团。雍正帝册封或加封的前代僧人数量更多，主要是为当时僧众树立修行样板，为佛教发展指明方向。通过册封或加封褒奖，达到有效管理僧团、引导佛学维护皇权统治的目的。

顺治十四年（1657）冬十月，诏海会寺和尚憨璞性聪"结制万善殿"，赐"明觉禅师"号。③

顺治十六年（1659），玉琳通琇应诏进京。顺治帝在内廷与其谈论佛法，并赐"大觉普济禅师"号，同时赏赐紫衣、金印。④ 顺治十七年（1660年），封玉琳通琇为"大觉普济能仁国师"。⑤

顺治十七年（1660）四月，敕封天童弘法寺禅僧木陈道忞"弘觉禅师"号，并赐印信。⑥

雍正十一年（1733）五月初一日，内阁奉上谕：赐玉琳通琇、茆溪行森的法孙明慧紫衣，并封"悟修禅师"号。⑦

雍正帝册封和加封前代著名僧人有数十名。他在上谕中说：朕阅读古德的语录，选辑僧肇以下诸大善知识的著作，"刊示来今"，想到诸家

---

① 《清实录》第十五册《高宗实录》（七）卷五百四十七，中华书局1986年版，第964页。

② 《"中央"研究院历史语言研究所现存清代内阁大库原藏明清档案》第二三四册，张伟仁主编：《明清档案》第234册，台北："中央"研究院历史语方研究所1992年版，B131693页。

③ 《宗统编年》卷三十二，《卍续藏经》第86册，第307页。

④ 《五灯全书·玉林通琇禅师》卷六十八，《卍续藏经》第82册，第321页。

⑤ 《玉林禅师语录·塔铭》，《乾隆藏》第154册，第792页。

⑥ 《天童寺志》卷四，《中国佛教史寺汇刊》第一辑第13册，台北：明文书局1980年版，第298页。

⑦ 《雍正朝汉文谕旨汇编》第二册，第190页。

"成褫后学"，确实领悟到了佛祖妙心，应该加以褒扬，特加封号。除了紫阳真人、永明延寿禅师、茚溪行森禅师已经另降谕旨，玉林通琇禅师已经被世祖章皇帝授封外，其余没有封号的，都加上封号。前代已经册封的，都增字加封。僧肇敕封大智圆正圣僧禅师，永嘉元觉敕封洞明妙智禅师，寒山敕封妙觉普度和圣大士，拾得敕封圆觉慈度合圣大士，赵州从谂加封圆证直指真际禅师，雪窦显加封正智明觉禅师，沩山灵祐加封灵觉大圆禅师，仰山慧寂加封真证智通禅师，圆悟克勤加封明宗真觉禅师，并令该地方官致祭一次。让天下后世参学大乘的人知道，如果能够实修、实证、利己、利人，那么千百年后帝王仍然会予以表彰。这也是劝励之道。①

除了僧肇等十三人之外，雍正帝又谕礼部：朕对一些名僧细加评量，宝志等二十人的确都是出类拔萃的善知识。"宝志着封一际真密禅师，马祖一着封普照大寂禅师，南岳思着封圆慧妙胜禅师，石头迁着封智海无际禅师，南阳忠着封真实大证禅师，长沙岑着封洞妙朗净禅师，清凉观着封妙正真乘禅师，黄檗运着封正觉断际禅师，临济元着封真常慧照禅师，投子同着封智照慈济禅师，洞山价着封净觉悟本禅师，曹山寂着封宝藏元灯禅师，元沙备着封超圆真鉴宗一禅师，天台韶着封妙慈圆彻禅师，药山俨着封达宗弘道禅师，罗汉琛着封本觉应真禅师，法眼益着封妙光法眼智藏禅师，天衣怀着封圆湛振宗禅师，莲池袾着封净妙真修禅师，并着该地方官致祭一次。云门偃旧封慈云匡真弘明禅师，字数已多，无庸加封，仍着该地方官致祭一次。"②

六　清代佛教艺术简述

清代佛教遗存物很多，从各类建筑物到塑像、雕像、绘画等作品，数量不可胜计。但是就其绝大多数物品而言，它们谈不上艺术性，找不到欣赏价值，真是乏善可陈，令人遗憾。不过，有几位活跃于清初的画僧和擅长释道人物画的艺术家，多少给荒凉、沉闷的清代佛教艺术界点缀了一些亮点，增添了少许生气。

---

① 《雍正朝汉文谕旨汇编》第三册，中国第一历史档案馆编，江苏古籍出版社 1989 年版，第 288、289 页。

② 同上。

　　存留下来的清代佛教造像数以万计，但若放在整个艺术史上看，其艺术成就并不高。由于朝廷重视喇嘛教，藏式金铜佛像比较流行，以宫廷造的佛像最有特色。康熙三十六年（1686）曾在宫中设立正殿念经处专管宫中佛教，包括佛像制造。乾隆帝对喇嘛教的兴趣更为浓厚，曾在宫中兴建佛堂，大造佛像。据说他还亲自参与设计佛像并监督制造。这一时期的藏式佛像融合梵汉的倾向更为明显，造像日趋程式化，造像神情呆板，身体结构处理僵化；作品外在的装饰繁复，内在的张力却不复存在。汉式佛像仍然延续明代的样式，却更为公式化，很多佛像千篇一律，缺少变化。同时，工匠们为了迎合大众喜好，用世俗审美标准来制作佛像，使佛像失去了庄严肃穆气象。在佛像宗教性日趋淡漠、世俗性越来越浓厚的时候，工匠们又没有能力展示自然的深邃、博大和神奇。在这种情况下，佛教造像既丧失了作为艺术品的鉴赏价值，又不再具有激发信众敬畏感、虔诚心的神圣功能。正如梁思成所言，"雕塑者的技艺脱变为没有灵气的手工劳动"[1]。"或仿古而不得其道，或写实而不了解自然。"[2]

　　对于清代佛教造像影响比较大的一件事就是《佛说造像量度经》的翻译。《佛说造像量度经》大概产生于印度笈多王朝统治时期，在10—12世纪间被译成藏文。[3]《佛说造像量度经》对于佛像具体的像相、服饰、手印、姿态等都有严格规定，是藏式佛像制作的主要依据和标准。乾隆七年（1742），工布查布将《佛说造像量度经》译成汉文。为了进一步规范佛像，工布查布还撰述了《造像量度经引》、《佛说造像量度经解》、《造像量度经续补》三篇重要著作。在《造像量度经引》中工布查布区别了佛像传入中国各个朝代的不同类型，将佛像分为"汉式"和"梵式"两种，还附有八幅佛像图以供临摹。这对于佛像制造的规范化、程式化无疑有着重要影响。

　　明清之际特殊的社会际遇，使一大批具有较高文化素养的文人画家隐身佛门，出现了一批成就卓著的僧人画家。他们以高超的绘画技艺跻身清代画坛，成为当时极具影响力的画家，而投身佛门的经历又使他们的画作具有鲜明的佛教印记。这些画僧中以弘仁、髡残、朱耷、石涛最为有名，

① 梁思成：《佛像的历史》，中国青年出版社2010年版，第292页。
② 梁思成：《中国雕塑史》，百花文艺出版社1998年版，第172页。
③ 参见马学仁《〈造像量度经〉的基本内容及译入年代》，《中国藏学》1997年第3期。

被称为"清初四画僧"。他们在政治上大都怀抱故国之思，拒绝与新政权合作；在艺术上则主张"借古开今"，反对陈陈相因、盲目摹古，重视亲身感受，强调抒写性灵。他们被认为是清初画坛上的革新派，与当时占据主流地位的正统派画风大异其趣，直接影响了扬州画派的兴起，并对此后直到现代的中国画坛产生了重要影响。

弘仁（1610—1663），原名江韬，字六奇，法名弘仁，字无智，号渐江，安徽歙县人。弘仁早年专心于四书五经，曾试图走科举之路，三十余岁，功名仍无建树。明末，清军入关南下，南方文人志士奋起抗争，弘仁也参与其中。反清复明失败后，弘仁便出家为僧。弘仁的山水画取法宋元各大家，尤其深受倪瓒的影响。他也十分注重从大自然中吸收营养，曾多次游武夷山，往来于黄山，作黄山真景 50 幅。石涛曾说他："公游黄山最久，故得黄山之真性情也，即一木一石，皆黄山本色。"弘仁所画山水笔墨简洁洗练，意境静穆幽寂，善用折带皴和干笔渴墨，代表作品有《黄山松石图》、《黄山天都峰图》、《西岩松雪图》、《晓江风便图》等。弘仁与石涛、梅清成为"黄山画派"中的代表人物。弘仁也是"新安画派"的奠基人，与查士标、孙逸、汪立瑞被称为清初"新安四大家"。弘仁还善书法，工诗文，后人辑成《画偈集》148 首。弘仁的山水画深受佛教思想的影响，出家后，先是修行禅宗，晚年醉心于净土宗，佛教的"空"、"寂"思想对他的绘画风格有深刻影响，他画作中的简约清净之美正来源于此。他在诗中也将画、禅、诗并列，作为自己的癖好："画禅诗癖足优游，远树孤亭正晚秋。吟到夕阳归鸟尽，一溪寒日照渔舟。"

髡残（1612—1673），本姓刘，出家后名髡残，号石谿、白秃、石道人、电住道人、残道者等，湖广武陵（今湖北省常德）人。髡残秉性清静，喜读释道之书，于崇祯十一年（1638）出家为僧。清顺治十五年（1658），髡残正式皈依曹洞宗觉浪道盛禅师（1592—1659），法名大杲，并奉师命住持祖堂幽栖寺。顺治十六年（1659），觉浪禅师圆寂，遗命传法嗣于髡残，而髡残却没有接受，此后便与青山白云为伴，以诗文书画自娱。髡残善画山水，亦工人物、花卉。其山水画主要继承元四家传统，尤其得力于王蒙、黄公望。髡残师法自然，一生中大部分时间都在山水中度过。他的山水画景真情切，状物与抒情成为一体。所作山水，在平淡中有奇险，山重水复，开合有序，结构严密，稳妥又富于变化。存世代表作有《报恩寺图》、《云洞流泉图》、《层岩叠壑图》和《雨洗山根图》等。髡残的画作深受禅理影响。他在《山水图》中题诗："残僧本不知画，偶因坐禅后悟此六法。"认为自己是通过修禅而妙悟中国画的品评创作准则——六法论。髡残又在《松岩楼阁图》题道："董其昌谓画如禅理，其旨亦然，禅须悟，非功力使然。"《秋山钓艇图》题诗云："戚欣从妄起，心寂合自然，扁舟或来去，不为名利牵。当识太虚体，勿随形影迁。"

朱耷（约1626—约1705），为明太祖朱元璋第十六子宁献王朱权后裔。19岁时明朝灭亡，朱耷目睹清兵入关，国破家亡，心情郁愤，从此装哑扮傻，整日不发一言。23岁时，朱耷在奉新山出家为僧，法名传綮，字刃庵，号个山、雪个，朱耷为僧名。28岁时，朱耷在耕庵老人处受戒，住山讲经，随从学法的有一百多人。36岁时，朱耷想"觅一个自在场头"，找到南昌城郊十五里的天宁观，进行改建，更名为"青云圃"，改信道教。60岁时，朱耷开始用"八大山人"署名题诗作画。"八大山人"之号，取自《八大人觉经》，据说朱耷非常喜爱读诵这部经书。后还俗，在南昌城效自筑陋室"寤歌草堂"以度晚年。朱耷在艺术上有独特的建树。他以水墨写意画著称，尤擅长花鸟画。他的大写意花鸟画受徐渭影响，以简洁孤冷的画风，自成一代宗师。在创作上，朱耷取法自然，画面构图缜密、简洁，一幅画中描绘的对象往往很少，在塑造对象时用笔也很少。花鸟造型，注重形与趣、与巧、与意的紧密结合，他特别讲究布局，充分利用空白，即前人所谓"计白当黑"。朱耷传世代表作品有《水木清华图》、《荷花水鸟图》、《孔雀竹石图》、《孤禽图》、《眠鸭图》、《猫石杂卉图》、《荷塘戏禽图卷》、《快雪时晴图轴》、《幽溪泛舟图轴》、《四帧绢本浅绛山水大屏》等。朱耷对画坛影响深远，清代的"扬州八怪"、吴昌硕，近代齐白石、张大千、潘天寿、李苦禅等画家都不同程度受其影响。朱耷的画作既寄托着家国之思，也体现着禅宗的影响。同时代的诗人叶舟曾作《八大山人》诗一首，描述其晚年境遇："一室寤歌处，萧萧满席尘。蓬蒿丛户暗，诗画入禅真。遗世逃名志，残山剩水身。青门旧业在，零落种瓜人。"清人何绍基在题八大山人《双鸟图轴》中也说："愈简愈远，愈淡愈真，天空壑古，雪个精神。"

石涛（1642—1707），本姓朱，是明靖王赞仪十世孙，出家后，更名原济，又作元济，号石涛，又号苦瓜和尚、清湘道人、大涤子、零丁老人等。石涛一生经历曲折复杂，但出家为僧的经历对他有深刻的影响。顺治二年（1645），石涛的父亲靖江王朱亨嘉被杀，石涛被宦官带到广西全州

湘山寺出家为僧。康熙元年（1662），21 岁的石涛拜旅庵本月为师，成为
临济宗第三十六代传人。石涛以山水画和《苦瓜和尚画语录》名重天下，
为中国画向近代发展做出了重要贡献。他的山水画广泛师法历代画家之
长，将传统的笔墨技法加以变化，又注重从大自然吸取创作源泉，完善表
现技法，使他的作品具有一种豪放郁勃的气势。石涛传世作品很多，代表
性的有《搜尽奇峰打草稿图卷》、《山林乐事图》、《清湘书画稿卷》、《采
石图》、《庐山游览图》、《细雨虬松图》等。石涛的山水画深受禅宗精神
的影响。有清初"诗史"之誉的汤燕生，在石涛《黄山图》题诗中，盛
赞石涛的禅画境界："禅伯标新双目空，通天狂笔豁尘蒙。张图累月深相
恋，戴答闲行羡此翁。葺宁阳崖光有涤，泻泉古壁净难污。冷然静境消浮
累，扣寂探真待隐夫。"画家梅清在《赠石涛》诗中亦云："石公烟云姿，
落笔起遥想。即具龙眠奇，复搜度头赏。频岁事采芝，幽探信长往。得真
在涉目，入解乃遗象。一为汤谷圆，四座发寒响。因知寂观者，听得毕萧
爽。"石涛还有不少以佛教人物为题材的作品，如《观音图》、《十六阿罗
应真图卷》等，其中《莲社图》可称此类作品中的代表作。《莲社图》画
的是晋代高僧慧远等在庐山白莲池畔结社参禅的故事，人物生动传神，线
条瘦挺缜密，作为背景的山石也画得老到有力。石涛晚年潜心研究绘画理
论，并撰写成《苦瓜和尚画语录》，在中国画史上具有十分重要的意义。
《苦瓜和尚画语录》深受佛教精神影响，其中到处可见禅理，如"一画之
法，乃自我立"，"夫画者从于心者也"，又如"专一画之法者，盖以无法
生有法，以有法贯众法也"[①]，等等。

　　清代还出现了一些擅长释道画的画家，其中以宫廷画师丁关鹏最有
名。丁观鹏生卒年不详，顺天府人，雍正四年（1726）进入宫廷。丁观
鹏曾向郎世宁、王致诚学习，从而使他的画能够融汇中西。丁观鹏擅长道
释画和山水画，他的道释画以宋人为法，不尚奇诡，画风工整细致，受到
欧洲绘画风格的影响。乾隆朝，丁观鹏被擢为一等画师，深受乾隆帝赏
识，曾为《圣制诗》初集、二集、三集中多幅画卷题诗。丁观鹏在宫廷
画院供奉五十年左右，作品近二百件。传世作品有《法界源流图》、《乞
巧图》、《无量寿佛图》、《宝相观音图》、《说法图》等。其中完成于乾隆
三十二年（1767）的《法界源流图》最具代表性。《法界源流图》是对

---

① 见《石涛画语录》，俞剑华标点注译本，人民美术出版社 1959 年版，第 17 页。

大理国画工张胜温所绘《大理国梵像卷》的重新整理和临摹，是在乾隆
皇帝的命令和"四大活佛"之一的章嘉国师指导下进行。全图纵 33 厘
米，横 1635 厘米，场面宏大，人物众多，里面共绘制典故 98 组，千手观
音、财神、十八罗汉、神像 630 多尊，还有 50 多种龙凤虎狮等吉祥神兽，
以及亭台楼阁、山水花草等。《法界源流图》上面有乾隆皇帝亲笔题写的
图名、手书的《心经》，具有很高的艺术价值和历史价值。

第二节　禅宗诸派及其演变

一　清代前中期佛教基本特点

总体观察，清代前中期的佛教呈现出四个显著特点。

其一，宗派意识有增强的趋势。

随着佛教内部各派思想融合进程的发展，在绝大多数情况下，门派之
别或法系之别已经难于反映思想的分野，从两者之间已经很难找出其中的
必然联系。但是，对于一般僧人而言，法系传承又是决定他们身份、地位
以及赢得社会承认的重要因素，个别场合甚至关乎个人的进退荣辱。所
以，在这一阶段，佛教内部对传承关系更为重视，在有些支派中还有强化
的势头。除了禅宗、天台等宗派之外，律宗是一个更具特点的新例证。

其二，禅宗思想个性、教理特点逐渐模糊。

禅宗诸派依然保持着传法系统，在组织规模上始终是佛教的主体，但
是他们的弘教传禅活动从活跃走向沉寂，禅学从多头发展、保持个性转向
融合各种佛教思潮，并与其他教派逐渐趋同。这种消除个性的融合，也改
变着佛教的整体面貌和内在精神。

明末山林禅宗复兴的浪潮在清代前期得到进一步发展，继续成为佛教
的主体。就派系结构而言，临济宗系统最为兴盛，名僧辈出，以江浙等地
为主要基地，其影响遍及全国，并分化出若干支派，分头弘化于南北各
地，特别是弘化于此前禅宗发展相对薄弱的地区。同时，曹洞宗也有一定
的发展，并且分化出有影响的几支。

就禅宗的思想而言，也开始发生分化。在佛学思想上，其主张有选择
地继承禅宗遗产，突出禅宗的固有的个性特征，或者推崇斗机锋、施棒
喝，甚至呵佛骂祖，用极端狂放的手段表达自证自悟的教义，完全沿袭
唐末五代的山林禅风；或者主张钻研公案语录，作拈古、颂古，继承北

宋流行于禅林的禅风；或者以参究话头为唯一正确的证悟之途，沿着南宋宗杲开创的禅学道路前进。随着清王朝政权的巩固，社会安定，唐末五代的山林禅风和北宋的文字禅逐渐成为主流舆论批判的对象，特别经过雍正帝的清理，基本沉寂下去。看话禅则与净土思想融合，继续盛行于禅林。

其三，西方净土信仰和各种救赎性质的佛事活动开始兴盛于佛教界，也成为在社会各阶层中最有影响力和号召力的佛教信仰和实践。

清代以前，流行于僧俗信徒中的净土信仰有许多种，其中，禅宗的唯心净土也很盛行。但是，进入这一阶段，逐渐增多的净土修行者都接受来自传统弥陀经典的西方有相净土学说。专弘净土的宗师比以前任何时期都多，并且在实践上不断有创造，著名的净土道场及其结社组织也随之涌现。虽然不断有后代弟子续编排定净土传承祖师的系谱，但净土依然没有演变为一个严格意义上的宗派。西方净土法门在发展普及过程中，逐渐取代禅宗法门，成为佛教界最流行的思潮，同时为越来越多的社会民众所接受。西方净土在僧俗两界的盛行表明，人们重视佛力拯救甚于重视自力解脱。与此相联系，同样是寄希望于佛菩萨拯救的各种救赎性质的忏仪法会盛行于当时社会。

其四，教门各派义学开始进入全面衰落期，律宗形成一支严格意义上的佛教宗派。

在这一阶段，佛教界始终没有形成学习、研究佛教经典，探讨佛教理论的风气。能谈得上对佛学有研究者，已经寥若晨星。就佛教义学的总体情况言，尚不能与明代末年相比。除了个别华严学者还保持某些特点之外，其余的义学门类就没有特点可言了。接续明末律学多途发展的浪潮，如馨一系律宗兴盛起来。佛教各宗派中，在组织规模的宏大、法系传承的严整、社会影响的扩大等方面，能够超越前代的，唯有律宗。只有到了这一时期，律宗才称得上是严格意义上的宗派。

二　天童系及其弘法诸师

清代禅宗的主要派别有四个系统，即法系继承临济宗的天童系和磬山系，以及源出嵩山少林曹洞宗的云门系和寿昌系。天童系兴起于明末，因创始人密云圆悟（1566—1642）晚年住宁波天童山而得名。此派兴起于浙江、江苏和福建一带的丛林，在顺治、康熙年间涌现出众多著名传法宗师，活动区域逐步遍及全国各地，并且远传日本。雍正之后，此系逐渐衰落。

密云圆悟认可的十二个传法弟子，分别活跃于明末清初，在南北各地弘教传禅，都有一定的知名度，其中木陈道忞、汉月法藏、费隐通容和破山海明四支可以作为此系最重要的代表。

道忞（1596—1674），字木陈，号梦隐，俗姓林，广东潮阳人，早年习儒，出家后随圆悟习禅。明崇祯十五年（1642），圆悟圆寂，道忞以嗣法弟子身份继住天童寺。清顺治三年（1646）后十余年间，历住明州慈谿五磊山灵峰禅寺、越州云门寺、台州广润寺、越州大能仁禅寺、湖州道场山护圣万寿寺、山东青州法庆寺。顺治十四年（1657），道忞再返天童山，故有"七坐名坊，八扬大法"①之誉。讲解公案，机语问答，行棒行喝，垂代颂古等，是其在各处寺院弘教传禅的主要内容和启悟参禅学僧的重要方式。

顺治十六年（1659）九月，道忞应诏进京，受赐"弘觉禅师"号，使天童系由此知名朝野。道忞离京后游历各地，宣扬他与顺治帝的问答机缘，号召僧俗各界归顺新朝。由于道忞露骨地颂扬清王朝，把禅学导入维护新统治者的政治轨道，受到一些参禅士大夫和禅僧的抨击。他的弟子显权等编《天童弘觉忞禅师语录》二十卷，真朴等编《天童弘觉忞禅师北游集》六卷，汇集了他的言行和部分著述。雍正十三年（1735）九月初四日的"上谕"，谓其所著《北游集》狂悖乖谬之语甚多，令查出销毁。②

道忞一系法脉传承字号是："道本元成佛祖先，明如杲日丽中天。灵源广润慈风溥，照世真灯万古悬。"③直传弟子人数众多，有本荣、本咸、本云、本瀛、本润、本升、本坚、本果、本吉、本月、本晢等，其中，顺治曾留本月、本晢分别住京城善果、隆安两寺院，以备顾问。道忞弟子中有成就者很少，其法系基本在两传之后无闻。④

① 《密云圆悟禅师行状》，《嘉兴藏》第10册，第70页。

② 参见陈援庵《汤若望与木陈忞》，蓝吉富主编《现代佛学大系》第53册，台北：弥勒出版社1984年版，第581页。

③ 守一空成：《宗教律诸家演派》，《卍续藏经》第88册，第560页。

④ 《山翁忞禅师》，（嘉庆）《天童寺志》，《中国佛寺志丛刊》第一辑第13册，第272页。

顺治十六年（1659）十月十五日，道忞在奉旨说法时指出：

> 遇川广人与他说川广底话，遇闽浙人与他说闽浙底话，遇江淮人
> 与他说江淮底话，遇长安人与他说长安底话，方可谓之我为法王，于
> 法自在。何故？人居大国方为贵，水到沧溟彻底清。①

意思很清楚：人要成为自己的主人，在世界上取得自由，就要见什么
人说什么话，"识时务者为俊杰"，当时就是要投靠"大国"。"居大国方
为贵"是道忞的独创。佛教传统上只有居"中国"为贵之说。所谓"大
国"，不言而喻是指大清国。相比之下，南明的许多小朝廷和其他抗清组
织，确实是微不足道。

道忞在宣传自己与康熙帝的问答机缘过程中，不允许任何人对自己的
言论提出异议，不管提意见者的主观动机如何，他都拒绝接受。徐昌治曾
记录了他亲身经历的一件事：

> 上（指清康熙帝）云：孔孟之学，又且何如？老人（指道忞）
> 云：《中庸》说心性而归之天命，与老庄大段皆同。予（指徐昌治）
> 因众议稍窒，致书老人，乞将"段皆"二字，易"不相"二字，便
> 见孔孟与老庄大不相同。老人复书不纳。②

作为圆悟一系的俗家弟子，徐昌治并不是有意攻击道忞，而是在
"众议稍窒"之后才和道忞讨论问题的。道忞的专横跋扈不仅使士人和禅
僧对他望而生畏，后来连雍正也对他表示不满。

明末清初，汉月法藏一支以弟子众多、门叶繁荣著称。此支法脉演派
有三十二字："法宏济上，德重律仪。教扩顿圆，行尊慈忍。参须实悟，
养合相应。后得深渊，永传光灿。"③ 在法藏弟子中，具德弘礼（1600—
1667）和继起弘储（1605—1672），与法藏一起，被称为佛法僧三宝。弘
礼曾常住杭州灵隐寺，座下常逾万人，有不少明代遗老及其子弟从其剃发

---

① 《天童弘觉忞禅师北游集》卷一，《嘉兴藏》第 26 册，第 288 页。
② 《天依道人录》卷下，《嘉兴藏》第 23 册，第 344 页。
③ 《宗教律诸宗演派》，《卍续藏经》第 88 册，第 561 页。

出家，如晦山戒显、硕揆原志等。弘储常住苏州灵岩崇报寺，江浙有很多南明和福王臣属做其弟子，其中金赋原直住湖南的衡山和德山，楚奕原豫住湖南云盖山，有较大影响，于是法藏一系扩展到湖南，势力稳步增长。但由于雍正帝的严酷打击，法藏一系被明令取缔。

费隐通容一系，主要在福建活动。自明崇祯六年（1632）开始，二十九年之间，通容（1593—1661）以圆悟嗣法弟子身份历住黄檗万福禅寺（在今福建福清县），建宁府（治所在今建瓯）建安县莲峰院、法通寺、金粟广慧寺、天童寺，松江府（治所在今四川松潘）超果寺，杭州径山寺、维摩寺、尧峰寺，浙江石门福严寺等十处寺院。

通容继承圆悟禅法，倡导机锋棒喝，认为"欲作临济儿孙，要在机用现前，才见入门，便与热喝，更若如何，直为痛拳。使人赤脱脱绝无依倚"[1]。主张"当阳直指，不开歧路，截断廉纤，唯以衲僧本分举扬"[2]。生平"每见诸方有乖法门者，痛与弹斥，不避怨嫌"[3]。反对曹洞宗《五灯续略》中所列禅宗系谱，著《五灯严统》重新厘定；驳斥法藏的著作和理论有违于"单传直指"[4]的禅门宗旨，维护圆悟的权威。

通容的付法弟子有隐元隆琦等六十四人，其中，《径山费隐和尚纪年录》卷下所列稽首刊行此书的嗣法门人有隆琦、行玑、行弥、行元、行密、行定、行鉴、行成、行盛、行己、行宗、行敏、行真、行坦、行桴、行舟、行广、行权、行全、行观、行古、行宏、行端、行雪、行法、行立、行谦、行然、行潜、行朗、行净、行明、行臻、行济、行仁、行中、行敬、行高、行镜、行湛、行琛、行备、行省、行凌、寂泰、行志、行荫、行珲、智经、行涧、行会、如信、行俊等。[5] 弟子中出生于福建并在当地传禅者多。其中，亘信（1603—1659）传禅于闽南，其弟子有如幻超弘和南山超元等人，分别住持福州和泉州一带的寺院。把云门系传到日本的是隐元隆琦（1592—1673）。

隐元隆琦是福建福清人，俗姓林，1620年出家后，长期游学南北各地，听讲《涅槃》、《法华》和《楞严》等经。曾慕名求学于圆悟，不久

---

① 《费隐禅师语录》卷十二。

② 《金粟费隐容和尚行状》，《嘉兴藏》第29册，第277页。

③ 同上，第278页。

④ 《水鉴海和尚六个会录》卷一，《嘉兴藏》第29册，第248页。

⑤ 《径山费隐和尚纪年录》卷下，《嘉兴藏》第26册，第193页。

投到通容门下。明崇祯十年（1637）应请住持黄檗山万福禅寺，清顺治
元年（1644）住持崇德县福岩禅寺，第二年住持长乐龙泉禅寺。[①]住持寺
院十年之后，身边常有僧众满三千人，"于是声光远播万里"。[②]顺治九年
（1652），通容闻隆琦欲赴扶桑弘教，念重溟深阻，作书劝止。[③]顺治十一
年（1654），应日本长崎僧人之请，隆琦顺利渡海到达日本，先后在长
崎、江户和京都等地传禅，受到下层民众和僧人的欢迎，也得到日本官方
的支持。隆琦在京都北宇治受赐的太和山土地上建佛寺，仍名黄檗山万福
寺，以表示仰报佛恩，常念祖庭有古山之恩。由此开创了日本的黄檗
宗。[④]1673 年隆琦卒于日本。其著有《云涛集》一卷，海宁等编有《隐
元禅师语录》十六卷。

　　隆琦并不反对禅僧学习经典，他认为："经中实乃径路，直示人要，
行则到家矣，不行，听到驴年亦无益。"[⑤]在教禅关系上，他主张最终要
落实到禅行上。隆琦坚持禅宗的唯心净土说，以"心"的染净作为衡量
净土世界的标准："念不净不往极乐，心不染不来娑婆，娑婆极乐，只在
当人心念净染之间矣。"[⑥]然而，他对念佛求生净土的风气作出让步，认
为那些"不当机"者，修行净土的念佛法门，也是返照自心见佛的"一
线"通路。《禅林宝训》汇集宋代禅师语录三百条，主要是论述禅僧的道
德修养。隆琦特别推崇此书，曾让弟子玄生重刻此书，以便"急救像季
之流弊，摧邪扶正，恢复上古之真宗"[⑦]。

　　明末清初，经过破山海明（1597—1666）的努力，兴盛于江浙一带
的天童系传入巴蜀地区，使那里沉寂了数百年的禅学重新兴起，并波及贵
州、云南等地，在一定程度上推动了川滇黔佛教的结构变化。

　　海明号破山，四川顺庆府大竹县人，俗姓蹇，19 岁在本郡佛恩寺随
大持律师出家，第二年转到延福寺从慧然法师习《楞严经》。因不满足慧

---

①　《隐元禅师行实》，《嘉兴藏》第 27 册，第 274—275 页。

②　《黄檗隐老和尚衣钵塔记》，《瘦松集·石部》，徐百һ：《中国佛学文献丛刊中国历代禅
师传记资料汇编》，全国图书馆文献缩微复制中心 1994 年版，第 575 页。

③　《径山费隐和尚纪年录》卷下，《禅宗全书》第 55 册，第 290 页。

④　《黄檗隐老和尚衣钵塔记》，《瘦松集·石部》，《中国佛学文献丛刊·中国历史禅师传记
资料汇编》（中州），第 575 页。

⑤　《隐元禅师语录》卷十，《嘉兴藏》第 27 册，第 274 页。

⑥　《隐元禅师语录》卷十一，《嘉兴藏》第 27 册，第 280 页。

⑦　《隐元禅师语录》卷十六，《嘉兴藏》第 27 册，第 307 页。

然法师的对《楞严经》的解释，海明离开四川，于明万历四十七年
（1619）至黄梅破头山，研习禅宗语录三年，并效法元初高峰原妙的修禅
方式，以习禅七日为限，获得证悟。

从天启二年到五年（1622—1625），海明游历江浙一带禅林，先后求
教于憨山德清、无异元来、雪峤圆信、湛然圆澄、密云圆悟等禅师，天启
六年（1626），再度到金粟山见圆悟，任维那职。次年，圆悟"书曹溪正
脉来源一纸，并信金"① 交付海明，承认了他的嗣法资格。至崇祯元年
（1628），海明应请住持嘉禾东塔广福禅寺三年，"远近观光，罔不悦服，
道风遂大振于江南"②。崇祯六年（1633）返巴蜀，住持梁山县（四川梁
平）万峰山太平禅寺，一生住持大小寺院十四处，以在梁山时间最长。
关于海明的言行，其弟子印正等编有《破山禅师语录》二十卷。

海明在巴蜀传禅三十余年，无论在佛教界还是社会上都产生了广泛影
响。在梁山双桂禅寺时，"朝参暮请之众盈万指而有余"。在其70岁生日
时，"道俗集庆者万有余指"。清顺治十七年（1660），"峨眉诸刹名宿思
聆法音"，请他赴峨眉山，他以"衰病不能跋涉"为由谢绝。于是，"峨
眉高志之辈，皆接踵而来，朝夕磨砺。师施以本色钳锤，均有深省"③。
海明对禅宗在巴蜀的复兴起了很大的促进作用。当时有人指出：

> 盖西川自宋圆悟、大随而后，少室纲宗久矣绝响，人皆习为讲
> 诵。师一提最上极则之事，远近瞻风，心怀畏爱，道望又于是乎大
> 著矣。④

两宋之际，圆悟克勤曾数度住持成都昭觉寺，联系颂古，评唱公案，
吸引了不少僧俗，并影响全国，开创了巴蜀禅宗又一个辉煌时期。由于海
明扭转了"讲习"的风气，使禅学重光，所以当时人们把海明比作克勤
的再世。在巴蜀之外，海明也被视为禅学正宗。吏部尚书郎牟遂延是四川
籍官僚，曾奉差住金陵，乐于参禅。海明的同门朝宗和尚告诉他："天童

---

① 《双桂破山明禅师年谱》，《嘉兴藏》第26册，第95页。
② 《破山明和尚行状》，《嘉兴藏》第26册，第92页。
③ 《双桂破山明禅师年谱》，《嘉兴藏》第26册，第98、99页。
④ 《破山明和尚行状》，《嘉兴藏》第26册，第93页。

衣钵正在破山，归而求之，何用它觅？"①牟以后回归巴蜀，大力扶植海明的传禅活动。

海明在启悟参禅方面，突出地表现出密云圆悟的风格。根据他的弟子追述：

> 凡师开法席处，众集如云，久参初进，绝不以词色稍为宽假，惟拈白棒，据令而行……复不问来机利钝，器量浅深，皆施本分钳锤。若拟议而不能顿领，并倔强而妄为低昂，必以痛棒棒到底，直要逼得生蛇化龙。②

海明自己也说过："万竹山中无剩言，拟开口处便还拳，连连打彻自家底，胜过诸方五味禅。"③禅宗以"棒打"启悟禅众，到海明算是最后的终结。从五代到明清交替，禅僧大部分行之于战乱年代的深山老林、穷乡僻野，目的在于使徒众缄默寡语，少逞机锋，以维护禅群体的稳定和安宁。

与此相应，海明把看话禅与净、教、戒协调为一，也是要佛教徒循规蹈矩，不要在佛教内外挑动事端的意思，这集中反映在他的《学道四箴》中：

> 念佛一声，漱口三日，若不佛念，如水浸石。打鱼念经，经且是路，若不修行，如风过树。戒急乘缓，乘急戒缓，若不持犯，如鸡卜卵。一句话头，击涂毒鼓，若不因循，如猫捕鼠。

此中涉及的问题有四。

第一，参禅与念佛。海明认为这是两个并列的方便法门："夫佛祖方便固多，要之不出两种，则禅、佛是也。信得参禅，及立志参禅；信得念佛，及立志念佛。虽顿渐不同，出生死心一也。"④他的理由同他前辈们

---

① 《双桂破山明禅师年谱》，《嘉兴藏》第 26 册，第 96 页。
② 《破山明和尚行状》，《嘉兴藏》第 26 册，第 93 页。
③ 《破山明禅师语录》卷十四，《嘉兴藏》第 26 册，第 61 页。
④ 《破山明禅师语录》卷六，《嘉兴藏》第 26 册，第 177 页。

相同，都是把二者统一在“心”上，所谓“参禅念佛，本是一个道理，念佛念此心也，参禅参此心也”①。

然而，海明所指的“参禅”，主要指参究话头，他示学者说：“初用心处”，先“‘体取’念佛的是‘谁’”，然后“单在‘谁’字上著力，岁久月深，筑著磕著，合得此个道理，始知‘念佛一声，漱口三日’。”②

提倡参究“念佛的是谁”，源于云栖袾宏，海明是把念佛与参究话头统一起来，付诸修持实践。只有这样才能理解“念佛一声，漱口三日”这一看来是否定念佛之语的真谛（指无我）。从这个意义上说，“若不念佛，如水浸石”。

第二，参禅与学教。海明认为，这也是可以并存的两个法门：

> 参禅学教二法门，有深有浅，然深者禅，浅者教。但形言语，即粗相分，皆教也；若达教之了义即禅，亦是如来禅，非祖师禅也。③

海明赞同禅教一致，甚至认为，“若达教之了义即禅”。然而，这里的“禅”是“如来禅”，即佛教经典所讲到的禅，而不是“祖师禅”，即由慧能传承下来的禅，实际上还是对经教与禅宗划上了一条界限。海明奉行的棒喝和看话头，在经教中都找不到根据。但他没有特别强调祖师禅与如来禅的差别，也是模糊矛盾的一种做法。因此，他所谓的“若不修行，如风过树”，也不排斥按经教规定的修行。

第三，参禅与持戒。海明把持戒和参禅看作二门，其前提是将戒的本体归于“一心”。他说：

> 佛说波罗提木叉，是名十重，四十八轻，此戒差等，大小乘是也。若论本，总归一心。一心不生，万法无咎。无戒不持，无心不一，此乃真圆大戒总持也。④

---

① 《破山明禅师语录》卷九，《嘉兴藏》第26册，第36页。
② 同上书，第39页。
③ 《破山明禅师语录》卷十一，《嘉兴藏》第26册，第46页。
④ 《破山明禅师语录》卷九，《嘉兴藏》第26册，第37页。

以"一心"为戒体，属禅家律学通论；以"一心不生"为持戒的最高体现，也是禅家常说。但据此而倡"无戒不持"，不是用修禅取代持戒，而是说明他是极看重戒律的禅师。但他又说：

> 修行戒为本，参禅悟为极，惟此二门，余则方便多门也。毕竟如何得入？驴拣干处尿，羊择湿处屙。①

他把持戒与参禅作为两个虽然并列却有不同分工的法门，并用"驴拣干处尿，羊择湿处屙"的譬喻，为证悟者提一个可以灵活掌握的原则，等于为某些参禅者打开一扇可以践踏戒律的方便之门。他本人吃肉喝酒，被目为"酒肉僧"就是一例。

第四，参究话头，海明提倡的参禅，主要指话头禅，所谓"一句话头，击涂毒鼓"，看话头位列诸禅之首。他认为对此应该坚信不疑。有人参究话头一事无成，在于他自身"心志之不善"，而并不是话头禅有什么问题。

与此同时，海明强调"话头"只是一种方便设施，而不是凝固不变的实体。他说：

> 若是一定有话头与人参，有实法与人会，则达磨初祖不知担几许话头来，迄今也是有尽。山僧每对学人言，遇境生疑，逢缘理会，甚是捷当，甚是至要。②

意思是说，日常所遇到的任何事物，都可以当作话头去参，而不必因循株守某些不变的公案语句。所以说"若不因循，如猫捕鼠"，随处可以捕捉到起"疑"会"理"的材料。

以上海明的种种观点，不出江南禅宗的主流范围。他对于后来的影响，主要是将参禅与净土、经教、持戒四者在看话禅上的统一。所谓"禅净教戒"，直到近现代还相当流行。相反，他的"痛棒到底"，却再也没有知名的继承者了。

---

① 《破山明禅师语录》卷八，《嘉兴藏》第 26 册，第 36 页。
② 《破山明禅师语录》卷六，《嘉兴藏》第 26 册，第 26 页。

　　海明与其师圆悟一样，十分重视扩大本派的组织规模，前后"剃度
弟子印开等凡百余人，嗣法弟子八十七人，南北分化，各振家声"。① 时
人评论说："西来一宗，自天童（指密云圆悟）中兴，济上儿孙遍天下，
可谓盛矣。然未有如双桂（指破山海明）之尤超于诸方也。"② 海明一系
法脉传承字号有四十字："海印发光，悟真永昌。寂常心性，戒定慧香。
佛身克果，祖道联芳。双桂荣野，一苇渡江。禅观固远，五计攸长。"③

　　海明承认八十七人为他的嗣法者，在明清之际的确少见，其杂滥是不
可避免的。后来有人辩解说："师随其一知半解，辄有付嘱焉。或疑某付
法太滥，而不知师于此又有深心也。盖佛法下衰，狂禅满地，倘一味竣
拒，彼必折而趋邪，师以传法为卫法之苦心，甚不得已者也。"④ 此话说
得直白一些，就是为了扩大自己的宗派势力，不得不然。海明直传弟子分
布于川、滇、黔、鄂等地，像万年寺、伏虎寺等峨眉名刹，都有海明后继
者活动。海明弟子中，著名者有丈雪通醉、象崖性挺和莲月印正等。清中
叶以后，这个禅系仍绵延不绝。

　　丈雪通醉（1610—1693），曾在贵州、陕西、浙江、四川等地住持过
多处寺院，特别是在成都昭觉寺时，吸引了各地不少参禅者。关于他的言
行，其弟子彻纲等编有《昭觉丈雪醉禅师语录》十卷。他的另一弟子月
幢彻了，在云南昆明和贵州安顺一带传禅，是通醉门下影响最大的人物。
还有一个弟子懒石觉聆（1616—1694），在云南府商山禅院弘禅。

　　象崖性挺（1598—1651），福州福清人，19 岁出家，从无异元来、密
云圆悟习禅，后投到海明门下，并随之入蜀。自明崇祯七年（1634）起，
在四川和贵州等地住持过七处寺院。其弟子编有《象崖挺禅师语录》七
卷。知名弟子有云腹道智（1612—1673）；道智及其门徒也主要活动在川
黔一带。

　　莲月印正被海明称为"却是老僧一个放心的人"，曾在贵州遵义、四
川南充和湖北当阳等地住持寺院。其弟子性容等编有《莲月禅师语录》
六卷，发慧等编《玉泉莲月正禅师语录》。

---

① 《双桂破山明禅师年谱》，《嘉兴藏》第 26 册，第 99 页。
② 《象崖挺禅师语录序》，《嘉兴藏》第 34 册，第 533 页。
③ 《宗教律诸家演派》，《嘉兴藏》第 88 册，第 561 页。
④ 《破山明禅师塔铭》，《嘉兴藏》第 26 册，第 100 页。

清初的川黔滇地区，是全国抗清力量最强、坚持时间最久的地区之一，也是兵荒马乱、社会最动荡的地区之一。海明禅系能在这里得到迅速的发展，显然与这种地区形势有关。

三　磐山系及其弘法诸师

磐山系是兴起于明末的一支禅派，法脉源自临济宗，因创始人天隐圆修（1575—1635）住常州磐山弘禅而得名。清初，此派著名传法宗师不多，弘禅基地有限。清代中叶以后，该派建立了数座规模较大的有影响的寺院，成为禅宗中最重要的派系之一。

明万历二十六年（1598），圆修随幻有正传出家，从学十八年。正传圆寂后，他独持一钵，深入（常州）荆溪之磐山，于冰岩雪窖中诛茅结宇，与饥禽野兽为伍，十五年如一日，四方僧众闻风聚集，磐山从此成为远近闻名的禅宗丛林。① 圆修终生以磐山为传教基地，以弘扬临济正宗为己任，以参究话头教授禅众。其生前活动范围不广，在社会上知名度有限。至康熙三十八年（1699），三传弟子金山江天寺住持僧法乳超乐面奏康熙帝，介绍其曾祖圆修，并进《磐山天隐语录》。②

圆修嗣法弟子有林皋本豫、山茨通际、印中通授、玉林通琇、箬庵通问。其中，本豫曾住中山石湫，镇江竹林，圆寂于顺治三年（1646）。③ 通际（1608—1647）曾从学于圆悟，成为圆修弟子后，常住南岳衡山，遵守唐代百丈怀海“一日不作，一日不食”的古训，率众开田，自耕自食。门人有达尊、达谦、达丘、达刚、达旨等。④ 通际从通字起演派二十字：“通达本来法，宏开祖道隆。慧灯恒永照，证悟了无穷。”⑤ 通琇先后住阳山和磐山，弟子有云外行泽等。⑥ 磐山系的法脉主要由通琇、通问两

---

① 张玉书：《磐山天隐修禅师塔铭》，《张文贞集》卷十二，《景印文渊阁四库全书》第1322 册，第 686 页。

② 《磐山天隐修禅师塔铭》，《张文贞集》卷十二，《景印文渊阁四库全书》第 1322 册，第 685 页。

③ 《五灯全书》卷六十七，《镇江府竹林林皋本豫禅师》，《卍续藏经》第 82 册，第 317页。

④ 箬庵通问：《临济第三十一代南岳山茨际禅师塔铭并序》，《乾隆藏》第 157 册，第 691页。

⑤ 《宗教律诸家演派》，《卍续藏经》第 88 册，第 560 页。

⑥ 《五灯全书》卷六十八，《阳山松际通授禅师》，《卍续藏经》第 82 册，第 323—324 页。

支流传下去。

通琇（1614—1675）字玉林，俗姓杨，常州江阴县（江苏江阴县）人，出家前接触过禅学而信仰净土。19 岁随天隐圆修出家。明崇祯九年（1636），继圆修住湖州报恩寺（在浙江吴兴县），经营八年，使这个残破的寺院"殿堂寮舍、僧园物务，以悉周备"①。他主要是通过化缘，由官僚富豪布施而扩建寺院，购买田产。虽然当时他还只是个青年，却已是"数千指日环拥参请"。

清顺治二年（1645），通琇令弟子代管报恩寺，自己到江南各地游历，先后住过浙江的大雄山，江苏常熟的虞山、宜山的龙池山和盘山等，影响逐步扩大。顺治十六年（1659）应诏进京，住万善殿，先后奉旨"请上堂者四"，成为通琇禅系的转折点。

通琇与顺治交谈，应对谨慎而善巧。他总是接着这位皇帝的问话谈禅，从不对政治问题发表意见，"上如不闻，则不敢强对，语不及古今政治得失、人物臧否，惟以第一义谛启沃圣心"②。通琇对于顺治接受禅思想可能有较大的影响，所以顺治称赞他"实获我心，深契予志"③。当年四月，通琇离京南返。顺治十七年（1660），通琇再次蒙召，受"大觉普济能仁国师"号。次年，顺治去世，通琇即南归。

通琇两次进京，受到清王朝的褒奖，成为全国知名禅师。此后一直活动在江浙一带，晚年住持过浙江的西天目山和江苏宜兴的国山。

宜兴国山有善权寺，内有幻有正传剃度师乐庵的塔。康熙元年（1662），曹洞宗禅师百愚净斯来此重修寺院，并将本宗亡僧遗骨藏入乐庵塔内，引起临济宗僧人不满。康熙十二年（1673），通琇在宜兴官僚的支持下进住善权寺，赶走了曹洞宗僧人，然后交弟子白松行奉住持，自己回浙江。就是这样一件事，触发了两家的争斗。

行奉住持善权寺后，曾企图占居寺侧的陈家祠堂，与陈氏家族发生矛盾。此时"三藩④叛乱，乘机盗劫者充斥宜兴"⑤。康熙十三年（1674）

---

① 《大觉普济能仁国师年谱》，《禅宗全书》第 64 册，第 745 页。

② 同上，第 756 页。

③ 《玉林禅师语录》卷首《玉音五道》，《卍续藏经》第 62 册，第 715 页。

④ "三藩叛乱"指康熙十二年底（1673 年初），吴三桂、耿精忠、尚可喜分别于滇、黔、粤、闽等地发动的反清叛乱，同民众对清统治不满的民族情绪相呼应，一时震动整个江南地区。

⑤ 《大觉普济能仁国师年谱》，《禅宗全书》第 64 册，第 768 页。

九月，陈氏家族聚众火烧善权寺（有说是受净斯弟子寒松智操的唆使），杀死几十名僧人，行奉也丧命寺中。当"王师至已"，"诸处叛寇""皆鼠窜"之后，清王朝在这里恢复了统治，陈氏家族受到镇压；"唆使"陈氏的净斯弟子寒松智操等曹洞宗僧人，其结果可想而知。于是通琇一系重新得势。据此，关于争夺善权寺的斗争，有当时很明显的特殊政治背景，但在宗派思想上，通琇与净斯二系也确有分歧。

据通琇一系传说，通琇早年曾作《辩魔录》，"乃痛斥弁山瑞公（湛然圆澄的弟子瑞白明雪）断常邪见"，由是结怨于明雪的弟子百愚净斯，争夺善权寺只是两家冲突的集中表现。然而宗派主义发展到如此酷烈的程度，在禅宗史上是不多见的。

通琇一生以好辩著称，所谓"自幼而壮，自壮而老，无时无刻不力辩"[1]。《辩魔录》洋洋数万言，作于其 28 岁时。他通过批驳当时禅僧对高峰原妙一生"悟道"事迹的种种解释，阐述自己的观点。其中反响最大的是有关"拖死尸句子"的解释：

> 时诸方共论高峰祖……而祖始终悟道因缘，灼知落处者稀。……至有以昭昭灵灵，认识为心之妄见，配合祖打破拖死尸句子，直得虚空粉碎，大地平沉之悟，谓之有主初进步。[2]

高峰原妙似乎成为禅僧论议的话题。据原妙自述，他早年参访雪岩祖钦，一进门，祖钦便问："阿谁与你拖个死尸来？"原妙未及回答，祖钦便打。如此一问便打，反复多次，原妙始终不知所以然。时过很久，原妙偶然见五祖法演遗像，"蓦然触发日前仰山老和尚（指祖钦）问拖死尸句子，直得虚空粉碎，大地平沉，物我俱忘，如镜照境，百丈野狐，狗子佛性，青州布衫，女子出定话，从头密举验之，无不了了，般若妙用，信不诬矣"[3]。由法演的遗像而悟解祖钦的机用，从而密验一切祖师公案话头，这灵感联想是怎么形成的，属不可言传领域。但原妙所证悟的，其实就是以"物我俱忘"为中心的般若空观，这十分清楚。

---

[1] 《大觉普济能仁国师年谱》，《禅宗全书》第 64 册，第 769 页。

[2] 同上书，第 743 页。

[3] 《高峰和尚禅要·开堂普说》，《卍续藏经》第 70 册，第 703 页。

在通琇之前，多数禅师认为原妙的这一证悟只是"有主初进步"，是"悟"的初级阶段，与最高的悟境无关。通琇反驳这种见解说："禅必以虚空粉碎、绝后再苏为正悟，悟后必须透脱末后牢关，方可出世为人。"①"虚空粉碎"指心境空寂；由心境空寂，形成认识上的空观，即是"绝后再苏"。从空寂的体验到空的观念，都是"正悟"，而"正悟"之后，还必须"透脱末后牢关"，即"悟后重疑"，解决像历代公案类的问题，才能将空寂之心贯彻到现实生活的一切方面，"出世为人"。因此，"悟"不是一次完成的，不能以"一悟为休"；但"悟"也不是分裂的，不能把"虚空粉碎"的心境看成非悟。

由于《辩魔录》批驳的禅师很多，不仅受到曹洞宗僧人的反对，也受到临济宗僧人的指责，密云圆悟即致书责难，尤其"不肯不肖以高峰打破拖死尸句子为悟"②，遂再著论反驳："时有谓师（指通琇）下视诸方，讥呵当世；又亦以高峰祖打破拖死尸句子，'直得虚空粉碎，大地平沉'为非悟，左祖邪说，以诬祖及师。故是夏复出《判魔直笔》。"③

参加此类争论的禅师尽管很多，且喋喋不休，但涉及的问题多属细枝末节，并没有产生什么新的禅学。然而，这也是禅宗史上最后一次较大的禅学活跃期。清中叶以后，连这样的禅学辩论也消失了。

通琇对修禅和读书的关系有一套别致的规定。据记载：

> 师自出世以来，大事未明者，惟专一参究，内外典籍，概不许私阅。时有僧于藏堂请《碧岩集》，执事呈白，师特小参重为申戒云：……好大哥，直绝根源，尚迂曲、寻枝摘叶，复如何？④

但这不是说他反对读书。他引"古德"的话说："通宗不通教，开口便乱道。"⑤ 不读经教是不行的。他强调的是证悟，"未明大事"，读书会走入"邪魔"；悟后不读书，就会胡说八道。因此，他要求读书的目的要明确，读什么书要有次序：

---

① 《大觉普济能仁国师年谱》，《禅宗全书》第64册，第769页。
② 《玉林禅师语录》卷十一，《禅宗全书》第64册，第713页。
③ 《大觉普济能仁国师年谱》，《禅宗全书》第64册，第745页。
④ 同上书，第766页。
⑤ 《玉林禅师语录》卷七，《禅宗全书》第64册，第665页。

看书当先究明五家宗旨，次及诸祖语录。宗旨洞明，语录遍览，方可看教。如来禅，祖师禅，无不了了，方可涉历外典。若躐等趋末，不尊吾训，后日悔之何及。从上纲宗及一切公案，不可笼统会去，须是著著透露，知有古人说不到处，自出得手眼，方是看得语录之人。①

这种读书方法，无疑是要把学子禁锢在特定的思想框架内，但他同时又让人们在这个框架内，博览内外群书，作为护法和创造的手段，"自出得手眼"，则比当时庸碌守旧的禅师要高明得多。这种禅教育思想，直接影响了近现代佛家教育，对推动佛教适应社会的发展有积极影响。

通琇的嗣法弟子有美发行淳、洪济行演、六解行恒、退庵行重、仰岩行荷、白松行丰、慧济行舟、慧枢行地、古箬行卓、骨岩行峰、蕴荆行壁、道仁行本、息心行伟、全庵行进、寂庵行洽、济芝行觉、不退行勇、云居行顶、彻也行融、来云行岩、栖云行岳、白眉行贞、茆溪行森、琴水行韶、乡雪行澄、本一行如、量空行宽、慧桢行孚、晓云行谋、德岩行绍、道昌行桂。②另外，在天目山的一支通琇弟子另有二十四字法号传承："法宏济祖，真宗绍续。永传英俊，净明梵行。严持亘古，嘉谟大根。"③

通琇弟子茆溪行森知名于当时，一生九坐道场，曾得到顺治帝诏见，赐所住龙溪寺院以圆照禅寺额。④嗣法弟子有懿山德、形山宝、豁庵文、子公然、蒂山彦、天镜前、雪安映、松云明、霞川英、五山乾、秋涛光、环山珍、雨山恩、天麟瑞、隆道祖、石幢际、洪惠贵、卓群玉、晓山会、半山吉、字庵文、续那藏、云峤宏等。

①　《玉林禅师语录》卷七，《禅宗全书》第 64 册，第 665 页。
②　《磐山法乳》第二编，"湖州报恩玉林通琇法嗣"。另外，超琦《大觉普济能仁国师年谱》卷下说有二十九人，即退庵重、白松丰、不退勇、骨岩峰、栖云岳、来云岩、茆溪森、美發淳、寂庵洽、德岩绍、韫荆壁、慧桢孚、慧枢地、全庵进、道昌桂、云居顶、济芝觉、六解恒、古箬卓、晓云谋、量空宽、慧济舟、道仁本、响雪澄、仰岩荷、本一如、洪济演、息心伟、琴水韶。王熙《敕封大觉普济能仁国师塔铭》说有二十余人。
③　《宗教律诸家演派》，《卍续藏经》第 88 册，第 560 页。
④　罗人琮：《明道正觉森禅师塔铭》，《乾隆藏》第 155 册，第 69 页。

通琇下法系延续长久者，是栖云行岳和美发行淳两支。行岳递传南谷颖、灵鹫诚、天慧实彻、了凡际圣、昭月了贞、宝林达珍等，使扬州高旻寺成为禅宗重要寺院。清中叶以后，金山、天宁和高旻既是磐山系的主要寺院，也是禅宗在江南最有声望的丛林。

箬庵通问（1605—1656）住持过杭州南涧理安寺、镇江金山寺等，主要是以参究话头教授弟子。其法脉从圆字起演十六字："圆通大法，顿越真常。悟祖超师，慧灯永照。"① 其弟子有千仞行冈、梅谷行悦、汝风行杲、子山行如、和峰行颖、铁舟行海、密传行能、斯瑞行法、济水行洸、隐谷行抑、一庵行月、用中行睿、六吉行谦、隐明行纶、天章行玉、雪峰行授、明明行灯、晓庵行昱、山夫行祖、古石行藏、天笠行珍、天逸行圆。②

晓庵行昱（1605—1685）在南涧参学于通问，成为其嗣法弟子。自顺治六年（1649）起，先后住持武功山灵溪、南涧两地寺院。顺治十二年（1655）之后，创建浏阳黄昙寺院。③

天笠行珍18岁参箬庵和尚于杭州南涧，参究话头。自顺治十五年（1658）冬开始，历住菩提寺、德章、南涧、夹山、东禅等九处寺院。④弟子有冶堂照、大潪震、铁眉元、上元敏、柏林俊、瑯琊真、雪帆舷、夹山钦、万寿因、东禅格、毗庐月、菩提玥、南山曙、石佛曜、三莫荣、集云孝、雨青溥、鹤林学、越鉴彻、南涧方、御轮文、丽空道、远涵著、嵩印傅、界弘量、净土城、应山恒、牧纯训、护国亮，以及居士宋文森，共三十人。⑤ 其中，东禅格有弟子迦陵性音等，知名于清前期。

铁舟行海（1609—1683）以金山江天寺为主要基地，创建寺院，使该寺成为著名寺院。⑥ 弟子有法乳超乐、量闻明诠、月潭明连、大晓实砌等。实砌将本为律寺的常州天宁寺改为禅院，使它成为知名度很高的丛

---

① 《宗教律诸家演派》，《卍续藏经》第88册，第560页。

② 《磐山法乳》第二编，"杭州理安山箬庵通问法嗣"。

③ 《武林理安寺志》卷五，《中国佛寺志汇刊》第一辑第21册，台北：明文书局1980年版，第227—230页。

④ 毛际可：《武林理安寺志》卷五，第234—240页。

⑤ 同上。

⑥ 宋曹：《金山江天寺铁舟海和尚塔铭》，《中国佛寺史志汇刊》第一辑第37册，台北：明文书局1980年版，第669—677页。

林。实彻的弟子天涛际云和纳川际海也各有传承延续。

四　云门系及其弘法诸师

云门系兴起于明末，法脉源自嵩山少林寺的曹洞宗，因创始人湛然圆澄（1561—1626）常住绍兴云门山的寺院而得名。此系历代宗师主要在江浙地区寺院弘禅，扩展范围不广。法系传承长久者，以镇江焦山为代表。

圆澄一系传承法字有五十六字："识心达本，大道斯彰。能仁敷衍，古洞源长。果因融彻，显密均扬。法云等润，灵树舒芳。慧灯明耀，遍照慈光。应化乘运，玄印元纲。匡扶奕世，传永弥唐。"[①] 圆澄在江南弘教传禅二十年，门下弟子众多，枝派繁盛，可以与临济宗的天童系相比。圆澄嗣法弟子有指南明彻、麦浪明怀、三宜明盂、尔密明渡、具足明有、石雨明方、瑞白明雪等，[②] 都曾住持过寺院。其中，明怀的弟子有越州弥陀寺的无迹净敏、杭州六通院的愿庵净伊。[③] 尔密明渡（1591—1643）住持东山国庆寺，为中兴第一代，弟子有东星净鉴、石照净烨、自闻净音、唯岑净嵫、自若净深、疎庵净禅师、素端净响等。[④] 具足明有曾住持上虞之香雪。圆澄的弟子辈中，以明方、明盂、明雪三支在清初比较兴盛，而法脉最久远者是明雪。

明方（1593—1648）于明万历四十三年（1615）参学于圆澄，从明崇祯五年（1632）开始先后住持过天华寺、显圣寺、余杭的宝寿寺、龙门寺、西禅寺、雪峰寺、东塔寺、佛日寺等。[⑤] 明方反对派系之间的争斗，反对当时的僧众对曹洞、临济的或抑或扬。他经常告诫弟子：诱引后学度量，须效博山元来；接纳上流机用，宜如显圣圆澄。[⑥] 明方在弘禅同时，注重净土信仰。明方的嗣法弟子有大鼎净新（1602—1670）、远门净柱（1591—1644）、即念净现、天愚净宝、深谷净岑、午星净炯、好木净

①　《宗教律诸家演派》，《卍续藏经》第 88 册，第 564 页。

②　《会稽云门湛然澄禅师行状》，《卍续藏经》第 72 册，第 842 页。

③　《五灯全书》卷一百零九，《卍续藏经》第 82 册，第 674—675 册。

④　《五灯全书》卷一百一十二，《卍续藏经》第 82 册，第 686—689 页。

⑤　《杭州佛日石雨明方禅师》，《五灯全书》卷六十二，《卍续藏经》第 82 册，第 274—276 页。

⑥　《石雨禅师行状》，《嘉兴藏》第 27 册，第 155 页。

材、樵之净玉、界滋净泽、来云净现、石浪净如、慵庵净伟、位中净符、樵风净妙、至善净得、九迳净达、紫仙净阳、印如净成等。其弟子多在以杭州为中心的浙江地区寺院弘教传禅，[①] 江西等地也有其弟子活动。

明盂（1599—1665），"自癸未迄丁亥（1643—1647）五年，度僧累千百人，秉戒者数千人，请益者万人，开悟者数十百人"。他很注重讲经，认为："吾耻近世禅者高心空腹，不明一经，故劳劳讲席，实不得已。他人以语言目我，失之矣。"[②] 事实上，讲经是当时禅僧中的一种风气，不完全是"不得已"。明盂有《语录》十二卷、《杂著》二十卷。明盂的嗣法弟子有大治净鼎、倪亭净挺、一机净瞬、眉悉净通、盟石净息、妙叶净启、端实净严、献公净真、邻木净时、坦持净镒、指源净信、三立净觉、冰溪净融、为则净范、元木净恒、邻哲净彦、法纯净慎、拍子净地、休山净炬、三疾净甫、介眉净传、法聚净理、詹明净纯、西遁净超等。[③] 弟子中有"传法者三十人，传衣者二十人"，多在江浙一带住持寺院。其中，净挺曾住持慈云、梵受、显圣等寺院，知名者还有倪亭净挺、西遁净超等。

瑞白明雪（1564—1641）在圆澄圆寂后继住云门，一生住持九处寺院，得法弟子三十余人，有久默大音、百愚净斯、孤崖净聪、离言净义、蕃光净璨、元洁净莹、镜愚净慧、中也净慈、石鼓净滋、金峰净云、狮吼净振、石涧净渤、本珠净玥、眠石净蕴、白嵩净博、邃谷净源、伴我净侣、玄素净礼、谓斯净教、淑安净周、一念净缘、破暗净灯、离愚净志、苇渡净芦、历然净相、浃水净洽、起元净生、云松净品、丹溟净幢、云淙净讷等。[④] 其中，久默大音（1593—1642）曾继明雪住持湖州弁山龙华寺。

明雪的知名弟子元洁净莹（1612—1672）自顺治十一年（1654）开始，先后住持蒲圻之延寿寺、玉崖之上方、匡之凌霄、吴兴弁山、维扬平山、宁州云岩、澧州药山、越州云门、台之护国九处寺院。[⑤] 他批评临济

---

① 《五灯全书》卷一百零九至卷一百一十，《卍续藏经》第 82 册，第 674—682 页。

② 《云溪倪亭挺禅师语录》所收《愚庵先和尚行实》，《嘉兴藏》第 33 册，第 794 页。

③ 《五灯全书》卷一百一十至卷一百一十一，《卍续藏经》第 82 册，第 678—686 页。

④ 《五灯全书》卷一百一十三至卷一百一十五，《卍续藏经》第 82 册，第 689—699 页。

⑤ 净符：《元洁莹禅师塔铭》，《嘉兴藏》第 39 册，第 596—597 页。

宗天童系僧人作禅宗史书，"翻乱青原南岳以下统系"，遵照其师"拔剑相助"的指示，"依《龙藏》五宗世系而正之"①，作《传灯世谱》，得到余大成等人的支持。嗣法弟子有谷山景、洞山弼等四十多人，多"山隐以法自重"，② 所以在当时社会上影响不大。

明雪的另一弟子百愚净斯（1610—1665），南阳人，21 岁出家，次年具戒，历游江南各地。32 岁嗣法明雪，在江浙一带住持过八处寺院，"凡所至地，数千衲子，而糇粮自充，师名振珠林"③。关于他的言行，有智操等编的《百愚斯禅师语录》二十卷，另有方拱乾编选诗集《蔓堂集》四卷。弟子有寒松智操等四十二人，后来传承不明。

破闇净灯（1603—1659）出家后遍参天童、磬山系的宗师，嗣法明雪之后，曾住持和修复湖州弁山，真州五台、镇江焦山、舒州古唐，以及中方三祖山干元寺、兴国州圆通寺、安吉州东禅寺、能忍寺、妙喜寺、海印寺等十余处寺院。④ 净灯之后，云门系焦山定慧寺的住持传承一直没有断绝，这里成为云门系重要基地。净灯递传宏鉴智豁、古樵智先、鉴堂德镜、破有行照、硕庵行载、敏修福毅、碧岩祥洁、济舟澄洮、澹宁清镜、巨超清恒（1756—1835）、秋屏觉灯、性源觉铨、墨溪海荫（1798—1866）、月辉了禅（？—1859）、长流悟春（1819—1861）。⑤ 在了禅任住持时，正值太平军到处废毁寺庙，悟春协助了禅冒险保全了焦山寺院。⑥

五　寿昌系及其弘法诸师

寿昌系兴起于明末，法脉源自嵩山少林寺的曹洞宗，因创始人无明慧经常住的建昌府寿昌寺（在今江西黎川县）得名。此派禅学始起于江西丛林，继而扩展到福建、广东、江苏的一些城镇和山野，最终影响所及，北达辽阳千山，南抵越南境内。

---

① 《元洁莹禅师语录》卷十，《嘉兴藏》第 39 册，第 596 页。

② 智愿：《元洁莹禅师行状》，《嘉兴藏》第 39 册，第 597 页。

③ 《百愚斯大禅师塔志铭》，《嘉兴藏》第 36 册，第 711 页。

④ 《五灯全书》卷一百一十五，《三祖山干元寺破暗净灯禅师》，《卍续藏经》第 82 册，第 696 页。

⑤ 《焦山志》第四章 "定慧寺"，"历代祖师"，方志出版社 1999 年版，第 64—65 页。

⑥ 《焦山志》第五章 "高僧名僧"，第 112 页。

寿昌系传承法号二十八字："慧圆（元）道大兴慈济，悟本传灯续祖先，性海洞明彰法界，广宏行愿证真常。"① 弟子寿昌元谧（1579—1649）接受其师禅学传统，重视参究话头，继住寿昌寺二十余年，并重建宝方寺和龙湖禅寺。直传弟子道璞之后，传承不详。慧经弟子中，法系延续至清中叶及其以后者，有晦台元镜、博山元来和鼓山元贤三支。

（一）晦台元镜系

晦台元镜注重个人隐修，在当时禅宗内外都无甚影响。他的弟子觉浪道盛却颇负盛名，特别在士大夫中享有盛誉。道盛的弟子有竺庵道成和观涛大奇等，在清初也属于有活动能力的禅师。

道盛（1592—1659），号觉浪，别号杖人。福建浦城人，俗姓张。19岁出家，万历四十四年（1616）到江西董岩给无明慧经庆寿，受具足戒。不久，投到慧经弟子元镜门下。从万历四十七年（1619）起，道盛在江南各地布教弘禅四十年。谭贞默说："天下之盛会，莫若江南；江南之大善知识，莫若觉浪。和尚年未古稀，而闽、楚、吴、越、江淮以底旧京建业，展坐具者阅历五十会，声名洋溢，无间华夷。"②

道盛的著述很多，"佛祖儒老内外篇集百有余种"③。汇集其语录和主要著述的，有其弟子大成、大奇等编的《天界觉浪盛禅师语录》十二卷；大成、大峻等编的《天界觉浪盛禅师全录》三十三卷；大枢、大英等编的《天界觉浪盛禅师嘉禾语录》一卷；陈丹衷、毛灿等编的《杖人随集》两卷。许多士大夫赞赏他的著作，仅为其《语录》、《全录》作序的就有钱谦益、徐芒、赵原、张贞生、李长庚、谭贞默、马嘉植等人，既有明朝的旧官僚，也有清朝的新显贵。他们欣赏的不是专门的禅学或棒喝机辩，而是"无法不收，无机不被"式的融佛教各门为一门、能适应各阶层的佛教需要，并具有"救时"政治作用的学说，道盛的著作恰好具备这些特点。

道盛既论佛学禅学，也论儒学百家，中心还是儒释合一。其倡导"真儒必不辟佛，真佛必不非儒"④，尤为士大夫叹服，以致"名公巨卿，

---

①　守一编：《宗教律诸宗演派》，《卍续藏经》第88册，第563页。

②　《觉浪和尚语录序》，《嘉兴藏》第34册，第591页。

③　马嘉植：《崇先语录序》，《嘉兴藏》第34册，第591页。

④　刘宗谟：《传洞上正宗三十三世摄山栖霞觉浪大禅师塔铭并序》，《嘉兴藏》第34册，第686页。

莫不入室扣击，俯首归心"①。他的俗家弟子评论说："盖师于世出世法，已透内圣外王、先佛后祖之微，故其神发秘旨，光阐玄猷，不特为学人衲子点眼剜心，直当与儒师宗匠返魂夺命。"②"片词微旨，触类旁通，不特有益于禅，而且有益于儒。"③ 有弟子甚至说："若以儒说谈宗，上下千年，独我师一人而已。"④ 尽管这些评价言过其实，却反映了道盛沟通儒学与禅学的主张曾引起强烈反应。

道盛所以有这样大的影响，并不在于他在理论上有什么创新，而是因为他的言论渗透着对明王朝的爱国情感。他的诗作中有《伊尹》、《管仲》、《张良》、《诸葛》等赞颂诗，寄托他切盼贤臣良将出世扶明的强烈愿望。明清之间，不少著名的官僚士大夫随他出家。

道盛得戒剃度弟子不计其数，嗣法弟子二十八人：竺庵大成，青原大然，虎跑大瑛，寿昌大存、大峻，寿昌大浩，廪山大智，崇先大奇，天目大闻，弘济大健，洞庭大灯，仰山大英，福山大宁，大别，兴国大忍，枝山大选，明招大补，蒲涧大韶，青原大权，天界大玺，报恩大麟、大量，普济大龙，祖堂大杲，黄檗大嵩，上塔大文、大玉，安隐大充；⑤ 弟子中传承延续较长者，两传之后衰微。其中，大成（1609—1666）明亡后于南岳出家，曾参博山能仁禅寺智闇，后到金陵天界寺投道盛，三年后获印可。顺治四年（1647）住持金陵栖霞寺；顺治十年（1653），率众修复建昌祖庭，竣工后任住持。弟子有楚云、兴沛等。大然（1589—1660）得道盛印可后，入住青原山（在今江西省吉安市）净居禅寺。主持编纂《青原山志》，刻印传世。大智（1611—1671）明崇祯十三年（1640）进士，授翰林院检讨。明亡后于梧州（今属广西）云盖寺出家。顺治十年（1653），到南京天界寺求学于道盛，受具足戒。先后执掌新城天峰禅寺、廪山寺、寿昌寺、南谷寺，金溪（今江西金溪县）疏山寺，南城县（今江西）资圣寺、青原山净居禅寺等，教导学僧：弘扬禅与教，皆应释儒

　① 李鹤鸣：《天界浪杖人全录序》，《嘉兴藏》第 34 册，第 791 页。
　② 李长庚：《圆通语录序》，《嘉兴藏》第 34 册，第 589 页。
　③ 张贞生：《天界觉浪盛禅师全录序》，《嘉兴藏》第 34 册，第 588 页。
　④ 刘宗谟：《传洞上正宗三十三世摄山栖霞觉浪大禅师塔铭并序》，《嘉兴藏》第 34 册，第 686 页。
　⑤ 《天界觉浪盛禅师语录》卷十二中《塔铭》，《嘉兴藏》第 25 册，第 752 页。

互济，以中和为本。① 法嗣主要有兴斧、兴贤、兴蛊等。大汕（1620—1698）于顺治年间住广州长寿寺，康熙初年受请到越南弘法。一年后归国，传法弟子有道存（1660—1735）等。

天启（1621—1627）年间，明王朝内外交困，已是风雨飘摇。至崇祯帝欲有所振作，曾给时人以希望。正在这个时候，道盛辗转各地，不辞劳苦大声疾呼，希望出现为国戮力的"忠臣烈士"和为国说法的"真僧高道"：

> 况三百年来，养天下臣民，岂无忠臣烈士，一旦奋发，展生平经济，为国驱除戮力者乎？三百年来，养天下僧道，岂无真僧高道，一旦奋发，展生平机用，为国说法破迷者乎？②

道盛这里讲的"为国驱除"，主要是指抗御风起云涌的农民暴动和农民起义；"为国说法"，则指鼓舞军民捍卫城池的士气。他本人身体力行，到处以"真僧高道"和"忠臣烈士"的双重身份，出谋划策，进行宣传。

崇祯八年、九年之交（1635—1636），道盛应请到龙湖宝筏禅寺开堂说法，号召说："今聚而闻法之士，即合而城守之士也！总斯人也，饥而食，寒而衣，寇至而登城，寇远而闻法。城守不碍于闻法，闻法亦何碍于守城乎？"③ 这样官、军、民、禅四位一体，互不相碍。至于所"闻法"内容，从道盛的宣讲中可见大略：

> 盖守城之害有三：一畏心，二悭心，三分别分。见贼轻逃，困乏不济，左右分袒者，此三心之祟也。大师说法，首破此三心，单刀直入，大震全威；出死入生，神变自在。人人如此，心心如此，何忧乎办贼已哉。④

道盛要破的"三心"，其实是当时明王朝官军的整体精神状态。畏

① 《青原未了缘引》，见《奇原志略》，《中国佛教史志丛刊》第三辑第14册，第392页。
② 《天界觉浪盛禅师全录》卷三，《嘉兴藏》第34册，第605页。
③ 《龙糊宝筏语录序》，《嘉兴藏》第34册，第588页。
④ 同上。

"贼"心理是普遍的;军费匮乏,缺乏后勤保障,是严重的忧患;而文官武将各有所党,更是明王朝的致命弊端。道盛企图从破除"三心"上解决根深蒂固的体制问题,从而令守城之士,出死入生,舍己奋战,只能是一种幻想。据说他还"于兵戈中惠诸三昧,处危城里转大法轮"①,内容也超不出这个范围。

禅宗在军队中,特别是在战争前沿弘法,是有传统的。道盛为守城军民和禅者说教,是这一传统的继承和发扬。历史上禅宗是如何联系战争实际说法,文献记载寥寥,难得其详。道盛在这里提供了一个范例,从中可以推测其前辈们活动的大体模样。

道盛曾制定多种强化治安、"御寇"安民的策略,献计于地方官吏。《救荒乱策》提出"振三纲、张四维"的措施,要求实施。"振三纲"指"官为民纲,贵为贱纲,富为贫纲",把全民道德统一到权力和财产的名下;"张四维"指"设险为御寇维,作寨为安民维,赋田为足食维,教民为练兵维"②,希望以足兵足食,增强地方的防卫力量。另外,针对麻城(今属湖北)"贼数入境",道盛作《麻城制边境策》,陈述"设险"用兵等措施。时人叹道:"此议洞见形胜于掌指,谁谓出世不可经世耶?安得经世者见诸行事?"③

道盛所献的这些策略,都是枝末之谈,明王朝已病入膏肓,为高官巨富设计对付造反农民的办法,至少是不识时务。及至他经历增多,始有所觉醒:

> 适在河南凤阳,一路亲见此病。何曾贼善攻以破城,是皆官长士夫愤激,百姓私通外寇为内应而破城也。……又见有贼势急,远远于省城州府请官兵,殊不知……戕害百姓,掳掠妇女,树头草根无不剥尽,官兵之毒惨,有甚于流寇者。④

清统一后,一些禅师刊刻自己的语录时,纷纷删掉有犯"国忌"的

---

① 《龙糊宝筏语录序》,《嘉兴藏》第 34 册,第 588 页。
② 《天界觉浪盛禅师全录》卷二十九,《嘉兴藏》第 34 册,第 767 页。
③ 同上书,第 768 页。
④ 同上书,第 749 页。

言词。但政治嗅觉敏锐的道盛却无反应，依然不忘明故国，最后终因他的著述中有"明太祖"字样而被捕，身陷囹圄一年。顺治五年（1648），金陵官僚"因阅师（指道盛）《原道七论》，谓不应称'明太祖'三字，遂坐师狱中，师不辩。后陈太宰闻，命一吏省师索偈，师援笔书云：'问予何事栖碧山，笑而不答心自闲。桃花流水杳然去，别有天地非人间'"①。明王朝如落花流水，杳然而去，人间的天地已属满洲贵族。他道盛身在大狱，可心中依然"别有"那个非人间的天地。在始终不忘旧朝的禅师中，道盛也是一个突出的代表。

道盛在弘教传禅上也有旺盛的热情。"杖人于刀兵水火中求大伤心人，穷尽一切，超而随之，乃集大成，乃定宗旨。"② 所谓"集大成"，有人解释成"集三圣大成"③。事实上，是效法孔子儒家的集大成者，集佛教之大成，定禅宗之宗旨，所以他说："吾佛祖之道，至于五宗，亦当有集大成者，故吾作《会祖规》，以追孔子集大成之意。"④

道盛的集大成著作，除《会祖规》外，其实还有一部《尊正规》。《尊正规》论述禅宗乃是传统佛教的集大成者，"以佛菩萨及诸宗祖出世为人，种种经律论藏、净土、止观、忏法等，门庭施设，堂奥深微，始终本末，折入禅宗，为集佛祖大成，已无余蕴矣"⑤。他认为，禅宗将佛教的一切理论与实践，无任何遗漏包容于一身。《会祖规》则试图集禅宗五家之大成，他针对禅门五宗中已有三宗不传的事实上，怀着对临济、曹洞"安知不蹈沩仰、云门、法眼之流弊，以致无传乎"的忧患，"慨然将西天、东土以至五家宗师而会其始终之旨，为《会祖规》"。他认为这部著作已会通禅宗"东西密相付之根本法印"，足以"使后世子孙能悟此根本法印"，令"五家门庭堂奥之宗旨，不致流弊而无传也"⑥。

道盛的集大成、定宗旨，不过是对当时佛教发展总趋向的一种自觉的推动，即承认佛教所有教门并存的合理性，把它们都纳入禅宗的"大统"之中。

---

① 《天界觉浪盛禅师全录》卷二十，《嘉兴藏》第34册，第710页。
② 徐芳：《天界觉浪盛禅师全录序》，《嘉兴藏》第34册，第587页。
③ 谭贞默：《觉浪和尚语录序》，《嘉兴藏》第34册，第591页。
④ 《天界觉浪盛禅师全录》卷十九，《嘉兴藏》第34册，第700页。
⑤ 《天界觉浪盛禅师全录》卷二十一，《嘉兴藏》第34册，第712页。
⑥ 同上。

予今不特以宗门会祖别作一统为大全，即经、律、论、观亦各有统为一大全也。如禅自有五宗为统，经自有五教为统，律自有五部为统，论自有五摄为统，而吾经、律、论、禅、净等而大统于佛者，正如诗、书、礼、易、春秋之大统于儒也。使经、律、论、禅、净等各无统纪，则选圣诸堂所学何事，所宗何旨，而诸堂又何足以成此大统于选圣场哉！①

他要求承认佛教内部有"小统"的存在，但必须归诸"大统"之中，以成"选圣场"整体。或者说，"大统"要以承认"小统"为基础，不容相互排斥。以此说为标志，禅宗最终接受了佛教的全部遗产。

尽管如此，道盛仍然设法抬高禅宗的地位。他用"一岁之统四时"为喻，把佛教分为五类，进行配比：

即如经、律、论、观、禅，以一岁四时配之：经则勃然开发，春也；律则灿然敷陈，夏也；论则凛然精核，秋也；观则冥然清彻，冬也；禅则浑然通洽，如岁运无言，而四时行也。②

这样，禅与其他小统就有了差别，它不只是独立的一门，而且还贯穿于其他教门之中，实际上成为佛教全体的总纲。

再用同样方法，排列禅宗五派，就成这个样子：

沩仰则如春之生育，临济则如夏之明露，云门则如秋之严峭，法眼则如冬之精纯，曹洞则如四季之统化也。此亦拟其大概，有如此折摄耳，岂沩仰、临济、曹洞、云门、法眼之宗旨，有优劣同异乎！③

在禅宗史上，归纳五派特点的禅师很多，像道盛这样排列的却很新鲜。不仅以一岁为喻已很勉强，而且全从个人好恶出发进行配比，缺乏必

① 《会祖枫小序》，《天界觉浪盛禅师全录》卷二十一，《嘉兴藏》第 34 册，第 712 页。
② 同上。
③ 同上。

要的史实依据，所以随意性很大。他显然是在学隋唐的判教，但由于知识不足，往往难以自圆其说。

最后，道盛把以神宗为核心的全部佛教归结成一种历史的演化模式，称作"六种纲宗"："以六种纲宗而集始终一贯之大成耳，岂别有所谓奇特之建立哉。"力图以"六种纲宗"保证佛教一以贯之的禅宗精神。

> 予昔阅《五灯》，见从上佛祖始终之事，乃作《法印记》，有六种纲宗：一参悟，二印证，三师承，四法嗣，五家风，六付嘱。始终虽分为六，其实统于一参悟也。①

他在这里实际讲的是一个禅系自创建到继承的全过程，而以"参悟"作为本宗得以稳定发展的基石，表明他在禅宗中强调的重点。

（二）博山元来系

元来一系的传承法号二十字："元道宏传一，心光普照通，祖师隆法眼，永传寿昌宗"。② 嗣法弟子中，知名于当时的雪硐道奉、古航道舟、瀛山智闇（1585—1637）③、星朗道雄等，依然以江西、福建为中心活动，多在其弟子辈之后传承不详；嵩乳道密（1589—1658）传承至清代中叶，但影响甚小；宗宝道独一支法系传承到清中叶以后。

宗宝道独（1600—1661）俗姓陆，广东人，29岁到元来处受具足戒。先后在江西庐山长庆寺、广东罗浮山华首台、福建雁湖寺、广州海幢寺传禅。海幢寺此后成为该派稳定传法基地。其法嗣有祖心函可、天然函昰、木人弘赞，以及函显、函是、函全等，其中，天然函昰和祖心函可，人称粤中两个"怪杰"。

函昰（1608—1685），字丽中，号天然，出身于番禺望族，俗姓曾。崇祯癸酉举人，次年（1634）跟从道独出家。从崇祯十五年（1642）开始，先后在海云寺、庐山栖贤寺、罗浮山华首台、广州海幢寺、丹霞山别传寺、庐山归宗寺、金陵报恩寺八处寺院传教。皈依函昰的明末遗民众多，不少是全家离俗。缙绅执弟子礼，问道求学者不下数千人。其传法弟

---

① 《天界觉浪盛禅师全录》卷二十一，《嘉兴藏》第34册，第711页。
② 《宗教律诸宗演派》，《卍续藏经》第88册，第564页。
③ 曹学佺：《博山雪关禅师智闇禅师传》，《嘉兴藏》第27册，第532页。

子数十人，知名者有起芸今盨、乐说今解、仞今今璧、海云今湛、梵音今音、性因今释、石鉴今觊、本机今冉、广慈今摄、记汝今觰、子昭今韶、诃言今摩、阿字今无等，大多弘教于粤赣地区的寺院。① 其中，今冉（1618—1688）在广州建尼众道场无着庵，递传无我尚已（1630—1711）、实妙了观（1673—1735）。了观也曾从学于大汕，后返归越南专弘曹洞宗。函罡也重视经教，曾注疏《楞伽》、《楞严》、《金刚》等经。弟子今辩重编《庐山天然禅师语录》十二卷。

函罡的知名弟子多是明代遗老。他少年在俗之时，曾与番禺李云经等结净社，后来李云经随函罡出家，法名今从。万历朝的名臣金堡亦投在门下，法名今释。另有今地，原为大学士李永茂之弟，舍丹霞旧宅为寺，由今释住持。今释所撰《遍行堂集》，即收藏于丹霞寺。至乾隆四十年（1775），因此书被发觉而引发了一场有名的文字狱，传说此狱株连寺僧五百余人。

今无（1633—1681），番禺人，俗姓万，16 岁随函罡出家，22 岁到千山参访函可，三年后返广州，从康熙元年（1662）继住广州海幢寺，习禅者"动数千指"，"开戒一十三年，所度缁白徒众一千七百余人"。今无也曾游江南，广交士大夫，"与王公为莫逆交"②。

函可（1611—1659），字祖心，号剩人，惠州博罗人，俗姓韩。其父是万历年间进士，官至礼部尚书。29 岁父死家败，被迫出家为僧。曾游庐山等地习禅，后至罗浮参见道独，与函罡一直要好。当他听到"甲申之变，悲恸形辞色"；听说"江南复立新主"，拟去投奔。顺治二年，函可在金陵被捕③，施以酷刑后押送京城，不久，被流放千山（辽宁鞍山市东南）。他的三个弟弟皆以抗节死，他的叔叔、从兄、侄子等四人抗清战死，姊妹、弟媳、仆婢等从死者甚众。

禅宗在辽宁地区始终没有传承，这是中国佛教史上的一件奇事。当地喇嘛说："（禅宗）针锤未及于遐方……空闻法眼流入朝鲜，杳然绝响，岂本性果分南北，由大事实待因缘。"④ 函可到千山传禅，算是给这个地

---

① 《本师天然罡和尚行状》，《禅宗全书》第 67 册，第 587 页。

② 上引均见《海幢阿字无禅师语录》所附《行状》，《嘉兴藏》第 38 册，第 282 页。

③ 据《胜朝粤东遗民录》附录卷一，函可被捕的罪名是，弘光被俘时，"新见诸死臣事，纪为私史"。参见《清代传记丛刊》第 70 册，台北：明文书局 1985 年版，第 420 页。

④ 《千山剩人禅师语录》卷首，《嘉兴藏》第 38 册，第 212 页。

区带来了"大事因缘"。他以遣谪的明臣为核心，建冰天诗社，凡三十三人，经常聚集在他身边的僧人有五百至七百名；并与在岭南的函罡保持密切联系，函罡曾遣今无通问。时人称他一生，"七坐道场，全提直指，绝塞罕闻，一时缁白称佛出世"①。

函可因身经家国惨变，虽居世外，依然痛苦难堪，有诗云："地上反奄奄，地下多生气。"他有时也自我安慰："努力事前路，勿为儿女悲。"因此，他的禅法多半是为解悲消愁，为僧俗们讲解公案和经典，指导参究话头，与立志开拓禅宗新领域的宗师们自是不同。加上辽宁禅宗本无根基，所以影响范围是十分有限的。函可的得度弟子知名者有今方、今羞、今何、今衍、今希、今子、今仿、今狮、今育、今匝、今曰、今庐、今又、今南等②，传禅于辽阳地区。

（三）鼓山元贤系

鼓山元贤一支法脉传承字号有二十字："慧元道大兴，法界一鼎新，通天并彻地，耀古复腾今。"元贤没有认可大量嗣法人，直到临终才肯定为霖道霈为继承人。道霈递传惟静道安、恒涛大心、圆玉兴五、象先法印（？—1775）、淡然法文（1730—1810）、常敏法淡、遍照兴隆（1790—1865）等，法脉一直传承不绝。在清代前中期，此派最有名的代表人物是为霖道霈。

道霈（1615—1688），字为霖，自号旅泊、非家叟，建宁建安（福建建瓯），俗姓丁，家庭世代奉佛，14 岁进寺院，第二年出家。先投闻谷广印，请教"出生死路头"，"老人授以念佛毕竟成佛之说，遂谛信不疑"。崇祯七年（1634），到鼓山见元贤，参禅四年，未有收获。又"经历诸讲肆凡五年，《法华》、《楞严》、《维摩》、《圆觉》、《起信》、《唯识》及台贤性相大旨，无不通贯"。此后，再随元贤习禅，研习经教，并与老母"同修净业"五年。顺治十四年（1657），元贤命他继住鼓山禅寺。自此，道霈以宗师身份弘教，共十四年，"座下常绕五千指"③。康熙十年（1671），出外游历，"杖锡所至，即成丛林"④。康熙二十三年（1684），

---

① 《重梓千山和尚语录序》，《嘉兴藏》第 38 册，第 211 页。

② 函罡：《千山剩人可和尚塔铭》；郝浴：《奉天辽阳千山剩人可禅师塔碑铭》，《嘉兴藏》第 38 册，第 250—252 页。

③ 上引均见《为霖道霈禅师还山录》卷四，《卍续藏经》第 72 册，第 671—673 页。

④ 龚锡瑗：《旅泊庵稿序》，《卍续藏经》第 72 册，第 684 页。

重返鼓山，直至逝世。

道霈一生著述颇多，自云：

> 余在鼓山有《秉拂录》一卷，《鼓山录》六卷，《餐香录》八
> 卷，《还山录》四卷；在温陵有《开元录》一卷；在玉融有《灵石
> 录》一卷；在建州诸处有《旅泊庵稿》六卷，《法会录》三卷；其集
> 古有《圣箭堂述古》一卷，《禅海十珍》一卷；其忏悔法有《八十八
> 佛忏》一卷，《准提忏》一卷，其修净业有《净业常课》一卷，《净
> 土旨决》一卷，《续净土生无生论》一卷；注释有《心经请益说》一
> 卷，《佛祖三经指南》三卷，《舍利塔号注》一卷，《发愿文注》一
> 卷；其往复书问有《笔语》一卷。以上共二十种，四十四卷。其纂
> 述有《华严疏论纂要》一百二十卷，《金刚般若经疏论纂要刊定记
> 略》三卷，《护国仁王般若经合古疏》三卷。①

从这个尚不完备的书目中可以看到，道霈的著述之多，涉及的法门之
广，在当时无人与之相比。

道霈特别推崇天台宗智𫖮，自称是他的私淑比丘。他说，对于智𫖮，
"后代机浅智劣、罔测高深，虽久在法门，而于三大部（指《法华玄义》、
《摩诃止观》、《法华文句》），有白首而不敢轻一展卷者，此佛法所以日
衰，而圣师所说竟付之野马蠹鱼，似于己无涉，为可叹也"②。道霈不但
对天台宗论著取严谨的修学态度，对其他经论也提倡认真研习，认为
"近世硕师大德，随顺机宜，依文解释"③佛典的做法应该肯定。所以讲
解注疏经教和刊刻流通佛籍，成了道霈佛教事业的重要组成部分。

道霈提倡净土信仰，早年以念佛为出离生死的途径，终生未变。他在
《普劝念佛文》中指出："夫人之情，莫不厌苦而欣乐，舍苦而取乐，今
有极苦而不知厌舍，有极乐而不知欣取，非大惑欤？"④他撇开禅宗不厌
苦、不欣乐违反常情的追求，而把人们厌苦、欣乐的普遍心理当作净土信

---

① 《为霖道霈禅师还山录》卷四，《卍续藏经》第 72 册，第 673 页。
② 《为霖道霈禅师旅泊庵稿》卷三，《卍续藏经》第 72 册，第 695 页。
③ 同上。
④ 《为霖道霈禅师餐香录》卷下，《卍续藏经》第 72 册，第 632 页。

仰的基础。"故我普劝世人，忙里偷闲，每日念佛，或百或千或万，念讫填圈，回向净土，一年既满，然后总算，共念佛若干万，记之于册，尽形受持，渐积净业，现为佛光照烛，罪灭福增，远为三圣接引，必生净土"[1]。

但道霈提倡的净土信仰，与他的同代禅师相似，都是将西方净土与唯心净土混淆为一的，故有"此去西方十万亿，只在当人一念中，心净自然佛土净，弥陀何处不相逢"[2] 之说。换言之，对参禅者可以讲西方唯在一念中，对于民间信仰者，可以讲念佛即能生于西天。在这里，禅净已无原则界限。

道霈重视忏法和法事仪规，宣扬征应，其代表思想从他作的《中峰禅师施食科仪序》中可见：

> 元天目中峰本禅师撮瑜伽旨要，作《施食科文》，其法简而精，其仪规略而备，其宣扬第一义谛，详明痛切，盖欲使天人神鬼，一言之下，顿破大梦，直彻性源，饱餐甘露，立地成佛。

《施食科仪》是掺糅了禅旨的法事仪规。道霈说它是"万历间，寿昌无明师翁北游五台，得于古寺残经中，如获至宝，佩以南归，凡遇节腊及诸佛事，躬自登座，如法修设，屡感征应"[3]。

无明慧经以农禅兴宗，明确反对把禅寺变为"应院"，反对禅僧像瑜伽教僧那样做佛事赚钱。但是，到了道霈的时候，禅僧已经理所当然地担负起应赴僧的职务。在他的笔下，连历史上的反对者也变成了弘扬者。他还作多篇《感应记》，说明念佛、诵经、各种法事能够拯救亡灵、见到佛祖、驱病防灾等，使禅宗成为一个包罗佛教一切法门的派别。

第三节　教门诸派、律宗与净土信仰

从顺治到雍正，明末佛教综合复兴的浪潮尚未完全平息，佛教界也出

---

① 《为霖道霈禅师餐香录》卷下，《卍续藏经》第72册，第632页。
② 同上书，第638页。
③ 《为霖道霈禅师旅泊庵稿》卷三，《卍续藏经》第72册，第698页。

现了一些以或振兴天台或振兴华严为己任的义学僧人。流风所及，士大夫群中也涌现出倾心教门义学的人物。清中叶以后，在禅宗衰落的同时，法事活动成为僧人的常业，净土信仰流行于僧俗界，以天台和华严为主的佛教义学也陷入空前衰微的状态。当佛徒普遍把佛教生存与发展的支柱安置在各种法事上时，义学的全面危机和衰落的厄运就永远不能改变了。

一　天台与华严学僧

　　清代前中期的天台学，无论从师承关系还是治学特点方面来说，都是明末佛教复兴浪潮的简单延续。从宗派传承的角度考察，虽然有后代勉强排定的来自明末的清代天台宗传承法系，但是即便专门弘扬天台教义者，在社会上和佛教界的影响也不大，而且也没有比较流行的著作。

　　清代的天台学僧中之比较知名者，首先是出自明末的百松真觉一系。真觉被称为重兴天台教观的第一世，幽溪传灯为第二世，蕅益智旭为第三世，苍辉受晟为第四世，警修灵明为第五世。

　　苍辉受晟的同门有天溪受登（1607—1675），曾住杭州天溪大觉寺弘扬天台教义，前后三十余年。他著有《药师三昧行法》一卷，该书是根据《药师如来本愿功德经》而作的忏法书，主要说明依据药师如来的誓愿而离苦得乐之行法，内容包括：第一，定名，叙述药师三昧名称之缘由；第二，劝修，劝诫修习本三昧，则所求长寿、富饶、官位、男女等，都能遂心愿；第三，方法，供养药师如来的方法；第四，释疑，由于当时西方往生思潮很兴盛，以便肯定该书为致福消灾的要法和明心作佛的秘典。后世凡消灾延寿之法事，多礼拜此忏，即今所谓"药师忏"。

　　受登的弟子有警修灵明、遐运灵乘和全彰灵耀等人，也宣传天台教义。其中，灵乘著有《地藏菩萨本愿经纶贯》及《科文》各一卷。灵耀跟随受登二十余年，康熙初年（1662）住嘉兴楞严寺，在《嘉兴藏》的补刻和流通中做了很多工作。著有《楞严经观心定解》十卷、《法华经释签缘起序指明》一卷、《四教义集注节义》一卷、《补定摩诃止观贯义科》二卷、《随缘集》四卷等。

　　清初兼弘华严学的，有受空印镇澄影响的观衡一系。观衡（1579—1646）字颙愚，霸（今河北霸县）人，俗姓赵，18 岁游历五台山，从学于镇澄三年。离开五台山以后，他游历南北各地，先后从学于达观真可、雪浪洪恩、憨山德清等人。他"初侍空印，宗贤首，而禅宗印可于憨山。

立法不为崖岸，不分门户"①。观衡受空印和德清两人的影响较大，但并不以专弘某一派的教义为主，平生比较重视《楞严》，后常住金陵紫竹林。他的著作较多，但并无华严方面的专著，记录其言行的有《紫竹林颛愚和尚语录》三十卷。

在观衡的后继者中间，不乏兼弘华严学者。重要的有通理（1701—1782），字达天，先习《法华》，后入京城就学于有章元焕，"深得秘要，遂发明十宗五教之旨，不遗余力，为清代中兴贤首一人"②。说通理是"清代中兴贤首一人"自然是夸张，因为华严宗在清代并没有形成中兴局面，但通理在传播澄观《华严经疏》方面的确有一定的作用。雍正十一年（1735）通理奉旨进入圆明园校勘藏经，对《宗镜录》比较重视。乾隆十八年（1753）奉命管理僧录司印务。他的著作不少，关于华严方面有《五教仪开蒙增注》五卷，此系的影响主要在今北京及河北省一带。

清代南方研习和传播华严学的僧众集中于江浙地区。苍雪读彻（1587—1656），云南呈贵人，俗姓赵，嗣法一雨通润，曾讲《华严》、《楞严》于苏州。他比较重视法事仪规，合作补修《华严海印忏仪》四十二卷；还著有《法华珠髻》。读彻在明清之际以诗闻名，有《南来堂集》四卷。在华严方面，他以传讲法藏、澄观著作为主。此外还传讲《楞严》、《唯识》、《法华》、"三论"等经典。他的后继者有闻照、书佩等七人。与读彻有师承关系或同门关系的通润、巢松、汰如等，也都学习或宣讲过《华严》。他们都与读彻有相同特点，即并不以专弘《华严》为业。含光（1599—？）是明河汰如的弟子，曾讲《华严》。被归为洪恩系的佛闲也曾于普德寺讲《华严》、《法华》。

福建鼓山的为霖道霈（1615—1688）编有《华严疏论纂要》一百二十卷，是把李通玄的《新华严经论》与澄观的《华严经疏钞》摘要汇编，配于经文之下。他认为："《疏钞》则穷源极委，章分句析，不唯是此经标准，实乃如来世尊一代时教之标准也；《论》则广论佛意，会归自心，不唯是此经阃奥，实乃宗门之阃奥也。禅者喜读《论》而不知《疏钞》之广大精微，讲者喜读《疏钞》而不知《论》之直接痛快，两者皆失

---

① 《新续高僧传》卷八本传，北洋印刷局癸亥年（1923）版。
② 《新续高僧传》卷十本传，第1页。

之。"① 明末清初，鉴于李通玄的著作特别流行，其影响甚至超过华严诸祖的著作，佛教界倡导融合李通玄与澄观学说的不乏其人，但像道霈编出这样大部头的著作，在禅师中尚属特例。他编此书的目的，是要纠正禅者与讲者各有偏重的过失。但是，在明末清初之后佛教名相义学全面衰落的情况下，他的编著被束之高阁，在清代几乎无人提及。就道霈本人而言，他并不独钟华严，他兼通各宗教义而倾心天台，自称是智颛的私淑比丘。道霈虽然编了如此卷帙浩繁的华严类著作，但华严学在他所整理的佛教总体系中的地位是十分可怜的。

上述在南北各地兼弘华严者大多受明末学僧的影响，仅就佛教义理而言，其治学范围和见解并未超出其前辈的水平。他们大多重法事仪规，这也是由佛教发展总趋势所决定的。清代礼《华严》、刺血书《华严》、诵《华严》等事迹在佛教界不少，均以为个人或他人求取福报为目的。相对说来，清代在弘扬华严义学方面稍有生气的是续法。

续法（1641—1728）字柏亭，号灌顶，仁和（浙江杭州）人，俗姓沈，9 岁师从杭州天竺山慈云寺德水明源，19 岁受具足戒，20 岁习讲经，历时七年。后历住慈云、崇寿、上天竺诸刹。他在杭州一带弘《华严》五十多年，弟子有培丰、慈裔、正中、天怀等二十余人。

续法著述二十余种，达六百卷，其中有关华严宗的史书是《法界宗五祖略记》一卷、《华严宗佛祖传》十四卷；总结华严教理的著作有《贤首五教仪》（简称《五教仪》）六卷、《贤首五教仪科注》四十八卷，此两书基本包括了他的华严学的全部内容。为便于学僧理解，简要概述教义或以譬喻说明教义的著作有《贤首五教仪开蒙》、《贤首五教断证三觉拣滥图》、《法界颂释》、《法界宗莲华章》、《法界镜灯章》，以上各书均为一卷。另有《法界观镜纂注》二卷、《贤首十要》二卷等。继法还有《般若心经》、《圆觉经》、《楞伽经》、《起信论》等方面的著述。

续法的华严思想直承其师德水明源。他在康熙十四年（1675）写的《贤首五教仪序》中说：他撰写这部概括华严宗全部要义的书，是"将先师常所乐说者录之，复寻诸大部中所切要者集之，十余年间，考阅再三，穷思至四，始成六卷"。因此，他在继承明源基础上又有所发展，是集此系华严学之大成。明源曾作《五教解消论》、《论贤首宗未知圆义解》两

---

① 《华严疏论纂要序》，《卍续藏经》第 72 册，第 695 页。

文，主要说明"贤首（法藏）大师之离四以为五（指判教），非悖天台，实备天台之所未备"①。明源的这两篇文章是针对天台宗人攻击法藏判教而作，论证五教之判不仅与天台宗的判教无违，而且比后者更完备。续法学说的一个最重要的特点，是通过对五教展开论述，概括华严宗的全部教理。

续法弘扬华严也针对当时义学衰落的局面。他在历述宋元明诸代弘华严的主要人物后指出："奈何今义学家不得其门而入，见其教部广大，意旨幽深，即如贤首大师著述凡有一百余卷，清凉国师现流传者约有四百余卷，圭峰大师疏注总有九十余卷，浮狂者诋为葛藤，愚钝者视为砂石。"②因此，他的著作和宣讲大多具有普及华严基本知识的性质。

续法的代表作是《五教仪》六卷，康熙五年（1666）初成，认为"贤首大师判释如来一代时教，不出三时、十仪、五教、六宗、三观"。"三时"指佛讲说全部经典的三段时间，分为"别"与"通"两类，各有"三时"，基本思想是吸收了法藏、宗密及元代华严学僧的观点。"十仪"指佛说法的形式和内容：本末差别、摄末归本、本末无碍、随机不定、显密同时、一时顿演、寂寞无言、该运三际、重重无尽。这种划分既包含了华严宗判教的内容，又容纳了天台宗判教的因素。"五教"是依法藏的五教说，无大变动。"六宗"是依据法藏的"十宗"判教演化而来，分为随相法执宗、唯识法相宗、真空无相宗、藏心缘起宗、真性寂灭宗、法界圆融宗。其中特别讲到天台"性具"与华严"性起"的区别。三观依据法顺的华严法界观，并配上法藏、澄观、宗密等人的解释。这种时、仪、教、宗、观五部分的组织，实际上又分为两大部分，一讲教相，二讲观行，以适应对天台宗人反驳的需要。

自《佛祖统纪》斥华严宗"有教无观，无断无证"以来，历代攻击华严教理者多执此辞，维护者又多以驳倒此论为目的。续法的学说组织，即要说明华严宗有教（教相）有观（观行）。他还要使华严宗的教观神圣化："初集录也（指作《五教仪》），知教观之创于华严诸祖；次阅藏也，知教观之本于经论；后精纯也，知教观之从于自心流出，不从遮那佛口所

---

① 真立：《贤首五教仪序》，《卍续藏经》第58册，第625页。
② 续法：《五教仪序》，《卍续藏经》第58册，第626页。

宣。"① 华严宗不仅有教有观，而且这种教观为华严诸祖所揭示，有佛教经典的依据，是众生心中所本来具有的。这就为华严宗教观的成立提供了权威的依据，而且是具有禅学色彩的依据。至于华严教观的具体内容，不过是一方面重复华严宗的老话，另一方面吸收了天台教义。

针对"无断无证"的指责，续法也专门予以反驳。他的《贤首五教断证三觉拣滥图》专门为使学者了解这一点而作。他认为，"五教断证，原出经论"，由于"人未之察，反曰无断无证，岂不屈抑佛祖也欤"！他"遂准贤宗诸大部中，录出断证，排图贯线，庶使学者于一家判释，明如指掌，无纤疑滞"。他所谓的"断证，"就是"断（消除）执障于莲华藏刹，证（证悟）法界于毗卢性海"。尽管续法在论证华严宗有教有观、有断有证方面并无理论创新，尽管他所争论的问题是老话重提，并不与佛教发展的大潮相联系，但在他之后，连这样的议论也没有了。

续法于康熙十四年（1675）始讲《五教仪》一遍，"听众茫然"。康熙二十年（1681）再讲一遍，提问之后，"众亦不知教观义之始终"。鉴于六卷本的《五教仪》完全无法为义学佛徒所理解，他便开讲作于康熙八年（1669）的略本，即《贤首五教仪开蒙》。实际上，当时能为义学僧接受的也只有这种"开蒙童，便记诵"的简略本，烦琐论证的较大部头著作难以流行。续法多种一卷本的著作都是为达到此目的的撰写的。他在《贤首五教断证三觉拣滥图》中指出，此图也是略示梗概，如欲进一步了解华严教理，需阅读《五教仪》等书。续法的实践表明：当时系统普及华严学知识在义学僧中已很困难，更不用说其他不以义学为务的广大佛徒了。

自唐中叶以后，历代都有倾心《华严经》或华严宗教理的士大夫。他们侧重接受和宣扬的内容，一定程度上反映了佛教的主流趋向以及这个阶层与佛教的关系。清代士大夫群中，热衷于将华严作为树立信仰和从事修行主要依据者有不少，如清初周克复的著作，标示出士大夫运用华严的重要趋向。

周克复继著成《金刚持验记》、《法华持验记》后，再作《华严经持验记》一卷。他对此三经的理解是："《华严》以即秽即净为宗，《金刚》以无相不取一法为宗，《法华》以人人成佛为宗。"仅就他讲的《华严》

---

① 《贤首五教仪开蒙》，《卍续藏经》第 58 册，第 688 页。

宗旨言，是重述华严宗的教理。然而，他作此书的目的并非弘扬义理，而是要宣扬以各种方式崇奉《华严经》所具有的神秘功能，把此经视为一种灵验的护身符，视为可以实现自我解脱、救世度人的灵丹妙药。

《华严经持验记》又称《历朝华严经持验记》，书前题有"男周石校，吴郡陈济生皇士参"，正文前有周克复的《序》及《劝流通华严持验引》。周克复认为，《华严经》"一品之持，已得净戒；一偈之诵，能破地狱"，"夫书写读诵，讲说思修，冥通幽感，殊绝人天"。该书收录自龙树菩萨到明代谭贞默之母四十九人有关《华严经》的神异灵迹。大多数人物事迹之后附所引书名，多取自唐惠英的《华严经感应传》和明袾宏的《华严经感应略记》等。士大夫热衷于"持验"之道，此道又能在社会上广为流传，不仅与当时义学衰落、神异崇拜盛行有关，而且有深刻的社会原因。

二 律学与律宗新派

从明代中叶开始，各地的戒坛封闭，出家和在家信徒的受戒活动无法正常进行，受戒的轨则也逐渐废弛，律宗的传承也几近断绝。到明末清初，在佛教综合复兴和禅宗复兴的浪潮中，律宗和律学也有兴起的气象。其具体表现，是既出现了专门弘传律学，并以复兴律宗为己任的代表人物，也出现了兼弘律学的各宗僧人，律学由此呈现出多头发展的局面。其中，在明代末年佛教综合复兴中兴起的如馨一派，到清代成为严格意义上的佛教宗派，这是自唐代以来所没有的现象。这一派不但有严格的法系传承系统，而且有传祖衣的制度。

明代末年，三峰法藏重视戒律的弘传，撰有《弘戒法仪》一卷，其所倡导的传戒方法在江南一带传播。清代初年，终南山的超远对法藏的著作加以补充，撰成《传授三坛弘戒法仪》；广东的弘赞著《比丘受戒录》和《比丘尼受戒录》两书；乐山老人著《增删毗尼戒科》；智旭著《重治毗尼事义集要》等书。这些戒律书籍都产生了不同的影响，被一些地区法师和律师在传戒时所使用，对传戒制度的重建和完善起到作用。总的说来，传戒活动规模和影响较大，形成持久的流传法系，并且得到清朝历代帝王支持，成为近代传戒实践和理论主要先导的律宗系统，是在金陵地区形成和壮大起来的如馨一派。

律宗是以研究和传持戒律为主的一个宗派。因其主要典据是佛教五部

律中的《四分律》，故称四分律宗，又因实际创始人道宣住终南山，故称
南山宗。该宗遥尊释迦佛弟子中持律第一的优波离为初祖，道宣则为八
祖。该宗所编制的法脉传承，唐代之前的多为附会传说，唐宋时期则时断
时续，元明时期几乎无闻。明末，以如馨传戒授徒为标志，古林派作为新
的律宗派别兴起。不久，如馨弟子寂光创千华派。自清初开始，以金陵地
区为中心，如馨一系逐步发展成为有严整法系传承、有系统律学思想、传
戒活动规模大、法系延续时间长的两支律宗派别。其中，古林派以金陵为
中心，传播范围有限；千华派则流传地区广泛，传戒基地多，影响遍及
全国。

　　如馨（1541—1615），江苏溧水人，俗姓杨。万历十年（1582）（一
说在嘉靖年间）在摄山栖霞寺从素安出家。根据《新续高僧传》卷二十
八的记载，如馨从受戒到开坛传戒，都有很多神异事迹。他因读《华严
经·菩萨住处品》而游历五台山，从文殊菩萨受戒，精通了大小乘戒律，
并且顿悟戒律宗旨。他从五台山南返至南京，也由于神异事迹而被称为
"优波离再世"。实际上，他在受沙弥戒之后，就关心自己如何得戒的问
题，于是曾"叩诸宗匠，辄究戒缘"，表明他长期注重对佛教戒律的研
究。由于明末官方的传戒活动处于停止状态，僧人出家很难按照佛教的传
统规定进行，所以当时的传戒随意性较大，附会离奇的神话传说就很自
然了。

　　如馨一生致力于弘扬戒律，先后住持过的寺院或应请开坛传戒的寺院
共有三十余处，如灵谷、栖霞、甘露、灵隐、天宁等。所谓"坐道场三
十余所，徒众累万，声闻于天明"。

　　如馨能够引起明朝廷的重视，与其弟子澄芳远清的努力分不开。远清
早年学习华严教义，从如馨受具足戒，后到五台山，"精研律部，善达意
旨。开遮无碍，尤善属文"，他鉴于当时戒坛久不开放的情况，认为"欲
兴此举，非扣帝阍，其道末由。乃具文疏略，述梗概因"。神宗"览疏大
悦"，于万历四十一年（1613），诏命如馨在五台山灵光永明寺举办龙华
大法会，"开皇坛说戒"，赐紫衣、锡杖，并赐"慧云律师"号。由此开
始，如馨一系为朝野公认，影响南北佛教界。因为当时北方地区社会动
乱，如馨从五台山南返后，远清继续在该当地传戒。

　　如馨主要活动在万历年间，弘戒二十五载，传戒规模大，地点多，弟
子有数万人。如馨终生以振兴南山律宗为己任，被称为"中兴律祖"，后

被奉为律宗第二十祖。① 他鉴于"自元季以来，律学荒芜"的情况，认为"佛法住世，功在毗尼"，所以"访求梵网，遍参律法"②。但他的著作不多，编著有《经律戒相布萨轨仪》一卷。记载其事迹的除《新续高僧传》外，还有《梵网经菩萨戒初津》卷七、《香乳记》卷下。

如馨传戒弟子人数很多，被列为第二世的有金陵极乐寺莲宗性相、京都悯忠寺大会永海、金陵宝华山隆昌寺律师三昧寂光、太原五台山永明寺澄芳远清、姑苏报国寺茂林性祗、广陵福田东沧性福、金陵古林庵隐微性理，江宁古林寺印含性璞，以及三义蕴空馨律师、香水大圆昙律师、福田金刚福律师等。③ 其中，性理、性璞继承如馨传戒的发源地南京古林寺的传法系统，被称为"古林派"；另一弟子三昧寂光则开创千华派。

寂光（1580—1645）是广陵（江苏江都）人，俗姓钱，字三昧。21岁出家，先从雪浪洪恩学习华严教义，后到各地参访名师，曾受紫柏真可、云栖袾宏等人的器重。寂光从如馨受具足戒，专心从事律学研究。如馨在五台山传戒时，寂光为"副座，助其教授"，所谓"律学中兴，光有力焉"。寂光感慨明末"世末道污，轻蔑毗尼"的现状，继承如馨的传统，奔走各地弘律传戒，一生"临坛演戒百有余所"。他还致力于建造寺院，一生"修建梵宇凡十数处"④。寂光曾在金陵宝华山组织"千华社"，参加的人很多，所以，此后把如馨开创的律学一派称为"千华派"。寂光重建的宝华山隆昌寺日后成为重要的律宗道场、著名的律学中心，当时已经是"大江南北，罕与伦比"⑤。寂光谥号"净智律师"。他的著作有《梵网经直解》四卷、《十六观经忏法》等。乾隆年间，经福聚奏请，其《梵网经直解》编入大藏。自寂光开始，宝华山始终是各方求戒者的聚集地，而且成为其他地区传戒的学习样板或主要参考范本。

寂光被尊为宝华山第一代，从如字起，千华系演派有五十六字："如寂读德真常实，福性圆明定慧昌。海印发光融戒月，优昙现瑞续天香。支

---

① 《百丈丛林清规证义记》卷第七之下，《附南山律宗》，《卍续藏经》第63册，第464页。

② 上引均见《新续高僧传》卷二十八本传，第3页。

③ 《律宗灯谱》卷二，"传南山律宗古祖下二世"，《新续高僧传》卷二十九，《目录》，第1页。

④ 《新续高僧传》卷二十八本传，第6、7页。

⑤ 《新续高僧传》卷二十九《读体传》，第5页。

岐万派律源远，果结千华宗本长。法绍南山宏正脉，灯传心地永联芳。"①

在寂光的门徒中，静观书祯早年帮助见月读体弘律，后常住广陵五台律院，"春冬传戒，夏则安居，学者从之，如水赴壑，得戒者千余"。其著有《随机羯摩疏钞》六卷、《毗尼甘露择要》十卷、《历代律祖略传》一卷等。香雪戒润"精通经律，致功净土，尤善文词，挥豪成韵，见重时贤"②。后来住持常州天宁寺，著有《楞伽经贯珠》十卷，其后的传承不详。此系最有影响的人物是读体，而且法系一直不绝。

读体（1601—1679）号见月，俗姓许，云南楚雄人。他先信仰道教，出家为道士三年。偶遇老僧赠《华严经》，读至《世主妙严品》而产生了佛教信仰。崇祯五年（1632）在宝洪山随亮如出家。自崇祯六年（1633）开始，读体离开云南到湖南宝庆五台庵，参观衡颛愚。其后游历南北各地数年，于崇祯十年（1637）在镇江海潮庵从三昧寂光受具足戒。从此之后，以学习和研究戒律为主，并随从三昧在各地传授戒法。崇祯十二年（1639），寂光应请住持金陵宝华山，读体任监院。清顺治二年（1645），寂光圆寂后，读体继任，住持宝华山三十余年。

读体在管理寺院、规范僧众方面，以率先垂范、严格执行制度仪轨著称，得到僧众的悦服和拥戴。当时佛教界不守戒规的现象普遍而且严重，"止作真教，久成绝响。故结界立规，率先躬行：是制必遵，非法必革"。在清初兵荒马乱的动荡社会环境中，他重修寺院，筑砌戒坛，建立稳固的传戒基地；定期每年春冬传戒，结夏安居，完善了为各方借鉴的寺规制度；研究律学，著书立说，促进了律学的重兴。读体的著作有《毗尼止持会集》十六卷、《毗尼作持续释》十五卷、《传戒正范》四卷、《沙弥尼律仪要略》一卷（以上收于《卍续藏经》）、《传戒正范》、《僧行规则》、《三归、五、八戒正范》、《黑白布萨》、《出幽冥戒》、《大乘玄义》、《药师忏法》等各一卷，有自著《一梦漫言》。

在明末清初的战乱年代，读体为保护寺院不被劫掠，为保护僧人不被杀戮，总是挺身而出，把个人安危置之度外。另外，读体重视社会公益事业，康熙十一年（1672），当地闹饥荒，他率众"赈粥五十余日，全活无算"，这些是他受到僧众和社会各界拥戴的重要原因。读体宣教弘戒数十

---

① 《宗教律诸家演派》，《卍续藏经》第 88 册，第 566 页。
② 上引均见《新续高僧传》卷二十九本传，第 6 页。

年，"戒徒千四百人，堂食三万指，法席之盛，世所希有"①。

根据《南山宗统》的记载，读体的得法弟子有六十八人，主要有定庵基、成拙德、素极启、契如悟、体圆健、智闲彦、玄窟灵、古范舜、静观贞、昊中智、本拙闲、湛一澄、灵水冲、湛彻潜、本意德、云庵谷、宜洁玉、慧融禅、慧宗秀、碧天净、宣心源、独愚贤、还一真、法一延、法轮演、知白华、苇航铎、大圆昊、震化鉴、密昭廉等。② 其弟子大多数弘律传戒于各地，并且致力于修建寺院的活动。有些人也比较重视经教，重视净土信仰。读体门下的传戒律师有一个传统，就是身体力行严守戒律，以自己的品德赢得僧俗信众的拥戴，从而推动他们的弘律传戒事业。例如，碧天书净（1642—1705）初到苏州积善庵时，"败壁颓垣，饘粥不继"，生活困难，但他"处之恬如，曾不芥带。唯精持律仪，严摄一众，羯磨布萨规条肃然。人知信仰，檀护浸多。由是经之营之，创造戒坛、殿阁廊庑。数年之间，遂成巨刹"。他个人"处事必诚，接物以慈。新徒禀戒，知愚同诲，虽累千指，肃然一室。威仪有则，不敢苟简"。正因为这样，书净成为朝野知名的僧人。康熙四十二年（1703）康熙南巡时曾召见，"赐《心经》三册，御书'衍真谛'三字锡之，因改寺名，额以'真谛'。"③

读体的弟子中，在传承法系、建立弘戒基地和著书立说等方面成就比较大的，当推定庵德基、宜洁书玉。

德基（1634—1700）字定庵，俗姓林，休宁（今属安徽）人。20岁依苏州宝林寺竹怀出家，后到宝华山隆昌寺从读体受具足戒，潜心研究诸种律书十五年。读体圆寂后，德基继任宝华山住持。康熙十三年（1674）秋天江南大旱，冬天饥民到山上乞食，他率众设粥赈济，又恐怕山上粮食不够，就率领饥民渡江，从仪真维扬沿路化缘，供养饥民，直到麦熟时节才结束。这使他在社会各界声望日高。对于戒律，德基不仅重视研究，而且强调实践，他告诫弟子"既知修行，必当严持戒律，若不持戒而欲超脱生死，如缘木求鱼，舍舟渡海"④。在他的管理下，宝华山作为律学中

① 上引均见《新续高僧传》卷二十九本传，第6页。
② 《律宗灯谱》卷四，"金陵宝华山见月体律师法嗣"，《中国佛学文献丛刊》，全国图书馆文献缩微复制中心1993年版，第39—41页。
③ 《新续高僧传》卷二十九本传，第11、12页。
④ 同上书，第7页。

心又进一步扩大。他的著作有《毗尼关要》十六卷、《羯磨会释》十四卷、《比丘尼律本会义》十二卷、《宝华山志》十二卷。

当然，对于德基这种重戒律的看法，或重禅，或重净土的僧人有不同意见，侣石万清在德基处受具足戒之后，说："持犯，束身而已，心地发明，非大匠曷由启迪！"于是，他就离开德基，另找"大匠"去了。[①]

书玉（1645—1721）是江苏武进人，俗姓唐，别号佛庵。少年时期学习儒学，因听僧人读《行愿品》而萌发佛教信仰。22 岁出家，从读体受具足戒。康熙二十二年（1683）与德基到杭州昭庆寺讲戒，从此住持该寺三十八年，使其成为稳定的弘律传戒中心，各地僧俗来此受戒者达万余人。其著有《梵网经菩萨戒初津》八卷、《毗尼日用切要香乳记》二卷、《沙弥律仪要略述义》二卷、《二部僧授戒仪式》二卷、《羯磨仪式》二卷。从书玉开始，如馨一派在杭州地区建立了稳固的传戒基地。

德基的弟子有三十八名，传承其衣钵的是松隐真义。真义 11 岁出家，在未见到德基之前，通过学习佛教典籍，就认识到戒律的重要性，认为"佛法不出三学，慧由定生，定从戒始"。于是到宝华山从德基受具足戒，专心研究律宗典籍。据说他离开德基游历南北各地参学时，在佛教界和社会上已经很有威望。在京城时，"王公天宝仰其声誉，延居延寿兰若正席，方丈乃愿行头陀行。一时归礼者，倾国而来"。尽管有言过其实之嫌，但也反映了他的影响之大。继任宝华山住持之后，"戒坛累启，四方云集"。真义曾于康熙四十二年（1703）、四十六年（1707）三次受诏见，获赐寺额、经书等，所谓"宠锡优隆，遐迩嗟咨"[②]。真义于 49 岁时圆寂。

真义之后传此派"祖衣"的依次是闵缘常松（1664—1718）、珍辉实咏（1675—1722）。他们与其历代祖师一样，始终重视以戒律规范僧众，并且以善于治理寺院著称。常松在真义处任维那时，"一堂之内，分别三根。上者喻以纯旨，深思自得；中材导以正途，循序而进；又其次者，曲垂教言，引之渐入。三者不同，成功则一。故化有程式，人无弃材。新旧学子，荣出其门"。常松这种教僧育才的理论和实践，对于佛教队伍建设是十分重要的。康熙五十二年（1713），曾受赐紫衣、玉器等。实咏在宝

---

① 《新续高僧传》卷四十六《万清传》，第 1 页。
② 《新续高僧传》卷二十九本传，第 13、14 页。

华山受具足戒后，勤于钻研律学，"精求律意，早夜孜孜，不遑宁息。遮制轨范，取次领悟"。当时，僧人们都认为智圆律师所著的《会真记》很重要，也最深奥，"当时读者谓其菁粹超出六十家释义之外"，实咏便"综其旨趣，为之贯彻"。善于用人的常松知道他有学识，便"擢之教授，开迪新知"①。实咏"亲付祖衣"给文海福聚（1686—1765），此派由此达到鼎盛阶段。

福聚是浙江义乌人，俗姓骆，字文海，号二愚。15 岁出家，在溧水上方寺清修苦行十年之后，到宝华山隆昌寺闵缘常松处受戒。游方参学八年，许多名僧表示器重并希望传法于他，但他认为，"机锋捷悟，终属言荃；波提木叉，乃照宝相"②，毅然复归宝华山，继珍辉实咏住持隆昌寺。雍正十二年（1734）奉诏进北京，住持法源寺（原悯忠寺），并奉敕开戒坛，受戒者有一千八百九十人，③ 各地求戒的学徒有数千人。这样，福聚成为法源寺第一代律师。不久，福聚将法源寺交弟子天月性实管理④，自己仍回宝华山。乾隆二年（1737），福聚奏请将宝华山诸师寂光、读体、德基等人的著作编入大藏。福聚住持宝华山三十年，受戒的学徒遍天下，据说超过十万人。其著名弟子住持南北各处寺院的有二十余位。福聚著有《南山宗统》、《瑜伽补注》、《瑜伽施食仪观》（可能作于乾隆六年，1741）等书。

在福聚之下，有性言、圆先、明如、定静、慧皓、昌苍、海然、印宗、法圆等次第相承。总的说来，这一律宗系统，从明末清初开始，建立了以宝华山为中心的传戒弘律基地。如馨的千华派一系在律学思想上与相部宗相同，以诸恶莫作的止持、诸善奉行的作持为宗旨。在止、作二持中，尤其重视作持。另外，此系认为，《四分律》在形式上属于小乘，但在内容上属于大乘，这又是对南山宗思想的继承。在律书之外的佛教经典上，此系律师比较重视《梵网经》，许多宗师有这方面的著作。

三　净土信仰及其特点

无论在佛教界还是在社会信众中，西方净土都成为清代佛教中最有影

---

① 《新续高僧传》卷三十本传，第 1 页。
② 《新续高僧传》卷三十二本传，第 1 页。
③ 《新续高僧传·福聚传》，第 1 页。
④ 性实住持法源寺之后，一直传承不断。

响的信仰思潮, 这种变化是与清王朝的佛教政策有关联的。清王朝对禅学
的治理、对义学的漠视、对净土念佛和戒律的提倡, 对净土念佛的流行起
到了鼓励和促进的作用。雍正在打击和改造禅学的同时, 树立云栖为佛教
的榜样, 尽管也主张所谓禅教融合, 但实际上是用净土法门取代禅学。其
后, 没有任何一位帝王为禅学作翻案文章, 相反, 乾隆对士大夫的念佛予
以积极支持。

　　一般说来, 历代信仰西方有相净土的僧俗人士都有着共同的精神需求
和思想内容。信仰实际存在的彼岸极乐世界, 寄托着信众对现实世界的厌
弃和对美好世界的向往, 反映着信众对终极归宿的憧憬, 表现着信众对超
人间、超现实力量的追求。所以, 历代凡是修持西方有相净土法门者, 基
本都虔信忏仪法事的功能、因果报应、生死轮回、众生有罪、佛力拯救这
五项宗教内容。由于重视各种法事的功能, 自然就强调神异灵验事迹在往
生中的作用, 促进了各种法事活动在社会上的流行。另外, 由于往生西方
极乐世界需要具备道德标准, 所以信仰和弘扬西方有相净土, 又总是与出
家众强调戒行、在家众倡导善举结合在一起的。诸如此类的内容, 在清代
净土信仰中不可或缺地保持着, 并且没有发生大的变化。

　　具体到清代净土信仰, 也有几个显著特点。

　　第一, 专门弘扬净土思想与实践, 或以修西方净土为主业的僧人显著
增加。清代净土思想在佛教界和社会上的流行广度, 是任何一个朝代也不
能比拟的。在清代僧传《新续高僧传》中列有《净读篇》一科, 作者解
释:"《梁》有《诵经》, 又有《经师》;《唐》、《宋》改为《诵读》。今
并入此科, 以净为归。"在前三部最著名的《僧传》中, 无论是《诵经》、
《经师》还是《诵读》各部分, 都是记载那些唱念或读诵各种经典的僧
人, 他们的目的是要收到感动神明、临危获济、消灾弭难的种种神奇功
能。在《新续高僧传》之前, 还没有一部僧传开辟专门一科记载净土修
行。《新续高僧传》在体例上的这一变动, 正是清代净土修行在佛教界空
前兴盛的反映。该书《净读篇》所记载的传主言行内容是"诵经讽佛,
是曰净修。功果圆时, 西土非遥。念念自持, 庶证真如"。《净读篇》中
所记的从宋至清的僧人来自不同派别, 他们的共同特点是修持和弘扬净土
法门, 特别是所记的清代僧人, 基本上信仰西方净土, 修行持名念佛。该
书从四十五卷到四十八卷记载清代僧人, 正传四十七人, 附见四十五人;
卷四十一到卷四十四记载宋元明三代僧人, 共有一百一十人。清代净土僧

人的人数超过此前任何一代。

第二，清代流行的净土法门趋向单一化。当时的弘扬净土者，特别是专弘净土者，基本是接受西方弥陀净土思想，主要内容来自传统的弥陀经典。

第三，佛教界不再注重对各种净土思想进行理论上的分析和比较，而是在完善具体践行上下工夫。因此，新的念佛形式不断出现。

当时专注于往生净土的僧人，把修行的主要目的放在超脱生死轮回上，正如从宋代以来的参禅僧人把修行的目的放在解决生死大事上。这是与参禅相同的目的。所以，他们往往认为，在解决生死问题上，净土比禅更重要。即便那些不是专门弘扬净土的僧人，也往往把净土和戒律放在禅之上。在参禅、念佛和持戒的关系上，禅往往被一些僧人视为无足轻重的末节，修行的根本是持戒和念佛。例如，闻思常智在"遍游名刹，参诸知识，久之无所契"后，对同伴说："禅以戒行为基，净土为本，吾何事跋涉而不务实行乎？"于是就专门修习净土。等到他住持寺院后，进一步"宣弘戒法"①，对禅、净、戒三者重要性的这种价值评判，已经不是个别僧人的认识，而是佛教界带普遍性的观点。

清代前中期身体力行弘扬净土思想和实践的僧人很多，著名的有截流行策、省庵实贤、性海觉源、彻悟际醒、瑞安悟和、豁然悟开等。他们或者创立了新的净土修习形式，或者建立了新的修习理论，或者在结社劝修方面产生较大影响，或者发挥了稳定社会的积极作用。

根据《新续高僧传》卷四十五，行策（1628—1682）字截流，俗姓蒋，江苏宜兴人，23 岁在武林理安寺从箬庵通问出家，从学五年，受息庵瑛的影响而信仰净土。又随钱塘樵石法师学习天台教义，并且共同修习法华三昧。康熙二年（1663），行策到杭州法华山结莲柎庵，专门修习净土。康熙九年（1670），居住常熟普仁院，创办莲社，从学的僧俗信徒很多。

行策在弘扬净土法门方面的主要工作，是制定七日念佛的实践方法，开创了清代僧俗界实践净土信仰的一种新形式。所谓"七日念佛"也称"打念佛七"、"打佛七"、"佛七"等，是修行者为了在短时期内收到较好的效果，定下七天的期限，集中修习念佛法门。这种念佛求往生的活动

---

① 《新续高僧传》卷四十五本传，第 9 页。

无论男女老幼，或僧或俗，都可以参加。此种集体念佛实践要求很严格。
由于念佛是往生西方的捷径，而观音菩萨又是西方的导师，所以活动从二
月十九日开始。首先，选僧十二人，分三班，每班四人，各有所司。十二
人外，不论缁素多寡，亦分三班，随其后。一班旋绕，则两班安坐。食时
赴斋堂，按照次序，不能紊乱。夜晚略睡，闻钟声鸣则齐起。凡左行者
罚，越位者罚，相语者倍罚，严若军令。念佛之声，时而和缓悠扬，如一
气呼吸，绵绵不断。至其声之振疾，则又如猛将追敌，不尽灭不止。当年
在普仁院举行的七日念佛活动，以行策为主，其道场外护，有身叶、古
衲；同行缁侣有越海在、闲慧如、湛月慈、宏海目、德容越、祇尚法、再
应可，其遥闻法，有鸣谷、定慧；参与的居士有汪旅三、翁凤蕤、顾公
臣、金水若、陈千顷、赵存湖、翁子余、翁康成、沈诞先、夏子彝等。[①]

　　行策居普仁院十三载，始终专弘西方净土信仰。他创立的“七日念
佛”制度，开创了后代僧俗界实践净土信仰的新形式，易于修持、易于
普及，产生了深远影响。民间也流传着有关行策的许多神话故事。[②]

　　行策的著作有《金刚经疏记会编》十卷，是把唐代宗密的《金刚经
疏》和宋代子睿的《金刚经纂要刊定记》会集而成书。禅学方面的著作
有《宝镜三昧本义》一卷，是对洞山良价《宝镜三昧歌》的注解和发挥。
净土方面的著作有《劝发真信文》、《起一心精进念佛七期规式》，以后者
影响最大。另有《楞严经势至圆通章》等。

　　据《新续高僧传》卷四十五所记，实贤（1686—1734）俗姓时，字
思齐，号省庵，江苏常熟人，出身于儒学世家。15 岁出家，参究“念佛
是谁”的话头。这个话头是标准的把参禅和念佛结合起来的产物，参究
这个话头在当时佛教界很盛行。他曾在真寂寺掩关三年，白天学习经典，
晚上念佛名号。24 岁受具足戒。他曾长期跟随绍昙学习天台和唯识教理。
实贤在两个方面受人称颂。其一，持戒严谨，日仅一食，常坐不卧。清代
净土名僧基本都重视戒律修持，但像他这样持戒类苦行者也是不多的。其
二，在重视学习各类经典的同时，注重净土信仰，往往是昼阅三藏典籍，
夕课西方佛名。他在江浙地区很有名望，皈依的僧俗信徒不少。他曾在郯

---

　　① 《普仁七日念佛记》，《起一心精进念佛七期规式》，《卍续藏经》第 62 册，第 139—143
页。

　　② 《净土圣贤录》卷六，“清行策（莲宗十祖）”，《卍续藏经》第 78 册，第 277 页。

山阿育王寺、杭州迁林寺等处讲经十余年，晚年在杭州梵天寺结"妙莲法会"，指导僧俗专修净业。他所著的《劝发菩提心文》、《净土诗》一百零八首、《西方发愿文注》等，都是激励信众树立往生净土的信仰，实践念佛法门，流传较广。另有《续往生传》、《涅槃忏》等。彭际清辑有《省庵禅师语录》二卷。净土信仰者尊他为莲宗第九祖。

润州焦山寺的性海觉源（1751—1819）在处理禅净教戒关系方面，特别是禅净关系方面，是很有特点的，其理论颇有影响。他未出家之前就热衷于学习《华严》、《法华》等多种经典，40岁才受具足戒。后投曹洞宗禅师焦山借庵门下习禅，成为其弟子。此后在随觉源学习的众多弟子中，有数十人住持名山寺院，但是他从未作过住持，只是常年应请为各地僧俗信徒讲演。他的言行颇具号召力和感染力，"道俗钦慕，奉为规法"。觉源著有《普明观法》一卷、《宗镜目录》二卷、《毕竟毗尼》二卷、《出世上上禅》一卷等。借庵禅师把他的遗稿刻刊，题为《拾遗集》一卷。

作为禅宗僧人，觉源兼重经教、戒律、礼忏和净土。在经教方面，他对"华严奥旨独有会心，乃自别其号曰'一真法界'"。他能够背诵《华严经》，"不遗一字"，为僧俗讲说，颇受欢迎。在戒律方面，他乐行苦行，"口不妄语，不非时食，手不触金银宝物，身不著兽毛蚕丝"。这四者都是被当时人认为是难以做到的。在礼忏方面，他曾"重订普门观忏仪，昼夜六时行法，胁不著席"。在净土方面，他"十数年居心质直，其正见知如永明、云栖，以净土为归宿。日诵弥陀名号十万声"。

在处理这四者的关系上，他始终把净土作为修行的归宿，作为修行其他法门的基础，不仅如此教人，也如此实践。他"每礼忏毕，必回向净土"。他"一生精力注于木叉、净业二事，既以自为，即以为人"。对于禅净教戒的关系，他认为："以念佛为往生正因，以持戒为决定往生正因，以读诵大乘解第一义为往生上品。"所以，他持戒严谨，精研教典，专注参禅，勤苦礼忏，都围绕往生这个主要目的。

他在对参禅与念佛进行细致比较时指出："欲了生死，不外禅净二门，然而竖出难而横超易，则今时修行，切要唯在净土一门耳……参禅时法法归禅，念佛时法法归佛。所以《普门》云：生灭既灭，寂灭现前。《势至》云：总摄六根，净念相继。是知参禅要全身放下，不放下则六根动被遮蔽。念佛要念念提起，不提起则种现乘间而出。以念佛之心参禅，则参禅即归净土；以参禅之心念佛，则念佛即是深禅。"他的这些见解被认为是"其发明禅净分合之义，彻了无余"①。

觉源这些议论的一个特点，是从心理体验方面对禅净进行比较。无论参禅还是念佛，都要求精神集中，不受外界事物和内心杂念的干扰，专注于所要体验的对象。这里讲参禅的"全身放下"，讲念佛的"念念提起"，表明方式虽然不同，但目的是一样的，都是要求排除来自外界的干扰（六根被遮蔽）和内心的干扰（种现乘间而出）。所以，参禅与念佛是相通的。实际上，这些看法在佛教典籍中都有根据，但在当时，觉源的议论是有特点的。

际醒（1741—1810）字彻悟、讷堂，号梦东，河北丰润人，俗姓马。22 岁出家，主要活动在河北、北京地区。曾先后从香界寺的隆一、增寿寺的慧岸、心华寺的遍空、广通寺的粹如等学习《法华》、《圆觉》、《楞严》、《金刚》、《唯识》等经典。继粹如住持广通寺，次迁觉生寺，最后于嘉庆五年（1800）退居北京怀柔红螺山资福寺。际醒从住持广通寺开始，就从以弘扬禅法为主转向以弘扬净土为主。这种转变是受到永明延寿的影响，更重要的是根据当时佛教界的情况提出的。他"策励后学，每谓：永明延寿，禅门宗匠，尚归心净土，期生安养，况今末代，尤宜遵承。于是专主莲宗"。在延寿的时代，禅师信仰净土还不是普遍现象，到清代，情况的确完全不同了。到资福寺后，他"平昔示众，一以净土为教"。

际醒所讲的"念佛法门"，概括为十六个字，即"真为生死，发菩提心，以深行愿，持佛名号"。这是他的"念佛法门"的总纲，其具体内容，又分为"八事"："一、真为生死，发菩提心，是学道途径；二、以深行愿，持佛名号，是净土正宗；三、摄心专注而念，是下手方便；四、折伏现行烦恼，是修心要务；五、坚持四重戒法，是入道根本；六、种种苦行，是修道助缘；七、一心不乱，是净行归宿；八、种种灵瑞，是往生验证。"②

际醒讲的这"八事"，比较全面地反映了清代流行于各地的净土信仰与实践的基本特点。以解决生死、超脱轮回为修行的目的，这是把禅宗号

---

① 上引均见《新续高僧传》卷四十五本传，第 5、6、7 页。

② 上引均见《新续高僧传》卷四十七本传，第 1 页。

召修禅的目的原封不动地接受下来，对僧俗信徒具有吸引力。重视戒律，并且把苦行作为有利于修行的辅助条件，这是净土祖师们受到信众拥戴的重要原因，是他们的人格魅力。更多地吸收了参禅的方法和内容，所谓"摄心专注"、"一心不乱"等，是禅师普遍要求的心理状态和体验。重视神异灵迹，这是号召信徒的重要方法，几乎每一位净土师都宣传许多感神灵、动鬼神，乃至弥陀佛迎接等神异事迹。这是与重视神通相联系的地方，也是与禅的精神相差最远的地方。

际醒使红螺山成为北方著名的净土道场，他本人也被认为是云栖、省庵之后最有影响的净土宗师，后来被奉为莲宗第十二代祖师。他有《彻悟禅师语录》二卷，其中较多内容讲念佛修行；另撰《念佛伽陀》一卷。

瑞安（？—1864）字悟和，常住北京怀柔红螺山，专修净土。他与魏源关系比较密切，曾应请到高邮传教。根据程兆鸾《悟和法师传略》的记载，他曾游历南京、苏州、泰州、通州等地，向僧俗信众弘传净土信仰。

悟开（？—1830），苏州木渎人，俗姓张，字豁然，号水云道人，曾住荆南显亲寺，晚年住苏州灵岩山宝藏寺，精通多种经论，以倡导净土信仰为主。其著作有《莲宗九祖传略》、《净土知津》、《念佛百问》各一卷。

古昆（？—1892）号玉峰，字恋西，咸丰五年（1855），在杭州崇福寺阅读明代幽溪传灯的著作而产生净土信仰，立誓修持念佛法门。他持戒严谨，自己定下每日称念佛名六万遍。他还组织刊刻大乘经律，以及有关阿弥陀佛的典籍。光绪四年（1878）住杭州弥陀寺，摩崖刻大字《阿弥陀经》。光绪十五年（1889）住明州慈溪西方寺，专门弘扬净土思想。其著作大多为净土念佛方面，有《净土随笔》二卷，《莲宗必读》、《净土必求》、《西方径路》、《净土自警录》、《念佛要诀》等各一卷。他的弟子芳慧著有《净土承恩集》、照莹著有《净土业痛策》，都继承他弘扬净土的传统。

在清代崇佛的士大夫中，信仰和实践净土法门的人较多，他们在鼓励社会民众接受佛教方面影响也较大。像周梦颜（1656—1739）、汪缙（1725—1792）、彭际清（1740—1796）、罗有高（1734—1779）、钱伊庵（？—1837）、汪沅（1766—1837）、张师诚（1762—1830）等，都是西方净土的虔诚信奉者、积极宣传者和亲身实践者。他们的人生经历和社会地位不尽相同，有的官至巡抚，有的终生白衣；他们的治学经历基本相同，既精通儒学，又精通佛学；他们在研究佛学方面各有侧重，但是都把信仰的终极归宿安置在西方净土上。周梦颜和彭际清可以作为这些信仰净土的士大夫的代表。

周梦颜一名思人，字安士，号怀西居士，江苏昆山人。他熟悉佛教典籍，对善恶因果报应深信不疑。他认为众生所造作的无法计量的罪过，都是缘于杀和淫，所以，他撰《万善先资集》四卷，阐述戒杀的道理；又撰《欲海回狂》三卷，阐述戒淫的道理。这种众生有罪说，是鼓励人们弃恶从善，信奉儒家和佛家的伦理道德，对维护现存的社会秩序是有着积极意义的。佛教在清代所讲的世俗伦理，不过是贴着佛教标签的儒家伦理，也就是宋儒所讲的伦理。因此，批判儒教，也就必然批判佛教。实际上，佛教与儒教、道教的命运是天然地联系在一起的。周梦颜的净土主张实际上并没有什么新鲜内容。他所集《西归直指》四卷，主要阐述净土念佛为"究竟解脱方便"。他自谓"一心常念阿弥陀佛"，"发愿往生西方极乐"，并作偈："修行无别法，出世为究竟。出世有多途，净土为捷径。"①

彭际清(1740—1796)名绍生，字允初，号尺木、西归子、二林居士等，苏州人，出身于士大夫家庭。早年研究宋明理学，为乾隆三十四年(1769)进士。他曾从道士习修炼之术，由于三年没有成效，受罗有高影响而信仰佛教。他通过阅读紫柏真可、云栖袾宏、憨山德清、蕅益智旭的著作，接受"明末四大高僧"的佛教思想，以倡三教融合、佛教内部各派融合为特色，遍读各种大小乘经典，而以净土信仰为归宿。他曾从苏州华藏庵闻学禅师受菩萨戒。他"以为道之所归在是矣；闻西方有无量寿佛，放大光明，接引五浊众生，往生净土。意怵然慕之，日面西而拜焉"②。

他的代表著作有《居士传》五十六卷，这是他针对佛教的现状，寄希望于儒者学佛，所以撰写此书为士大夫学佛树立榜样。另有《二林居集》、《行居集》等。他最有特色的佛学理论著作，是以运用华严学弘扬净土信仰为目的，并且融通儒释关系的两部著作，即《华严念佛三昧论》(简称《念佛三昧论》)一卷和《一乘决疑论》一卷。

---

① 《居士传》卷五十五本传，《卍续藏经》第88册，第290页。
② 《居士传》卷五十六，《卍续藏经》第88册，第290页。

《念佛三昧论》的主旨，是通过融会华严学说与净土信仰，把华严纳入鼓励念佛往生的轨道。此论作于乾隆四十八年（1783），他自谓，《念佛三昧论》"于贤首、方山外不妨别出手眼，设遇云栖老人，定当相视而笑也"。表明他的立论不同于华严宗人和李通玄，而与袾宏倡导的念佛名号往生西方净土法门相一致。但是，他讲的"念佛"又并非仅为念诵佛名号一种，而是具有吸收包括华严信仰在内的多种念佛法门的性质。

彭际清把念佛修净土分为五门（五类）：第一，念佛法身，直指众生自性门；第二，念佛功德，出生诸佛报化门；第三，念佛名字，成就最胜方便门；第四，念毗卢遮那佛，顿入华严法界门；第五，念极乐世界阿弥陀佛，圆满普贤大愿门。他所论的上述五门，均引《华严经》为据，表明该经是倡导念佛往生的经典。他在文后列有"别申问答"，消除其说与隋僧灵翰华严观及李通玄净土学说的差异，以便"豁破群疑"，"同归一乘"（指华严教义）。五门念佛的主旨，是要说明西方极乐净土与毗卢遮那佛境界的一致性。

彭际清所述"念佛三昧"的具体内容，没有超出前代僧人的学说范围，但他不仅认为《华严经》宣扬念佛法门，而且要以念佛法门概括《华严经》和华严宗的主要教义，这自然是其与法藏和李通玄的一大区别，是他本人的创造。这种有特色的发挥，是清代净土信仰在士大夫阶层空前盛行的必然结果。

《一乘决疑论》作于乾隆四十五年（1780），倡导儒释融合。彭际清指出："予读孔氏书，得其密意，以《易》系无方，《中庸》无依之旨，游于华严藏海，世出世间，圆融无碍。"因此，儒释的圆融无碍，是儒家经典和佛家经典的共同主张。他作此文的目的，是通过此文"以解诸儒之惑，以究竟一乘之旨"。所谓"诸儒"，指宋明理学家，有二程、张载、朱熹、陆九渊、王阳明、高攀龙、胡居仁、顾宪成等；所谓"一乘"，指华严教理。他所驳斥的诸儒排佛言论，大多是老生常谈，但他在论辩中对华严教理的运用不乏特色。

他引朱熹言："宇宙之间，一理而已，天得之而为天，地得之而为地，张之为三纲，纪之为五常，此理无适而不在。儒者于此，因其自然之理，而成自然之功。若夫释氏，恶此理之充塞无间，而使已不得一席无理之地以自安；厌此理之流行不息，而使已不得一息无理之时以自快，是以畔君亲，弃妻子，入山林，捐躯命，求其所谓空无寂灭之地而逃焉。"在朱熹看来，"理"无所不在，天地君亲、三纲五常等都是"理"的体现。释家厌恶此"理"，抛君亲，弃妻子，想要逃遁到无"理"之地。

彭际清则以华严宗的理事关系说反驳此论。他认为："四法界竖穷三际，横亘十虚，诚所谓充塞无间，流行不息者矣。""四法界"包括理与事两个方面，四法界的遍在，是说不仅理无所不在，事也无所不在。由于理事不可分，那么任何作为都应与理无违。他指出，只有运用华严宗的"圆融无碍"才能认清这一点："若入华严广大圆融无碍之门，顺一切法空，起大智愿，润物利生，世出世间，重重涉入，隐显随缘，都无作者，法尔如然，绝诸思议。是故毗卢遮那遍一切处，其现比丘身而说法者，特释迦应化之一隅耳。《入法界品》善财童子遍参知识，或现人王身而为说法，或现长者、居士身而为说法，是之谓无碍。"毗卢遮那无形无相，无所不在，是"理"的象征，无论为释迦为孔子，为僧为俗，其所言所行都体现"理"。这样，僧人出家也与"理"无违。

他最后总结："孔子为千百亿化身中之一身可也，所谓现长者、居士身而说法也。张三纲，纪五常，范围天地，曲成万物，胥大千而经纶，曾不满普贤一毛孔中亿万分之一。何则？理无尽，事亦无尽；事无尽，行亦无尽。唯其无尽，是以无碍。何厌之有，何恶之有！"[①] 彭际清运用华严神通构想境界说明释儒相互无障碍，并把佛菩萨凌驾于孔子之上，自然为儒家人士所不屑。不过，他并不贬抑三纲五常，而是认为在这种伦理规范之外还有释家的伦理准则，也同样具有合理性。

总之，彭际清热衷于把华严作为倡导净土信仰的手段，倾心于用无尽圆融调和儒释关系，化解一切矛盾，消除一切差别，为佛教适应封建社会末期的生存寻找理论依据。

第四节　寺院组织管理制度

寺院组织管理制度就是"丛林清规"中讲的"仪轨"，指寺院内部章程、管理制度、僧团修行生活规范和僧众行为准则等。仪轨主要行之于寺院内部，社会影响不大，许多具体活动内容甚至不为寺院之外的人所了解。总的说来，清代流行于丛林（寺院）中的组织管理制度主要承袭明

---

① 上引均见彭际清《一乘决疑论》，《卍续藏经》第 58 册，第 707 页。

朝佛教，但一些旧制度中又加添了新内容，一些新名目中仍保留着旧因素。清代寺院的组织管理制度，可以说是汉传佛教长期发展之后的一个集大成模式。

在清代《丛林清规》方面的典籍中，组织制度方面的内容很多，也很繁琐。但是，真正有条件按这些规定执行的是极少数大寺院，对于绝大多数中小寺院来说，由于规模小、人数少、经济基础薄弱，僧众文化程度有限，是无法完全按《清规》的规定来进行管理和运作的。不同地区的一般寺院会根据自身的实际情况，参照《清规》的规定来建立自己的规章制度。在寺院的组织管理制度中，也就是"仪轨"中，重要的有寺院僧职、剃度传戒、僧众规范、课诵安居等方面的内容。

一　寺院僧职

僧职是为管理寺院而设置的各类职务名称，一般均由本寺僧人担任。佛教寺院有僧职，起源于释迦牟尼的第一代弟子。佛教初传中国的汉魏时期，寺院中尚无僧职设立。① 从两晋开始，随着寺院数量的增加和规模的扩大，僧职逐步设立，且细分职别越来越多。百丈怀海首创《禅门规式》，禅宗寺院僧职制度由此发端。

寺院建立僧职制度的目的，是为丛林众僧服务，是出于管理寺院日常事务的需要，出于僧团成员的生活需要、修行需要而设立的。比如："以开示众僧故有长老，表仪众僧故有首座，荷负众僧故有监院，调和众僧故有维那，供养众僧故有典座，为众僧作务故有直岁，为众僧出纳故有库头，为众僧主典翰墨故有书状，为众僧守护圣教故有藏主，为众僧迎待檀越故有知客，为众僧召请故有侍者，为众僧看守衣钵故有寮主，为众僧供侍汤药故有堂主，为众僧洗濯故有浴主、水头，为众僧御寒故有炭头、炉头，为众僧乞丐故有街坊化主，为众僧执劳故有园头、磨头、庄主，为众僧涤除故有净头，为众僧给侍故有净人。"②

唐末五代，禅院僧职不多，除方丈之外，职事主要有首座、殿主、藏主、庄主、典座、维那、监院等。后世随着丛林规模的扩大，僧职不断增多。不晚于宋代，寺院开始在住持之下设立东、西两序执事，管理寺院各

① （北宋）赞宁：《大宋僧史略》卷中，《僧寺纲纠》，《大正藏》第 54 册，第 242 页。
② （北宋）宗赜：《禅苑清规》卷八，"龟镜文"，《卍续藏经》第 63 册，第 543 页。

种事务。东序为知事，西序为头首，称为"两班"，仿效朝廷"文武两
阶"①。设立两序众多僧职，目的在于"为众办事，而交相肘臂，互作屏
藩，以黼黻宗猷于可大可久"。② 清代沿袭住持之下设两序的寺院组织管
理模式，具体内容有不少变化。

　　寺院立住持，传说起源于释迦牟尼佛的第一代弟子时期，当时大迦叶
任灵山寺住持，舍利弗任竹林寺住持。其所以称为"住持"，有借人主持
佛法，令其长久流传之意。佛教传入中国数百年后，至唐代百丈怀海始有
禅宗住持之名，也称为"长老"，取齿德俱尊之意。③ 住持所居之室名
"方丈"，喻其空间虽狭窄，容量却无限，故又称住持为"方丈"。④

　　住持是一所寺院的最高领导，与寺院所有僧人有上下之分。⑤ 住持的
产生形式主要有两种，其一是由众僧选举产生，其二是由官方任命。⑥ 住
持的职责，概括起来讲有三个方面：第一，"说法"，即为寺院僧众及来
寺院的社会各阶层信仰者讲经说法。一般说来，在清代寺院住持的日常工
作中，弘法传教是最主要的工作。第二，"安众"，即安排寺院众僧的生
活、带领大家修行等。第三，"修造"⑦，即修建寺院。

　　由于住持是一寺之主，从理论上讲，寺院中的所有财富他都可以支
配，所谓"庾廪之富，舆仆之安，皆住持私之"，正因为如此，自古以
来，各方面视住持若奇货，"贵鬻豪夺"，乱象横生。为了振兴禅林，不
致因推选住持人选不当而导致寺院败落，各寺院历来对推举住持格外谨
慎，进行严格考察。⑧ 被推选出的住持到寺院上任，称为"出世"；举行

---

　　① ［日］无著道忠：《禅林象器笺》卷六，"职位类上"，见《禅林象器等》第七类，"职
位门"，第 219—220 页。

　　② （清）通容：《丛林两序须知》，"总引"，《卍续藏经》第 63 册，第 667 页。

　　③ （清）仪润：《百丈清规证义记》卷五，"住持章第五"，《卍续藏经》第 63 册，第 412
页。

　　④ ［日］无著道忠：《禅林象器笺》卷一，"常住"，见《禅林象器等》第二类，"殿堂
门"，第 24 页。

　　⑤ （明）憨山德清：《曹溪宝林禅堂十方常住清规》，《卍续藏经》第 73 册，第 828 页。

　　⑥ （清）仪润：《百丈清规证义记》卷五，"住持章第五"，《卍续藏经》第 63 册，第 412
页。

　　⑦ ［日］无著道忠：《禅林象器笺》卷六，"职位类上"，见《禅林象器笺》第七类，"职
位门"，第 212—214 页。

　　⑧ （清）仪润：《百丈清规证义记》卷五，"住持章第五"，《卍续藏经》第 63 册，第 412
页。

住持进住寺院仪式，称为"入院"；住持初次讲说佛法，称为"开堂"。①

寺院两序设立之初，佛教界认为要"以佛法为重"，所以把掌管与佛学为主的西序僧职人员排在东序的前面，所谓"先西而后东"。清代丛林则强调"以办事为能"，东西排序又颠倒过来，成为"先东而后西"。公布两序执事名单的榜文，称"执事榜"，张贴于斋堂、客堂等处。榜文的书写方法是从中至边横列，上书序执，下书列执，要求"字须正楷"，一定让全寺僧众都了然明白，不致错误。对于所有的执事有共同的要求，即无论崇卑，"咸宜竭尽心力，辅翊常住，不当以人我荣辱，自生分别"②。

寺院中设两序执事，原本为管理僧务，为僧众办事，虽然有序列之分，但可以易位而交执，无彼此之别，无崇卑之嫌。但是清代寺院的实际情况已经完全不同，"易位而交执"很难行得通。③ 被"古儒叹以为三代威仪仅见于此"的丛林两序已经成为往事，两序中任职者多有"或执意自矜，或茫然忽略，或强弱异势，党与攻争；或口舌是非，终年失睦。非惟有玷法席，抑且无补毗尼"④。

清代寺院的僧职制度，主要参照元代《敕修百丈清规》增减修改而成。方丈之下分东、西两序。两序各堂细分僧职目录总共超过八十种。

列在"西序"的僧职，根据工作地点不同分为三类：

第一，禅堂：首座、西堂、后堂、堂主、书记、知藏、藏主、维那、悦众、参头、清众、香灯、司水。

第二，净业堂：执事同禅堂。

第三，侍寮：祖侍、烧香、记录、衣钵、汤药、请客侍者，圣僧侍者、行者、净人。

列在"东序"的僧职，根据工作地点不同分为七类：

第一，库房：都监、监院、副寺、知事、库司、库头、米头、炭头兼炉头、印房，担运带贴库。

第二，客堂：僧值、知众、知客、照客、茶头、行堂带碗头、门头。

第三，厨房：典座、贴案、饭头、二饭、菜头、大火、小火、水头、

①　［日］无著道忠：《禅林象器笺》卷九，"丛轨类"，第311—316页。

②　（清）仪润：《百丈清规证义记》卷六，"两序章第六"，《卍续藏经》第63册，第443页。

③　同上。

④　（清）通容：《丛林两序须知》，"总引"，《卍续藏经》第63册，第667页。

磨头、杂务、香灯。

第四，山寮：值岁、知山、巡山、柴头、山寮香灯、知浴、净头、知屋、监修、化主。

第五，收供寮：化饭、收供，如果有田则设田房，即用庄主，监收等执。

第六，旦过堂：寮元、闲住。

第七，香灯寮：殿主、法堂香灯、藏楼香灯、内塔主、外塔主、祖堂香灯，巡照分日夜。①

佛教清规典籍中对寺院僧职的详细记载，与具体寺院的实际僧职有很大的差别。如此多的僧职只是清规典籍中的罗列，在现实中，即便全国著名大寺院也没有设立这么多的僧职。寺院规模不同，僧职数量不等。中等规模的寺院，只有几种主要的常设僧职。

清代寺院僧职的名目也有变化，如："古称头首，今名首座，或号座元；古称监寺，今名监院；以及书状，改名书记。俱改其名，而不改其义。"有些职别也被取消，如点茶、抛香之类。②

在东序各堂中，受到寺院上下重视、责任重大、选请标准比较严格的僧职有都监、监院、副寺、知事、库司、库头、知客等。一般规模较大的寺院都设置这些僧职。

"都监"，也称"都寺"，职责是上辅住持，下匡监院。都监虽不像监院那样事必躬亲，劳苦理事，但是大的事情要过问，要拍板定夺，所以也被称为"总理"。都监在各种正式场合，参与各种正式活动的位次是：上大殿时"站在东边末，跪在维那并肩左，行在监院后"；在斋堂时，"坐位在监院上"。只有当过十年监院的僧人才能任"都监"。都监实际上是一种酬劳有功人员的安享荣誉之位，是与"首座平肩"的。③

"监院"，原称"监寺"，为东序首领，总揽寺院各种庶务，如栽培田园、办粮收租、出纳钱米、会计账簿、大众粥饭、施主应酬等，都是其职权范围内的事情。但是，遇到重要事项，一定要经过会议讨论商议，并且禀告住持，获得同意批准后方可进行，监院不得任性自专。由于监院权力

---

① （清）仪润：《百丈清规证义记》"两序章第六"，《卍续藏经》第63册，第376页。
② （清）仪润：《百丈清规证义记》"凡例"，《卍续藏经》第63册，第378页。
③ （清）仪润：《百丈清规证义记》卷六，"东序"，《卍续藏经》第63册，第446页。

很大，必须具备以下五项条件者才能充当此执："一者慈悲，恩顾大众；二者公直，毫无偏私；三者谨慎，小大无慢；四者勤劳，不图安逸；五者敏达，事无留难。"监院在正式场合的位次是：站在西班末，跪在住持后。① 任此职者大多数是出家时间长，年龄大，办事能力强，并且为"众所素服者"。②

"副寺"，即监院的副手，负责管理监院无暇顾及的一切繁杂琐碎之事，比如，"财米出入，随上日记"等。对于"收管支用"，副寺要令库头每日具收支若干，签订飞单，呈报方丈，这叫作"日单"。十日合次，谓之"旬单"，一月一结，一年通结。或每月十四日、三十日，到客堂会两序，逐一结算，有无兼管，谓之"日黄总簿"，方丈、库房各一本。③寺院僧众对副寺的要求就是"贵乎出纳公平"。④

"知事"，也称作"知粮"，主要任务是管理粮差，与官府打交道，协调寺院与官方的经济来往，并且兼管田地山场界限等事。对知事的基本要求是"每年钱米，须早完纳，不致差役入寺，为第一要事。完粮串票，交住持藏贮，不可自藏"。⑤

"库司"，主要管理寺院库房钱、物、茶、果等事务，以及公用酱菜等物。只有廉谨之人才能掌仓库锁匙。⑥

"库头"，专掌财务收支，收检一切食用等物，是库司下面具体办事者。库内有事，相帮料理，照管门户，及诸器物，"要秉公无私之人，可充此执"⑦。

"知客"，负责接待官员、檀越、尊宿、诸方名德之士等宾客。知客被视为丛林纲纽，外护耳目，非达才能干、正直服众者不能担当。尤其是那些"憎贫敬富，重俗轻僧"⑧ 的人，不能任知客之职。

在西序各堂中，责任重大、选请标准比较严格的僧职有首座、堂主、

---

① （清）仪润：《百丈清规证义记》卷六，"东序"，《卍续藏经》第63册，第446页。
② （清）通容：《丛林两序须知》，《卍续藏经》第63册，第671页。
③ （清）仪润：《百丈清规证义记》卷六，"东序"，《卍续藏经》第63册，第446页。
④ （清）通容：《丛林两序须知》，《卍续藏经》第63册，第674页。
⑤ （清）仪润：《百丈清规证义记》卷六，"东序"，《卍续藏经》第63册，第447页。
⑥ 同上。
⑦ 同上。
⑧ （清）通容：《丛林两序须知》，《卍续藏经》第63册，第669页。

书记、知藏、藏主、维那、悦众等。一般规模较大的寺院都设立这些僧职。

"首座"也称"座元",古称"头首",是西序首领。其职责是"表牵丛林,辅翊住持。分座说法,开示后昆。坐禅领众,谨守条章。斋粥精粗,勉谕执事。僧行失仪,依规示罚。老病亡殁,垂恤送终"。也就是说,在寺院生活、修行的所有方面,首座都要为众僧垂范,"如衣有领,如网有纲"。首座和住持的关系,如同作为七佛之师的文殊菩萨帮助释迦佛扬化佛法,是众僧的上首,① 在寺院中的位置只在住持一人之下,

"堂主"这个僧职各堂均有,职责是掌理本堂各项事务,兼管照料病人。如果是禅堂的堂主,"兼有开示之责",② 要指导僧众习禅。

"书记"是执掌文翰的僧职,承担一切书写工作,并教初学者经典。只有儒释兼通者可充此执。③

"知藏"负责管理寺院中经书典籍,须兼通义学。"藏主"是知藏的属下,职责是协助做好"保护经藏"工作。凡是经藏的"函帙安置,修补残缺",以及"经本出入等事",都由知藏总负责,而藏主具体办理。④ 藏主执经橱钥匙。寺院对保护和借阅经典书籍有严格的规定,这些规定就是"知藏"和"藏主"的职权范围。比如,"凡经书不借出,以山门为限"。夏季风日暄明时,要"晾晒诸经"。收橱时,要"查理字号,不可紊乱"。"凡请看者,须登牌,某月某日某人请某字函经,还则消账"。如有请看人未归还经书告假外出,或因其他事情要离开,先要查取经书。如有遗失经书者,要罚其抄写赔偿之后才可以离开寺院。凡交替执事,必须客堂、库房及知藏到场,一一检点清楚,对众清交新执。如有缺少,必须赔偿。⑤ 对于当此职者的要求是"贵乎勤谨小心,以护持圣教为念"。⑥

"维那",以前又称"悦众",元代寺院中"位列东班"⑦。维那掌管

---

① (清)仪润:《百丈清规证义记》卷六,"西序",《卍续藏经》第 63 册,第 443 页。
② 同上书,第 444 页。
③ 同上。
④ 同上。
⑤ 同上。
⑥ (清)通容:《丛林两序须知》,《卍续藏经》第 63 册,第 668 页。
⑦ (元)弌咸《禅林备用清规》卷七,"维那",《卍续藏经》第 63 册,第 444 页。

僧籍和表白等事务，① 负有纲维众僧、曲尽调摄之责。堂以内事，一人掌之。堂以外事，二时功课，率众领班，上堂说法，白椎示众。又如一切举唱回向，以音声为佛事，其任颇重。维那负责寺院的进退威仪，对于"堂中失仪，遵规举罚，不得徇情……即住持有犯，亦毫无私讳"②。所以，任维那者要公正无私，不能徇私枉法，同时还要懂得寺院的礼节规矩，有表演才能，嗓音要洪亮。

"悦众"是维那的副手。这个僧职人数比较多，分大、二、三、四以区别。维那不在，"悦众"要代其行使职责。"悦众"要给初学僧人教授各种礼法，在举办所有佛事活动时，能够"唱念分明"。只有"礼仪熟谙之人，可安此执"③。

选请两序执事，标准严格，程序细致。先由客堂和维那预先开列众僧名册，并且注明各位所适宜的工作，呈住持审阅。住持若同意，即留。维那和知客另差侍者请悦众、受执之人进方丈。经过叙话，量才安执，取其所宜。次日早晨，挂云牌通告。二板后鸣序板，新请序执与旧执齐到客堂，知客按次序宣布执事名单。行礼、送位、巡寮问讯、方丈请茶等仪式完毕之后，两序执事按职就位。④

凡两序有辞执事，也要有一定的程序，须午后到方丈处，作礼辞执。《清规》对住持是否辞退执事也有说明："如系可有可无之人，不妨听其辞退。如其人为可靠之人，不应轻听。盖人才难得，有关常住。往往因一人之去就，而常住之兴衰随之。"⑤ 可见佛教界对寺院管理人员的任免历来是十分重视的。

二　剃度传戒

剃度与传戒是依律举办的重要法事，起源于印度佛教。清代寺院举办的剃度与传戒法事，虽祖述唐代百丈，实乃在元明时期形成的仪轨基础上增减变化而来。

---

① 《祖庭事苑》卷八《杂志》，《卍续藏经》第 63 册，第 444 页。

② （清）仪润：《百丈清规证义记》卷六，"西序"，《卍续藏经》第 63 册，第 444 页。

③ 同上。

④ （清）仪润：《百丈清规证义记》卷六，"请两序执"，《卍续藏经》第 63 册，第 459、460 页。

⑤ （清）仪润：《百丈清规证义记》卷六，"两序辞执"，《卍续藏经》第 63 册，第 461 页。

剃度是为正式出家者举办的法事,以脱去俗装、剔除须发、换上僧装为主要内容。剃度之制起源于印度佛教,其规定记载于各种律藏经典。中国佛教的剃度制度承袭印度佛教,按律书记载进行。但各种律书记载内容有差别,所以历代剃度活动并不完全一致。

欲出家者应按照戒律的规定,请和尚、阿阇梨二师主持剃度仪式。在准备进行剃发的地方,先香汤洒地。周圆七尺内,四角悬幡。安一高座,供拟出家者坐。复施二胜座,供拟二师坐。欲出家者着本俗服,辞拜父母尊亲等完毕以后。口说偈言:"流转三界中,恩爱不能脱,弃恩入无为,真实报恩者。"说完此偈之后,脱去俗服。

在进入道场时,欲出家者要来到和尚前胡跪。这时,要求和尚对下跪者"应生儿想,不得生恶贱心",即把下跪者当亲生儿子看待。而作为下跪者的弟子,面对师傅要"应生父想,尊重供养",即把师傅当亲生父亲看待。剃度和尚要为求度者讲说佛法,诫勖其心。完毕之后,求度者来向阿阇梨前坐。剃发之前,旁边的人要为求出家者念诵出家呗:"毁形守志节,割爱无所亲,弃家弘圣道,愿度一切人。"剃发过程中,受剃度者要到和尚面前胡跪,这时和尚问:"今为汝除去顶发许不?"答言:"好。"然后和尚为其着袈裟。穿上袈裟之后,受度者礼佛行道。道俗从后绕三匝之后,复自说偈。行道匝完毕,又礼大众及二师,完毕之后下行坐,受六亲拜贺。[1] 剃度法事完毕。

明代末年,已经没有剃度说戒的事情了,被认为是佛法衰微的表现之一。清代剃度规范由金陵宝华山一系律宗制定,以见月读体所校版本流行最广。[2] 其剃度具体做法,在综合各种律书内容基础上形成,且因人有别。受剃度者,应于剃发之日,从自己请师傅升座开始,经过听师傅说法,拜辞君亲等程序,然后以水灌其发。师傅的剃发过程,也要遵守一定的规矩:"师未举刀,先与缩髻,次则从下,周旋剃上,至顶髻边,师乃停刀。叮咛三问,彼亦三答,能出家者,与断顶髻。"如果求出家者此前没有受过五戒,那么出家仪式按照《五分律》的规定进行,如果求剃度

---

① (唐)道世集:《诸经要集》卷四,"入道部第四·出家缘第三",《大正藏》第 54 册,第 29 页。

② (清)仪润:《百丈清规证义记》卷七,"大众章第七之上·剃度正范",《卍续藏经》第 63 册,第 468 页。

者曾经受过五戒，则当遵《四分律》、《僧祇律》、《十诵律》、《根本律》等规定进行。剃度乃出家之始，备受丛林重视。①

佛教界的认识也很清楚，求剃度出家者原因很多，并不一定都是为了信仰而出家，所以，寺院为了"防流弊"，订立《剃度规约》，要求欲出家者遵守。规约有八条：

第一，父母不许者，不留。如果真心出家，须嘱其祈请父母允许后再度。

第二，犯法脱逃者，不留。

第三，身为他拘者，不留。如有职役乃至僮仆之类，若道心坚固，或令其求主恩放，或代为告其主人行慈成就。总之，必须主人允许方能剃度。

第四，身归邪教，混入佛门败坏正法者，不留。所谓"邪教"，指无为、白莲、长生、天主之类。若其人真悔前非，留寺年余，察其确实，方允剃度。如系道家，改从释教，勘无他心，即可落发。

第五，无亲人送来，履历不明，无保荐者，观机定夺。若不远千里，真心求出家者，让其受三归，延数月，加其五戒。延一年，或至三年，方许剃度。

第六，允留后，熟读课诵，勤俭无过，方为剃发。考审不应者，不许。

第七，既来求度，于礼仪清规等，当一一遵守。若纵恣放逸，匪类为朋，屡诫不改者，不留。

第八，丛林出家，遵古禁例，唯依住持一人，僧众并不得各受。违者，师徒俱出院。②

传戒是为出家僧尼或在家男女信众举办的传授戒法仪式，也称"开戒"或"放戒"。对求戒的人则称"受戒"、"纳戒"或"进戒"。佛教传入中国之初，尚无传戒之法。僧众按照戒律经典规定举行传戒仪式，始于三国时期，尼众受具足戒始于晋代。此后历代依据律藏经典开坛传授戒法，一般在律宗寺院进行，其仪轨大同小异。

---

① （清）仪润：《百丈清规证义记》卷七，"大众章第七之上·剃度正范"，《卍续藏经》第 63 册，第 462 页。

② 同上书，第 468 页。

　　自明代中叶开始，传戒的戒坛长久封闭，受戒仪轨逐渐废弛。① 至明万历年间，如馨于南京灵谷寺以重兴南山律宗为己任，开坛传戒，影响甚大。弟子三昧寂光继之，重立规制，开律宗道场于南京宝华山。明末清初，各地开坛放戒之所甚多，但考其学处，则懵昧无闻；视其轨仪，则疏慵失准。当时仓皇举行七日活动，便结束三坛授戒。所授戒律不仅大小乘不分，而且僧部和尼部也没有什么区别。僧众普遍轻视露忏，把羯磨视为一纸空文；在传戒仪式举办过程中，僧人并不认真执行各项规定，敷衍了事。传戒仪式结束以后，绝大多数僧众并没有严格按照戒律认真修行，规范自己的思想、言论和行动，而是把戒本束归高阁。把列圣制定的戒法等同于儿戏，这是佛教界律学衰微、律法无人遵守的集中表现。有鉴于当时佛教界上述传戒混乱和无章可循的情况，寂光弟子见月读体参照古规，撰辑《传戒正范》、《毗尼止持会集》等，以期规范传戒活动。清代初年以后，虽有多家传戒著述印行，并不同程度流传于某些地区，但流传最广者，是经过读体修编的宝华山一系传戒仪轨。② 以下是这些传戒仪轨的规定。

　　第一，初坛授戒。

　　一般开坛传戒均为连受三坛，即初坛传戒、二坛传戒和三坛传戒。每传一坛戒法，事先都要经过演习，称为"演仪"，练习好以后，才可以正式传戒。凡是新入寺求戒者，要交纳一定数量的戒金，作为戒堂灯烛香花的费用，以及制作戒牒、同戒录的费用等。

　　初坛传授的是沙弥、沙弥尼戒。其戒前请戒忏悔仪包括：净堂集众法，通启二师法，请戒开导法，验衣钵法，露罪忏悔法，呈罪称量法等。初坛传戒正范是：第一，明请师法；第二，正请师法；第三，开导法；第四，明请圣法；第五，忏悔法；第六，问难法；第七，皈依法；第八，结归法；第九，说戒相法；第十，听教嘱法。

　　初坛传戒在法堂或其他适当场所举行。传戒之时，先鸣钟集和求戒者，诸位引礼师领着新求戒者到传戒处，每位求戒者把所持的五、七二衣、挂钵放置于旁案，向引礼师三拜，引礼师领着求戒者往请二师，并向

---

① （清）仪润：《百丈清规证义记》卷七，"大众章第七之上·剃度正范"，《卍续藏经》第 63 册，第 481 页。

② （清）戒显：《传戒正范序》，《卍续藏经》第 60 册，第 626 页。

二师齐礼三拜。然后同二师迎请传戒和尚。但以九人，一人执香，礼仪如常，迎至法堂。传戒和尚升座拈香，复举香赞，二师向和尚具仪三礼，起已归本位而立。待各位求戒者三请已毕，方就位坐。接下来是传戒和尚为求戒者讲说沙弥十戒，其程序和内容是整个授戒过程的最重要部分：传戒和尚抚尺云："诸善男子，今阿阇黎已为汝等秉宣三归羯磨竟，汝等已得沙弥清净戒体。我今为汝等说十戒之相，令汝识相守持，以护其体。"求戒者各称法名。传戒和尚问："第一，尽形寿不杀生，是沙弥戒，汝今能持否？"答云："能持。"按照这种问答方式，求戒者逐一对传戒和尚后面的九句问话予以肯定回答，即"第二，尽形寿不偷盗"，"第三，尽形寿不淫欲"，"第四，尽形寿不妄语"，"第五，尽形寿不饮酒"，"第六，尽形寿不着香花鬘，不香油涂身"，"第七，尽形寿不歌舞倡伎，及故往观听"，"第八，尽形寿不坐高广大床"，"第九，尽形寿不非时食"，"第十，尽形寿不捉持生像金银宝物"。如是三宣戒相完毕，引礼师呼沙弥等，一叩首起立两分，教各持咒。先搭五衣，次着七衣，展大具已，合掌顶礼三拜。若众多，不展具亦可。举南无宝坛华菩萨摩诃萨（三称），众齐同和。三拜已，仍跪合掌而听。初坛仪式结束。[1]

第二，二坛授戒。

二坛授比丘、比丘尼戒。其戒前请戒忏悔仪有明习仪法，请戒开导法，通白二师法，教衣钵法，审戒忏悔法等。二坛传戒正范有：第一，明僧中请师法；第二，正请师法；第三，坛主白法；第四，安受戒者所在；第五，差教授法；第六，教授出众问难法；第七，白召入众法；第八，明乞戒法；第九，羯磨师单白法；第十，正问难法；第十一，明授戒体法；第十二，正授戒体法；第十三，说四堕法；第十四，后授四依法；第十五，结劝回向法。

二坛传戒仪式在戒坛举行，为比丘、比丘尼授具足戒。授戒之时，先鸣钟集合求戒者迎请戒师入戒坛。十师入坛拈香礼佛之后，绕登坛上就座。传戒和尚根据律书的规定，命羯磨师作单白羯磨，让教授师下坛向求戒者询问衣钵名相，所问为："今此衣钵是汝自己有否？"求戒者回答："有"。接着教授师先后询问十三重难、十六遮等，求戒者要一一给予肯定回答。完毕之后，传戒和尚开导明授戒体法等。授具足戒后，传戒和尚

---

① （清）读体：《三坛传戒正范》卷四，《卍续藏经》第60册，第661页。

要说明违反四重戒中任何一条，都将失去比丘、比丘尼资格。最后传戒和尚要告诉受戒者，下坛后要认真学习四重戒之外的其他戒条。二坛传戒完毕。[①]

第三，三坛授戒。

三坛授菩萨戒，其戒前请戒忏悔仪包括：通白二师法，请戒开导法，开示苦行法等。三坛传戒正范有：第一，明敷座结坛法；第二，明请师入坛法；第三，明礼敬三宝法；第四，明正请师法；第五，明开导戒法；第六，明请圣法；第七，授四不坏信；第八，忏悔过法；第九，明发愿法；第十，明发戒体法，次正授戒体法；第十一，明宣戒相法；第十二，明结赞回向法。

三坛传戒多在佛殿举行，正中设高座，中央供释迦牟尼佛位，左上高座供尊证师十方诸佛，羯磨师文殊菩萨、教授师弥勒菩萨以及同学等侣十方菩萨位。授戒之时，从鸣钟到请师入坛仪式，与二坛基本相同。菩萨戒师开导三聚净戒。最后根据《梵网经》宣说菩萨十重四十八轻戒相。授受问答方式与二坛基本相同。三坛传戒完毕。

戒期完毕以后，由传戒寺院发给"戒牒"或"同戒录"。[②] 自清王朝废止度牒后，僧尼出家没有限制，各地传戒频繁，且戒牒不由官方发放，所以各传戒寺院所发放的戒牒形式、内容并不完全一致。

三　僧众规范

寺院是僧众共同居住、生活和修行的地方，按照规定，只有志同道合，遵守戒律、清规和各项章程的僧众才能共住。清代寺院对游僧暂住寺院、接纳新客、住寺纪律、处罚犯戒违规等都订立了章程。在僧众规范的诸多内容中，挂单、安单、贴单、共住规约、肃众等项目比较重要，是一般僧众都要知道和遵守的。

所谓"挂单"，是指接纳寻师访道的参学僧人暂住寺院。自唐代开始，禅僧行脚游方只带衣钵，以挂搭衣钵表示暂住某寺院，故挂单古称"挂搭"。清代僧人参学兼带行李，故改称"挂单"。凡挂单僧人来到，知客要以礼接待，不得轻慢。询问来历明白以后，根据情况适当处理：若来

---

① （清）读体：《三坛传戒正范》卷四，《卍续藏经》第 60 册，第 662—669 页。
② 同上。

僧为诸方班首、两序执事，要送尊客寮；若来僧为一般参禅僧人，要送上客堂；若来僧没有衣钵、戒牒、行李，以及面貌可疑，概不留单。禅僧游方参学，不远千里，劳碌辛苦，必须休息。作为寺院住持，要以慈悲为怀，一般不能轻易"止单"（不收留）。①

"安单"，是接纳挂单僧人成为本寺院正式成员。来僧挂搭一段时间之后，寺院已经了解其情况，认为可以共住，其本人也愿意久住该寺，就可以办理安单手续。客堂先将求安单者的情况呈报住持，等到允许后，通知维那，始挂号簿（求安单者情况登记）。次日早粥二板后，具香仪领新客到方丈室，知客先向住持介绍新客情况，说明原委，新客进展具三拜。住持问话完毕，知客领新客到禅堂门口，鸣报板三下，监值卷帘，众僧站立，知客先行十方礼，介绍新客并行礼，然后退出。维那领着新客办理登记手续，安置行李。安单结束，求安单者成为寺院新成员。②

"贴单"是公布一寺职事及常住人员名单，一般在冬季举行，也称"孟冬贴单"。十月上旬，客堂与维那预先将全寺人员的名单、戒腊等情况开具清单，呈送住持审阅，经过公议确定了充执以后，命记录裁成单票，由书记端楷写好。单票每条四字，职序在上，法名在下，分东西两盘盛放。

十四日，客堂于早粥时挂云牌贴单（公布名单），让全寺僧众知晓。十五日，住持入堂说法完毕，为首座贴单，然后出堂。维那为其余人贴单。两序以执大小为次序，同执以戒先后为次序。堂中各照自己名位次序安放行李。当天晚课之后，到方丈谢贴单。凡是单上有名的僧众，都是本寺的常住人员。③

"共住规约"是以住持名义发布的章程，要求全寺僧众遵守。一般贴在斋堂。规约的目的，是让大众共遵"佛说戒律，祖制规绳，调治三业，折伏过非"，共住丛林修行。如果违反规约，都要受到相应的处罚，严重者要被驱逐出寺院（出院）。《百丈清规证义记》中的"共住规约"有如下规定：

---

① （清）仪润：《百丈清规证义记》卷七，"挂单"，《卍续藏经》第63册，第484页。
② （清）仪润：《百丈清规证义记》卷七，"安单"，《卍续藏经》第63册，第484页。
③ （清）仪润：《百丈清规证义记》卷八，"孟冬贴单"，《卍续藏经》第63册，第509页。

犯根本大戒者，出院。

禅贵真参实悟，弄口头禅者，出院。

三五成群，山门外游戏杂话并闲坐者，罚，不服者，出院。

吃荤酒看戏者，罚已出院。若重病非酒莫疗者，白众方服。吃烟者，罚。

故与有过人往复，思害丛林，搅乱好人者，出院。

斗争是非，破口相骂，交拳相打，不论曲直，出院。

一理正而忍，一过犯而瞋，理正者不罚，过犯者责出院。

米麦等物，不白住持，私卖用者，罚赔偿已，出院。

侵损常住财物及砍竹木花果送人者，赔自出院。

施护入寺，执事私化缘者，量事轻重，处罚。不服者，出院。

无公事私走檀护及本俗者，定非潜修人，即令出院。知而不举者，同罚。

己眼不明，妄评他人，见地出语不自知非者，即令出院。

课诵、坐香、出坡，不随众者，罚。除公事、有病，不服者，出院。

禅堂讲话者，罚。本堂不举，待堂外举者，堂内执事同罚。

除公事，不在本寮，至各廖纵意放逸者，罚。或博弈赌钱者，重罚。出院。执事不举者，同罚。

无事不得吃二堂，食时不得谈笑，不得争坐位，不得不照位坐，不得未结斋先起，不得自携碗入厨取食，违者，罚。

遇普茶听规约，除公事，不随众者，罚。不得托人取茶果归寮，予者取者同罚。

常住经书庄严，器皿概不借出，违者，罚。若不得已，白众方借。

轻视耆德，恶闻直言，妄生诽谤者，出院。

不听执事人约束遣调，及不满期告假者。罚。

非重病背众饮食者，罚。私留亲友歇宿者，罚。

各寮闻报钟不起者，罚。恃己有功，不顺调伏者，重罚。

凡受信施物，不白执事人知照即受者，倍罚。除亲戚邻友。

长养须发，概不留单。暑天赤膊，不缚裤脚，冬天烘火，并戴小帽者，罚。

常住钱物出入即登记，朔望两序公算失记及含糊者，罚。

堂中、出外生事者，严摈。借事起单，永不复入。

保留有大过人及年轻者，或私招徒众者，出院。①

在一般寺院中，有根据寺院具体情况制定的"共住规约"，其内容大同小异，一般比这个《共住规约》要简略一些。

"肃众"是对本寺院中违反戒律、清规的僧人进行处罚的制度。肃众制度起源于百丈怀海所制定的《禅门规式》。若寺院中有"假号窃形，混于清众，并别致喧挠之事"的违反戒律、清规僧人，由维那检举，抽下其挂搭衣物，并以拄杖杖之，摈令离开寺院。然后集合寺院僧众，当众焚烧其衣钵。② 清代寺院制定的处罚僧众条款则更为详细。

如果寺院发生了僧众违反戒律的事件，客堂要鸣（敲击）序板三阵，两序大众到客堂集合，按照清退戒律来商量讨论，并把结果呈报住持，按住持的决定办事。如果是一般净斗事件，首众、知客可以直接检举其事，对当事人按事情轻重罚处罚。如果是犯了根本大戒的事件，或生事惹祸重大者，须呈报方丈来决定。对于犯有刑名重罪的僧人，交由官府处置，寺院不再过问。

按照一般寺院的通行规则，对于"相互净斗，污行纵逸，侵渔常住，私窃钱物"之类的犯戒违规者，可以"宜从家训，无扬外丑，按照祖规，随事惩戒。重则集众捶摈，轻则罚钱、罚香、罚油"，并且要张榜告示。对于被摈出寺院的犯规者，先将摈条贴山门，鸣大鼓三下，以杖攻出。被摈之人只许从偏小门而出。如有"魔党私护"者，一同出院。③ 各堂均有本堂规约，寺院有本寺共住规约，违反者都要受到相应处罚。

四　课诵安居

清代寺院中的朝暮课诵、安居、结冬解冬，都是重要的修行制度，是要求每一位僧众都遵守的。

从明代开始，寺院中逐渐形成了"朝暮课诵"制度，也称为"二时功

---

① （清）仪润：《百丈清规证义记》卷七，"共住规约"，《卍续藏经》第63册，第488页。

② 《景德传灯录》卷六后附《禅门规式》，《大正藏》第51册，第251页。

③ （清）仪润：《百丈清规证义记》卷五，"肃众"，《卍续藏经》第63册，第420页。

课"、"二课"、"早晚课"，直接影响了清代寺院中的课诵形式。所谓"课诵"，是佛教寺院定时念诵经咒、礼拜三宝和梵呗歌赞等法事，因念诵可以获得功德，所以也称为"功课"。其中，"朝"指五更，僧众课诵可以使思维清净；"暮"在申时，僧众课诵可以消除昏沉。由于认为"朝暮不轨，犹良马无缰"，① 所以二时功课成为寺院中的重要制度。除非有重要事情，寺院知事要随众参加早晚课诵。即便有檀越、宰官、居士到山，也要等待课诵完毕之后，知客才能通知相关僧人接待，"方不失丛林大体"。②

二时课诵所用的经典都是大乘典籍，有《楞严咒》、《大悲咒》、《阿弥陀经》、《心经》、《忏悔文》以及称念佛号等。礼诵课文的僧众须身体端正，口出清音，意随文观。各寺院所念诵经典的次序并不完全一致，一般早课从《楞严咒》开始，晚课从《阿弥陀经》开始，均以称念佛菩萨名号结束。每逢朔望、节日等，课文及整个课诵程序稍有变化。

清代寺院早课程序比较复杂，从"五鼓夜巡鸣四板"开始，僧众起床、洗刷、散香、礼佛、上殿，一直到课诵完毕回堂，每个环节都有规定。至于晚课的程序规定，也与早课规定一样比较复杂。③

中国寺院的安居制度源于印度佛教。古印度每年有三个月是雨季，佛教禁止僧尼外出，以防伤害生物，均在寺内坐禅修学。这段时间称为"安居期"。由于古印度地域辽阔，进入雨季的时间各不相同④，所以具体是哪三个月并无统一规定。中国佛教的安居期从农历四月（或五月）十五日到七月（或八月）十五日。中国称为"夏安居"，或简称"夏坐"、"坐夏"。安居开始称为"结夏"，又名"结制"，结束称为"解夏"或"解制"。从元代开始，结夏与解夏各提前一日讲习礼仪。如果游方僧人要到某个寺院安居，应提前半个月挂搭，以便安排茶汤人事不至仓促。⑤另外，清代丛林盛行的孟冬结制安居，则为中国佛教独有。

清代寺院仿照前代安居之法，也有权便。在安居开始和结束时，都要举行仪式。但是，清代寺院曾一度取消夏安居，后经纠正，夏安居仍以讲

---

① 观月：《重订二课合解自序》，福建莆田广化寺佛经流通处影印本，第 3 页。
② （清）费隐通容：《丛林两序须知》卷一，《卍续藏经》第 63 册，第 669 页。
③ 可参见《百丈清规证义记》卷八"节腊章"，《卍续藏经》第 63 册，第 499 页。
④ 德辉：《敕修百丈清规》卷七，"节腊第八"，《卍续藏经》第 63 册，第 499 页。
⑤ 《禅林象器笺》卷三"结夏"、"解夏"，见《禅林象器笺》第四类，时节门，第 79、81 页。

经学律等为主，以不废古制，遵守禅宗轨范。①

每年从十月十五日到次年正月十五日的九旬期间，寺院也结制安居，开始日称为"结冬"，结束日称"解冬"。这是仿照夏安居制度而来。清代寺院重视结冬修行，甚至出现过只结冬而不结夏的现象。相对于结夏期间以讲经学律为主，结冬期间以禅修为主，故称"冬参夏讲"。这种制度一直为清末以后的大寺院遵守。

每年从十月十五日开始，寺院对僧众内不放出，外不放入，屏除一切，专净办道。当日于早课前，烧香、传炉、大众云集、维那举赞、住持拈香祝圣和说法等程序，均按照元旦仪式。区别之处主要有：晚课之后，维那在斋堂宣读"共住规约"，晚二板，禅堂宣读堂规，从当日晚"起禅七"。清代寺院孟冬结制期间，修禅内容主要是宋代宗杲以来流行于丛林的参究话头。结冬修行的目的，正在于"超脱生死"。②

次年正月十五日解冬，程序与结冬大体相同。当晚僧人可以向方丈告假，从次日起，丛林进入行脚参访之期。

第五节　三类重要法事

寺院中举行的法事活动，既是僧众的修行内容和生活内容，也是沟通僧团与社会各阶层联系的桥梁，一般社会参与程度高，影响广泛。有些比较重要的法事，逐渐成为民间习俗的重要组成部分。清代佛教法事形式多样，在社会各阶层的影响远远超过前代。清代佛教寺院中举行的各种法事活动大多继承前代而来，内容有所变动，并且有地方特色。从举办各种法事的目的方面考察，我们可以大体把这些法事划分为报恩酬德类、追荐救赎类和有关佛菩萨的节日庆典类。清代的佛教法事活动集前代之大成，通过梳理这些法事的基本内容，可以对清代佛教有更为全面的了解，同时，也对前代的佛教法事有更清楚的认识。本书主要根据清代僧人的著作，介绍其基本内容。

---

① （清）仪润：《百丈清规证义记》卷八，"安居"，《卍续藏经》第 63 册，第 499—500 页。

② （清）仪润：《百丈清规证义记》卷八，"结冬"、"解冬"，《卍续藏经》第 63 册，第 509、511 页。

一 报恩酬德类

报恩酬德为印度佛教固有理念,中国佛教自隋唐时代开始更为重视。以报恩为主题的各类法会大多起源于隋唐以后,并且有种类越来越多、举办越来越频繁、流传越来越广泛的趋势。清代的报恩酬德法会已经制度化,有条件的寺院都会定期举办。

清代僧人认为,一切恩德之中,"国恩为最",于是有"圣节、国忌之规";诸天有护法之恩,于是有"斋天之规";日月有照临之恩,于是有"护日、护月之规";檀越有信施之恩,于是有祈晴、祈雨之规。"凡此种种,皆属报恩。"① 在报恩酬德类的法事中,主要有拈香祝圣、供养诸天、护日护月、祈晴祈雨等。

(一)拈香祝圣

从宋代禅宗开始,禅师在开堂之日,上堂说法要首先拈香祝福天子,当众说:"此一炷香,奉为今上皇帝,圣寿无疆。"② 这种仪式以后演变为在皇帝诞日、皇后诞日举办拈香祝厘法会。

当朝皇帝的诞辰日称为"圣节",也叫"万寿节"或"天寿节"。在此日举办法会,目的是要报国恩。清代僧人认为,按《大乘本生心地观经》记载,佛说国恩有十德。大清朝的僧众恭逢清平盛世,幸值英明圣君,"恩如日月照临,德同天地覆载"。要而言之,更有十大恩护:"一,隆重三宝,不忘佛嘱故。二,修建佛刹,为大檀护故。三,印行藏典,流通佛法故。四,给僧戒牒,参学无阻故。五,蠲免度牒,出家得便故。六,钦赐墨宝,庄严佛刹故。七,追封古德,褒崇真修故。八,年赐香灯,永作福田故。九,另设僧官,俗不辱僧故。十,不使僧役,专心办道故。"③ 在当时的僧人看来,这十种恩德是清王朝所施加的,理所应当要报答。所以,在遇圣节时,要启建金刚无量寿道场几日,长短随宜,僧人不放假,以表示恭敬之意。

圣节法事的具体程序是:启建之前三天,客堂的知客准备好纸张,带到书记寮,知客触礼一拜,白云:"某日启建圣节,烦制疏语。"书记缺,

---

① 《百丈清规证义记》卷二,"报恩章第二",《卍续藏经》第 63 册,第 384 页。
② 《禅林象器笺》卷九,"丛轨类",第 316 页。
③ 《百丈清规证义记》卷一,"祝厘章第一",《卍续藏经》第 63 册,第 382 页。

记录代，俱缺，用现成疏。书记把疏文写好，呈住持审阅之后，亲送客堂。知客用黄纸书榜，并联额及疏等。启建圣节前一天，客堂请维那声量安排工作，念诵僧众以次轮流派定。呈住持看毕，即请住持来早殿上，领众讽经祝圣。当使殿主，洒扫殿上，启建金刚无量寿道场，铺设庄严悬诸联额。圣节的榜文张贴到山门左边，这就是"挂牌"，牌子上写着：某月某日，恭逢万寿圣诞，合院大众师早课齐诣大殿，宣扬秘咒，持念诵药师佛号。伏愿：佛日洞明，圣寿无疆。其念诵牌，每日多则二十四僧，少则十名，照次轮开。建首日，殿中陈设诸供物，上供黄纸证明疏。是日住持说法，或上堂，或小参，随宜而行。①

当朝皇后的诞辰日为"千秋节"。清代僧众认为："皇后母仪天下，助我皇共致太平，故丛林有千秋之祝。"作为臣子的僧众，"称扬淑德，求佛冥加，臣僧之义所当然矣"。所以，在遇皇后千秋日，客堂隔宿挂念诵牌，诵《金刚经》一日，仍如常仪。正日早课前祝圣之后，维那白云：今某月某日，恭逢皇后千秋令节，谨集僧众登殿讽诵，所萃良因，敬祝皇后懿箓千秋。伏愿：八方天神来密佑，更资遐箓助我皇。仰劳大众，同念《金刚》、《无量寿》等经典，与圣节仪轨相同。②

另外，本朝已去世的皇帝（先圣）忌辰为国忌日，也称"宾天日"，又称"升遐日"。寺院于当日举行国忌佛事。这种法事起源于唐开元年间，③ 到清代已经制度化。举办这种法事的程序是：在逢本朝先圣忌辰时，寺院隔宿在客堂挂牌。牌子上写：某日恭逢某皇帝升天忌辰，早课，大众师齐诣大殿，讽《楞严咒》、念佛。伏愿：圣心垂鉴，佛日增辉。用黄纸写某皇帝圣位，供大殿佛前，设香花灯烛，果供几筵。正日早课，僧众云集，烧香传炉，住持拈香，维那举香赞，课诵如常。是日大殿，设坛讽《金刚经》，知客请住持拈香。上供时，住持上香，上茶汤。念诵毕，维那回向说：某州某寺，住持传法臣僧某甲，于今某月某日，恭遇某皇帝圣忌之辰，谨集僧众，讽诵经咒，所萃殊利，谨伸回向。伏愿：神游八极，乘云车风马逍遥；位证中天，受玉殿琼楼快乐。十方三世一切佛云云。举赞："敬维先主，护法周全，葵忱倾向莫名言，奉报在心田。众志

① 《百丈清规证义记》卷一，"祝厘章第一"，《卍续藏经》第 63 册，第 380 页。
② 同上书，第 383 页。
③ 《佛祖统纪》卷四十，"法运通塞志第十七之七"，《大正藏》第 49 册，第 371—372 页。

虔虔，唱诵利先天。"奈麻升天界菩萨摩诃萨（三称）。① 法会结束。

从寺院举办"万寿节"、"千秋节"、"宾天日"法事成为制度来看，佛教界已然充分认识到，没有国家的支持和扶植，佛教的生存和发展是十分困难的。

（二）供养诸天

这是供养诸位天神，报答他们护佑佛法恩德的法会，源于《金光明经》。该经有三种译本，第一，北凉昙无谶译本，有四卷；第二，隋僧宝贵与天竺志德合译本，有八卷；第三，唐僧义净译本，有十卷。各本所记载的诸天数目有别，历代供养诸天时所设牌位也就多寡不一。② 佛教界最早多依据北凉昙无谶译本，列十六诸天，后增日、月、龙王、阎罗，为二十位，至清初增至二十四位。清代多家主张并宗三种译本，备供诸天，共计四十九位；又认为诸天有主客、男女、本迹、显晦之别，故设供有尊卑位次之分。③

寺院如果举办供养诸天法会，客堂前一天挂供天诸师牌。如果法事同时有经忏，就是忏牌，加五鼓供天。提前一天，知客到法堂，命香灯师把法堂打扫干净，并安排好张挂幢旛灯彩、庄严供具等事项。在法堂正中央上首，设高座，供佛法僧三牌位。次于左右两旁，铺设香案，桌围供器，供奉光明会上侍从诸人及三界司事神祇等四十六牌位。也罗列香花，灯烛等物品。次于丹墀下中间，设天仙位，供物俱同。要求"凡供菜面饭，俱要丰盛如法，切不可用生冷不可食物，反招不恭过愆"。准备好以后，在前一天晚上，鸣鼓三下，知客通知维那等人集合，然后请斋主拈香，发符牒。祷告诸天的仪轨，和一般的程序是一样的，只是在最后要加赞语，说："光明会上，护法诸天，日月星斗曜人间，持国赐安然，供奉心虔，福寿永绵绵。"三称"南无登云路菩萨摩诃萨"。④ 法会结束。

（三）护日护月

为报日月照临之恩，凡遇日蚀、月蚀，寺院举行护日护月法会。这种法会起源很早，清代寺院也举行。客堂在前一天挂牌，牌子上写：某日某

---

① 《百丈清规证义记》卷二，"报恩章第二"，《卍续藏经》第 63 册，第 384 页。
② 同上。
③ （清）弘赞：《供诸天科仪》，《卍续藏经》第 74 册，第 637 页。
④ 《百丈清规证义记》卷二，"报恩章第二"，《卍续藏经》第 63 册，第 384 页。

时日蚀（或月蚀），合院大众师闻钟声，齐诣大殿前护日（或护月）。到时间，库司向日（或月）摆设供品。大众闻钟声云集，住持拈香，维那举香云盖三称毕，齐念：奈摩日光遍照菩萨（如果是护月，则改念月光遍照菩萨）。等到日光还圆，上供，先念《心经》，次变食甘露真言等。上供完毕，维那宣疏。① 法事完毕。

（四）祈晴祈雨

举办祈晴、祈雨法事，消除天灾，是为报答供养佛法僧民众的恩德。祈晴仪轨载于《金刚光焰止风雨经》，如果遇到久雨不晴的反常天气情况，客堂先报告方丈，然后在山门上正中挂牌，牌子上写：祈晴。又用黄纸牌位，牌书"奈摩金刚光焰止风雨经光焰会上佛菩萨"十七字。为一莲座，设于某处。举办这种法事，要求"如法严治坛场，陈设供养。住持专心加谨，僧众各务整肃"。或有官员拈香，或常住发心祈求，"皆务各竭真诚，以期挽回天意，不可虚应故事"。举办各种法事，要达到预期的目的，务必诚心诚意，才能感动上苍。这几乎是举办法事者的共同认识。到法事开始时间，"书记先付意旨，维那知会堂司，客堂报众，挂祈晴念诵牌如常式。斋粥二时后鸣钟，集众讽经，或三日、五日、七日，随时而行。轮僧十员，或数十员，分作几引，接续讽诵，谓之不断轮。必期感应，方可满散忏谢"②。举办多长时间的法会，实际上预先没有确定，要一直到雨过天晴的时候法会才结束。

如果遇到久晴不雨的灾害天气，寺院准备举办祈雨法会，先在山门上挂祈雨牌。然后按照《大云轮请雨经》所载陈设结坛。在整个法会举行过程中，参加法会的所有僧人，不论负责什么工作，"皆青衣，熏沐斋被，悉如经说。昼夜严净，虔诚结愿，讽诵经文。至一七日，或二七日，远至三七日"。僧人如此坚持虔诚祈祷，就会"自然感召天和，甘霖应祷矣"。③ 法事一直要进行到天下雨的时候才结束。

二　追荐救赎类

追荐救赎类法事是为追修善事、荐亡度鬼、求取功德等目的举办的各

---

① （清）仪润：《百丈清规证义记》卷二，"报恩章第二"，《卍续藏经》第 63 册，第 386 页。

② （清）仪润：《百丈清规证义记》卷二"报恩章第二"，《卍续藏经》第 63 册，第 387页。

③ 同上。

种宗教活动。此类法事一般在寺院内进行，由出家僧人主持，社会各阶层均可参与。清代南北各地寺院举办的追荐救赎法事种类不少，其中以盂兰盆会、瑜伽焰口和水陆法会影响较大，流行较广。

（一）盂兰盆会

盂兰盆法会简称"盂兰盆会"、"兰盆会"，其中"盂兰"是梵文音义词，义为"倒悬"，"盆"是梵文义译词，指盛放食物的器皿。将食物放在盆内，奉佛施僧，可以救倒悬之苦。① 盂兰盆会是超度历代宗亲亡灵的法事，于每年七月十五日举行。

盂兰盆法会内容源于《佛说盂兰盆经》（简称《盂兰盆经》）。据西晋竺法护译本记载，释迦牟尼佛大弟子目犍连刚得到六神通，以天眼通看见亡母转生饿鬼道，遭受苦难。他无力拯救，便将此事禀告佛。佛为他讲消除罪障的救济之法：无论任何人，只要在七月十五日（佛欢喜日、众僧自恣日）做好百味饭食，安放盂兰盆中，施十方自恣僧，即可蒙三宝功德之力，众僧威神之力，救度其现在父母，乃至七世父母。②

根据《盂兰盆经》举行法会，创始于南朝梁武帝萧衍。梁大同四年（538），梁武帝幸同泰寺，举办盂兰盆斋。③ 其后每年七月十五日，都用车装载盂兰盆，分送各寺供养。④ 这种做法相沿成俗，历代帝王以及社会各阶层普遍参与，盂兰盆会因此成为各寺院每年必办的重要法会，至清代未变，唯某些仪轨有改动。

举办盂兰盆法会，被作为佛教重视孝道的体现，而且功能极大。通过法会上的诵经献供，修忏设斋，"俾七世亲灵超冥漠之界，出思议之表，冥罚有所不能制，业苦有所不能拘"⑤。举办这种法会，可以使七代直系祖宗不受恶报，消除他们的业障，拯救他们的灵魂，这被认为是儒家不能尽的孝道，是佛教的专利。在忠孝为至上道德规范的社会中，举办这种法事是十分盛行的。

① （唐）慧净：《盂兰盆经赞述》，《大正藏》第 85 册，第 540 页。

② 竺法护译：《佛说盂兰盆经》，《大正藏》第 16 册，第 779 页。

③ 《佛祖统纪》卷三十七，《大正藏》第 49 册，第 351 页。

④ 义楚：《释氏六帖》卷第二十二，部第四十五，浙江古籍出版社 1990 年缩印版，第 454 页。

⑤ （清）仪润：《百丈清规证义记》卷八，"节腊章第八"，《卍续藏经》第 63 册，第 504 页。

兰盆会作为重要佳节，设供场面宏大隆重，一般程序是前一天于山门贴匾，匾上写："兰盆胜会"。寺院僧众要打扫大殿和内外丹墀，准备各种器皿用具等。举办法会当天早课上的祈祷等仪式活动，照元宵解冬程序进行。早晨，寺院僧众一起布置"兰盆坛"，摆放各种水果、蔬菜、熟食。法会上僧众绕诵《盂兰盆经》，念诵完毕后，"上兰盆供，众僧受食"①。大家吃完饭后，法会即告结束。

举办兰盆法会，被认为是大施门开，仰凭有力大檀，营办无遮妙味。"法喜遍享乎佛僧，禅悦普资于凡圣。"现在进行财施、法施，当来获得福足、慧足。所以在按一般程序和要求举办法会的同时，在具体操作方面，清代佛教界又制定《兰盆会约》，共计有二十一条。这是前代所没有的。

> 每年七月朔，识字者诣藏主寮，领《兰盆注释》，藏主问名登簿。至初六日，或起佛七，或不举，但每日讲《兰盆经注》。一时，客堂、山门俱贴捐资牌，除施主大分外，不拘缁素内外，随各人所捐供银，或助饭僧，或为荐先，俱一一开明示众，以广度众之心，方合佛意。
>
> 斯会不拘道俗，皆可入会，念佛听经。但不许年少尼女入寺，恐坏名闻故。
>
> 古规用大殿前丹墀为供坛，上覆篷限，下围木栅，以在会人，及供物多故。若人物俱少，在殿上亦可。
>
> 古规白词，俱维那与住持预熟读念。近时僧少熟习，故立内坛，用法师表白，以便看文展读。但《兰盆经》，人人预宜熟习。
>
> 旧盆钵可用即用。若无，预制一大盆，用木为之，状如香亭，底如盆式，中作四格，每格安菜六味，共迭二十四味，皆用熟美，供毕斋僧。盆大方三尺许，其下施架，复制一大锡钵，可容斗米之饭，供毕斋僧。
>
> 此会佛敕，唯供三宝，故内坛不似水陆，兼列下堂。
>
> 凡供事，但取诚敬，不必伪饰富盛，亦不得惜钱物。苟简太甚，

---

① （清）仪润：《百丈清规证义记》卷八，"节腊章第八"，《卍续藏经》第63册，第505页。

随人贫富，诚心而行，可也。

供献依本经，具五果百味者，干果十、汤菜十、水果十、瓜笋十、糕饼十、糖色十、油货十、干菜十、豆色十、酱货十（亦不可太拘，各随地之宜，备办可也）。次饭，次茶，凡素品皆可供献。供毕斋僧，但凡佛事，本无定法，若人众财多，则具百味，供千僧，诵经忏，并可增益。若人寡财乏，但具三果六菜，乃至只供十僧皆可。所谓富罗天下奇珍，贫竭一己力量，但取诚敬而已。

新会略同水陆，内坛供佛（惟无下堂）。外坛宜诵《华严经·普贤行愿品》二十四卷、《妙法莲华经》十二部、《地藏经》十二部、《观无量寿佛经》十二部、《金刚经》二十四部、《药师经》二十四部、《金光明经》十二部、《佛说阿弥陀经》一百八卷、《佛顶尊胜陀罗尼经》二十四卷，《佛说盂兰盆经》，愈多愈妙，或纯礼兰盆怀七日亦可。

此会虽荐父母宗亲，兼度六凡。又六道轮回，互为眷属，凡夫不识。佛敕放生以助功德，宜广劝众施，于圆满日买放，切不可废。

若礼忏者，十三日起忏，庄严沐浴等事，见前念诵规条说。结界更须严护，勿令人畜不净杂物闯入。设有入者，依法重结。

忏坛僧众，不得混杂。如比丘结坛，咸须比丘。若尼众结坛，俱用尼众。在家男随比丘众，女随比丘尼，不得混乱。若尼不能主坛，请一二耆年高德比丘，在坛外主忏教之，不得同坛。观堂香灯，不得混杂亦然。进供坛拈香礼拜，进内坛拈香礼拜，亦然。

忏期内登厕时，入浴时，不得以净衣与触衣相杂，先脱净衣，净鞋，置在净处，乃着触衣鞋入厕。次洗净，洗手毕，脱触衣触鞋入浴，乃着净衣鞋归堂，洗手面，漱口入坛。

期内，不与外人接对，不得私其语言，亦不得看余教典。

上供，用得味熟食，供毕即收。净抹供桌，唯供香花、净水。

此斋供，佛敕在解夏节者，谓僧安居九旬，果新戒净，堪度饿鬼。凡忏师等，皆须清净过午，同八关斋，不得迟延时刻，以破斋法。

礼忏，五更香到洗面用茶，入坛为第一时。日出吃早粥，粥后二板，入坛为第二时。出坛后，约燃线香一炷，于中抽解已小食，小食后，入坛为第三时。午饭后，燃行香一炷，于中用二板茶，抽解。止静已，再燃坐香半炷，开静，吃茶，入坛为第四时。出坛后，坐香半炷，用非时浆毕，入坛为第五时。出坛后，用茶，坐香半炷，入坛为第六时。出坛后，安卧养息。

出坛后坐香，皆须精修禅观，不得纵恣昏沉。倘不能坐香入观，或默念经咒、佛菩萨名俱可，不许放逸高谈，嘻笑睡眠等。

每闻钟鸣，即抽解盥澡，一闻长钟，即依次站班，勿得先后参差。

观堂中设案，用香烛桌围上供，南无兰盆会上启教大士大孝大目捷连尊者莲座。其中唯许香灯给待，设有要事，止可依事直说，不得因事牵发余语。倘有吃荤酒人闲游，知客当好语使远看，不得乱闯。

忏至十五日子时，大众沐浴更衣，乃至献供临斋。见胶仅轨所说，若无兰盆忏，用大悲忏或净土忏可代。①

（二）瑜伽焰口

瑜伽焰口是令饿鬼解脱苦身、得生天上的一种法事，源于佛教经典。根据唐代不空所译《救拔焰口饿鬼陀罗尼经》记载，佛弟子阿难独居静处念所受佛法，于其夜三更后，见一饿鬼，名曰焰口，对阿难言：三日之后，汝命将尽，即便生于饿鬼之中。只有布施百千那由他恒河沙数饿鬼，方能解脱。阿难听到这些话之后，非常震惊恐惧，"疾至佛所，五体投地"，乞求示教。佛告阿难：如果念诵无量威德自在光明殊胜妙力陀罗尼，就能施无量饿鬼，令诸饿鬼解脱苦身得生天上。"汝今受持，福德寿命皆得增长……若有比丘、比丘尼、优婆塞、优婆夷，常以此密言及四如来名号，加持食施鬼，便能具足无量福德，则同供养百千俱胝如来功德等无差别，寿命延长，增益色力，善根具足，一切非人、夜叉、罗刹、诸恶鬼神不敢侵害"，又能成就无量福德寿命。②

自唐代开始，即根据此类经典举办焰口仪式。由于焰口仪轨属于密教，随着密教在唐末以后失传，焰口的施食之法也不传。自宋代开始，焰口仪式即有多家传承。至清初，由于禀受师承出自多家，流通中的各种瑜

---

① （清）仪润：《百丈清规证义记》卷八，"节腊章第八"，《卍续藏经》第63册，第505页。

② 不空译：《救拔焰口饿鬼陀罗尼经》，《大正藏》第21册，第465页。

伽焰口经本大相径庭，使当时的僧众莫知适从。① 无机法藏与几位志同道合者访求善本，与藏册对校数遍，编成《修习瑜伽集要施食坛仪》两卷，世称《无机焰口》，流传较广。

举办焰口法事普济所有恶鬼，需要虔恳至诚。必须严饰道场，随力备办香花，供养饮食净水等。一定要在戌亥二时施之，饿鬼得食，施主获福。"如过其时，徒废精神，于事无益。"②

参与法事的僧人集合以后，按照规定程序进行，先念诵赞词："炉香乍爇，法界蒙熏，瑜伽海会悉遥闻，随处结祥云，诚意方殷，诸佛现全身"。接着念诵多位菩萨名号，各念三遍。然后按顺序一起诵大悲神咒、净法界真言、点净真言、加持花米真言、加持铃杵真言、十二因缘咒、上师三宝真言、自性偈、净地偈、缘起文等。最后还要念诵音乐咒、宝错真言、撒花米真言、遣魔真言、真空印咒、十二因缘咒、曼拿啰偈、曼拿啰真言、三归依赞。③ 参与法会的众僧再默念大轮明王咒七遍、《心经》一遍，按次序结各种手印之后，念诵召请的众多鬼神名号。念诵完之后，表示奉请的鬼神全部来临。大众接着慈悲齐声叹悼、叹孤。按次序结各种手印，念各种真言密咒，表示皈依三宝。法事完毕，即表明本次设放瑜伽焰口平等甘露法食，功德圆满无限。④

与佛教密部经典记载和前代所传仪轨相对照，清代举办的瑜伽焰口法事已经有很大的变化，当时人认为其讹多矣，略言有十。其一，许多念诵词在密部经典中找不到，而且主办法事者不按规定进行结界（布置道场）。其二，施食不合佛制，没有"饭山"、"菜山"和"乳海"，只用斛手，不设斛饭。其三，举办法会的僧人不择戒定，不熟观想，手印讹舛，真言模糊。甚至以酒为敬，以桃榴为供，不知其过。其四，菜饭水等供物不合佛制，且主家饮啖，反多靡费，举办法事者全无诚意。举世皆然，不觉颠倒。其五，鬼未召完，举办法事者先往沿路焚化冥锭，使彼鬼众三不得全：爱冥资者，失其闻法、受食；爱法、食者，失其冥资。又不在坛前焚化，则无神祇监管，谅彼鬼众以强欺弱，在所不免。这是布施不平等。

---

① （清）无机法藏：《修习瑜伽集要施食坛仪》卷下，"重刊瑜伽焰口跋"，《卍续藏经》第 59 册，第 324 页。

② 《修习瑜伽集要施食坛仪》卷上，《卍续藏经》第 59 册，第 303 页。

③ 同上。

④ 《修习瑜伽集要施食坛仪》卷下，《卍续藏经》第 59 册，第 308 页。

又或在榴桃树边即化纸、散食，使鬼生畏惧，不敢来受；或在火未尽时扫灰，使冥资破碎难用。举世不知其非。其六，施食法坛前讹用五方童子，坛中讹用水果等。不知佛过午不食，奚用食果。铺曼怛误以南上北下，西右东左。其七，先在坛下诸设位前种种念诵，次及上坛，乃至召请、叹孤，种种敲唱，延缓良时，直至破狱，召请饿鬼乃至尊胜咒，正当运心作观，缓缓持诵，反急如风。至于法事未完，先收坛仪。上则轻慢佛圣，下则虚诳鬼神。此过错举世不觉。其八，有戌末尚未登坛，至五更方完者，或一夜登二登三者，是则虚耗财物，空骗鬼神，唯了心愿，不体谅阴灵。其九，迩来或以兰盆胜会彰名。或以保佑平安为号。盛悬灯彩，广挂纸神，招摇男女聚集，如看美戏，如观奇伎，加以大锣音乐，喧闹尘嚣。如此做法，则是纯以人之阳气逼之，不但远处的鬼神不敢赴召，即便本地祖先，也因惊恐而远往他方了。这样做，则徒设财食，难结鬼缘，反结鬼怨。这种过错，举世不觉。其十，假称五方结界，请五位法师，设东西南北中五个法坛。四方四位法师本应各持一咒：东北《楞严》，东南《大悲》，西北《尊胜》，西南《随求》，而现在四位法师只是于四方空坐，并不持咒，假称作观。①

其所以提出这十个方面的错误，是因为当时人认为，如果不严格按照经典的要求做瑜伽法事，不惟无益，而恐有损。所以俗语云："短寿焰口。"② 实际上，这里列出的十个方面的错讹，说明这种法会长期失传，各个环节如何做已经没有什么标准了，同时，也说明在不同时间段和不同地区有自己一套独特说法，很难说某种瑜伽法事的做法就一定是正确的，而另一种做法就一定有错讹。

（三）水陆法会

水陆法会简称"水陆会"，又称"水陆道场"、"慈济会"等，因"取诸仙致食于流水，鬼致食于净地"③ 而得名。水陆法会历来被认为"溯其原始，则以无量威德陀罗尼而为发起，究其纂述与其修设，则一代时教、一切诸法无不备举而读诵修持焉。故其法门广大，利益宏深。不但

---

① （清）仪润：《百丈清规证义记》卷五，"住持章第五"，《卍续藏经》第63册，第418页。

② 同上。

③ （宋）宗鉴：《释门正统》卷四，"利生志"，《卍续藏经》第75册，第303页。

使六道凡夫顿脱业缚，亦兼令三乘圣人速证菩提"①。因此，水陆法会以"仪文繁重，执事甚伙，物用亦多"② 为特点，是中国佛教救赎类法事中最隆重的一种。

传说梁武帝梦见一位神僧告诉他："六道四生，受苦无量，何不作水陆普济群灵？"办这种法会的功德在各种功德中属第一的、最殊胜的。梁武帝在志公劝说下，广泛搜寻贝叶经典，"置法云殿，早夜披览，及详阿难遇面然鬼王，建立平等斛食之意，用制仪文，三年乃成。遂于润之金山寺修设，帝躬临地席，诏佑律师宣文"。水陆法会由此形成。周隋时期，梁武帝所制仪文失传。"至唐咸亨中，西京法海寺英禅师因异人之告，得其科仪"，③ 使水陆法会再兴。这个记载，是宋代人的认识，从宋代以后，水路法会历代都有举办，没有中断。

明代袾宏依据南宋志磐的《水陆新仪》，稍事修改，成《水陆仪轨》，行于杭州。清代仪润根据袾宏所作，撰成《法界圣凡水陆普度大斋胜会仪轨会本》六卷（有些版本为四卷），详述水陆法会作法规则。其后，咫观再对袾宏《水陆仪轨》详细论述，撰《法界圣凡水陆大斋普利道场性相通论》九卷，简称《鸡园水陆通论》。又撰《水陆道场法轮宝忏》十卷。以上各书成为清代举办水陆法会的文本依据。

水陆法会一般举办七昼夜，内容包括十五类法事：开启结界，发符悬幡，启请上堂，供上堂，告赦，诵《地藏经》上供，奉请下堂，下堂说冥戒，礼大忏悔文上供，供下堂，上圆满供，烧圆满香，送判宣疏，收疏轨则，送圣法仪。④ 举办某类法事的具体时间、地点都有规定。

水陆法会规模宏大，召请、供养的神灵很多。"上则供养法界诸佛、诸位菩萨、缘觉、声闻、明王、八部、婆罗门仙；次则供养梵王、帝释、二十八天、尽空宿曜一切尊神；下则供养五岳河海、大地龙神、往古人伦、阿修罗众、冥官眷属、地狱众生、幽魂滞魄、无主无依诸鬼神众、法界旁生、六道中有四圣六凡，普通供养。"⑤ 清代水陆法会坛场的布置分为内坛和外坛。内坛是法事的主要场地，正中悬挂毗卢遮那佛、释迦牟尼

---

① 印光：《重刻水陆仪轨序》，《印光大师文汇》，华夏出版社 2012 年版，第 175 页。

② （清）仪润：《水陆仪轨会本》，"凡例"，上海佛学书局 1993 年版，第 12 页。

③ （宋）宗鉴：《释门正统》卷四，"利生志"，《卍续藏经》第 75 册，第 304 页。

④ （清）仪润：《水陆仪轨会本》卷一至卷三，上海佛学书局 1993 年版。

⑤ （宋）宗晓：《施食通览》卷上，《卍续藏经》第 57 册，第 114 页。

佛、阿弥陀佛三像，下面摆放供桌，罗列香花灯烛果品供物。其前安置长方台四只成四方形，台上摆放铜磬、斗鼓、铙钹、受铃等，供主法、正表、副表、斋主四人所用。内坛分成三间，两侧分挂上堂、下堂各十位水陆画像。画像之下列插牌竿，标记每位圣凡名称。

外坛有六个坛场：大坛二十四人，专门礼拜《梁皇宝忏》；诸经坛七人，讽诵诸经；法华坛七人，专诵《法华经》；净土坛七人，称念阿弥陀佛名号；华严坛二人，静阅《华严经》；瑜伽坛是夜间放焰口的地方，所须人员由其他坛临时调用；监坛一人。内外坛的法事和所有僧众都参与法事，直到水陆法会结束。[①]

水陆法会延续时间长，参与人数多，所用资金大，并不是一般施主可以倡办的。佛教界普遍认为，如果有请法斋主和作法诸师竭诚尽敬举办水陆法会，"则其利益非言所宣，譬如春回大地，草木悉荷生成；月丽中天，江河各现影像。故得当人业消智朗，障尽福崇。先亡咸生净土，所求无不遂意"[②]。

三　节日庆典类

佛教的节日庆典是指佛菩萨节日的庆祝法会。佛菩萨节日源于纪念释迦牟尼佛诞辰、成道、逝世，以及影响较大的诸佛菩萨诞辰的法会。此类法会基本在寺院举办，以报答佛恩、菩萨恩为主要目的。随着佛教影响的扩大，有些法会逐渐在社会各阶层流行，内容逐渐丰富，其目的也从报佛菩萨恩扩展到报父母恩、国土恩、众生恩，以及祈求护佑等。参与法会者，也不仅仅限于僧尼，还包括社会各阶层人士。某些法事逐渐成为社会共同认可的节日，成为民间习俗的重要组成部分。

清代流行的佛菩萨法会有佛诞日、成道日、涅槃日、药师日、弥陀日、弥勒日、准提日、文殊日、普贤日、观音日、势至日、地藏日等。[③]其中，佛诞节、成道节流行最广。这些节日都在清朝之前形成，早者可以追溯到汉魏，迟者不晚于元明。法会仪轨以承袭前代为主，少数内容有

---

①　（清）咫观：《鸡园水陆通论》，《卍续藏经》第74册，第1022—1027页。

②　印光：《重刻水陆仪轨序》，《印光大师文汇》卷二，华夏出版社2012年版，第175页。

③　（清）仪润：《百丈清规证义记》卷三，"报本章"，《卍续藏经》第63册，第394页。

变化。

举办纪念佛教创始人释迦牟尼诞辰的法会，在中国不晚于汉魏。自元代开始，南北各地统一把佛诞日定为四月八日，历明清未变。此日举行庆贺法会时，参加者既要念诵佛名号，又要用香汤洗浴佛像，故又称"浴佛节"。

清廷很重视佛诞节，规定此日"不进刑名本"①。浴佛仪式在堂子举行，称"堂子浴佛"。崇德元年（1636）定：每年四月初八日，大内并每旗王贝勒一人，依次往堂子供献。后改为亲王、郡王供献。在这一天，"大内及各旗佐领军民人等不祈祷、不祭神，禁屠宰，不理刑名"。顺治初年定：每年四月初八日，擦洗佛像时使用"净棉、朝鲜贡纸"，赞祀时所服女朝衣二分，"皆据司俎官来文给发"②。顺治二年（1645）定：浴佛日赞祀所用朝衣，及请佛至堂子所用"黄舆、御仗，衣帽，于各处领取，与春、秋致祭同"③。从这些规定中，可以看到清朝廷对佛诞节的重视程度。

每年四月初八日佛诞前期，内务府于堂子飨殿中间悬挂神幔，于觉罗之妻内拟定正、副赞祀二人，咨送礼部，并将有无事故行查该旗，礼部以某人之妻充赞祀浴佛具奏。得旨：行知该旗并传王等。于是日遣长史、护卫前往供献，复将大内及八旗佐领、军民人等不祈祷、不报祭、不宰牲、不理刑名之处，出示通衢，并咨八旗各部院、大小文武衙门一体遵照。届时，由坤宁宫恭请佛亭，并储菩萨、关帝神像二木筒，异送于堂子。至时，安奉神位于祭神殿，陈香镫、献糕酒，与春、秋二季立杆大祭同。所有应供椴叶饽饽及酒樽、红蜜、棉花，俱置架上及食盒内，随后异送。诸王皆呈供饽饽，并备酒、蜜、棉花，谨将大内所备红蜜及诸王备供之蜜各取少许，储黄瓷浴池内，以净水搅匀，司香启亭门，司祝请佛于黄瓷浴池内。浴毕，复以新棉垫座安奉于亭中，陈大内所备椴叶饽饽九盘及诸王呈供之饽饽于黄漆案上，设酒盏三，香碟三，司香上香，炕前小桌上设大黄

①　（光绪朝）《钦定大清会典事例·内阁职掌·进本》卷十三，中华书局 1991 年版，第 1 册，第 172—177 页。

②　（光绪朝）《钦定大清会典事例·内务府·库藏》卷一千一百九十一，中华书局 1991 年版，第 12 册，第 858 页。

③　（光绪朝）《钦定大清会典事例·内务府·祀典》卷一千一百八十二，中华书局 1991 年版，第 12 册，第 774 页。

瓷碗二，盛大内所备酒及诸王呈供之酒。其圜殿内以椴叶饽饽及诸王呈供饽饽置银盘内，以诸王呈供之酒置小案上所设蓝花瓷碗内陈之，复豫于高案下所立杉柱上挂纸钱二十七张，诸王遣来人亦俱挂纸钱，奏三弦琵琶。内监二人坐于飨殿外丹陛西首，诸王护卫官员对坐于丹陛之旁，鸣拍版拊掌。司祝二人同献酒九次，凡飨殿、圜殿内献酒、诵神歌、擎神刀、祷神刀、祷祝叩拜之仪，与奏三弦琵琶、鸣拍版拊掌之节，及礼成恭奉神舆入宫，均与立杆大祭同。其所供酒与饽饽，分给随去之侍卫、官员、司俎等。

浴佛过程中，在飨殿内的祝辞是：

> 上天之子，佛及菩萨，大君先师，三军之帅，关圣帝君，某年生小子等今敬祝者。遇佛诞辰，偕我诸王敬献于神，祈鉴敬献之心，俾我小子丰于首而仟于肩，卫于后而护于前。畀以嘉祥兮，齿其儿而发其黄兮，偕老而成双兮，年其增而岁其长兮，根其固而身其康兮。神兮贶我，神兮佑我，永我年而寿我兮！

在圜殿内的祝辞是：

> 上天之子，纽欢台吉，武笃本贝子，某年生小子等今敬祝者。遇佛诞辰，偕我诸王敬献于神，祈鉴敬献之心，俾我小子丰于首而仟于肩，卫于后而护于前，畀以嘉祥兮，齿其儿而发其黄兮，偕老而成双兮，年其增而岁其长兮，根其固而身其康兮。神兮贶我，神兮佑我，永我年而寿我兮！[①]

寺院均于四月八日举办浴佛法会。此前一天，客堂须挂牌通告：明日恭逢本师释迦文佛降诞之辰，是晚合院大众师，闻钟声，搭衣持具，齐诣大殿礼佛。是晚二板，鸣钟三下，僧众集合后。住持拈香，维那唱香赞毕，呼：展具。举赞佛偈云：天上天下无如佛，十方世界亦无比。世间所有我尽见，一切无有如佛者。偈毕，唱"奈麻本师释迦牟尼佛，十二拜

① 上引均见（光绪朝）《钦定大清会典事例·内务府·祀典》卷一千一百八十五，中华书局1991年版，第12册，第805页。

或数十拜。文殊、弥勒、十方诸佛、十方菩萨，各三拜，三皈依。毕，三拜，回堂。"①

"正日早课，祝圣，乃至上方丈说法，仪与圣节同。早课毕，客堂挂牌，牌云：午前，启请上堂。午饭后，合院大众师，闻钟声，齐诣大殿前，称扬圣号，浴佛。……是日午梆，大殿上供如常仪。止静后，鸣大钟三下，大众齐诣殿前，库司严设花亭，中供佛降生为悉达太子小像，于香汤盆内，安二小杓。佛前一切供器，俱移量他处，以便浴佛。即余圣像，是日俱沐浴。众集，维那举香赞住持拈香拜已，维那至中，拈香展具，三拜已，归位喝云：释迦如来（二称），九龙吐水，灌沐金躯。维那一唱，大众齐和已，维那举咒，大众齐音同持。"②

赞颂了释迦牟尼的事迹、功德之后，齐唱："当今大清朝之几十几年，真风远被。众等荷生成之德，今辰竭庆贺之诚。冰洁道场，云臻梵侣。金盆高捧，喜观悉达太子之金容；圣水频倾，仰见摩耶夫人之圣德。欲觐我佛之光辉，须仗雷音之唱和。……毗蓝园内降生时，龙与诸天咸灌沐。如来所有吉祥事，我今灌沐亦如是。我今灌沐诸如来，净智庄严功德聚。五浊众生令离垢，同证如来净法身。香花灯涂妙庄严，供养如来法报化。唯愿慈悲受供养，穷未来际作佛事。众唱和毕，将佛圣像各归本位，安妥。维那唱献宝座，大众齐和：众宝庄严微妙座，诸珍间错作花台。准教加持将奉献，唯愿慈悲哀纳受。"③

洗浴佛像时用的汤方配制历代不同，有多种说法，或谓沉香一两、白檀一两、甘松半两、丁子半两、熏陆半两、芎藭半两、郁金一钱叁分，此七种，盛净布囊，投于铛内，用净水三搲，煎减二搲，移铛冷之，然后盛浴盆。或谓以都梁香为青色水，郁金香为赤色水，丘隆香为白色水，附子香为黄色水，安息香为黑色水，以灌佛顶。④

佛成道节，是纪念释迦牟尼在菩提树下悟道成佛的节日。该节日起源很早，而举办日期多有变动。至宋元时期，佛成道节已经成为民间习俗，并将日期确定为十二月八日，故又称"腊八节"。清代的佛成道节活动内

---

① （清）仪润：《百丈清规证义记》卷三，《卍续藏经》第 63 册，第 393 页。
② 同上。
③ 上引均见《百丈清规证义记》卷三，"报本章"，《卍续藏经》第 63 册，第 393 页。
④ ［日］无著道忠：《禅林象器笺》类十六，"报祷类"，第 515 页。

容多沿袭前代。清朝宫廷亦甚重视，常于此日向百官赐用“腊八粥”。民间食用“腊八粥”也成风气。

佛成道法会，其挂牌、上香等仪轨均与佛诞节相同。所念诵的祝辞是：

> 如来无量劫来成佛，岂假进修，为悯众生，日用不知，示以先觉，觉自觉他，而成觉道，世出世间，而称世尊。阐一代之化仪，遵先佛之遗轨。坐菩提树，魔宫隐而无光；现优昙花，法轮炽然常转。故始喻初日先照，而末示拈花正传。顾末裔之何知，诵遗言而有惕。于今月八日，恭遇如来成道之辰，现前大众，少伸供养。所愿：色空明暗，咸宣微妙法音；蠢动含灵，共证智慧德相。①

赞语是：“腊月八日，觉帝扬灵，菩提场内道初成，夜半睹明星，普救迷情，幽暗悉光明”。法会后附的联句为：“正觉山前，睹明星而悟道；大千界内，揭慧日以流辉。”②

释迦牟尼涅槃日是在二月十五日，寺院客堂在前一天挂牌通知：明日恭逢本师释迦文佛涅槃之辰。法会祝圣、绕佛等仪轨均与佛诞节法会相同，只有礼释迦佛十二拜为异。早课之后，在大殿铺忏坛。客堂挂牌通知：是日闻鼓声，大众师依派班次，诣大殿礼释迦如来，做涅槃礼赞文忏，并诵《遗教经》。客堂与维那派班，每班十人，挨次上殿。早粥后上堂，仪轨见下住持章。午梆后的上供仪轨与佛成道日相同，唯有祝辞变换为：

> 恭以能仁应世，寂默证真。廓千界以居尊，抚四生而为子。形随物现，元同非相之身；教逐机兴，讵异无言之道。爰自法轮载转，化迹弥隆。半字初谈，譬击蒙而靡倦；百金后寄，犹赎命以唯勤。普令烦恼之俦，安住如来之藏。四心告满，三德云归。所谓不令一人独得灭度，皆以如来灭度而灭度之。是故入于涅槃，不可得而思议。我等鹤林既远，痛失于前缘，像法犹存，忝遵于遗训。今值中春之日，缅

① （清）仪润：《百丈清规证义记》卷三，“报本章”，《卍续藏经》第63册，第394页。
② 同上书，第394—395页。

怀北首之仪。涧藻溪苹,聊表荐羞之礼;升香叹德,少申哀慕之诚。
唯愿洪慈,俯垂昭鉴。

祝辞念诵完毕后,一拜,复位,再举赞文:大慈悲父,无上医王,为
怜病子设权方,示现已云亡。法性真常,寿命实难量。然后三称"禅悦
藏"。其余仪轨按照朔望法会之例。开晚梆回向,经忏完毕,参加者即回
堂,不上方丈。①

药师佛诞日是九月三十日。寺院于当日早课,烧香传炉,住持拈香,
维那举香赞。至绕佛毕,礼药师佛号十二拜,客堂于当日早粥时挂牌通
知:今日恭逢药师如来降诞之辰,开午梆,闻鼓声,大众师搭衣持具,齐
诣药师殿上供。时至,集众如常,举香赞毕,先称"奈麻药师琉璃光如
来"三遍,维那念诵祝辞:

> 东方世界药师如来,功德智慧,无量庄严。放净光明,过于日
> 月。一切刹土,净如琉璃。与西方界,等无有异。十二大愿,利乐有
> 情。凡有所求,皆随其心。受持佛名,与佛无异。具大丈夫相,及八
> 十随形。一切恶趣,无量灾难,以佛威神,皆得解脱。弟子众等,愿
> 得无上菩提,生生世世,行菩萨道。亦如药师琉璃光如来所发十二大
> 愿,利乐一切有情。即此娑婆世界,身心刹土,皆如琉璃,面见我佛
> 及阿弥陀。所愿法界有情:东西相泯,二见永忘。于中道义,共证
> 真常。

维那念完之后,举药师赞:药师海会,琉璃相光,八大菩萨降吉祥,
七佛广宣扬。日月威光,功德实难量。然后称念三遍"奈麻药师琉璃光
如来",三拜后各回本处,② 法事结束。

弥陀佛诞日是十一月十七日。其法事中挂牌、上供等仪轨,与药师圣
诞相同。只将所念诵经典改为《弥陀经》。祝辞为:五梅花绽,乃周正建
子之时;两笑冀飘,正觉皇诞辰之会。窃念某甲(住持名字)等,爱缠
浊国,业系幻躯。得值真乘,观花轮而矢志;专修净念,望宝地以驰神。

---

① (清)仪润:《百丈清规证义记》卷三,"报本章",《卍续藏经》第 63 册,第 395 页。
② 同上书,第 396 页。

欲酬母忆之悲心，不胜孺慕之诚悃。爰设道场，敬修微供。持万德之洪
名，宣一乘之秘典。所愿：绀眸垂照，金臂流光。宝树林中，遥听梵音谈
实相；金绳界内，俨瞻妙相记往生。伏望洪慈，俯垂鉴纳。祝辞念诵完
毕，一拜，复位。举乐邦教主赞完毕，三称圣号，三拜而退。① 法事
结束。

弥勒佛诞日是正月元旦日。其挂牌、上供等仪轨与药师圣诞相同。先
称念"奈麻当来下生弥勒尊佛"三遍，然后念诵《大方广佛华严经·入
法界品·弥勒章》。一遍。接着念诵"奈麻当来弥勒佛"108遍。按次序
念诵变食咒、甘露水咒、普供养咒。维那所念祝辞为：

> 弥勒大士位登补处，现处兜率天宫。佛继释迦，当生阎浮世界。
> 受能仁之遗付，为众生之导师。无三灾之逼陵，妙严国土；有五福之
> 康泰，泽润群生。龙华树下，悉闻三会之圆音；宝莲座前，得预一生
> 之授记。今值春元，恭逢圣诞，谨设微供，敬礼称扬。伏愿：现在慈
> 风，光满人寰。当来降迹，大转法轮。

祝辞完毕，举赞：法身示现，楼阁重开。龙华三会运慈悲，广度出尘
埃。稽首莲台，补处在当来。称念"奈麻当来弥勒尊佛"。三拜之后，各
回本处。② 法事结束。

准提佛母圣诞日是三月初六日。其集众等仪轨与药师圣诞相同。先称
念"奈麻七俱胝佛母大准提菩萨摩诃萨"三遍，维那念祝辞：

> 准提佛母，为二十五部之总领，所说神咒，是诸佛菩萨之种智。
> 不拣染净，持念无妨。不拘具缺，虔诚必应。三根均益，万类咸宜。
> 今于本月初六恭逢佛母降诞之辰，云集僧众，敬献微供。伏愿：十度
> 普摄，定慧现前。五蕴皆空，苦厄尽度。总持妙湛，神咒加持。与诸
> 众生，同归秘藏。

祝辞完毕，举准提赞：大哉佛母，洪号准提。演说三密陀罗尼，妙应

---

① （清）仪润：《百丈清规证义记》卷三，"报本章"，《卍续藏经》第63册，第396页。
② 同上书，第397页。

在诚祈，功德希奇。谛信永无疑。称念"南无七俱胝佛母大准提菩萨"三遍，三拜之后，各回本处。① 法事结束。

文殊菩萨圣诞日是四月初四。其集合大众等仪轨与药师圣诞相同。先称："南无大智文殊师利菩萨摩诃萨"三遍，然后念诵《大方广佛华严经·入法界品·观文殊章》。完毕之后，诵曼殊室利菩萨八字陀罗尼咒108 遍。接着念诵变食真言、甘露水真言、普供养咒。其后维那念祝辞：

> 大士本为七佛之师，故称大智。迹居五顶之胜，号曰清凉。寂光真境，到处为家净妙色身。因缘而现，缅维曼殊大愿之所持。如幻三昧之所运，无方无体非色非空。是以焚香稽首，咸资般若之光。歌呗赞扬，悉植菩提之种。兹维清和初四日，值大圣降诞之辰，云集僧众，围绕供养。伏愿：昏昏业识，望影全消。汩汩烦心，观光豁尔。

维那念完祝辞后，举文殊赞云：迹居五顶，身跨青狮。慈云普覆法雨施，妙演毗耶离。七佛之师，普化到今时。然后念三遍"南无大智文殊师利菩萨摩诃萨"，参加庆典者集体三拜，各回本处。② 法会结束。

普贤菩萨圣诞日是二月廿一日。其法会中集众等仪轨与药师圣诞相同。先称念"南无大行普贤菩萨摩诃萨"三遍。次诵读《观普贤菩萨行愿章》一遍。接着念诵"奈麻大行普贤菩萨"108 遍。再诵变食、甘露、普供咒。与药师同。维那作祝辞：

> 大士乃华藏之辅圣，作法界之津梁。刹尘国土，皆大行之所经；百千法门，悉大愿之所持。与华严而作长子，理事圆融；为极乐而作导师，智力广大。今则仲春二十一日，值大士降诞良辰，云集僧众，陈设供养。伏愿：普门遍入大乘力，普利一切众生界。灭除障垢无有余，一切妙行皆成就。

祝辞完毕，再举普贤赞：普贤行愿，福聚无边，如是智慧号普贤，一切悉皆圆。万德庄严，利益遍人天。称念"南无大行普贤菩萨摩诃萨"

---

① （清）仪润：《百丈清规证义记》卷三，"报本章"，《卍续藏经》第 63 册，第 398 页。
② 同上书，第 399 页。

三遍。参加法会者三拜。① 法会结束。

观音圣诞日为二月十九日。其法会挂牌、上供等仪轨与药师圣诞相同。先称念"奈摩大悲观世音菩萨"三遍，次诵《妙法莲华经·观世音菩萨普门品》一遍。接诵观音圣号108遍。其他仪轨如常，但改祝辞为：

> 伏以中和届节，水月彰自在之容；夹钟应律，昙华现圆通之瑞。显悲愿于三十二应，娑婆赤子尽称名。舒慈光于十万亿程，极乐导师常辅化。切念某甲等，泛尘劳海，羁烦恼乡。六根横流，徒有奔尘之失；三慧长翳，未见旋性之功。倘非大悲之慈亲，孰救怜惸之穷子。兹逢圣诞，敬荐馨香，祈鉴微诚，哀怜摄受。

祝毕，一拜，归位，念赞文：手持杨枝，顶戴如来，跏趺端坐宝莲台，救苦甚悲哀，一念能回，无量慈门开。念诵观音圣号三遍，三拜。是日或礼忏，或持名。②

势至菩萨圣诞日是七月十三日。其法会中集众等仪轨与药师圣诞相同。先念"南无西方极乐世界大势至菩萨摩诃萨"三遍，次诵《佛说观无量寿佛经·势至观章》一遍。接着念诵"南无大势至菩萨"108遍。再念变食、甘露、普供咒，各三遍。维那祝云：

> 势至大士，本昔因地，以念佛心，入无生忍。今于此界，摄念佛人，归于净土。是以为西方弼圣，尝示念佛三昧。忆佛念佛，现前当来，必定见佛。如染香人，身有香气，此之法喻，诚为谆切。今值圣诞，敬修供养。伏愿大士：怜念众生，如母忆子。常蒙加被，亦如大士。净念相继，得三摩地。尽此报身，生极乐国。

赞文是：势至大士，宝瓶巍峨，摄受念佛誓宏多，刹海尽包罗。弼侍弥陀，度苦出娑婆。称念"南无大势至菩萨"三遍，三拜。③

地藏菩萨圣诞日是七月三十日。集众等仪轨与药师圣诞相同。先称念

---

① （清）仪润：《百丈清规证义记》卷三，"报本章"，《卍续藏经》第63册，第400页。
② 同上书，第401页。
③ 同上。

"奈麻大慈地藏王菩萨"三遍，次诵《地藏菩萨本愿经·见闻利益品》一遍。次诵"唵三陀啰伽陀娑婆诃"108 遍。其他仪轨如常仪。维那念完祝辞之后，经过念赞文，礼像称名，法事结束。

主要参考书目

一 古代典籍

《旧唐书》、《北史》、《隋书》、《旧五代史》、《宋史》、《续资治通鉴长编》、《辽史》、《金史》、《元史》、《明史》、《清史稿》，均为中华书局点校本。

（汉）许慎：《说文解字》，徐铉等校定本，中华书局影印本。

（隋）智顗说，（唐）灌顶录，（北宋）知礼述，（明）明德会：《金光明经文句文句记会本》，《新纂卍续藏经》第20册。

（隋）智顗说，（唐）灌顶录，（北宋）知礼述，（明）明德会：《金光明经玄义拾遗记会本》，《新纂卍续藏经》第20册。

（隋）智顗说，灌顶记，（清）道霈合：《仁王经合疏》，《新纂卍续藏经》第26册。

（隋）灌顶撰，（唐）湛然再治，［日］本纯分会：《涅槃经会疏》，《新纂卍续藏经》第36册。

（唐）法藏撰，（北宋）承迁注：《大方广佛华严经金师子章》，《大正藏》第45册。

（唐）宗密疏，（宋）元照记：《盂兰盆经疏新记》，《新纂卍续藏经》第21册。

（唐）一行依经录，（北宋）普瑞补注，（明）木增订正，读彻参阅，正止治定：《大方广佛华严经海印道场十重行愿常遍礼忏仪》，《新纂卍续藏经》第74册。

（唐）窥基注解，（明）普泰增修：《大乘百法明门论解》，《大正藏》第44册、《新纂卍续藏经》第48册。

（唐）道宣撰集，（清）读体续释：《昙无德部四分律删补随机羯磨》，

《新纂卍续藏经》第 41 册。

(北宋) 本嵩述, 琼湛注: 《注华严经题法界观门颂》, 《大正藏》第 45 册。

(北宋) 才良等编: 《法演禅师语录》, 《大正藏》第 47 册。

(北宋) 陈舜俞撰: 《庐山记》, 《大正藏》第 51 册。

(北宋) 澄彧注: 《注十疑论》, 《新纂卍续藏经》第 61 册。

(北宋) 重显拈古, 克勤击节: 《佛果击节录》, 《新纂卍续藏经》第 67 册。

(北宋) 重显颂古: 《雪窦和尚百则颂古》, 《新纂卍续藏经》第 67 册。

(北宋) 重显颂古、克勤评唱: 《佛果圆悟禅师碧岩录》, 《大正藏》第 48 册。

(北宋) 道亭述: 《华严一乘分齐章义苑疏》, 《新纂卍续藏经》第 58 册。

(北宋) 道通述: 《大方广佛华严经吞海集》, 《新纂卍续藏经》第 8 册。

(北宋) 道通述: 《华严法相槃节》, 《新纂卍续藏经》第 58 册。

(北宋) 道通述: 《法界观披云集》, 《新纂卍续藏经》第 58 册。

(北宋) 道威注: 《法华经入疏》, 《新纂卍续藏经》第 30 册。

(北宋) 道言述: 《释四分戒本序》, 《新纂卍续藏经》第 40 册。

(北宋) 道原纂: 《景德传灯录》, 《大正藏》第 51 册。

(北宋) 法泉继颂: 《永嘉真觉禅师证道歌》, 《新纂卍续藏经》第 65 册。

(北宋) 法悟撰: 《释摩诃衍论赞玄疏》, 《新纂卍续藏经》第 45 册。

(北宋) 法云编: 《翻译名义集》, 《大正藏》第 54 册。

(北宋) 复庵述: 《华严经纶贯》, 《新纂卍续藏经》第 3 册。

(北宋) 观复撰: 《圆觉经钞辨疑误》, 《新纂卍续藏经》第 10 册。

(北宋) 慧开语, 宗绍编: 《禅宗无门关》, 《新纂卍续藏经》第 67 册。

(北宋) 慧洪撰, 觉慈编: 《智证传》, 《新纂卍续藏经》第 63 册。

(北宋) 慧洪造, 张商英撰: 《法华经合论》, 《新纂卍续藏经》第 30 册。

(北宋) 慧洪撰: 《临济宗旨》, 《新纂卍续藏经》第 63 册。

(北宋) 慧霞编, 广辉释: 《重编曹洞五位显诀》, 《新纂卍续藏经》第 63 册。

(北宋) 惠泉集: 《黄龙慧南禅师语录》, 《大正藏》第 47 册。

(北宋) 集成等编: 《宏智禅师广录》, 《大正藏》第 48 册。

(北宋) 继忠集: 《法智遗编观心二百门》, 《大正藏》第 46 册。

（北宋）继忠集：《四明仁岳异说丛书》，《新纂卍续藏经》第 56 册。

（北宋）戒珠叙：《净土往生传》，《大正藏》第 51 册。

（北宋）净源集：《华严普贤行愿修证仪》，《新纂卍续藏经》第 74 册。

（北宋）净源编叙：《首楞严坛场修证仪》，《新纂卍续藏经》第 74 册。

（北宋）净源录：《圆觉经道场略本修证仪》，《新纂卍续藏经》第 74 册。

（北宋）净源述：《华严妄尽还源观疏钞补解》，《新纂卍续藏经》第
　 58 册。

（北宋）净源述：《华严原人论发微录》，《新纂卍续藏经》第 58 册。

（北宋）可观撰：《竹庵草录》，《新纂卍续藏经》第 57 册。

（北宋）吕夏卿撰：《明州雪窦山资圣寺第六祖明觉大师塔铭》，《大正
　 藏》第 47 册。

（北宋）妙原编：《虚堂和尚语录》，《大正藏》第 47 册。

（北宋）契嵩撰：《传法正宗定祖图》，《大正藏》第 51 册。

（北宋）契嵩编：《传法正宗记》，《大正藏》第 51 册。

（北宋）契嵩著：《传法正宗论》，《大正藏》第 51 册。

（北宋）契嵩撰：《镡津文集》，《大正藏》第 52 册。

（北宋）仁勇编：《杨岐方会和尚语录》，《大正藏》第 47 册。

（北宋）如吉编：《重编天台诸文类集》，《新纂卍续藏经》第 57 册。

（北宋）如山注：《圆觉经略疏序注》，《新纂卍续藏经》第 10 册。

（北宋）如山注序：《圆觉经序注》，《新纂卍续藏经》第 10 册。

（北宋）善卿编正：《祖庭事苑》，《新纂卍续藏经》第 64 册。

（北宋）绍隆等编：《圆悟佛果禅师语录》，《大正藏》第 47 册。

（北宋）师会述：《华严融会一乘义章明宗记》，《新纂卍续藏经》第
　 58 册。

（北宋）师会录：《华严一乘教义分齐章焚薪》，《新纂卍续藏经》第
　 58 册。

（北宋）师会述：《华严一乘教义分齐章科》，《新纂卍续藏经》第 58 册。

（北宋）师会述，善熹注：《华严一乘教义分齐章复古记》，《新纂卍续藏
　 经》第 58 册。

（北宋）师会述，善熹注：《注同教问答》，《新纂卍续藏经》第 58 册。

（北宋）师会述，希迪注：《注华严同教一乘策》，《新纂卍续藏经》第
　 58 册。

（北宋）师明集：《续刊古尊宿语要》，《新纂卍续藏经》第 68 册。

（北宋）师远述：《十牛图颂》，《新纂卍续藏经》第 64 册。

（北宋）惟盖竺编：《明觉禅师语录》，《大正藏》第 47 册。

（北宋）彦起撰：《释门归敬仪护法记》，《新纂卍续藏经》第 59 册。

（北宋）延寿撰：《定慧相资歌》，《新纂卍续藏经》第 63 册。

（北宋）延寿撰：《观心玄枢》，《新纂卍续藏经》第 65 册。

（北宋）延寿撰：《警世》，《新纂卍续藏经》第 63 册。

（北宋）延寿撰：《受菩萨戒法》，《新纂卍续藏经》第 59 册。

（北宋）延寿述：《万善同归集》，《大正藏》第 48 册。

（北宋）延寿撰：《永明智觉禅师唯心诀》，《大正藏》第 48 册。

（北宋）延寿述：《中峰国师三时系念佛事》，《新纂卍续藏经》第 74 册。

（北宋）延寿述：《中峰三时系念仪范》，《新纂卍续藏经》第 74 册。

（北宋）延寿集：《宗镜录》，《大正藏》第 48 册。

（北宋）延一编：《广清凉传》，《大正藏》第 51 册。

（北宋）义远编：《天童山景德寺如净禅师续语录》，《大正藏》第 48 册。

（北宋）元悟编：《螺溪振祖集》，《新纂卍续藏经》第 56 册。

（北宋）元照述：《阿弥陀经义疏》，《大正藏》第 37 册。

（北宋）元照撰：《补续芝园集》，《新纂卍续藏经》第 59 册。

（北宋）元照撰：《道具赋》，《新纂卍续藏经》第 59 册。

（北宋）元照述：《观无量寿佛经义疏》，《大正藏》第 37 册。

（北宋）元照录：《四分律删补随机羯磨疏科》，《新纂卍续藏经》第 41 册。

（北宋）元照录：《四分律行事钞科》，《新纂卍续藏经》第 43 册。

（北宋）元照撰：《四分律行事钞资持记》，《大正藏》第 40 册。

（北宋）元照重定：《四分删定比丘尼戒本》，《新纂卍续藏经》第 40 册。

（北宋）元照录，道询集：《芝园遗编》，《新纂卍续藏经》第 59 册。

（北宋）蕴闻编：《大慧普觉禅师语录》，《大正藏》第 47 册。

（北宋）允堪述：《净心诫观法科》，《新纂卍续藏经》第 59 册。

（北宋）允堪述：《四分比丘尼钞科》，《新纂卍续藏经》第 40 册。

（北宋）允堪述：《四分律含注戒本疏发挥记》，《新纂卍续藏经》第 39 册。

（北宋）允堪述：《四分律拾毗尼义钞辅要记》，《新纂卍续藏经》第

44 册。

（北宋）允堪述：《四分律随机羯磨疏正源记》，《新纂卍续藏经》第
40 册。

（北宋）允堪撰录：《新受戒比丘六念五观法》，《新纂卍续藏经》第
59 册。

（北宋）允堪述：《衣钵名义章》，《新纂卍续藏经》第 59 册。

（北宋）赞宁撰：《大宋僧史略》，《大正藏》第 54 册。

（北宋）赞宁等撰：《宋高僧传》，《大正藏》第 50 册。

（北宋）则安述：《羯磨经序解》，《新纂卍续藏经》第 41 册。

（北宋）则安述：《行事钞资持记序解并五例讲义》，《新纂卍续藏经》第
44 册。

（北宋）张商英述：《护法论》，《大正藏》第 52 册。

（北宋）张商英述：《续清凉传》，《大正藏》第 51 册。

（北宋）张商英（无尽）述：《金刚经四十二分说》，《新纂卍续藏经》第
24 册。

（北宋）正受集记：《楞伽经集注》，《新纂卍续藏经》第 17 册。

（北宋）知礼撰：《观无量寿佛经融心解》，《新纂卍续藏经》第 22 册。

（北宋）知礼述：《观无量寿佛经疏妙宗钞》，《大正藏》第 37 册。

（北宋）知礼述：《金光明经文句记》，《大正藏》第 39 册。

（北宋）知礼述：《金光明经玄义拾遗记》，《大正藏》第 39 册。

（北宋）知礼述：《十不二门指要钞》，《大正藏》第 46 册。

（北宋）知礼撰：《四明十义书》，《大正藏》第 46 册。

（北宋）知礼始集，（清）读体重纂：《千手千眼大悲心咒行法》，《新纂
卍续藏经》第 74 册。

（北宋）智圆集：《金刚錍科》，《新纂卍续藏经》第 56 册。

（北宋）智圆著：《闲居编》，《新纂卍续藏经》第 56 册。

（北宋）子璿录：《起信论疏笔削记》，《大正藏》第 44 册。

（北宋）子璿集：《首楞严义疏注经》，《大正藏》第 39 册。

（北宋）遵式述：《天台智者大师斋忌礼赞文》，《大正藏》第 46 册。

（北宋）遵式述，慧观重编：《天竺别集》，《新纂卍续藏经》第 57 册。

（北宋）遵式撰：《往生净土忏愿仪》，《大正藏》第 47 册。

（北宋）遵式撰：《往生净土决疑行愿二门》，《大正藏》第 47 册。

（北宋）真宗皇帝注：《四十二章经御注》，《新纂卍续藏经》第 37 册。

（南宋）陈田夫撰：《南岳总胜集》，《大正藏》第 51 册。

（南宋）崇岳、了悟等编：《密庵和尚语录》，《大正藏》第 47 册。

（南宋）楚圆集：《汾阳无德禅师语录》，《大正藏》第 47 册。

（南宋）道谦编：《大慧普觉禅师宗门武库》，《大正藏》第 47 册。

（南宋）惠彬述：《丛林公论》，《新纂卍续藏经》第 64 册。

（南宋）净善重集：《禅林宝训》，《大正藏》第 48 册。

（南宋）善熹书：《斥谬》，《新纂卍续藏经》第 58 册。

（南宋）善熹述：《评金錍》，《新纂卍续藏经》第 58 册。

（南宋）善月述：《山家绪余集》，《新纂卍续藏经》第 57 册。

（南宋）善月述：《台宗十类因革论》，《新纂卍续藏经》第 57 册。

（南宋）沈孟柈叙述：《钱塘湖隐济颠禅师语录》，《新纂卍续藏经》第
　　69 册。

（南宋）士衡编：《天台九祖传》，《大正藏》第 51 册。

（南宋）侍者等编：《宏智禅师广录》，《大正藏》第 48 册。

（南宋）守坚集：《云门匡直禅师广录》，《大正藏》第 47 册。

（南宋）守坚集：《云门文偃禅师语录》，《新纂卍续藏经》第 69 册。

（南宋）守遂注：《沩山警策注》，《新纂卍续藏经》第 63 册。

（南宋）守一集：《律宗会元》，《新纂卍续藏经》第 60 册。

（南宋）王日休撰：《龙舒增广净土文》，《大正藏》第 47 册、《新纂卍续
　　藏经》第 61 册。

（南宋）惟白述：《文殊指南图赞》，《大正藏》第 45 册、《新纂卍续藏
　　经》第 58 册。

（南宋）惟勉编次：《丛林校定清规总要》，《新纂卍续藏经》第 63 册。

（南宋）惟显编：《律宗新学名句》，《新纂卍续藏经》第 59 册。

（南宋）文才述：《肇论新疏》，《新纂卍续藏经》第 54 册。

（南宋）文才述：《肇论新疏游刃》，《新纂卍续藏经》第 54 册。

（南宋）文素编：《如净和尚语录》，《大正藏》第 48 册。

（南宋）希迪录：《评复古记》，《新纂卍续藏经》第 58 册。

（南宋）晓月注：《夹科肇论序注》，《新纂卍续藏经》第 54 册。

（南宋）孝宗注：《御注圆觉经》，《新纂卍续藏经》第 10 册。

（南宋）行霆解：《圆觉经类解》，《新纂卍续藏经》第 10 册。

（南宋）彦琪注：《证道歌注》，《新纂卍续藏经》第 63 册。

（南宋）与咸述：《复宗集》，《新纂卍续藏经》第 57 册。

（南宋）赜藏主集：《古尊宿语录》，《新纂卍续藏经》第 68 册。

（南宋）志磐撰：《佛祖统纪》，《大正藏》第 49 册。

（南宋）志磐撰，（明）袾宏重订：《法界圣凡水陆胜会修斋仪轨》，《新纂卍续藏经》第 74 册。

（南宋）志磐述：《宗门尊祖议》，《新纂卍续藏经》第 57 册。

（南宋）智昭集：《人天眼目》，《大正藏》第 48 册。

（南宋）子昇录，如祐录：《禅门诸祖师偈颂》，《新纂卍续藏经》第 66 册。

（南宋）宗杲集并著语：《正法眼藏》，《新纂卍续藏经》第 67 册。

（南宋）宗绍编：《无门关》，《大正藏》第 48 册。

（南宋）宗晓编：《乐邦文类》，《大正藏》第 47 册。

（南宋）宗晓编：《乐邦遗稿》，《大正藏》第 47 册。

（南宋）宗晓注：《三教出兴颂注》，《新纂卍续藏经》第 57 册。

（南宋）宗晓编：《四明尊者教行录》，《大正藏》第 46 册。

（南宋）祖庆重编：《佛鉴佛果正觉佛海拈八方珠玉集》，《新纂卍续藏经》第 67 册。

（南宋）义青颂古，（元）从伦评唱：《林泉老人评唱投子青和尚颂古空谷集》，《新纂卍续藏经》第 67 册。

（南宋）子淳颂古，（元）从伦评唱：《林泉老人评唱丹霞淳禅师颂古虚堂集》，《新纂卍续藏经》第 67 册。

（南宋）法应集，（元）普会续集：《禅宗颂古联珠通集》，《新纂卍续藏经》第 65 册。

（南宋）正觉颂古，（元）行秀评唱：《万松老人评唱天童觉和尚拈古请益录》，《大正藏》第 49 册。

（南宋）正觉颂古，（元）行秀评唱：《万松老人评唱天童觉和尚颂古从容庵录》，《大正藏》第 49 册。

（辽）希麟集：《续一切经音义》，《大正藏》第 54 册。

（辽）道殿集：《显密圆通成佛心要集》，《大正藏》第 46 册。

（辽）觉苑撰：《大日经义释演秘钞》，《新纂卍续藏经》第 23 册。

（辽）鲜演述：《华严经谈玄决择》，《新纂卍续藏经》第 8 册。

（辽）志福撰：《释摩诃衍论通玄钞》，《新纂卍续藏经》第 46 册。

（西夏）智广等集：《密咒圆因往生集》，《大正藏》第 46 册。

（元）德辉重编：《敕修百丈清规》，《大正藏》第 48 册。

（元）管主八撰：《密迹力士大权神王经偈颂》，《大正藏》第 32 册。

（元）怀则述：《净土境观要门》，《大正藏》第 47 册。

（元）怀则述：《天台传佛心印记》，《大正藏》第 46 册。

（元）觉岸编：《释氏稽古略》，《大正藏》第 49 册。

（元）刘谧撰：《三教平心论》，《大正藏》第 52 册。

（元）蒙润排定：《天台四教仪科文》，《新纂卍续藏经》第 57 册。

（元）明本著：《幻住庵清规》，《新纂卍续藏经》第 63 册。

（元）念常集：《佛祖历代通载》，《大正藏》第 49 册。

（元）普度编：《庐山莲宗宝鉴》，《大正藏》第 47 册。

（元）普度辑：《庐山优昙宝鉴》，《新纂卍续藏经》第 61 册。

（元）普瑞集：《华严悬谈会玄记》，《新纂卍续藏经》第 8 册。

（元）清觉述，道安注：《初学记》，《新纂卍续藏经》第 63 册。

（元）清觉述：《正行集》，《新纂卍续藏经》第 63 册。

（元）清远述：《圆觉经疏钞随文要解》，《新纂卍续藏经》第 10 册。

（元）如瑛编：《高峰龙泉院因师集贤语录》，《新纂卍续藏经》第 65 册。

（元）善遇编：《师子林天如和尚净土或问》，《新纂卍续藏经》第 61 册。

（元）盛熙明述：《补陀洛迦山传》，《大正藏》第 51 册。

（元）师正排科，可度重订：《科南本涅槃经》，《新纂卍续藏经》第 37 册。

（元）天如则著：《净土或问》，《大正藏》第 47 册。

（元）王子成集：《礼念弥陀道场忏法》，《新纂卍续藏经》第 74 册。

（元）文才述：《肇论新疏》，《大正藏》第 45 册。

（元）祥迈撰：《辩伪录》，《大正藏》第 52 册。

（元）省悟编述，嗣良参订：《律苑事规》，《新纂卍续藏经》第 60 册。

（元）性澄句解：《阿弥陀经句解》，《新纂卍续藏经》第 22 册。

（元）一辩问，慈云觉答：《青州百问》，《新纂卍续藏经》第 67 册。

（元）弌咸编：《禅林备用清规》，《新纂卍续藏经》第 63 册。

（元）永盛述，德弘编：《永嘉真觉大师证道歌》，《新纂卍续藏经》第 65 册。

（元）元粹述：《天台四教仪备释》，《新纂卍续藏经》第 57 册。

（元）元通设问，行秀仰答：《通玄百问》，《新纂卍续藏经》第 67 册。

（元）圆觉述：《华严原人论解》，《新纂卍续藏经》第 58 册。

（元）智彻述：《禅宗决疑集》，《大正藏》第 48 册。

（元）子成撰，师子比丘述注：《折疑论》，《大正藏》第 52 册。

（元）宗宝编：《六祖大师法宝坛经》，《大正藏》第 48 册。

（元）惟则会解，（明）传灯疏：《楞严经圆通疏》，《新纂卍续藏经》第 12 册。

（元）圆觉解，（明）扬嘉祚删合：《华严原人论合解》，《新纂卍续藏经》第 58 册。

（明）本瑞直注，道霖性福编集：《赞绝老人天奇直注天童觉和尚颂古》，《新纂卍续藏经》第 67 册。

（明）本瑞直注，道霖性福编集：《赞绝老人天奇直注雪窦显和尚颂古》，《新纂卍续藏经》第 67 册。

（明）禅修述：《依楞严究竟事仪》，《新纂卍续藏经》第 74 册。

（明）成时评点、节要：《净土十要》，《新纂卍续藏经》第 61 册。

（明）传灯录：《法华经玄义辑略》，《新纂卍续藏经》第 28 册。

（明）传灯述：《观无量寿佛经图颂》，《新纂卍续藏经》第 22 册。

（明）传灯撰：《净土生无生论》，《大正藏》第 47 册。

（明）传灯著：《性善恶论》，《新纂卍续藏经》第 57 册。

（明）传灯重编并注：《永嘉禅宗集注》，《新纂卍续藏经》第 63 册。

（明）大建较：《禅林宝训音义》，《新纂卍续藏经》第 64 册。

（明）大韶著：《千松笔记》，《新纂卍续藏经》第 65 册。

（明）大香注：《沩山大圆禅师警策》，《新纂卍续藏经》第 65 册。

（明）大佑集：《净土指归集》，《新纂卍续藏经》第 61 册。

（明）道衍编：《净土简要录》，《新纂卍续藏经》第 61 册。

（明）德清述：《大乘起信论直解》，《新纂卍续藏经》第 45 册。

（明）德清笔记：《观楞伽经记》，《新纂卍续藏经》第 17 册。

（明）德清阅：《紫柏老人集》，《新纂卍续藏经》第 73 册。

（明）法藏：《三峰和尚语录》，《禅宗全书》第 52 册，台北：文殊文化有限公司 1989 年版。

（明）法藏著：《五宗原》，《新纂卍续藏经》第 65 册、《禅宗全书》第 33

　　册，台北：文殊文化有限公司 1988 年版。

（明）方泽纂：《大方广佛华严经合论纂要》，《新纂卍续藏经》第 5 册。

（明）葛寅亮：《金陵梵刹志》，《中国佛寺志丛刊》第 22 册，江苏广陵古
　　籍刻印社 1996 年版。

（明）古德法师演义，慈航智愿定本：《阿弥陀经疏钞演义》，《新纂卍续
　　藏经》第 22 册。

（明）广承辑录，智旭会补：《毗尼珍敬录》，《新纂卍续藏经》第 39 册。

（明）广益纂释：《八识规矩纂释》，《新纂卍续藏经》第 55 册。

（明）广益纂释：《大乘百法明门论》，《新纂卍续藏经》第 48 册。

（明）弘忍：《五宗救》，《禅宗全书》第 33 册，台北：文殊文化有限公司
　　1988 年版。

（明）弘赞辑：《四分律名义标释》，《新纂卍续藏经》第 44 册。

（明）弘赞注，开诇记：《沩山警策句释记》，《新纂卍续藏经》第 63 册。

（明）洪莲编：《金刚经注解》，《新纂卍续藏经》第 24 册。

（明）胡文焕著：《十牛图颂》，《新纂卍续藏经》第 64 册。

（明）幻轮编：《释鉴稽古略续集》，《大正藏》第 49 册。

（明）克勤著：《书》，《新纂卍续藏经》第 57 册。

（明）李贽简要：《大方广佛华严经合论简要》，《新纂卍续藏经》第 4 册。

（明）林弘衍编次：《福州玄沙宗一禅师语录》，《新纂卍续藏经》第
　　73 册。

（明）林弘衍编次：《雪峰真觉禅师语录》，《新纂卍续藏经》第 69 册。

（明）明昱著：《相宗八要解》，《新纂卍续藏经》第 55 册。

（明）明昱疏：《因明入正理论直疏》，《新纂卍续藏经》第 53 册。

（明）普泰补注：《八识规矩补注》，《大正藏》第 45 册、《新纂卍续藏
　　经》第 55 册。

（明）钱谦益纂阅：《紫柏尊者别集》，《新纂卍续藏经》第 73 册。

（明）如惺撰：《大明高僧传》，《大正藏》第 50 册。

（明）如馨纂要：《经律戒相布萨轨仪》，《新纂卍续藏经》第 60 册。

（明）如卺续集：《缁门警训》，《大正藏》第 48 册。

（明）善坚撰：《华严大意》，《新纂卍续藏经》第 58 册。

（明）绍觉音义：《成唯识论音义》，《新纂卍续藏经》第 51 册。

（明）通容述：《丛林两序须知》，《新纂卍续藏经》第 63 册。

（明）通容辑著：《祖庭钳鎚录》，《新纂卍续藏经》第 65 册。

（明）通润集解：《成唯识论集解》，《新纂卍续藏经》第 50 册。

（明）通润述疏：《大乘起信论续疏》，《新纂卍续藏经》第 45 册。

（明）王肯堂证义：《成唯识论证义》，《新纂卍续藏经》第 50、51 册。

（明）王肯堂集释：《因明入正理论集解》，《新纂卍续藏经》第 53 册。

（明）虚一撰：《宗门玄鉴图》，《新纂卍续藏经》第 63 册。

（明）徐溥等奉敕撰，李东阳等重修：《明会典》，影印文渊阁《四库全书》，第 617—618 册，台北：商务印书馆 1986 年版。

（明）许元钊录：《云门麦浪怀禅师宗门设难》，《新纂卍续藏经》第 73 册。

（明）语风圆信、郭凝之编：《金陵清凉院文益禅师语录》，《大正藏》第 47 册。

（明）语风圆信、郭凝之编：《瑞州洞山良价禅师语录》，《大正藏》第 47 册。

（明）语风圆信、郭凝之编：《潭州沩山灵祐禅师语录》，《大正藏》第 47 册。

（明）语风圆信、郭凝之编：《袁州仰山慧寂禅师语录》，《大正藏》第 47 册。

（明）元来说，成正集：《博山和尚参禅警语》，《新纂卍续藏经》第 63 册。

（明）元贤述：《净慈要语》，《新纂卍续藏经》第 61 册。

（明）元贤述：《楞严经略疏》，《新纂卍续藏经》第 15 册。

（明）元贤述：《律学发轫》，《新纂卍续藏经》第 60 册。

（明）圆澄著：《慨古录》，《新纂卍续藏经》第 65 册。

（明）圆澄注：《楞严经臆说》，《新纂卍续藏经》第 12 册。

（明）圆澄注：《思益梵天所问经简注》，《新纂卍续藏经》第 20 册。

（明）圆杲解注：《金刚经音释直解》，《新纂卍续藏经》第 25 册。

（明）圆悟：《密云禅师语录》，《禅宗全书》第 52 册，台北：文殊文化有限公司 1989 年版。

（明）圆悟著，真启编：《天童和尚辟妄救略说》，《新纂卍续藏经》第 65 册。

（明）圆信、郭凝之编集：《曹山本寂禅师语录》，《新纂卍续藏经》第

69 册。

（明）圆信、郭凝之编集：《五家语录》，《新纂卍续藏经》第 69 册。

（明）袁宏道撰：《西方合论》，《大正藏》第 47 册。

（明）镇澄著：《物不迁正量论》，《新纂卍续藏经》第 54 册。

（明）正诲略说：《八识规矩颂略说》，《新纂卍续藏经》第 55 册。

（明）正相解：《楞严经势至圆通章科解》，《新纂卍续藏经》第 16 册。

（明）智旭解：《阿弥陀经要解》，《大正藏》第 37 册。

（明）智旭述：《教观纲宗》，《大正藏》第 46 册。

（明）袾宏辑：《禅关策进》，《大正藏》第 48 册。

（明）袾宏著：《答净土四十八问》，《新纂卍续藏经》第 61 册。

（明）葛寅亮：《金陵梵刹志》，天津人民出版社 2007 年版。

（明）袾宏辑：《具戒便蒙》，《新纂卍续藏经》第 60 册。

（明）袾宏述：《楞严经摸象记》，《新纂卍续藏经》第 12 册。

（明）袾宏辑：《沙门律仪要略》，《新纂卍续藏经》第 60 册。

（明）袾宏辑：《往生集》，《大正藏》第 51 册。

（明）宗泐、如玘同注：《金刚般若波罗蜜多心经注解》，《大正藏》第
　　33 册。

（明）宗泐、如玘同注：《金刚般若波罗蜜经注解》，《大正藏》第 33 册。

（明）宗泐、如玘同注：《楞伽阿跋多罗宝经注解》，《大正藏》第 39 册。

（明）法藏撰集，（清）超远检录：《传授三坛弘戒法仪》，《新纂卍续藏
　　经》第 60 册。

（明）袾宏疏钞，（清）徐槐廷撷：《阿弥陀经疏钞撷》，《新纂卍续藏经》
　　第 22 册。

（明）智旭集，（清）仪润、陈熙愿增订：《在家律要广集》，《新纂卍续
　　藏经》第 60 册。

（清）觉明菩萨说，常摄集：《西方确指》，《新纂卍续藏经》第 62 册。

（清）超溟：《万法归心录》，《新纂卍续藏经》第 65 册。

（清）超永编：《五灯全书》，《中国佛学文献丛刊》，中华全国图书馆文
　　献缩微复制中心 1996 年版。

（清）陈梦雷编纂：《古今图书集成》，中华书局、巴蜀书社 1985 年版。

（清）戴京曾题：《法界宗五祖略记引·法界宗五祖略记》，《新纂卍续藏
　　经》第 45 册。

（清）道忞：《弘觉忞禅师北游集》，《禅宗全书》第64册，台北：文殊文化有限公司1990年版。

（清）道忞：《天童弘觉忞禅师语录》，《禅宗全书》第64册，台北：文殊文化有限公司1990年版。

（清）道霈纂要：《法华经文句纂要》，《新纂卍续藏经》第29册。

（清）道霈述：《圣箭堂述古》，《新纂卍续藏经》第73册。

（清）道霈撰：《鼓山为霖和尚示修净土旨诀》，《新纂卍续藏经》第62册。

（清）张金城修，杨浣雨纂，陈明猷点校：《乾隆宁夏府志》，宁夏人民出版社1992年版。

（清）《甘州府志》，乾隆四十四年修。

（清）吴广成：《西夏书事》，清道光五年（1835）刊本。

（清）张鉴：《西夏纪事本末》，清光绪十一年（1885）刻本。

（清）张澍：《养素堂文集》，道光十七年（1837）刊本。

（清）喻谦：《新续高僧传》，《高僧传合集》，上海古籍出版社1995年版。

（清）德基辑：《毗尼关要事义》，《新纂卍续藏经》第40册。

（清）德润录：《毗陵天宁普能嵩禅师净土诗》，《新纂卍续藏经》第62册。

（清）德玉顺硃：《禅林宝训顺硃》，《新纂卍续藏经》第64册。

（清）德玉顺硃：《梵网经顺硃》，《新纂卍续藏经》第39册。

（清）德真辑：《净土绀珠》，《新纂卍续藏经》第62册。

（清）谛闲述：《楞严经序指味疏》，《新纂卍续藏经》第16册。

（清）读体汇集：《毗尼日用切要》，《新纂卍续藏经》第60册。

（清）读体集：《毗尼止持会集》，《新纂卍续藏经》第39册。

（清）读体撰：《三坛传戒正范》，《新纂卍续藏经》第60册。

（清）读体辑集：《沙弥尼律仪要略》，《新纂卍续藏经》第60册。

（清）古崑集：《莲宗必读》，《新纂卍续藏经》第62册。

（清）古崑录辑：《西归行仪》，《新纂卍续藏经》第74册。

（清）古云重编：《沙门日用录》，《新纂卍续藏经》第60册。

（清）函可：《千山剩人和尚语录》，《四库禁毁书丛刊》，子部第35册，北京出版社2000年版。

（清）弘赞注：《沙弥律仪要略增注》，《新纂卍续藏经》第60册。

（清）弘赞述并注：《沙弥学戒仪轨颂注》，《新纂卍续藏经》第 60 册。

（清）集云堂编：《宗鉴法林》，《新纂卍续藏经》第 66 册。

（清）纪荫编：《宗统编年》，《新纂卍续藏经》第 86 册。

（清）济时述：《楞严经正见》，《新纂卍续藏经》第 16 册。

（清）今释：《丹霞澹归禅师语录》，《禅宗全书》第 70 册，台北：文殊文
　　化有限公司 1990 年版。

（清）净符汇集：《宗门拈古汇集》，《新纂卍续藏经》第 66 册。

（清）净讷述：《宝镜三昧原宗辨谬说》，《新纂卍续藏经》第 63 册。

（清）净昇集：《法华经大成音义》，《新纂卍续藏经》第 32 册。

（清）昆冈等奉敕撰：（光绪朝）《钦定大清会典》，商务印书馆光绪戊申
　　年（1908）版。

（清）昆冈等奉敕撰：（光绪朝）《钦定大清会典事例》，商务印书馆宣统
　　己酉年（1909）版。

（清）了亮等集：《彻悟禅师语录》，《新纂卍续藏经》第 62 册。

（清）灵椉定，岳玄排：《地藏本愿经科文》，《新纂卍续藏经》第 21 册。

（清）灵椉撰：《地藏本愿经纶贯》，《新纂卍续藏经》第 21 册。

（清）灵耀说：《观音经普门品肤说》，《新纂卍续藏经》第 35 册。

（清）灵耀著：《随缘集》，《新纂卍续藏经》第 57 册。

（清）彭际清述：《华严念佛三昧论》，《新纂卍续藏经》第 58 册。

（清）彭际清述：《净土三经论》，《新纂卍续藏经》第 37 册。

（清）彭际清纂：《念佛警策》，《新纂卍续藏经》第 62 册。

（清）彭际清重订：《省庵法师语录》，《新纂卍续藏经》第 62 册。

（清）彭际清述：《无量寿经起信论》，《新纂卍续藏经》第 22 册。

（清）彭际清述：《一乘决疑论》，《新纂卍续藏经》第 58 册。

（清）溥仁乩释，子真乩订：《金刚经注释》，《新纂卍续藏经》第 25 册。

（清）钱伊庵编辑：《宗范》，《新纂卍续藏经》第 65 册。

（清）沈善登述：《报恩论》，《新纂卍续藏经》第 62 册。

（清）石成金著：《禅宗直指》，《新纂卍续藏经》第 63 册。

（清）书玉述：《二部僧授戒仪式》，《新纂卍续藏经》第 60 册。

（清）书玉述：《佛说梵网经初津》，《新纂卍续藏经》第 39 册。

（清）书玉科释：《沙弥律仪要略述义》，《新纂卍续藏经》第 60 册。

（清）陶善著，弟子节钞：《琼楼吟稿节钞》，《新纂卍续藏经》第 62 册。

（清）通琇：《玉林禅师语录》，《禅宗全书》第 64 册，台北：文殊文化有限公司 1990 年版。

（清）托津等奉敕纂：（嘉庆朝）《钦定大清会典》，《近代中国史料丛刊》第三编，第 631—640 册，台北：文海出版社有限公司 1991 年版。

（清）托津等奉敕纂：（嘉庆朝）《钦定大清会典事例》，载《近代中国史料丛刊》第三编，第 641—700 册，台北：文海出版社有限公司 1991 —1992 年版。

（清）闻性道，释德介：《天童寺志》，《中国佛寺史志汇刊》第 1 辑第 13 册，台北明文书局 1980 年版。

（清）翁春、王锡琯解释：《金刚经浅解》，《新纂卍续藏经》第 25 册。

（清）无是注解：《金刚经如是解》，《新纂卍续藏经》第 25 册。

（清）悟开述：《净业知津》，《新纂卍续藏经》第 62 册。

（清）行策述：《宝镜三昧本义》，《新纂卍续藏经》第 63 册。

（清）行策会编：《金刚经疏记会编》，《新纂卍续藏经》第 25 册。

（清）行策：《净土警语》，《新纂卍续藏经》第 62 册。

（清）行策撰：《楞严经势至圆通章解》，《新纂卍续藏经》第 16 册。

（清）行策定：《起一心精进念佛七期规式》，《新纂卍续藏经》第 62 册。

（清）行盛著，超记录：《禅林宝训拈颂》，《新纂卍续藏经》第 64 册。

（清）行悦集：《列祖提纲录》，《新纂卍续藏经》第 64 册。

（清）性音重编：《禅宗杂毒海》，《新纂卍续藏经》第 65 册。

（清）徐昌治纂：《金刚经会解了义》，《新纂卍续藏经》第 25 册。

（清）徐法诠次：《金刚经郢说》，《新纂卍续藏经》第 25 册。

（清）徐槐廷解义：《般若心经解义》，《新纂卍续藏经》第 26 册。

（清）续法录注：《阿弥陀经略注》，《新纂卍续藏经》第 22 册。

（清）续法集：《八大人觉经疏》，《新纂卍续藏经》第 37 册。

（清）续法集：《法界宗莲花章》，《新纂卍续藏经》第 58 册。

（清）续法集：《华严镜灯章》，《新纂卍续藏经》第 58 册。

（清）续法集录：《贤首五教仪》，《新纂卍续藏经》第 58 册。

（清）续法集：《贤首五教仪开蒙》，《新纂卍续藏经》第 58 册。

（清）杨文会略注：《大宗地玄文本论略注》，《新纂卍续藏经》第 46 册。

（清）一松讲录，广和编定：《法华经演义》，《新纂卍续藏经》第 33 册。

（清）伊桑阿等纂修：（康熙朝）《大清会典》，《近代中国史料丛刊》第

　　三编，第 711—730 册，台北：文海出版社有限公司 1992、1993 年版。

（清）仪润证义：《百丈丛林清规证义记》，《新纂卍续藏经》第 63 册。

（清）雍正帝：《御录经海一滴》，中国社会科学出版社 2004 年版。

（清）雍正帝：《御录宗镜大纲》，中国社会科学出版社 2004 年版。

（清）雍正帝：《御选语录》，《新纂卍续藏经》第 68 册。

（清）雍正帝制：《御制拣魔辨异录》，《新纂卍续藏经》第 65 册。

（清）永光敬录：《华严经三十九品大意》，《新纂卍续藏经》第 9 册。

（清）永光录集：《华严经纲目贯摄》，《新纂卍续藏经》第 9 册。

（清）虞执西、严培西同录：《云栖净土汇语》，《新纂卍续藏经》第
　　62 册。

（清）俞行敏重辑：《净土全书》，《新纂卍续藏经》第 62 册。

（清）俞樾注：《金刚经注》，《新纂卍续藏经》第 25 册。

（清）俞樾：《金刚经订义》，《新纂卍续藏经》第 25 册。

（清）允禄等监修：（雍正朝）《大清会典》，《近代中国史料丛刊》第三
　　编，第 761—790 册，台北：文海出版社有限公司 1994、1995 年版。

（清）允祹等奉敕撰：（乾隆朝）《钦定大清会典》，影印文渊阁《四库全
　　书》第 619 册，台北：商务印书馆 1986 年版。

（清）张师诚著：《径中径又径》，《新纂卍续藏经》第 62 册。

（清）张文嘉较定，张文宪参阅：《禅林宝训合注》，《新纂卍续藏经》第
　　64 册。

（清）张渊述：《念佛起缘弥陀观偈直解》，《新纂卍续藏经》第 62 册。

（清）照莹集：《净业痛策》，《新纂卍续藏经》第 62 册。

（清）真益愿纂述：《劝修净土切要》，《新纂卍续藏经》第 62 册。

（清）真在编，机云重续：《径石滴乳集》，《新纂卍续藏经》第 67 册。

（清）郑澄德、郑澄源注：《阿弥陀经注》，《新纂卍续藏经》第 22 册。

（清）郑韦庵述：《持名四十八法》，《新纂卍续藏经》第 62 册。

（清）咫观记：《法界圣凡水陆大斋法轮宝忏》，《新纂卍续藏经》第
　　74 册。

（清）咫观述：《法界圣凡水陆大斋普利道场性相通论》，《新纂卍续藏
　　经》第 74 册。

（清）智祥述：《禅林宝训笔说》，《新纂卍续藏经》第 64 册。

（清）治兆辑：《清珠集》，《新纂卍续藏经》第 62 册。

（清）周克复纂：《净土晨钟》，《新纂卍续藏经》第 62 册。

（清）周梦颜汇集：《西归直指》，《新纂卍续藏经》第 62 册。

（清）朱寿朋编：《光绪朝东华录》，中华书局 1958 年版。

张伟仁主编：《"中央"研究院历史语言研究所现存清代内阁大库原藏明清档案》，台北：台湾联经出版事业公司 1986—1995 年版。

（民国）喻谦：《新续高僧传》，《大藏经补编》第 27 册，台北华宇出版社 1986 年版。

台湾故宫博物院编：《宫中档光绪朝奏折》，台北：台湾故宫博物院 1973—1975 年版。

台湾故宫博物院编：《宫中档康熙朝奏折》，台北：台湾故宫博物院 1976 年版。

台湾故宫博物院编：《宫中档乾隆朝奏折》，台北：台湾故宫博物院 1982—1987 年版。

台湾故宫博物院编：《宫中档雍正朝奏折》，台北：台湾故宫博物院 1977—1980 年版。

王云五主编：《清朝通典》，《十通》第三种，商务印书馆 1935 年版。

王云五主编：《清朝通志》，《十通》第六种，商务印书馆 1935 年版。

王云五主编：《清朝文献通考》，《十通》第九种，商务印书馆 1936 年版。

王云五主编：《清朝续文献通考》，《十通》第十种，商务印书馆 1936 年版。

中国第一历史档案馆编：《康熙朝汉文朱批奏折汇编》，中国档案出版社 1984 年、1985 年版。

中国第一历史档案馆编：《康熙朝满文朱批奏折全译》，中国社会科学出版社 1996 年版。

中国第一历史档案馆编：《乾隆朝上谕档》，中国档案出版社 1991 年版。

中国第一历史档案馆编：《雍正朝汉文谕旨汇编》，广西师范大学出版社 1999 年版。

中国第一历史档案馆编：《雍正朝汉文朱批奏折汇编》，江苏古籍出版社 1989—1991 年版。

中国第一历史档案馆译编：《雍正朝满文朱批奏折全译》，黄山书社 1998 年版。

中国第一历史档案馆、中国社会科学院历史研究所译注：《满文老档》，中华书局 1990 年版。

（乾隆朝）《钦定大清会典则例》，影印文渊阁《四库全书》，第 620—625
　　册，台北：商务印书馆 1986 年版。

《清实录》，中华书局 1985—1987 年版。

《超宗慧方禅师语录》，《新纂卍续藏经》第 69 册。

《慈悲地藏菩萨忏法》，《新纂卍续藏经》第 74 册。

《慈悲水忏法》，《大正藏》第 45 册。

《佛教碑帖集成》，《现代佛学大系》第 11 册，台北：弥勒出版社 1983
　　年版。

《高峰大师语录》，《新纂卍续藏经》第 70 册。

《普庵印肃禅师语录》，《新纂卍续藏经》第 69 册。

《神僧传》，《大正藏》第 50 册。

《石霜楚圆禅师语录》，《新纂卍续藏经》第 69 册。

《石溪心月禅师杂录》，《新纂卍续藏经》第 71 册。

《死心悟新禅师语录》，《新纂卍续藏经》第 69 册。

《四家语录》，《新纂卍续藏经》第 69 册。

《天目中峰广慧禅师语》，《新纂卍续藏经》第 70 册。

《续传灯录》，《大正藏》第 51 册。

《雪庵从瑾禅师颂古》，《新纂卍续藏经》第 69 册。

《真心直说》，《新纂卍续藏经》第 64 册。

（唐）道宣疏，（北宋）元照述，〔日〕禅龙合会：《四分律羯磨疏济缘
　　记》，《新纂卍续藏经》第 41 册。

（唐）道宣撰，（北宋）元照述，〔日〕慧门等分会：《四分律行事钞资持
　　记》，《新纂卍续藏经》第 43、44 册。

〔日〕东晙辑：《黄龙慧南禅师语录续补》，《大正藏》第 47 册。

〔日〕海寿编次：《古林和尚拾遗偈颂》，《新纂卍续藏经》第 71 册。

〔日〕慧印校：《抚州曹山元证禅师语录》，《大正藏》第 47 册、《新纂卍
　　续藏经》第 69 册。

〔日〕慧印校：《筠州洞山悟本禅师语录》，《大正藏》第 47 册、《新纂卍
　　续藏经》第 69 册。

〔日〕及藏主集录：《即休契了禅师拾遗集》，《新纂卍续藏经》第 71 册。

〔日〕慧显集，〔日〕戒月改录：《行事钞诸家记标目》，《新纂卍续藏经》

第 44 卷。

［日］ 玄契编：《抚州曹山本寂禅师语录》，《大正藏》 第 47 册。

二　现代著述

班钦索南查巴：《新红史》，黄颢译，西藏人民出版社 1984 年版。

蔡巴·贡噶多吉：《红史》，东噶·洛桑赤列校著，陈庆英、周润年译，西藏人民出版社 1988 年版。

曹仕邦：《中国佛教译经史论集》，台北：东初出版社 1990 年版。

柴志光、潘明权主编：《上海佛教碑刻文献集》，上海古籍出版社 2004 年版。

陈垣：《明季滇黔佛教考》，河北教育出版社 2000 年版。

陈垣：《清初僧诤记》，上海书店出版社 1992 年版。

陈垣：《释氏疑年录》，《现代佛学大系》 第 3 册，台北：弥勒出版社 1982 年版。

陈垣：《中国佛教史籍概论》，上海书店出版社 2001 年版。

达仓宗巴·班觉桑布：《汉藏史集》，陈庆英译，西藏人民出版社 1986 年版。

邓子美：《吴地佛教文化》，中央编译出版社 1996 年版。

杜继文主编：《佛教史》，江苏人民出版社 2008 年版。

杜继文：《中国佛教与中国文化》，宗教文化出版社 2003 年版。

杜继文、魏道儒：《中国禅宗通史》，江苏古籍出版社 1993 年版。

方广锠主编：《藏外佛教文献》 第 1—10 辑，宗教文化出版社 1995—1998 年、2000 年、2003 年、2008 年版。

方立天：《佛教哲学》，长春出版社 2006 年版。

方立天：《中国佛教与传统文化》，上海人民出版社 1988 年版。

方立天：《中国佛教哲学要义》，中国人民大学出版社 2005 年版。

冯达庵：《佛法要论》，宗教文化出版社 2008 年版。

冯尔康：《雍正传》，人民出版社 1985 年版。

葛兆光：《禅宗与中国文化》，上海人民出版社 1998 年版。

郭朋：《宋元佛教》，福建人民出版社 1981 年版。

郭朋：《明清佛教》，福建人民出版社 1982 年版。

洪修平、孙亦平：《如来禅》，浙江人民出版社 1997 年版。

洪修平：《中国禅学思想史》，中国人民大学出版社 2007 年版。

胡适等：《禅宗的历史与文化》，新潮社文化事业公司 1991 年版。

季羡林、汤一介主编：《中华佛教史》，山西教育出版社 2013 年版。

江灿腾：《晚明佛教丛林改革与佛学之争辩之研究》，台北：新文丰出版
　　公司 1990 年版。

姜伯勤：《石濂大汕与澳门禅史：清初岭南禅学史研究初编》，学林出版
　　社 1999 年版。

蒋维乔：《中国佛教史》，上海古籍出版社 2011 年版。

[俄] 克恰诺夫、李范文、罗矛昆：《圣立义海研究》，宁夏人民出版社
　　1995 年版。

赖永海：《佛学与儒学》，浙江人民出版社 1992 年版。

赖永海主编：《中国佛教百科全书》，上海古籍出版社 2000 年版。

赖永海：《中国佛教文化论》，中国青年出版社 1999 年版。

赖永海：《中国佛性论》，中国青年出版社 1999 年版。

赖永海主编：《中国佛教通史》，江苏人民出版社 2010 年版。

蓝吉富：《二十世纪的中日佛教》，台北：新文丰出版公司 1991 年版。

蓝吉富：《中日佛教泛论》，台北：新文丰出版公司 1993 年版。

蓝吉富主编：《世界佛学名著译丛》（第 1—100 册），台北：华宇出版社
　　1989 年版。

蓝吉富主编：《大藏经补编》（第 1—36 册），台北：华宇出版社 1989
　　年版。

蓝吉富主编：《现代佛学大系》，台北：弥勒出版社 1984 年版。

李富华、何梅：《汉文佛教大藏经研究》，宗教文化出版社 2003 年版。

李玉珉：《中国佛教美术史》，台北：东大书局 2001 年版。

梁思成：《中国古建筑调查报告》，生活·读书·新知三联书店 2012
　　年版。

梁思成：《中国建筑史》，百花文艺出版社 2005 年版。

梁思成：《佛像的历史》，中国青年出版社 2010 年版。

刘敦桢：《中国古代建筑史》，中国建筑工业出版社 1984 年版。

龙显昭主编：《巴蜀佛教碑文集成》，巴蜀书社 2004 年版。

吕澂：《中国佛学源流略讲》，中华书局 1979 年版。

麻天祥：《晚清佛学与近代社会思潮》，台北：文津出版社 1992 年版。

孟元老：《东京梦华录》，中国商业出版社1982年版。

潘桂明：《中国禅宗思想历程》，今日中国出版社1992年版。

阮仁泽、高振农主编：《上海宗教史》，上海人民出版社1992年版。

《石涛画语》，俞剑华标点注译本，人民美术出版社1959年版。

史金波、白滨、黄振华：《文海研究》，中国社会科学出版社1983年版。

史金波：《西夏佛教史略》，宁夏人民出版社1988年版。

史金波、白滨、吴峰云：《西夏文物》，文物出版社1988年版。

史金波、魏同贤、〔俄〕克恰诺夫主编：《俄藏黑水城文献》，上海古籍出
　　版社1997—2006年版。

史金波、聂鸿音、白滨译注：《天盛改旧新定律令》，法律出版社1999
　　年版。

史金波：《西夏社会》，上海人民出版社2007年版。

史金波、雅森·吾守尔：《中国活字印刷术的发明和早期传播——西夏和
　　回鹘活字印刷术研究》，社会科学文献出版社2000年版。

释圣严：《明末佛教研究》，台北：东初出版社1992年版。

苏晋仁：《佛教文化与历史》，中央民族大学出版社1998年版。

苏渊雷：《佛教与中国传统文化》，湖南教育出版社1992年版。

孙昌武：《佛教与中国文学》，上海人民出版社2007年版。

汤一介：《佛教与中国文化》，宗教文化出版社1999年版。

王居恭：《华严经及华严宗漫谈》，中国书店1997年版。

王川平编著：《大足石刻》，五洲传播出版社2001年版。

王治心：《中国宗教思想史大纲》，东方出版社1996年版。

魏道儒：《宋代禅宗文化》，中州古籍出版社1993年版。

魏道儒：《中国华严宗通史》，江苏古籍出版社1998年版。

魏道儒：《华严学与禅学》，宗教文化出版社2011年版。

魏道儒主编：《佛教护国思想与实践》，社会科学文献出版社2012年版。

吴天墀：《西夏史稿》，四川人民出版社1981年版。

谢重光、白文固：《中国僧官制度史》，青海人民出版社1990年版。

阎文儒：《中国石窟艺术总论》，广西师范大学出版社2003年版。

严耀中：《江南佛教史》，上海人民出版社2000年版。

杨曾文：《中国佛教史论》，中国社会科学出版社2002年版。

印顺：《中国禅宗史》，江西人民出版社1999年版。

于存海、何继英：《西夏佛塔》，文物出版社 1995 年。

余英时：《方以智晚节考》，生活·读书·新知三联书店 2004 年版。

张曼涛主编：《现代佛教学术丛刊》（第 1—100 册），台北：大乘文化出版社 1977—1978 年版。

《国立北平图书馆馆刊》第四卷第三号（西夏文专号），1932 年。

宁夏文物考古研究所：《拜寺沟西夏方塔》，文物出版社 2005 年版。

中国佛教协会编：《中国佛教》，东方出版中心 1980 年、1982 年、1989 年版。

中国社会科学院西夏文化研究中心、国家图书馆编：《国家图书馆学刊》 2002 年增刊《西夏研究专号》，北京图书馆出版社 2002 年版。

［俄］爱尔米塔什博物馆：《丝路上消失的王国——西夏黑水城的佛教艺术》（台湾历史博物馆中文版），1996 年版。

［日］长谷部幽蹊：《明清佛教史序说》，台北：新文丰出版公司 1976 年版。

［日］忽滑谷快天：《中国禅学思想史》，朱谦之译，上海古籍出版社 2002 年版。

［日］西田龙雄：《西夏文华严经》Ⅰ，京都大学文学部 1975 年版。

［日］柳田圣山编：《胡适禅学案》，台北：正中书局 1975 年版。

［日］石井修道：《宋代禅宗史的研究》，大东出版社昭和六十二年版。

［日］镰田茂雄：《禅典籍内华严资料集成》，东京大学东洋文化研究所昭和五十九年版。

后　记

　　度过九年奋力挣扎的岁月，留下许多刻骨铭心的记忆，到了今天，《世界佛教通史》终于出版了！

　　在这里，我首先代表本课题组所有成员，也就是本部书所有作者，向关心、关怀、指导、帮助我们工作的领导、前辈、同事和朋友表示衷心感谢。

　　从2006年11月7日到2006年12月24日，在我筹备成立课题组，为争取立项做准备工作期间，世界宗教研究所党委书记曹中建先生最早表示全力支持，卓新平所长最早代表所领导宣布批准我申报《世界佛教通史》课题。前辈杜继文先生给了我最早的指导、鼓励和鞭策。王志远先生在成立课题组方面提出了原则性建议，并提议增加《世界佛教大事年表》。同事和好朋友尕藏加、何劲松、黄夏年、周齐、郑筱筠、华方田、纪华传、周广荣、杨健、周贵华、王颂等人从不同方面给我提出具体建议，提供诸多帮助。没有这些领导、前辈、同事和朋友最初的厚爱、最可贵的指教、最温暖的援手，成立课题组就是一句空话。时间已经过去9年了，每次我回忆那些难忘情景的时候，眼前总会出现他们当时脸上流露出的真诚和信任。

　　2007年11月，课题组筹备工作完成，正式进入研究工作阶段。我在分别征求课题组成员的意见之后，聘请中国社会科学院世界宗教研究所所长卓新平研究员、党委书记兼副所长曹中建先生、副所长金泽研究员、中国社会科学院荣誉学部委员杜继文研究员、中国社会科学院荣誉学部委员杨曾文研究员为课题组顾问。八年来，三位所领导和两位前辈关心、关怀课题的进展，从不同方面为课题的顺利进行创造条件。

　　2012年12月31日，在《世界佛教通史》课题结项时，中国社会科学院学部委员卓新平研究员、世界宗教研究所副所长金泽研究员、北京大学姚卫群教授、中国人民大学张风雷教授、北京师范大学徐文明教授应邀出席答辩会。他们在充分肯定本书学术价值和现实意义的同时，为进一步修改完善献计献策，提出了许多有价值的修改意见。

中国社会科学出版社赵剑英社长非常重视本书的编辑和出版工作，自始至终关注本书的运行情况，组织了责任心强、专业水平高的编辑和校对人员进行本书的编校工作，并为项目的落实四处奔走，出谋划策。黄燕生编审从本课题立项开始就不间断跟踪，在最后的审校稿件过程中，她让丈夫在医院照顾 96 岁高龄患病的母亲，而自己到出版社加班加点编辑加工书稿。其他编辑也是这样，如孙萍编辑经常为本书稿加班到夜晚才回家。

从本课题正式申请立项到最终完成，我们一直得到了中国社会科学院前任和现任领导的关心、关怀和支持，得到院科研局前任和现任领导的具体指导和帮助。科研局的韦莉莉研究员长期关心本课题的进展，为我们做了许多具体服务工作。

我们这个课题组是一个没有任何行政强制条件的课题组，是一个纯粹由深情厚谊凝结起来的课题组。在共同理想、共同追求的支撑下、促动下，我们终于完成了这项最初很少有人相信能完成的任务。回忆我们一起从事科研工作的八年岁月，回忆我们相互切磋、相互学习、相互鼓励、相互促进的学术活动经历，回忆我们在联合攻关、协同作战过程中品尝的酸甜苦辣，总会让人感到真诚的可贵，情义的无价。

在课题组成员中，有两位青年同事帮我做了较多的科研辅助性工作。杨健在 2007 年到 2012 年，夏德美在 2013 年到 2015 年分别帮助我整理、校对各卷稿件，查找要核对的资料，补充一些遗漏的内容，处理与课题申报、检查、汇报等有关的事宜。他们花费的时间很多，所做工作也不能体现在现行的年度工作考核表上。

八年来，本课题组成员几经调整，变动幅度比较大，既有中途因故退出者，也有临时受邀加入者。对于中途因故退出的原课题组成员，我在这里要特别为他们曾经做出的有益工作、可贵奉献表示衷心感谢。中国社会科学院学部委员史金波前辈、西北大学李利安教授等学者是在课题组遇到困难时应邀参加的，他们为了保证本课题按时结项，不惜放下手头的工作。

《世界佛教通史》是集体创造的成果，是集体智慧的结晶。作为本课题负责人，我对每一位课题组成员都充满了感谢、感激之情。由于自己学术水平所限，本部著作还存在着许多不足之处，所有已发现和以后发现的错误，都应该由我承担责任。

　　本课题是迄今为止我负责的规模最大的项目，我曾为她振奋过、激动过、高兴过，也曾为她沮丧过、痛苦过、无奈过。我的家人总是在我束手无策时，给我注入精神能量。我要感谢我的妻子李明瑞：三十多年来，她的操持家务，能够让我自认能力有限；她的鼎力相助，能够让我不敢言谢；她的体贴入微，能够让我心生惭愧。

魏道儒

2015 年 11 月